國家圖書館出版品預行編目資料

新物權法論 / 吳光明著.－－初版一刷.－－臺北市：
三民，2009
　　面；　　公分

ISBN 978-957-14-5245-6　（平裝）

1. 物權法

584.2　　　　　　　　　　　　　　　　98015868

ⓒ　新物權法論

著 作 人	吳光明
責任編輯	容君玉
美術設計	李唯綸

發 行 人	劉振強
著作財產權人	三民書局股份有限公司
發 行 所	三民書局股份有限公司
	地址　臺北市復興北路386號
	電話　(02)25006600
	郵撥帳號　0009998-5
門 市 部	（復北店）臺北市復興北路386號
	（重南店）臺北市重慶南路一段61號
出版日期	初版一刷　2009年9月
編　　號	S 585930

行政院新聞局登記證局版臺業字第〇二〇〇號

有著作權・不准侵害

ISBN　978-957-14-5245-6　（平裝）

http://www.sanmin.com.tw　三民網路書店

蘇 序

　　過去二十年，臺灣法學最明顯的變化就是寫教科書的人少了，大家都把期刊論文的寫作當成重心。造成這種變化的原因很多，國科會的獎勵只是其一，法律次體系的各環節對法學輸入新的需求，論文可以小題大作，抽絲剝繭，也可以累積對話，快速聚焦，因此論文最有利於法學的社群化，甚至為某種典範催生。

　　但只要屬於大陸法系的傳統，體系化就是永恆的任務，而以完善體系為目的的教科書，也標示了法學發展的境界，在各種文獻中有其不可替代性。不論多困難，也一定要有人接棒寫。在物權法即將完成分次的大修之際，欣聞參與修正工作的光明教授搶上灘頭，出版《新物權法論》，讓想對臺灣新物權法有系統理解的學生或實務界人士，馬上就有書可讀，真是廣植福田。我雖還沒有機會拜讀大作內容，但從他過去發表的《證券交易法論》、《仲裁法理論與判決研究》、《物權法新論》與《民法總則》等專書早有口碑，相信這本新作一定也是體系井然，迭有創見。

　　光明兄最令人稱道的，就是出入實務與學術，都游刃有餘，事實上正因為他把實務帶進教研，又以學術支撐實務，才能做到這樣的兩面發光，堪為後輩的標竿。我有幸早年和他相識於政大，後來又在許多場合有機會就民事財產法的問題相互切磋，對他的勤奮高才一直感佩在心，能有機會寫這篇序，自然萬分樂意。希望這本好書，可以激發更多的後學者，接著寫出好文章。

蘇永欽　謹序

2009 年 8 月 20 日
於政治大學法學院

自 序

　　筆者於 1967 年間，初次邁入法學之門；1975 年起執業律師計 18 載，繼又轉任大學從事教職，迄今又近 20 年。然學海無涯，每有涉獵，又自覺所學之不足；故長久以來，總是兢兢業業於教學及研究之工作，未敢有所懈怠。

　　近年因法務部「法律現代化」之推動，筆者忝能參與民法物權之研修。其中有關擔保物權（抵押權章、質權章及留置權章）部分，業經立法院審議通過，並於 2007 年 3 月 28 日公布，同年 9 月 28 日施行。通則及所有權部分，亦於 2009 年 1 月 23 日公布，同年 7 月 23 日施行。另有關用益物權（地上權、永佃權、地役權及典權）及占有部分，目前則已由行政院擬具「民法物權編」部分條文修正草案提交立法院（註：為便於閱讀，行政院版之用益物權與占有修正草案之條文，本書一律以新法稱之）。在持續參與「民法物權修正研討會」的過程中，由於屢蒙學界先進策勵，遂決定將拙作付梓，俾就個人所學，有所檢視及反思。

　　本書係以傳統之物權法理論為基礎，結合實務方面的見解；由立法、司法、執法之不同面向，探討並析述我國民法物權。並從物權本論、物權概論、所有權、用益物權、擔保物權之理論層面，循序著墨，並就修正條文作新舊法之比較分析。其中除援引法務部物權修正委員會議中各委員之精闢意見外，又多方參閱王師澤鑑教授、修法委員會召集人謝副院長在全教授、蘇永欽教授等諸多師長先進之立論，期能針對物權法理論與實務中之部分爭議問題，提供另一種解決途徑。

　　回顧年少時期，筆者就讀臺灣大學法律系博士班時，有幸受教於民法權威大師——王師澤鑑教授，受益良多；嗣並以「動產讓與擔保制度之研究——美德兩國與我國現行制度之檢討」一文，

獲取博士學位，因而開啟筆者鑽研學術之志趣。另恩師曾師世雄教授、曾陳師明汝教授夫婦，則是從大學時代，便一路言教身教，提攜引領，更令筆者銘感腑內。茲謹藉拙作之完成，向師長先進之教導與提攜，聊致感恩之忱。

　　本書寫作期間，任教於亞洲大學之內子邵秀華，與吳依真律師，均分別利用公餘之暇協助蒐集資料及校對等工作，備極辛勞，欣慰之餘，亦在此併致謝意。最後，本書如有疏漏之處，衷心歡迎先進同仁，不吝賜教。

吳光明

2009 年 8 月 16 日
於臺北大學法學系研究室

新物權法論

↘目次 Contents

第一編

物權本論

第 *1* 章
物權概論

壹、概　說

　　我國物權編除以固有法為淵源外，尚參考德國、瑞士、日本民法，甚至以其立法例為直接藍本，因而受大陸法系傳統影響甚大。然而，鑑於物權編施行已有數十年，其間社會結構、經濟型態以及民眾之生活觀念均已有重大變遷，而法學理論亦日新月異。2007 年 3 月 28 日乃先修正擔保物權，其餘通則章及所有權章部分亦經 2009 年 1 月 23 日完成三讀通過總統公布。

　　物權作為一個法律範疇，是由一個法律確認之主體，對物依法所享有之支配權利。換言之，權利人在法定範圍內，可直接支配一定之物，並排除他人之干涉。例如，所有權人對其財產享有支配權利。

　　物權種類已如民法物權編之規定，但物權編施行前習慣相沿之物權，例如不動產質權，及物權編施行前習慣相沿之物權，在物權編施行前發生者，依民法物權編施行法第 1 條規定，不適用民法物權編之規定。但理論上，如依不動產登記條例而為登記，自仍得生對抗之效力，如其發生在物權編施行以後，既非法律規定之物權，則依民法物權編第 757 條，不得創設，自不能依登記而發生物權對抗之效力❶。

　　至於物權法之概念，則涉及物權法之調整對象範疇問題。物權法之基本範疇，應包括對靜態財產關係之調整、對動態經濟關係之調整以及交易安全保障等三方面。

　　基此，本章首先擬探討物權與物權法之意義、物權之效力，包括排他效力、優先效力、追及效力等；其次擬從各種分類標準，探討物權之不同分類。再次擬探討一物一權主義，除在理論上有「物權說」與「所有權說」實質概念相異外，亦說明實務上遇到之問題。此外，擬探討新法避免「物權法定主義」過度僵化，包括舊法「物權法定主義」存在理由、新物權法定之內容、學者評釋、小結等。最後，提出檢討與建議，以供參考。

---

❶ 司法院院字第 1211 號解釋。在此應注意，2009 年新民法第 757 條為避免「物權法定主義」過度僵化，妨害社會之發展，已將「習慣」列入物權法定主義規範之列。

貳、物權、物權法與物之處分關係

一、物　權

㈠意　義

物權者，直接支配特定物，而享受其利益之權利也❷。茲分析其意義如下：

1. 物權乃直接支配物之權利

從民事權利作用言之，民事權利可分為支配權、請求權與形成權。物權就是一種重要之支配權。

此處所謂支配，指依人之意思，對物加以管領或處置而言。直接，指無須他人行為介入而言。物權之權利人，對於權利標的物，無須他人行為介入，得依自己之意思直接支配❸。此與債權係請求債務人為一定行為之權利，債權人欲求其債權滿足，以有債務人之行為介入為必要之情形，迥不相同。例如物之受贈人，僅得請求贈與人交付贈與物，在未受交付前，不得直接支配該物是。從而可謂物權之特質，係存於支配權之上；債權之特質，係存於請求權之上。

2. 物權乃支配特定物之權利

如僅言明物之種類及數量，而未具體的特定之物，雖可為債權之標的，成立債權契約，但卻不能以之作為物權之標的。例如向書局訂購《六法全書》十冊之契約，於雙方合意時，買賣契約即為成立。但買受人如未受特定之十冊《六法全書》之交付，則無論如何，不能使物權存於該未具體特定之十冊《六法全書》之上是。

物權之客體，即物權之標的物，須為特定物，實基於物權乃直接支配物之

---

❷　我國民法分為五編，其第三編是物權，規定各種物權之事項，第三編之物權編與第二編之債編，構成民法中之財產權。

❸　換言之，此處所謂支配，係強調物權之權利人享有對物之直接支配並排除他人干涉之權利。例如土地所有人，得直接耕作其土地；地上權人，得直接使用其有地上權之土地；質權人，得直接拍賣質物，而受清償是。

權利而來。蓋如非特定物，即無從為直接支配也。惟此處所謂特定物，僅須依一般社會觀念，在經濟上為特定物即可。有時在物理上雖非特定物，但亦不無可得為物權之標的者。如共有物之應有部分是。

基於物權之標的物須為特定物之原因，其物必須為獨立物。單一物之一部分，如牛、馬、書籍，以及物之構成部分，如石山之石材、地上之樹木，既不便直接支配，又不能交付或登記，故在成為獨立物之前，不得在其一部分或構成部分上成立物權。惟土地內之礦，雖為土地之部分，但依法屬於國有，是為例外。

換言之，我國民法無論在用益物權或擔保物權，均嚴守物權標的物特定主義，即物權之設定僅得就個別特定之物為之，不得就所謂權利集合物設定擔保權。

至於多數單一物或結合物，為失其個性及經濟上價值集合而成，係另具經濟上價值之集合物，如集合多數書籍而成之圖書館，集合各種機器設備而成之工廠，是否為物權之標的物，則須分別情形，依特別法之規定而定，不得一概謂為不得為物權之標的物。例如我國過去之工礦抵押法，即承認工廠得就其所有機械、器具、水電、交通等設備之一部或全部，組成工礦財團，設定抵押權是。如無特別法規定，則物權僅能成立於其中各個物之上，而不能成立於該集合物之上。

3.物權乃直接享受物之利益之權利

物權之權利人，既得依己意直接支配其物，當然亦得直接享受其物之利益。其物如係自己利用，則直接享受其物利益之情形，甚為明顯。其物如由他人利用，如將所有物出租或設定其他物權等，因而取得代價，此項代價，亦為物權之權利人直接享受物之利益之方式，無須他人❹行為介入，而優先取得標的物之交換價值。

(二)特　性

物權之特性，是物權本質屬性之集中體現，亦即物權與其他權利區別之標誌。物權從主體、客體、內容方面，具有如下之特性：

1.對世性

物權在主體方面之特性，即為對世性。物權得對任何人主張權利。

---

❹　按此之他人，指債務人或第三人。

2.特定性

物權在客體方面之特性，即為特定性。物權之客體僅能是物，而不能是行為或非物權之精神財物。

3.支配性

物權在內容方面之特性，即支配定性。物權係以直接支配標的物為內容。

二、物權法

㈠意　義

自羅馬法以來，民法有所謂身分法與財產法之劃分。規範經濟生活，以維護財產秩序之法律，為財產法；規範倫理生活，以維護身分秩序之法律，為身分法。物權法係大陸法系民法中使用之概念，在英美法系國家，與物權法相對應者為財產法之概念。物權法為財產法，然財產法並非僅指物權法。

物權法係以規範人對物之支配關係為內容之法律，其性質為財產法。換言之，物權法係指調整人們對物之處分關係與支配關係法律規範之總稱。

㈡特　性

物權法之概念，則涉及物權法之調整對象範疇問題。換言之，物權法係調整人對物之支配關係，其基本範疇，應包括如下之特性：

1.對靜態財產關係之調整

物權法之重心在保護所有權不受侵害，以維護財產之靜態安全。

2.對動態經濟關係之調整

物權法要維護他人之利益與社會公共利益，對物權進行適當之限制，防止物權之濫用。

3.對交易安全加以保障

物權為對世權，具有絕對性與排他性。雖新物權法實施物權法定主義緩和說，但目的仍在保障交易安全。

三、物之處分關係

從物之處分關係言之，其包括物權變動與交易安全。則可分為下列四種：

㈠物之占有關係

物之占有關係表現於人對物之實際控制關係所產生之法律關係，包括對占有關係之調整以及對占有關係之保護。物之占有關係以能直接行使對物之直接支配權之基礎為前提。

㈡物之使用關係

物之使用關係指人對物之使用價值與交換價值，進行使用所產生之財產關係。物之使用關係可由所有人自己行使，亦可由非所有人行使。

㈢物之收益關係

物之收益關係指人對物之收取利益關係。詳言之，係指人在生活中對物之使用價值與交換價值進行收益所產生之財產關係。物之收益關係不限於物之天然孳息與法定孳息，其亦包括勞務收益與利潤。

㈣物之處分關係

物之處分關係指人對物為處分時，所發生之物權變動，以及由此所發生之法律關係。物之處分關係通常被歸入動態財產關係之中。動態之財產關係，不僅可由契約規範，物權法在其中亦發揮重要之作用。

此外，在民法法典化之國家，例如我國，物權法通常為民法典中之一編。狹義之物權法，係指民法典中之物權編，廣義之物權法則還包括其他特別法中指民法典中有關物權問題之規定❺。

參、物權之效力

物權之效力可分為一般共通之效力與特殊效力。特殊效力係各種物權所特有之效力。物權，因其種類不同，有各種不同之特殊效力。但各種物權一般共通之效力，可分為下列三種：

一、排他效力

由於物權乃直接支配物之權利，故於一標的物上，依法律行為成立一物權時，不容許於該標的物上，再成立與之有同一內容之物權，稱為物權之排他效

---

❺ 吳光明，《物權法新論》，新學林出版，2006年8月，頁4。

力❻。例如同一標的物上不能存在兩個所有權。換言之，同一標的物不能既為此人所有，又為另一人所有❼。

多數學者，認為上述情形，屬於物權本質中之排他性，而非物權共通效力之一。惟物權之所以有排他之效力，係由於物權依法律行為而取得，已經公示，有足以對抗他人之表徵（標識），即已經登記或交付所致，而非由於物權之本質所使然。蓋物權之本質，如果確具排他性，則既不問在何國家，亦不問關於物權之變動，採行何種主義，凡屬物權，均必同具此種排他性。

而我國在施行不動產登記期間，以及日本現行民法，關於不動產物權之變動，係行意思主義，亦即物權之設定及移轉，因當事人意思表示而生效力。假設以同一不動產，先後表示移轉於甲、乙二人，經甲、乙為願受移轉之表示後，甲、乙即均取得該不動產之所有權。足見甲或乙取得之所有權，均無排他性之存在。倘乙先行依法辦畢登記，立即可以對抗甲，排斥甲在同一不動產上之所有權矣。似此情形，自不能謂物權之本質，具有排他性也。

物權有排他之效力，係屬原則。在所有權以外之其他物權，如不以占有標的物為成立之要件者，有時不無例外。例如在同一不動產上，成立同一內容之抵押權，而登記之次序又恰相同者，以及於同一供役不動產上，先後或同時設定數個同一內容之用水役權，而其登記之次序相同時，各該抵押權及不動產役權，均可成立，而無排他之效力是。

債權非直接支配物之權利，故債權無排他之效力。就同一物上，成立數個同一內容之債權，如買賣、租賃、贈與等，並無不可。至於該數個同一內容之債權，何者可獲實現，則視當事人之意思如何而定，不生此一債權排斥他一債權之問題，此亦為債權與物權不同之處。

二、優先效力

關於物權優先之效力，尚無確定之概念。一般認為，應指在同一物上，有二個以上不相容之物權，或二個以上可相容之物權或債權存在，其中一物權優

---

❻　此種排他之效力，在羅馬法上已承認 Duorum in solidum dominium esse non potest. 意即所有權遍及於全部，不得屬於二人。足見物權排他之效力，由來已久。

❼　同一標的物不能既為此人所有，又為另一人所有，但共有之情形除外。

先於其餘之物權，或優先於債權之效力而言。茲分別說明如下：

(一)不相容物權相互間之優先效力

基於物權乃直接支配物之權利，同一標的物上，有二個以上不相容物權存在時，該二個物權應不能同時直接支配一物。故次序在先之物權，優於在後之物權。此與債權一律平等，不以發生之次序為債權行使先後次序之情形，並不相同。

惟依我民法規定，不可能有二個以上合法之所有權❽、地上權、永佃權、留置權存在於同一標的物上，僅不動產役權、抵押權、質權，有生次序先後之可能而已。關於抵押權，第865條已有明文規定❾。

所有權以外之限制物權，係於一定範圍內，限制或支配物之權利。故性質上當然具有優先於所有權之效力。例如土地所有人於設定地上權後，該地上同時存有所有權及地上權，地上權人當然有較土地所有人優先使用該土地之權是。

(二)可相容物權相互間之優先效力

當事人可在同一物上設定多個物權，例如為擔保同一債權，而設定二個或二個以上之擔保物權。同一物上設定數個物權並存時，先設定之物權優先於後設定之物權，此即可相容物權相互之優先效力。反之，債權不具對內優先效力。在同一物上設定多個債權時，各債權均具有平等之效力。

(三)優先於債權之效力

當物權與債權並存時，物權效力優先於債權。例如擔保物權人較普通債權人，具有優先受償之權利。

---

❽ 按不動產物權，依法律行為而取得、設定、喪失及變更者，非經登記不生效力，民法第758條定有明文。準此，土地所有權狀之交予與取得權狀所示土地之所有權間，係二種不同法律關係，縱交付土地所有權狀，而未辦理所有權移轉登記，該土地之所有權仍不因而移轉，至屬明確。參閱臺灣臺東地方法院88年度簡上字第17號判決。

❾ 關於不動產役權，舊民法雖無明文規定，但修正草案已有新規定，在同一供役不動產上，先後設定二個以上之汲水役權，只須水源充足，即無互不相容之情形。須至水源不敷汲取時，始生次序在先之不動產役權，優於次序在後之不動產役權之問題而已。關於質權是否可能有次序問題，限於篇幅，茲不贅述。

三、追及效力

　　物權之追及效力，是指物權之標的物不論展轉流於何人手中，物權人均應可依法向該不法占有人取回，請求其返還所有物。但為保護交易安全，法律另規定善意受讓制度，凡符合善意受讓規定者，均受法律之保護。此係對物權追及效力之限制。

　　反之，債權原則上不具有追及效力。債權之標的物在未移轉所有權之前，雖債務人非法轉讓，並由第三人非法占有時，債權人僅能向債務人請求履行契約，而不能請求該標的物之占有人返還財產。

肆、物權之分類

　　我國民法所規定之物權有所有權、地上權、永佃權、不動產役權❿、抵押權、質權、典權以及留置權等八種，至於占有係一種事實狀態，並非物權之一種。

　　理論上，關於物權之分類，從不同標準可有不同之分類，茲分述如下：

一、有無全面支配

　　物權從有無全面支配言之，可分為兩大類：

㈠所有權

　　所有權係對於所有物為全面支配之權利，是完全不受限制之物權，其亦可稱為完全物權。

㈡限制物權

　　限制物權係對於標的物僅從某一方面進行支配之物權,亦有稱為定限物權。所有權存在於一切物之上，物上不存在所有權時，該物即成為無主物。反之，

----

❿　稱不動產役權者，謂以他人不動產供自己不動產通行、汲水、採光、眺望、電信或其他以特定便宜之用為目的之權。法務部，《民法物權編部分條文修正草案條文對照表（用益物權及占有）》，行政院版民法第 851 條，2009 年 8 月，頁 26。按此部分之修正已送立法院審議。

限制物權並不存在於一切物上，僅在法律有明文規定或所有權人在其所有物上設定某種限制物權後，此種限制物權才存在於該物之上，故限制物權常與所有權併存。在一物上存在限制物權時，該物上所有權即受到一定限制❶。

二、物之限制目的

依其對物之限制目的不同，可分為兩大類：

㈠用益物權

用益物權即以對物之使用收益為目的之物權，民法物權編規定之用益物權有地上權、永佃權、不動產役權、典權等。

㈡擔保物權

擔保物權即以供擔保債務之履行為目的之物權，民法物權編規定之用益物權有抵押權、質權、留置權等。

三、物權之標的物

以物權之標的物為標準，可分為：

㈠不動產物權

即存在於不動產之上者為不動產物權，例如不動產所有權、地上權、永佃權、典權、不動產役權、不動產抵押權。

㈡動產物權

即存在於動產之上者為動產物權，例如動產所有權、動產抵押權、動產質權、留置權。

㈢權利物權

即存在於權利之上者為權利物權，例如權利抵押權、權利質權。

四、物權能否獨立存在

以物權能否獨立存在為標準，可分為：

㈠主物權

即不以他物權存在為前提，而能獨立存在之物權，亦即不屬於他項權利之

---

❶　例如在土地上設有地上權時，其所有人即不能對該土地直接使用。

物權；例如所有權、地上權、永佃權、典權。

(二)從物權

即必須以他物權存在為前提，亦即須從屬於他項權利之物權；例如抵押權與質權須從屬於債權、不動產役權須從屬於需役不動產❶是。

五、是否必須登記

以物權之取得是否必須登記為標準，可分為：

(一)登記物權

登記物權即為物權之取得必須登記，例如不動產所有權、地上權、永佃權、典權、不動產役權等。

(二)不登記物權

不登記物權即為物權之取得不必登記，例如留置權。

六、是否以當事人意思為成立基礎

以物權是否以當事人意思為成立基礎為標準，可分為：

(一)法定物權

法定物權為不需以當事人意思設定，而依法律規定自然產生之物權，例如留置權。

(二)意定物權

意定物權為在法律規定範圍內以當事人意思設定，依法律行為取得或設定之物權，例如當事人約定設立之各種物權。

七、所依據法律規定

以物權所依據法律規定不同為標準，可分為：

(一)民法上之物權

---

❶ 新修正民法第 851 條，為發揮不動產役權之功能，促進土地及其定著物之利用價值，爰將原需役地之客體擴張及於「不動產」，土地及定著物均包括在內。法務部，《民法物權編部分條文修正草案條文對照表（用益物權及占有）》，2008 年 12 月，頁 34；2009 年 8 月 7 日通過之行政院會版，亦同。

民法上之物權指民法物權編中規定之物權。

㈡特別法上之物權

特別法上之物權指其他法律規定之物權，例如海商法規定之抵押權、優先權。

八、是否有權利為內容

以是否有權利為內容之不同為標準，可分為：

㈠占　　有

占有依現行民法規定，僅係對於標的物有事實上管領力之法律事實，並非權利。

㈡本　　權

各種物權相對於占有，稱為本權。所有權、地上權、永佃權、不動產役權、抵押權、質權、典權以及留置權，均可成為占有之基礎，故相對於占有，稱為本權。然而，本權不僅包括各種物權，還包括租賃權❸。

伍、一物一權主義界定之分歧

一、一物一權、一物多權和多物一權現象

現代社會一方面奉行「一物一權主義」❹，另一方面因應現實生活之需要，一物多權與多物一權現象大量出現，且獲得法律普遍承認。例如一大片土地，在土地登記簿上卻因地號之不同，分別登記為數宗土地，而歸屬於不同之所有權主體。

又依 2009 年新民法第 799 條第 1 項規定：「稱區分所有建築物者，謂數人區分一建築物而各專有其一部，就專有部分有單獨所有權，並就該建築物及其附屬物之共同部分共有之建築物。」換言之，一棟建築物得為區分所有權之客體，

---

❸　蓋租賃權亦可發生占有標的物之事實關係。

❹　此一物一權，在西方國家英文亦認為 One independent object can only needs to establish one property.

由不同所有人各有專有部分，以及共有部分。此外，企業其所有之不同種類之財產作為集合物設定「財團抵押」等。足見，對一物之判斷標準亦隨著社會之進步與經濟發展而發生變化。

二、一物一權之定義

　　學者對一物一權主義之定義，似有不同解讀。有謂「一物一權」係指一物上僅能成立一所有權者；有謂「一物一權」係指一物權之標的物，應以一物為原則❶。由於我民法對於「物權」與「所有權」屬不同概念內涵，故其反映於一物一權主義之定義，其間分際似有釐清之必要。茲分述如下❶：

㈠所有權說

　　有認為，二人就同一物不能各有完全之所有權。或所有權遍及於全部，不得屬於二人❶。此一法諺就一物一權主義之內涵，至少指明二點：

　　1.權利歸屬：即二人不能就同一物各有完全之所有權，卻不妨礙應有部分之共有。

　　2.法效範圍：所有權法效力之範圍應遍及於「物」之全部。

　　有認為，一物上唯有一所有權成立，此為一物一權主義。蓋所有權之本質，為所有人之自由處分力。所有人雖於其所有權上設定他項物權，將物之收益使用完全委於他人，仍不失為所有人。此時他物權之一面支配，乃為所有權全面支配之一作用❶。

　　又有認為，一物一權主義係指一物上僅能成立一所有權，一所有權之客體，以一物為限。推而言之，一物只能有一權，故物之一部分，不能成立一物權，一物就有一權，故數個物不能成立一物權，物權之計算以一物為單位❶。

　　「所有權說」以所有權本質之抽象支配作用立論。優點在於使「物」與「所

❶　王澤鑑，《民法物權》，三民書局，1996 年 10 月，頁 43。
❶　參考余敏長，《區分地上權制度之研究——兼論一物一權主義之再生》，國立政治大學地政學系碩士論文，2000 年 6 月，頁 33-37。
❶　鄭玉波，《法諺㈠》，自版，1986 年 6 月，頁 105。
❶　史尚寬，《物權法論》，臺初版，自版，1958 年 8 月，頁 2。
❶　謝在全，《民法物權論》，上冊，增訂二版，自版，2003 年 7 月，頁 25。

有權」範圍結合，得使物權範圍明確化而為公示，易於保護交易安全。缺點在於獨尊所有權絕對性，欠缺對他項物權與物之關係探討及論證。

(二)物權說

有認為，羅馬法重在支配，以一物有一個支配權，產生一物一權主義。權利標的之形成，即以一物為限[20]。

有認為，物權在於支配其物，享受其利益，為使法律關係明確，便於公示，以保護交易安全，現行民法採取所謂的物權標的物特定主義，即一個物權之客體（標的物），應以一物為原則，故又稱為一物一權主義[21]。

又有認為，一物權之標的物，僅以一物為限。一物上不能存在兩種相同之物權[22]。

「物權說」之一物一權，係指一物與一「物權」相對應而言。此說優點在於「物權」概念內涵較廣，囊括所有權及他項權利；缺點在於易與物權之排他效力相混淆。又謂一物上不能存在兩種相同之物權，則又無法解釋同一物上成立先後順位之抵押權。

三、實務上遇到之問題

按共有物如為數宗不同地號之土地，其共有人如非以成立一共有關係之意思而共有數宗土地時，應認其共有關係分別存在於每宗土地之上，除經全體共有人同意外，法院為分割時，尚不能任意予以合併為一共有物，視作一所有權而予分割，此乃一物一權原則之當然解釋。分割共有物，以消滅共有關係為目的，法院裁判分割共有土地時，除因該土地內部分土地之使用目的不能分割（如為道路）或部分共有人仍願維持其共有關係，應就該部分土地不予分割或准該部分共有人成立新共有關係外，應將土地分配於各共有人單獨所有[23]。

另外，以信託法規定為例，信託財產並非不得處分，且處分權人應係受託人而非委託人，此觀信託法[24]第 1 條、第 6 條第 2 項規定即明。如認得棄公示

---

[20]　李肇偉，《民法物權》，初版，三民書局，1962 年 11 月，頁 19。

[21]　王澤鑑，前揭書，頁 43。

[22]　溫豐文，〈空間權之法理〉，《法令月刊》，39 卷 3 期，1988 年 3 月，頁 7。

[23]　最高法院 92 年度臺上字第 1534 號判決。

登記於不顧，而得區別孰為登記名義人，孰為實質所有人，有無違反一物一權，不無疑義。再者，何人得處分、直接支配該財產，第三人如何確定誰是所有人而與之交易。再者，物權之公示、公信原則如何貫徹，凡此，均值深究。又即使有區分形式上與實質上所有人之必要，充其量亦僅能於信託當事人間內部關係時論及，就外部關係觀察，已登記之信託財產，受託人方為處分權人。

　　因此，一物一權主義之「權利」，究係「所有權」或所有「物權」，不無疑義。一物一權主義存在之理由，按諸通說有二，其一在確定物權支配客體之範圍，使其支配外部範圍明確化，從而使權利人對物之支配，在事實上，得圓滿支配其內容，在法律上，國家得依法加以保護；其二，因社會觀念認為，在物之一部或數物之集團上成立一物權，無必要且無實益。依物權易於公示，交易安全得以確保之目的觀之❷❺，兩說似皆言之成理。然就一物一權主義之字面文義而言，應係指「所有權說」較符其實；且自法制沿革觀之，一物上有一所有權，亦較符合羅馬法對所有權抽象而絕對之支配概念。

　　申言之，物權概念當包含所有權及其他物權，故物權說在概念上似包含「所有權說」，即一物上一所有權亦可謂一物上存在一物權。然而一標的物成立一物權，揆其意旨，似隱含有個別物權客體之特定。所有權說固亦得使客體為之特定，然以所有權包容之各他項物權而言，其使客體特定之範圍，似不若物權說具體而明確。故以概念之較為廣泛，並強調客體之特定與明確而言，物權說稱之為「物權客體特定主義」❷❻似較為妥適。

四、小　結

　　「物權說」與「所有權說」實質概念相異之點在於，前者重客體之特定，其權利外延似應涵括「所有權」；後者重所有權之抽象本質，較具一物一權主義之文義性。

　　一物一權主義在目前物權法上，例外既多，足以動搖其「基本原則」之地位，則「例外」與「原則」之界線將更顯模糊，似可在物權法基本原則體系之

---

❷❹　按信託法訂於 1996 年 1 月 26 日，2009 年法務部研議修法中。

❷❺　謝在全，前揭書，頁 25、26。

❷❻　王澤鑑，前揭書，頁 43。

建構中，捨棄傳統法上之一物一權主義。

此外，如所有人在設定限制物權外，再為另一人或同一人設定第二個限制物權，或依規定發生第二個限制物權，權利堆疊到三個，則發生物權堆疊(stacking) 之規範問題❷，亦值得探討。

再者，法律本係為社會而生，因此法律本身應以活法之姿態適應社會律動，方有存在之意義。為反映此類趨勢，乃有民法第 799 條前段「區分所有建築物者，謂數人區分一建築物而各專有其一部」之因應修正，以及民法第 841 條之1 至第 841 條之 5 規定之「區分地上權」之增訂。

 # 陸、避免「物權法定主義」過度僵化

一、舊法「物權法定主義」存在理由

物權法定主義源自羅馬法，已如前述。而羅馬法所強調之權利，僅有所有權，其他權利一定來自於所有權本身所創造。至德國民法時期，即明文規定，物權本身，除民法或其他法律有規定外，不得創設。

物權法定主義之理由，可歸納為以下四端：㈠確保國家經濟穩定；㈡確保物權之特性，建立物權體系；㈢整理舊物權，防止封建制物權之復活；㈣便於物權之公示，以確保交易之安全與迅速❷。

二、新物權法定之內容

依 2009 年新民法第 757 條規定：「物權除依法律或習慣外，不得創設。」故物權法定主義在概念上以及在內容上，除依法律或習慣外，當事人不得任意創設。

---

❷　蘇永欽，〈物權堆疊的規範問題——建議修法明訂以次序為軸心的堆疊原則〉，《2008年 7 月 25 日法務部第 130 次會議資料㈢》，頁 1。

❷　從物權之功能言之，有公示之必要，舊物權法定主義即係便於物權之公示，確保交易之安全與迅速，關於此點，學者有不同意見。參閱謝哲勝，〈物權的公示——兼論臺灣民法物權編相關修正條文〉，《月旦民商法》，2 期，2003 年 12 月，頁 7。

其修法理由，係為確保交易安全及以所有權之完全性為基礎所建立之物權體系及其特性，物權法定主義仍有維持之必要，然為免過於僵化，妨礙社會之發展，若新物權秩序法律未及補充時，自應許習慣予以填補，故習慣形成之新物權，若明確合理，無違物權法定主義存立之旨趣，能依一定之公示方法予以公示者，法律應予承認，以促進社會之經濟發展，並維護法秩序之安定，爰仿韓國民法第 185 條規定修正本條。又本條所稱「習慣」係指具備慣行之事實及法的確信，即具有法律上效力之習慣法而言，併予指明。

茲將其內容，分述如下：

㈠依法律

此之所謂「依法律」，應非嚴格意義之民法物權編，而係指民法，不限於物權法；亦即民法其他各節規定，具有物權作用者，亦應包括在內。例如動產擔保交易法❷❾第 15 條所規定之動產抵押權，海商法第 33 條至第 37 條所規定之船舶抵押權，土地法第 133 條所規定之耕作權，國民住宅條例第 17 條所規定之法定抵押權等是。此所謂「法律」，指依中央法規標準法第 4 條規定，經立法院通過，總統公布之法律。

㈡依習慣

按修法前之採用物權限定主義之本旨，係指成文法而言，不包含習慣在內❸⓪。修法後本條所稱「習慣」係指具備慣行之事實及法之確信，即具有法律上效力之習慣法而言❸❶。

㈢不得創設

此所謂「不得創設」，解釋上有二種意義：

1.類型強制

---

❷❾　動產擔保交易法訂於 1963 年 9 月 5 日，歷經多次修正，最近一次修正於 2007 年 7 月 11 日。

❸⓪　最高法院 30 年上字第 2040 號判例認為，依地方習慣房屋之出租人出賣房屋時，承租人得優先承買者，惟於租賃契約當事人間有以之為契約內容之意思時，發生債之效力，不能由是創設有物權效力之先買權。

❸❶　法務部，《民法物權編部分條文修正草案條文對照表（通則章及所有權章）》，2009 年 2 月，頁 18。

在物權法定主義下，不得創設民法所未規定之物權類型，例如設定不動產質權，或約定承租人對其租用之房屋有優先購買權等是。

2. 類型固定

在物權法定主義下，雖未創設新物權，但不得變更物權法上對於特定物權效力之規定類型。例如設定不移轉占有之動產質權，或標的物移轉占有之抵押權。

因此，實務上認為，物權之新種類或新內容，倘未違反物權之直接支配與保護絕對性，並能以公示方法確保交易安全者，即可認為與物權法定主義存在之宗旨無違 ❸。

三、學者評釋

學者認為，上述之調整僅能說是小幅修正，因在物權法定原則之下，要「依一定公示方法予以公示，並經久常行而形成習慣」，還有多少空間實不能無疑。故在法律之外加上習慣，並不能真正緩和物權法定之僵硬性，如果法律規定之類型不足而妨礙社會之發展，本條之修正顯然無濟於事，更不可能因此而鬆動民事財產法體系 ❸。

理論上言之，物權法定主義源自於羅馬法中之 "Nemurus Clausus" 以及德國法中之 "Typenzwang" 之意思，亦即物權之種類，僅能由法律做出規定，在法律規定之外，當事人間不得約定或創設物權之種類。

因此，學者進一步認為，如果形式上雖未放寬當事人預期需要去作選擇，而經由公示發生對世之效力，等於開放創設次類型之契約自由，對於因物權法定而生之交易挫折及尋求替代所生成本同樣可大幅降低，故物權法定已經淡出 ❸。

此外，另有學者從經濟分析觀點認為，由於新物權態樣所造成之外部性，即使為直接參與交易之第三人亦須付出額外之徵信成本或錯誤成本，亦即「資訊錯誤成本」(information costs)。然而，在缺乏量身訂作之自由空間下，當事人

---

❸　最高法院 86 年度臺再字第 97 號判決。

❸　蘇永欽，〈為什麼通則不通？──從民法典的角度看物權編通則的修正〉，法務部，新物權法的解釋適用研討會，2009 年 5 月，頁 6。

❸　蘇永欽，前揭文，頁 7。

可能無法達成交易目的，導致期待落空之成本，亦即「僵化關係成本」。故如何在上開「資訊錯誤成本」與「僵化關係成本」兩者間尋求平衡，應視所欲追求之目的❸。因此，採行何種登記制度之關鍵在於，政府與交易當事人間對交易成本之合理分擔，及政府與市場角色與責任之定位❸。

四、小　結

本文認為，將物權與債權作為兩個相對立之不同部門而認識各自之性質，有利於清晰地看到物權法規之強行法規性與債權法之自主性之不同屬性。

實際上，並非所有物權法律規範均係調整財產歸屬關係，有很大部分係為保障財產交易安全而設計。例如，大量存在之擔保物權關係，即係利用物權保障債權實現所產生之關係，二者相互間並非歸屬關係。蓋其具有保障以財產移轉為目的之法律關係之性質。故在此情況下，此種不同於調整財產關係之法律規範，是否還需固守物權法定？

在經濟繁榮之今日，物權價值化趨勢更加明顯，依照傳統物權法理論，擔保物權僅包括抵押權、質權與留置權。對於民法典以外之讓與擔保、融資性租賃、浮動擔保等物權之性質有一定之爭議。以我國而言，我國尚有動產擔保交易法之動產抵押、附條件買賣與信託占有等三種擔保物權，此種權利性質之利用地位之變化，可明顯地說明，藉由物權之交換價值，可創設物權之相對自由。擔保物權地位不斷地上升，以致需要立法對物權法定原則做出調整，並給予擔保物權相當地創設自由。

總之，2009 年新民法第 757 條有關「物權法定主義」之修正加入「或習慣」後，若明確合理，無違物權法定主義存立之旨趣，能依一定之公示方法予以公示者，法律應予承認，以促進社會之經濟發展，並維護法秩序之安定。如有違反，仍應視個案情況判斷其效力❸。

---

❸　王文宇，〈物權法定原則與物權債權區分〉，《民商法理論與經濟分析》，元照出版，2003 年 4 月，頁 52、53。

❸　胡天賜，《民法財產權意定變動要件之立法政策分析》，中正大學博士論文，2009 年 5 月，頁 147。

❸　吳光明，前揭書，頁 16、17。

　　至於學者所提登記制度之管理，其實關鍵是政府監管、業者自律，以及糾紛解決機制三位一體，如前二者能完全做好，民眾即不必行使糾紛解決機制以解決其問題。

 ## 柒、結　語

　　學者曾以民事財產法之發展與經濟觀點分析❸，認為物權法定主義之「罪惡」其實不在它對「處分自由」構成之限制，而在其使得許多交易必須消耗較多之社會資源，此並無必要，從而主張「物權法定」應再進一步思考，而有走向物權自治之可能。此次新民法第 757 條亦認為「習慣形成之新物權，若明確合理，無違物權法定主義存立之旨趣，能依一定之公示方法予以公示者，法律應予承認」云云，因此明確規定：「物權除依法律或習慣外，不得創設。」已足以反映此主張，故本文亦表贊同。

　　另一方面，基於物權穩定性要求，而產生之物權法定主義，仍有其存在之價值。既要變更物權內容之界限，予以從寬解釋，又要守住物權法定主義之框框，折衷之道，朝習慣法方向前進，是正確途徑，不但可以促進社會之經濟發展，並且可維護法秩序之安定。

　　物權法既有本土性之特點，又具有國際化之發展趨勢。以目前而言，其國際化之發展動向，與契約法之國際化程度，尚難比擬。然而，追求物權之穩定性，仍不能忽視物權價值化趨勢。事實上，物權之穩定性與物權價值化趨勢，是一體之兩面，惟有在重新思考之基礎上，進行重新建構。

---

❸　蘇永欽，〈物權法定主義的再思考——從民事財產法的發展與經濟觀點分析〉，《法律學研究》，第七輯，政大法律研究所，1991 年 10 月，頁 1。

第 2 章
物權通則

壹、概　說

民法物權編第一章為「通則」，規定各種物權共通之兩大原則，其一為物權法定主義，其二為物權之得喪變更問題。

一般而言，債權債務關係僅涉及雙方當事人，對公眾利益與交易安全影響不大，可以任由當事人自行安排。因此，在債權法中，秉持契約自由原則，當事人經由法律行為可以建立各式各樣之債權債務關係，由此衍生之債權，無論是種類或內容，基本上不受限制。

物權之情況則有所不同，由於物權具有強大之排他效力，如當事人亦可任意創設各種內容之物權，必會影響到他人之權利與交易安全。再者，如准許當事人亦可任意創設各種內容之物權，而無一致之法定規範，必然不便針對其內容進行公示。舊民法第 757 條乃規定：「物權，除本法或其他法律有規定外，不得創設。」即為物權法定主義，此亦為物權與債權截然不同之處。然而因為新民法第 757 條之規定，物權法定主義已有物權緩和，或物權主義淡化之說。

至於物權變動要件內容，基於法律行為或非基於法律行為所生之變動而有不同之規定。前者，本於財產權之性質不同，而規定不同之變動要件；後者，則本於各種法律目的之不同，而有不同之變動要件❶。

基此，本章首先擬探討物權之得喪變更，包括得喪變更之原因、得喪變更之原則。其次擬探討物權通則重新建構，包括重新建構之規定、評析。再次擬探討我國民法物權之立法規範、物權形式主義、交易安全之保護、新增第 759 條之 1。此外，擬探討基於法律行為物權變動之實務見解，包括動產——「物權變動之合意」與「交付行為」、不動產——「物權變動之合意」與「登記行為」、土地法第 43 條之爭議。最後，擬就現行土地法第 43 條中登記有「絕對效力」之僵化規定，提出檢討與建議，以供參考。

---

❶ 吳光明，《物權法新論》，新學林出版，2006 年 8 月，頁 24。

貳、物權通則重新建構

一、重新建構之規定

物權通則重新建構之規定如下：

㈠物權法之基本原則

依舊民法第 757 條規定，法律所承認之物權種類，僅限於民法或其他法律中有規定者。除此之外，當事人不得另外創設其他種類之物權。所謂其他法律，限於狹義之法律，不包括行政命令，更不包括習慣❷。

然而，為免過於僵化，妨礙社會之發展，若新物權秩序法律未及補充時，自應許習慣予以填補，故習慣形成之新物權，若明確合理，無違物權法定主義存立之旨趣，能依一定之公示方法予以公示者，法律應予承認，以促進社會之經濟發展，並維護法秩序之安定。故新民法第 757 條規定：「物權除依法律或習慣外，不得創設。」

理論上，亦有學者認為，在現今社會中物權法定主義過於僵化，難以適應現實社會之經濟發展，主張對於在習慣上能有適宜公示方法之新物權產生後，不妨予以承認❸。就實務面觀之，在社會中通行之習慣法上物權，既已行之多時，如絕對採取物權法定主義而不予以承認，則不免與社會脫節。

又同條文中所謂之「不得創設」有兩層含義：一為物權種類不得創設，即不得創設法律所不承認新種類之物權。二為物權內容不得創設，即不得創設與法律規定相抵觸之權利內容。換言之，依民法第 71 條前項「法律行為，違反強制或禁止之規定者，無效。」之意旨，違反第 757 條規定而創設之物權，自屬無效。至於其他情形之違反，則視情形而定。因此，有關物權法定主義，已因新民法第 757 條之規定，而認為物權法定緩和或物權法定淡化。

---

❷　所謂法律，係指成文法而言，不包括習慣在內。參閱最高法院 30 年上字第 2040 號判例。

❸　謝在全，《民法物權論》，上冊，修訂二版，自版，2003 年 7 月，頁 64、65。

㈡物權之變動

例如不動產物權變動之規定，從新民法第 758 條、第 759 條、第 759 條之 1。動產物權變動之規定，如第 761 條。物權混同之規定，如第 762 條至第 763 條。物權拋棄之規定，如第 764 條。

二、評 析

新民法第 758 條係為闡明不動產物權行為之書面契約性質。新民法第 759 條係為擴大物權宣示登記之原因。新民法增訂第 759 條之 1，係為增訂不動產物權依法登記之效力及對因信賴登記而為物權變動之善意第三人之保障規定。新民法第 764 條係為修正拋棄物權之要件及其方式。

然而，有學者認為物權法定主義已名存實亡，欠缺合理性❹，可予以刪除❺。又有學者從憲法保障財產權理論以及由經濟分析所獲得財產權保障結論有不同意見，例如其認為，民法第 757 條應修正為：「有關物權之法律行為，經第三人明知或可得而知者，法律行為當事人得請求對該第三人發生效力。」一方面廢除物權法定原則，另一方面明示物權與債之關係二種法律關係之區別僅在於當事人間所生之法律關係是否僅對第三人發生效力❻。

在物權行為之獨立性方面，亦有學者認為，此問題在學說與實務爭議均不大，蓋從民法總則規定最上位之法律行為，以及民法第 118 條以處分為目的之處分行為，則債編所定之各種有名契約，僅以「約定」為其效力內涵，自無法發生處分之效力，要使物權變動，邏輯上不能不在負擔行為外，另有以處分為目的之物權行為❼。

---

❹ 蘇永欽，〈物權法定主義鬆動下的民事財產權體系——再探大陸民法典的可能性〉，《月旦民商法》，8 期，2005 年 6 月，頁 116–129。

❺ 蔡明誠，〈習慣與物權法定原則〉，《司法學之傳統與現代（下）——林誠二教授六秩華誕祝壽論文集》，學林出版，2004 年 4 月，頁 344。

❻ 胡天賜，《民法財產權意定變動要件之立法政策分析》，中正大學博士論文，2009 年 5 月，頁 337。

❼ 蘇永欽，〈為什麼通則不通？——從民法典的角度看物權編通則的修正〉，法務部，新物權法的解釋適用研討會，2009 年 5 月，頁 12。

　　本文認為，其實物權與債之關係二種法律關係之區別，所謂「第三人明知或可得而知」亦涉及當事人舉證責任以及事實認定問題，最後則仍由法院依具體個案認定之。

　　此外，新民法第 758 條第 1 項規定中「不動產物權，依法律行為而取得、設定、喪失及變更者，非經登記，不生效力。」之「法律行為」，即係物權行為，以及新民法第 761 條第 1 項後段規定「但受讓人已占有動產者，於讓與合意時，即生效力。」中所稱之「合意」，係物權合意，而非賦予其原因之債權行為。

參、物權之得喪變更

一、物權得喪變更之意義

㈠物權之發生

　　物權之發生即物權之取得。物權之發生，可分為原始取得及繼受取得兩種。原始取得係指非基於他人權利而取得物權，如因先占或取得時效而取得所有權。繼受取得係指基於他人權利而取得物權，又稱傳來取得，如因繼承而取得對物之所有權。繼受取得又可分為創設之繼受與移轉之繼受。創設之繼受是權利人以法律行為為他人設定所有權以外之限制物權，使他人因之取得是項權利。移轉之繼受是物權人將其物權原樣移轉於他人。

㈡物權之變更

　　物權之變更指物權之客體或內容變更，而不包括物權主體之變更，亦即物權的標的物變更，如所有權之客體因附合而增加（參閱民法第 812 條）；改變不動產役權行使方法等（參閱民法第 854 至 857 條）。

㈢物權之消滅

　　物權之消滅即物權之喪失。物權之消滅，通常分為絕對之喪失與相對之喪失。絕對之喪失是指物權標的物，不僅與主體相分離，而其他人亦未取得其權利，如物體之滅失。相對之喪失是指物權與原主體分離，而歸於新主體，如因讓與而使一方喪失其物權，他方取得其物權。相對之喪失，嚴格言之，並不屬

於物權之消滅問題，而屬於物權之取得或變更問題。因此，本節所謂物權之消滅，係指絕對之喪失，而不包括相對之喪失❽。

二、物權得喪變更之原因

從物權主體之立場言，物權變動為物權之取得、喪失及變更。實質上，物權得喪變更係人與人間對於權利客體之支配與歸屬關係之「法律關係」之變革，此亦即為學說上所謂「物權變動之原因」。

茲將物權變動之原因，分述如下：

㈠基於法律行為

法律行為在物權法上即為物權行為，亦可分為單獨行為與契約；前者如拋棄、遺贈等，後者如贈與。

㈡基於法律行為以外之事實

法律行為以外之事實，種類較多。例如時效、繼承、混同、先占、添附、遺失物之拾得、埋藏物之發現等是也。就時效言，因消滅時效之規定並不能適用於物權，所以僅指取得時效，時效可使物權原始取得和絕對喪失。繼承則使物權繼受取得及相對喪失。混同使物權消滅；先占使動產發生原始取得之效力；添附亦使動產原始取得與絕對喪失。

㈢基於某些公法上之原因

基於某些公法上之原因，屬於公法範圍；如民法第 759 條之公用徵收❾是也。所謂公用徵收，以依土地法第 208 條規定之土地徵收之目的與範圍最為清楚。依該法第 208 條第 1 項前段規定：「國家因左列公共事業之需要，得依本法

---

❽　吳光明，前揭書，頁 16、17。

❾　例如舊民法第 759 條規定：「因繼承、強制執行、公用徵收或法院之判決，於登記前已取得不動產物權者，非經登記，不得處分其物權。」其中，由於現行民法第 759 條之規定依所稱「於登記前已取得不動產物權者」外，其他尚有因「法律之規定」而取得不動產物權者，亦有因「法律事實」而取得不動產物權者，故新民法第 759 條規定：「因繼承、強制執行、徵收、法院之判決或其他非因法律行為，於登記前已取得不動產物權者，應經登記，始得處分其物權。」該條文中，增列概括規定「其他非因法律行為」，以資周延。

之規定徵收私有土地。」 ❿

　　民法物權編第一章，對物權得喪變更之原因，僅規定物權行為、混同與拋棄，其餘則散見於他處。

三、物權得喪變更之原則

㈠公示原則

　　依民法物權編規定，不動產物權之變動以登記為公示方法，動產物權之變動以交付為公示方法。此一規定之原因，係認當物權發生得喪變更之時，有必要通過某種程序或方法，使公眾得知物權得喪變更之外表徵象，以免造成對第三人之損害，或損及交易安全。

㈡公信原則

　　公信原則即為凡信賴物權變動之徵象，如登記或交付，認為有其物權存在而有所作為者，即使該徵象與真實權利存在不符，法律對於信賴該徵象之人，亦加以保護。對於物權之存在採公信原則，在不動產以登記為有公信力，在動產以占有為有公信力。

肆、我國民法物權之立法規範

一、物權形式主義

　　我國民法第 758 條及第 761 條之規定，均沿襲德國民法典之立法例，採取「物權形式主義」。然而，除「物權形式主義」外，是否同時須有當事人間物權讓與之合意，我國民法則無明文。故如純就條文內容釋之，在我國，物權得喪變更之前提，除債權契約外，並未嚴格要求當事人間須另有物權契約存在。

　　再依我國土地登記規則第 26 條規定：「土地登記，除本規則另有規定外，應由權利人及義務人會同申請之。」 ⓫ 然而，共同申請登記之行為是屬於獨立之

---

❿　按土地法訂於 1930 年 6 月 30 日，歷經多次修正，最近一次修正於 2006 年 6 月 14 日。

⓫　按土地登記規則訂於 1946 年 10 月 2 日，歷經多次修正，最近一次修正於 2009 年 7

契約行為，或係包含於債務之履行行為，仍有疑問。從比較法之觀點言，我國物權之讓與，以登記或交付為生效要件，而非對抗要件，可謂典型的「物權形式主義」。而德國民法另還強調「物權契約」，主張物權行為之獨立性與無因性，此為兩國立法例差異之所在。

茲以我國相關民法之規定，分述如下：

(一)民法第 758 條

民法第 758 條第 1 項規定：「不動產物權，依法律行為而取得、設定、喪失及變更者，非經登記，不生效力。」此之「法律行為」，學者認為係指基於形式主義下物權行為[12]，有認為不必加以區分債權行為或物權行為者[13]，亦有認為民法第 758 條第 1 項規定之目的，在於使不動產之得喪變更，能以登記方式達到公示之效果，並無意區分或強調不動產之得喪變更之法律行為是物權行為之意[14]。

不過，一般認為，其中所謂「法律行為」，既是直接發生不動產物權變動之法律行為，則自然不同於僅發生「負擔」變動之債權行為[15]。

又新民法已於第 758 條增訂第 2 項，明定「前項行為，應依書面為之。」不動產物權之得、喪、變更之物權行為，攸關當事人之權益至鉅，為示慎重，並便於實務上作業，自應依當事人之書面為之，舊條文第 760 條之「書面」，究為債權行為，或為物權行為，適用上有不同見解，爰增訂第 2 項，並將上述第 760 條刪除。又此所謂「書面」，係指具備足以表示有取得、設定、喪失或變更某特定不動產物權之物權行為之書面而言。如為契約行為，須載明雙方當事人合意之意思表示，如為單獨行為，則僅須明示當事人一方之意思表示。至以不動產物權變動為目的之債權行為者，固亦宜以書面為之，以昭慎重；惟核其性質則以於債編中規定為宜，第 166 條之 1 第 1 項已明定「契約以負擔不動產物權之

月 6 日。

[12] 謝在全，前揭書，頁 92。

[13] 史尚寬，《物權法論》，自版，1987 年 1 月，頁 14。

[14] 謝哲勝，〈物權行為獨立性之檢討〉，《財產法專題研究》，三民書局，1995 年 5 月，頁 101。

[15] 蘇永欽，〈物權行為的獨立性與相關問題〉，《民法物權相關問題研究》，五南圖書，1999 年 1 月，頁 25。

移轉、設定或變更之義務為標的者，應由公證人作成公證書。」❶

　　然學者認為，將「書面」之要式規定，由舊民法第 760 條改置於本條「依法律行為變動」之條文下，使「書面」不再是「所有不動產物權變動」之一般規定，目的即在凸顯其僅為法律行為之要式規定。又對照民法第 166 條之 1 有關「法律行為之要式」規定，在民法第 166 條之 1 僅曰「公證」，而不要求書面，在新民法第 758 條第 2 項則不要求「公證」，而僅要求書面，似乎更可斷定為兩不同行為❶。

　　因此，民法第 166 條之 1 有關「公證」之規定乃屢受學者批評為不當。立法院已提出刪除民法債編第 166 條之 1 條文修正草案（業已付委）在案，法務部將視該草案之審議情形再行研究如何處理❶。

㈡舊民法第 760 條

　　依舊民法第 760 條規定：「不動產物權之移轉或設定，應以書面為之。」該條所謂之「書面」，學者間之見解，頗為分歧❶，惟通說及實務均採物權行為說，亦即不動產物權之移轉或設定，係物權行為。蓋因形式主義下，物權行為具獨立性，且第 760 條又規定於物權編內，就法律體系言，解釋為物權行為所需具之方式較為合理❷。

　　按上述解釋之真正目的，係藉此避免物權交易因物權行為之存在而增加不必要之複雜，只要有債權之合意，加上交付或登記之事實行為要件，已可兼顧自治與交易安全之需要❷。

---

❶　法務部，《民法物權編部分修正條文（通則章及所有權章）》，第 758 條修正說明，2009 年 2 月，頁 19。

❶　蘇永欽，〈物權行為的獨立性與無因性〉，前揭文，1997 年 8 月，頁 322。

❶　法務部有關「函詢民法第一百六十六條之一施行日期疑義」法規諮詢意見⑼法律字第 015047 號，2001 年 4 月 25 日。

❶　謝哲勝，前揭文，頁 102。其認為該條之書面只須解為要式行為所需具備之法定方式即可，而不必認為書面乃是物權行為之書面。

❷　王澤鑑，《民法學說與判例研究㈠》，自版，1998 年 9 月，頁 277；謝在全，前揭書，頁 83、84。

❷　謝在全，前揭書，頁 34。

由於不動產物權之得喪變更，應否具備書面方式問題，目前實務上有二種處理方式：

　1.買受人與出賣人會同申辦登記，須具備當事人意思表示之書面。惟買受人若取得出賣人協同辦理所有權移轉登記之確定判決，則得單獨申請登記取得所有權，移轉不動產物權書面之欠缺，即因而補正❷。

　2.民法第 759 條所定，「於登記前已取得不動產物權」之情形，不須具備當事人意思表示之書面，即可完成登記。

㈢民法第 761 條

民法第 761 條第 1 項規定：「動產物權之讓與，非將動產交付，不生效力。但受讓人已占有動產者，於讓與合意時，即生效力。」足見動產物權之變動採交付生效要件主義。動產物權，以占有其物為支配之根據，如不交付其標的物，即無法實施動產物權之作用，故交付是讓與動產物權之生效要件。所謂讓與，是指權利人依法律行為將物權轉移於他人；倘非依法律行為之轉移或取得，例如依繼承、強制執行、先占，添附等而產生之動產物權之得喪變更等，則不適用第 761 條第 1 項之規定。

又上開所謂「交付」，可分為現實交付與觀念交付兩種。現實交付指動產物權之讓與人將其對於動產之現實、直接之支配管領力，移轉於受讓人。一般所稱之交付即為現實交付。觀念交付並非真正之交付，而是占有觀念之轉移，純粹為交易上之便利，採用變通之方法，以替代現實交付，例如民法第 761 條所定之簡易交付、占有改定與指示交付均包括在內❸。

按本條之適用，學者認為係以法律行為使動產物權發生變動者為限，而此項動產物權，不僅係動產所有權，動產質權、動產留置權均包括在內❹。但亦有認為通說以民法第 761 條第 1 項所揭示之「讓與合意」為據，肯定「讓與合意」普遍存在，稱之為物權契約，視之為物權行為，此一理論有可議者❺。

---

❷　最高法院 57 年臺上字第 1436 號判例；最高法院 85 年度臺上字第 732 號判決。

❸　最高法院 83 年度臺上字第 1482 號判決。

❹　謝在全，前揭書，頁 81。

❺　曾世雄，〈適法行為──法律行為與事實行為〉，《民法總則之現在與未來》，初版，三民書局，1993 年 6 月，頁 189、199。

另有學者認為，本條亦只不過是規定動產物權讓與之公示方法——交付，並無須強解為物權行為❷⑥。然而，一般認為該條文既以「物權」讓與為標的，而非單純「負擔」讓與，自亦有一個獨立於債權行為之外的物權行為❷⑦。

二、交易安全之保護

基於保護交易安全之政策考量，關於物權之變動，我國民法採公示原則與公信原則，凡物權之變動，動產須以交付方法，不動產須以登記方法，始能生物權變動之效力。而依公示方法表示之物權，縱與真實物權狀態不一致，然對於信賴該公示方法表示之物權，而為物權交易之人，法律仍承認其具有與真實物權存在之法律效果，並給予真實物權狀態之保護，此即為公信原則。

依我國民法第 801 條、第 948 條、第 886 條、以及土地法第 43 條等之規定，善意受讓之第三人均受法律之保護。顯見在現行法規中，業已提供善意第三人足夠之保障，在此情況下，物權行為是否係屬「無因性」，實質上並無影響。因此，有學者主張，物權行為無因性，除「形而上」之理論外，實際上並無多大之實益可言❷⑧。從而，又有所謂「沖淡」無因教條之嚴苛性說，然其僅在一定事實下有其適用，絕大部分情況均不能排除「無因原則」❷⑨。本文贊同此說。

再者，如債權行為無效，物權行為依我民法第 111 條：「法律行為之一部分無效者，全部皆為無效。但除去該部分亦可成立者，則其他部分，仍為有效。」之規定，該物權行為亦無法獨立而為有效之法律行為。因此，我民法總則關於法律行為之規定，除有強制禁止規定外，均應適用於物權行為。

三、新增第 759 條之 1

㈠條文內容

新民法第 759 條之 1 規定：「不動產物權經登記者，推定登記權利人適法有

---

❷⑥　謝哲勝，前揭文，頁 102。

❷⑦　蘇永欽，〈物權行為的獨立性與相關問題〉，前揭文，頁 26。

❷⑧　劉得寬，〈對物權行為的「獨立性」與「無因性」之探討〉，《民法物權論文選輯》，五南圖書，1984 年，頁 475。

❷⑨　蘇永欽，〈物權行為的獨立性與無因性〉，前揭文，頁 307–310。

此權利。(第 1 項) 因信賴不動產登記之善意第三人,已依法律行為為物權變動之登記者,其變動之效力,不因原登記物權之不實而受影響。(第 1 項)」

㈡修正說明

「登記」與「占有」同為物權公示方法之一,民法就占有既於第 943 條設有權利推定效力之規定,「登記」自亦應有此種效力,爰仿外國立法例 **❸⓿**,增訂第 1 項,以期周延。又此項登記之推定力,乃為登記名義人除不得援以對抗其直接前手之真正權利人外,得對其他任何人主張之。為貫徹登記之效力,此項推定力,應依法定程序塗銷登記,始得推翻。至於土地法第 43 條雖規定依該法所為之登記有絕對效力;惟實務上向認在第三者信賴登記而取得土地權利之前,真正權利人仍得對登記名義人主張登記原因之無效或撤銷 **❸❶**,是該條文所稱絕對效力,其範圍既僅止於保護信賴登記之善意第三人,其效果自與新增之本條文無異。惟為免文義兩歧,於修正土地法時,應將第 43 條配合本條修正。

不動產物權之登記所表彰之物權如與實際狀態不一致,例如無所有權登記為有所有權,或土地有地上權負擔而未登記該地上權等不實情形,而信賴不動產登記之善意第三人因信賴登記與之為交易行為,依法律行為再為物權變動之登記者,其效力如何?現行法尚無明文規定,惟實務上見解均承認其效力 **❸❷**。為確保善意第三人之權益,以維護交易安全,爰依上開解釋、判例及參照上開外國立法例,增訂第 2 項 **❸❸**。

伍、基於法律行為物權變動之實務見解

按物權行為無因性,乃指物權行為之效力不受債權行為之效力影響,不因債權行為有不成立、無效或撤銷之事由時,而導致物權行為有不成立、無效或

---

❸⓿ 德國民法第 891 條、瑞士民法第 937 條第 1 項規定。

❸❶ 最高法院 40 年臺上字第 1892 號判例參照。

❸❷ 司法院院字第 1956 號解釋、最高法院 41 年臺上字第 323 號判例參照。

❸❸ 法務部,《民法物權編部分修正條文 (通則章及所有權章)》,第 759 條之 1 修正說明,2009 年 2 月,頁 21-23。

撤銷❸。茲以最高法院裁判之案例，從動產與不動產分別情形，論述如下：

一、動產——「物權變動之合意」與「交付行為」

㈠動產善意取得

　　針對動產善意取得之案例，最高法院曾敘明「動產之受讓人占有動產，而受關於占有規定之保護者，縱讓與人無移轉所有權之權利，受讓人仍取得其所有權；又以動產所有權或其他物權之移轉或設定為目的，而善意受讓該動產之占有者，縱其讓與人無讓與之權利，其占有仍受法律之保護，為民法第 801 條、第 948 條分別所明定。」❸蓋此所謂受讓，係指依法律行為而受讓之意，受讓人與讓與人間以有物權變動之合意，與標的物之交付之物權行為存在為已足，至受讓動產占有之原因，舉凡有交易行為存在，不問其為買賣、互易、贈與、出資、特定物之遺贈、因清償而為給付或其他以物權之移轉或設定為目的之法律行為，均無不可。

㈡保護交易安全

　　最高法院另一判決則認為，我國民法為保護交易安全，設有動產善意取得制度，凡以動產所有權或其他物權之移轉或設定為目的，而善意受讓該動產之占有者，縱其讓與人無移轉所有權或設定其他物權之權利，受讓人仍取得其所有權或其他物權。此所謂受讓，係指依法律行為而受讓，如因買賣、互易、贈與、出資等交易行為，受讓人與讓與人間有物權變動之合意與交付標的物之物權行為存在者均屬之❸。而民法第 949 條所定盜贓或遺失物之回復請求權，乃善意取得規定之例外，故盜贓或遺失物之現占有人必須符合法律所定善意取得之要件，否則被害人或遺失人僅可依民法第 767 條、第 962 條之規定請求回復其物，尚無適用該條規定之餘地。

　　評析上述兩案之判決理由，顯見為保護交易安全，我國民法已設有動產善意取得制度，凡以動產所有權或其他物權之移轉或設定為目的，其間並有「物權變動之合意」與「交付行為」時，即受法律之保護。

---

❸　鄭冠宇，〈物權行為無因性之突破〉，《法學論叢》，43 卷 4 期，1998 年 10 月，頁 65。

❸　最高法院 86 年度臺上字第 121 號判決。

❸　最高法院 86 年度臺上字第 2423 號判決。

二、不動產──「物權變動之合意」與「登記行為」

㈠債權契約解除物權契約不因而失效

依實務上之見解，本於債權契約而成立物權移轉契約後，如有解除契約之原因，固得將該債權契約解除。惟債權契約解除時，因物權行為具有獨立性及無因性，物權契約並不因而失其效力，僅依民法第 259 條第 1 項第 1 款之規定，受物權移轉之一方，負有將該物權移轉於他方，以回復原狀之義務，而不得訴請塗銷原已辦理之物權登記[37]。

㈡物權行為之無因性

針對訴請塗銷農地產權登記之爭訟，曾有實務上之判例認為，「系爭農地移轉登記與上訴人之物權行為本身，並無無效之原因，而依土地法所為之登記有絕對真實之公信力，縱其為移轉之債權行為有無效之原因存在，按物權行為之無因性，上訴人自已因該項移轉登記而取得土地所有權，原所有人在未提起塗銷登記之訴，並獲有勝訴之確定判決前，該項登記仍不失其效力。原判決認本件債權行為無效，物權行為同屬無效，系爭土地仍屬被上訴人所有，進而謂被上訴人得本於所有人之物上請求權訴請上訴人塗銷系爭土地產權登記，非無可議。」[38]

另所有權移轉登記之爭議案例，實務判決則認為，不動產所有權移轉登記行為係物權行為，而具無因性，是若義務人有移轉不動產所有權登記之意思，並已依民法第 760 條規定作成書面，縱該書面所載移轉不動產所有權登記之債之原因與其真意不符，除其意思表示有無效或得撤銷之原因而經撤銷者外，尚不生所有權移轉登記應否塗銷之問題[39]。

㈢因詐害行為撤銷不動產買賣之效力

又實務上認為，債權人依民法第 244 條規定撤銷債務人之詐害行為時，如債權人僅撤銷債務人與第三人間就系爭不動產所為之買賣行為，自無從命第三人塗銷該所有權移轉登記[40]。蓋買賣契約成立後僅發生債之關係，撤銷買賣契

---

[37]　最高法院 84 年度臺上字第 2858 號判決。

[38]　最高法院 87 年度臺上字第 1352 號判決。

[39]　最高法院 87 年度臺上字第 1400 號判決。

約之結果，對於原依買賣契約履行債務所為之物權行為不生影響。此為物權行為之無因性使然。如某債權人未訴請撤銷債務人與第三人間所為移轉所有權之物權行為，即不得請求該第三人塗銷所有權移轉登記❹。

㈣小　結

　　由上述實務案例觀之，我國通說及實務見解，均肯定在現行法下，物權行為應有無因原則之適用。因此，在物權變動後，權利人在物權的基礎上，得行使包括處分在內之一切權能，當然亦可為物上之請求，完全不受基礎行為有否瑕疵之影響。以土地移轉為例，即使其原因行為之債權行為業已失效，由於物權行為之無因性，故移轉登記既已辦理完成，於原所有人未提起塗銷登記之訴，並獲有勝訴之確定判決前，該項登記仍不失其效力。

　　反之，創造物權變動原因之債權行為，卻須為要因行為，如雙方當事人約定之目的不達，該債權行為即可能失效。

三、土地法第 43 條之爭議

　　按土地法第 43 條規定，「依本法所為之登記，有絕對效力。」然因該條所生之疑義，亦時有所聞，茲以實務案例上之見解，摘要如下：

㈠土地登記之效力

　　有關土地登記所生之效力問題，實務上認為，土地法所為之登記有絕對真實之公信力，縱其登記有得撤銷或無效等原因，而在實體法上對於他人（真正權利人）負有變更登記之義務，但於該他人未提起塗銷登記之訴並獲得勝訴之確定判決以前，究難否定其登記所生之效力❹。

㈡土地經法院查封

　　查封係公法上之處分行為，其效力於實施查封後即已發生，不待查封登記完成時始發生。而動產於實施查封後，債務人就查封物所為移轉、設定負擔或其他有礙執行效果之行為，對於債權人不生效力。又不動產經法院實施查封後，尚未為查封登記前，如移轉登記與他人，對債權人不發生效力，債權人得請求

❹　司法院民事廳研究意見司法院(84)廳民一字第 13341 號。
❹　最高法院 83 年臺上字第 1010 號判決。
❹　最高法院 87 年度臺上字第 173 號判決。

該他人塗銷所有權移轉登記；倘該他人於債權人尚未請求其為塗銷登記而於查封登記前復將該不動產之所有權移轉登記或設定抵押權登記與第三人，為貫徹查封之公信力，以確保債權人之債權，應認債權人得請求第三人塗銷所有權移轉登記或抵押權設定登記，第三人不得主張有土地法第 43 條規定之適用而予以抗衡❹。

㈢第三人已本於現存之登記而取得權利

在第三人已本於現存之登記而取得權利之爭議案例中，最高法院認為，土地法第 43 條所謂登記有絕對效力；係為保護因信賴登記取得不動產權利之第三人而設，故真正權利人只許在未有第三人取得權利前，以登記原因無效或得撤銷為塗銷登記之請求，若在已有第三人本於現存之登記而為取得權利之新登記後，真正權利人即不得請求該第三人塗銷登記及自該不動產遷出❹。

由上述三個實務見解觀之，所謂登記原因無效或得撤銷，係指不動產物權變動之意思表示，本身具有無效或得撤銷之原因，或該項意思表示根本不存在而言；非指辦理此項登記原因之債權行為，係屬無效或得撤銷。蓋基於物權行為之無因性，物權行為之效力，並不受原因行為之影響。

至於案例中所謂真正權利人對於登記名義人仍得主張之，係指登記原因為無效或得撤銷時，該真正權利人仍得對登記名義人主張其真正權利之存在，或依法對之行使撤銷權。又對於第三人因信賴而為取得權利之新登記前，自亦得本於所有權或真正之權利，對該相對人提起塗銷登記之訴。

陸、結　語

以物權權利而言，物權變動，係物權之取得、設定、喪失與變更，亦即是指權利所生之一種動態現象。物權變動必有一定公示方式，以為表現，使當事人與第三人均得認識其存在及現象。

物權變動如未能依一定公示方式表現其變動之內容，則不能發生物權變動

---

❹　最高法院 86 年度臺上字第 2858 號判決。

❹　最高法院 85 年度臺上字第 1794 號判決。

之法律效力。物權因有法律行為而變動時，須另有物權變動之意思表示，以及履行登記或交付之法定形式，始能成立或生效。因此，物權行為具有獨立性與無因性二種特性。

　　以動產物權變動為例，我國民法為保護交易安全，設有動產善意取得制度，凡以動產所有權或其他物權之移轉或設定為目的，而善意受讓該動產之占有者，縱其讓與人無移轉所有權或設定其他物權之權利，受讓人仍取得其所有權或其他物權。

　　另以不動產物權變動為例，土地法第 43 條所謂登記有「絕對」效力，係為保護第三人，將登記事項賦予絕對之公信力，故第三人因信賴登記，而取得土地權利時，並不因登記原因之無效或撤銷，而被迫奪。惟此項規定，並非在保護交易安全之必要限度以外，剝奪真正權利人之權利，因此，於第三人尚未取得土地權利之前，真正權利人仍得對於登記名義人主張登記原因之無效或撤銷，而提起塗銷登記之訴。

　　現行土地法第 43 條中，有所謂登記有「絕對效力」之僵化規定，不免衍生部分爭議。嗣新民法雖已新增第 759 條之 1 第 1 項「……『推定』登記權利人適法有此權利」；以及第 2 項「因『信賴不動產登記』之善意第三人……」等規定，以資因應，但土地法於 2000 年、2001 年、2005 年、2006 年間修正時，對於該法第 43 條所謂登記有「絕對」效力之用語，仍未修正，以至於形成文義兩歧之情況，顯然仍有不妥。

　　綜上所述，我國原則上固應承認物權行為之無因性，但同時亦應承認此一原則之例外，例如當登記權利所據以變動之「基礎行為」有瑕疵，足以認定當事人間有惡意之情事時，自不得主張「物權行為之無因性」原則，如此，不但可調和當事人間之權益，並可解決物權行為之無因性所造成之困擾。

第 *3* 章
物權行為及其無因性

壹、概　說

　　法律乃社會具體生活形式存在之抽象理論，又為社會具體生活形式之具體實現，因此，法律與生活息息相關。在日常生活中，常見之買賣行為發生糾紛時，如何以抽象之法律學理論為據，加以具體處理，則攸關整體社會秩序與個人生活。

　　我國法律體系繼受德國理論，而德國民法典採五編制之立法例，以法律行為為基礎建立總則，並嚴格區分物權與債權，設物權編與債權編從而使法律行為概念貫穿德國民法典各編❶。因此，德國之法律理論就法律行為，區分出債權行為與物權行為，並因此發展出物權行為無因性理論。法律行為與物權行為無因性，乃德國民法特有之概念體系與解釋框架，此一學說體系又以其高度之抽象性、嚴謹之邏輯性著稱。

　　理論上言之，物權行為理論自德國學者薩維尼 (Savigny) 提出，已近兩個世紀，經過多年來諸學者之探討研究，對於物權行為無因性之存在與否，以及其適用上之問題，仍存有不同見解，通說雖贊同物權行為無因性理論之體系，但目前，亦有學者認為，不需發展出此一繁複之理論，蓋其認為，如主張採形式主義將與社會不符，亦會產生困難等理由，故應改採意思主義❷。

　　至於如不採行物權行為無因性理論，則對於可能衍生之法律問題，應如何處理，由於牽連之法律理論甚鉅，限於篇幅，茲不贅述。

　　基此，本章首先擬探討法律行為之基本概念與定義，其次擬探討法律行為之分類，包括物權行為、準物權行為與債權行為、要因行為與不要因行為、負擔行為與處分行為。再次擬探討負擔行為與處分行為間分類之關聯，包括負擔行為與處分行為間之關係、要因行為與不要因行為分類之實益。此外，擬探討

---

❶　Manfred Wolf, *Schenrecht*, 2002，吳越、李大雪譯，《物權法》，十八版，法律出版社，北京，2002 年 9 月，頁 15–17。

❷　謝哲勝，〈物權行為獨立性之檢討〉，《財產法專題研究》，1995 年 5 月，三民書局，頁 96–100。

物權行為之無因性問題，包括物權行為之相關學說、物權行為無因性理論之創設、物權行為無因性理論之實例、無因性理論之缺點。最後，提出檢討與建議，以供參考。

貳、法律行為之基本概念與定義

一、法律行為之基本概念

　　法律行為 (Rechtsgeschäft)❸之概念，乃源自德國法學之產物❹，並為德國民法典首創，運用為民法典中最抽象之總則概念之一，而其時代背景，乃起源於 19 世紀個人主義之上之「私法自治原則」。

　　私法自治者，乃指個人得依其意思形成私法上權利義務關係之謂❺。為排除 19 世紀封建社會關係及各種法律對個人之束縛，主張個人得依其意思形成其私法上之權利義務關係；易言之，於私法領域，只要不違反法律之根本精神，在法律允許之範圍內，賦予個人一個自由活動之空間，使其得依自己之意思，去塑造其與周遭之法律關係。

　　私法自治原則，適用於一切私法關係，婚姻與家庭關係固易受其規範，但其主要功能表現在財產交易上。易言之，私法自治原則，乃在表示經濟活動之運作，是經由個人意思決定所表現之自由競爭；而個人自主與自由競爭，乃規範經濟活動之高度有效手段，在市場經濟體制下，可將勞力與資本作為產生最大利益之結合。對於維護個人自由與尊嚴，促進社會經濟之發展、文化之進步，

---

❸　「法律行為」的德語是 "Rechtsgeschäft"，這是一個組合詞，由「法律」"Recht" 和「行為」"Geschäft" 兩個詞組成，中間加上一個連詞符 "s"。德國華人網 http://www.huaren-online.com/germany/index.htm。

❹　19 世紀，德國學者賀古對合乎法律規定、能產生法律效力、獲得私法效果之意思表示進行高度概括，首次提出「法律行為」一詞。象閱王怕琦，《民法總則》，國立編譯館，52 年，頁 129。

❺　王澤鑑，〈民法總則〉，《民法實例研習叢書㈡》，自版，1996 年 10 月，頁 187。

貢獻至鉅。

　　私法自治係民法之基本原則，而法律行為是實踐私法自治之主要手段，故法律行為制度，在私法上，居於關鍵地位。

二、法律行為之定義

　　何謂法律行為，在我國民法法典上，並未就法律行為設有立法解釋；在學理上，大陸法系各國民法學，大都承繼德國民法典之法律行為概念。

　　一般認為，法律行為乃以意思表示為要素，因意思表示而發生一定私法上權利義務之產生、變動與消滅等效果之法律要件❻。因此，可知法律行為乃專指關於發生民法上效果之概念❼。

　　析言之，法律行為以意思表示為要素。法律行為至少要有一個以上以發生私法上效果為目的之意思表示，意思表示為法律行為之核心。

　　然而，法律行為與意思表示之概念，二者並非相同：法律行為有由一個意思表示構成者，如撤銷權之行使；有需由多數意思表示構成者，如契約係由雙方當事人兩個意思表示趨於一致而成立；前者，稱為要約，後者，稱為承諾。

　　又若干法律行為，除意思表示外，尚須與其他法律事實結合，始能成立或生效，例如民法第 758 條關於不動產物權取得方式，有「不動產物權依法律行為而取得、設定、喪失、變更者，非經登記不生效力」之規定。

　　由此可知，法律行為與意思表示並非一致。不過，因法律行為以意思表示

---

❻　學者對法律行為所下之定義，措辭不一，但多表明法律行為乃私法上之概念。參閱史尚寬，《民法總論》，正大印書館，1990 年，頁 266；鄭玉波，《民法總則》，三民書局，1971 年，頁 211；王澤鑑，《民法總則》，自版，2004 年，頁 250；胡長清，《中國民法總論》，自版，1976 年，頁 207；梅仲協，《民法要義》，自版，1954 年，頁 63。

❼　大陸在 1986 年通過之中國民法通則，在法律行為前加上「民事」一詞成為「民事法律行為」。因其認為現代法上法律行為概念已經超出民法領域，而被其他法律領域之立法與理論所採用，為區別其他法律領域所使用之法律行為概念，在中國民法通則第 54 條規定：「民事法律行為是公民或法人設立、變更、終止民事權利和民事義務的合法行為。」此「民事法律行為」，亦即德、日及我國民法上之「法律行為」。而其民法通則中，另有「民事行為」一詞，作為法律行為之上位概念。

為不可或缺之核心要素，有時意思表示一語，亦可做法律行為之代稱。例如民法第 75 條：「無行為能力人之意思表示，無效；雖非無行為能力人，而其意思表示，係在無意識或精神錯亂中所為者，亦同。」即係關於無行為能力人，所為之意思表示無效之規定，實乃無行為能力人之法律行為無效之意。

綜上所述，個人得自由以「意思表示」做出「法律行為」，此即「私法自治」之內涵。

參、法律行為之分類

一、物權行為、準物權行為與債權行為

法律行為發生私法上權利義務關係之法律事實，已如前述。由形式面觀察之，法律行為以其內容為分類標準，可分為財產行為與身分行為。財產行為乃以財產為內容，發生財產法上法律關係；身分行為乃以身分為內容，發生身分法上法律關係。

財產行為以其內容為分類標準，可再分為：以發生債權法律上效果之債權行為，如買賣是；以發生物權法律上效果之物權行為，如抵押權之設定是。而準物權行為，則是以債權或無體財產作為標的，債權讓與是❽。準物權行為雖然非以變更物權效果為主要目的，但其發生後即產生權利變動之效果，因其類似於物權行為之效果，因而稱之為準物權行為。

由實質面觀察，債權行為或稱債務行為者❾，乃以發生債權債務為其內容之法律行為，其特徵在於債權行為之作成，債務人負有給付之義務；債權人基於債之關係，得向債務人請求給付。而所謂給付，依民法第 199 條：「債權人基於債之關係，得向債務人請求給付。給付，不以有財產價格者為限。不作為亦

---

❽ 鄭玉波，黃宗樂修訂，《民法總則》，三民書局，修訂十五版，2003 年 2 月，頁 71。

❾ 基本上，債權行為與債務行為乃由債之兩面關係觀之，學者間有不同說法。因相對於物權行為，故多稱之為債權行為。本文認為，如真認為有正名之爭，不妨比照民法稱之為「債之行為」。

得為給付。」之規定，包括作為與不作為，且不以有財產價值者為限。例如物之出賣人負有交付其物於買受人，並使其取得該物之所有權之義務；買受人對於出賣人有交付約定價金及受領標的物之義務。

　　易言之，債權行為使義務人受其行為之拘束，使其產生法律上之負擔——給付義務，但給付效果尚待履行。債權可以為單獨行為，例如捐助行為；亦可以為契約，包括單務契約，例如贈與契約；保證契約，亦包括雙務契約，例如買賣契約；不完全雙務契約，例如委任契約，委任人之費用償還義務不以相對給付為條件。

　　物權行為因強調當事人之意思在物權變動中之作用，承認交付或登記中含有獨立之意思表示。因此，物權係根據當事人之意思而依其法律行為變動，而非依法定之事實行為而變動；從而使私法自治發揮到極致，各種作成交易之可能性擴張到極致❿。

　　物權行為乃現實變動物權關係之財產行為，亦即以物權之設立、變更或廢止為目的之法律行為。物權行為指能直接使物權發生取得、喪失或變更效果之法律行為。物權行為可以是單獨行為，例如民法第 764 條所有權之拋棄；物權行為亦可以是契約，例如民法第 761 條第 1 項規定「動產物權之讓與，非將動產交付，不生效力，但受讓人已占有動產者，於讓與合意時，即生效力。」條文中所謂讓與合意，即指物權讓與合意，亦即一般所稱之物權契約⓫。

　　至於準物權行為，則是以債權或是無體財產權作為標的之處分行為，例如民法第 294 條：「債權人得將債權讓與於第三人。但左列債權，不在此限：一、依債權之性質，不得讓與者。二、依當事人之特約，不得讓與者。三、債權禁止扣押者。前項第二款不得讓與之特約，不得以之對抗善意第三人。」所規定之債權讓與，以及民法第 343 條：「債權人向債務人表示免除其債務之意思者，債之關係消滅。」所規定之債務免除，均是準物權行為之適例，不論債權讓與或是債務免除，均使物權以外之權利直接發生變動，與物權行為具有類似性，故稱之為準物權行為⓬。

---

❿　蘇永欽，〈物權行為獨立性與相關問題〉，《民法物權爭議問題研究》，五南圖書，1999 年 1 月，頁 27。

⓫　吳光明，《民法總則》，三民書局，2008 年 6 月，頁 360。

二、要因行為與不要因行為

學理上，根據法律行為與其原因之關係為標準，即依法律行為得否與其原因相分離，是否以其原因為要件，將其劃分為要因行為和不要因行為。

學者對該概念稱：「要因行為云者，以原因為法律行為之要件之謂也；非要因行為則異是。在非要因行為，原因超然屹立於法律行為之外，不以原因之欠缺致法律行為之效力受其影響。」❸另有學者則指出，「法律行為以得否與其原因相分離，亦即是否以其原因要件，可分為要因行為及不要因行為。要因行為亦稱有因行為、原因行為，不要因行為亦稱無因行為。要因行為，指法律行為與其原因不相分離，以其原因為要件之法律行為；不要因行為，指法律行為與其原因分離，不以其原因為要件之法律行為而言。」❹

由上述之定義可知，區別此一分類之內涵，乃法律原因是否是法律行為之要素。在要因行為，如其原因欠缺、給付不能、違反法律、有背公序良俗，或當事人對其原因意思表示不一致者，則法律行為不生效力。非要因行為者，不以原因為法律行為之要素。易言之，即原因超然屹立法律行為之外，不以原因之欠缺，致法律效力受其影響。

三、負擔行為與處分行為

法律行為，依其效力之不同，可分為負擔行為及處分行為。負擔行為者，乃以發生債權債務為其內容之法律行為，亦即為債權行為或債務行為❺。負擔行為（債權行為）通常為要因行為。處分行為（物權行為）通常為不要因行為❻。

負擔行為之主要特徵，在於因其行為之作成，債務人負有給付之義務。債

---

❷ 物權行為與準物權行為中，有重大區別，一在關於準物權行為，尚未建立公示原則，二則準物權行為，原則上無善意取得制度。例如債權讓與於雙方意思合致時即發生效力，不動產轉移於交付外，仍須登記。

❸ 梅仲協，前揭書，頁64。

❹ 王澤鑑，〈民法總則〉，《民法實例研習叢書㈡》，前揭書，頁200、201。

❺ 王澤鑑，《民法總則》，前揭書，頁198。

❻ 邱聰智，《民法總則（上）》，三民書局，2005年2月，頁502。

權人基於債之關係，得向債務人請求給付。而所謂給付，包括作為和不作為，且不以有財產價值者為限，已如前述。

　　處分行為者，乃直接使某種權利發生、變更或消滅之法律行為，包括物權行為、準物權行為。物權行為係指現實變動物權關係之財產行為；準物權行為係指以債權或無體財產權作為標的之處分行為，例如債務免除、抵銷、債權讓與等。此類行為雖不以發生物權變動為其直接效果，但該行為之結果，亦將發生權利變動，頗與物權行為類似，學說遂將之稱為準物權行為。

肆、負擔行為與處分行為間分類之關聯

一、負擔行為與處分行為間之關係

　　負擔行為與處分行為間之聯繫關係❶，學理上，可歸納出以下幾種情形：
1.負擔行為與處分行為並存
　　例如甲出賣某車給乙（買賣契約、負擔行為），並依雙方讓與所有權之合意交付之（物權契約、處分行為）。
2.僅有負擔行為而無處分行為
　　例如，在僱傭、租賃契約，其債務之履行係屬事實行為，不發生處分行為之問題。
3.僅有處分行為而無負擔行為
　　例如動產之拋棄與地上權之拋棄，亦即僅有物權行為而無債權行為。

二、要因行為與不要因行為分類之實益

　　要因行為與不要因行為分類，有其實益；本文認為，此亦即物權行為無因性之優點，茲分述如下：
㈠確定法律關係
　　法律關係明確，有利於準確地把握法律行為之性質，正確適用法律，以判

---

❶　王澤鑑，《民法總則》，前揭書，頁 199。

別民事主體之間法律關係所處之狀態。

(二)維護交易安全

例如所有之法律行為，均為要因行為，法律行為將會一再受到其他相關法律行為之影響，其原因關係就會在同一標的物上累計，以致權利行為無效之原因益增，欲確認交易之權利或性質，將會更形困難，甚至根本無法進行後續之交易。為斷絕原因關係之瑕疵，避免對後續之交易造成影響，遂規定不要因行為，使交易雙方只須關注個別交易之合法有效性，以維護交易安全並便利財產流轉。

(三)完備民法體系

我國民法於理論上雖有各種分類，而各種分類又各有相似與交集，但畢竟不能相互取代。況法律行為本來就具有多樣性與複雜性，愈是從不同角度分析與探討，民法理論之張力才能更大，思維亦才能更為寬廣周延，此亦為要因行為與不要因行為分類之重要實益。

伍、物權行為之無因性

一、物權行為之相關學說

物權之所以發生變動，以物權行為而衍生者最多；物權行為之意義，則因各國物權行為立法例之不同，而有差異，按物權行為之立法體例，亦有三種不同區分[18]。

(一)意思主義

在意思主義之立法例之下，物權因法律行為而變動時，僅需當事人之意思表示，即可發生效力，不需以交付或登記為其成立或生效要件。換言之，物權之變動係債權契約之效果，在債權行為之外，不認為有物權行為存在，而交付

[18] 劉得寬，〈對物權行為的無因性與獨立性之探討〉，《民法物權論文選輯》，五南圖書，1984年，頁36；謝在全，《民法物權論》，上冊，修訂二版，自版，2004年8月，頁91-94。

與登記不過是對抗第三人之要件而已。法國民法（參閱法民第 711、1138 條）、日本民法（參閱日民第 176 條）均採之。

㈡形式主義

形式主義又稱登記或交付主義，認為物權因法律行為而變動時，須另有物權變動之意思表示，以及履行交付或登記等之法定形式，始能成立或生效。只要交易之當事人雙方符合要件即可移轉，並無須有一與債權行為相對立之物權行為存在，德國民法採之。按德國民法特別將發生債權之合意，稱為普通契約 (Vertrag)，變動物權之合意，則稱為物權之合意 (Eingung Auflassung) 以示區別。而一個法律行為不能同時發生債權及物權變動雙重效果行為，債權行為僅能發生債之關係，必須另有物權行為方能發生物權變動之效果，故物權行為另外獨立存在，具有獨立性。

㈢折衷主義

由於形式主義與意思主義各有其優缺點，因而產生折衷主義，此主義又稱物權意思主義，以形式主義為主，參酌意思主義，認為除債權行為外，物權變動乃因物權行為，以及交付或登記等形式要件而移轉。

然而，從我國民法第 758 條：「不動產物權，依法律行為而取得、設定、喪失及變更者，非經登記，不生效力」，及第 761 條：「動產物權之讓與，非將動產交付，不生效力。但受讓人已占有動產者，於讓與合意時，即生效力。讓與動產物權，而讓與人仍繼續占有動產者，讓與人與受讓人間，得訂立契約，使受讓人因此取得間接占有，以代交付。讓與動產物權，如其動產由第三人占有時，讓與人得以對於第三人之返還請求權，讓與於受讓人，以代交付。」等規定觀之，我國關於物權變動採形式主義，殆無疑義。

再者，民法債編增訂第 166 條之 1：「契約以負擔不動產物權之移轉、設定或變更之義務為標的者，應由公證人作成公證書。未依前項規定公證之契約，如當事人已合意為不動產物權之移轉、設定或變更而完成登記者，仍為有效。」此一條文目前雖尚未實施[19]，但由其條文內容，仍足見物權行為形式主義，已在我國民法落地生根[20]。

---

[19]　民法第 166 條之 1 施行日期，由行政院會同司法院另定之。

[20]　謝在全，前揭書，頁 94。

至於我國就物權行為之立法體例，學者意見不一，有認為採肯定主義者，有採否定主義者，然依大法官會議解釋理由書中所敘：「民法上之法律行為，有債權行為與物權行為，除法律有特別規定外，前者於特定人間發生法律上之效力，後者於以公示方法使第三人得知悉之狀態下，對任何第三人均發生法律上之效力。故動產以交付為公示方法，不動產以登記為公示方法，而以之作為權利取得喪失、變更之要件，以保護善意第三人。如其事實為第三人明知或可得而知，縱為債權契約，其契約內容仍非不得對第三人發生法律上之效力。」❷❶從而，有學者認為，我國乃採物權意思主義 ❷❷；其更進一步認為，物權行為之概念是德國法制所獨有，不存在於法國法，更不存在於英美法。而且將債權行為與物權行為分離，將違背社會生活常情，實務上，且與國民觀念不符 ❷❸。因此，物權行為雖為我國通說所承認，但其實是經修正後之物權行為概念，而非與債權行為絕對區分之獨立性與無因性 ❷❹。

二、物權行為無因性理論之創設

上述學說之爭議，其主要之爭點在於物權行為之無因性理論；此等理論為德國歷史法學派在解釋羅馬法時所創設之制度。而我國民法則是一完全襲自德國法之純粹抽象思維之制度 ❷❺。原則上，任何法律行為所導致之財產上變動，均有其法律上原因，無論債權行為或物權行為皆如是。物權變動之法律原因，則為債權行為，無法律原因之物權變動，在現實生活中，實無法想像。換言之，在物權行為無因性下，債權契約不會直接使物權發生變動 ❷❻。

---

❷❶ 參閱司法院釋字第 349 號解釋。

❷❷ 謝哲勝，〈物權行為獨立性之探討〉，《政大法學評論》，52 期，1994 年 12 月，頁 345–364。

❷❸ 謝哲勝，〈民法物權編修正草案綜合評析〉，臺灣財產法暨經濟法研究協會，2006 年 2 月，頁 49。

❷❹ 鄭冠宇，〈物權行為無因性之突破〉，《法學叢刊》，172 期，1998 年 10 月，頁 59–72。

❷❺ 王澤鑑，〈物權行為無因性理論之探討〉，《民法學說與判例研究(一)》，自版，1998 年 9 月，頁 282。

❷❻ 陳自強，《契約之成立與生效》，學林文化事業，2002 年 3 月，頁 408。

就社會實際生活以觀，如前述「負擔行為與處分行為並存」之情形，應屬最常見之狀況；然而物權行為無因性理論，卻將「物權行為」與「債權行為」分離，亦即將物權行為獨立於債權行為之外，換言之，物權行為無因性，乃指物權行為有其本身獨立之效力，不受其原因行為之債權行為效力影響❷。原因行為有不成立、無效或撤銷之事由時，並不必然導致物權行為亦不成立、無效或撤銷。

三、物權行為無因性理論之實例

一般而言，當事人間進行財產行為，均有其典型交易目的。舉例言之，某一買賣契約之履行，當事人雙方，一方移轉標的物，而他方交付價金，此當中包含一個債權行為與兩個物權行為，在物權行為無因性原則之下，債權行為與物權行為完全分離，亦即一個買賣交易分為一個債權行為兩個物權行為；如此三個行為完全分開而獨立，概念清楚，關係明確。每一法律行為之效力容易判斷，對法律之適用甚有裨益❷。

於上開交易情形，如果買賣契約違反法律禁止性規定或公序良俗等規定，故而無效或撤銷，雙方當事人可否請求對方返還已給付之標的物？根據物權行為無因性之原則，物權行為即使在其原因之債權行為無效之情況下，仍然產生法律效果。標的物之受讓人仍能保留標的物之所有權，出賣人喪失所有權，出賣人不能基於物權之請求權要求返還原物，所有權人僅能基於不當得利之請求權要求返還，故原所有權人喪失所有權，而獲得債權。

如果買受人將標的物出賣給第三人，則為有權處分，出賣人不能享有追及權，而僅能請求買受人返還因轉賣所得之價金。第三人直接取得標的物時，即使是出於惡意❷，亦得取得標的物的所有權。如買受人在標的物上設立擔保物權，由於擔保物權具有優先於普通債權之效力，出賣人不能請求返還標的物，僅能向買受人請求損害賠償。

---

❷　曾世雄，〈民法總則之現在與未來〉，《曾與陳同道堂法學文集》，自版，1993 年 6 月，頁 183–193。

❷　王澤鑑，〈物權行為無因性理論之探討〉，前揭書，頁 264。

❷　此之所謂惡意，即明知或應知買賣契約無效或被撤銷。

如上所述，雙方之間轉讓標的物之買賣契約歸於無效，則當事人間之法律關係，理應恢復到契約訂立以前之狀態之中。但是如嚴格地遵守物權行為無因性之原則，契約雙方當事人之法律關係可能被重塑，原買受人成為所有權人，而原所有權人卻成為可以請求對方返還標的物的債權人。債權並無優先性與排他性的，原所有權人之原權利即因而被降格，可見物權行為無因性之結果，對原所有權人非常不利。

陸、物權行為無因性及其局限

一、物權行為無因性對交易當事人之影響

在嚴格區分債權與物權情況下，物權支配性與排他性之本質、優先性以及物上請求權等效力，就當事人言之，物權優於債權。然而，由於物權行為無因性，以致承認物權行為之效力不受債權行為效力之影響情況下，物權之變動僅由物權行為之效力決定。蓋如債權行為無效，而相對應之物權行為仍有效。如此發生下列兩種情況：

　　1.在無第三人時，買受人取得物權情況下，出賣人僅能依不當得利向買受人主張債權。

　　2.在買受人將標的物轉讓第三人情況下，出賣人僅能依不當得利向買受人主張返還請求權。

因此，物權行為無因性被認為對出賣人極為不利。

二、物權行為無因性與交易安全

依德國學者薩維尼之主張，在基於買賣契約而發生之物權行為中，同時包含兩種法律行為，即債權行為與物權行為，而且物權行為之效力不受債權行為之影響。

因此，在承認物權行為無因性之情況下，因物權變動僅係物權行為之結果，與債權行為無關。所以只要物權行為有效，則物權變動有效。從而，買受人取

得物權後，對該標的物為處分，則第三人可取得該標的物之所有權，故物權行為無因性有利於保護交易安全。

三、物權行為無因性理論之缺點

由民法第 758 條以及第 761 條等規定，可見我國關於物權變動採形式主義，在形式主義下之物權行為，具有獨立性與無因性兩種特性，已如前述。

然而，物權行為無因性理論，亦有其缺點，茲分述如下：

㈠虛構之抽象物權行為概念難以定義

在一個買賣契約中，確實可以看到有兩種或兩個階段之行為，其性質與表現形式均有不同，然而，此並不意味物權行為必須獨立存在，且不受債權行為效力之影響。以同一個債權契約為基礎之債權行為與物權行為，亦不能截然地分開，因為債權行為之效力，直接決定交付行為之效力。因此，所謂物權行為之無因性，實為一種虛構之抽象物權行為概念。

㈡買賣涉及三項法律與社會生活不符

在日常現實生活中，買賣雙方一手交錢一手交貨之銀貨兩訖狀況乃屬平常，而一個買賣若是失效或撤銷，日常生活中通常習慣退錢或退貨，回復原本狀況。物權行為之無因性將一個買賣切割為三個法律行為，其中甚至包含民眾所不熟知之物權行為，遑論其後之請求權返還理論，此乃嚴重與人民觀念和日常生活脫節。

一般而言，如果在立法草案中以教科書式之句子，強行將一樁簡單之物品買賣，在至少是三個法律領域中，依法定程式徹底分解開來，則理論上與生活顯然不符。例如有人去商店買一雙手套，該人本可一手交錢一手交貨，然其必須提防要發生之三件事情：

1. 此係訂立一個債法上之契約，因而產生之債務關係，必須清償履行。

2. 其係締結一與其法律原因完全脫離，且以所有權轉移為目的之物權契約。

3. 在上述兩個法律行為之外，其必須進行雖然是一項法律「動作」，但並非法律行為之交付。

然而，上述似乎是純屬虛構，如果現在將實際中一個統一之法律行為之兩種思維方式，編造成兩種各自獨立之契約，則不僅僅是腦袋中怎麼想問題，而

是從思維方式之超負荷損害實體權利❸。

(三)違背意思表示自由之精神

　　私法自治原則之內涵,在於私法自治與法律行為制度,依當事人意思表示,發生法律行為,產生法律效果。然而,物權行為獨立性與無因性理論,以買賣為例,將一行為切割為多個意思表示,惟民眾於日常生活中所為者,往往只是出於一種單純之意思表示及行為,其間並無切割,刻意以物權行為無因性之複雜理論予以規範,反而違背意思表示自由之精神。

(四)架空法律理論

　　無可否認地,法律雖是對生活之抽象規定,但法律亦應是生活之具體表現;法律是專門之學術,但亦應是生活常識。換言之,法律應以現實生活為發展基礎。現代法律體系日趨龐雜精密,法律是否能發揮定紛止爭之功效,是否能有效解決現實生活中之問題與爭端,實現公平與效率之法理念,乃民眾對法律之深切期許。因此,物權行為無因性理論之缺點,即為一般人所詬病之架空法律理論。

柒、結　語

　　物權行為之概念,是法律科學化之產物,而我國民法之法律體系,是建構在抽象化程度不一之法律概念上❹,其中屬物權行為上位概念之處分行為,抽象化之程度更高。然而,由於社會生活複雜多樣且瞬息萬變,故以抽象之法律理論,欲因應實際生活上之各種問題態樣,不免有時而窮。

　　面對複雜多變之社會,物權行為之無因性理論,固然具有明確法律關係、維護交易安全、完備民法體系等優點,卻也有著難以定義、與社會生活不符、違背意思自由精神及架空法律理論等缺失。

　　雖然在德國法上,物權行為無因性理論是物權行為獨立性之必然結果,但

---

❸　參見德國學者 K. Zweigert 與 H. Ktz 著,《物權契約理論——德意志法系的特徵》,孫憲忠譯,《外國法譯評》,4 期,1995 年 2 月,頁 1。

❹　陳自強,前揭書,頁 15。

一方面主張獨立性，另一方面主張無因性相對化，此不僅在理論上有所矛盾，且適用上亦有相當困難。然而，我國晚近判例學說乃漸致力於緩和物權行為之無因性，使該等理論趨於相對化。換言之，在承認物權行為之無因性與獨立性下，為兼顧原物權人之利益與保障社會交易安全，必須斟酌個案情形，妥適運用❷，庶免因一味地遵循無因性之原則，致流於以偏概全。

　　茲以一手交錢一手交貨之買賣為例，其債權行為與物權行為既同時為之，應可解為兩者同其命運。亦即債權行為與物權行為係依當事人意思互相結合者，可適用民法第 111 條：「法律行為之一部分無效者，全部皆為無效。但除去該部分亦可成立者，則其他部分，仍為有效。」之規定意旨，使債權行為成立之同時，物權行為亦發生效力。如此，在維護物權行為無因性之原則與彈性下，允能提供社會生活更完善之規範。

---

❷　吳光明，〈論基於物權行為之物權變動——德國與我國現行制度之檢討〉，《民法七十年之回顧與展望紀念論文集㈢》，元照出版，2000 年 9 月，頁 137–170。

第二編

所有權

第4章
所有權通則

壹、概　說

古羅馬最初為原始社會，以放牧為生，隨著社會生產力之發展，私有制度逐漸興起。原來整個部落公有之財產，逐漸被以家庭為中心之小團體所控制。而後，隨著個人權利之興起，最後財產成為個人所有。

換言之，所有權為社會之產物，亦是一種歷史現象。人類社會產生私有制後，為區分私有財產與公有財產、自己財產與他人財產，並為保障實際財產歸屬關係之實現，即產生所有權以及與之相關之一系列法律形式。所有權是社會物質財產，包括生產資料與生活資料之歸屬關係藉以實現之法律形式。

所有權係物權制度之基本型態，具有歸屬與支配雙層意義。所有權是其他各種物權之基礎，所有權以外之物權，均由所有權中派生出來。由於所有權為各種限制物權所產生之源泉❶，因此，關於所有權之規定，在物權法中當然居於核心地位。

我國民法未對所有權下直接之定義，一般而言，所有權係指在法律限制內，對於標的物為一般全面之支配而具有彈性及永久性之物權。換言之，係對物得為占有、使用、收益、處分，並得排除他人干涉之概括、全面、永久之物權，故又稱為完全物權❷。

由於所有權制度之設置，過於強調對於歸屬關係之確定，對於利用關係之維護，則較不重視。因此，過於強調靜態安全之保護，一定程度上忽略交易安全之動態移轉。結果導致所有權之運行與保護成本代價高昂，未發揮出應有之作用。

基此，本章首先擬探討所有權之法律特徵與權能。其次擬探討基於所有權而產生之請求權，包括物上請求權、基於所有權以外之物請求權等。再次擬探討動產與不動產所有權之取得時效，包括建立時效取得之必要性、動產所有權之取得時效、不動產所有權之取得時效。此外，擬探討取得時效期間完成後之

---

❶　吳光明，《物權法新論》，新學林出版，2006 年 8 月，頁 56。

❷　謝哲勝，《民法物權》，三民書局，2007 年 9 月，頁 46。

效力、取得時效之中斷、所有權以外財產權之取得時效等。最後，提出檢討與
建議，以供參考。

貳、所有權之法律特徵與權能

一、所有權之法律特徵

㈠所有權多重概念

所有權具有多重含義概念，其可從如下不同角度觀察：

從作為一項法律制度言之，所有權制度是在法律上以法律之手段保護所有
制關係之一種法律關係之總稱。

從作為一種法律關係言之，其主體為所有人與非所有人，其客體為物，其
內容為所有人對其財產享有絕對支配權，且不受任何侵犯之權利。

從作為一種民事權利言之，其所有人對其財產依法享有獨占支配權。

上述三層含義，彼此關係密切，且相互聯繫。

㈡法律特徵

所有權具有以下各種法律特徵❸，茲分述如下：

1.所有權是一般而全面支配其客體之物權

所有權對於標的物，得為一般、全面及概括之占有、管理、使用、收益及
處分，此與其他物權，如地上權、典權或質權等，對標的物之支配，僅限於一
定範圍內者不同。故學說上稱為全面之支配權。

2.所有權具有對抗一切人之權利

基於所有權之物上請求權與債權請求權不同，債權請求權之發生係根據契
約、無因管理、不當得利、侵權行為等，故僅能對抗上述之相對人。而所有權
具有對世之效力，可對抗一切之人。

3.所有權具有排他性

基於一物一權主義，在同一物上僅能有一個所有權，而不能同時成立兩個

---

❸　王澤鑑，《民法物權(一)——通則、所有權》，自版，1997 年 9 月，頁 128、129。

或兩個以上之所有權❹。

4.所有權具有整體性

所有權是完整之物權，故具有整體性，蓋所有人對該物權享有占有、使用、收益及處分之完整權利，而其他物權僅具有所有權之部分權能。

5.所有權具有彈力性

所有權人可將其占有、使用、收益及處分之完整權利，自由伸縮其內容，例如於所有權上設定地上權、典權或將其所有物出租，致其所有權之權限大受限制，其本身已僅虛有其名，而不具何等權能之型態，學理上稱為所有權之虛有化，空虛所有權或裸體所有權❺。然一旦其所設定之他物權消滅，則所有權當然立即恢復全面支配之圓滿狀態，此亦即所有權之彈力性。

6.所有權具有永久性

所有權隨標的物之存在而永遠存續，此即所有權之永久性。因此，當事人不得以契約預定其存續期間。此外，所有權之移轉得附解除條件或終期，於條件成就或期限屆滿時，發生權利主體之變更，但對所有權本身，並無影響❻。

二、所有權之權能

民法第 765 條規定：「所有人，於法令限制之範圍內，得自由使用、收益、處分其所有物，並排除他人之干涉」，係關於所有權權能之規定。

所有權之權能稱為所有權之作用或所有權之內容，有積極權能與消極權能之分。積極權能為使用、收益與處分；消極權能是指所有人排除他人之不當干涉。茲分述如下：

㈠使　用

使用係指不毀損物體，亦不改變物之性質，所有人按照所有物之用途，加以利用，實現物之使用價值，滿足自己之需要。使用主要是自己使用自己之物，但亦包括允許他人使用，例如將自己之腳踏車借給他人使用。使用既屬所有權

---

❹　共有係另外一種情形，而非兩個所有權。當然，一物一權主義，亦不允許有互不相容之兩個以上物權同時存在於同一標的物上。

❺　謝在全，《民法物權論》，上冊，增訂二版，自版，2003 年 7 月，頁 181。

❻　王澤鑑，前揭書，頁 129。

之一種權利，使用與否即為所有權人之自由，但有時法律規定在一定情形下，所有人有使用之義務，例如土地法第 89 條第 1 項規定「直轄市或縣（市）地政機關對於管轄區內之私有空地及荒地，得劃定區域，規定期限，強制依法使用」❼，即規定私有空地與荒地所有人之使用義務。所有人對自己之物之使用方法當然可以由自己決定，但法律有時亦加以限制。例如土地法對於土地的使用方法就有各種規定，特別是對各種編定土地❽規定有一定之使用方法。

(二)收　益

收益為所有人對所有物獲得物質利益，包括所有物之天然孳息或法定孳息。例如收取果樹之果實，或母牛生出之小牛，收取存款利息、出租房屋之租金等。依照民法第 766 條規定，除法律另有規定外，物之組成部分與原物脫離而成為獨立之物時，該物亦屬於所有人所有，例如果實自然落於地上，仍屬於果樹所有人所有。又如將物租給他人使用，可因租用而取得租金，此部分屬於收益之範圍。收益亦常受到法律之限制，例如土地所有人收取地租、房屋所有人收取房租，法律上均有限制。

(三)處　分

處分可分為事實上之處分與法律上之處分兩種。

1.事實上之處分

事實上之處分，例如所有權人將所有物消費或者毀滅。

2.法律上之處分

法律上之處分，例如所有人將所有物出賣或贈送他人。法律對於所有權人的處分權能，有時亦有限制，例如已廢止之實施耕者有其田條例第 28 條規定有關「承領耕地移轉」之限制❾。

(四)排除他人干涉

---

❼　按土地法於 1930 年 6 月 30 日公布，歷經多次修正，最近一次修正於 2006 年 6 月 14 日。

❽　此所謂之各種編定土地，例如耕地、建築用地等。

❾　按實施耕者有其田條例第 28 條規定：「耕地承領人依本條例承領之耕地，在地價未繳清前不得移轉。地價繳清以後如有移轉，其承受人以能自耕或供工業用或供建築用者為限。違反前項規定者，其耕地所有權之移轉無效。」該條例已於 1993 年 7 月 30 日廢止。

排除他人干涉係指所有權人對他人於其物的妨害、干擾或侵占，有權依據法律的規定享有各種物上請求權與損害賠償請求權，以排除或防止其侵害。

民法第 765 條規定：「所有人，於法令限制之範圍內，得自由使用、收益、處分其所有物，並排除他人之干涉」，即所有人僅在法令許可之範圍內，或者，在法令未加禁止或限制的範圍內，始得自由地行使此等權能。此所謂「法令限制之範圍內」，除法律外應僅包括具有法律效力之命令，不得解為一般之命令❿。

再者，此種限制，除上述已列舉者外，散見於民法與其他法律。民法中之限制，如民法第 148 條規定之禁止權利濫用，以及關於民法第 789 條至第 796 條相鄰關係中之規定等是。其他法律中之限制，如水利法、森林法、漁業法、礦產法、土地法等法律中，均有很多此方面之規定。

參、基於所有權而產生之請求權

基於所有權而生之請求權，係對物權之一種保護方法。所有權是對物之排他性支配權，因而，在受他人不法干涉時，所有權人得依法排除其干涉，在受到損害時依法除去損害。所有權人依法享有此種排除妨害、恢復所有權圓滿狀態之請求權稱為物上請求權。民法所規定之物上請求權有三種，即：所有物返還請求權、除去妨害請求權、防止妨害請求權，茲分述如下：

一、物上請求權

㈠所有物返還請求權

民法第 767 條第 1 項前段規定：「所有人對於無權占有或侵奪其所有物者，得請求返還之」，行使這種請求權必須具備如下要件：

1.請求人為物之所有人

由於該項請求權並非專屬權，因此不限於物之所有人本人行使，其代理人、有代位權之債權人、破產管理人、遺產管理人均可行使。共有人亦可行使此種請求權。

---

❿　姚瑞光，《民法物權論》，大中國圖書，1980 年 10 月，頁 4。

2.相對人須為無權占有或侵奪其所有物之人

相對人須為無權占有或侵奪其所有物之人，不限於現在直接占有人。無權占有所有物，係指被請求時，已無正當理由而繼續占有。侵奪其所有物，係指以非法之手段，侵奪其所有物。

3.須標的物有適於返還之性質

如標的物有不適於返還之性質，則不能請求返還。換言之，僅對特定物發生返還請求權。

所有物返還請求權之效力，在於使占有人交付原物於所有人，其係占有之移轉，而非所有權之移轉。既然為占有物之返還，因而請求人與相對人間之權利義務關係，即準用民法第 952 條至第 959 條所設❶。所有物返還請求權是否適用消滅時效之規定，學者對此見解不一。

(1)肯定說

採肯定說者，認為民法第 125 條所稱之請求權，包含所有物返還請求權在內，如在十五年內不繼續行使，則時效消滅。

(2)否定說

採否定說者，認為所有物返還請求權與所有權同在，在所有權存續期間內，隨時不斷發生，故該請求權不應罹於時效而消滅。

通說採否定說，本文亦贊同。

(二)除去妨害請求權

民法第 767 條第 1 項中段規定：「對於妨害其所有權者，得請求除去之」，此種請求權，又名妨害排除請求權。其行使要件與所有物返還請求權要件大致相同，但具有如下之特點：

1.相對人係以占有以外之方法妨害所有權內容實現之人，此時並須考慮行為人是否出於故意或過失。

2.須有妨礙所有權行使之行為。

3.必須所有人對此妨礙行為無容忍義務。基於社會共同生活及相鄰關係負

---

❶　關於占有回復請求權與占有人間關係之規定，可依侵權行為、無因管理及不當得利等規定，請求占有人返還因占有物所獲得之利益。該財產如有損毀、滅失，占有人不論對於損毀、滅失有無過失，該相對人均應負損害賠償責任。

有容忍他人妨礙之義務者，不成立排除妨害請求權。

　　排除妨害請求權之效力，在於法院依法強制妨害行為人負擔費用除去妨礙後果。又解釋上，已登記不動產所有人之除去妨害請求權，不在司法院釋字第107號解釋範圍之內，但依其性質，亦無民法第125條消滅時效規定之適用⓬。

(三)防止妨害請求權

　　防止妨害請求權又名妨害預防請求權。民法第767條第1項後段規定：「有妨害其所有權之虞者，得請求防止之」，即所有權人在有受侵害、妨礙之危險時，依法有消除危險之請求權。基於「妨害之虞」之確定，民法對此並無明文規定，應就具體情況定之。

　　所有權防止妨害請求權之效力在於由法院判決令侵害人消除妨害之原因。

二、所有權以外之物權之請求權

(一)舊民法之規定

　　舊民法第858條原規定：「第七百六十七條之規定，於地役權準用之。」然而，如依「明示其一，排斥其他」之法理，民法第767條於所有權以外之其他物權並無類推適用或準用之餘地。

(二)新民法之規定

　　新民法修正理由認為，民法第767條規定「所有物返還請求權」及「所有物保全請求權」，具有排除他人侵害作用。

　　學者通說以為排除他人侵害之權利，不僅所有人有之，即所有權以外之其他物權，亦常具有排他作用。茲舊民法第858條僅規定：「第七百六十七條之規定，於地役權準用之。」於其他物權未設規定，易使人誤解其他物權無適用之餘地。為期周延，新民法第767條第2項乃規定：「前項規定，於所有權以外之物權，準用之。」新民法並刪除舊民法第858條之個別準用之規定⓭。學者亦認為，新民法第767條第1項之規定乃我國法定物權妨礙排除共通效力之基本準據。

⓬　司法院釋字第164號，《大法官會議解釋續編(一)》，頁167。

⓭　法務部，《民法物權編部分修正條文(通則章及所有權章)》，第767條修正說明，2009年2月，頁24。由於2009年8月7日行政院會已通過〈用益物權及占有〉修正草案，為利於分別，故在此以「舊法」、「新法」稱之。

是以今後無論是占有標的物為權利內容之地上權、典權、地役權、質權、留置權，或是無庸占有之抵押權，權利人皆得在不違反事物本質且必要之範圍內行使之⑭。

 肆、所有權之取得時效

一、建立時效取得之必要性

取得時效之構成要件，主要包括主觀要件、客觀要件與時間要件三方面。

取得時效係占有人繼續占有他人之物，經過一法定期間，在一定條件下，取得其占有物所有權之制度。取得時效，是一種法律事實。因此，因取得時效而取得物權之人不必有取得權利之意思，亦不必有完全行為能力。蓋取得時效而取得，係依法律規定而取得，是一種原始取得。

所有權之取得時效以物之種類為標準，可分為動產所有權之取得時效與不動產所有權之取得時效兩種。新民法第 769 條將上開二條文，均加上「公然占有」，而成為不動產所有權取得時效要件之一⑮。不過應注意，在未登記之前，即使占有人完成取得時效，亦不因此取得所有權。

動產可適用取得時效，為各國民法之通例，但由於善意取得制度⑯亦瓜分取得時效制度之一部分地位，在許多情況下，不能適用善意取得之動產仍有可能適用取得時效，例如下列情況之動產：

㈠經由繼承而取得之財產

---

⑭ 陳榮隆，〈互動而成之新物權通則及所有權〉，《月旦法學》，168 期，2009 年 5 月，頁 2；曾品傑，〈民法物權編所有權部份之修正評析——以通則與共有物管理為例〉，新物權法的解釋適用研討會，2009 年 5 月 15 日，頁 48。

⑮ 法務部，《民法物權編部分修正條文（通則章及所有權章）》，第 770 條修正說明，2009 年 2 月，頁 27。

⑯ 吳光明，〈善意取得制度之設計與省思〉，2006 年兩岸物權法暨侵權行為法學術研討會，2006 年 11 月，頁 1-5。

　　繼承人已依民法第 1138 條規定繼承之動產,如事後被證明其不屬於被繼承人之遺產範圍,而是他人之動產時,若占有人一直以所有人之意思而占有該動產,經過一定期間後,其權利歸占有人所有。

㈡無償取得之動產

　　善意取得僅適用於有償之交易關係而取得之動產,不適用於贈與。故如當事人雙方為贈與關係時,善意取得無適用之餘地,此時僅能適用取得時效制度。

㈢誤以為係無主物

　　誤以為係無主物,但實際上係他人之動產。在此種情況下,占有人一直以所有人之意思而占有該自以為無主物之他人動產,此時不能適用善意取得,但是經過一定期間後,可以適用取得時效來解決問題。

二、動產所有權之取得時效

　　新民法修正理由認為,動產所有權取得時效,雖未明白規定須以「繼續占有」為要件,惟從取得時效之性質言,宜採肯定解釋,況民法關於不動產所有權之取得時效,亦以「繼續占有」為要件,爰增列「繼續占有」為動產所有權取得時效之要件。

　　又舊民法第 768 條條文未區分占有之始是否善意並無過失,一律適用五年之時效期間,與不動產所有權之取得時效以是否善意,規定不同期間者,不盡一致。參諸外國立法例:如日本、瑞士、德國、韓國等,並參考我國之國情,新民法將「五年」修正為「十年」❼。

　　此外,為期動產所有權之取得時效與不動產所有權之取得時效體例一致,並期衡平,爰仿外國立法例:如日本、韓國等,新民法第 768 條之 1 乃增訂:「以所有之意思,五年間和平、公然、繼續占有他人之動產,而其占有之始為善意並無過失者,取得其所有權。」

三、不動產所有權之取得時效

　　新民法修正理由認為,民法第 769 條規定關於不動產所有權之取得時效之

---

❼　法務部,《民法物權編部分修正條文(通則章及所有權章)》,第 768 條修正說明,2009 年 2 月,頁 25。

要件，除自主占有外，僅規定和平、繼續占有。至於是否應為公然占有，法無明文規定，學者通說以為占有他人之不動產，不可以隱密方式為之，必須公然占有，始有對占有加以保護之必要，參諸外國立法例 ⓲，可見明知。

　　況我國新民法第 768 條關於因時效取得動產所有權，亦以「公然」為要件爰予修訂。新民法第 769 條爰予修正，增列「公然占有」為不動產所有權取得時效之要件 ⓳。

　　總之，新民法第 769 條之內容已修改為：「以所有之意思，二十年間和平、公然、繼續占有他人未登記之不動產者，得請求登記為所有人。」

伍、取得時效之效力

一、取得時效期間完成後之效力

　　取得時效期間完成後所產生之效力在動產與不動產之間有所不同。動產與不動產取得時效為原始取得，所以以前存在於該標的物上之一切法律體系，均因取得時效之完成，而歸於消滅。

　　又由於取得時效完成而取得所有權，係依法律規定，即屬於法律上之原因而受利益，故不產生不當得利問題。

二、取得時效之中斷

　　新民法認為，占有人以非和平或非公然之方式占有 ⓴者，是否為取得時效之中斷事由，學者均持肯定見解。而就占有之和平、公然為取得時效之要件言，亦宜作肯定解釋。新民法乃將民法第 771 條條文「變為不以所有之意思而占有」移

⓲　日本民法第 162 條、韓國民法第 245 條均明定關於不動產所有權取得時效之要件，必須公然占有。

⓳　法務部，《民法物權編部分修正條文（通則章及所有權章）》，第 769 條修正說明，2009 年 2 月，頁 27。

⓴　此種非和平或非公然之方式占有，例如強暴占有、隱密占有是也。

列為第 1 項第 1 款，並增列「變為非和平或非公然占有」為第 2 款，俾求明確。

又舊民法第 771 條條文規定，時效中斷事由中所謂「占有為他人侵奪」，範圍過於狹隘，新民法修正為「非基於自己之意思而喪失其占有」，又因與原條文規定「自行中止占有」之性質相近，故分別列為第 4 款及第 3 款。原條文但書之規定僅於非因己意喪失占有之情形始有適用，爰改列為第 4 款但書，免滋疑義。

總之，新民法第 771 條第 1 項規定為：「占有人有下列情形之一者，其所有權之取得時效中斷：

1. 變為不以所有之意思而占有。

2. 變為非和平或非公然占有。

3. 自行中止占有。

4. 非基於自己之意思而喪失其占有。但依第 949 條或第 962 條規定，回復其占有者，不在此限。」

此外，占有人於占有狀態存續中，所有人如依民法第 767 條規定，起訴請求返還占有物者，占有人之所有權取得時效是否中斷，現行法雖無明文，惟占有人之占有既成訟爭之對象，顯已失其和平之性質，其取得時效，自以中斷為宜。新民法第 771 條乃仿外國立法例❷，增訂第 2 項規定：「依第七百六十七條規定起訴請求占有人返還占有物者，占有人之所有權取得時效亦因而中斷。」

再者，民法第 131 條規定：「時效因起訴而中斷者，若撤回其訴，或因不合法而受駁回之裁判，其裁判確定，視為不中斷。」關於因起訴而中斷之取得時效，應為同一之解釋，殆然無疑，不待明文。惟該訴訟因撤回或裁定駁回以外之原因而終結時，其中斷之取得時效應自受確定判決或其他方法訴訟終結時，重行起算，爰仿民法第 137 條第 2 項，增訂第 3 項規定。因此，新民法第 137 條增訂第 3 項規定：「經確定判決或其他與確定判決有同一效力之執行名義所確定之請求權，其原有消滅時效期間不滿五年者，因中斷而重行起算之時效期間為五年。」

三、所有權以外財產權之取得時效

㈠所有權以外財產權準用取得時效之排除

舊民法第 772 條規定：「前四條之規定，於所有權以外財產權之取得準用

---

❷　新民法第 771 條係仿德國民法第 941 條及瑞士債務法第 663 條等規定。

之。」為所有權以外財產權取得時效之準用規定。由於已增訂民法第 768 條之 1，本條「前四條」修正為「前五條」，俾便相符。

然而，「於所有權以外財產權之取得，準用之」云云，從理論上言之，顯然過於寬泛，對於人格權、身分權此類與權利主體之人格、身分不可分割之權利，顯然不可能發生時效取得問題。此外，下列權利亦被排除在取得時效之外❷：

1. 依法律規定不得使用取得時效之權利

對於一些無法以公然繼續之方式表現之權利，不能成為取得時效之客體。例如不表見或不繼續之地役權。又如留置權係依照法律之直接規定成立之權利，亦不能成為取得時效之客體。

2. 因一次行使即歸於消滅之權利

例如解除權、撤銷權、買回權、選擇權等均一次行使即歸於消滅，故不能成為取得時效之客體。

3. 基於身分關係而發生之專屬財產權

例如基於民法第 1114 條規定之互負扶養義務之親屬，其相互間扶養之權利，以及基於身分關係而受領退休金之權利等，不可能成為時效取得之客體。

4. 於行使權利前無法行使該權利

例如抵押權，不但於行使權利前無法觸及權利標的物，且抵押權通常表現於他人之物上之權利，不可能成為時效取得之客體。

5. 需要支付一定對價才能成立之權利

例如租賃權以支付租金為成立要件，不可能成為時效取得之客體。

㈡是否以「他人未登記之不動產」為限之疑義

是否以「他人未登記之不動產」為限，始得因時效而取得所有權以外之其他財產權，理論上非無疑義。蓋民法第 769 條與第 770 條規定時效取得所有權之客體均以未登記之不動產為限，則時效取得地上權依民法第 772 條準用民法第 769 條與第 770 條時，是否限於未登記之土地，實務以「未登記之土地，無法申請為取得地上權之登記，故時效取得地上權不以占有他人未登記之土地為必要」為理由，而採否定見解❸。然而，學者認為，上開理由與時效制度立論

❷ 謝在全，前揭書，頁 266。

❸ 最高法院 60 年臺上字第 4195 號判例。

基礎，未必具說服力。基於時效取得本在鼓勵資源之有效率使用，和平及公然繼續使用土地之占有人，並不因其占有之土地為已登記或未登記，而有所不同❷，本文亦贊同。

為杜爭議，新民法爰明定對於已登記之不動產，準用之，乃於新民法第 772 條後段增訂：「於已登記之不動產，亦同。」符合時效取得制度之本旨，只是時效取得地上權，仍應注意內政部公布「時效取得地上權登記審查要點」之相關規定❷。

四、小結——取得時效制度之檢討

綜上所述，民法中雖有公信原則、善意取得等制度，但取得時效依然有其獨立之適用範圍。尤其在現實生活中許多有關動產歸屬之爭執，需要經由取得時效制度來解決。

但由於不動產現行取得時效制度，規定非常嚴格，且取得時效完成，僅取得「登記請求權」，實務上簡直不可能成功，徒然浪費登記及司法資源，故有認為不如廢除❷。

因此，有學者認為，1999 年修正草案中，在動產、不動產取得時效完成要件已投入很多心力，且在登記完成前，占有合法性以及時效完成中斷等問題上，亦有些規定，然是否應更根本地作政策討論，是否或應作原則性調整，或標的物應否擴張或限制等，希望得到一些具體結論，以供主管機關參考❷。

此外，另有學者認為，權利之名義如不生疑慮，取得時效制度根本派不上用場。例如，民法第 768 條規定，一切動產所有權，均有取得時效。但如航空

---

❷ 謝哲勝，〈民法物權編修正草案綜合評析〉，民法物權編修正學術研討會，2006 年 2 月 18 日，頁 61。

❷ 儘管如此，時效取得地上權仍有諸多程序必須配合。參閱吳光明，前揭書，頁 277–289。

❷ 〈不動產時效取得之探討——兼論民法物權編修正草案〉，陳志雄律師發言，2000 年 12 月 15 日研討會，頁 108。

❷ 〈不動產時效取得之探討——兼論民法物權編修正草案〉，主持人蘇永欽教授發言，2000 年 12 月 15 日研討會，頁 108。

器、汽車、機車、船舶等，並無受取得時效保護之必要，應無取得時效之適用，其他如民法第 772 條規定，所有權以外財產權之取得，準用動產及不動產所有權取得時效之規定，其實，無體財產權亦無受取得時效保護之必要，應無取得時效之適用❷❸。其他如社員權、股東權，亦難獲得解答。凡此種種，民法如此規定，看似正確無誤，其實未必盡然。本文非常贊同。

陸、結　語

　　所有權關係之產生並不取決於個人之主觀意思，亦不取決於某種政治因素，更非法律設計之結果。真正之所有權乃是能表現個人經濟關係與法律權益之個人所有權。

　　然而，由於國家對個人所有權之過度保護，以及所有權之絕對主義，使所有權由個人任意支配，卻形成財富集中、貧富懸殊等不公平現象，最後，乃產生所有權社會化之觀念。此時，原有所有權之規定已不敷使用，新民法乃因多變之社會生活態樣，作全面檢討，增訂並修訂若干條文，以資因應。

　　有關所有權通則部分，新民法物權部分條文乃增訂若干規定，包括所有權以外之物權，準用所有權物上請求權之規定；又因取得時效完成取得地上權，不以他人未登記之土地為限。換言之，亦增訂已登記之不動產準用之規定。

　　此外，新民法修訂動產與不動產取得時效要件，同時並修正取得時效中斷之事由及時效重行起算之準用規定。然而，不動產權利之確定依賴於登記制度，而不動產之占有亦與登記有直接關係。不動產之取得時效完成僅「得請求登記為所有人」，實務上並不容易完成登記。而動產則有建立時效取得制度之必要性。足見，同樣是取得時效制度，但動產與不動產應分別對待處理。

　　總之，民法所有權通則有些規定，看似正確無誤，其實未必盡然之部分，仍須進一步研究。期待經過慎重修訂，有關所有權之觀念與保護等問題，更臻明確，並杜爭議。

---

❷❸　曾世雄，《民法總則之現在與未來》，初版，自版，1993 年 6 月，頁 241、242。

第5章 不動產物權之取得

壹、概　說

　　我國民法物權變動之要件，可區分為公示原則與公信原則。本於公示原則，當財產權被歸類為物權後，則應區分財產權標的為動產或不動產❶。如物權被歸類為動產時，其物權變動係採交付要件主義❷。

　　不動產物權係所有財產權中最重要之權利，且為世界各國財產立法之重要內容之一。

　　所謂不動產物權之變動，係指不動產物權之發生、變更及消滅，合稱不動產物權之變動，如以物權權利人而言，乃物權之取得、設定、喪失與變更。

　　然而，不動產物權取得之問題，主要係探討不動產物權權利取得之各種具體方法、條件以及其所依據之法律基礎。

　　在現代社會中，不動產物權對人民權益與國家法制關係重大，故各國在此領域內，均堅決貫徹物權法定主義。依此原則，法律不但對物權之種類，甚且對物權之取得方法，以及其條件，均作明確規範，蓋惟有如此，才能給不動產物權權利取得人，指引合法之途徑，並使其權利得到法律之承認與保護。

　　不動產物權權利取得所應明確規範之另一問題，係不動產物權本身所包括之權利類別；其中不動產所有權為世界各國所普遍承認，至於不動產所有權以外之用益物權與擔保物權，各國則有一些特別規定。

　　以我國而言，在不動產用益物權上，有地上權、地役權、典權、永佃權等；在擔保物權上，有抵押權等。針對不動產物權之取得，我國民法並未就此為單獨之規定，而係在民法第 758 條中，概括規定不動產物權之取得、設定、喪失及變更，非經登記，不生效力，並於民法第 758 條增列第 2 項：「前項行為，應以書面為之」，並將原第 760 條規定刪除，至於以不動產物權變動為目的之債權

---

❶　胡天賜，《民法財產權意定變動要件之立法政策分析》，中正大學博士論文，2009 年 5 月，頁 113。

❷　限於篇幅，本章僅討論不動產物權之取得。至於有關動產之變動，參閱本書〈動產物權之得喪變更〉。

行為亦宜以書面為之，以昭慎重❸。

　　民法上權利之取得，一般可分類為原始取得與繼受取得，其劃分標準，在於取得人之取得權利，是否依據取得人之相對人之既存權利❹，亦即原權利人之意思表示。而意思表示之本質，即法律行為。依此標準，不動產物權之取得，可分為依法律行為取得與非依法律行為取得兩大類。而依法律行為取得者，又可分為依契約或依單獨行為取得兩種狀況。

　　基此，本章首先擬探討不動產物權權利取得，包括依單獨行為取得、依雙方行為取得。其次擬探討非依法律行為取得，包括先占 (Aneigung)、時效取得 (Ersitzung)、附合 (Verbindung)、繼承、強制執行、徵收或法院之判決、自己出資建築之建築物、依法律之規定等。再次擬探討不動產物權取得之基本立法原則，包括不需當事人意思表示又不需登記者、不需相對人之意思表示但需登記者、需相對人之意思表示亦需登記者。此外，擬探討實務上特殊問題，包括書面之原因與其真意不符問題、不動產物權之移轉之書面得不由本人自寫、授與不以書面契約予以公示者為限、意思表示並未合致不能塗銷登記。最後提出檢討與建議。至於對於雙方行為與不動產物權取得所涉及之物權行為理論，包括其基本含義、理論之評價，已在他章中討論，限於篇幅，茲不贅述。

貳、依法律行為取得

　　依法律行為取得不動產物權，係指以一方當事人之意思表示或雙方當事人之意思表示為基礎，取得不動產物權，而當事人之意思表示必須符合法律所規定之一般原則，方能發生效力。茲將依單獨行為取得與依雙方行為取得，分述

---

❸　陳榮隆，〈互動而成之新物權通則及所有權〉，《月旦法學》，168 期，2009 年 5 月，頁 16。

❹　原始取得指非依據他人既存之權利而取得物權，又稱為固有取得，亦稱權利之絕對發生。繼受取得指依據他人既存之權利而取得物權，又稱為傳來取得，亦稱權利之相對發生。參閱謝在全，《民法物權論》，上冊，修訂二版，自版，2004 年 8 月，頁 78、79。

如下：

一、依單獨行為取得

物權行為之意思表示，在單獨行為，僅為單獨之意思表示即可，例如不動產所有權之繼承與拋棄。

依單獨行為取得不動產物權，其最典型者為依遺囑取得。所謂依遺囑取得，亦即僅依立遺囑人個人之意思表示而生效之法律行為。至遺囑人之範圍、遺產之移轉條件，一般均適用關於繼承法規之規定。又依民法第 759 條之規定，如因繼承等原因而於登記前已取得不動產物權者，應經登記，始得處分其物權。

二、依雙方行為取得

依契約取得不動產物權，即以雙方當事人之意思表示為基礎，而取得不動產物權。換言之，即係以獨立存在之不動產物權，在民法關係主體間之移轉，例如買賣、贈與、互易是也。同時亦包括民法關係主體間，設立一項新之不動產物權——例如用益物權與擔保物權之行為。茲就依雙方法律行為而取得不動產之基本概念、行為種類等，分述如下：

(一)基本概念

依雙方行為取得不動產物權之意思表示一致，一般稱之為契約。而此種意思表示一致，在德國民法中稱為合意 (Einigung)。德國法將物權與債權嚴格區分，以契約作為債務關係發生之根據，而將當事人旨在變更物權關係之意思表示稱為合意❺。

德國民法之立法，結構清晰分明，其法律行為概念，從民法各篇中抽離出來，並作一個總括性規範，規定在民法總則中❻。此一概念及民法典之立法體

---

❺ 蓋德國民法為強化物權變動之實際履行，而以物權公示，作為法律行為之成立要件，故有必要對當事人有關物權變動之意思表示，一致賦予不同於債權意思表示一致之命名。

❻ 然而，德國法學著述當中，亦常用「物權契約」或「物之契約」(dinglicher Vertrag) 之概念表達「物權」合意之意思，以示其與債務契約之區別。參閱 Fritz Baur, *Lehrbuch des Sachenrechts*, 14. Auflage, Verlag C. H. Beck, 1987, S. 15.

例，向為我國民法典所採。

以我國而言，依民法第 758 條及第 760 條❼規定意旨，不動產物權因法律行為而變動者，需具備下列行為要件：

1.須為有處分權人所為

債權行為之有效存在，並不以當事人具有處分權為必要，例如出賣人以第三人之物為買賣標的，與買受人訂立買賣契約，出賣人對該第三人之物雖無處分權，買賣契約仍然合法有效成立。但物權行為如非出於有處分權人所為時，依民法第 118 條第 1 項：「無權利人就權利標的物所為之處分，經有權利人之承認始生效力。」之規定，其效力即受影響。物權行為為處分行為之一❽，因此，須為有處分權人所為。

在此，應注意下列情況，是否有處分權，值得探討：

(1)標的物經查封後之處分權問題

依強制執行法第 51 條第 2 項：「實施查封後，債務人就查封物所為移轉、設定負擔或其他有礙執行效力之行為，對於債權人不生效力。」之規定❾，債務人對於受查封之標的物，非合法之處分權人。

(2)破產人受破產宣告後之處分權問題

有關破產對財團之效力，依破產法第 75 條：「破產人因破產之宣告，對於應屬破產財團之財產，喪失其管理及處分權」之規定❿，破產人對於應屬破產財團之標的物，喪失財團之管理處分。換言之，破產人非有處分權人。

(3)處分權於物權行為完成前物權行為效力問題

處分權必須於物權行為完成時即具備，如於物權行為完成前，已受限制或

---

❼ 2009 年新版民法物權將原第 760 條移至第 758 條第 2 項。其修正理由認為，第 760 條之「書面」，究為債權行為，或為物權行為，適用上有不同見解，爰增訂第 2 項，並將上述第 760 條刪除。

❽ 民法第 118 條第 1 項規定不僅適用於物權，債權亦適用之。

❾ 強制執行法第 51 條第 2 項之規定。按強制執行法訂於 1940 年 1 月 19 日，歷經多次修正，最近一次修正於 2007 年 12 月 12 日。

❿ 參閱破產法第 75 條之規定。按破產法訂於 1935 年 7 月 17 日，歷經多次修正，最近一次修正於 1993 年 7 月 30 日。

喪失，其物權行為即非合法有效。例如某甲將自己所有之房屋一棟所有權讓與某乙，正辦理所有權移轉登記而未辦理完成前，某甲之債權人某丙聲請查封該房屋，此時某甲之處分權已受限制，則該房屋所有權移轉登記嗣後雖辦理完竣，但對某丙仍不生效力，某丙可向法院訴諸塗銷該房屋所有權移轉登記。

2. 須有取得物權之意思表示

取得物權之意思表示除債權行為之意思表示外，另需有物權行為之意思表示存在。而物權行為之意思表示，在雙方行為，為不動產物權變動之合意，至於其是否成立，並得類推適用民法債編關於契約成立之規定。

又不動產物權變動之意思表示，通常存在於其所成立之書面契約，或辦理登記之中，因此，如雙方當事人已有不動產物權變動之書面，或已辦妥登記，自應認為已有此種意思表示之存在。

3. 須以書面為之

舊民法第 760 條規定：「不動產物權之移轉或設定，應以書面為之。」而新修正物權草案第 758 條，將原條文改列為第 1 項，並將第 760 條改列為第 758 條第 2 項，規定為前項登記，應依當事人之書面為之。

上開立法修正之理由，為不動產物權之得、喪、變更之物權行為，攸關當事人之權益至鉅，為示慎重，並便於實務上作業，自應依當事人之書面為之，本法第 760 條之規定，適用上有不同見解，特於第 758 條增訂第 2 項有關登記應依當事人之書面為之規定，並將上述第 760 條刪除。

又此所謂「書面」，係指具備足以表示有取得、設定、喪失、或變更某特定不動產物權之物權行為之書面而言。如為契約行為，須載明雙方當事人合意之意思表示，如為單獨行為，則僅須明示當事人一方之意思表示。至以不動產物權變動為目的之債權行為者，固亦宜以書面為之，以昭慎重；惟核其性質則以於債編中規定為宜。

又依民法第 166 條之 1 第 1 項規定：「契約以負擔不動產物權之移轉、設定或變更之義務為標的者，應由公證人作成公證書。」該條第 2 項規定：「未依前項規定公證之契約，如當事人已合意為不動產物權之移轉、設定或變更而完成登記者，仍為有效。」然而，實務上，該條文施行日期，應「由行政院會同司法院另定之」。然查本條施行日期，迄今尚未由行政院會同司法院另定之 ❶，併此

敘明。

4.有關登記之效力問題

民法第 758 條第 1 項規定:「不動產物權,依法律行為而取得、設定、喪失、及變更者,非經登記,不生效力。」惟「非經登記,不生效力」固為一般之原則,但實務上另認為,如非依法律行為而取得者,雖不以登記為取得所有權之要件,但其取得所有權之原因如經相當確實之證明,而認為有所有權之存在,自仍得據以排除強制執行。而房屋之原始取得,係指出資建築房屋,不基於他人既存權利,而獨立取得房屋所有權而言,並不以登記為生效要件❷。

㈡行為種類

不動產物權取得所依據之雙方行為,在所有權取得上,有買賣、贈與、互易等形式;在用益權取得上,有地上權契約、地役權契約、永佃權契約等;在擔保物權取得上,有抵押權契約等。

隨著社會的進步與變革,不動產物權在實務上益趨彈性化與多元化,以不動產擔保物權言,不動產擔保物權已從定著性轉化為流通性,不但出現流通性抵押,且已被廣泛運用,甚至有其他更為靈活之擔保形式,亦發揮積極之作用。

參、非依法律行為取得

非依法律行為取得不動產物權,係指不動產物權,能夠取得之法律本源,並非基於取得人之意思表示,而此並不意味著不需要一方或雙方當事人之意思表示及其積極之作為;相反地,此種情況在無原權利人或法律有意排斥原權利人之意思表示下發生,故取得人在不動產物權取得時,當然要有積極之作為。例如取得人之某些事實行為,而取得對不動產之占有。茲將此種積極之行為,分述如下:

---

❶ 臺灣臺中地方法院 92 年度簡上字第 35 號判決。

❷ 最高法院 89 年度臺上字第 1480 號判決。

一、先占 (Aneigung)

㈠舊民法之規定

先占是指以取得所有權之意思，依控制支配之事實，管領無主物之行為。世界各國多規定，以先占方式取得之財產，僅限於無主之動產。他人已登記之不動產，包括土地，不得以先占方式取得其所有權。我國民法第 802 條亦規定：「以所有之意思，占有無主之動產者，取得其所有權。」在立法例上，我國之規定與大多數國家大致相同。

㈡新民法之規定

由於新民法第 802 條規定無主之動產，如以所有之意思而占有者，取得其所有權。惟現行法令對於具備上開要件有加以限制其取得所有權之規定者，例如野生動物保育法第 16 條、文化資產保存法第 53 條之規定是。為期周延並明確計，爰於該條增列「法令另有規定」之除外規定。

換言之，新民法之規定，不得以先占方式取得他人已登記之不動產所有權。

二、時效取得 (Ersitzung)

有關不動產之一般取得時效，依新民法第 769 條規定：「以所有之意思，二十年間和平、公然、繼續占有他人未登記之不動產者，得請求登記為所有人。」至於不動產之特別取得時效，依新民法第 770 條規定：「以所有之意思，十年間和平、公然繼續占有他人未登記之不動產，而其占有之始為善意並無過失者，得請求登記為所有人。」

新民法將上開二舊條文，均加上「公然占有」，而成為不動產所有權取得時效要件之一，占有他人不動產，不可以隱密方式為之，必須公然占有，始有對占有加以保護之必要❸。

三、附合 (Verbindung)

㈠舊民法之規定

---

❸　法務部，《民法物權編部分修正條文（通則章及所有權章）》，第 770 條修正說明，2009 年 2 月，頁 27。

附合是指不同所有人之物相結合成為一物，形成新財產。我國民法在確認動產與不動產附合形成新財產所有權歸屬時，實行動產從不動產原則。就不動產上之附合問題，依民法第 811 條規定：「動產因附合而為不動產之重要成分者，不動產所有人，取得動產所有權。」例如某人以他人之油漆，粉刷於另一人之房屋牆壁，則該油漆因附合於房屋牆壁，成為不動產之重要成分，該房屋所有人即取得油漆之所有權。此時原油漆所有人之所有權，即歸於喪失。但原油漆所有人因喪失權利而受損害者，得依新民法第 816 條規定，依關於不當得利之規定，請求償還價額。

㈡新民法第 816 條之修正理由

新民法第 816 條認為，本條原規定主體為「喪失權利而受損害者」，其規範意旨，在於指出不當得利請求權之權利主體。惟依民法第 179 條規定，不當得利請求權之權利主體，為「受損害之他人」（受損人）。解釋上，只要「受損害」即可，不以「喪失權利」為必要。蓋不當得利規定之「損害」概念，範圍相當廣泛，除喪失權利外，尚包括單純提供勞務、支出費用或權益歸屬之侵害等。且「喪失權利」等文字，未盡概括完整，其固然可以說明因附合、混合而喪失動產所有權或該動產上其他權利之情形，但無法涵蓋因加工單純提供勞務而受損害之情形。為求精確，爰刪除「喪失權利」等文字[14]。

四、繼承、強制執行、徵收、法院之判決或其他非因法律行為

依民法第 1147 條規定：「繼承，因被繼承人死亡而開始。」故繼承可取得不動產物權，其餘強制執行、公用徵收或法院之判決，亦可取得不動產物權，只是依新民法第 759 條規定：「因繼承、強制執行、徵收、法院之判決或其他非因法律行為，於登記前已取得不動產物權者，應經登記，始得處分其物權。」該條除例示規定外，尚有所謂「其他非因法律行為」係指因法律規定而取得不動產物權者，例如因除斥期間屆滿而依民法第 923 條第 2 項取得典物所有權之形成判決[15]。

---

[14] 法務部，《民法物權編部分修正條文（通則章及所有權章）》，第 816 條修正說明，2009 年 2 月，頁 66。

此外，國家因公權力亦可取得不動產物權，不待登記，即發生效力。

五、自己出資建築之建築物

自己出資建築之建築物，其取得為原始取得，與依法律行為而取得者不同，故不在民法第 758 條所謂「非經登記，不生效力」之範圍。

惟應注意者，建築之事實與建造執照之名義，未必一致，而實務上認為，倘有自己出資建築之事實，要不因建造執照為何人名義而有不同；反之，如無自己出資之事實，縱令登記為建造執照之名義人，亦不能當然取得建築物之所有權，故建造執照之起造人名義雖得為認定係何人出資建築之參考，但不能僅憑起造人名義，遂認定為建築物之原始取得人❶❻。

又不動產物權依法律行為而取得者，非經登記不生效力，固為民法第 758 條所明定，如非依法律行為而取得者，雖不以登記為取得所有權之要件，但其取得所有權之原因如經相當確實之證明，而認為有所有權之存在，自得據以排除強制執行。而房屋之原始取得，係指出資建築房屋，不基於他人既存權利，而獨立取得房屋所有權而言，並不以登記為生效要件❶❼。

六、依法律之規定

不動產物權依法律之規定而取得者，於法律所規定之事由發生時，即生取得不動產物權之效力。例如民法第 762 條、第 763 條之不動產物權因混同而消滅；第 923 條第 2 項、第 924 條所定典權人之取得典物所有權等是。茲以法定地上權、法定抵押權為例，說明如下：

㈠新舊民法之規定之比較

---

❶❺　例如最高法院 31 年上字第 3226 號判例認為：「被上訴人因上訴人回贖權消滅而取得典物所有權，係依法律行為以外之原因所生不動產物權之變動，本無民法第七百五十八條之適用。上訴人以被上訴人未依民法第七百五十八條為取得典物所有權之登記，即不生物權得喪之效力，藉此指摘原判決不許回贖為違法，自難認為有理由。」

❶❻　臺灣臺南地方法院 88 年度訴字第 1068 號，《臺灣臺南地方法院民事裁判書彙編》，1999 年版，頁 311–318。

❶❼　最高法院 89 年度臺上字第 1480 號民事判決。

1. 法定地上權

茲以法定地上權為例，舊民法第 876 條規定：「土地及其土地上之建築物，同屬於一人所有，而僅以土地或僅以建築物為抵押者，於抵押物拍賣時，視為已有地上權之設定，其地租由當事人協議定之，協議不諧時，得聲請法院定之。土地及其土地上之建築物，同屬於一人所有，而以土地及建築物為抵押者，如經拍賣，其土地與建築物之拍定人各異時，適用前項之規定。」

新民法第 876 條規定：「設定抵押權時，土地及其土地上之建築物，同屬於一人所有，而僅以土地或僅以建築物為抵押者，於抵押物拍賣時，視為已有地上權之設定，其地租、期間及範圍由當事人協議定之。不能協議者，得聲請法院以判決定之。設定抵押權時，土地及其土地上之建築物，同屬於一人所有，而以土地及建築物為抵押者，如經拍賣，其土地與建築物之拍定人各異時，適用前項之規定。」

2. 法定抵押權

舊民法第 513 條規定：「承攬之工作，為建築物或其他土地上之工作物或為此等工作物之重大修繕者，承攬人就承攬關係所生之債權，對於其工作所附之定作人之不動產，有抵押權。」此即所謂承攬人之法定抵押權，被學者認為，有關承攬人之法定抵押權規定內容，有失公平，或害及交易安全，即為有礙公益，應為「惡法」❶⑧。

因此，新民法第 513 條乃規定：「承攬之工作為建築物或其他土地上之工作物，或為此等工作物之重大修繕者，承攬人得就承攬關係報酬額，對於其工作所附之定作人之不動產，請求定作人為抵押權之登記；或對於將來完成之定作人之不動產，請求預為抵押權之登記。（第 1 項）前項請求，承攬人於開始工作前亦得為之。（第 2 項）前二項之抵押權登記，如承攬契約已經公證者，承攬人得單獨申請之。第一項及第二項就修繕報酬所登記之抵押權，於工作物因修繕所增加之價值限度內，優先於成立在先之抵押權。（第 3 項）」至於修改後之新法是否仍稱為承攬人之法定抵押權，不無疑問❶⑨。

---

⑱ 楊與齡，〈惡法的適用〉，《民法總則爭議問題研究》，五南圖書，1998 年 10 月，頁 45。

⑲ 按承攬人之法定抵押權規定內容，被認為「惡法」，故民法債編第 513 條於 2002 年 6 月 26 日修正如上。有關承攬人之抵押權，詳請參閱本書第 28 章〈承攬人之抵押權〉。

㈡民法第 876 條之修法理由

有關新民法第 876 條法定地上權問題之修法理由認為，於以建築物設定抵押權時，土地業已存在，固無問題，於僅以土地設定抵押權時，建築物是否以當時已存在，始有本條之適用？學說上爭議頗多，參照第 866 條、第 877 條規定之意旨，避免拍定後建築物無從利用土地致拆除之結果，有害社會經濟發展，似以肯定說為是，實務上亦採相同見解❷。為杜爭議，爰於第 1 項、第 2 項「土地及其土地上之建築物」等文字上增列「設定抵押權時」，以期明確。

此外，依本條所成立之地上權，為法定地上權。其租金若干，期間長短，範圍大小均有待當事人協議定之，現行條文僅規定及於「地租」，似有不足，爰修正當事人協議之事項並及於地上權之期間、範圍，而於不能協議時，則聲請法院以判決定之。新民法第 876 條為杜爭議，爰於第 1 項、第 2 項「土地及其土地上之建築物」等文字上增列「設定抵押權時」以期明確❷。

肆、不動產物權取得之基本立法原則

不動產物權取得，在大陸法系國家，其立法例有相異之處，亦有相同之處；但概括言之，其基本之立法原則，不外乎如下數種：

一、不須當事人意思表示又不須登記者

指不動產物權取得，既不須當事人意思表示，又不須登記者，即當然取得物權。此種情況，僅有依法律直接規定之取得，以及依法院判決取得二種。

上述二者，並不以當事人意思表示為前提，且不以登記為要件。然其本身具有社會上之公示性，能夠滿足物權成立或移轉之一般需求。但此種依法律直接規定之取得，以及法院判決取得之不動產物權，常見於特定主體之授權，例如繼承。故此種情況，在民法上權利變更之法律原因中，並非屬於一般原因。

---

❷　最高法院 57 年臺上字第 1303 號判例。

❷　法務部，《民法物權編部分修正條文對照表（擔保物權部分）》，第 876 條修正說明，2007 年 4 月，頁 215。

二、不須相對人之意思表示但須登記者

即不動產物權取得，不須相對人意思表示，但須登記者。其中有依非法律原因而取得——例如時效取得、附合取得，以及依單獨行為取得❷等情況。此種方式之共同特徵，因有法律之規定，或原權利人先前之意思表示，取得人只需實施一定之行為，即可取得不動產物權，不必獲得原權利人之同意。

基本上，依上述方式取得之不動產物權，取得人可不經登記而取得相應之不動產物權，然由於該等物權之取得並未進行公示，不符合物權變動之規律，故如要其法律效力充足，則取得人必須將該等物權予以登記，始得處分其物權。蓋於登記前，既已發生取得不動產物權之效力，為宣示於人，必須加以登記，此種登記性質上為「宣示登記」，而與「設權登記」相對應。此種「宣示登記」並非絕對必要，僅因不經登記，當事人不得處分其物權而已，故又可稱為「相對登記」。

三、須相對人之意思表示亦須登記者

即不動產物權取得，既須相對人意思表示，亦須登記者，此係指依雙方行為而取得不動產物權而言。蓋不動產物權變動，必須進行公示，而依雙方行為之取得不動產物權，除登記外，並無其他公示方法。故依雙方行為之取得不動產物權，必須經登記，方能生效。

伍、實務上特殊問題

不動產物權之取得，民法上雖已有諸多條文，俾茲規範；然實務上仍屢有較屬特殊之爭議問題與案例，殊值探討，茲舉其要者如下：

一、書面之原因與其真意不符

不動產所有權移轉登記，係屬物權行為，而具無因性，是若義務人有移轉

---

❷ 此之依單獨行為取得不動產物權，主要是指遺贈。

不動產所有權登記之意思，並已依民法第 760 條規定作成書面，縱該書面所載移轉不動產所有權登記之債之原因與其真意不符，除其意思表示有無效或得撤銷之原因而經撤銷者外，自不生所有權移轉登記應否塗銷之問題㉓。

二、不動產物權移轉之書面得不由本人自寫

不動產物權之移轉或設定，應以書面為之，此項書面得不由本人自寫，但必須親自簽名或蓋章，二者有其一，即可生效，不以蓋章為限，此觀民法第 3 條第 1 項、第 2 項、第 760 條之規定自明。數人負同一債務，明示對於債權人各負全部給付之責任者，為連帶債務。民法第 272 條第 1 項定有明文。故只須數債務人就同一債務明白表示對於債權人各負全部給付之責任者即為連帶債務人，至契約當事人之稱謂有無表明為「連帶債務人」，與連帶債務是否成立無關㉔。

三、授與不以書面契約予以公示者為限

依「信託行為，係指委託人授與受託人超過經濟目的之『權利』，而僅許可其於經濟目的範圍內行使權利之法律行為而言……」等意旨，其所稱之「權利」，自應包括「債權」或「物權」或其他一切之財產權利在內，均得作為「授與」之標的。且該「授與」，解釋上，亦不以委託人須「直接」移轉權利與受託人或以書面契約予以公示者為限。苟因占有改定、簡易交付、請求權讓與等情形，而得「使受託人成為權利人，以達一定目的」之信託本旨，應無予以排斥之理㉕。

四、意思表示並未合致不能塗銷登記

抵押權登記之塗銷，如雙方意思表示並未合致，則契約並未成立、生效。在契約未成立、生效之情況下，本於兩造之契約請求塗銷抵押權登記，即無理由，不應准許㉖。

㉓　最高法院 87 年度臺上字第 1400 號民事判決。

㉔　最高法院 87 年度臺上字第 1322 號民事判決。

㉕　最高法院 66 年臺再字第 42 號判例，以及最高法院 86 年度臺上字第 796 號民事判決。

㉖　最高法院 92 年度臺上字第 714 號民事判決。

陸、結　語

綜上所述，可知不動產物權得喪變更，可分為依法律行為取得與非依法律行為取得兩大類。

前者依法律行為取得不動產物權，需具備法律規定之一定要件，包括書面與登記等。且非經登記，不生效力。

後者非依法律行為取得不動產物權，不須登記，即生效力，易言之，即當然取得物權之謂。依民法第 759 條後段之規定，應經登記，始得處分；惟該物權人於未登記前，其物權人之地位與一般物權並無不同，如有第三人妨害其物權時，該物權人仍得本於物權人之地位，對於第三人主張民法第 184 條規定之損害賠償或民法第 767 條規定之物上請求權。

因此，如將不動產物權取得法律行為有效之臨界點，放置在雙方當事人達成協議之時，而不放置在不動產登記之時，則不動產物權之登記，僅發揮消極之公示作用，而無積極之監督控制作用，故有必要承認物權行為理論，而在法律上規定，不動產物權之登記為生效要件。

第6章
不動產變動登記

壹、概　說

不動產登記制度，係不動產物權變動之法定公示手段；不動產登記係指將土地及其定著物之所有權及他項權利之取得、設定、喪失、變更，依法定程序記載於主管機關之登記簿。其目的在於管理地籍、確定產權，並作為課徵稅捐，推行土地政策之依據。

不動產物權登記，我國舊民法，僅設有兩個條文加以規範，一為民法第758條之「設權登記」，另一則為民法第759條之「宣示登記」。前者以登記作為不動產物權變動之生效要件，後者則以登記作為不動產物權之處分要件。此外，2009年新民法第759條之1又有登記推定效力之規定。

因此，上開「設權登記」與「宣示登記」兩者皆以登記作為公示方法，再加上登記推定，這些條文是否妥適，國外制度與我國又有何不同，值得探討。

以美國而言，目前美國各州均已建立不動產登記制度，不但可登記影響不動產產權之文件，亦可供查閱所登記之文件；此外，美國之不動產登記法所解決者為相互衝突之土地權益間之優先順序問題，而非解決土地權益取得之有效性問題。換言之，土地權益仍然因契據交付而移轉，而非因登記而移轉，只是經由契據登記之公開方式，使其所移轉產權發生對抗效力。凡此種種，均與我國差異甚大，值得研究。

基此，本章首先擬探討物權行為之立法主義，包括意思主義、形式主義、折衷主義、立法例之檢討。其次擬探討契據登記制度與權利登記制度之比較。再次擬探討美國不動產登記制度，包括契據 (deed) 移轉模式與契據登記模式、登記制度之類型、登記之程序、登記公示與推定告知、登記制度之局限、登記法之作用等。此外，擬探討我國不動產登記制度，包括理論與實務。最後，更就我國新民法之優劣，加以比較，並檢討得失，提出建議。

貳、物權行為之立法主義

物權之變動，以依物權行為而產生者最多。關於物權行為之理論自德國法學者薩維尼 (Savigny) 提出已近兩個世紀❶，時至今日並不可能，亦不必要非常正確地瞭解物權行為理論之動機與意圖。然而，一定要瞭解，物權行為之意義，因物權行為立法主義之不同，而有所差異，茲就各個立法主義分述如下❷：

一、意思主義

物權因法律行為而變動時，僅須當事人之意思表示，即生效力，而無須以登記或交付為其成立要件或生效要件。法國民法採之❸，故又稱法國主義，日本民法亦採此立法例❹。

在此種立法例下，其特色如下：

1.發生債權之意思表示，即為物權變動之意思表示，兩者合一，並無區別。

2.物權變動之法律行為，僅須為當事人合意即能完成，公示原則所須之登記或交付等公示方法，係對抗第三人要件，而非成立或生效要件。

3.一個法律行為除有特別情形外，即可發生債權與物權變動之雙重效果，易言之，物權行為被債權行為吸收，物權變動不過係債權行為之效果而已，故物權行為無獨立性可言。所謂特別情事，係指有不能直接發生物權變動之障礙存在，須待障礙除去後，始能生物權變動之效果，例如不特定物或將來物品之買賣，或就物權變動之時間另有約定，或另有習慣而言。

---

❶ 薩維尼認為買賣契約履行過程中之交付，不僅係純粹之事實行為，而一個以移轉所有權為目的之「物權契約」，包括雙方當事人移轉所有權之意思表示以及占有之移轉或登記之變更，其過程可分解為一個債權行為，二個物權行為。參閱吳光明，〈物權行為之無因性〉，《物權法新論》，新學林出版，2006 年 8 月，頁 52。

❷ 謝在全，《民法物權論》，上冊，修訂三版，自版，2004 年，頁 90–93。

❸ 法國民法第 711 條、第 1138 條之規定。

❹ 日本民法第 176 條之規定。

4.物權行為既無獨立性,則其效果自然受其原因關係,即債權行為之影響。至受如何之影響,依法律行為之一般原則解決之,可見無物權行為無因性可言,交易安全之保護,則委諸於公示與公信原則。

以土地買賣為例,當事人於買賣契約成立時,不僅發生債權關係,除有特別情事外,同時即生物權之變動。換言之,土地買受人於雙方買賣之意思表示合致時,除有特別情形外,即取得土地之所有權,之後所辦理土地所有權之移轉登記,只不過為對抗第三人之要件,而非買受人取得土地所有權之要件。

二、形式主義

形式主義係指物權因法律行為而變動時,須另有物權變動之意思表示,以及履行登記或交付之法定形式,始能成立或生效之主義。德國民法採之,故又稱德國主義。我國民法繼受於德國法,亦採此立法例❺。

在形式主義立法例下,其特色如下:

1.發生債權之意思表示,並非物權變動之意思表示,兩者有所區別。德國法將發生債權之合意,稱為普通契約;變動物權之合意,則稱為物權之合意,以示區別。

2.物權變動之法律行為,除當事人之物權變動合意外,尚須履行登記或交付之法定程序。換言之,公示原則所須之登記或交付等公示方法,乃物權變動之成立或生效要件,而非對抗要件。

3.一個法律行為,不能同時發生債權及物權變動之二重效果,債權行為只能發生債之關係,必須另有物權行為,方能生物權變動之效果,故物權行為另外獨立存在,具有獨立性。

4.因物權行為有獨立性,故物權行為之效力不受其原因關係,即債權行為之影響,此即物權行為之無因性。

再以上述土地買賣為例,當事人成立買賣契約為債權行為,僅生債之關係,當事人間尚須另有所有權移轉之合意,即意思表示,並辦理所有權移轉之登記手續,始能生物權變動之效力,買受人方能取得土地之所有權。

---

❺　吳光明,前揭書,頁48-49。

三、折衷主義

折衷主義又分為二種：亦即意思主義下之折衷主義，與形式主義下之折衷主義，茲分述如下：

㈠意思主義下之折衷主義

物權因法律行為而變動時，除債權之合意外，僅須履行登記或交付之法定形式，始足生效力之主義，西班牙民法採之。

在此立法例下，其特色如下❻：

1.發生債權之意思表示，即為物權變動之意思表示，兩者同一，並無區別，此點與意思主義同，與形式主義有異。

2.使物權變動之法律行為，僅有當事人之債權意思表示尚有未足，仍須履行登記或交付之法定方式，始足當之，故公示原則所須之登記或交付等公示方法，乃為物權變動之成立或生效要件，此點則與意思主義有異，而與形式主義相同。

3.一個法律行為，固不能同時發生債權與物權變動之效果，但物權之變動，僅須在債權意思表示外，加上登記或交付為已足，不須另有物權變動之合意，故無物權行為之獨立性存在。

4.物權行為既未獨立存在，則物權行為之效力，自然受其原因關係即債權行為之影響，固無物權行為無因性之可言，此際交易安全之保護，委諸公示與公信原則❼。

㈡形式主義下之折衷主義

於此主義下之物權行為，與形式主義原則上並無不同，亦仍有物權行為之獨立性，然物權行為之效力，會受其原因關係，亦即債權行為之影響，故物權行為仍屬有因，而非無因。此際交易安全之保護，委諸公示與公信原則。奧、

---

❻　吳光明，〈不動產變動登記之探討——兼論美國不動產登記〉，《財產法暨經濟法》，17 期，2009 年 3 月，頁 3。

❼　以土地買賣為例，雙方當事人雖已簽訂買賣契約，但僅有此項債權行為，買受人尚不能取得土地所有權，必須辦妥土地所有權移轉登記手續後，買受人方能取得土地所有權。

瑞民法採此立法例❽。因此，在瑞士民法上，並無所謂「物權合意」問題，但要求登記必須符合法定形式。

四、立法主義之檢討

㈠法律面

意思主義之立法，有使交易敏捷之優點。然而物權之變動，僅因債權行為之意思表示，即足或生效力，不僅不能從外部認識其變動及變動之時期，亦不能保障動的交易安全，且法律關係不能明確化，故不得不以「登記」或「交付」為其對抗要件，然而，卻使物權之法律關係，在當事人間內部關係與對第三人之外部關係上，發生不一致之複雜問題，此為其短處。

反觀形式主義之立法例，以登記或交付為物權變動之生效要件，不僅有保障交易安全之優點，且使當事人間就物權關係之存在與否，以及變動之時期明確化，此項當事人間之內部關係與對第三人之外部關係亦完全一致。但其承認物權行為之獨立存在，不僅與一般社會生活之實際情況未盡相符❾，況物權變動之明確化，嚴格言之，乃來自物權變動之公示方法，而非因形式主義之故，且因形式主義與無因性相結合之結果，就靜的安全之保護，亦有所不周❿。

㈡經濟面

不論是從規範邏輯推導之結果，或基於立法政策之決定，我國民法所採之立法制，與各個立法主義究竟何者為當，均可再從經濟面分析，主要是從交易成本之角度，予以切入評斷，故以下就物權行為之獨立性與無因性，分別檢討之⓫：

1.物權行為為獨立性抑或不獨立性

---

❽ 瑞士民法第 714 條、第 932 條、第 973 條、第 974 條；奧地利民法第 380 條、第 425 條之規定。

❾ 關於此點，本文認為，法律亦為專業分工之一，物權行為之獨立存在，縱與社會一般觀念未符，應不致有太大影響。

❿ 謝在全，前揭書，頁 93。

⓫ 蘇永欽，〈物權行為的獨立性與無因性〉，《固有法制與當代民事法學》，三民書局，1997 年，頁 314–319。

(1)交易成本之增加與交易風險之降低

從成本交易觀點思考，分離原則使同一筆交易必須多做一次或多次法律行為，涉及之直接成本，包括協商合意、檢驗資格、簽訂書面或完成其他形式等，與因而增加之猶豫機會，提高交易風險，間接形成之防險成本，似乎高過採納債權合意，直接發生物權變動效果之合一主義。然如仔細分析，卻又非完全如此。

首先，就增加物權行為，所提高之直接交易成本而言，簡單之交易，如動產現貨交易，物權之合意，可探求當事人真意，而認定即與買賣或其他債權合意，並存於同一份文件或口頭協議乃至默示之行為中，不至於因此增加協商或檢驗成本；然在遠距或遠期交易，物權合意須獨立作成，自然比只做一次法律行為，支出較多成本。

反之，從另一角度言之，當事人既選擇做成這樣之交易，必以其較現貨或即時之交易為有利，則因遠距或遠期所增加之直接交易成本，在一般情形下，應可視為當事人願意支出之防險成本，整體而言，未必會使社會付出較高之交易成本。

再就間接之防險成本言之，物權即時變動，固然可大幅減少不履行之風險，但此亦僅就本筆交易而言，對交易雙方都可能在完成該物之交付前，所做之下一筆交易，例如讓與人一物兩賣或受讓人轉賣，風險反而大增。故採合一主義之國家，大抵以交付或登記為生效或對抗要件，藉一定公示方法來降低交易風險，從而，減少社會之防險支出。但在合意到完成公示前，仍存在一段不確定期間，債權行為業已發生，物權卻又未及時變動，此「上」一筆交易之不履行風險，與另有物權行為並無太大差異。不履行風險實在是存於登記或交付前，故防險成本大小，與公示與否，比較有關，與物權行為獨立與否，反而無關。

(2)交易方式越多，越能以最小成本滿足需求

另一個影響交易成本之重要因素，係交易制度提供之選擇性。簡言之，交易方式之選擇越多，越能以最小成本滿足交易者之需求。

物權與債權二分，乃至物權行為與債權行為二分，從此觀點言之，即屬極有效率之制度。從增加選擇以便因事制宜之觀點，合一主義使一個行為僅能籠統發生負擔與處分效果，在當事人有分離處理需要時，僅得經由附條件或期限方式，勉強達到類似效果，卻未必符合需要❷。

反之，如採合一主義，則至多可用迂迴而風險較高方式，以達相同目的，就此分離主義顯然優於合一主義。

如前所述，獨立物權行為增加若干直接交易成本，一定之公示又是一般降低防險成本所必要，據此推論，則負擔行為與處分行為是否要式、如何公示，更有探討之必要，茲分述如下：

a.以書面或公證為成立要件，只有在交易標的大，且有較高履約風險時，方有必要。此類型具有保全證據與避免輕率行事之作用，在不動產交易，即非常適合於要式之規定。

b.即使要式有其功能，為降低交易成本，仍僅須就發揮最大功能之負擔行為定為要式即可；不動產交易到處分階段時，如採由國家機關辦理之登記制度，便無須再就物權行為規定書面或公證之形式❸。

c.就登記制度而言，採登記對抗原則，即未登記仍可生物權變動，惟不得對抗善意第三人而已，因可使當事人多一層選擇，而較登記生效原則，更有效率。

d.動產因種類繁多且價值不一，除航空器與船舶等體積大、價值高昂，可做不同處理外，一般動產之交易，既不宜要式，亦不宜登記，寧可由當事人自行計算風險，就負擔行為採取某種保全證據之妥善方法，而處分則採成本最低之公示方法，亦即交付。

整體而言，在幾種可能之立法選擇中，分離主義所採之物權行為獨立，配合不動產及特殊動產要式性之負擔行為，與採登記或交付對抗原則要式處分行為，應該是綜合利弊，可使交易成本降到最低之一種最好方式❹。

---

❷ 例如遠距交易、遠期交易、未來物交易、貿易商與中間商之轉手交易，又如買賣他人之物、附有解約金或違約金之投機交易、整批交易分批給付，與所有權保留之交易等，當事人均僅有藉獨立之物權行為，方可使雙方之利益及風險分配，更為平衡。

❸ 此觀我國民法第166條之1規定：「契約以負擔不動產物權之移轉、設定或變更之義務為標的者，應由公證人做成公證書。未依前項規定公證之契約，如當事人已合意為不動產物權之移轉、設定或變更而完成登記者，仍為有效」，故縱然債權行為之形式要件未具備，然如依承諾完成登記，該形式瑕疵即被治癒，此係減省交易成本之必要設計。按我國民法第166條之1，係仿德國民法第313條而來。

❹ 謝在全，前揭書，頁93。

2.物權行為為有因性抑或無因性

⑴檢驗基礎行為有效性之成本

登記機關檢驗物權合法性之範圍，依其是否涵蓋基礎行為，以及檢驗到何種程度，成本自然有所差異。

當物權行為之原因，抽離於行為時，亦即行為效力無須考慮其原因時，登記機關對於原因行為相關資料，可以完全不要或僅供參考，此時檢驗成本自然較低。

反之，物權行為如屬有因，則為貫徹公信原則，登記機關對於原因行為之生效或法定原因之存在，須為實質審查。故無因原則在登記機關之合法性檢驗成本上，無論如何皆小於有因原則。

⑵降低交易風險之成本

如採無因原則，原處分人即僅能以不當得利債權人地位，向其買受人請求返還，而不得為「所有物」返還之請求，乃至在對方受強制執行或破產宣告時，處於較不利之地位。

反觀有因原則，卻使下一筆交易之相對人，面臨無權處分而溯及失效之巨大風險。相較起來，前一風險存在於交易雙方，不難經由注意力之提高，如加強徵信或履約上之相互牽制而降低之；然而，後者之風險存於一方與第三人之交易，非其相對人所能控制，故防險成本相對提高。可知有因原則造成下一筆交易增加之防險成本，原則上應大幅高於無因原則對第一筆交易造成之防險成本。

參、契據登記制度與權利登記制度之比較

一、契據登記制度

㈠意　義

不動產物權之得喪變更，經當事人訂立契據，已發生效力，但非經登記則不能對抗第三人。登記機關依據契據所載內容，逕予登記，而不加審核，稱為「契據登記制度」，凡物權行為之立法主義採「意思主義」之國家，大多採此制

度，法國首先採行此種登記制度，日本、美國多數州亦採行❶。

㈡特　色

1.不動產物權變動以登記為對抗要件

不動產物權之取得或變更，以登記為對抗第三人必要條件；但如不登記，當事人所訂契據，在法律上已發生物權之取得或變更之效力。因此，學者稱之為「登記對抗主義」。

2.登記採形式審查

登記機關對登記之申請，只為形式上之審查，如申請登記之手續完備，即依照契據所載內容，逕予登記。至於契據權利事項，在實質上有無瑕疵，在所不問。

3.登記無公信力

所謂登記無公信力者，謂已登記之權利事項，公眾不可信賴其有確定之效力。已登記之權利事項，如有第三人出面主張其權利，仍應依實體法決定其權利之歸屬，如實體法認為其權利不成立或無效時，則得以其不成立或無效，對抗已登記之善意第三人，故此登記制並無補於權利變動之維護。

4.登記無強制作用

登記與否，係屬自由，由當事人自行決定，並無任何強制規定。

5.登記簿之編製採人之編成主義

登記簿之編製，採取人為標準之編成主義，亦即不以土地為標準，而依土地權利人登記次序之先後予以編成之。其登記僅在契約上註記經過，不發權利書狀。

6.登記不動產物權之變動狀態

不動產物權之現在狀態，固為登記，而對不動產物權之變動情形，尤為偏重，乃以徵課為主之登記制度❶。

---

❶　數百年來，英美不動產法一直在尋求一種合適方式以轉讓不動產之產權。最後，以契據交付方式成為轉讓所有權之最主要方式。除契據外，在特定場合，遺囑、抵押文書、法院判決等，亦具有移轉產權與土地權益之效力，而非移轉產權之一般性工具。

❶　蕭輔導，《土地登記》，修正四版，自版，2004 年 8 月，頁 16、17。

二、權利登記制度

㈠意　義

　　不動產物權之取得或變更，非經登記則不生效力。登記機關對於權利之取得或變更，需確實審查，經確定後，方予登記，故此一制度，稱為「權利登記制度」，凡物權行為之立法主義採「形式主義」之國家，大多採此制度，德國、瑞士、我國均採行此種登記制度。

㈡特　色

1.不動產物權變動以登記為生效要件

　　不動產物權之得喪變更，以登記為其發生效力之必要條件。如不登記，當事人雖訂有契約，不但不能對抗第三人，在法律上亦不發生物權變動之效力。因此，學者稱之為「登記要件主義」。

2.登記採實質審查

　　登記機關對登記之申請，須為實質上之審查，不僅審查申請登記之手續是否完備，對於不動產物權之取得變更之原因與事實，需切實審查，無疑問後，方可登記，如有疑問，則不予登記。

3.登記具有公信力

　　所謂登記具有公信力者，謂公眾可信賴已確定之權利，具有確定之效力。登記簿上所記載之事項，縱使在實體法上因登記原因不成立、無效或撤銷，亦不得以其不成立、無效或撤銷，對抗善意第三人。換言之，登記之事項，對於善意第三人，在法律上仍視為實體上有效。

4.登記採強制主義

　　登記採強制主義，一切不動產權利，包括土地之地號、建物之建號，必須登記，變動時，亦然。

5.登記簿之編製採物之編成主義

　　登記簿之編製，採取物之編成主義，亦即以土地為綱，而依其登記先後次序予以編成之。其登記係就當事人之契約加以註記驗證，不再另發書狀。

6.登記不動產物權靜之狀態

　　登記以不動產物權之靜態為主，登記簿先登記土地權利之現在狀態，再及

於土地權利之變動事實❶。

三、兩種登記制度之比較

㈠上述兩種登記制度各具特色，而其所具特色彼此關聯，相互配套，亦即權利登記制度因以登記為生效要件，故登記人員對登記案件要作實質審查，登記具有公信力。

㈡契據登記制度因登記僅為對抗要件，故登記人員對登記案件只作形式審查，登記無公信力。

㈢契據登記制度使不動產交易在事實上形成二階段。首先，雙方當事人簽訂買賣契約，其次是契據之交付。此種交易階段之劃分，非常類似德國物權行為理論不動產變動區分為債權行為與物權行為。

㈣在美國法之契據登記制度下有兩個基本內容：一是契據代表產權；二是契據交付形成產權移轉之合意，並發生產權移轉之效力，毋須再進行登記，然由於其公示範圍有限，才有後來之契據登記制度。在德國法之權利登記制度乃以登記為公示方法，才能發生物權變動之效力。

㈤契據登記制度與權利登記制度兩種制度是在不同社會背景下❶，經由不同方式演繹而成兩種類似之制度。

㈥從契據之內容以及契據交付之要求中，反映出不動產移轉合意之存在；至於契據交付與契據登記，則為當事人移轉產權意思之公開。因此，在不動產產權移轉過程中，從契據之簽署與契據交付階段，當事人間就產權之移轉存在一種意思之合致，本文認為，此種意思合致類似於「物權行為」。

---

❶　蕭輔導，前揭書，頁18；史尚寬，《土地法原理》，正中書局，1975年2月，頁58。

❶　德國法將不動產交易區分為兩個互相獨立之階段，並非由立法對現實生活之直接反應，而係為解決現實生活中存在之問題，再將該理論反映到立法之結果；英美法之契據交付之所以必要，係因在缺失產權登記制度之前提下，必須經由此種形式向第三人宣示產權變動之真實性，同時以備產權檢索。

肆、美國不動產登記制度

　　英美財產法中，土地上之一切利益均稱為 real property，但在很多情況，real property 係指權利，而非一個實體之物 ❿。美國財產法並非成文之財產法，而係以判例衍生之規則所構成之財產法，不僅繼受英國財產法之優良傳統，又有自己之新創造。

　　在美國，不動產之轉讓，依照「防止詐欺法」(Statute of Frauds 1677) 之規定，所有轉讓契據均須有文字記載；土地所有權之轉讓大多是經由不動產轉讓契據而完成。但因該規定過於苛刻，該法反成為實施詐欺之工具。現代實務上，經由多種途徑對「防止詐欺法」進行修正。

　　此後，美國之土地登記係將土地之轉讓、抵押等文件記錄在案，目的是能夠向任何諮詢人就土地所有權狀況提供一個官方權威之資料庫系統。換言之，美國之契據登記制度係一土生土長之制度，其與英國法之間並無任何繼受關係。茲就美國之契據登記制度內容提出說明，並對其進行評價如下：

一、契據 (deed) 移轉模式與契據登記模式

㈠特　色

　　美國不動產法律制度具有很鮮明之普通法與衡平法特色，其相互間，有衝突、有矛盾、有補充、亦有配合之普通法與衡平法判例所確定之不動產法規則。

　　由於美國聯邦國會能夠立法之範圍，在美國聯邦憲法上受到限制，證明美國為一個聯邦制國家，各州法律千差萬別，尤其是在不動產法律制度上，表現更為明顯。美國之法律制度其實是有 51 個系統，在美國大部分法律是屬於州法，亦即美國 50 州加上聯邦法，共 51 個系統，法院亦係 51 個系統，登記制度是屬於州法。換言之，各州有不同之法律，尤其在不動產法律制度上，表現更明顯。當然，儘管在不同州，法律或判決亦有相似之處，或可歸納出幾種態樣。

㈡契據登記

❿　英美財產法實際上分為三個組成部分，即有關不動產、準不動產與動產之法律。

1.契據之發展史

1640 年之前，美國東部殖民地已陸續出現登記法之雛形，1640 年後，美國麻薩諸塞灣殖民地之參事會 (General Court of the Massachusetts Bay Colony) 通過法律規定：「任何房屋、土地、租金或其他可繼承財產之抵押、買賣或授與，非經登記簿得對抗第三人」；至此，土地權益間之優先順序，取決於登記之先後順序，而出讓人之確認為契據登記之先決要件。此後，紐約、喬治亞、紐澤西、賓夕法尼亞等殖民地州，亦建立相似之登記制度；獨立戰爭後，美國西北區採用賓夕法尼亞州於 1775 年制定之登記法[20]。

2.契據之簽署與交付

契據須具備四項基本要件：當事人身分、不動產描述、轉讓產權之文義與出讓人之簽名。為確保交易安全，現代制定法亦有公證、見證等之規定。

從契據之內容與契據之交付，正反映出移轉合意之意思存在，此種意思合致類似於「物權行為」。契據之交付與收受，發生契據對產權移轉之公示效力[21]。然而，其所公開者，亦僅是當事人轉讓產權之意思，此種轉讓意思經由契據登記之公開方式，使其所移轉產權發生對抗效力。

二、登記制度之類型

目前美國各州均已建立不動產登記制度，可登記影響不動產產權之文件，亦可供查閱所登記之文件。美國各州均已頒布制定之登記制度，共有三種類型，茲分述如下[22]：

(一)善意買受人權利優先法 (notice acts)

善意買受人權利優先法規定，未經登記之契據文件，對於不知情之在後買受人而言，為無效。在先未經登記契據文件之不動產或不動產權益之買受人，如不知有影響其購買之文件者，應受法律之保護。

[20] 美國各州均有自己之不動產登記系統，以郡 (county) 為登記單位，聯邦政府並無類似系統。

[21] Ralph E. Boyer, Herbery Hovenkamp, Sheldon F. Kurtz, *The Law of Property*, Fourth Edition, West Publishing Co., 1911, pp. 374–376.

[22] Roger H. Bernhardt, and Ann M. Burkhart, *Real Property*, 5th Edition, 2005, pp. 300–303.

　　例如美國亞利桑納州 (Arizona) 立法規定：「除非依法律規定進行登記，只要在後之買受人或不動產負擔所有人，支付有效對價 (consideration)，並對在先之轉讓為善意，否則任何影響不動產之文件，均不可能將其文件告知上述之人。」[23]

㈡登記在先權利優先法 (race acts)

　　美國少數州之法律，根據文件先後次序來決定優先權，即使知悉先前之轉讓行為，在後之受讓人亦可享有優先權。關鍵在於何人之文件登記在先。有時，這些法律用優先權之術語表達。在某些情況下，將登記作為交付程序之一部分，亦可達到同樣效果。因此，不登記契據，即不能移轉產權。

　　例如美國馬里蘭州 (Maryland) 立法規定：「除非轉讓權利之契據簽署後進行登記，否則任何繼承性或者自由保有不動產產權、用益權聲明或限制使用條款 (declaration or limitation of use) 超過七年期限之產權或契據，均不能移轉產權或使該產權生效。」[24]

㈢善意登記權利優先法 (notice-race acts)

　　善意登記權利優先法規定，未經登記之不動產轉讓，不能對抗在後之善意登記在先之買受人。此種法律制度，係在保護對在先之未經登記不動產轉讓行為之善意買受人，且僅在其經由登記其轉讓行為來提高登記制度之可靠性情況下，才受保護。

　　例如美國加利福尼亞州 (California) 立法規定：「任何不動產轉讓行為……不能對抗……善意、支付有效對價，且首先進行登記者，亦不能對抗其後之買受人或抵押權人。」[25]

三、登記之程序

　　美國各州登記法律所規定之登記程序，各有不同，但大致上規定，登記不動產，需先提出申請、登錄在案與編排索引等程序，茲分述如下：

㈠提出申請 (Filing)

---

[23]　Ariz. Rev. Stat. §33–411 (A).

[24]　Md. Code Ann., Real Prop. §3–101 (a).

[25]　Cal. Civ. Code §1214 (West 1999).

將一份已簽署並被認證之文件，提交至不動產所在地之登記機關或其他指定機關，即可啟動登記程序。上開已簽署並被認證以及已交付之文件，係指契據、租約、或抵押契約等。在此應注意，該文件經公證後，才能被登記機關接受。此外，在影響不動產之法律程序中制作之官方文件，例如遺囑檢驗文書、確認產權法令、司法留置權決定書、欠稅不動產留置決定書、以及未決訴訟文書 (lis pendens) 等均可進行登記。

登記機關僅審查文件之類型，以決定是否接受登記。對轉讓權能文件之合法性或有效性，甚至轉讓人是否擁有相關之不動產，登記機關不進行判斷，所有爭議均由權利請求人自行解決。換言之，登記機關僅作為文件之儲藏室。

㈡登錄在案 (Recording)

登記機關將全面複印申請人所提交之文件。複印件將會放入當前之法定登記簿中，這些登記簿由各種文件之複印件組成，嚴格按數字順序標號及保存。

㈢編排索引 (Indexing)

登記機關備有一套關於全部文件信息之索引，產權調查人可經由索引，獲取要調查已登記檔案之卷宗頁碼。美國大多數州備有「轉讓人—受讓人」或「受讓人—轉讓人」索引。不動產索引 (tract index)，係按照不動產說明，而非按照當事人之姓名而編排。

㈣退回原件 (Returning the Document)

申請人提供之文件被登錄及編排索引後，將退回申請人，登記機關僅保留複印件❷。

四、登記公示 (Record Notice) 與推定告知 (Constructive Notice)

登記法律僅能使「未登記」之文件處於不利地位。無論後來之請求權人事實上是否查詢或者看到契據登記資料，如當事人契據及時並恰當地進行登記，其即具有「推定」告知之作用。此時，無論後來之請求權人是否查閱該登記檔案資料，均被視為已收到該已登記者之告知。推定告知規則意味著，後來之請求權人沒有進行調查，並不能從中獲益，即使事實上其並不知登記資料，亦被

❷ Roger H. Bernhardt, and Ann M. Burkhart, *Real Property*, 5th Edition, 2005, pp. 304–307.

推定全部知悉在先已登記之契據。

五、登記制度之局限 (Recording System Limitation)

在美國，並非所有不動產權益，均來源於書面文件，且並非所有影響不動產權益之書面文件，均可進行登記。登記法律僅保護來源於書面文件之權益，以及來源於法律規定可進行登記之文件之權益。茲分述如下：

㈠並非來源於書面文件之權益

有些設立之權益為原始權利，而非派生權利，且非來源於任何書面文件。例如占有，或是時效取得是，此時權利所有人一般並不持有任何書面文件，亦不受登記法律之拘束。

㈡源於不可或免於登記之文件之權益

登記法律通常規定，某些文件，如短期租約，無須登記，但受保護。此外，在美國許多州實務上認為，某些影響不動產之文件，不可進行登記，例如待執行之買賣契約。如沒有登記這些文件，不會造成這些文件取得權益之人處於不利之地位**㉗**。

六、登記法之作用

登記法之主要作用在於為買受人提供一個檢索之途徑，以確定是否存在一個在先之交易。實務上，美國之公共登記機關所保存之轉讓土地權益之文據，主要包括契據，該文據所公示者為土地權益轉讓之事實，而非土地權益之歸屬。換言之，土地權益之歸屬需經由文據之檢索進行判斷。

由於登記法是一種事實公示，而非權利公示之作用。因此，登記法之意義表現在以下兩方面：

㈠保護在後之善意買受人

例如 1980 年美國科羅拉多州最高法院判決認為，登記法之制定係為保護不動產之買受人，避免因出讓人所為在先之秘密轉讓所帶來之風險**㉘**。

㈡向在後之買受人發出一個推定之通知

㉗ 　Roger H. Bernhardt, and Ann M. Burkhart, *Real Property*, 5th Edition, 2005, pp. 331–334.

㉘ 　Page v. Fees-Krey, Inc., p. 617 2d1188, 1192–1193 (Colo. 1980).

依登記法之規定，任何一個買受人在受讓土地權益時，均應對登記記錄進行檢索，以確定是否有一個在先、而相衝突之交易。如在先之轉讓文據已適當登記，則推定在後之受讓人已注意到該文據，事後不得以不知情為由，主張自己係善意買受人。

總之，美國之登記法係解決相衝突之土地權益間優先順序問題，而非解決土地權益取得有效性問題。換言之，土地權益仍因契據之交付而移轉，並非登記而移轉。

伍、我國不動產登記制度

一、我國不動產登記制度理論

一個不動產所有權之移轉，最常見之方式，是以兩個法律行為做成，一為債權行為，另一則是物權行為，故以下檢視我國實務運作，亦以此分類為之：

㈠債權行為

依 1999 年新民法第 166 條之 1 規定：「契約以負擔不動產物權之移轉、設定或變更之義務為標的者，應由公證人作成公證書。未依前項規定公證之契約，如當事人已合意為不動產物權之移轉、設定或變更而完成登記者，仍為有效」，可知為關於不動產權利之變動，在債權行為階段，原則即須作成公證書。

立法理由主要為「訂立契約約定負擔移轉、設定或變更不動產物權之義務者，不宜輕率，應由公證人作成公證書，以杜事後之爭議，而達成保障私權及預防訴訟之目的，增訂第 1 項」，可知立法者欲藉此條文之增訂，達到杜絕糾紛效果 [29]。

然而學者認為：「不動產買賣契約訂立後，依正當情況，皆能完成登記，其因契約瑕疵而生爭執，纏訟多年者，屬於少數，增訂必要公證條文，似因此少

---

[29] 民法第 166 條之 1 規定雖於 1999 年 4 月 21 日增訂公布，惟依民法債編施行法第 36 條第 2 項但書規定，該條施行日期，並非同年 5 月 5 日，而係行政院會同司法院另定之。

數不正當現象，而要求所有訂立不動產買賣契約者，均須經由公證，到底有無增訂此嚴格之規定，要求全國上下一體遵守之必要，實有可疑。」❸

　　另有學者亦認為，依公證法第 71 條：「公證人於作成公證書時，應探求請求人之真意及事實真相，並向請求人說明其行為之法律上效果；對於請求公證之內容認有不明瞭、不完足或依當時情形顯失公平者，應向請求人發問或曉諭，使其敘明、補充或修正之」，與第 72 條規定：「公證人對於請求公證之內容是否符合法令或對請求人之真意有疑義時，應就其疑慮向請求人說明；如請求人仍堅持該項內容時，公證人應依其請求作成公證書。但應於公證書上記載其說明及請求人就此所為之表示」，立意過高，且要求公證人介入業已口頭合意之法律行為，扭轉其在主觀上看來不公平之契約關係，陷於可能被他方控訴之危險，似乎不太可能。其次，公證人是否有看到契約，立即判斷內容是否公道之能力，與第三公證人，能否長期保持服務熱誠，不會流於蓋章收費，皆是問題所在❸。

　　另外，我國民法第 166 條之 1，雖係仿效德國民法第 313 條「容許無效行為補正」立法例，適用上卻有差異，蓋德國民法在此之規定，僅限於不動產之讓與，而不及於不動產的設定或拋棄；我國民法則及於所有不動產之變動行為。

　　其次，德國人於訂立不動產買賣契約時，習慣在公證人處訂約，我國則多委由代書辦理，然而依民法第 166 條之 1，實屬無效❸。在此習慣尚未變更，且公證人尚未普及之時，立法者決定關於民法第 166 條之 1 之施行日期，由行政院會同司法院另訂之。亦即現階段此條文有體無魂，隨時可能無疾而終❸。

　　總而言之，學者對於此條立法，實多所詬病，除其實施之日期不可知外，法條本身亦自相矛盾，如以地政機關立場而言，應是希望適用第 1 項，因為可減輕許多責任，並使土地法第 68 條與第 69 條備而不用；惟如依法務部見解，

---

❸　黃立，〈民法第一百六十六條之一的法律形式問題〉，《月旦法學》，54 期，1999 年 10 月，頁 32。

❸　黃立，前揭文，頁 35。

❸　黃立，前揭文，頁 33、34。

❸　按法務部法規諮詢意見稱：「立法院已提出刪除民法債編第一六六條之一條文修正草案（業已付委）在案，本部將視該草案之審議情形再行研究如何處理。」參閱法務部(90)法律字第 015047 號。

實應貫徹第 166 條之 1，採絕對之形式主義，負擔契約本身係無效，又第 1 項規定如為強行規定，則地政機關受理未登記之契約書，係違法審查，而公證法就審查錯誤，僅在故意時才負損害賠償責任；如係過失，則以無其他法律有明文規定時，才負損害賠償責任，這樣的規定，實不知保護對象，究為何者❸，不無疑問。

㈡物權行為

物權效力之變動，依其發生原因，得以是否依法律行為生不動產物權變動，而為二種分類❸：1.因法律行為之不動產物權變動；2.非因法律行為之不動產物權變動。

二、我國不動產登記制度實務

㈠因法律行為之不動產物權變動

民法第 758 條第 1 項規定：「不動產物權，依法律行為而取得、設定、喪失及變更者，非經登記，不生效力」，再觀舊民法第 760 條：「不動產物權之移轉或設定，應以書面為之」，可知不動產物權因法律行為而變動者，須具備下列要件，始生效力：

1.須為有處分權人所為

債權行為之有效存在，不以當事人具有處分權為必要，例如出賣人以第三人之物為買賣標的物，而與買受人訂立買賣契約，出賣人對第三人之物縱無處分權，買賣契約依然成立且合法有效，即屬適例。但物權行為則不然，物權行為如非出之有處分權人時，其效力即受影響，此觀民法第 118 條第 1 項：「無權利人就權利標的物所為之處分，經有權利人之承認始生效力」自明，物權行為即為處分行為之一種，故須具有處分權，自不待言。

2.須有物權變動之意思表示

我國採形式主義，前已敘及，故債權行為與物權行為有別，分屬兩個獨立之法律行為。在債權行為與物權行為併存下，例如土地買賣，其當事人與標的

---

❸　朱柏松於民法物權修正系列研討會之發言，之五：〈論不動產登記——以探討民法物權編修正草案之規定為主〉，《月旦法學》，68 期，2001 年 1 月，頁 114。

❸　謝在全，前揭書，頁 107–113 及頁 124–127。

物之要件，通常為兩者所共通，較無問題。較需注意的是，意思表示除為債權行為所必須外，物權行為亦仍須有獨立的意思表示存在❸。

又不動產物權之變動，以登記與書面契約為必要，故物權變動之意思表示，通常即存在於成立之書面或辦理登記中，是以如已有物權變動之書面或已辦畢登記，自應認為已有此項意思表示存在，此際如主張無此項意思表示存在者，自應負舉證之責。

3. 須訂立書面

舊民法第 760 條規定：「不動產物權之移轉或設定，應以書面為之。」❸ 本條所謂應以書面為之，究係指何種行為而言，學者間見解頗為分歧。惟通說與實務上均採物權行為說❸。

蓋因形式主義下之物權行為既具獨立性，且第 760 條又規定於物權編之內，就法律體系而言，解為物權行為所須具之方式，較為合理。況民法之立法原則，重視不動產甚於動產，此觀諸第 422 條及第 534 條之規定即明，是則第 760 條之規定，以不動產之物權變動為目的之法律行為，須以書面為之，以昭慎重。故不動產物權之移轉或設定等行為，應以書面為之，則此等物權行為之書面未合法成立者，不能生物權變動之效力❸。

4. 須經登記

---

❸　參閱最高法院 17 年上字第 123 號判例。

❸　按新民法刪除舊民法第 760 條條文，移至新民法第 758 條第 2 項：「前項行為，應以書面為之」，以下亦同。

❸　除物權行為說之外，尚有下列學說：⑴債權行為說：主張所謂應以書面為之的行為，係債權行為。⑵債權行為及物權行為說：我國民法第 760 條之規定，係將瑞士民法第 657 條及第 799 條第 2 項合併為規定，故須以書面為之者，應解為不動產所有權及其他物權移轉之債權契約與物權契約，不動產物權設定之物權契約而言。⑶書面文件說：我國就物權行為，係採形式主義之立法例，不可能有直接發生物權變動之契約存在，必與登記或交付相結合，始能完成物權行為，故第 760 條所謂書面，非指書面物權契約，不過因不動產物權之移轉或設定，關係當事人利益較大，為杜糾紛，乃定為應以書面為之。況聲請登記，依土地登記規則，應提出證明登記原因文件，故為便登記，乃有第 760 條之規定。謝在全，前揭書，頁 118、119。

❸　最高法院 70 年臺上字第 453 號判例。

觀民法第 758 條，可知辦理登記乃為不動產物權行為生效要件之一，欲依法律行為使不動產物權發生變動者，絕對須辦理登記，學理上稱之「絕對登記」，又登記後，即足生創設物權之效力，故又稱為「設權登記」。

民法第 758 條所稱之登記，係指將不動產物權之變動事項，依土地法及土地登記規則，完成登記程序，記入登記簿而言❹。

㈡非因法律行為之不動產物權變動

新民法第 759 條規定：「因繼承、強制執行、徵收、法院之判決或其他非因法律行為，於登記前已取得不動產物權者，應經登記，始得處分其物權」，故條文中之四種情形，均不待登記，即可取得不動產物權。然而，為彌補登記生效要件主義之過於嚴苛；另外，由於此等事由所生物權之變動，或有法律可據，例如繼承，或有國家機關之公權力介入，例如強制執行、公用徵收及法院之判決，其變動業已發生，存在狀態亦甚明確，已無違物權公示之要求，故不以登記為生效要件。又此類非因法律行為取得不動產物權者，非經登記，不得處分其物權。其規範意旨，乃在貫徹不動產物權變動之公示原則，使其欲處分時，必先登記而後可，迫其回歸公示原則。

茲就新民法第 759 條規定之四種情形，說明如下：

1. 繼　承

繼承依民法第 1147 條規定，因被繼承人死亡而開始，故繼承人自繼承開始時，除法律另有規定外，承受被繼承人財產上非專屬性之一切權利義務，既無待於繼承人之主張，更無須具備一定之方式，繼承人是否知悉其事，亦非所問。因此，被繼承人於繼承開始時有不動產物權者，依法律之規定，當然由繼承人取得，不受第 758 條所訂須登記始生效力之限制。

2. 強制執行

債務人之不動產，經法院強制執行拍賣者，於買受人繳足價金後，依強制執行法第 97 條規定，執行法院應即發給權利移轉證書及其他書據。拍賣之不動產，買受人自領得執行法院所發給之權利移轉證書之日起，取得該不動產之所有權❹。

---

❹　最高法院 33 年上字第 5374 號判例。

❹　最高法院 56 年臺上字第 1898 號判例。

3.徵　收

國家得因特定公共事業之需要，或因國家經濟政策，而徵收私人之不動產，謂之徵收❷。土地法第 235 條規定：「被徵收土地之所有權人，對於其土地之權利義務，於應受補償發給完竣時終止，在補償費未發給完竣以前，有繼續使用該土地之權。但合於第二百三十一條但書之規定者，不在此限」，明確地規定權利義務變動的時點，也就是被徵收人「應受補償發給完竣時」。

4.法院之判決

不動產物權因法院之判決而取得者，不以須經登記為生效要件，固為民法第 759 條之所明定。惟此之所謂判決，係僅指依其宣告足生物權法上取得某不動產物權效果之力，恆有拘束第三人之必要，而對於當事人以外之一切第三人亦有效力者而言，惟形成判決始足當之，不包含其他判決在內❸。

此種使人取得不動產物權之形成判決，在實務上所見有三種：

⑴依民法第 74 條暴利行為規定，所為之撤銷不動產物權行為之判決。

⑵依民法第 244 條詐害債權行為，所為之撤銷不動產物權行為之判決。

⑶依民法第 824 條第 2 項，所為之分割共有不動產之判決，使共有人就共有之不動產取得部分之所有權。

另外，民法第 859 條宣告地役權消滅之判決，則係因法院判決，而使物權消滅。有關基於法院形成判決，而取得不動產物權之時點，法律並無明文規定，依判決之效力而言，應解為判決確定之日。

陸、新民法不動產登記之檢討

我國於 1999 年提出物權草案已久，大體言之，多數學者就修正草案予以肯

---

❷ 按土地法、土地徵收條例及強制執行法等現行規定多使用「徵收」一語，為避免法律用語兩歧，本條現行用語「公用徵收」配合修正為「徵收」。另參閱法務部，《民法物權編部分修正條文（通則章及所有權章）》，第 759 條修正說明，2009 年 2 月，頁 20。

❸ 最高法院 43 年臺上字第 1016 號判例。

定，認為使我國之物權法體系更加周延。而有關通則部分，業經反覆推敲，審慎研究，更於 2009 年 1 月經立法院三讀通過總統公布。

然而，亦有提出批判之學者，以下就正反面意見，分別敘述之：

一、肯定觀點

新民法物權編關於物權變動之部分，基本上係將目前現有法律或實務見解訂入物權編中，並無實質上之修正，茲分述如下：

㈠登記應依當事人書面

刪除原本舊民法第 760 條條文，移入新民法第 758 條第 2 項：「前項行為，應以書面為之」，以闡明不動產行為之書面契約性質。

關於舊民法第 760 條之所謂應以書面為之，究係何指，學者見解非常分歧，惟通說及實務見解均採「物權行為說」，且本條雖僅規定不動產物權之移轉或設定，應以書面為之，而不及於其他依法律行為，而生變動之情形，然與民法第 758 條對照以觀，後者之情形，亦應解為應以書面為之。

為解決上述爭議，新民法物權乃將本條規定移列於第 758 條第 2 項，使不動產物權之要式性，於不動產物權依法律行為而變動者，均有其適用❹。

㈡增列「其他非因法律行為」之概括規定

民法物權修正草案第 759 條規定：「因繼承、強制執行、公用徵收、法院之判決或其他非因法律行為，於登記前已取得不動產物權者，應經登記，始得處分其物權。」非因法律行為，而使物權發生變動者，本不限於「繼承」、「強制執行」、「公用徵收」及「法院之判決」四種，只不過因法律未設明文，故其他非因法律行為，所生之物權變動情形，僅能類推適用民法第 759 條。故新民法物權爰於上述四種情形外，增列「其他非因法律行為」之概括規定，使物權法更加周延❺。

---

❹　謝在全，前揭書，頁 110、111。

❺　所謂其他非因法律行為所生之變動，例如：⑴原始出資建築。最高法院 41 年臺上字第 1039 號判例敘明，自己建築之房屋，與依法律行為而取得者有別，縱使不經登記，亦不在民法第 758 條所謂非經登記不生效力之列。⑵因公權力取得之不動產。國家因公權力而取得不動產物權時，均不待登記，即生變動之效力。⑶依法律規定。不

㈢有關登記效力之規定

新民法增訂第 759 條之 1，其係有關登記效力之規定，該條文可分為二，分述如下❹⑥：

1. 登記之推定力

新民法第 759 條之 1 第 1 項規定：「不動產物權經登記者，推定登記權利人適法有此權利」，其增訂理由為，登記與占有同為物權公示方法之一，民法就占有既於第 943 條設有權利推定效力之規定，登記亦自應有此種效力，新民法第 759 條之 1 第 1 項乃依德國民法第 891 條，瑞士民法第 937 條第 1 項增訂本條，惟其法律規定之周延，此項條文之增訂❹⑦，值得肯定。

又此登記之推定力，對於登記名義人之利益與不利益，均有其適用。例如，土地所有權登記名義人，固得就該土地為使用、收益及處分，然土地上之負擔，例如地價稅，亦應負擔之。

2. 登記之公信力

新民法第 759 條之 1 第 2 項規定：「因信賴不動產登記之善意第三人，已依法律行為為物權變動之登記者，其變動之效力，不因原登記物權之不實而受影響」，此項增訂，係因我國土地法第 43 條：「依本法所為之登記，有絕對效力」，關於登記公信力之規定，過於抽象，司法院曾解釋闡明其義，認為土地法第 43 條所稱之絕對效力，其範圍僅止於保護信賴登記之善意第三人而已❹⑧。故民法物權修正草案於此，特將上述解釋判例明文化，以杜爭議，值得贊同。

二、否定觀點

學者中有對新民法予以強烈批判者，茲分述如下❹⑨：

動產物權，依法律規定而變動者，於法律規定事由發生時，即生物權變動之效力，例如民法第 762 條、第 763 條、第 876 條等。參閱謝在全，前揭書，頁 124–130。

❹⑥　溫豐文，〈論不動產登記──以探討民法物權編修正草案之規定為主〉，《月旦法學》，68 期，2001 年 1 月，頁 109、110。

❹⑦　法務部，《民法物權編部分修正條文（通則章及所有權章）》，第 759 條之 1 修正說明，2009 年 2 月，頁 21、22。

❹⑧　司法院院字第 1919 號及院字第 1956 號解釋。

㈠物權行為

　　物權行為之概念，係德國法制所獨有，我國最高法院判決，真正確立物權行為之獨立性及無因性，都是十年內之事，此德國法制過時之產物，違反世界各國法制發展之趨勢，德國人尚須以無因性作為自圓其說，最高法院卻還加以附和，此自有待當代與未來學者，給予客觀評價。

　　主張物權行為無因性理論之學者，認為其有助於保障交易安全，但此功能已被善意受讓制度所取代，故無因性理論不僅無存在必要，甚至其存在還有害於法規範之公平正義。例如債權契約無效或被撤銷時，物權移轉之讓與人，在契約無效或被撤銷後，僅能依不當得利請求返還，和受讓人之其他債權人，依債權平等原則，處於相同地位，倘若受讓人破產，讓與人因無法行使別除權，則形同於以讓與人財產供受讓人其他債權之擔保，對讓與人顯失公平。

　　又倘若受讓人明知契約無效或被撤銷時，仍故意將標的物轉讓給惡意第三人，在物權無因性理論下，第三人仍可取得所有權，讓與人僅能依民法第 113 條，依契約無效請求回復原狀或損害賠償，或依第 179 條，請求不當得利之返還，然如受讓人已無資力，則讓與人將無從得到完全救濟。惡意第三人，竟然可優先原真正權利人而受保護，顯然有違背法之公平與正義。同樣地，在契約解除時，亦會有此情況之發生。

　　世界各國，絕大多數無物權行為之概念，舊民法物權條文與新條文，雖無物權行為字眼，但第 758 條第 2 項之修正理由，明白使用物權行為一詞，雖符合目前通說見解，但昧於公平正義、人民感情與國際趨勢，實難贊同。

㈡物權公示

　　登記係物權之法定公示辦法，旨在保護交易安全，而非逾越保護交易安全之限度外，剝奪真正之權利與侵犯當事人真正之意思表示。因此，不應認為符合物權法定公示的物權才是物權，以其作為物權效力發生之條件，只要是第三人明知或可得而知，即可對其發生效力，法定公示方法之有無，並非區分債權與物權之唯一標準。

㈢債權之關係與物權兩大財產權之分類

---

❹　謝哲勝，〈民法物權編修正草案綜合評析〉，《臺灣財產法暨經濟法研究協會之 2006 年會員大會暨民法物權編修正學術研討會論文集》，2006 年 2 月，頁 59。

另有學者認為，債權之關係與物權兩大財產權之分類之目的，應僅在提供行為人滿足其偏好之不同選擇。因此，兩種法律行為存在之必要性，應藉由市場機制來認定或淘汰，不宜由國家公權力介入認定。其又認為，財產權之內容核心應在於某一標的所涉及之法律關係是否適合利用財產權體系之法律關係來解決❺⓪。

三、小　結

雖有學者建議，以登記作為對抗要件，方符合真正權利之保護與交易安全保護之平衡。然而，新民法未對民法第 758 條第 1 項為修正，若干規定，例如第 826 條之 1 第 1 項與第 870 條之 1 第 2 項，均以登記作為生效要件，以上學者所述實已牴觸上開規定，故對於學者建議我國不動產應採以登記作為對抗要件，牽涉頗多。

至於債權之關係與物權兩大財產權兩種法律行為存在之必要性，應藉由市場機制來認定或淘汰云云，其實不動產市場之管理，亦即政府監控、業者自律以及糾紛解決機制，三位一體。如政府不介入，業者與消費者立足點又不公平，則還要依賴糾紛解決機制以保護消費者，從機制分析言之，反而更不划算。本文實難贊同。

此外，不動產物權得喪變更，在英美法系國家本來就與大陸法系國家有所不同。就連在大陸法系國家，亦有其相異之處，例如依雙方行為之取得；但亦有其相同之處，例如除依雙方行為外之各種取得，視各該情況而決定應否登記。茲將幾種不同情況，分述如下❺①：

㈠不須當事人意思表示又不須登記者

不動產物權取得既不須當事人意思表示，又不須登記者，即當然取得物權。此種情況，僅有依法律直接規定之取得如繼承，以及法院判決之取得二種。

上述二者，不以當事人意思表示為前提，且其本身又具有社會上之公示性，能夠滿足物權成立或移轉之一般需求。但此種依法律直接規定之取得，以及法

---

❺⓪　胡天賜，《民法財產權意定變動要件之立法政策分析》，中正大學法學博士論文，2009 年 5 月，頁 335。

❺①　吳光明，前揭書，頁 81、82。

院判決取得之不動產物權，常見於特定主體之授權，此種情況在民法上權利變更之法律原因中，並非屬於一般原因。

(二)不須相對人之意思表示但須登記者

不動產物權取得不須相對人意思表示，但須登記者，有依非法律原因之取得，例如先占、時效取得、附合取得，以及依單獨行為取得❺❷等情況。此種方式之共同特徵，因有法律之規定，或原權利人先前之意思表示，取得人只需實施一定之行為，即可取得不動產物權，不必獲得原權利人之同意。

基本上，依上述方式取得之不動產物權，取得人可不經登記而取得相應之不動產物權，然由於該等物權之取得並未進行公示，不符合物權變動之規律，故如要其法律效力充足，則取得人必須將該等物權予以登記，始得處分其物權。

蓋登記前，既已發生取得不動產物權之效力，為宣示於人，必須加以登記，此種登記性質上為「宣示登記」，而與「設權登記」相對應。此種「宣示登記」並非絕對必要，僅因不經登記，當事人不得處分其物權，故又可稱為「相對登記」。

(三)須相對人之意思表示亦須登記者

不動產物權取得既須相對人意思表示，亦須登記者，係指依雙方行為之取得，因不動產物權變動，必須進行公示，而依雙方行為之取得不動產物權，除登記外並無其他公示方法。換言之，依雙方行為之取得不動產物權，必須經登記，方能生效。

柒、檢討與建議——代結語

美國法中之契據交付類似於德國法中之物權行為，均獨立於買賣契約，均係導致產權變動之原因，且在效力上均不依賴於買賣契約等。然而，德國法中之物權行為係理論構造之產物，而物權行為無因性理論係理論追求之結果。美國法契據交付之效力與契約無關，蓋其本身即有一套獨立之效力判斷規則。

我國民法仿德國採五編制，將財產法中之債權與物權兩相分離，則物權行

---

❺❷ 此所謂之依單獨行為取得不動產物權，主要是指遺贈。

為之獨立性，雖未見諸條文，但顯然就整套民法體系來看，物權行為之獨立性，則係無庸置疑。雖然其有受批判質疑之處，但隨著社會經濟生活之複雜化，越精緻之概念體系，反更能因應調適社會之變遷。

至於物權行為有因或無因原則，則係同一概念體系下立法政策之選擇，德國民法採無因原則，目的在保障交易安全，我國亦繼受之。然而，學者多認為形式主義下之折衷主義，亦即瑞士與奧地利民法，所採之獨立性與有因性，應是目前最完善之立法例，頗值學習。

另外，登記生效與登記對抗兩種模式相較下，無論是從法律上或經濟上來分析切入，均有其利弊得失。我國採登記生效主義，重點在保護交易安全與善意第三人之信賴，並無不妥。然而，政策之擇定，係立法者價值判斷之取捨，亦不能說有絕對是與非可明確劃分。

再者，民法在新世紀所面臨之問題，例如契約法之發展，包括理論與實務，在步調與方向上，均趨近德國；物權亦走向自由化，土地登記亦可能走向電子化時代。

同樣地，學者認為，當法律內容必須經常大幅更新，當各種法源，包括法條、解釋、判例、法院民刑庭會議決議、學說等，經由數位化處理時，法典有無保存之必要[53]，值得研究。凡此種種，均為民法在新世紀面臨之挑戰。

除此之外，學者亦建議，於民法第 758 條第 2 項增訂：「對不動產物權之移轉、變更、消滅，或其次序變更之請求權，得為預告登記。物權人與預告登記後所為之處分妨害該請求權者，不得對抗該請求權人」[54]，值得探討。

總之，我國不動產變動登記既採取形式主義之立法，為彌補形式主義之固有缺陷，才產生形式主義與意思主義在物權立法之交錯現象，故立法上仍應遵循形式主義之公示與公信原則，只有在特定場合，需要借以意思主義方法時，才作出例外之規定。同時，在新世紀面臨之挑戰之下，不動產登記亦可能走向電子化時代，法律如何配合，更須學界與實務界共同努力。

---

[53]　蘇永欽，〈民法在新世紀面臨之挑戰〉，《新世紀臺灣法制之發展》，第 22 輯，臺灣法學會，2001 年 10 月，頁 145。

[54]　蘇永欽，〈物權堆疊的規範問題——建議修法明訂以次序為軸心的堆疊原則〉，《2008 年 7 月 25 日法務部第 130 次會議資料(三)》，頁 21。

第 7 章
相鄰關係

壹、概　說

所謂相鄰關係是指兩個以上相互毗鄰之不動產所有人或使用人，在行使不動產所有權或使用權時，相互間給予便利或受限制而發生之權利義務關係。

由於相鄰接之不動產，相互間之關係密切，在行使權利時，有時難免發生利害衝突。如不解決這些衝突，最後將會影響到所有物之完全利用，以致對社會秩序以及國民經濟均產生不良影響。因此，民法為調和鄰接不動產之利用，而就其所有人間所定之權利義務關係，在一定範圍內對之加以規範，確保土地之充分利用以及維護社會生活。

蓋不動產中之土地，本質上即係連綿無垠，每宗土地所有權之範圍，原出於人為之區劃，故必須有相鄰關係之存在，土地所有權之行使，目的即在此。又由於化學及物理之作用，或多或少必會影響鄰接之土地或不動產之用益，此時受影響之不動產所有人如動輒行使民法第 765 條或第 767 條之所有權保全請求權，必將使鄰接之土地限於無從用益之窘境，易地而處又何嘗不然。

為使所有物得以完全利用，並調和所有人相互間之利害衝突，達到共存目的，我國乃仿歐日立法例，於民法從第 774 條至第 800 條之 1，特設關於相鄰不動產所有人間權利義務之規定，使不動產所有權之行使，負有一定消極不作為或積極作為之義務，此係所有權內容之限制。

就反面而言，不動產所有權之行使，遂有要求他人為一定消極不作為或積極作為之權利，此為所有權內容之擴張。基於相鄰關係而享有利益者，亦即所有權內容受有擴張利益者，固因其不動產主體之變動而受影響，於因所有權內容而受限制者，為不動產上之負擔，從該不動產而存在，亦不因其不動產所有人更易而謂不受拘束。換言之，相鄰關係規定並具有形成不動產所有權內容之作用❶。

基此，本章首先擬探討相鄰關係之性質與基本原理、規範方式。其次擬探討相鄰關係之法律特徵包括主體限制、法律規定為限、取得必要之方便為限；

---

❶　謝在全，《民法物權論》，上冊，修訂二版，自版，2003 年 7 月，頁 290。

再次擬探討相鄰關係之歸類，包括經營建築、因排水用水而生之相鄰關係、因通行而生之相鄰關係、土地所有人之容忍義務、因植物枝根果實而生之相鄰關係等，並就相鄰關係之新規定見解、相關實務判決理由加以評析。最後，擬提出檢討與建議，以供參考。

貳、相鄰關係之性質與基本原理

一、性　質

(一)理論上

1.有認為，相鄰關係之規定非強行規定，相鄰人訂立與此相異之債權契約者，自受其拘束❷。

2.有認為，相鄰關係之規定，乃在使不動產均能物盡其用，以增進社會經濟之公益，故因該規定而享受利益者，不得預先拋棄❸。

3.有認為，相鄰關係究為強行規定或任意規定，足以影響法律規定之實際運作。如認為相鄰關係為任意規定，則必須有所修正，以避免濫用，而造成當事人一方之不公平或整體社會之不利益❹。

(二)實務上

實務上有不同之見解，最高法院認為，民法第 787 條第 1 項所規定之通行權，其主要目的，不僅專為調和個人所有之利害關係，且在充分發揮袋地之經濟效用，以促進物盡其用之社會整體利益，不容袋地所有人任意預為拋棄❺。由此可知，實務上認為民法第 787 條係屬強行規定。

(三)檢　討

---

❷　史尚寬，《物權法論》，榮泰印書館，1987 年 1 月，頁 79。

❸　謝在全，前揭書，頁 289。

❹　謝哲勝，〈民法上相鄰關係與社區管理之探討〉，《財產法專題研究(二)》，元照出版，1999 年 11 月，頁 189。

❺　參照最高法院 75 年臺上字第 947 號判例。

　　相鄰關係規定之法律性質，涉及相鄰關係規定之法律性質，是否為強行規定，其所賦予之權利，可否拋棄或為不同之約定。

　　民法第 775 條以下，關於相鄰關係之規定原則上非屬強行規定，蓋因相鄰關係規定主要是在調整相鄰關係人間之私權利衝突，雖涉及公益，但多屬間接，應容留當事人私法自治之空間，自行調整其權利義務關係；且當事人間如已自行約定，已足維護相鄰人間之平和秩序，故當事人間應可作不同之約定或予以拋棄。但此項約定僅具債之效力，約定當事人間固應受其拘束，而非當事人之第三人❻，自不受其約束。

　　又由於民法基於相鄰接不動產用益之相互影響特質，我國民法從第 774 條至第 800 條之 1，特設關於相鄰關係之規定，使不動產所有之行使，負有一定消極不作為或積極作為之義務。但從相鄰關係在實際生活中所表現出來之複雜性與多樣性言之，其處理糾紛之原則，與實際之需要仍差距甚大。因此，在我國物權之立法，於不動產相鄰關係之外，則另有「地役權」❼之專門規定。換言之，相鄰關係是法定權利，而「地役權」則為約定權利，二者各自界定其權利之內容與類型。

　　因此，在立法模式之選擇方面，儘管相鄰關係與「地役權」均為調整相鄰不動產之物權制度。因該二者性質不同，在調整不動產間關係上之地位、作用，則均不能相互替代、包含，但該相鄰關係與「地役權」卻需要相互結合與補充，才能使不動產利用價值達到最大限度，並符合當事人與社會之利益。

二、基本原理

　　相鄰關係規定既在調整相鄰接不動產所有人間之權利衝突，而不動產尤其是土地之用益具有高度之互換性與互補性。因之，相鄰關係規定之建構基本原理有三，茲分述如下：

㈠基於鄉里和睦之相互照顧義務

　　相鄰關係人就不動產用益之相互尊重，足以提高彼此不動產利用之經濟效益，故相鄰關係規定之建構基本原理係相鄰關係人間基於鄉里和睦之相互照顧

---

❻　例如得主張相鄰關係通行權土地之受讓人。

❼　按民法修正草案已將「地役權」，修正為「不動產役權」。

義務。

㈡基於權利行使符合公益原則

相鄰關係規定之建構基本原理係相鄰關係人間基於權利行使符合公益原則，調整個人對社會國家之利益。此從相鄰關係規定之立法旨趣，均涉及社會經濟可以明知。

例如民法第 775 條、第 787 條、第 796 條係增進社會經濟之規定；民法第 779 條、第 782 條係維護公共衛生之規定；民法第 774 條、第 795 條、第 798 條係紛爭預防之規定。

㈢可否拋棄或為不同約定

相鄰關係規定具有所有權對公共利益之調整目的，雖其主要在調整相鄰關係人間之私權利益衝突，並非強制規定，當事人間仍不妨作不同之約定或予以拋棄，但此約定僅具債之效力，非相鄰關係人以外之第三人自不受拘束。

實務上則認為，民法第 787 條第 1 項所定之通行權，其主要目的，不僅專為調和個人所有之利害關係，且在充分發揮袋地之經濟效用，以促進物盡其用之社會整體利益，不容袋地所有人任意預為拋棄❽，已如前述。

三、規範方式

在規範手段方面，民法採取下列五種方式：

㈠土地所有人不得為一定行為

此土地所有人不得為一定行為，亦即關於設置屋簷排水之限制。例如新民法第 777 條規定：「土地所有人不得設置屋簷、工作物或其他設備，使雨水或其他液體直注於相鄰之不動產。」

㈡土地所有人得於相鄰土地為一定行為，但應遵循最低損害原則，並就鄰地所受損害支付償金

如新民法第 786 條規定：「土地所有人非通過他人之土地，不能設置電線、水管、瓦斯管或其他管線，或雖能設置而需費過鉅者，得通過他人土地之上下而設置之。但應擇其損害最少之處所及方法為之，並應支付償金。（第 1 項）依前項之規定，設置電線、水管、瓦斯管或其他管線後，如情事有變更時，他土

---

❽ 最高法院 75 年臺上字第 947 號判例。

地所有人得請求變更其設置。（第 2 項）前項變更設置之費用，由土地所有人負擔。但法令另有規定或另有習慣者，從其規定或習慣。（第 3 項）第七百七十九條第四項規定，於第一項但書之情形準用之。（第 4 項）」此亦即管線安設權。

㈢土地所有人從事一定行為時，應防範鄰地遭受損害

例如新民法第 774 條規定：「土地所有人經營事業或行使其所有權，應注意防免鄰地之損害」，此亦即關於鄰地損害防免之規定。

㈣土地所有人得禁止他人為一定行為

例如新民法第 793 條規定：「土地所有人於他人之土地、建築物或其他工作物有瓦斯、蒸氣、臭氣、煙氣、熱氣、灰屑、喧囂、振動及其他與此相類者侵入時，得禁止之。但其侵入輕微，或按土地形狀、地方習慣，認為相當者，不在此限」，此亦即關於禁止氣響侵入之規定。

㈤土地所有人應容忍他人於其土地為一定行為

例如新民法第 792 條規定：「土地所有人因鄰地所有人在其地界或近旁，營造或修繕建築物或其他工作物有使用其土地之必要，應許鄰地所有人使用其土地。但因而受損害者，得請求償金」，此亦即鄰地使用權。

參、相鄰關係之法律特徵

一般而言，不動產相鄰關係是一方財產所有人或占有人行使財產權利之延伸，是對他方財產所有人或占有人權利之限制。因此，雖亦有稱雙方當事人由此發生或取得之權利為相鄰權，但我國民法物權編並無此名稱。儘管如此，由於相鄰關係之規定，雙方當事人確實取得一定之權利，卻是事實。

相鄰關係具有以下之法律特徵，茲分述如下：

一、主體限制

相鄰關係之主體係兩個以上相鄰接之不動產所有人，但不限於所有人，還可以包括不動產之利用人，例如依民法第 833 條、第 850 條、第 914 條之規定準用之地上權人、典權人、永佃人，以及承租人、使用借貸人等，因而在該等

人相互間，以及該等人與相鄰土地所有人間，均有相鄰關係存在。但此種關係僅發生於上開主體之間，不可對抗上開人以外之第三人。

2009 年新民法第 800 條之 1 認為，為調和相鄰關係之利用與衝突，相鄰關係不僅規範相鄰土地所有人間，即地上權人、地役權人、典權人、承租人、其他土地、建築物或其他工作物利用人間，亦宜準用。新民法第 800 條之 1 乃增訂上開概括規定：「第七百七十四條至前條規定，於地上權人、地役權人、典權人、承租人、其他土地、建築物或其他工作物利用人，準用之」，以符合民法規範相鄰關係之宗旨，並期立法之精簡。

至於建築物所有人為土地之利用人，當然有本條之適用，不待明文。又本條所謂「準用」，係指於性質不相牴觸之範圍內，始得準用。故何種情形可以準用，應依具體個案分別認定之❾。

實務上亦認為，查民法物權編關於土地相鄰關係之規定，重在圖謀相鄰不動產之適法調和利用。鄰地通行權之性質，為土地所有權人所有權之擴張，與鄰地所有權人所有權之限制，是以土地所有權人或使用權人，如確有通行鄰地之必要，鄰地所有權人或使用權人，即有容忍其通行之義務，此為法律上之物的負擔。土地所有權人或使用權人，基於其物權之作用行使上開請求權時，其對象並不以鄰地所有權人為限❿。

二、法律規定為限

由於相鄰關係是對兩個當事人間權利義務關係之規定，此種相鄰關係之內容非常複雜，原則上應以法律規定者為限，換言之，應依物權法具有強制性之原則，不宜由當事人任意擴張。但例外，亦不得不委由世代相傳之習慣解決之。因此，仍然必須承認習慣在相鄰關係調整中之重要地位，例如新民法第 790 條規定之禁止他人侵入，以及第 793 條規定之氣響侵入之禁止等是。

實務上認為，土地所有權之鄰地通行權，係土地所有權之權能，即土地所有權人在土地與公路無適宜之聯絡，致不能為通常使用時，所擁有的通行鄰地

---

❾　法務部，《民法物權編部分修正條文 (通則章及所有權章)》，第 800 條之 1 修正說明，2009 年 2 月，頁 55。

❿　最高法院 70 年度臺上字第 3334 號判決。

之權利，該鄰地通行權自非物權本身。因此，類推適用民法第 787 條第 1 項所規定之土地所有權人袋地通行權，並非創設物權，此與民法第 757 條所定物權法定主義，物權除法律有規定外不得創設之規定並未違背，亦與實務上最高法院判決所謂法定地上權之存在不得類推適用無涉❶。

三、取得必要之方便為限

相鄰關係中之權利義務，均有一定之條件與限制，相鄰關係之財產所處位置是相連或相近者，其相鄰關係之行使在一定情況下，須借助於相鄰他方義務之履行。相鄰關係之行使時，須從相鄰他方取得必要之方便為限度，不得違反相鄰義務以及損害相鄰他方之合法權益。

四、準用與類推適用

關於相鄰關係，民法係以「土地所有人」為當事人間權利義務之主體，其適用對象除不動產所有人間外，尚及於地上權人間、永佃權人間、典權人間及各該物權人與所有人間。

由此可知，法律所定不動產相鄰關係，即以調和不動產利用上可能產生之衝突，俾發揮其經濟機能為目的，則應重在不動產利用權人間之關係，而不應重在不動產所有權之誰屬。

實務上認為，民法創設鄰地通行權，原為發揮袋地之利用價值，使地盡其利，增進社會經濟之公益目的，是以袋地無論由所有權或其他利用權人使用，周圍地之所有權即其他利用權人均有容忍其通行之義務。民法第 787 條規定土地所有權人鄰地通行權，依同法第 833 條、第 850 條、第 914 條之規定準用於地上權人、永佃權人或典權人間，及各該不動產物權人與土地所有人間，不外本此立法意旨所為一部分例示性質之規定而已，要非表示於所有權以外其他土地利用權人間即無相互通行鄰地之必要而有意不予規定。從而鄰地通行權，除上述法律已明定適用或準用之情形外，於其他土地利用權人相互間（包括承租人、使用借貸人在內）亦應援用相類似案件，應為相同之處理之法理，為之補

❶ 臺灣高等法院臺中分院 90 年度上易字第 113 號判決；最高法院 77 年度臺上字第 1916 號判決。

充解釋，以求貫徹❷。由此可知，其他相鄰關係規定亦應為相同解釋，而類推適用。

新民法物權增設第 800 條之 1，將前揭最高法院關於鄰地通行權「類推適用」之決議加以一般化，而設「準用」之規定：「第七百七十四條至前條規定，於地上權人、地役權人、典權人、承租人、其他土地、建築物或其他工作物利用人準用之。」而本條所謂「準用」，係指於性質不相牴觸之範圍內，始得準用。故何種情形得以準用，應依具體個案分別認定之。

五、習慣、鄰地、償金等基本概念

㈠習慣之探求

我國民法規範相鄰關係，特別注重習慣，應優先適用之，例如民法第 776 條規定：「土地因蓄水、排水、或引水所設之工作物、破潰、阻塞，致損害及於他人之土地，或有致損害之虞者，土地所有人應以自己之費用，為必要之修繕、疏通或預防。但其費用之負擔，另有習慣者，從其習慣。」此所稱習慣，乃指慣行而言。實務上亦認為，習慣，係指在社會上普通一般人多年慣行之事實，確信具有法之效力，並不違背公共秩序及善良風俗者而言❸。

㈡鄰地之意義

民法所稱鄰地，不以直接毗鄰之土地為限。例如民法第 774、775、778、779、780、783 等條之規定。

㈢償金之性質

民法規定利用或通行鄰地者，應支付償金，其條文甚多，可歸為兩類：

1.對價性質

償金之支付，不以有損害為必要。如民法第 783 條取用鄰地餘水之規定，償金之支付，與餘水之給與應為同時履行。

2.補償性質

償金之支付，不具對價關係，則為補償性質❹，且不以故意或過失為要件，

---

❷ 最高法院 79 年度第 2 次民事庭會議決議。

❸ 最高法院 79 年度臺上字第 847 號判決。

❹ 最高法院 76 年度臺上字第 2646 號判決：「……惟『償金』係指補償土地所有權人不

其消滅時效依民法第 125 條之規定為十五年，不適用第 197 條二年或十年之規定。凡條文中規定：「因此所受之損害，應支付償金」字樣者，皆屬之，如新民法第 779 條之鄰地所有人之過水權。

償金性質上為一種法定負擔，土地所有權移轉時，受讓人仍有支付之義務，但不及於拖欠之償金。

又關於償金數額之判定，應斟酌因通行所受利益及鄰地因之所受損害之程度，並雙方之經濟狀況作為衡量之標準❶。

肆、相鄰關係之歸類

相鄰關係依發生之情形可歸為五類，茲分述如下：

一、經營建築

相鄰土地之所有人在自己土地上經營建築，常會損害他方之利益。此外，為使土地得到充分利用，法律上又不得不保護在土地上經營建築之人，在此方面，我國民法有如下之規定：

㈠鄰地損害之防免

新民法第 774 條規定：「土地所有人經營事業或行使其所有權，應注意防免鄰地之損害。」其立法理由，按工業一語，不足以涵蓋農、林、漁、礦、牧或服務業等事業在內，為適用明確，爰將經營「工業」修正為經營「事業」。又經營事業為行使所有權之例示規定，爰參考外國立法例規定❶，將「及行使其他之權利」修正為「或行使其所有權」，俾資明確。在此，行使其所有權係指凡權利之行使，對鄰地帶有危險性者，均應負有防免鄰地損害之義務❶。

能使用土地之損害，必於有通行權者，行使其通行權後，始有是項損害之發生，與通行權無對價關係。」

❶　最高法院 85 年度臺上字第 67 號判決。

❶　瑞士民法第 684 條第 1 項。

❶　法務部，《民法物權編部分修正條文（通則章及所有權章）》，第 774 條修正說明，2009

實務上認為，空氣污染防制法係行政法，其立法目的，僅在維護國民健康、生活環境，以提高生活品質，此觀該法第 1 條之規定自明。故工廠排放空氣污染物雖未超過主管機關依空氣污染防制法公告之排放標準，如造成鄰地農作物發生損害，仍不阻卻其違法❶。

㈡損害鄰地地基或工作物危險之預防義務

1.新民法規定

新民法第 794 條規定：「土地所有人開掘土地或為建築時，不得因此使鄰地之地基動搖或發生危險，或使鄰地之建築物或其他工作物受其損害。」

實務上認為，按土地所有人開掘土地或為建築時，不得因此使鄰地之地基動搖或發生危險，或使鄰地之工作物受其損害，違反保護他人之法律者，推定其有過失，即應負侵權行為之損害賠償責任，且數人共同不法侵害他人之權利者，連帶負賠償責任，此觀民法第 794 條、第 184 條、第 185 條第 1 項規定自明，又依民法第 189 條但書規定，定作人於定作或指示有過失者，對於承攬人執行承攬事項所致之損害，應負賠償責任❶。

2.立法理由

新民法第 794 條修正理由認為，土地所有人開掘土地或為建築時，所負防免危險或損害義務之客體，舊條文規定以鄰地之地基或工作物為限。究竟工作物是否包括建築物在內，易滋疑義，為明確計，新民法第 794 條爰明定：「建築物或其他工作物」均為本條保護之客體❷。

㈢鄰地使用權

民法第 792 條規定：「土地所有人因鄰地所有人在其疆界或近旁，營造或修繕建築物或其他工作物有使用其土地之必要，應許鄰地所有人使用其土地。但因而受損害者，得請求償金。」按該條之立法理由為，條文規定鄰地使用權以鄰地所有人在土地所有人疆界或近旁，營造或修繕「建築物」為要件。惟事實上

年 2 月，頁 29。

❶ 最高法院 83 年臺上字第 2197 號判例。

❶ 臺灣澎湖地方法院 86 年度訴字第 3 號判決。

❷ 法務部，《民法物權編部分修正條文（通則章及所有權章）》，第 794 條修正說明，2009 年 2 月，頁 43。

營造或修繕者，不以建築物為限，尚有其他工作物例如圍牆等是，於營造或修繕時，亦有使用鄰地土地之必要。為期周延，爰仿日本民法第 209 條第 1 項規定，增列「或其他工作物」，以達經濟利用之目的。又為求用語一致，爰仿土地法用語，將「疆界」修正為「地界」❷。

由該立法意旨觀之，並參酌民法相鄰關係本重在相互利害之調和，不宜使土地所有人負過重之容忍義務，民法第 792 條鄰地所有人之鄰地使用權，須具備下列要件：

　　1.須在土地所有人土地之地界或近旁營造或修繕建築物。

　　2.須有使用之必要。

　　3.土地所有人因而受有損害時，應支付價金。

所謂「有使用之必要」，係指除使用鄰地外，即無以完成其營造或修繕建築物之工作而言，若僅係為減少工作之時間或費用者，尚難謂有使用之必要❷。

㈣工作物傾倒危險之預防

民法第 795 條規定：「建築物或其他工作物之全部，或一部有傾倒之危險，致鄰地有受損害之虞者，鄰地所有人，得請求為必要之預防。」

㈤越界建屋之異議

1.新民法第 796 條

新民法第 796 條規定：「土地所有人建築房屋非因故意或重大過失逾越地界者，鄰地所有人如知其越界而不即提出異議，不得請求移去或變更其房屋。但土地所有人對於鄰地因此所受之損害，應支付償金。（第 1 項）前項情形，鄰地所有人得請求土地所有人，以相當之價額購買越界部分之土地及因此形成之畸零地，其價額由當事人協議定之，不能協議者；得請求法院以判決定之。（第 2 項）」

新民法第 796 條立法理由認為，舊條文規定對越界建築者，主觀上不區分其有無故意或重大過失，一律加以保護，有欠公允❷，新條文乃增列「非因故

❷　法務部，《民法物權編部分修正條文（通則章及所有權章）》，第 792 條修正說明，2009 年 2 月，頁 42。

❷　臺灣新竹地方法院 87 年度簡上字第 47 號判決。

❷　新民法第 796 條係仿德國民法第 942 條、瑞士民法第 674 條之立法體例。

意或重大過失」越界建築者，始加以保障，以示平允。

依現行條文意旨，前所保護者為「房屋」，前段末句「建築物」一詞，宜修正為「房屋」，使法條用語前後一貫。又「房屋」應包括建築完成及未完成者在內，併予敘明。

至於因越界建築，鄰地所有人因此所受之損害，土地所有人應支付償金，如使鄰地所有人之土地成為畸零地者，該畸零地每不堪使用，亦應賦予鄰地所有人請求土地所有人購買權，以符實際，爰仿第788條，將舊條文但書規定酌予修正並增訂第2項規定。又本條規定不排除債法上不當得利請求權及侵權行為請求權[24]。

然而，學者認為，本條規定之立法旨趣，著重於房屋在社會經濟利益之維護。因此，在保護越界建築房屋之條件，以鄰地所有人怠於行使權利之要求都甚為嚴苛[25]。

2.新民法第796條之1

新民法第796條之1規定：「土地所有人建築房屋逾越地界，鄰地所有人請求移去或變更時，法院得斟酌公共利益及當事人利益，免為全部或一部之移去或變更。但土地所有人故意逾越地界者，不適用之。（第1項）前條第一項但書及第二項規定，於前項情形準用之。（第2項）」

新民法第796條之1立法理由認為，對於不符合第796條規定者，鄰地所有人得請求移去或變更逾越疆界之房屋。然有時難免對社會經濟及當事人之利益造成重大損害。為示平允，宜賦予法院裁量權。由法院斟酌公共利益及當事人之利益[26]，以顧及社會整體經濟利益，並兼顧雙方當事人之權益。但土地所

---

[24] 法務部，《民法物權編部分修正條文（通則章及所有權章）》，第796條修正說明，2009年2月，頁43。

[25] 朱柏松，〈新修正相鄰關係法規範評議〉，《月旦法學》，169期，2009年6月，頁105。

[26] 例如參酌都市計畫法第39條規定：「對於都市計畫各使用區及特定專用區內土地及建築物之使用、基地面積或基地內應保留空地之比率、容積率、基地內前後側院之深度及寬度、停車場及建築物之高度，以及有關交通、景觀或防火等事項，內政部或直轄市政府得依據地方實際情況，於本法施行細則中作必要之規定。」按都市計畫法訂於1939年6月8日，歷經多次修正，最近一次修正於2009年1月7日。

有人故意逾越疆界者，不適用上開規定，始為公平。從而，新民法第 796 條之
1 乃增訂第 1 項。

　　此外，土地所有人如因法院之判決，免為全部或一部房屋之移去或變更者。
為示平允，宜許鄰地所有人對於越界部分之土地及因此形成之畸零地，得以相
當之價格請求土地所有人購買，如有損害，並得請求賠償，新民法第 796 條之
1 乃增訂第 2 項準用規定❷。

3. 新民法第 796 條之 2

　　新民法第 796 條之 2 規定：「前二條之規定，於具有與房屋價值相當之其他
建築物準用之。」

　　新民法第 796 條之 2 立法理由認為，目前工商社會，經濟發達，房屋以外
建築物之價值亦有超越房屋情事。如對該等建築物之越界建築一律不予保障，
亦有害於社會經濟。惟建築物之種類甚多，如一律加以保障，亦將侵害鄰地所
有人之權益。故權衡輕重，以具有與房屋價值相當之其他建築物❷，例如倉庫、
立體停車場等是，始得準用前二條之規定，乃增訂新民法第 796 條之 2 規定，
以期周延❷。

㈥管線安設權

　　新民法第 786 條規定：「土地所有人非通過他人之土地，不能設置電線、水
管、瓦斯管或其他管線，或雖能設置而需費過鉅者，得通過他人土地之上下而
設置之。但應擇其損害最少之處所及方法為之，並應支付償金。（第 1 項）依前
項之規定，設置電線、水管、瓦斯管或其他管線後，如情事有變更時，他土地
所有人得請求變更其設置。（第 2 項）前項變更設置之費用，由土地所有人負擔。
但法令另有規定或另有習慣者，從其規定或習慣。（第 3 項）第七百七十九條第
四項規定，於第一項但書之情形準用之。（第 4 項）」

　　新民法第 786 條立法理由認為，配合「共同管道法」第 2 條第 2 款規定，

---

❷　法務部，《民法物權編部分修正條文（通則章及所有權章）》，第 796 條之 1 修正說明，
　　2009 年 2 月，頁 45。

❷　此處所謂具有與房屋價值相當之其他建築物，例如倉庫、立體停車場等是。

❷　法務部，《民法物權編部分修正條文（通則章及所有權章）》，第 796 條之 2 修正說明，
　　2009 年 2 月，頁 46。

將第 1 項及第 2 項「煤氣管」修正為「瓦斯管」、「筒管」修正為「管線」；並配合第 191 條、第 777 條等規定，將第 1 項至第 3 項所定「安設」修正為「設置」，以符實際。

依電信法❸第 45 條第 3 項授權所定電信線路遷移費用及電信設備損壞賠償負擔辦法第 8 條序文「既設電信線路通過請求權人自己或他人之土地，致自己土地使用收益有下列情形之一者，土地所有權人、合法占有人或使用人得請求該電信線路所屬機關（構）免費遷移」，係第 3 項變更設置費用負擔之特別規定。為期周延並明確計，爰將第 3 項修正為「法令另有規定或另有習慣者，從其規定或習慣」。

此外，為確保土地所有人及鄰地所有人之權利，爰增訂第 4 項，使其得以準用第 779 條第 4 項，以資周延。又其準用範圍限於損害最少處所及方法有關之異議程序規定，不包括償金，併予指明❸。

二、因排水用水而生之相鄰關係

排水用水是土地上之重要問題，相鄰土地之所有人因此而發生之關係極為複雜，茲分述如下：

㈠自然流水之排水權及承水義務

1.新民法第 775 條規定：「土地所有人不得妨阻由鄰地自然流至之水。（第 1 項）自然流至之水為鄰地所必需者，土地所有人縱因其土地利用之必要，不得妨阻其全部。（第 2 項）」

新民法第 775 條立法理由認為，水流固以高地流向低地為常，但潮水逆溯、平地相流，間亦有之，如為自然流至，土地所有人悉有承受之義務，爰仿日本民法第 214 條規定，將第 1 項「高地」、「低地」等文字修正為「鄰地」，並酌作文字修正。

又第 2 項原規定「高地」、「低地」、「所有人」及「妨堵」等文字，配合前

---

❸ 按電信法訂於 1958 年 10 月 23 日，歷經多次修正，最近一次修正於 2007 年 7 月 11 日。

❸ 法務部，《民法物權編部分修正條文（通則章及所有權章）》，第 786 條修正說明，2009 年 2 月，頁 37。

項用語酌作修正。又為期語意明確，爰於「土地」之後增列「利用」二字❸。

　　實務上認為，按公用地役關係並非私法上之權利，乃私有土地而具有公共用物性質之法律關係，與民法上地役權之概念有間，並不以登記為成立要件，倘私有土地具有公用地役關係存在時，土地所有權人行使權利，即應受限制，不得違反供公眾使用之目的，排除他人之使用❸。

　　2.新民法第 778 條規定：「水流如因事變在鄰地阻塞，土地所有人得以自己之費用，為必要疏通之工事。但鄰地所有人受有利益者，應按其受益之程度，負擔相當之費用。（第 1 項）前項費用之負擔，另有習慣者，從其習慣。（第 2 項）」

　　新民法第 778 條立法理由認為，由於新民法第 775 條已將「高地」、「低地」等文字修正為「鄰地」，第 778 條自應配合修正。又舊民法第 778 條文規定土地所有人得以自己之費用，為必要疏通之工事。惟如因疏通阻塞之水流，於鄰地所有人亦受利益時，為公平起見，於其受益之程度內，令負擔相當之費用，新民法第 778 條乃修正第 1 項。舊民法第 778 條條文但書規定移列為第 2 項❸。

㈡土地所有人之過水權

　　新民法第 779 條規定：「土地所有人因使浸水之地乾涸，或排泄家用或其他用水，以至河渠或溝道，得使其水通過鄰地。但應擇於鄰地損害最少之處所及方法為之。（第 1 項）前項情形，有通過權之人對於鄰地所受之損害，應支付償金。（第 2 項）前二項情形，法令另有規定或另有習慣者，從其規定或習慣。（第 3 項）第一項但書之情形，鄰地所有人有異議時，有通過權之人或異議人得請求法院以判決定之。（第 4 項）」

　　又有關他人過水工作物使用權問題，依新民法第 780 條規定：「土地所有人因使其土地之水通過，得使用鄰地所有人所設置之工作物。但應按其受益之程度，負擔該工作物設置及保存之費用。」

---

❸　法務部，《民法物權編部分修正條文（通則章及所有權章）》，第 775 條修正說明，2009年 2 月，頁 30。

❸　最高法院 88 年度臺上字第 698 號判決。

❸　法務部，《民法物權編部分修正條文（通則章及所有權章）》，第 778 條修正說明，2009年 2 月，頁 31。

在使雨水直注相鄰不動產之禁止方面，新民法第 777 條規定：「土地所有人不得設置屋簷、工作物或其他設備，使雨水或其他液體直注於相鄰之不動產。」其立法理由則認為，鑑於社會發展快速，生活環境改變，土地間之相鄰關係，今非昔比，例如現代家居使用冷氣機排出之水滴，抽油煙機排出之油滴，直注於相鄰不動產之情形，間亦有之。現行條文已無法滿足現代社會生活環境，爰增列屋簷、工作物以外之「其他設備」，土地所有人亦不得設置，使雨水或「其他液體」直注於相鄰之不動產，以期周延，並維相鄰關係之和諧❸。

此外，蓄水等工作物破潰阻塞之修繕疏通或預防方面，民法第 776 條規定：「土地因蓄水、排水、或引水所設之工作物、破潰、阻塞，致損害及於他人之土地，或有致損害之虞者，土地所有人應以自己之費用，為必要之修繕、疏通或預防。但其費用之負擔，另有習慣者，從其習慣。」

本條僅係民法上一般性之規定。至於農工業用之水是否適合排放於河渠或溝道，是否造成環境污染等問題，乃涉及環境保護之範疇，如特別法另有規定或另有習慣者，自當從其規定或習慣，新民法第 779 條乃規定：「土地所有人因使浸水之地乾涸，或排泄家用，或其他用水，以至河渠或溝道，得使其水通過鄰地。但應擇於鄰地損害最少之處所及方法為之。（第 1 項）前項情形，有通過權之人對於鄰地所受之損害，應支付償金。（第 2 項）前二項情形，法令另有規定或另有習慣者，從其規定或習慣。（第 3 項）第一項但書之情形，鄰地所有人有異議時，有通過權之人或異議人得請求法院以判決定之。（第 4 項）」，已如前述。

(三)水流地所有人之自由用水權

1.新民法第 781 條規定：「水源地、井、溝渠及其他水流地之所有人得自由使用其水。但法令另有規定或另有習慣者，不在此限。」

該條修正理由認為，舊民法規定水源地、井、溝渠及其他水流地之所有人，對水有自由使用權。惟現行法令有加以限制者，例如水利法施行細則第 25 條規定是。為期周延並明確計，爰於但書增列「法令另有規定」之除外規定。又但書所定「特別習慣」，觀諸其他條文僅規定「習慣」二字，為求體例一致，爰刪除「特別」二字❸。

❸ 法務部，《民法物權編部分修正條文（通則章及所有權章）》，第 777 條修正說明，2009 年 2 月，頁 30。

於此應注意，學者認為，新民法第 781 條規定旨在表明土地所有權人有自由使用其土地上之水之權利，與第三人無涉，其以契約予以排除或限制本條之適用，自不具意義❸，值得參考。

2.在用水權人之物上請求權方面，新民法第 782 條規定：「水源地或井之所有人對於他人因工事杜絕、減少或污染其水者，得請求損害賠償。如其水為飲用或利用土地所必要者，並得請求回復原狀；其不能為全部回復者，仍應於可能範圍內回復之。（第 1 項）前項情形，損害非因故意或過失所致，或被害人有過失者，法院得減輕賠償金額或免除之。（第 2 項）」

該條修正理由認為，「污穢」之定義如何，法無明文。按水污染防治法第 2 條第 5 款對「水污染」已有立法定義，其適用範圍較廣而明確，爰將「污穢」修正為「污染」。又現行條文係仿瑞士民法第 706 條及第 707 條而訂定，其立法原意為，水源及井水，凡為飲用水或利用土地所必要者，「於可能範圍內」應回復原狀，其究全部回復原狀或一部回復原狀，均視可能性決定，惟現行條文易予人以若不能「全部回復原狀」，則應改請求損害賠償之誤解，為避免疑義，爰仿瑞士民法第 706 條及第 707 條規定修正，並移列為第 1 項。

又本條究採過失責任抑無過失責任，學者間見解不一。為期周密保障水源地、井所有人之權益，本條宜採無過失責任。惟若使加害人負全部損害賠償責任，似失諸過苛，爰仿瑞士民法第 706 條第 2 項之立法體例，增訂第 2 項，規定得由法院斟酌情形，減輕或免除加害人之賠償金額，以求衡平❸。

㈣水流地所有人變更水流或寬度之限制

1.新民法第 784 條規定：「水流地對岸之土地屬於他人時，水流地所有人不得變更其水流或寬度。（第 1 項）兩岸之土地，均屬於水流地所有人者，其所有人得變更其水流或寬度，但應留下游自然之水路。（第 2 項）前二項情形，法令另有規定或另有習慣者，從其規定或習慣。（第 3 項）」

---

❸　法務部，《民法物權編部分修正條文（通則章及所有權章）》，第 781 條修正說明，2009 年 2 月，頁 34。

❸　朱柏松，前揭文，頁 92。

❸　法務部，《民法物權編部分修正條文（通則章及所有權章）》，第 782 條修正說明，2009 年 2 月，頁 35。

2.該條立法修正認為，對岸土地屬於他人時，水流地所有人變更水流或寬度，引起水道變更或水位減低，不免有害對岸土地用水之方便，應予禁止。至兩岸土地均屬於水流地所有人者，其所有人固得保留下游自然之水道，而變更其水流或寬度。惟為顧及河道土質、河道形狀可能引發水患等因素，水利法第 9 條有「變更水道或開鑿運河，應經中央主管機關核准」之規定。為期周延並明確計，爰將第 3 項修正為「前二項情形，法令另有規定或另有習慣者，從其規定或習慣」 ❸。於此應注意，學者認為，目前既已有水利法 ❹ 加以規定，依特別法優於普通法適用之原則，不但應排除民法規定之適用，即連民法條文中所揭示之習慣，亦應當排除而不適用之 ❹。

(五)堰之設置與利用

依新民法第 785 條規定：「水流地所有人有設堰之必要者，得使其堰附著於對岸。但對於因此所生之損害，應支付償金。（第 1 項）對岸地所有人於如水流地之一部，屬於其所有者，得使用前項之堰。但應按其受益之程度，負擔該堰設置及保存之費用。（第 2 項）前二項情形，法令另有規定或另有習慣者，從其規定或習慣。（第 3 項）」修正理由同前。

(六)使用鄰地餘水之用水權

依民法第 783 條規定：「土地所有人因其家用或利用土地所必要，非以過鉅之費用及勞力不能得水者，得支付償金，對鄰地所有人請求給與有餘之水。」

三、因通行而生之相鄰關係

(一)必要通行權

依新民法第 787 條規定：「土地因與公路無適宜之聯絡，致不能為通常使用時，除因土地所有人之任意行為所生者外，土地所有人得通行周圍地以至公路。（第 1 項）前項情形，有通行權人應於通行必要之範圍內，擇其周圍地損害最少之處所及方法為之；對於通行地因此所受之損害，並應支付償金。（第 2 項）

---

❸ 法務部，《民法物權編部分修正條文（通則章及所有權章）》，第 784 條修止說明，2009 年 2 月，頁 36。

❹ 按水利法訂於 1942 年 7 月 7 日，歷經多次修正，最近一次修正於 2008 年 5 月 7 日。

❹ 朱柏松，前揭文，頁 103。

第七百七十九條第四項規定，於前項情形準用之。（第 3 項）」

㈡**開路通行權**

1.新民法第 788 條規定：「有通行權人於必要時，得開設道路。但對於通行地因此所受之損害，應支付償金。（第 1 項）前項情形，如致通行地損害過鉅者，通行地所有人得請求有通行權人以相當之價額購買通行地及因此形成之畸零地，其價額由當事人協議定之；不能協議者，得請求法院以判決定之。（第 2 項）」

2.新民法第 788 條修正理由認為，土地所有人行使其通行權，開設道路，如致通行地損害過鉅者，應許通行地所有人得請求有通行權人以相當之價額購買通行地及因此形成之畸零地，俾求公平並維持不動產相鄰關係之和諧。雙方是否買賣土地及其價額，由當事人協議定之，不能協議者，得請求法院以判決定之，爰增訂第 2 項。

㈢**通行權之限制**

新民法第 789 條規定：「因土地一部之讓與或分割，而與公路無適宜之聯絡，致不能為通常使用者，土地所有人因至公路，僅得通行受讓人或讓與人或他分割人之所有地。數宗土地同屬於一人所有，讓與其一部或同時分別讓與數人，而與公路無適宜之聯絡，致不能為通常使用者，亦同。（第 1 項）前項情形，有通行權人，無須支付償金。（第 2 項）」

新民法第 789 條修正理由認為，數宗土地同屬於一人所有，而讓與其一部（包括其中一宗或數宗或一宗之一部分）或同時分別讓與數人，而與公路無適宜之聯絡，致不能為通常使用者，土地所有人因至公路，亦僅得通過該讓與之土地，以貫徹本條立法精神，爰仿德國民法第 918 條第 2 項後段規定，修正第 1 項。又所謂「同屬於一人」非指狹義之一人，其涵義包括相同數人，併予指明❷。

四、土地所有人之容忍義務

㈠土地之禁止侵入與例外

依新民法第 790 條規定：「土地所有人得禁止他人侵入其地內。但有下列情

---

❷　法務部，《民法物權編部分修正條文（通則章及所有權章）》，第 789 條修正說明，2009年 2 月，頁 41。

形之一者，不在此限：1. 他人有通行權者。2. 依地方習慣，任他人入其未設圍障之田地、牧場、山林刈取雜草，採取枯枝枯幹，或採集野生物，或放牧牲畜者。」

㈡因尋查取回物品或動物之允許侵入

依民法第 791 條規定：「土地所有人，遇他人之物品或動物偶至其地內者，應許該物品或動物之占有人或所有人入其地內，尋查取回。（第 1 項）前項情形，土地所有人受有損害者，得請求賠償。於未受賠償前，得留置其物品或動物。（第 2 項）」

㈢氣響侵入之禁止

1.新民法第 793 條規定：「土地所有人於他人之土地、建築物或其他工作物有瓦斯、蒸氣、臭氣、煙氣、熱氣、灰屑、喧囂、振動、及其他與此相類者侵入時，得禁止之。但其侵入輕微，或按土地形狀、地方習慣，認為相當者，不在此限。」

2.新民法第 793 條修正理由認為，按本條有關氣響侵入致影響相鄰關係者，除來自土地外，常有來自相鄰之建築物或其他工作物者，是否亦在本條禁止之列，易滋疑義，為明確計，新民法第 793 條乃明定：「建築物或其他工作物」有氣響侵入時，亦得禁止之規定。又配合「共同管道法」第 2 條第 2 款規定，將「煤氣」修正為「瓦斯」❹。

按於他人居住區域發出超越一般人社會生活所能容忍之噪音，應屬不法侵害他人居住安寧之人格利益，如其情節重大，被害人非不得依民法第 195 條第 1 項規定，請求賠償相當之金額❹。

㈣地基動搖之禁止

新民法第 794 條規定：「土地所有人開掘土地或為建築時，不得因此使鄰地之地基動搖或發生危險，或使鄰地之建築物或其他工作物受其損害。」

新民法第 794 條修正理由認為，土地所有人開掘土地或為建築時，所負防免危險或損害義務之客體，現行條文規定以鄰地之地基或工作物為限。究竟工

---

❹ 法務部，《民法物權編部分修正條文（通則章及所有權章）》，第 793 條修正說明，2009年 2 月，頁 42。

❹ 最高法院 92 年臺上字第 164 號判例。

作物是否包括建築物在內，易滋疑義，為明確計，爰明定「建築物或其他工作物」均為本條保護之客體。

五、因植物枝根果實而生之相鄰關係

㈠竹木枝根越界之刈除

　　1.新民法第 797 條規定：「土地所有人遇鄰地植物之枝根有逾越地界者，得向植物所有人，請求於相當期間內刈除之。（第 1 項）植物所有人不於前項期間內刈除者，土地所有人得刈取越界之枝根，並得請求償還因此所生之費用。（第 2 項）越界植物之枝根，如於土地之利用無妨害者，不適用前二項之規定。（第 3 項）」

　　2.新民法第 797 條修正理由認為，本條可能越界者不宜限於「竹木」，爰將其一律修正為「植物」，以資明確，並期周延。又在往昔農業社會，土地所有人刈取越界之枝根，具有經濟上之價值，可為利用，以補償其刈除之勞力及費用。惟今日社會變遷，刈除之枝根可利用之經濟價值減低，或需僱工搬運，將造成負擔，爰於第 2 項增列「並得請求償還因此所生之費用」，以符實際，並期平允❹❺。

㈡鄰地之果實獲得權

　　依新民法第 798 條規定：「果實自落於鄰地者，視為屬於鄰地所有人。但鄰地為公用地者，不在此限。」修正理由認為，土地不得為權利之主體，本條「鄰地」一詞宜修正為「鄰地所有人」，以符原立法旨趣。

伍、結　語

　　相鄰關係乃是本著團結互助、公平合理之精神，處理發生於不動產相鄰當事人之權利衝突，要求各該當事人於他造行使權利予以容忍，自己行使權利加以限制所形成之法律關係。

　　相鄰關係規定係以個別相鄰接之土地或其他不動產所有權之相互關係為其

---

❹❺　法務部，《民法物權編部分修正條文（通則章及所有權章）》，第 797 條修正說明，2009年 2 月，頁 46。

調整對象，以確保各該土地或其他不動產之妥適利用為目的，不僅性質上屬於私法對所有權之規範，且僅以個別相鄰接之土地或其他不動產為對象，而以現在利用狀況為其調整基礎，重在目前之妥適利用。

因此，相鄰關係與地役權不同在於，前者採取法律之強制規定，後者採取協議方式設立。

新民法相鄰關係除作文字修訂外，為配合實際需要，並作若干增訂之條文，諸如：增訂用水權人請求回復原狀之範圍及請求損害賠償亦得適用過失相抵原則之規定、鄰地通行人對周圍地所有人提出異議時之處理方法、土地所有人之惡意行為不適用鄰地通行權之規定、越界建築法院之裁量權及鄰地所有人之土地購買權，與具有與防污價值相當之其他建築物準用越界建築之相關規定等。

相鄰關係既有促進土地或其他不動產有效及妥適利用之目的，則相鄰關係規定之適用，自應適當運用法律不確定概念之規定，例如民法第 787 條之「適宜」、「通常」，第 793 條之「輕微」、「相當」，第 795 條之「必要」等，斟酌社會生活之實際變化，於盡可能範圍內，導入符合時代發展需求之不動產利用理念，並與若干行政法規接軌，才能兼顧個別私益與公共利益，建立不動產秩序。

總之，相鄰關係為所有權社會化之具體表現，其基本理論乃在於利用利益衡量原理，使相鄰當事人間行使權利與履行義務相互調和，以達到敦親睦鄰之目的。

第8章
袋地通行權

壹、概　說

　　通行權 (Notwegod, Wegerechtigkeit) 源自於羅馬法,在古代羅馬田野地役權占重要之地位,於古代交通不便,地利未開,通行權尤顯重要。通行權期初僅於不通公路之基地 (Locus religious),其後遂以成為地役權之概念,而後發展有所謂人之通行權,獸車通行權,重載貨車通行權,航渡權等四種通行權。

　　古代德國法,繼受羅馬法,其有相同之規定,普魯士地方法,則淵源古代德國法而漸次擴充之,為盡地役之用,使一切不通公路之土地所有人,皆得享有通行權。

　　依我國新民法第 787 條第 1 項前段規定:「土地因與公路無適宜之聯絡,致不能為通常使用時,除因土地所有人之任意行為所生者外,土地所有人得通行周圍地以至公路。」此即為袋地通行權,亦稱必要通行權、相鄰通行權、相鄰地通行權。而其周圍土地之所有人有容忍他人通行之義務,故彼此間形成通行之相鄰關係。

　　又所謂土地與公路無適宜之聯絡,致不能為通常之使用,其情形不以土地絕對不通公路為限,即土地雖非絕對不通公路,因其通行困難以致不能為通常之使用時,亦應許其通行周圍地以至公路❶。

　　基此,本章首先擬探討通行權之要件、通行權之意義、通行權之發生原因,以及其相鄰關係等相關理論與實務問題,提出探討。

貳、袋地通行權之適用要件

　　本段應概述通行權之要件,而非損害賠償問題,依前開所敘,土地因與公路無適宜之聯絡,致不能為通常使用者,土地所有人得通行周圍地以至公路,此乃民法所明定。換言之,袋地所有人之必要通行 (Notweg) 權,其形成要件有

---

❶　最高法院 93 年度臺上字第 10 號判決、53 年臺上字第 2996 號判例參照。

二：一為土地所有人或其他利用權人；二為土地與公路無適宜之聯絡者。

　　茲就通行權之要件，分述如下：

一、為土地所有人或其他利用權人

㈠舊民法之規定

　　我國舊民法，有關相鄰關係之規定，多以所有人為規範對象。依民法第 787 條規定意旨，鄰地通行權之通行權人，為土地所有人；又由於該等規定僅準用於若干限制物權，因而引起對於其他土地利用人缺乏規範之質疑，以致理論與實務見解，相當分歧。

㈡新民法之規定

　　針對舊民法之上述問題，新民法遂在第 800 條之後，增訂第 800 條之 1 規定：「第七百七十四條至前條規定，於地上權人、地役權人、典權人、承租人、其他土地、建築物或其他工作物利用人準用之。」換言之，即明定地上權人、地役權人、典權人、承租人、其他土地、建築物或其他工作物之利用人，亦有相鄰關係之適用。

　　而前揭所謂利用人，是否包含無權占有之現實利用人，雖難以得知。學者認為，法律規定通行權之意義，係針對相鄰關係規定之規範性質，亦係針對一定行為上之強制或禁止規範，則因立法之旨，在排除一定有害於公共利益或侵害人權，而為法律秩序所不容之行為，或為增進公共利益，而要求實踐行為，此時所有人或其他物權人，雖在通常情形即為行為人，但如不能涵蓋其他實際利用人，顯無法達到立法之目的，追求其法律制定之真正效益，以及原先立法之法涵意❷。本文亦感贊同。

　　因此，新民法在修正說明中，已特別指出：「為調和相鄰關係之利用與衝突，第七百七十四條至前條相鄰關係規定不僅規範相鄰土地所有人間，即地上權人、地役權人、典權人、承租人、其他土地、建築物或其他工作物利用人間，亦宜準用，爰增訂本條規定，以符民法規範相鄰關係之宗旨，並期立法之精簡。至於建築物所有人為土地之利用人，當然有本條之適用，不待明文。本條所謂準

---

❷　蘇永欽，〈民法相鄰關係規定可否類推適用於非物權人〉，《民法物權爭議問題研究》，初版一刷，五南圖書，1999 年 1 月，頁 113-117。

用，係指於性質不相牴觸之範圍內，始可適用。故何種情形可以準用，應依具體個案分別認定之。」 ❸

二、為土地與公路無適宜之聯絡者

土地為其他土地所圍繞而不通公路者，學說上謂之袋地；土地雖有其他可用之路，但有其危險或通行之困難、通行不便、費用過高，亦為學說上之「準袋地」，此兩種情形，依我國民法第 787 條第 1 項之規定，均予以通行鄰地之權，即鄰地通行權。

所謂「土地因與公路無適宜之聯絡，致不能為通常使用者，土地所有人得通行週地以至公路」規定之立法旨意，在調和土地相鄰之關係，以全其土地之利用，周圍地所有人負有容忍通行之義務，惟如土地嗣後與路已有適宜之聯絡，而能為通常之使用者，周圍地所有人自無須繼續容忍其通行，並且該土地之擁有人不得再以通行權主張其權利，而通行鄰地之土地 ❹。

又此通行權主要不僅為調和個人所有之利害關係，且在充分發揮袋地之經濟效用，以促進物盡其用、增進社會整體利益之目的，不容袋地所有人任意去拋棄此權利。

袋地之通行，通行人因通行權人所通過，而產生之損壞，應支付償金；同時應於必要之範圍內，選擇其周圍地損害最少之處所及方法為之。另我民法第 788 條又規定，有通行權人，於必要時，得開設道路。

茲再以最高法院實務案例之判決理由，敘明如下：系爭車道部分所在位置既包括在地下一樓建物登記面積內，與地下二樓建物，因拍賣結果致所有人不同，使地下二樓停車場對外並無適宜之聯絡可資為通常之使用，因其必須通行系爭車道，而發生類似相鄰關係袋地通行權之問題，基於調和區分所有房屋相互間經濟利益之法理，自得類推適用民法第 787 條第 1 項規定之袋地通行權 ❺。

---

❸ 法務部，《民法物權編部分修正條文（通則章及所有權章）》，第 800 條之 1 修正說明，2009 年 2 月，頁 54。

❹ 最高法院 85 年臺上字第 1781 號判例。按本則判例於民國 89 年 11 月 17 日由最高法院 89 年度第 12 次民事庭會議決議通過，並於民國 89 年 10 月 17 日經最高法院依據最高法院判例選編及變更實施要點第 9 點規定以(89)臺資字第 00668 號公告之。

三、袋地通行人應支付償金

袋地所有人之必要通行權，為相鄰關係上有償之必要通行權，依舊民法第787 條第 1 項但書規定：「但對於通行地因此所受之損害，應支付償金。」新民法第 787 條第 1 項雖取消但書規定，但仍然將其移至第 2 項後段規定。

此所謂「償金」，係指補償土地所有權人不能使用土地之損害而言；至於償金支付之方法，容後敘明。

四、應擇其周圍地損害最少之處所及方法

㈠舊民法之規定

依舊民法第 787 條第 2 項規定：「前項情形，有通行權人，應於通行必要之範圍內，擇其周圍地損害最少之處所及方法為之。」

㈡新民法之規定

1.新民法第 787 條第 2 項內容

新民法第 787 條第 2 項規定：「前項情形，有通行權人應於通行必要之範圍內，擇其周圍地損害最少之處所及方法為之；對於通行地因此所受之損害，並應支付償金。」

2.新民法第 787 條第 2 項修正說明

修正說明認為，若該土地本與公路有適宜之聯絡，可為通常使用，竟因土地所有人之任意行為而阻斷，則其土地與公路無適宜之聯絡，致不能為通常使用者，應由土地所有人自己承受，自不能適用第 1 項有關必要通行權之規定，爰仿德國民法第 918 條第 1 項，增訂第 1 項除外規定，原但書規定移列於第 2 項並酌作文字修正。

五、非因所有人之任意行為

又按鄰地通行權，係為調和相鄰地關係而訂定，此項通行權，乃就土地與公路有適宜之聯絡者而設。若該土地本與公路有適宜之聯絡，竟因土地所有人之任意行為而阻斷，則其不通公路之結果，應由土地所有人自己承受。

---

❺　最高法院 84 年度臺上字第 1474 號判決。

　　至於所謂任意行為（德文 Willkürliche Handlung），係指於土地通常使用情形下，因土地所有人自行排除或阻斷土地對公路之適宜聯絡而言，例如自行拆除橋樑或建築圍牆致使土地不能對外為適宜聯絡即是。惟土地之通常使用，係因法律之變更或其他客觀情事變更，致土地所有人須改變其通行者，則不屬之❻。

參、無償通行權

一、意　義

㈠新民法第 789 條規定

1.條文內容

　　新民法第 789 條規定:「因土地一部之讓與或分割,而與公路無適宜之聯絡,致不能為通常使用者,土地所有人因至公路,僅得通行受讓人或讓與人或他分割人之所有地。數宗土地同屬於一人所有,讓與其一部或同時分別讓與數人,而與公路無適宜之聯絡,致不能為通常使用者,亦同。(第 1 項)前項情形,有通行權人,無須支付償金。(第 2 項)」

2.修法理由

　　修法理由認為,數宗土地同屬於一人所有,而讓與其一部（包括其中一宗或數宗或一宗之一部分）或同時分別讓與數人,而與公路無適宜之聯絡,致不能為通常使用者,土地所有人因至公路,亦僅得通過該讓與之土地,以貫徹本條立法精神,爰仿德國民法第 918 條第 2 項後段規定,修正第 1 項。又所謂「同屬於一人」非指狹義之一人,其涵義包括相同數人❼。

㈡實務上

---

❻　法務部,《民法物權編部分修正條文（通則章及所有權章）》,第 787 條修正說明,2009 年 2 月,頁 39。

❼　法務部,《民法物權編部分修正條文（通則章及所有權章）》,第 789 條修正說明,2009 年 2 月,頁 41。

　　實務上，主張袋地通行權，其得通行周圍土地之範圍如何，見解不一：

　　1. 有認為：「民法第七百八十七條所定之通行權，係為促進袋地之利用，而令周圍地所有人負容忍通行之義務，為對周圍地所有權所加之限制。故其通行範圍應以使土地（袋地）得為『通常使用』為已足，不得因通行權人個人特殊用途、或道路是否整齊美觀之市容考量，而損及周圍地所有人之利益。」❽

　　2. 有認為：「鄰地通行權之功能在解決與公路無適宜聯絡袋地之通行問題，不在解決袋地之建築問題，固不能僅以建築法或建築技術上之規定為酌定通行事項之基礎，但通行鄰地之目的既在使袋地得為通常之使用，是於袋地為建地時，即須將其建築需要列入考量；若准許通行之土地，不足敷袋地建築之基本需求，尚不能謂已使為建地之袋地為通常之使用。」❾

　　3. 有認為：「民法第七百八十九條第一項所定袋地通行權之限制，與同法第七百八十七條第一項規定者不同，前者無須支付償金；後者則應支付償金。原審逕以無須支付償金之民法第七百八十九條第一項規定，認定某甲應經由某乙分得之土地，以通行同段 A 地號土地，能否謂為允當、公平？尤非無再進一步推求之必要。」❿

㈢支付償金問題

　　按償金之性質，既在填補通行地所受之損害，民法第 789 條之通行權人之所以無須支付償金，是因為其為分割或讓與一部分任意行為之當事人，通行地所有人自應本此規定之精神，以其他利益，取代償金之請求。

　　惟學者認為，在當事人之間，此一規定有無必要，值得商榷⓫，本文亦表贊同。蓋在任意行為之當事人移轉所有權後，各該土地之受讓人均未參與該任意行為，對原所有人替代償金之解決方案，亦未必知悉，如謂受讓人均應受其未知之該解決方案之拘束，理論上，似亦違反保護善意受讓人之原則。

---

❽　最高法院 92 年度臺上字第 1399 號判決。

❾　最高法院 85 年度臺上字第 3141 號判決。

❿　最高法院 93 年度臺上字第 10 號判決。

⓫　倪江表，《民法物權論》，5 版，正中書局，1982 年 12 月，頁 79。

二、無償通行權之成立要件

　　有關無償通行權之成立要件,在於土地不通公路之原因,係因民法第789條第1項所規定之「土地一部之讓與或分割」所造成,其餘之適用要件與上述有償通行權之成立要件相同。茲僅就無償通行權成立之要件,提出下列問題:

㈠土地一部讓與或分割之原因,在所不問

　　新民法第789條第1項:「因土地一部之讓與或分割,而與公路無適宜之聯絡,致不能為通常使用者,土地所有人因至公路,僅得通行受讓人或讓與人或他分割人之所有地。數宗土地同屬於一人所有,讓與其一部或同時分別讓與數人,而與公路無適宜之聯絡,致不能為通常使用者,亦同。」

　　查該規定之主要旨趣,在於當事人為讓與或分割土地時,對於不能與公路適宜聯絡之情況,當為其所預見,而可期待其事先為合理解決,故土地所有人不能因自己之讓與或分割土地,致對當事人以外嗣後受讓土地之其他所有人造成不測之損害,而使原有之通行權消滅❷。至於讓與之原因為買賣、互易或贈與,在所不問。

㈡須得預見土地一部之讓與或分割致生不通公路

　　新民法第789條規定之通行權,係因土地所有人為土地一部之讓與或分割,而與公路無適宜之聯絡,致不能為通常使用者,得為預見,可期先為合理解決,自不能因當事人之任意行為,而加重其他鄰地所有人之負擔。故凡因土地一部之讓與或分割,致有不通公路之土地者,不通公路土地之所有人,因至公路,僅得通行受讓人或讓與人或他分割人之所有地。此項通行權性質上為土地之物上負擔,隨土地而存在,於土地所有人將其一筆土地同時分割成數筆,再同時讓與數人之情形,亦有其適用❸。

㈢數宗土地屬一人所有,而讓與其一部致生不通公路

　　數宗土地屬一人所有,而讓與其一部或同時分別讓與數人,致有不通公路者,適用新民法第789條第1項後段之規定:「數宗土地同屬於一人所有,讓與其一部或同時分別讓與數人,而與公路無適宜之聯絡,致不能為通常使用者。」

❷　最高法院86年度臺上字第2955號判決。

❸　最高法院85年度臺上字第396號判決。

肆、通行權之發生與其性質

一、通行權發生之原因

　　一般物權發生之原因有二：㈠基於法律行為者：亦即依當事人意思使物權發生之法律行為均屬之。㈡基於法律行為以外之事實或基於法律規定者。

　　然而，鄰地通行權發生之原因，以前者發生之原因較少，而基於法律規定者，例如民法第 787 條規定以及民法第 789 條第 1 項，已如前述。茲依民法第 787 條、第 789 條之規定，分述通行權之性質、主體、構成要件、法律效果及其他相關問題。

二、通行權之性質、主體與構成要件

㈠性　質

　　通行權之性質，與一般相鄰關係相同，就被圍繞地土地之所有人而言，為土地權利行使之擴張，就周圍地之鄰地所有人言，則為土地權利行使之限制。換言之，此項通行權係以鄰地所有人之忍受通行義務為內容，並以之成為土地所有權內容之一部分。

㈡主　體

　　民法相鄰關係之規定，著重在不動產之利用與鄰地關係之調和，故民法第 787 條中，始有鄰地通行權之規定。

　　除相鄰接土地所有人間，有相鄰關係之適用外，於地上權人間、永佃權人間、典權人間、以及上述各該不動產物權人與土地所有人間，亦得準用；可見通行權之主體，應包括土地所有人、地上權人、永佃權人、典權人等。

㈢構成要件

　　有償通行權，即指民法第 787 條規定，其構成要件如下：

　1.須為土地所有人或其他利用權人。

　2.須土地因與公路無適宜之聯絡。

3.須致不能為通常使用。

4.須非因土地所有人之任意行為所致。

至於無償通行權，即指新民法第 789 條規定，其成立要件除土地不通公路之原因，因土地一部之讓與或分割，致有不通公路之土地者外，其餘與有償之必要通行權同，惟應注意下列問題❶[14]：

1.土地一部讓與之原因為買賣、互易或贈與，均非所問。

2.因土地所有人讓與土地之一部或分割土地時，就其可能造成不能與公路為適宜之聯絡之情形，為其能預見而得事先安排，土地所有人不能因自己之讓與或分割土地之任意行為，導致對當事人以外之其他土地所有人造成不測之損害。此法條所規定之通行權性質上乃土地之物上負擔，隨土地而存在，土地所有人將土地分割成數筆，同時或先後讓與數人，應仍有該法條規定之適用❶[15]。

依此，土地所有人將其所有之數筆土地，分別轉讓數人之情形下，仍應有本條之適用❶[16]。

伍、通行權與償金負擔之關係

一、通行必要之範圍

袋地通行權人應於通行之必要範圍內，擇其周圍地損害最少之處所及方法為之。換言之，袋地通行人之權利，限於下列二種狀況：㈠袋地通行權人得通行周圍地以至公路；㈡袋地通行權人於必要時，得開設道路。此開設道路，以有通行權人於必要時為限❶[17]。

對於袋地通行權之通路，所引起之訴訟爭議問題，實務上有如下見解：

㈠土地所有人之通行權，性質上為土地所有人所有權之擴張，與鄰地所有

---

❶[14] 謝在全，《民法物權論》，上冊，修訂二版，自版，2003 年 7 月，頁 328。

❶[15] 最高法院 89 年度臺上字第 756 號判決。

❶[16] 最高法院 90 年度臺上字第 1679 號判決。

❶[17] 最高法院 44 年度臺上字第 14 號判決。

權之限制；土地所有人於具備必要通行權之要件後，即有通行周圍地以至公路之權利，不以經由法院判決為必要，故當事人就某特定位置、範圍之土地通行權發生爭議時，可以起訴請求確認解決，其訴訟性質即屬確認之訴。惟當事人就同一土地或數所有人之不同土地，可供通行之損害最少之處所及方法，有數相同者存在，起訴請求解決時，此際，其訴訟性質方屬形成之訴❶。

　　㈡土地所有人請求通行之周圍土地，如經審理結果，確有民法第 787 條之通行權時，周圍地之現占有人，如係地上權人、永佃權人、典權人，依民法第833 條、第 850 條、第 914 條準用第 787 條規定，袋地所有人，自可對之主張通行權請求拆除地上物以供通行；周圍地之現占有人如係承租人、使用借貸之借用人等其他利用權人，援用相類似案件，應為相同處理之法理，亦應作相同之結論❶。惟此應注意者，行政院版民法已增訂第 800 條之 1 準用第 787 條之規定，而刪除第 833 條、第 914 條；第 850 條因永佃權章已刪除而併同刪除之。

　　㈢周圍地之現占有人如係無權占有，則因袋地之通行權，性質上乃其袋地所有權之擴張，周圍地之現占有人無權占有周圍地，已使袋地之通行權人無法圓滿行使其袋地所有權，周圍地之現占有人無權占有周圍地，自屬妨害袋地之通行權人之所有權，袋地之通行權人可依民法第 767 條規定請求除去妨害，故袋地之通行權人可請求周圍地之現占有人拆除通行地之地上物以供通行。如周圍地所有人，對袋地之通行權亦有爭執，袋地之通行權人可另依民法第 787 條規定，對周圍地之現占有人請求確認通行權之存在或容忍袋地之通行權人之通行❷。

　　㈣袋地通行權，非以袋地與公路有聯絡為已足，尚須使其能為通常之使用。而是否為通常使用所必要，除須斟酌土地之位置、地勢及面積外，尚應考量其用途。故袋地為建地時，倘准許通行之土地，不敷袋地建築之基本要求，自不能謂已使袋地能為通常之使用❷。

---

❶　此為司法院民事廳研究意見，參閱司法院⒀廳民一字第 22562 號，《民事法律問題研究彙編》，第 9 輯，頁 220–224。

❶　最高法院 79 年 5 月 29 日第二次民事庭會議決議參照。

❷　司法院民事廳研究意見，司法院⒀廳民一字第 22562 號，《民事法律問題研究彙編》，第 9 輯，頁 220–224。

　　總之，袋地所有人與周圍地所有人之利害關係，往往處於對立之狀態，故有關通路之寬度，並非從袋地所有人之主觀必要性而判斷，應從向來之袋地及周圍地雙方利用目的及其利用狀況、附近之地理狀況、社會經濟之必要性有無、關係者之利害得失、合意之有無、場所之慣行等，從誠實信用原則予以考慮，並作客觀判斷。

　　此外，對周圍地造成損害最少之處所及方法，乃屬價值判斷及利益衡量之問題。因此，實務上，常以比較方式求之。如通行必要之範圍內，有數條路線及數種寬度之通路之選擇，則須仰賴此比較之方式作最後之決定。

二、支付償金之義務

　　對於通行地因供袋地通行所受之損害，袋地通行人應支付償金；至償金之支付究應一次給付或定期給付，民法中並無明文，宜視通行地所有權人所受之損害為繼續性或確定性與否而定。

　　對於償金之額度與數額，通常是通行地所有人與袋地所有人最多爭議之處。一般而言，袋地通行權人對通行周圍地所造成之傷害有二種：一為開設道路之時，為產生新之道路而生成之損害；二為通行而對土地繼續所生之損害。

三、損害償金之計算

　　有關損害償金計算之標準，學者認為，法律所規定選擇周圍地損害最少之處所及方法通行，有時候不易判定[22]，當周圍地所有人對通行權之處所及方法有異議時，法院得因有通行權人之聲請決定之。至於決定通行處所及方法，應參酌社會一般觀念，斟酌附近之地理狀況、相鄰地利害關係人之得失損益及其他情事，通行地所受損害最少的方法，與衡量土地所受利益與周圍地所受不利益等情事決定之。

　　實務上認為，民法第 787 條、第 788 條所謂「償金」，係指補償土地所有權人不能使用土地之損害而言，關於支付償金之方法，民法雖無規定，但行使通

---

[21]　最高法院 87 年度臺上字第 2247 號判決。

[22]　蕭慧瑜，〈鄰地通行權問題之研究〉，《臺灣土地金融季刊》，40 卷 4 期，2003 年 12 月，頁 2–6。

行權既屬繼續性質，則通行地所有人所受之損害，亦屬繼續發生，並因通行期間之久暫，其損害亦有所不同，自難預先確定其損害總額，從而支付償金之方法，應以定期支付為適當❷。

亦有認為，袋地通行損害補償金計算之標準，應依土地法第 97 條規定，按申報地價年息百分之十計算之❷。

但本文認為，目前土地之市場價值普遍居高不下，寸土寸金，而土地一旦提供他人通行，原權利人即難再有積極之利用，對通行地所有人而言，其損失實亦相當可觀。因此，上開所稱按「申報地價年息百分之十」計算之通行權償金，在較都會化之地區言，往往遠低於一般社會觀念下之代價；反之，就某些地區或位置而言，以「申報地價年息百分之十」計算償金，則恐又屬偏高，故仍應以實際所生之損害為準。

陸、結　語

我國民法第 789 條第 1 項，與同法第 787 條第 1 項，皆係針對袋地通行權之規範，惟二者發生原因頗有差異，故前者之通行權人無須支付償金；後者之通行權人則應支付償金。

針對新民法中就相鄰通行關係規範之不足，已新增限制「任意行為」之條件外，就相鄰關係規定之準用對象，亦增訂第 800 條之 1 以明示之。

由上述有關新民法之內容觀之，相鄰通行關係當事人間之權益平衡問題，晚近已深受重視，故新民法第 788 條第 2 項又明訂，如有通行權人開設道路致周圍地所有人損害過鉅者，周圍地所有人得請求有通行權人以相當之價額購買之。

在現代社會中，民眾多頗能重視並爭取個人之權益，土地既屬恆產，其重要性自更不言可喻。而民法規範土地相鄰關係之要務，當為維持不動產相鄰關係和諧，以及促進土地之有效利用。因此，無論偏重於被圍袋地通行權之保護，

---

❷　最高法院 88 年度臺上字第 3040 號判決。

❷　臺灣桃園地方法院 97 年度簡上字第 149 號判決。

或偏重周圍地土地使用之利益，均將無法達到增進社會總體效益之功能。為平衡通行關係當事人間之利害關係，本文認為，似應多給予當事人私法自治之空間，俾其自行調整彼此之權利義務關係；或經由地界調整、土地買賣等方式，消弭袋地之存在，以避免資源配置之扭曲，調和相鄰通行問題之對立，謀求相鄰土地所有權人或利用權人間之和諧，減少爭訟之社會成本，此方為通行權制度建立之主要目的。

第9章 遺失物之拾得

壹、概　說

　　物本有其價值，倘對遺失之物棄而不用，縱似有路不拾遺之美，卻有未善加利用其價值、浪費經濟資源之實；倘對遺失物逕據為己有，亦有損受領權人之權利。為鼓勵物盡其用，並維護社會秩序，特於民法加以規定之❶。

　　所謂遺失物之拾得，係指發現他人之遺失物，而予占有之一種法律事實。遺失物之拾得為事實行為，不以拾得人有行為能力為必要。至於遺失物之拾得人，其拾得係為受領權人管理事務，且未由受領權人委任，並無義務，故遺失物拾得在本質及體系上，為債之關係，適用民法第 172 條有關無因管理之規定。

　　關於遺失物拾得之法律性質，即遺失物之拾得可否成為動產所有權取得之原因。如採否定說，認為拾得人不能取得動產所有權，而應返還於遺失人，固然有發揚我國「拾金不昧」傳統美德之作用。然在法律上卻有所不妥，蓋其一，此種傳統美德脫離現實，對人們之行為提出過高要求，不僅難以達到法律之預期目標，且使法律規定形同虛設；其二，此種傳統美德不利於發揮物之效用。古人路不拾遺，固為人們所樂於稱道，但將財產棄之而不加利用，係一種資源之浪費，對整個社會發展並不利。因此，採肯定說，認為拾得人於一定條件下，可以取得該遺失物所有權。

　　換言之，遺失物係指並非基於所有人拋棄之意思，亦不因他人侵奪，僅係屬於偶然失去占有之動產❷。2009 年 1 月新民法有關遺失物之拾得部分，修正遺失物拾得人之揭示報告義務、遺失物經揭示後之處理方法、認領期限之起算點及請求報酬之相關規定，增訂相關報酬請求權事由及遺失物價值輕微之簡易招領程序等。

　　基此，本章首先擬探討拾得遺失物之意義與要件。其次擬探討拾得遺失物之效力，包括拾得人之義務、拾得人之權利。再次擬探討拾得遺失物之特殊問題，包括不得請求報酬、遺失物價值輕微、拾得遺失物補充適用無因管理之規

---

❶　鄭玉波，〈論遺失物之拾得〉，《法令月刊》，31 卷 12 期，1980 年 12 月，頁 3。

❷　吳光明，《動產所有權》，三民書局，2007 年 4 月，頁 73。

定問題、拾得漂流物或沉沒物之適用。最後提出檢討與建議。

 ## 貳、拾得遺失物之意義與要件

一、意　義

　　所謂遺失物，係指非基於占有人之意思而喪失占有，現又無人占有且非為無主物之動產。拾得遺失物，係指發現他人遺失物而占有之事實行為。

　　拾得乃發見與占有，兩者結合之行為。且占有重於發見，如僅發見而未占有者，尚不能謂之拾得。發見者，指認識物之所在，而占有係對標的物之事實上支配管領力。至於究竟有無此事實上管理力，自應依社會觀念與客觀情形認定之❸。

二、要　件

　　依民法規定，拾得遺失物而取得其所有權，必須具備下列要件：

㈠遺失物須為他人所遺失之動產

　　遺失物須為拾得人以外之人所遺失。該遺失物必須是有主物，且未被他人占有。至於其原因如何，在所不問。例如某甲將其所有之錢包掉落於捷運車上，而被某乙所拾得。

　　因此，遺失物須為動產，如係不動產則非屬遺失物。又遺失物須為有主物，凡依一般人客觀之認知，為有主物時，即適用遺失物之規定，不得以拾得人主觀認知為無主物或有主物之判別。此外，遺失物須無人占有。換言之，遺失物一經他人占有，其遺失物之地位即告消滅，該他人以外之第三人自無更行主張遺失物拾得之餘地。

　　占有人喪失對該物事實上之管領能力，其占有即告喪失，該物即屬無人占有，至於喪失管領能力之原因為何，在所不問。無論是占有人基於本意之遺棄，或非基於本意之遺失，均無礙遺失物之成立。

❸　謝在全，《民法物權論》，上冊，修訂二版，自版，2003 年 7 月，頁 478。

　　實務上認為，按民法第 803 條至第 807 條所稱之「遺失物」，係指非基於占有人之意思而喪失其占有，現又無人占有且非為無主之動產而言❹。又「崗警於值勤時查獲之遺失物，應認其所屬機關為拾得人，如六個月內無人認領，應將其物……歸入國庫。」本件違規行為人所丟下之款項，係出於行為人之意思而喪失其占有，雖有別於遺失物；惟當時該款項既無人占有且非屬無主物，則與「遺失物」類似。從而，本件似得類推適用上揭拾得遺失物之相關規定及司法院解釋之意旨辦理❺。

　　如該物是無主物，則發生先占問題，而不發生遺失物拾得問題。對於可能為有主物，又可能為無主物之漂流物或沉沒物，依新民法第 810 條規定：「拾得漂流物、沉沒物或其他因自然力而脫離他人占有之物者，準用關於拾得遺失物之規定。」

㈡須有拾得之行為

　　拾得是發現與占有二者之結合，必須同時具備這二個行為才構成拾得行為。不過，實際上以後者為重要。例如甲乙二人同乘捷運，某甲先發現捷運車廂中遺有錢包，某乙後發現，如某乙先占有該錢包，則某乙為拾得人，縱然某乙之發現係基於某甲之告知者，亦同。假設某甲亦有意占有其物，但某乙搶先為之，則某乙亦仍為拾得人。然而，如某乙使用暴力阻止某甲占有時，某甲亦僅能就其衣物或身體健康所受之損害請求賠償，不能請求某乙賠償其因而喪失之報酬請求權。但如前例，如某甲與某乙同時為占有者，為共同拾得人，關於拾得人之義務，為連帶債務人，關於拾得人之權利，則按比例分受報酬或共同取得遺失物之所有權❻。

　　又如計程車乘客於車內拾得財物，委交駕駛人代為報警招領，是發見並占有遺失物，顯係該計程車乘客，應以其為拾得人。該計程車乘客雖未透露姓名，仍自駕駛人代為報告並交存遺失物之翌日起算六個月期間屆滿時，依法律規定自動的原始取得該遺失物之所有權。警署因拾得人未透露姓名致無從通知其領

❹　參照法務部 79 年 5 月 7 日法 79 律字第 6136 號函。法務部⑻法律字第 11530 號，《法務部法規諮詢意見㈡》，上冊，頁 151。

❺　司法院院字第 1432 號解釋。

❻　王澤鑑，《民法物權㈠──通則、所有權》，自版，1997 年 9 月，頁 238。

取拾得物者，得以「不能確知孰為權利人而難為給付」為由，依民法第 326 條之規定提存之；或由警署繼續保管該拾得物。其處理程序與前述相同。

　　此外，拾得屬於一種事實行為，而非法律行為。因此，法律不要求拾得人為有行為能力之人。

　　實務上，查受僱人、學徒或基於其類似之關係，受他人之指示，而於物有管領之力者，僅該他人為占有人，為同法第 942 條所明定。故民法第 805 條第 2 項所謂所有人，應不含遺失物之占有輔助人。又查系爭支票固為唐盟公司之受僱人某甲所遺失，而支票權利之行使又以持有票據之人始得為之，惟某甲係受僱於唐盟公司，擔任業務接洽等事宜，且系爭支票又為其基於職務關係，為唐盟公司自客戶處取回，是其占有系爭支票，應係基於僱用關係而管有，系爭支票之實際占有人，仍為唐盟公司，即唐盟公司乃為系爭遺失支票之所有人，則拾得人某乙，僅得請求唐盟公司給付報酬❼，值得參考。

參、拾得遺失物之效力

一、拾得人之義務

　　具備上述兩個要件後，遺失物拾得即告成立。但拾得人並不因此即取得對遺失物之所有權，其必須依照法律規定，經過一法定之程序，才有可能取得遺失物之所有權。

㈠通知或揭示義務

1.新民法第 803 條規定內容

　　依新民法第 803 條規定：「拾得遺失物者應從速通知遺失人、所有人、其他有受領權之人或報告警察、自治機關。報告時，應將其物一併交存。但於機關、學校、團體或其他公共場所拾得者，亦得報告於各該場所之管理機關、團體或其負責人、管理人，並將其物交存。（第 1 項）前項受報告者，應從速於遺失物

---

❼　臺灣臺北地方法院 88 年度簡上字第 795 號判決，《臺灣臺北地方法院民事裁判書彙編》，2000 年版，頁 303–306。

拾得地或其他適當處所，以公告、廣播或其他適當方法招領之。（第 2 項）」

2.新民法第 803 條修正說明

依此規定，拾得人有通知義務，「通知」之對象，舊條文僅規定「所有人」，惟學者通說以為應從廣義解釋，即遺失物之所有人、限定物權人、占有人均包括在內，爰將「所有人」修正為「遺失人、所有人、其他有受領權之人」，以期明確，並符實際。至於因不知所有人或其所在不明時，舊法則規定拾得人有揭示及報告之義務，為慮及拾得人為揭示之不便及揭示方法之妥適性，爰刪除「不知所有人或所有人所在不明者，應為招領之揭示」，並為避免課予拾得人過重之義務，乃採雙軌制，使拾得人可選擇通知遺失人等，或逕報告、交存警察或自治機關。

又為顧及遺失人急於搜尋遺失物之情形，且為使遺失物之歸屬早日確定，爰仿外國立法例❽，於「通知」前，增列「從速」二字。為配合民法總則將「官署」用語修正為「機關」，本條以下各條所定「警署」均修正為「警察」機關。

凡於機關、學校、團體或其他公共場所拾得遺失物者，事實上向各該場所之管理機關、團體或其負責人、管理人報告並交存其物，由其招領較為便捷，且具實益，爰增列但書規定，由拾得人自由選擇報告並交存其物於各該場所之管理機關、團體或其負責人、管理人。

此外，新民法第 803 條第 2 項增列招領地點及招領方法之規定。招領地點不以遺失物拾得地為限，而招領方法亦不以公告為限，凡適當處所（例如警察、自治機關）或適當方法（例如電臺廣播、電視廣播）均得從速為之，較富彈性。又此處之受報告者，係指已接受交存遺失物者，始得進行招領程序❾。

㈡報告及交付義務

拾得物經揭示後，所有人不於相當期間認領者，依新民法第 804 條規定：「依前條第一項為通知或依第二項由公共場所之管理機關、團體或其負責人、管理人為招領後，有受領權之人未於相當期間認領時，拾得人或招領人應將拾得物交存於警察或自治機關。（第 1 項）警察或自治機關認原招領之處所或方法

---

❽ 德國民法第 965 條、日本遺失物法第 1 條規定。

❾ 法務部，《民法物權編部分修正條文（通則章及所有權章）》，第 803 條修正說明，2009 年 2 月，頁 56、57。

不適當時，得再為招領之。(第 2 項)」

蓋新民法第 804 條認為，為配合前條之修正，爰將舊民法規定「揭示」修正為「依前條第一項為通知或依第二項由公共場所之管理機關、團體或其負責人、管理人為招領」；「所有人」修正為「有受領權之人」；「拾得人」修正為「拾得人或招領人」；「其物」修正為「拾得物」。

又為貫徹保護有受領權之人之利益，爰增訂警察或自治機關，認原招領之處所或方法不適當時，得再為招領，俾有受領權之人更有適當機會知悉其遺失物之所在，並改列為新民法第 804 條第 2 項。

㈢易於腐壞拾得物之緊急處理

拾得物有易於腐壞性質，或其保管需費過鉅者，依民法第 806 條規定：「拾得物易於腐壞或其保管需費過鉅者，招領人、警察或自治機關得為拍賣或逕以市價變賣之，保管其價金。」蓋舊民法規定拾得物採拍賣方法，雖拍賣法尚未公布，惟拍賣仍須經一定之程序❿，需時既多，費用亦鉅，為求經濟簡便，爰修正兼採變賣方法，「得逕以市價變賣」，以兼顧有受領權之人及拾得人雙方之權益，並配合第 803 條酌作文字修正⓫。

㈣保管及返還義務

新民法第 805 條第 1 項規定：「遺失物自通知或最後招領之日起六個月內，有受領權之人認領時，拾得人、招領人、警察或自治機關，於通知、招領及保管之費用受償後，應將其物返還之。」

新民法第 805 條第 1 項認為，舊條文第 1 項「拾得後」六個月，究自拾得時起算，抑自拾得後為通知或招領之日起算。如有數次招領之情形⓬，究自何時起算，易滋疑義，為明確計，爰將「拾得後」修正為「自通知或最後招領之日起」，以保障有受領權之人之權益。又為配合第 803 條、第 804 條之修正，爰將「所有人」修正為「有受領權之人」；負返還遺失物之義務者，加列「招領人」；將「警署」修正為「警察」機關；而償還之費用，將「揭示費」修正為「通知、

---

❿　參閱債編施行法第 28 條。

⓫　法務部，《民法物權編部分修正條文 (通則章及所有權章)》，第 806 條修正說明，2009年 2 月，頁 63。

⓬　例如新民法第 804 條。

招領之費用」。

二、拾得人之權利

拾得人履行法律規定之義務後，相應地享有如下之權利：

㈠費用求償權

遺失物自通知或最後招領之日起六個月內，有受領權之人認領時，依新民法第 805 條第 1 項規定，則拾得人、招領人、警察或自治機關，可請求有受領權人負通知、招領及保管之費用。

㈡報償請求權

返還遺失物時，依新民法第 805 條第 2 項之規定：「有受領權之人認領遺失物時，拾得人得請求報酬。但不得超過其物財產上價值十分之三；其不具有財產上價值者，拾得人亦得請求相當之報酬。」

新民法第 805 條第 2 項認為，拾得人之報酬請求權，僅於有受領權之人認領遺失物時始存在。現行條文第 2 項雖規定為其物價值十分之三，惟解釋上以具有客觀標準之財產上價值十分之三為上限，如請求十分之三以下，自無不可，例如得依公示催告程序宣告無效之有價證券，其財產上價值有時難以估定，爰予修正為較富彈性，俾資適用。又物有不具財產上價值，但對有受領權之人重要者，如學歷證書或其他證明公私法上權利之證明文件等，為獎勵拾物不昧之精神，亦承認拾得人有報酬請求權，惟其報酬之多寡，難作具體規定，故以「相當」表示之，實務上可由當事人協議定之，不能協議者，自得依法定程序訴請法院解決，爰仿德國民法第 971 條第 1 項第 3 款規定，修正新民法第 805 條第 2 項❸。

㈢取得遺失物所有權

遺失物自通知或最後招領之日起逾六個月所有人未認領者，依新民法第 807 條規定：「遺失物自通知或最後招領之日起逾六個月，未經有受領權之人認領者，由拾得人取得其所有權。警察或自治機關並應通知其領取遺失物或賣得之價金；其不能通知者，應公告之。（第 1 項）拾得人於受前項通知或公告後三

---

❸   法務部，《民法物權編部分修正條文（通則章及所有權章）》，第 805 條第 2 項修正說明，2009 年 2 月，頁 60。

個月內未領取者，其物或賣得之價金歸屬於保管地之地方自治團體。(第 2 項)」

　　新民法第 807 條認為，為配合第 805 條之修正，爰將「拾得後」修正為「自通知或最後招領之日起」；「所有人」修正為「有受領權之人」；「警署」修正為「警察」機關。又拾得人於法定期間屆滿，即取得其物之所有權；若該物已變賣者，拾得人當然取得該價金之權利。為期拾得人早日領取遺失物或因拍賣或變賣所得之價金，爰課予警察或自治機關以通知或公告之義務，舊條文修正改列為新民法第 807 條第 1 項。又有關本條期間之起算當然適用民法第 119 條及第 120 條之規定。

　　又拾得人於受前項通知或公告後，經過一定期間未領取時，應如何處理，舊民法尚無明文規定，易滋疑義，爰參考外國立法例❶以及我國民法第 44 條第 2 項規定，新民法第 807 條增訂第 2 項，明定拾得人喪失其物或賣得之價金，歸屬於保管地之地方自治團體。

　　在此，應注意，遺失物拾得人將遺失物據為己有，拒不返還，則在民事上應負侵權行為責任；另在刑法上可構成「侵占遺失物罪」。而如遺失物拾得人將遺失物返還失主前，非因故意將該遺失物滅失或毀損，則應不負民事責任。

肆、拾得遺失物之特殊問題

一、不得請求報酬

㈠第 805 條之 1 新增規定內容

　　依新民法第 805 條之 1 規定：「有下列情形之一者，不得請求前條第二項之報酬：一、在公眾得出入之場所或供公眾往來之交通設備內，由其管理人或受僱人拾得遺失物。二、拾得人違反通知、報告或交存義務或經查詢仍隱匿其拾得之事實。」

㈡第 805 條之 1 新增理由

　　新民法第 805 條之 1 認為，拾得人之報酬乃其招領、報告、保管等義務之

---

❶　參閱德國民法第 976 條第 2 項、日本遺失物法第 14 條。

酬勞，惟遺失物在公眾得出入之場所或供公眾往來之交通設備內，由其管理人或受僱人拾得遺失物者，其管理人或受僱人本有招領及保管之義務，自不宜有報酬請求權❶。

又拾得人之報酬，不獨為處理遺失物事務之報酬，亦為拾物不昧之榮譽給付，故拾得人如違反通知、報告或交存義務或經查詢仍隱匿其拾得之事實，即喪失報酬請求權，始為公允，爰仿外國立法例❶，增訂本條。

二、遺失物價值輕微

㈠第 807 條之 1 新增規定內容

依新民法第 807 條之 1 規定：「遺失物價值在新臺幣五百元以下者，拾得人應從速通知遺失人、所有人或其他有受領權之人。其有第八百零三條第一項但書之情形者，亦得依該條第一項但書及第二項規定辦理。（第 1 項）前項遺失物於下列期間未經有受領權之人認領者，由拾得人取得其所有權或變賣之價金：一、自通知或招領之日起逾十五日。二、不能依前項規定辦理，自拾得日起逾一個月。（第 2 項）第八百零五條至前條規定，於前二項情形準用之。（第 3 項）」

㈡第 807 條之 1 新增理由

新民法第 807 條之 1 認為，財產價值輕微之遺失物，考量招領成本與遺失物價值成本效益，並求與社會脈動一致，爰參考外國之立法意旨❶，增訂簡易招領程序規定。遺失物價值在新臺幣五百元以下者，拾得人如知遺失人、所有人或其他有受領權之人時，始負通知義務。其若於機關、學校、團體或其他公共場所拾得者，亦得向各該場所之管理機關、團體或其負責人、管理人報告並交存其物，由其招領較為便捷，爰增訂第 807 條之 1 第 1 項，以簡化程序，達成迅速及節省招領成本之目的。又本條僅適用於具財產價值之遺失物價值在新臺幣五百元以下者，不具財產價值之遺失物不適用之。

又遺失物價值在新臺幣五百元以下者，拾得人踐行第 1 項通知或招領程序

---

❶　法務部，《民法物權編部分修正條文（通則章及所有權章）》，第 805 條之 1 修正說明，2009 年 2 月，頁 62。

❶　參閱德國民法第 978 條第 2 項、第 971 條第 2 項。

❶　德國民法第 965 條。

逾十五日，或不能依第 1 項辦理自拾得日起逾一個月，未經有受領權之人認領者，則由拾得人取得其所有權或變賣之價金，爰增訂第 807 條之 1 第 2 項，以達節省招領成本及迅速之旨。此外，民法第 805 條至第 807 條，於本條性質相同者，仍得準用，爰增訂第 807 條之 1 第 3 項❸。

三、拾得遺失物補充適用無因管理之規定問題

按拾得遺失物，性質上為無因管理之一種，除拾得遺失物之規定外，應補充適用無因管理之規定。而所謂遺失物，民法上並無明文限制。支票為有價證券之一種，拾得支票，非不得依上開規定辦理。拾得「兌現日期已過之支票」，如係指「已逾付款期限，但發行未滿一年之支票」，對該支票，因付款人於提示期限經過後仍得付款，依票據法第 132 條、第 134 條、第 136 條之規定，發票人仍負票據上責任，執票人對發票人仍得行使追索權。執票人並未喪失票據權利，該支票仍具完全有價證券之性質。拾得人除得逕報告並交存該支票於警署外，亦得依民法第 172 條無因管理之規定，以有利於執票人（本人）之方法為保全該支票，代執票人行使票據權利以免罹於時效，以所得款項依拾得遺失物之規定處理之。但票據法第 18 條、第 19 條之規定，該支票遺失後，如經執票人為止付之通知並經公示催告取得除權判決者，不在此限。

拾得「兌現日期已過之支票」，如係指「自發票日起算發行已滿一年之支票」，因發票人得為時效抗辯，付款人對之不得付款。執票人之票據權利已罹於時效而消滅，雖依票據法第 22 條、第 136 條之規定，仍有受益償還請求權，但此權利並非票據權利（非票據關係），非拾得人所得代為行使。拾得人僅得將該支票本身，依有關拾得遺失物之規定處理之❾。換言之，此問題目前可依新民法第 805 條第 2 項後段規定：「拾得人亦得請求相當之報酬」解決之。

四、拾得漂流物或沉沒物之適用

新民法第 810 條規定：「拾得漂流物、沉沒物或其他因自然力而脫離他人占

---

❸　法務部，《民法物權編部分修正條文（通則章及所有權章）》，第 807 條之 1 修正說明，2009 年 2 月，頁 65、66。

❾　法務部(73)法律字第 1955 號，《法務部法規諮詢意見(二)》，上冊，頁 153–155。

有之物者，準用關於拾得遺失物之規定。」所謂漂流物，指漂流於水面而權利人喪失其占有之動產。所謂沉沒物，則指由水面沉入水底之物。

新民法第 810 條認為，漂流物、沉沒物均為因水之自然力而脫離他人占有之物。事實上尚有其他自然力，例如颱風、大雨致使物品脫離他人占有之情形，為期周延，爰以漂流物、沉沒物為例示，增列概括規定「其他因自然力而脫離他人占有之物」❷，並酌作文字及標點符號修正❷。

實務上認為，本件系爭船舶菲籍「南太平洋皇○號」，原停泊於花蓮港外港，嗣因艾貝颱風侵襲，始由該外港漂流至花蓮港外，擱淺於木瓜溪口百姓公廟下沙灘上，大部分為沙土掩埋，已喪失機動能力，並經辦畢保險索賠事宜，現所有權應屬國外保險公司。則該船是否為漂流物或沉沒物，可否適用民法第 810 條處理，依前開說明，本於職權自行審酌。又花蓮港為商港，系爭船舶擱置地點是否屬「商港區域內」或「在船席或航道致阻塞進出口船舶之航行、停泊」，有無商港法第 16 條及海商法之適用，亦請一併審酌。另本件涉及國際商務事件，為避免引起紛爭，似宜尋求適當途徑謀求解決❷。

伍、結　語

我國雖有「拾金不昧」傳統美德，但在法律上，拾得人於拾得遺失物後，經一定之程序，並經六個月而無人認領者，拾得人取得遺失物之所有權。但拾得人若為公家機關，則不能依拾得行為取得遺失物之所有權。至於拾得人侵占遺失物，或違反法律義務，或有其他違法行為者，則拾得人不能取得遺失物之所有權。

遺失物自通知或最後招領之日起六個月內，有受領權之人認領時，拾得人、招領人、警察或自治機關，於通知、招領及保管之費用受償後，依新民法第 805

---

❷　參考瑞士民法第 725 條第 2 項規定。

❷　法務部，《民法物權編部分修正條文（通則章及所有權章）》，第 810 條修正說明，2009 年 2 月，頁 66。

❷　法務部(78)法律字第 20857 號，《法務部法規詢意見(二)》，上冊，頁 157。

條第 1 項規定，應將其物返還之。此時，拾得人得依新民法第 805 條第 2 項規定，請求報酬。但不得超過其物財產上價值十分之三。其不具有財產上價值者，拾得人亦得請求相當之報酬。

　　至於學者過去所指出，一般所常見之汽機車能否為遺失物，公務員執行職務時能否「拾得」，在大眾運輸之交通工具內之「拾得」有無特別涵義等問題❷，如無特別法之規定時，仍可用民法遺失物之拾得之法理解決之。此外，拾得支票或銀行存摺等物如何定拾得人之報酬問題，則依新民法第 805 條第 2 項後段規定解決之，已如前述。

---

❷　陳彥希，〈遺失物之拾得〉，《民法物權爭議問題研究》，五南圖書，1999 年 1 月，頁166。

第 *10* 章
動產物權之得喪變更

壹、概　說

物權之變動，乃是物權所產生之一種動態現象。就物權本身之觀察而言，即指物權之發生、變更及消滅，此三種合稱為物權之變動。如以物權權利人而言，乃物權之取得、設定、喪失與變更❶，亦有稱為物權得喪變更。

動產物權得喪變更之原因，可分為基於法律行為之物權變動與非基於法律行為之物權變動兩種。非基於法律行為之動產物權變動與非基於法律行為之不動產物權變動相同，例如法律行為以外之事實即其適例。

基於法律行為之動產物權變動，須當事人間有物權變動之意思表示，以及交付行為，才能生效。該動產物權變動之意思表示，亦同樣存在著債權意思主義，物權形式主義與債權形式主義之爭❷。

因此，法律行為在物權法上即為物權行為，亦可分為：1.單獨行為：例如拋棄、遺贈。2.契約：例如讓與。

至於法律行為以外之事實，種類較多，茲分述如下：

1.取得時效，可使物權發生原始取得，以及絕對喪失之消滅。

2.繼承，繼承使物權發生繼受取得，以及相對喪失之消滅。

3.混同，即兩個無並存必要之法律上地位，同歸於一人之法律事實。混同結果使無並存必要之物權消滅。

4.先占，使動產發生原始取得之效力。

5.添附，使動產發生原始取得與絕對喪失❸。

又由於民法物權編第一章，對物權得喪變更之原因，僅規定物權行為、混同與拋棄。為符合本文之內容與架構，本文係在說明動產物權得喪變更之要件。從而，有必要分析民法第 761 條及其相關規定。其餘如物權變動與交易安全之

---

❶　謝在全，《民法物權論》，上冊，修訂二版，自版，2003 年 7 月，頁 78。

❷　本文認為，該動產物權變動之意思表示內含於債權行為當中，無須另行作出新法律行為。

❸　吳光明，《動產所有權》，三民書局，2007 年 4 月，頁 25。

分界與影響等，以及其他如物權變動之效果是否僅存在於物權行為部分，限於篇幅，茲不贅述。

基此，本章首先擬探討動產物權之讓與，包括讓與方式、條文適用上之爭議。其次擬探討動產物權之消滅，包括混同、拋棄、其他消滅原因。再次擬探討有關添附之規定民法第 811 條、新民法第 816 條。最後提出檢討與建議，以代結語。

貳、動產物權之讓與

一、讓與方式

㈠占有與交付之意義

占有與交付在動產物權之得喪變更中，發揮著決定動產物權變動之生效、推定權利正確性，以及善意保護之效力。動產物權之占有，主要是在動產物權之靜態情況下，公示占有人權利之存在；而交付則在動產物權之動態情況下，公示物權之變動。

民法第 761 條第 1 項前段規定：「動產物權之讓與，非將動產交付，不生效力。」換言之，民法關於動產物權之變動，係採交付生效要件主義。動產物權，以占有其物為支配之根據，如不交付其標的物，即無實施動產物權之作用，故交付係讓與動產物權之生效要件。

所謂讓與，係指權利人依法律行為將物權移轉於他人。此所謂讓與不問有償或無償行為，亦不問單獨行為或雙方行為，均包括之。如以動產為標的之質權設定（民法第 885 條），以及轉質（民法第 891 條），因另有規定，故不在第 761 條適用範圍。

又如非依法律行為之移轉或取得，如依繼承、強制執行、先占、添附等，而產生之動產物權之得喪變更，亦不適用第 761 條第 1 項之規定。

㈡交付之型態

交付之型態可分為現實交付與觀念交付兩種。現實交付係指動產物權之讓

與人將其對於動產之現實直接支配之管領力，移轉於受讓人，此亦即動產占有之現實移轉。一般所稱之交付，即為現實交付❹。例如某甲向某乙買鋼琴，某乙交付該鋼琴予某甲。

現實交付為交付之一般形態，可以是受讓人自取標的物，亦可以是讓與人送交標的物。換言之，現實交付係由占有物之交付而形成占有之轉讓，在此情況下，讓與人自己擁有之物之支配權已從外形上移轉給受讓人。因此，動產物權中通常伴隨著場所之移轉。

原則上，凡得為交易客體之動產，皆以交付為動產物權變動要件。如為無記名債權、無記名股票及其他無記名之有價證券，均與動產受同一待遇，亦依此原則。至於特種有價證券，例如倉單、提單、載貨證券等，則依背書及交付而移轉❺。

應注意者，交付當然意味著占有之移轉，但單純之交付本身並不意味著受讓人當然能夠取得動產上之所有權或其他物權。蓋交付之原因可能係買賣、贈與或設定質權，亦可能係租賃、借貸、委託保管等，故如欲使交付發生物權變動效力，在交付前當事人間必須另訂契約或有設定質權之合意。

至於觀念交付為交付之變通形態，茲以下專節敘述之❻。

二、觀念交付

在現代經濟社會中，為顧及特殊情況下之交易便捷，在現實交付之外，還存在著變通方法，以代替交付。有時亦假手他人為之，此種觀念交付並非真正之交付，而是占有觀念之移轉，以替代現實交付。

依民法第 761 條規定，觀念交付有三種情形：

(一)簡易交付 (übergabe kurzer Hand)

簡易交付，學說上又稱之為單純合意 (bloße Einigung) 即受讓人已占有動產者，在當事人間達成物權變動合意時，交付即為完成。此種交付又稱為無形交付。原則上，動產物權之讓與，依民法第 761 條第 1 項規定，非將動產交付，

---

❹　王澤鑑，《民法物權(二)——用益物權、占有》，自版，1997 年 9 月，頁 79。

❺　史尚寬，《物權法論》，自版，1979 年 5 月，頁 33。

❻　吳光明，《物權法新論》，新學林出版，2006 年 8 月，頁 161。

不生效力。

　　依民法第761條第1項但書規定:「於讓與合意時, 即生效力。」例如某甲向某乙買鋼琴, 而某乙早就將該鋼琴借給某甲, 此時某甲先返還某乙該鋼琴後, 再由某乙交付該鋼琴給某甲, 甚不經濟。故此等情形, 法律規定於甲乙二人於讓與合意時, 即生交付之效力。在簡易交付之情形, 受讓人因何原因而占有動產, 則非法所問。其中, 因法律上原因而占有者, 如讓與人為出租人或寄託人, 受讓人為承租人或受託人; 亦有無法律上原因而占有者, 如無權占有人。法律之所以如此規定, 純係為顧及交易手段之便捷與經濟。

(二)占有改定 (Besitzkonstitut)

　　讓與動產物權, 而讓與人仍繼續占有動產者, 依民法第761條第2項規定, 讓與人與受讓人間, 得訂立契約, 使受讓人因此取得間接占有, 以代交付。此時, 該契約必須是讓與人與受讓人間, 訂立足以使受讓人因此取得間接占有之契約❼。例如某甲向某乙買鋼琴, 而某乙尚須使用該鋼琴參加考試, 故該鋼琴仍留供某乙使用。此等情形, 甲乙二人可訂立使用借貸契約, 使某甲因此取得間接占有, 以代交付。

　　又受讓人雖已取得物權, 但將占有交給讓與人行使一段時間後, 在約定法定期限屆滿時, 讓與人再按照約定將該動產交還受讓人直接占有。

　　實務上認為, 以占有改定之方式代替現實交付, 使受讓人取得動產物權, 必須讓與人與受讓人訂立足使受讓人因此取得間接占有之契約, 始足當之。如僅單純約定讓與人為受讓人占有, 並無間接占有之法律關係存在, 尚不成立占有改定, 其受讓人即不能因此取得動產物權❽。

(三)指示交付 (übereignung durch Abtretung des Herausgabenanspruchs)

　　讓與動產物權, 如其動產由第三人占有時, 依民法第761條第3項規定, 讓與人得以對於第三人之返還請求權, 讓與受讓人, 以代交付。指示交付, 又稱為返還請求權之讓與 (Abtretung des Herausgabenanspruchs) 或返還請求權之代位。例如某甲將其所有之鋼琴借予某乙使用後, 將之賣與某丙, 如某甲先從

---

❼　此種訂立足以使受讓人因此取得間接占有之契約, 例如使用借貸契約、租賃契約。

❽　最高法院87年度臺上字第1262號判決。

某乙處取回其所有之鋼琴後，再將之交付給某丙，非常麻煩。此時，某甲可將其借予某乙之鋼琴之返還請求權讓與某丙，以代交付。

指示交付係用以解決第三人占有動產時之問題。此所讓與之對第三人之返還請求權，兼指對債權之返還請求權與物權之返還請求權。債權之返還請求權，例如對於第三人基於租賃、借貸等債之關係而產生之返還請求權；物權之返還請求權，例如對第三人無權占有動產時出讓人對其具有之所有物返還請求權。又無論所讓與者為債權之返還請求權或物權之返還請求權，皆應通知該第三人，否則對該第三人不生效力。

三、條文適用上之歧見

按民法第 761 條之適用，學者認為係以法律行為使動產物權發生變動者為限，倘動產物權變動之原因，非基於法律行為，而係其他因素所致者，例如繼承、強制執行或法院之判決等，則無該條項之適用。又民法第 761 條規範之讓與方法，不僅適用於動產所有權，動產質權、動產留置權均包括在內❾。

但亦有學者認為通說固以民法第 761 條第 1 項所揭示之「讓與合意」為據，肯定「讓與合意」普遍存在，稱之為物權契約，視之為物權行為，然此一理論亦有可議者❿。另有學者呼應此說，認為本條亦只不過是規定動產物權讓與之公示方法——交付，並無須強解為物權行為⓫。

然而，一般認為民法第 761 條條文既以「物權」讓與為標的，而非單純「負擔」讓與，自亦有一個獨立於債權行為之物權行為⓬。

就理論上言，觀諸民法第 761 條之規定，以及我國歷來形式主義立法下物權行為之意義，可知動產物權依法律行為而變動者，須當事人間，有動產物權

---

❾　謝在全，前揭書，頁 149。

❿　曾世雄，〈適法行為——法律行為與事實行為〉，《民法總則之現在與未來》，初版，自版，1993 年 6 月，頁 189、190。

⓫　謝哲勝，〈物權行為獨立性之檢討〉，《財產法專題研究》，三民書局，1995 年 5 月，頁 102。

⓬　蘇永欽，〈物權行為的獨立性與相關問題〉，《民法物權爭議問題研究》，五南圖書，1999 年 1 月，頁 26。

變動之意思表示，以及「交付行為」，始能發生效力。

實務上亦認為，依民法第 761 條第 1 項前段規定，動產物權之讓與，非將動產交付，不生效力，此所謂交付，非以現實交付為限，如依同條第 1 項但書及第 2 項、第 3 項規定之簡易交付，占有改定及指示交付，亦發生交付之效力，此項規定於汽車物權之讓與，亦有適用❸。

參、動產物權之消滅

物權之消滅乃物權變動態樣之一種，物權之消滅原因，在動產與不動產各有不同規定。動產物權之消滅情形有混同、拋棄、契約、行使撤銷權等。茲分述如下：

一、混　同

㈠意　義

所謂混同，即兩個無並存必要之法律上地位，同歸於一人之法律事實。蓋權利義務之存在，其主體本須各異，故權利與義務同歸於一人時，即因混同而消滅。

混同之情形，可分為三類：

1.權利與權利之混同

例如兩物權混同時，為避免法律關係更複雜，其中一物權被另一物權吸收而消滅。此即所謂物權之混同，雖在形式上屬於權利之混同，但實質上亦是權利與義務之混同。例如所有權與他物權混同時，在混同前，所有權人與他物權人負有容忍其行使他物權之義務。故物權混同時，原則上其中一個小權利消滅。此不僅因為小權利被大權利所吸收，且因其權利與義務同歸於一人時，無須向自己履行義務之原則，義務當然被權利吸收而消滅。

2.權利與義務之混同

如債權債務同歸於一人時，債之關係消滅。此種情形係就債之關係而發生，

---

❸　最高法院 70 年臺上字第 4771 號判例。

屬於債之範圍。

3.義務與義務之混同

如主債務與保證債務同歸於一人時，其保證債務即因混同而消滅。此種情形亦係就債之關係而發生，故亦屬於債之範圍。

(二)類　型

按民法第 762 條規定：「同一物之所有權及其他物權，歸屬於一人者，其他物權因混同而消滅。但其他物權之存續，於所有人或第三人有法律上之利益者，不在此限。」因此，混同是指兩個無同時並存必要之物權，同歸於一人之事實。兩個物權混同，原則上一物權消滅，例外一物權不消滅。

1.所有權與其他物權混同

所有權與其他物權混同之情形，例如某甲原有動產質權，而後又取得該動產所有權，則該動產質權與動產所有權，為兩個無同時並存必要之物權，此時該動產質權因混同而消滅，而所有權自不受影響。

本條第 762 條此次並未修正，然而，民法第 762 條但書規定：「但其他物權之存續，於所有人或第三人有法律上之利益者，不在此限。」其立法理由認為，若所有人或第三人於其物權存續有法律上之利益時，其物權不因混同而消滅，蓋有時若因混同而消滅，必致害及所有人或第三人之利益。例如甲將其所有土地，先抵當與乙，乙為第一抵當人，次又抵當與丙，丙為第二抵當人，若其後甲為乙之繼承人，則乙前有之第一抵當權仍舊存續，甲（此時仍為所有人）有法律上之利益。蓋丙之第二抵當權，本不能得完全之清償，若使第一抵當權消滅，則丙遞升為第一抵當權人，能受完全之清償，受其害者在甲，故第一抵當權存續，於甲有法律上之利益❹。本文認為，其實本案例中既然認為「其後甲為乙之繼承人」，自應繼承乙對丙之債務，故丙是否從為第二抵當權人升為第一抵當權人，其效果完全相同，甲仍應對丙負責。因此，是否依民法第 762 條但書規定不混同，而使乙之第一抵當權不消滅，並不影響丙之權益❺。

---

❹　1929 年民法第 762 條但書規定立法理由。

❺　立法理由錯在於其舉：「其後甲為乙之繼承人」為例子，如將其改為：「其後甲取得系爭標的物之所有權」即可。由於本文僅討論動產物權之得喪變更，對於不動產問題，不予贅述。

實務上認為，同一物之所有權及其他物權歸屬於一人者，其他物權因混同而消滅，民法第 762 條前段定有明文。而所有權之形態雖有單獨所有及共有二類；共有又區分為分別共有及公同共有二種形態，其權利之行使與內部法律關係，對第三人行使權利之程序容有不同，然就其外部性質而言，均係就特定物或權利，享有所有權之形態，自有前開條文之適用❶❻。換言之，如當事人原有動產質權，而後又取得該動產之分別共有權時，亦可因混同而消滅。

2. 所有權以外之物權，及以該物權為標的物之權利混同

依民法第 763 條規定：「所有權以外之物權，及以該物權為標的物之權利，歸屬於一人者，其權利因混同而消滅。（第 1 項）前條但書之規定，於前項情形準用之。（第 2 項）」依據條文第 2 項之規定，仍在明示「但其他物權之存續，於所有人或第三人有法律上之利益者，不在此限。」故如同一物上債權與物權各別獨立存在，除依法有混同原因外，不能使之消滅❶❼。

本條第 763 條此次並未修正，其立法理由認為，所有權以外之物權，及以其為標的物之他種物權同歸於一人，亦應用前條之例而消滅。例如甲以其地上權抵當於乙，其後甲為乙之繼承人，則乙之抵當權，因混同而消滅。然甲若先將其地上權抵當於乙，乙為第一抵當權人，次又將其地上權抵當於丙，丙為第二抵當權人，其後甲為乙之繼承人，則甲於乙之第一抵當權存續有法律上之利益。故不因混同之故，而使其消滅❶❽。同樣，本文亦認為，其實本案例中既然認為「其後甲為乙之繼承人」，自應繼承乙對丙之債務，故丙是否依民法第 763 條但書規定不混同，而使乙之第一抵當權不消滅，並不影響丙之權益。

㈢比較法上之觀察

1. 德國民法典

在德國法，只要在土地上建造房屋或將動產安置於樓房中，即為動產附合於土地。附合之結果必須安置之物成為德國民法第 93 條至第 95 條意義上之重要成分❶❾。

---

❶❻ 最高法院 85 年度臺再字第 74 號判決。

❶❼ 最高法院 72 年度臺上字第 4014 號判決。

❶❽ 1929 年民法第 763 條規定立法理由。

❶❾ Manfred Wolf, *Sachenrecht*, 吳越、李大雪譯，《物權法》，法律出版社，2002 年 9 月，

至於物權之混同，是否導致或當然導致某一物權消滅，立法上有不同之態度。德國民法典之混同並未論及動產物權之混同問題❷。此外，德國民法第 1163 條、第 1177 條尚承認所有人抵押權，足見德國民法係採不消滅主義❷。

此外，除合意與交付法律行為之外，動產所有權還可經由其他方式取得。例如加油站未將汽油注入其顧客之油箱，而將其注入第三人之油箱。此時，該汽油之所有權並非屬於該第三人，因並無所有權移轉之合意。但如注入油箱之汽油與原有油料混在一起。此時依德國民法第 947 條、第 948 條之規定，該汽油歸各造當事人所共有，或全部歸第三人所有，其權利可依德國民法第 951 條之規定，以不當得利之規定加以調整❷。

2. 美　國

在美國法，財產之添附與混合係相互關聯之兩部分。根據美國傳統之法律規定與案例，如某甲在某乙之原材料上投放勞動力，法律一般均裁定該已完成之產品歸屬於原材料之所有人某乙。除非最後製成之產品在「種類上與性質上」與原來所使用之材料已經完全不同。

現代法院裁定則均已廢棄傳統之「種類上與性質上」之檢驗規則，而是重視添加勞動力與新材料後製成新產品之價值變化。然而，法官對價值增加程度之自由裁量權並非一致。

另一方面，在添附案例中，發生兩種情況：一種是誤用他人原來材料，一種是故意侵權使用。大致上法官均會要求侵權行為人舉證證明其「真誠性」，亦即非故意侵權使用，否則該裁決均對侵權行為人不利。對原材料所有人言之，即使未依法或依判決獲得最後成品之所有權，但均可請求原材料之損失❷。

頁 302。

❷　但在不動產物權之混同上，德國民法第 889 條規定，於他人土地上設定之權利，不因土地所有人取得此項權利，或權利人取得土地所有權而消滅。

❷　Fritz Baur, *Lehrbuch des Sachenrechts*, 14. Auflage, 1987, S. 360.

❷　Norbert Horn, Hein Kotz, Hans G. Leser 原著, *German Private and Commercial Law: An Introduction*, Clarendon Press, 楚建譯, 《德國民商法入門》, 一版, 中國大百科全書出版社, 1996 年 12 月, 頁 194。

❷　W. Laurence Church, Property, 李進之等, 《美國財產法》, 初版, 法律出版社, 1999

㈣小　結

　　動產物權因混同而消滅，係源於法律之直接規定即可發生混同之效力。同時，因混同而消滅之物權，產生終局性之物權消滅效果。因此，無論事後有何種原因，已消滅之物權，均不發生再度回復之問題。

二、拋　棄

㈠意　義

　　拋棄，是指依權利人之意思表示，使物權歸於消滅之單獨行為。蓋物權為財產權，權利人原則上可自由拋棄其物權。但物權拋棄如妨害公益或他人利益時，則不得為之，否則該拋棄為無效。例如以動產設定質權向他人借款，於該借款尚未清償前，不得拋棄該動產之所有權。拋棄物權，應依一定方式進行，始生拋棄之效力。

㈡舊民法之規定

　　依舊民法第 764 條規定：「物權，除法律另有規定外，因拋棄而消滅。」按該條規定於 1929 年，當時立法理由認為，謹按物權為直接管領特定物之權利，所有人一經表示拋棄之意思，即應失其從來所有該物之一切權利。故物權消滅之原因，除法律另有規定外，即因拋棄而消滅，本法特設本條❷❹。

　　實務上認為，民法第 764 條所謂拋棄，係指物權人不以其物權移轉於他人，而使其物權絕對歸於消滅之行為而言❷❺。因此，「拋棄」亦發生動產物權消滅之效力。

㈢新民法之規定

1. 新民法第 764 條規定

　　「物權除法律另有規定外，因拋棄而消滅。前項拋棄，第三人有以該物權為標的物之其他物權或於該物權有其他法律上之利益者，非經該第三人同意，不得為之。拋棄動產物權者，並應拋棄動產之占有。」顯然，此規定將 1999 年民法第 764 條第 3 項前段修正草案中之「第一項之拋棄，有直接受益人者，其

　　年 1 月，頁 50–53。

❷❹　參閱 1929 年 11 月 30 日舊民法第 764 條之立法理由。

❷❺　最高法院 32 年上字第 6036 號判例。

意思表示應向該受益人為之。」刪除㉖。

2. 立法理由

新民法認為，以物權為標的物而設定其他物權或於該物權有其他法律上之利益者，事所恆有。例如以自己之所有權或以取得之地上權或典權為標的物，設定抵押權而向第三人借款；或如以質權或抵押權連同其所擔保之債權設定權利質權；或地上權人於土地上建築房屋後，將該房屋設定抵押權予第三人等是。如允許原物權人拋棄其地上權等，則所設定之其他物權將因為標的物之物權之消滅而受影響，因而減損第三人之利益，對第三人保障欠周，爰增訂第2項。

又拋棄動產物權者，並應拋棄動產之占有，爰增訂第3項。至於所拋棄者為不動產物權時，仍應作成書面並完成登記始生效力。惟因係以單獨行為使物權喪失，應有第758條規定之適用，無待重複規定，併予敘明㉗。

3. 學者見解

新民法第764條對該條第3項前段刪除「第一項之拋棄，有直接受益人者，其意思表示應向該受益人為之。」之理由，學者認為「縱未向相對人為意思表示，仍生拋棄效力」，蓋物權之拋棄若將使第三人遭受不利益，則須經該第三人之同意，若將使第三人受益，如向該直接受益人為拋棄之意思表示，使其知悉，當然無誤；如未向直接受益人為意思表示，使其知悉，仍生拋棄效力㉘。

4. 本文淺見

本文贊同上述見解，蓋無論從拋棄物權人之觀點言之，物權人有拋棄之意思表示，法律應予尊重，使之有效；從直接受益人之觀點言之，如「未向直接

㉖ 1999年民法第764條第3項前段修正草案之立法理由為，拋棄為單方之意思表示，惟拋棄物權而有直接受益人者，其意思表示應向該受益人為之。但法務部2006年3月、2007年5月公布之修正草案，2008年行政院、司法院會銜函送立法院審議「民法物權編」部分條文修正草案（通則章及所有權章），以及立法院三讀通過條文均已將該規定刪除。

㉗ 法務部，《民法物權編部分修正條文（通則章及所有權章）》，第764條修正說明，2009年2月，頁23、24。

㉘ 黃健彰，《法定優先權制度研究──兩岸物權法修正草案芻議》，中正大學法學博士論文，2008年11月，頁161-163。

受益人為意思表示」，仍解釋為「該拋棄有效」，對直接受益人反而更有利。因此，新民法第 764 條對該條第 3 項前段刪除「第一項之拋棄，有直接受益人者，其意思表示應向該受益人為之。」係正確作法。

又實務上認為，修正前民法第 513 條規定之法定抵押權，係基於法律規定、非本於法律行為而發生，原不待承攬人與定作人意思表示合致及辦理物權登記即生效力。至其拋棄，因屬依法律行為而喪失其不動產物權之處分，非依法為登記不生效力。故承攬人在未依法為拋棄登記前，依法雖不生消滅法定抵押權之效果，但法定抵押權旨在保護承攬人之私人利益，究與公益無涉，非不得由承攬人事先予以處分而為拋棄之意思表示❷。同理，此種問題在抵押權亦發生，如認為抵押權之拋棄，應向直接受益人為之，始生效力，則如抵押權人欲拋棄其抵押權，依實務上採取之「次序升進原則」❸，對後次序人有利，但如規定「未向直接受益人為意思表示」則為無效，此種見解反而違背抵押權人拋棄抵押之意思❸。

再從拋棄「動產物權」之觀點言之，立法說明認為，「『以質權連同所擔保之債權設定權利質權』如允許原物權人拋棄質權，則所設定之權利質權，因為標的物之物權消滅而受影響，因而減損第三人之利益，對第三人之保護欠周，爰增訂第 2 項」❸云云，此在理論上有其道理。然而，事實上，設定「質權」必須移轉占有，所有權人並無法設定第二質權，則無次序升進原則問題。此外，質權人既有錢借予債務人，當不致馬上又需錢孔急，而以質權連同所擔保之債權設定權利質權。況且，以質權連同所擔保之債權設定權利質權必須將質權連同所擔保之債權移轉占有給權利質權人，原動產質權人並無法於設定權利質權後，僅拋棄質權。因此，新民法第 764 條第 2 項中之修正說明中所謂「以質權連同所擔保之債權設定權利質權」云云，徒使法律關係過於複雜，基於現實之考慮，似無必要。

---

❷　最高法院 97 年度臺上字第 1808 號判決。

❸　陳榮隆，〈物權之拋棄〉，《民法專題研究(一)》，輔仁法學叢書，1992 年 4 月，頁 70。

❸　上述係針對「抵押權次序升進原則」部分之討論，因非本文之主題，茲不贅述。

❸　法務部，《民法物權編部分修正條文（通則章及所有權章）》，第 764 條第 2 項修正說明，2009 年 2 月，頁 24。

　　此外，新民法第 764 條第 3 項規定：「拋棄動產物權者，並應拋棄動產之占有。」故如所有權人設定質權後，其並無占有動產，事實上並無法拋棄其所有權，故在動產，拋棄人並無占有「以動產物權為標的之其他物權」之必要與可能。因此，新民法第 764 條第 2 項所謂「第三人有以該物權為標的物之其他物權或於該物權有其他法律上之利益者」，所規範之物權應係以不動產物權為限；換言之，新民法第 764 條第 2 項規定：「前項拋棄，第三人有以該物權為標的物之其他物權或於該物權有其他法律上之利益者，非經該第三人同意者，不得為之。」僅適用於不動產物權❸❸。茲因本文係以討論「動產物權」為本旨，故針對此一部分，暫不論述。

三、其他消滅原因

　　動產物權其他消滅之原因，除上述之拋棄與混同外，尚有其他原因，包括約定存續期間屆滿、法定期間之經過、因法定原因而撤銷、取得時效之完成、所擔保債權之消滅、添附之發生等，茲舉其要者如下：

㈠契　約

　　契約之訂定，約定存續期間屆滿，或屆滿前當事人以合意使動產物權滅失，亦為動產物權消滅之原因之一，例如所有權人與他人訂立契約，將其標的物出賣，因而使其所有權消滅。

㈡標的物滅失

　　動產物權因標的物之滅失而消滅。

㈢由於法律行為以外之事實而使物權消滅之情形

　　動產物權消滅之原因，除前述各項法律行為之外，亦有因事實而使物權消滅之情形，例如添附是也。由於添附涉及法律關係複雜，茲另以下專節詳述之。

---

❸❸　在拋棄不動產之其他物權時，須向拋棄而直接受益者為拋棄之意思表示，且因不動產物權如基於法律行為而變動者，亦須向登記機關為塗銷之登記，始能生效。不過，有學者認為此種將拋棄物權之意思表示以公示為生效要件難以贊同。參閱謝哲勝，〈民法物權編（通則章）修正綜合評析〉，《月旦法學》，167 期，2009 年 4 月，頁 124。

肆、添 附

一、概 念

我國採取一物一權主義，一個物僅能有一個所有權。但物並非在任何情況之下均能保持獨立狀態，在某些情況之下，可能會因為「添附」，而使所有權發生得喪變更之情形，而進一步衍生出物之原所有人如何保障其權利之問題。

一般而言，添附涉及所有權單一化問題❸❹。蓋添附中之附合、混合是不同所有人之數個物之結合，在加工之場合，亦不乏不同所有人之數物相結合之情形，此種因添附而結合之物，在法律上必使其成為一物，以單一所有權之型態出現並繼續存在。為貫徹一物一權原則，且為維持其經濟價值、避免紛爭，法律對於此種添附物所有權單一化之規定，應認為有強制性質，不認為當事人有權請求回復或加以分離。

此外，添附物涉及所有權之歸屬問題，蓋添附物所有權既屬單一化，則在立法技術上僅能使添附物所有權歸一人所有或由關係人共享之。而當事人得依契約自由原則，變更法律之規定，自行明示或默示約定其所有權之歸屬。學者亦認為，民法有關添附之規定解釋上是任意規定，當事人如有特約，應可優先適用❸❺。例如工廠依僱傭契約僱用工人，由工廠供給材料，由工人加工生產成品，此項加工而成之產品所有權，應屬於工廠即僱用人所有。因為此種僱傭契約，應解釋為僱用人與工人間，已有將加工物之所有權歸屬於工廠之默示合意存在，故排除加工物所有權歸屬規定之適用。

二、意 義

添附 (accession) 者，乃附合、混合、加工三者之總稱❸❻。添附，為所有權

---

❸❹　吳光明，《動產所有權》，前揭書，頁 102。

❸❺　謝哲勝，《民法物權》，三民書局，2007 年 7 月，頁 152。

❸❻　王澤鑑，《民法學說與判例研究(四)》，自版，1996 年 10 月，頁 219、220。

取得原因之根據，在於結合為一個物或因加工而成為新物時，其回復原狀雖非不可能，然自社會經濟立場觀之，甚為不利，不若使其一物歸屬於一人或為共有**❸**。

附合、混合、加工三者均有添加結合之關係，且均為所有權得喪之共通原因，並有共通之效力。茲分述如下：

㈠附　合

附合可分為不動產附合及動產附合二種。不動產附合指不動產與不動產附合，為我國法所不採。動產附合指動產與動產附合，非毀損不能分離，或分離需費過鉅之事實，例如某甲取走某乙之紙糊於自己之門窗。

1.動產與不動產

動產與他人之不動產相結合，成為其重要成分，因而發生動產所有權變動之法律事實，此即為民法第 811 條規定之動產與不動產附合，簡稱為不動產附合，亦即指動產附合於不動產，而成為其重要成分之事實；例如某甲取走某乙之建材，修建自己之房屋。

民法第 811 條立法理由謂動產與不動產附合，為其構成之一部分，不動產之所有人，以其與主物同視者，其動產之所有權，屬於不動產之所有人，否則必有因動產所有權存續，而害及經濟之虞。例如房屋之瓦，既附合於房屋之上，勢不能使他人復對於其瓦有動產所有權也。故設本條以明示其旨**❸**。

因此，實務上認為，系爭地上茶樹、桐樹等未與土地分離前為土地之一部分並非附合於土地之動產而成為土地之重要成分，與民法第 811 條至第 815 條所定之情形無一相符**❸**。

動產與不動產附合之要件如下：

⑴須附合者為動產，被附合者為不動產

動產與不動產附合，須動產成為不動產之重要成分。所謂重要成分，指兩物結合後，非經毀損或變更其物之性質，不能分離者而言，且結合並非暫時性。是否已成為重要成分，其客觀判斷基準在於是否能夠分離復舊。在社會經濟觀

---

❸　史尚寬，前揭書，頁 127。

❸　1929 年民法第 811 條立法理由。

❸　最高法院 64 年臺上字第 2739 號判例。

念上之有無獨立性，亦係一項可衡量之因素，例如在他人之建築物上粉刷油漆。但若是在土地上搭建簡易溫室，因為尚未達到不可分離之程度，並非為土地之重要成分。

(2)須不屬同一人所有

以自己之動產與不動產附合，並無因附合而取得動產所有權之問題。動產附合於不動產成為其重要成分後，動產之所有權消滅，由二個所有權客體變為一所有權之客體，使動產之物權發生變動，尤其在動產上有其他權利存在時，因附合使動產所有權消滅，而產生之其他權利補償問題，須以民法第 816 條之規定來予以因應解決。

實務上認為，主建物附加之增建物如無獨立出入口，不能為獨立使用者，應屬主建物之附屬物而為主建物之一部分，可併就該增建物為執行，執行法院亦應予一併鑑價拍賣❹。換言之，該案例認為，查封時已成為不動產之從物者，該從物亦在拍賣範圍內，可供參考。

(3)須不具使用不動產之權利

如基於一定權利得使用不動產，例如地上權人、永佃權人、耕地承租人等，而使動產與該不動產結合，此處是否有附合之適用？民法新規定已明文否定附合在此種情形下之適用。

2.動產與動產

動產與動產附合係指所有人各異之動產，互相結合，非毀損不能分離或分離需費過鉅，而發生動產所有權變動之法律事實。例如使用油漆塗抹於他人之桌椅，無從分離。

民法第 812 條理由謂數動產其所有人各異，若一人之動產與他人之動產附合，非毀損不能分離，或非過鉅之費用不能分離時，作為合成物，使各所有人共有之。若其物有主從之區別者，使主物之所有人專有之。若數動產既已附合為一，若仍使其各所有權存續，必有害及經濟之虞，故特設本條以杜其弊❹。

至於不動產與不動產不發生附合問題，例如甲建屋於乙之土地，房屋為獨立不動產，並不由土地所有人取得其所有權❹。

---

❹　臺灣高等法院 94 年度臺抗字第 250 號裁定。

❹　1929 年民法第 812 條立法理由。

(二)混　合

混合者，乃物主各異之動產，互相混合後，不能識別，或識別需費過鉅之事實，依民法第 813 條準用前條附合之規定。例如某甲取走某乙之味精加於自己之香菇排骨湯之內，造成混合之結果。

混合之要件如下：

1. 須動產與動產混合

在學說上，固體與固體混合，稱為混淆 (Vermengung)、混雜。液體與液體混合稱為混合 (Vermischung) 或混融，金屬為液體時，可發生混合，為固體時可發生附合❸。但學者並未提及氣體與氣體混合或是不同形態物質混合之情形，民法亦並未加以區分。

2. 須動產所有人各異

3. 須不能識別或識別需費過鉅

混合與附合之不同在於，附合之各動產雖不易分離，而通常均能識別。混合後之動產，不僅不易分離且難以識別，例如將不同人所有之蓬萊米與在來米混合在一起，雖尚可識別，但需費過鉅。若是純度不同之兩種氣體混合，則不能識別。

(三)加　工

加工者，就他人之動產，加以製造或改造，使成新物之事實，例如某甲誤取某乙之宣紙繪成名畫。

加工之條件如下：

1. 加工標的物限於動產

此為民法第 814 條所明定，因此對於不動產之加工，不適用本條之規定。如材料為動產，而產生之物為不動產，例如利用他人之建材，建成新房屋，是否適用加工問題，日本學者採肯定見解❹，因為加工之標的物仍為動產。

2. 加工之材料須為他人所有

---

❷　王澤鑑，《民法物權(一)——通則、所有權》，修訂版，自版，2001 年 4 月，頁 304。

❸　史尚寬，前揭書，頁 133。

❹　林瑞廷，〈論建設承攬契約所完成目的物所有權之歸屬〉，《法學叢刊》，24 卷 4 期，1979 年 12 月，頁 42。

如加工於自己之材料則無加工法則之適用，此項材料不以原料、粗製品或半製品為限。於加工之際，加入部分自己之材料，或他人之材料亦無不可，此同時發生動產附合或混合之問題。

3. 須有加工行為

加工行為是事實行為，是工作與動產的結合。所謂「工作」包含勞力、知識、技術與投入時間。若加工之後未增加其價值，反而減損其價值或失其原有效用，則不適用加工，而應負侵權行為責任。

三、效　果

於上述諸情形，關於其所有權歸屬之處理，現行民法兼採二項辦法，即：

⑴維持現狀，使各物主形成共有關係

例如動產附合而成之合成物，依民法第 812 條第 1 項規定，應由各物主共有。動產混合而成之混合物，依民法第 813 條規定，應由各物主共有。

⑵維持現狀，使專歸某人單獨取得

於加工之情形，加工物之所有權，原則上屬於材料所有人，但因加工所增之價值顯逾材料之價值者，依民法第 814 條但書規定，其加工物之所有權屬於加工人。例如某甲誤取某乙之宣紙，繪成名畫時，由某甲取得該畫之所有權。

法律因添附而重定物之所有權歸屬，規定由某人單獨取得所有權時，他人之動產之所有權及該動產上之其他權利，依民法第 815 條規定，均歸消滅。換言之，依民法第 811 條至第 815 條規定意旨，動產因添附於他人之動產或不動產，致他人取得動產所有權，而原所有權人即喪失其所有權。

為平衡此項物權變動，我國民法特採取債權上之救濟方法，於舊民法第 816 條規定：「因前五條之規定，喪失權利而受損害者，得依關於不當得利之規定，請求償金。」❹⑤

在此應注意，例如依民法第 812 條第 2 項，以及第 813 條準用規定，有可視為主物者，該主物之所有人取得合成物或混合物之所有權。例如咖啡與糖混合，咖啡可視為主物，由咖啡所有人取得所有權❹⑥。

---

❹⑤　按 2009 年新民法第 816 條已將請求「償金」修正為請求「償還其價額」。

❹⑥　王澤鑑，《民法物權(一)──通則、所有權》，前揭書，頁 309。

因此，對於加工物所有權歸屬問題，學者有不同見解，茲分述如下：

甲說：應歸屬於材料所有人

此說認為材料加工後，形式雖已改變，但本質仍無異，應歸屬於材料所有人，著重在材料所有人之保護。

乙說：應歸屬於加工人

此說認為加工物之作成，全為加工人工作之成果，本不應屬於原物所有人，且原物改製後製為新物，原物所有權消滅，應屬無主物，加工人因先占而取得其所有權。

此在羅馬法上造成沙賓那斯 (Sabinus) 和普羅科羅斯 (Proculus) 兩派之論戰，但近代加工立法例，以鼓勵經濟價值之創造為其立法宗旨，故近代立法大致上是折衷二者。我國民法第 814 條即規定加工物之所有權屬於材料所有人，但因加工物所增之價值顯逾材料之價值者，其加工物之所有權，應屬於加工人 **❹**。

本文較認同此種規定，蓋物之加工，不必然成為新物，而有可能僅為形式改變，如論以無主物，似嫌牽強，應視情況而定較妥。

四、債權法上之求償關係

關於因添附而取得添附物所有權之當事人與因此喪失所有權之當事人間利益之調和，法律上之所以使添附物所有權單一化、歸由一人取得，僅為維護經濟價值，並非使取得所有權之人獨占添附物所有權之利益。因此，因添附而喪失所有權利或利益之當事人，為平衡此項物權變動，我國民法採取債權上救濟方法，容許其依不當得利之規定，請求給付償金，茲分述如下：

㈠不當得利請求權

民法因添附事實之發生而重定添附物所有權，在不動產附合，由不動產所有人取得動產所有權。在動產附合或混合，由各動產所有人按附合或混合時之價值共有合成物或混合物，但有可視為主物時，由主物所有人取得其所有權。在加工，由材料所有人或加工顯逾材料價值之加工人，取得加工物所有權。為平衡此項物權變動，新民法第 816 條規定：「因前五條之規定而受損害者，得依

---

❹　謝在全，《民法物權論》，上冊，修訂三版，自版，2004 年 8 月，頁 534。

關於不當得利之規定，請求償還價額。」

㈡不當得利請求權之成立

1. 理論上

關於民法第 816 條「依關於不當得利之規定」，是否包含所有不當得利之類型，理論上有不同見解。

⑴有認為該條係屬一般闡釋性之規定，係指依不當得利之整個構成要件，而非僅指其法律效果而言[48]。

⑵有認如考慮民法第 816 條立法目的上為彌補權利人喪失權利之損失而作之規範，似仍應使受損人得向受益人請求不當得利，請求償還其價額，較為合理[49]。

⑶有認為「依關於不當得利之規定」請求償金與債法之違法行為（債務不履行、侵權行為）及其他損害賠償性質不同，自應為不同之處理。「償金」範圍以受益人之得利範圍，以及善意得利之現存利益範圍為度[50]。

本文認為，依關於不當得利之規定係指必須具備民法第 179 條有關「無法律上之原因而受利益」之要件，性質上屬不當得利請求權。此即一方因添附取得動產所有權而受益，致他方受損害，須無法律上原因。此種情況多發生於「非給付不當得利」之情形，例如甲誤取乙之油漆，漆於其牆壁時，甲依民法第 811 條受有取得油漆所有權之利益，致乙受損害，欠缺法律上原因，應成立不當得利。

2. 實務上

實務上亦認為，民法第 816 條之規定係一闡釋性條文，旨在揭櫫依同法第 811 條至第 815 條規定因添附喪失權利而受損害者，仍得依不當得利之規定，向受利益者請求償金。所謂「依不當得利之規定，請求償金」，係指法律構成要件之準用而言。申言之，此項償金請求權之成立，除因添附而受利益致他人受損害外，尚須具備不當得利之一般構成要件始有其適用[51]。

---

[48] 王澤鑑，《債法原理㈠——不當得利》，自版，2002 年 3 月，頁 176。

[49] 郭玲惠，〈因添附所產生之不當得利〉，《月旦法學教室》，7 期，2003 年 5 月，頁 13。

[50] 林信和，〈添附與不當得利〉，《月旦法學教室》，2005 年 2 月，28 期，頁 12。

[51] 最高法院 97 年度臺上字第 2422 號判決。

㈢不當得利請求權之內容

舊民法第 816 條明定債權人僅得請求「償金」，而不能請求回復原狀，亦即不能請求返還動產所有權。其受損失者，得依不當得利之法則，向得利人請求償金之立法目的在於避免毀損物之價值。所謂償金，依動產所有權因添附而消滅時之客觀價值計算。關於此項償金之請求，亦有民法第 182 條有關「受領人知或不知無法律上之原因」至第 183 條有關「無償讓與第三人，而受領人因此免返還義務者」規定之適用。例如甲誤以為乙之玉石為己有，經雕塑成工藝品，因加工取得其所有權後，贈與於丙時，甲受利益不存在，免返還償金義務，丙於甲所免返還償金之限度內，負返還責任。新民法第 816 條已修正為請求「償還價額」。

㈣強迫得利

因添附而取得添附物所有權，其客觀價值不符合受益人主觀利益者，稱為強迫得利 (aufgedrängte Bereicherung)。例如修繕他人預定拆除之老屋，板金於他人即將報廢之汽車等。處理方式有下列幾種：

1.具備侵權行為或無權占有之案例，得請求回復原狀或除去其妨害。

2.就不當得利請求權而言，其取得所有權不符合受益人之主觀利益者，應認所受利益不存在，免負返還償金之義務。

3.受損人係屬惡意時，其行使不當得利請求權，從誠信原則加以衡量，顯為不當者，受益人得主張惡意抗辯權，拒絕償還❷。

4.不法管理人就占有物所為之添附，其因添附所支出之必要費用及有意費用，均得類推適用原民法第 177 條或直接準用民法第 177 條第 1 項之規定，而依不適法之無因管理向本人請求返還❸。

---

❷　謝哲勝，〈添附的不當得利返還與侵權行為的損害賠償請求權的競合〉，《月旦法學教室》，31 期，2005 年 5 月，頁 14。

❸　鄭冠宇，〈不法管理、添附與不當得利〉，《月旦法學》，97 期，2003 年 6 月，頁 252。

伍、有關添附之新規定

一、有關民法第 811 條

㈠ 1999 年民法修正草案

1999 年民法修正草案第 811 條規定:「動產因附合而為不動產之重要成分者,不動產所有人,取得動產所有權。但基於一定權利得使用該不動產者,不適用之。」其理由雖謂動產附合於不動產而為其重要成分者,固應由不動產所有人取得動產所有權。但基於一定權利依法得使用該不動產者,例如基於地上權、農用權、典權或其他法律特別規定所生者,事所恆有,此種情形,即不適用關於附合之規定,始為公允,第 811 條乃增訂但書規定:「但基於一定權利得使用該不動產者,不適用之。」❺

此外,民法修正草案第 814 條之 1 曾新增規定:「第八百十二條至第八百十四條之規定,於惡意之附合、混合、加工者,不得取得其所有權或為其共有人。」其立法理由認為,依惡意當事人不受法律保護之原則,宜設特別規定加以排除❺。

本文認為,惡意之添附上應分故意添附或過失添附。如屬過失添附,應以價值維持或創造新物之價值為考量,故僅請求返還價額即可。但如故意添附之情形,尚須考慮強制取得他人權利之社會成本,除請求返還價額外,仍須負侵權行為責任。

該修正草案第 814 條之 1 新增規定,何以立法院三讀時又刪除,其理由認為添附行為如該當侵權行為之要件,自有侵權行為損害賠償請求權之適用,乃屬當然,亦係一種解釋方法。

㈡民法第 811 條

然而,民法第 811 條未採此修正,仍規定為:「動產因附合而為不動產之重

---

❺ 法務部,《民法物權修正草案》,第 811 條修正說明,1999 年 8 月,頁 107。

❺ 法務部,《民法物權修正草案》,第 814 條之 1 修正說明,1999 年 8 月,頁 108。

要成分者，不動產所有人，取得動產所有權。」蓋基於一定權利依法得使用該不動產者，不適用關於附合之規定，乃理所當然，不必另作規定❺❻。

二、有關新民法第 816 條

㈠條文內容

新民法第 816 條規定：「因前五條之規定而受損害者，得依關於不當得利之規定，請求償還價額。」

㈡立法理由

本條修正理由為，本條原規定主體為「喪失權利而受損害者」，其規範意旨，在於指出不當得利請求權之權利主體。惟依民法第 179 條規定，不當得利請求權之權利主體，為「受損害之他人」（受損人）。解釋上，只要「受損害」即可，不以「喪失權利」為必要。蓋不當得利規定之「損害」概念，範圍相當廣泛，除喪失權利外，尚包括單純提供勞務、支出費用或權益歸屬之侵害等。且「喪失權利」等文字，未盡概括完整，其固然可以說明因附合、混合而喪失動產所有權或該動產上其他權利之情形，但無法涵蓋因加工單純提供勞務而受損害之情形。為求精確，爰刪除「喪失權利」等文字。

本條規範意義有二，一為宣示不當得利請求權，縱使財產上損益變動係依法（例如第 811 條至第 815 條規定）而發生，仍屬無法律上原因。其二係指明此本質上為不當得利，故本法第 179 條至第 183 條均在準用之列，僅特別排除第 181 條關於不當得利返還客體規定之適用。因添附而受損害者，依關於不當得利之規定請求因添附而受利益者返還其所受之利益時，僅得適用本法第 181 條但書規定請求「償還價額」，不能適用同條本文規定，請求返還「利益原形」，以貫徹添附制度重新分配添附物所有權歸屬、使所有權單一化、禁止添附物再行分割之立法意旨。為求明確，將原規定「償金」修正為「價額」。又添附行為如該當侵權行為之要件，自有侵權行為損害賠償請求權之適用，乃屬當然，併予指明❺❼。

---

❺❻　2009 年民法第 811 條並未做修正。

❺❼　法務部，《民法物權修正草案（通則章及所有權章）》，第 816 條修正說明，2009 年 2 月，頁 46、47。

不過有學者認為，僅讓喪失權利人償還價額請求權，對其保障實有不足，應讓其得在合成物上享有法定擔保物權，較為恰當❺❽。此種見解，值得注意。

陸、結　語

物權得喪變更，係物權之發生、變動及消滅之合稱也，亦即是指權利所生之一種動態現象。物權變動，係物權法之核心問題。在體系構成上，就變動之原因言，有依法律行為，有非依法律行為，此在民法領域爭論最大之物權變動模式問題，在我國立法例下，學者認為，此處之法律行為，係指物權行為而言❺❾，本文亦贊同。

如以物權權利而言，物權變動，係物權之取得、設定、喪失與變更。物權變動必有一定公示方式，以為表現，使當事人與第三人均得認識其存在及現象。物權變動如未能依一定公示方式表現其變動之內容，則不能發生物權變動之法律效力。物權因有法律行為而變動時，須另有物權變動之意思表示，以及履行登記或交付之法定形式，始能成立或生效。因此，物權行為具有獨立性與無因性二種特性。

關於動產物權變動，依法律行為而發生者，民法分別就動產物權讓與、動產質權設定以及動產物權拋棄，設有規定。其非依法律行為而取得動產物權，除繼承、強制執行或法院之判決外，在民法物權編規定者，有時效取得、先占、遺失物拾得、埋藏物發現、添附等。

又我國民法為保護交易安全，設有動產善意取得制度，凡以動產所有權或其他物權之移轉或設定為目的，而善意受讓該動產之占有者，縱其讓與人無移轉所有權或設定其他物權之權利，受讓人仍取得其所有權或其他物權，適用上亦較無爭議問題。

至於有關添附之新規定，原 1999 年之修正草案認為，惡意添附人之權利是否受保障問題，現行法未設排除規定。惟學者間有認為依惡意當事人不受法律

---

❺❽　鄭冠宇，〈動產之附合與混合〉，《月旦民商法雜誌》，2 期，2003 年 12 月，頁 30。

❺❾　王澤鑑，《民法物權(一)——通則、所有權》，前揭書，頁 122。

保護之原則，宜設特別規定加以排除，參考瑞士民法第 726 條第 2 項，亦有相同之規定，爰仿該立法例，增訂修正草案第 814 條之 1 規定，於惡意之附合、混合、加工者，不得取得其所有權或為其共有人。新法則認為，「惡意不受保護」乃理所當然，故此規定於新法時又刪除。然而，我國並未像判例法國家，如美國法官靈活適用法律一樣，該「惡意不適用」之規定，其實可不必刪除。

　　此外，民法關於所有權得喪變更雖然有各種求償關係之規定，對於「惡意」排除適用之規定，雖未正式通過，但如明知為他人之動產，而為附合、混合、加工，致為所有權之侵害，如出於故意或過失，則構成侵權行為，惟此時受害人是否有價金請求權與損害請求權之併存，未有明文規定。另外，關於「加工物」歸屬部分，並未有更為細緻之規定。為避免日後發生更多糾紛，宜於下次完成修法。

第 11 章
動產所有權之時效取得

壹、概　說

　　民法中之時效係指一定之事實狀態，持續一定之期間，而發生一定法律效果之制度。根據引起時效發生之事實狀態之不同，將導致法律效果之不同。民法理論上，將時效制度區分為取得時效與消滅時效。

　　取得時效制度在「十二銅表法」前即已存在，在羅馬法基本成形。我國自清末以降，逐步走上大陸法系之特徵。

　　因此，取得時效為現行民法時效制度中之一種，是占有人繼續占有他人之物，經過一定之法定期間，在一定條件下，取得其占有物所有權之制度。取得時效，是一種法律事實❶。因此，因取得時效而取得物權之人，不須有取得權利之意思，亦不須有完全行為能力。因取得時效而取得，係依法律規定而取得，且取得時效為一種原始取得。

　　所有權取得時效以物之種類為標準，分為動產所有權之取得時效與不動產所有權之取得時效。由於我國不動產登記之普及以及善意取得與侵權行為制度之廣泛適用，對於不動產可以登記制度來維護不動產物權關係；對於動產，可以區分善意與惡意，以善意取得與侵權行為制度予以調整，但動產所有權之時效取得，仍不可或缺。

　　又由於本書於專章討論不動產物權之取得時，已併同敘述不動產之時效取得問題，茲為探討之簡明便利，本章僅討論動產所有權之取得時效。

　　基此，本章首先擬探討動產所有權取得時效之概念與要件；其次擬探討取得時效之意義與要件。再次擬探討取得時效之效力與中斷；此外，擬探討取得時效之特殊問題，包括其他財產權之取得時效準用之規定、房地所有權狀得否為取得時效之標的、商標專用權之取得時效、公物之取得時效。最後，提出檢討與建議。

---

❶　吳光明，《民法總則》，三民書局，2008 年 6 月，頁 454。

貳、取得時效之概念與要件

一、取得時效之概念

時效制度有兩種，即取得時效與消滅時效，茲分述如下：

㈠取得時效

取得時效者，乃無權利人以行使其權利之意思繼續行使該權利，經過一法定期間後，遂取得其權利之制度。具體而言，乃無權利人繼續以一定狀態占有他人之物，經過法定期間而取得其所有權，或繼續一定狀態行使所有權以外之財產權，經過法定期間而取得其權利之制度❷。

理論上，取得時效之意義既在於以時間治癒權利瑕疵，以平衡私人所有與社會大眾間之矛盾，但如善意取得制度、公信原則等設立完善，則取得時效在保護交易安全上之功能變為薄弱。因此，取得時效以善意占有為基礎，為物權之取得原因之一，在西元前之羅馬法即已存在。此次新民法第768條之1已注意到「善意並無過失」之規定，值得肯定。

㈡消滅時效

消滅時效以不行使權利為基礎，為權利消滅或抗辯權發生之原因，此一制度於羅馬帝國末期才發生。

取得時效與消滅時效之沿革既異，觀念亦非單一，故我民法乃仿德國立法例，將取得時效規定於民法物權編，而消滅時效則規定於總則編❸。依民法第144條第1項規定：「時效完成後，債務人得拒絕給付。」故消滅時效為債務人得拒絕給付抗辯權發生之原因。

一般而言，承認取得時效制度之理由，在保護長期所生之法律關係，以謀法律秩序安定之社會公益。司法院亦認為，取得時效制度，係為公益而設，依

---

❷　謝在全，《民法物權論》，上冊，修訂二版，自版，2003年7月，頁234。

❸　依民法第144條規定，消滅時效為債務人得拒絕給付抗辯權發生之原因。因總則編非屬本書探討範圍，茲不贅述。

此制度取得之財產權應為憲法所保障❹。

㈢與消滅時效、善意取得之比較

取得時效與消滅時效、善意取得之比較，具有如下特徵：

1.取得時效作為一種時效制度，與消滅時效相同，均為一定之事實狀態，持續一定之期間，而發生一定法律效果之制度。但兩者所要求之事實狀態與所發生之法律效果，卻完全不同。取得時效所要求之事實狀態是占有他人之物或行使他人財產權利之事實狀態，所產生之效果是取得所有權或其他財產權。消滅時效所要求之事實狀態是權利不行使之事實狀態，所產生之效果是請求權等之消滅。

2.取得時效作為取得所有權或其他財產權之一種方法，與善意取得相同，均以物之占有或行使他人之財產權利（準占有）為前提要件，但取得時效要求此種占有或準占有之狀態持續經過一定之法定期間，而善意取得無此要求。此外，取得時效中「善意」之含意，與善意取得中之「善意」不同。

二、取得時效之要件

取得時效係依法律規定而取得權利，故僅以事實上行使權利之一定事實狀態，並經過一定之期間為已足，其性質上為法律事實，而非法律行為。因此，取得人僅以事實行為之意識，亦即有意思能力即可。

舊民法第 768 條規定：「以所有之意思，五年間和平公然占有他人之動產者，取得其所有權」。因此，動產所有權之取得時效，須具備如下要件：

㈠占　有

1.舊民法之規定

所謂占有，依照民法第 940 條規定，係指對於物有事實上之管領力。而占有須為自主占有，即須以所有之意思而占有，對於物具有與所有人同樣支配意思之占有。所有之意思，以不須表示為原則。所有意思之占有，可由代理人代理為之。

其次，占有須為和平占有。和平占有係指不以暴力或脅迫取得或維持之占有。

第三，占有須為公然占有，即不得使他人不知其占有事實之意，而特別使

<hr>

❹　司法院釋字第 291 號解釋；《司法院公報》，34 卷 4 期，1992 年 2 月 28 日，頁 1-8。

用隱秘方法開始或保持其占有。占有雖係事實，而非權利，但受法律保護。占有之取得可分原始取得與繼受取得；時效取得動產所有權者，為原始取得。

2.新民法之規定

動產所有權取得時效，雖未明白規定須以「繼續占有」為要件，惟從取得時效之性質言，宜採肯定解釋，況民法關於不動產所有權之取得時效，亦以「繼續占有」為要件，因此，新民法增列「繼續占有」為動產所有權取得時效之要件❺。

㈡須經過一定期間

1.舊民法之規定

我國舊民法仿照瑞士民法之體例，就動產所有權之取得時效，明文規定為五年。

2.新民法之規定

由於舊民法第 768 條條文，未予區分占有之始是否善意並無過失，一律適用五年之時效期間，與不動產所有權之取得時效以是否善意，規定不同期間者，不盡一致。參諸外國立法例：如日本、瑞士、德國、韓國等，並參考我國之國情，新民法乃將原規定之「五年」修正為「十年」❻。

㈢須為他人之動產

1.舊民法之規定

舊民法第 768 條規定取得時效之適用，須有「占有他人之動產」之情形。而所謂他人之動產，並不以私人所有者為限，占有公有物，除依法律規定不得為私有者外，亦適用於民法上關於取得時效之規定。同理，法人以所有之意思占有個人之動產，當然亦適用民法基於取得時效之規定。

2.新民法之規定

新民法第 768 條規定：「以所有之意思，十年間和平、公然、繼續占有他人之動產者，取得其所有權。」修正理由認為，動產所有權取得時效，雖未明白規

---

❺ 法務部，《民法物權編部分修正條文（通則章及所有權章）》，第 768 條修正說明，2009 年 2 月，頁 25。

❻ 法務部，《民法物權編部分修正條文（通則章及所有權章）》，第 768 條之 1 修正說明，2009 年 2 月，頁 26。

定須以「繼續占有」為要件，惟從取得時效之性質言，宜採肯定解釋。況民法關於不動產所有權之取得時效，亦以「繼續占有」為要件，爰增列「繼續占有」為動產所有權取得時效之要件❼。

㈣舉證責任

主張時效取得動產所有權者，對其占有須負舉證責任；然依民法第 944 條之規定：「占有人，推定其為以所有之意思，善意、和平及公然占有者。經證明前後兩時為占有者，推定前後兩時之間，繼續占有。」故凡主張占有人非以所有之意思，善意、和平及公然占有或繼續占有者，應負舉證責任。準此以言，主張取得時效中斷者，對於占有人自行中止占有，或變為不以所有之意思而占有，或其占有狀態之變更，亦負有舉證責任❽。

三、評析——關於善意

羅馬法上之取得時效要求占有人為善意，係指在實現占有時抱著正直人之態度，有不虧待合法占有者之意思。但我國舊民法，並不以善意作為構成要件。

本文認為，基於鼓勵利用與傳統道德之調和，如將條文分別規定為，占有是善意，其時效期間可以較短。此種折衷方式，一方面使得取得時效制度得以實現，另一方面亦可呼應社會對道德之尊重。

新民法認為，為期動產所有權之取得時效與不動產所有權之取得時效之體例一致，並期衡平，爰仿日本、韓國等外國立法例，增訂新民法第 768 條之 1，明定以所有之意思，五年間和平、公然、繼續占有他人之動產，而其占有之始為善意並無過失者，取得其所有權。

於此應注意，新民法第 944 條規定：「占有人推定其為以所有之意思，善意、和平、公然及無過失占有。（第 1 項）經證明前後兩時為占有者，推定前後兩時之間，繼續占有。（第 2 項）」蓋其修正理由認為，占有人之占有是否無過失，第 1 項未設推定之規定。惟所謂「無過失」乃係就其善意占有已盡其注意義務，在「善意」已受推定之範圍內，學者認為無過失為常態，有過失為變態，且無

---

❼　法務部，《民法物權編部分修正條文（通則章及所有權章）》，第 768 條修正說明，2009 年 2 月，頁 25。

❽　王澤鑑，《民法物權㈠——通則、所有權》，自版，1997 年 9 月，頁 159。

過失為消極的事實，依一般舉證責任分配原則，占有人不須就常態事實及消極事實，負舉證責任。為明確計，爰於第 1 項增列之❾。

參、取得時效之效力與中斷

一、取得時效之效力

㈠取得其所有權

取得時效之主要效力在於補正占有權源之瑕疵，使無權占有人取得權利。因此，動產占有人於取得時效期間完成後，即得依民法第 768 條規定，取得其所有權。

㈡動產上負擔消滅

動產與不動產因時效取得者，性質上均為原始取得，故時效取得前存在於該標的物之一切法律關係，或該標的物原有之物上負擔，均因取得時效之完成而歸於消滅。

㈢無不當得利問題

因取得時效完成而取得所有權，是依法律規定而取得，亦即屬於依法律上之原因而受利益，所以不產生不當得利問題。

二、取得時效之中斷

㈠舊民法之規定

舊民法第 771 條規定：「占有人自行中止占有，或變為不以所有之意思而占有，或其占有為他人侵奪者，其所有權之取得時效中斷。但依第九百四十九條或第九百六十二條之規定，回復其占有者，不在此限。」此係舊民法有關取得時效之中斷之規定。

㈡新民法之規定

---

❾　法務部，《民法物權修正草案（用益物權及占有）》，行政院版民法第 944 條修正說明，2009 年 8 月，頁 46。按此部分之修正已送立法院審議。

1.新民法第 771 條之內容

新民法第 771 條規定:「占有人有下列情形之一者,其所有權之取得時效中斷:

一、變為不以所有之意思而占有。

二、變為非和平或非公然占有。

三、自行中止占有。

四、非基於自己之意思而喪失其占有。但依第九百四十九條或第九百六十二條規定,回復其占有者,不在此限。

依第七百六十七條規定起訴請求占有人返還占有物者,占有人之所有權取得時效亦因而中斷。」

2.新民法第 771 條之修正理由

占有人以非和平或非公然之方式占有❿者,是否為取得時效之中斷事由,學者均持肯定見解。而就占有之和平、公然為取得時效之要件言,亦宜作肯定解釋。爰將民法第 771 條「變為不以所有之意思而占有」之原條文,移列為第 1 項第 1 款,並增列「變為非和平或非公然占有」為第 2 款,俾求明確。

又舊民法第 771 條條文規定,時效中斷事由中所謂「占有為他人侵奪」,其範圍過於狹隘,新民法修正為「非基於自己之意思而喪失其占有」;又因與原條文規定「自行中止占有」之性質相近,故分別列為第 4 款及第 3 款。至原條文但書之規定,僅於非因己意喪失占有之情形始有適用,爰改列為第 4 款但書,以免滋疑義。

此外,占有人於占有狀態存續中,所有人如依民法第 767 條規定,起訴請求返還占有物者,占有人之所有權取得時效是否中斷,現行法雖無明文,惟占有人之占有既成訟爭之對象,顯已失其和平之性質,其取得時效,自以中斷為宜⓫。爰仿德國民法第 941 條及瑞士債務法第 663 條等規定,增訂民法第 771 條第 2 項:「依第七百六十七條規定起訴請求占有人返還占有物者,占有人之所有權取得時效亦因而中斷。」

---

❿　此種非和平或非公然之方式占有,例如強暴占有、隱密占有是也。

⓫　法務部,《民法物權編部分修正條文(通則章及所有權章)》,第 771 條修正說明,2009年 2 月,頁 28。

肆、取得時效之特殊問題

一、其他財產權之取得時效準用之規定

㈠舊民法第 772 條之規定

1. 舊民法第 772 條之規定內容

有關其他財產權之取得時效，依舊民法第 772 條之規定：「前四條之規定，於所有權以外財產權之取得，準用之。」故所有權以外之其他財產權，亦可依取得時效取得之。是物權、債權或無體財產權，均可準用上開規定。

2. 舊民法第 772 條之立法理由

依舊民法第 772 條之立法理由：「按占有人取得所有權以外之財產權，如地役權、抵押權之類，與和平繼續占有而取得之所有權無異，則其取得之時效或中斷，亦應與取得所有權之時效或中斷相同，故準用前四條規定」觀之，舊民法第 772 條規定所準用者，乃有關時效取得或中斷。而民法第 944 條規定：「占有人，推定其為以所有之意思，善意、和平及公然占有者」，僅占有人係以所有之意思占有者，始受法律之推定，至以取得他項財產權之意思行使其權利，既為財產權取得時效要件之一，並不在民法第 944 條第 1 項所定推定之列。

又舊民法第 943 條規定：「占有人於占有物上行使之權利，推定其適法有此權利」，乃基於占有之本權表彰機能而生，並非具有使占有人取得權利之作用，該規定之旨趣在於免除占有人關於本權或占有取得原因之舉證責任，並非使占有人因而取得本權或其他權利。且係指占有人就其所行使之權利，推定為適法，惟究係行使何項權利而占有，則非法律所推定。

㈡新民法第 772 條之規定

1. 新民法第 772 條之規定內容

新民法第 772 條規定：「前五條之規定，於所有權以外財產權之取得，準用之。於已登記之不動產，亦同。」

2. 新民法第 772 條之修正理由

蓋為配合增訂民法第 768 條之 1，爰將舊民法規定「前四條」修正為「前五條」。

又按舊民法規定是否僅以於他人未登記之不動產為限，始得因時效而取得所有權以外之其他財產權，理論上非無疑義。實務上則認因時效取得地上權，不以他人未登記之土地為限❷。為杜爭議，爰於新民法第 772 條後段增訂對於已登記之不動產，亦得準用前 5 條之規定，因時效而取得所有權以外財產權❸。

(三)評　析

學者認為，民法第 772 條將羅馬法以來僅就所有權適用之取得時效規範概括準用於「其他財產權」本已十分不妥。蓋此制度唯一合理性僅在對世權公示方法薄弱時，基於公信不得已而作犧牲財產權之安排。以物權而言，占有能公示之權利僅有所有權，限制物權如不是已有更好之公示方法，則僅能依賴占有來公示。例如動產質權，占有人事實上亦難以何種事實顯示其「擔保」之權能。又如地上權或地役權，在正常情形下均有地租之對價關係，但實務上反而以此為有默示租賃之反證而排除地上權之取得，但若同樣邏輯，無償之長期使用，為何非默示之使用借貸，反倒可以主張時效取得地上權，甚至不顧所有權已經登記，此次修正不但沒刪除第 772 條，還肯定最高法院之見解，追加已登記之不動產之時效而取得❹。

本文認為，動產所有權取得時效，新法改以取得人之善意與否為要件作區別，值得贊同。至於如認動產質權之取得時效，事實上並無意義。蓋其難以何種事實顯示其「擔保」之權能，且如無債權，何來質權之有？又如地上權之取得時效，另有不同規定❺，但本文亦質疑有地租之對價關係，反而排除地上權之時效取得。

---

❷　最高法院 60 年臺上字第 4195 號判例。

❸　法務部，《民法物權編部分修正條文（通則章及所有權章）》，第 772 條修正說明，2009 年 2 月，頁 29。

❹　蘇永欽，〈為什麼通則不通？──從民法典的角度看物權編通則的修正〉，2009 年 5 月，頁 5、6。

❺　本章係討論動產之時效取得，故已登記之不動產之時效取得問題之討論，非本章之主題。至於地上權之取得時效，請參閱吳光明，《物權法新論》，新學林出版，2006 年 8 月，頁 277–290。

二、房地所有權狀得否為取得時效之標的

房地所有權狀之登載有其名義人，其所表彰者僅在證明某人對該房地不動產有所有權存在，並非即為該房地權利之本身。實務上認為，系爭房地所有權狀本質上為從物及不融通物，不能與該房地所有權分離而單獨成為民法第 768 條所定動產取得時效之標的❶❻。

三、商標專用權之取得時效

實務上認為，按商標法第 21 條第 1 項規定：商標自註冊之日起，由註冊人取得商標專用權。同法第 28 條第 1 項規定：商標專用權之移轉，應向商標主管機關申請登記，未經登記者不得對抗第三人。而動產之取得與變動均不須登記，故商標專用權上開規定顯與民法第 758 條、第 759 條有關不動產物權登記規定之法律性質近似，自不得徒憑商標法第 28 條第 1 項就商標專用權之移轉採登記對抗主義立法，即認應準用動產取得時效之規定。退而言之，如當事人就系爭商標專用權之取得時效縱已完成，然依取得時效完成而取得財產權，乃非基於繼受他人既存之權利而取得，性質上屬於原始取得，依商標法第 2 條、第 21 條第 1 項規定，仍須以取得時效完成為由申請註冊之日起，始取得商標專用權，不得單憑時效完成即謂當然取得商標專用權❶❼。按該「不得對抗第三人」相關規定於 2003 年 5 月修正商標法時已移至第 22 條第 2 項，「非經請准更換原申請人之名義，不得對抗第三人」，其規定之精神則未變。

四、公物之取得時效

所謂公物，可分公有公用物和公有公共用物兩種。

㈠公有公用物：為國家或公共團體以公有物供自己用，例如學校之電腦，僅供學校師生使用，因其具有不融通性，不適用民法上取得時效之規定❶❽。

㈡公有公共用物：為國家或公共團體以公有物提供公眾共同使用，例如國

---

❶❻ 最高法院 95 年度臺上字第 1617 號判決。

❶❼ 最高法院 86 年度臺上字第 2996 號判決。

❶❽ 最高法院 72 年度臺上字第 5040 號判決。

立圖書館之圖書屬之。

　　由於上開兩種公物具有不融通性，故不適用民法上取得時效之規定。又在通常情形，公物如失去公用之形態❶，不復具有公物之性質，固不妨認為已經廢止公用，得為取得時效之標的。

　　然在不動產方面，例如經政府依土地法編定之公用道路或水溝，縱因人為或自然因素失去其公用之形態，在奉准廢止而變更為非公用地以前，難謂已生廢止公用之效力，仍無民法上取得時效規定之適用❷。此與一般屬動產性質之公物，則有不同。

伍、結　語

　　按所有權取得時效之第一要件，須為以所有之意思而占有。故占有依其所由發生之事實之性質，如無所有之意思者，非有民法第 945 條所定，變為以所有之意思而占有之情事，其所有權之取得時效，不能開始進行❸。反之，如原無權利之占有人以時效而取得權利，則不生不當得利之問題。

　　然而，取得時效之設立是否有必要，值得探討。蓋善意取得、公信原則、訴訟時效等制度已經解決取得時效所要解決之問題。何況，實務上，取得時效之適用範圍非常有限，法律有無必要單獨設立取得時效制度，不無疑問。

　　此外，值得一提者，人格權與身分權，均非財產權；而係以身分關係為前提之專屬財產權❹，均不適於以事實狀態為基礎而變更其法律關係，故不能依時效而取得。又如依法律規定無取得時效之適用者，或因一次之行使，即歸消滅之權利，例如民法第 244 條規定之撤銷權、民法第 257 條規定之解除權、民法第 379 條規定之買回權、民法第 209 條規定之選擇權等形成權，均無從繼續行使，自亦不能依時效而取得。

---

❶　公物失去公用之形態，例如城壕淤為平地。

❷　最高法院 72 年度臺上字第 5040 號判決。

❸　最高法院 26 年上字第 876 號判例。

❹　以身分關係為前提之專屬財產權，例如受扶養之權利，受領退休金之權利是。

第*12*章
動產之善意取得

![圖示] 壹、概　說

　　善意取得，又稱即時取得，係指無權處分他人動產之動產占有人，將該動產讓與第三人，如第三人取得動產之時係善意，則應受法律之保護。

　　善意取得，係日耳曼固有法上之原則，與羅馬法上「無論何人，不得以大於自己所有之權利，轉讓與他人」，以及「於發現其物之處，我取回之」之原則，完全抵觸。當時羅馬法上述二原則，側重於對所有權人之保護，並不知善意取得為何物。

　　在動產所有權之讓與，尤其在銀貨兩訖之日常交易，受讓人因無從查知讓與人就其讓與之貨物，是否有所有權。倘事後因被真正權利人追奪而受損害者，使其向讓與人請求損害賠償，以謀救濟，不特不勝其煩，難達目的，且亦不足以保護交易安全，將使社會陷於紊亂。

　　因此，日耳曼法乃有「應以手護手」(Hand muss Hand wahren) 之格言，即讓與並交付動產者，應保護受讓以及受交付者之意❶。

　　無處分權人就權利標的物所為之處分，依民法第 118 條之規定，原則上非經有權利人之承認，其處分行為不生效力。對於有權利人之保護固為重要，然在動態之社會生活中，為維護商品交易之安全，並促使其積極流通，有建立一套保護制度之必要。故動產善意取得之制度，乃因應而生。

　　善意取得之制度，係立法者衡量原權利人與善意取得人間之利益狀態，為調和「靜的所有權保護」與「動的交易安全保護」兩者間之衝突，所採取之制度❷。此亦為動產所有權一種特殊之取得原因。

　　其次，在交易中，如最後無權處分之風險，需由受讓人來承擔，則受讓人必會調查讓與之人是否確有處分權限；如此一來，則對於受讓人而言，其交易成本將增高，且調查不易，拖延交易時間，降低其交易意願。再者，受讓人調

❶　姚瑞光，《民法物權論》，自版，1967 年 10 月，頁 99。

❷　陳自強，〈民法第九百四十八條動產善意取得之檢討〉，蘇永欽主編，《民法物權爭議問題研究》，五南圖書，1999 年 11 月，頁 303。

查處分權限之有無，仍多以是否有占有之外觀為判斷，此係因占有為較具公示性且有公信力❸，故進而信賴之，並願意與其交易。因此，基於交易便利性與可能性之考量，善意取得之一方，實有加以保護之必要。

　　基此，本章首先擬探討動產善意取得制度之概念，以及其立論依據。其次擬探討動產所有權善意取得之要件，包括標的物須為動產、讓與人須為動產占有人且為無權處分人、受讓人於取得時須為善意。再次擬探討取得權利之行為有效且經過公示，包括「經過公示」之意義、交付方式問題、受讓人是否以無過失為必要。此外，擬探討善意取得之法律效果，包括當事人間之法律效果、動產上之負擔是否歸於消滅問題、善意取得之例外、善意取得之經濟分析，並就主要學理及相關爭點，加以說明。最後，提出檢討與建議，以供參考。

貳、善意取得之意義與立論依據

一、意　義

　　善意取得又稱即時取得，指無權處分他人動產之讓與人，於不法將其占有之他人動產交付於買受人後，如買受人於取得動產時係出於善意，即取得該動產所有權，原動產所有人不得要求受讓人返還。

　　又實務上認為，民法第 801 條所謂「受讓」，係指依法律行為而受讓之意，受讓人與讓與人間，以有物權變動之合意，並有標的物之交付之物權行為存在為已足，至受讓動產占有之原因，舉凡有交易行為存在，不問其為買賣、互易、贈與、出資、特定物之遺贈、因清償而為給付或其他以物權之移轉或設定為目的之法律行為，均無不可❹。

　　至於此處所稱之動產，應是指除土地與其他定著物以外之其他一切之物，因此，如以貨幣與無記名證券作為特殊動產，或者如提單、倉單等物權證券所記載與表現之動產當然亦可適用善意取得制度。

---

❸　謝在全，《民法物權論》，上冊，修訂二版，自版，2004 年 8 月，頁 447–449。

❹　最高法院 86 年度臺上字第 121 號判決。

此外，動產質權，依新民法第 886 條規定：「動產之受質人占有動產，而受關於占有規定之保護者，縱出質人無處分其質物之權利，受質人仍取得其質權。」故動產質權亦可善意取得。

其次，新物權為維護公平原則，法律不允許債權人以侵權行為之不法原因取得留置權。又債權人占有動產之始明知因重大過失而不知該動產非為債務人所有，如允許其取得留置權，將與民法動產所有權或質權之善意取得（第 801 條、第 886 條）之精神有違，爰增訂新民法第 928 條第 2 項排除規定❺。換言之，動產留置權亦可善意取得。

二、立論依據

我國憲法第 15 條中，有「人民之財產權，應予保障」之規定，即為善意取得之立論依據❻。從所有權之憲法保障而言，有學者認為善意取得制度應予以正當化，否則有違憲之虞❼，然其就此並未有進一步之論述。

關於善意取得，其法理上依據，有以下各說❽：

㈠取得時效說

此說認為，善意取得使善意受讓人可由無權利人處取得權利，此為「即時時效」或「瞬間時效」之結果。

實際上，時效制度以時間與時間經過為構成要素，而善意取得制度與時間及時間經過並無關聯，故兩者之區別，明顯存在。

㈡非時效說

此又細分為三說：

1.權利外觀說

此說認為，凡占有動產者，依動產之公示原則，推定占有人為所有權人，故受讓人得自占有人處取得所有權。因而善意取得存在之基礎在於權利外觀之

---

❺　法務部，《民法物權編部分修正條文對照表（擔保物權部分）》，2007 年 3 月 28 日，頁 88。

❻　楊與齡，《民法物權》，五南圖書，1996 年 4 月，頁 87。

❼　陳自強，前揭文，頁 304。

❽　楊與齡，前揭書，頁 87、88；謝在全，前揭書，頁 450。

保護。該學說從公示原則出發，以尋求根據。

2. 法律賦權說

法律賦權說亦有稱為法律特別規定說，此說認為，善意受讓人自無權利人之處取得權利，係因法律賦予占有人處分他人權利之權能。蓋善意取得制度之所以產生前述法律效果，在於其係一種由法律直接規定之特別制度。

3. 占有保護說

此說認為，善意取得法律效果之產生，係受讓占有後，占有之效力使然。此說試圖從公示、公信原則出發去尋求解釋，與權利外觀說，有相似之處。

本文認為，以上各學說中，學者多以為取得時效說並不可採，因善意取得與時間之經過，並無關聯。而權利外觀說、占有保護說，其或推定或認為讓與人有處分標的物之權能，亦使人將善意取得誤解為繼受取得，與原本善意取得之本旨——「自無權利人取得權利」之基礎不合。蓋善意取得之立法目的，原本即係基於保護「動態之交易安全」之考量，故以上各說，應以法律賦權說，亦即法律特別規定說為可採。

參、構成要件

善意取得制度，既可引起善意第三人取得所有權或其他物權，而原所有人喪失原權利或權利受到限制之法律效果。因而，善意取得應具備如下要件：

一、標的物須為動產

所謂動產，係指土地及其定著物以外之物。占有動產的外觀，因極易使人相信占有人為有處分權之人，因此善意取得之標的物，係以動產為限。但是下列動產性質特殊，能否成為善意取得之標的，則需討論，茲分述如下：

(一)其讓與須經登記始得對抗第三人之動產

依法律之規定，例如海商法第 9 條之船舶，以及民用航空法第 19 條之航空器，雖其均為動產，但因法律規定其移轉，須經登記才能對抗第三人，此種動產既以登記為對抗要件，而不能以占有賦予其公信力，則不能適用民法之善意

取得❾。

㈡不動產之出產物

依民法第 66 條第 2 項規定，不動產之出產物尚未與不動產分離者，為該不動產之部分，故不得為善意取得之標的。但如當事人約定以不動產之出產物為讓與標的，而由讓與人在出產物與原物分離後交付者，其受讓人如在受讓占有之時為善意，仍可以取得所有權❿。

㈢受查封之動產

法院依強制執行法所實施之查封，為公法上之強制處分。債務人之財產一經查封，其處分權即受到限制，債務人如將查封之物讓與他人，係違背查封效力之行為，自屬無效⓫。

㈣有價證券

債權並非動產，因此，亦非善意取得之客體。但有些權利可以證券化、動產化，如因善意取得證券本身，則可取得權利，例如善意取得無記名股票者，則可取得該股票所表彰之股份等⓬。

二、讓與人須為動產占有人且為無權處分人

此處所指之占有，係指讓與人對物有現實管領力即可，而不限於直接占有，間接占有或輔助占有，皆包含在此概念內⓭。

而所謂無處分權人，包含以下概念：

㈠無所有權人

例如承租人、受寄人或借用人等，此等人原則上各依不同債之原因關係，

---

❾　楊與齡，前揭書，頁 90；謝在全，前揭書，頁 452。

❿　楊與齡，前揭書，頁 91。

⓫　最高法院 93 年度臺上字第 287 號民事判決認為：「誤對第三人之財產為強制執行拍賣，除動產拍定人應受民法善意受讓規定之保護，及不動產拍定人應受土地法第 43 條規定之保護者外，其拍賣為無效，拍定人並不能取得所有權，所有權人於執行終結後，仍得提起回復所有權之訴，請求返還。」

⓬　楊與齡，前揭書，頁 91；謝在全，前揭書，頁 453。

⓭　謝在全，前揭書，頁 454。

而對於標的物有使用、收益之權，但並無處分權。其他如係有處分權之人，如代理人、行紀人等，則無適用善意取得之必要。

㈡有所有權而無處分權之人

例如依破產法受破產宣告之人，對於應屬破產財團之財產，雖有所有權，但並無處分權，此際所有人讓與之財產，亦可能有前開「善意取得」之適用。

三、受讓人於取得時須為善意

所謂善意，係相對於惡意而言❶。就善意本身含義言之，包括「誠實」、「公平」、「不含有欺騙與偽裝」之意思，存在於人們之理念之中。由於其係一個無實體意義之抽象概念，民法上很難對所謂「善意」一詞，下一個統一而明確之定義。

作為善意取得構成要件之善意，通說認為，所謂善意，即不知情，不知處分人處分財產時無此項權利，如受讓人誤信財產之保管人、或承租人為所有權人，或具有處分他人財產之權限。換言之，即前述善意概念中，其主觀上認為，行為之相對人具有合法之權利基礎。

關於「善意」這一項構成要件，有三點需要說明，茲分述如下：

㈠有關「善意」之確定

有關「善意」之確定問題，理論上有兩種主張：

1.積極概念說

主張積極概念說者認為，受讓人必須證明，其具有將讓與人視為有權處分人之事實，才能確定其具有善意。

2.消極概念說

主張消極概念說者認為，不知或不應知他人為無權處分人，只要不知，即為善意。

從保護善意受讓人之角度言之，應採消極概念說，此為通說。蓋此說在實際操作上，簡便易行，且只要求受讓人不知或不應知道，無法知道讓與人所為行為係無權處分，即可推定其主觀上認為讓與人具有處分權利，即為善意。

㈡關於「善意」確定之準據時點

❶　所謂善意，拉丁語為 Bona Fides，英語為 good faith。

　　善意確定之準據時點，係指確定受讓人是否善意之具體時期，亦即應該堅持以受讓人取得權利時之主觀心理狀態為標準。換言之，即應以權利取得之時，為準據時點。根據此一標準，只要受讓人在取得權利時，為善意即可 ⑮。

㈢關於「善意」之舉證

　　從保護善意受讓人之角度言之，對受讓人應採取善意推定原則，以免除受讓人之舉證責任。此種善意推定原則，依法當然可舉反證推翻之。換言之，主張受讓人非善意者，應負舉證責任。

四、受讓人支出相當對價

　　善意取得應具備之要件中，受讓人是否須支出相當對價，我民法並未規定，學者認為，依票據法第 14 條第 2 項規定：「無對價或以不相當之對價取得票據者，不得享有優於其前手之權利。」另參考中國大陸物權法第 106 條第 1 項第 2 款明訂「以合理價格轉讓」為善意取得應具備之要件 ⑯，足供我國參考。

肆、取得權利之行為有效且經過公示

一、「經過公示」之意義

　　取得權利之法律行為本身有效，要求取得人在取得權利時，需基於法律行為。蓋善意取得制度，係在補救讓與人無權處分之欠缺，其保護範圍僅限於第三人對處分權之信賴。

　　所謂經過公示，要求取得人在取得權利時，對該物權變動，必須以一定之外在形式表現出來。善意取得之理論基礎，在於對公信力之保護，而只有經過公示，才可獲得公信力，進而才可適用善意取得。

---

⑮　在此準據時點以前，受讓人即使出於惡意，即可當然推定其取得權利，亦為惡意；反之，在此準據時點以前，受讓人取得權利時為善意，即可當然推定其取得權利時，亦為善意。

⑯　謝哲勝，《民法物權》，三民書局，2007 年 9 月，頁 148。

動產物權之變動，以占有之移轉為公示手段，因而動產適用善意取得制度，必須已發生動產占有之移轉，亦即只有在受讓人已受讓動產之交付後，方可適用，否則不能發生善意取得之效力。

二、交付方式問題

善意取得制度之適用，對占有之移轉，有無特別交付方式問題，是否民法第 761 條所規定之四種交付方式，均符合善意取得制度之要求，茲分述如下：

㈠受讓動產之占有是否以現實交付為限

原則上，讓與人須受讓動產之占有，而所謂受讓是指依法律行為而受讓。如屬非法律行為的受讓，如繼承、公司之合併、拾得遺失物等，皆無善意取得之適用，此係因其並無交易行為之存在，自無保護必要。

㈡觀念交付是否生交付之效力

動產占有之移轉，可以現實交付、簡易交付、占有改定與指示交付四種方式為之。其中於現實交付固無疑問，但其他三種占有移轉之情形，是否已生交付之效力，而均有善意取得之適用，則有爭議：

1. 簡易交付

雖依民法第 761 條第 1 項但書規定：「但受讓人已占有動產者，於讓與合意時，即生效力。」但簡易交付是否有善意取得之適用問題，有肯定說與否定說二種：

⑴肯定說

此說認為，於簡易交付之情形，原占有人已喪失其占有，但占有之變動得自外部認識，故仍有善意取得之適用[17]。

⑵否定說

此說則參酌德國立法例，認為受讓人之占有動產必須來自讓與人，否則就會因為欠缺權利之表徵，而不得僅依讓與合意，即取得所有權[18]。

本文認為，肯定說有待商榷，蓋善意取得之基礎，並非單純占有之喪失或變動，即有足以信賴之外觀，受讓人足資信賴之對象，雖不以讓與人為直接占

---

[17] 楊與齡，前揭書，頁 93。

[18] 陳自強，前揭文，頁 310；王澤鑑，《民法物權㈡——用益物權、占有》，自版，2001年 9 月，頁 264。

有為限，但基於公平原則❶，至少要具備類似性，故認為否定說較為可採。

2. 占有改定

　　新民法就受讓動產之占有，可否以占有改定方式為之，並未有規定，有學者認為依現行法之文義解釋或自比較法之觀察，均無法否定以占有改定之方式移轉占有❷，因之，亦有善意取得之適用。

　　然新民法第 948 條第 2 項規定：「動產占有之受讓，係依第七百六十一條第二項規定為之者，以受讓人受現實交付且交付時善意為限，始受前項規定之保護。」其修正說明認為，善意取得，讓與人及受讓人除須有移轉占有之合意外，讓與人並應將動產交付於受讓人。舊條文第 761 條第 1 項但書規定之簡易交付，第 3 項指示交付均得生善意取得之效力，且讓與人均立即喪失占有。惟如依同條第 2 項之占有改定交付者，因受讓人使讓與人仍繼續占有動產，此與原權利人信賴讓與人而使之占有動產完全相同，實難謂受讓人之利益有較諸原權利人者更應保護之理由，故不宜使之立即發生善意取得效力，參考德國民法第 933 條規定，於受讓人受現實交付且交付時善意者為限，始受善意取得之保護，以保障當事人權益及維護交易安全，爰增訂第 2 項❸。

　　本文認為，善意取得制度之保護，係因善意信賴讓與人占有動產之外觀，有公信力之表徵，故只需受讓人對讓與人之占有外觀善意信賴即可，毋須等到讓與人將動產現實交付受讓人後，受讓人才可善意取得。雖然物權修正草案之立法說明，謂其係為維護交易安全，但是此種規定反而有害交易安全，因為此種規定使動產之所有權歸屬，陷於不確定狀態，甚至操控在惡意讓與人之手中，尤其決定動產所有權之歸屬，立法者賦予讓與人過大之權限，使原權利人及受讓人之權益可能受損，故在占有改定之情形，如有權利外觀之存在，宜選擇優先保護善意受讓人，使其可以善意取得。

3. 指示交付

---

❶　陳自強，前揭文，頁 311。

❷　楊與齡，前揭書，頁 93。

❸　法務部，《民法物權編修正條文對照表（用益物權及占有）》，行政院版民法第 948 條修正說明，98 年 8 月，頁 50、51。按行政院版已送入立法院審議，故文中仍統一以「舊法」、「新法」稱之，以免誤會。

民法第 761 條第 3 項:「讓與動產物權,如其動產由第三人占有時,讓與人得以對於第三人之返還請求權,讓與於受讓人,以代交付。」此即為指示交付。有學者以為,如同前述,此種情形原占有人已喪失其占有,但占有之變動得自外部認識,故仍有善意取得之適用[22]。

然而,在此情況下,受讓人所信賴者,僅係讓與人片面之主張而已,讓與人並無占有動產,實際上並無可以信賴之外觀,因此,不宜有善意取得之適用,換言之,受讓人須取得動產之直接占有才可[23]。

三、受讓人是否以無過失為必要

(一)理論上

關於動產所有權善意取得受讓人須為善意,是否以無過失為必要,學者見解不一:

有學者認為,是否有過失在所不問,皆可取得所有權[24];另有學者認為,受讓人應負一定程度之注意義務,至於其程度為何,則是屬於立法政策問題[25]。又有學者以為,可與權利外觀理論為基礎之表見代理互為參照,亦即在不動產之善意受讓,權利外觀之登記,具有絕對效力,作為信賴保護之基礎甚高,故不論是否有過失均予保護[26]。

在表見代理之情形,縱代理行為以書面為之,其作為信賴客觀之基礎仍較低,相對人對於代理權是否存在,所應盡注意之程度,應是高於不動產之情形。而動產之善意取得,則是介於二者間,因占有雖是一種表徵,但其仍不如不動產之登記較確實,故受讓動產所有權之相對人,雖不必盡到如善良管理人般高之注意程度,但如對其情形稍加注意、思考,即可得知讓與人無讓與之權者,則不應予以保護才是。

---

[22] 楊與齡,前揭書,頁 93;謝在全,前揭書,頁 456;史尚寬,《物權法論》,1971 年 12 月,頁 508。

[23] 陳自強,前揭文,頁 311。

[24] 楊與齡,前揭書,頁 94;史尚寬,前揭書,頁 507。

[25] 王澤鑑,前揭書,頁 137、138。

[26] 陳自強,前揭文,頁 312、313。

另外，有學者以資訊成本之高低，來界定是否為重大過失之善意[27]。例如德國實務上認為，購買汽車而不事先察看行車執照或汽車登記，即屬有重大過失之善意，因而不受保護。

㈡新民法第 948 條之探討

受讓人不知讓與人無權利，其不知是否有過失，及其應負之注意程度為何，現行法並無明文規定，以致發生爭議。故茲有探討行政院版民法第 948 條第 1 項增訂但書所謂「重大過失」之必要。

有學者認為，如受讓人本身有嚴重之疏失，為維護所有權靜之安全，應不予保護，遂仿德國民法第 932 條第 2 項之規定，於我國新民法第 948 條第 1 項增列但書：「但受讓人明知或因重大過失而不知讓與人無讓與權利者，不在此限。」之規定[28]。

按就新民法第 948 條增加此但書之規定言之，如善意不受保護，則法律行為恐因之屢屢無法成立或生效，人與人之間對於交易之信賴，勢更蕩然無存，則其衍生之交易資訊成本與徵信成本，將大幅提高，社會成本亦隨之大增，為此，受讓人之善意，自須加以保護。

反之，為保護善意受讓，有時也會付出某些社會成本，然其所節省之社會成本，往往遠高於其增加之社會成本；但是，在屬於「有重大過失」之情況下，受讓人雖為善意受讓，但因其付出之資訊成本往往很少，實無再予保護之理由。

伍、善意取得之法律效果

一、當事人間之法律效果

㈠受讓人與原所有人間

受讓人受讓動產符合前述之要件者，依民法第 801 條規定即取得所有權，

---

[27]　蘇永欽，前揭書，頁 292。

[28]　陳榮隆，〈盜贓物之善意取得與時效取得〉，《台灣本土法學》，58 期，2004 年 5 月，頁 147。

此與民法第 118 條之無權處分不同。

　　動產所有人依善意取得規定而取得所有權，乃由於法律之特別規定，並非基於讓與人既存之權利，故為原始取得性質❷，該動產之原所有人之所有權，自歸消滅。

　　受讓人取得動產之所有權，係因法律基於保護交易安全之需要，使受讓人保有其所取得之所有權，故其取得所有權對原所有人而言，係有法律上之原因，自無不當得利可言。

　　惟讓與人係無償讓與該動產時，為顧及原所有人之利益，應使受讓人負返還利益之義務為宜，此際除得依民法第 183 條解決者外，法院應衡平之不當得利指導原則，創設例外規定，使原所有人得依不當得利之規定請求受讓人返還其所受之利益❸。

㈡原所有人與讓與人間

　　原所有人既已喪失所有權，對於讓與人可就下列權利擇一行使：

　　1. 雙方當事人間，如原有債權關係存在時，可依債務不履行之規定請求損害賠償。

　　2. 無權處分其所有物乃侵害其所有權，可依侵權行為之法則請求損害賠償。

　　3. 讓與人如為有償處分時，因讓與人基於有償行為取得受讓人所支付之對價，乃原所有人所有權消滅之對價，卻由讓與人取得，致原所有人受有損害，兩者具有因果關係存在，且無法律上之原因，構成不當得利。故原所有人自得依不當得利之規定，請求返還所受之利益。

㈢讓與人與受讓人間

　　讓與人與受讓人間，仍應依所有權移轉所據之法律關係（原因行為）定其權利義務關係，受讓人不得藉口善意取得，而拒絕負擔因原因行為所生之義務。

　　該原因行為如有無效或其他不存在之情形，讓與人應得依不當得利規定，

---

❷　楊與齡，《民法物權》，五南圖書，1981 年 9 月，頁 96。

❸　王澤鑑，前揭書，頁 279，認此際應類推適用第 183 條規定，使無償受讓人負返還責任；孫森焱，《民法債編總論（上冊）》，新學林出版，2006 年 9 月，頁 156，則認可直接適用第 183 條規定；但本文認為，應在立法上仿效德國立法例，明定無償取得無善意取得之適用，以求解決，方為上策。

對受讓人請求返還其受讓之動產。

二、動產上之負擔是否歸於消滅問題

受讓人取得動產所有權後，該動產上之負擔，如質權、留置權等擔保物權，或其他前手之瑕疵，受讓人是否需繼受問題，學說上有以下不同觀點：

㈠原始取得說

此說認為，善意受讓人取得標的物所有權係基於法律之規定，為原始取得，且善意取得保護制度之目的，係在解決真正權利人與善意受讓人間之關係。如依此說，則動產上之負擔歸於消滅，受讓人取得無瑕疵之所有權。

㈡繼受取得說

此說認為，原始取得說固有其依據，但此項動產所有權之取得，是基於讓與行為，此與因時效取得、先占或添附而取得所有權的情形，頗有不同。且民法第 801、948 條中，亦使用「移轉」或「受讓」之用語，足見善意取得之受讓人，於取得動產所有權後，該動產上之負擔或瑕疵，亦需一併繼受之；至於法律對於善意受讓之保護規定，僅係補充讓與人處分權之欠缺而已❸❶。

㈢視不同情況而區分說

此說認為，需要就不同情形作區分，亦即受讓人如僅對讓與人之不具所有權為善意，但對於動產上之其他負擔存在，係屬於惡意知情時，則自第三權利人與受讓人間利益權衡、交易安全之觀點，均應該使受讓人取得有負擔之所有權❸❷。

目前通說採原始取得說，亦即受讓人如係善意取得，則動產上之負擔歸於消滅，受讓人取得無瑕疵的所有權。但本文以為，從法律經濟之觀點言之，宜採第三說為當，蓋如受讓人對動產上之負擔業已知悉而非屬善意，則其自應承受其對於動產上之負擔，因為其於受讓時，必定已經做過利益衡量之故。

---

❸❶　但本文認為，此種用語是指「占有」之移轉、受讓，而非「所有權」之移轉、受讓。

❸❷　蘇永欽，〈動產善意取得若干問題〉，《法學叢刊》，112 期，1983 年 10 月，頁 58；陳自強，前揭文，頁 314；王澤鑑，前揭書，頁 142。

三、善意取得之例外

㈠盜贓、遺失物之無償回復

　　新民法第 949 條第 1 項規定：「占有物如係盜贓、遺失物或其他非基於原占有人之意思而喪失其占有者，原占有人自喪失占有之時起二年以內，得向善意受讓之現占有人請求回復其物。」

　　茲分析其要件如下：

　　1.須為盜贓或遺失物。

　　2.須現占有人已經符合善意取得之要件。

　　3.請求回復之人須為被害人或遺失人。

　　4.須於兩年內請求。

　　至於新民法第 949 條第 2 項規定：「依前項規定回復其物者，自喪失其占有時起，回復其原來之權利。」係原占有人行使前項之回復請求權後，回復其物之效果如何，學者間雖有不同見解，惟善意取得占有喪失物之回復乃善意取得之例外，原即重在財產權靜之安全之保障，故以自喪失其占有時起，溯及回復其原來之權利為宜，爰增訂第 2 項規定，俾杜爭議**❸❸**。

㈡盜贓、遺失物之有償回復

　　新民法第 950 條規定：「盜贓、遺失物或其他非基於原占有人之意思而喪失其占有之物，如現占有人由公開交易場所，或由販賣與其物同種之物之商人，以善意買得者，非償還其支出之價金，不得回復其物。」

　　蓋為配合新民法第 949 條之修正，新民法第 950 條爰配合修正，增列「其他非基於原占有人之意思而喪失其占有之物」，亦適用無償回復之例外規定；「占有人」修正為「現占有人」。又現行規定「公共市場」易誤解為僅指公營之市場而已，惟推其真意，舉凡公開交易之場所均屬之，拍賣或一般商店亦包括在內，為避免誤解，爰將「拍賣或公共市場」修正為「公開交易場所」**❸❹**。

---

❸❸　法務部，《民法物權編修正條文對照表（用益物權及占有）》，行政院版民法第 949 條第 2 項修正說明，98 年 8 月，頁 51。按此部分之修正已送立法院審議。

❸❹　法務部，《民法物權編修正條文對照表（用益物權及占有）》，行政院版民法第 950 條修正說明，98 年 8 月，頁 52。按此部分之修正已送立法院審議。

(三)特殊物品不得回復

新民法第 951 條規定:「盜贓、遺失物或其他非基於原占有人之意思而喪失其占有之物,如係金錢或未記載權利人之有價證券,不得向其善意受讓之現占有人請求回復。」但是盜贓或遺失物如為票據,則另有票據法上第 14 條:「以惡意或有重大過失取得票據者,不得享有票據上之權利。無對價或以不相當之對價取得票據者,不得享有優於其前手之權利。」之規定,其用意在於彰顯以惡意或有重大過失而取得票據者,即無加以保護之必要,此為票據法之特別規定,故無民法第 951 條之適用。

(四)惡意占有人不得回復

又民法第 949 條及第 950 條規定之回復請求權人,本不以占有物之所有人為限,尚及於其他具有占有權源之人,例如物之承租人、借用人、受寄人或質權人等是❸。此外,原占有人縱無實體法上之占有本權,除係惡意占有之情形外,其占有仍以同受保護為宜,爰增訂新民法第 951 條之 1:「民法第九百四十九條及第九百五十條規定,於原占有人為惡意占有者,不適用之。」之規定❸。

(五)第 948 條與第 949 條之關係

依新民法第 948 條規定:「以動產所有權,或其他物權之移轉或設定為目的,而善意受讓該動產之占有者,縱其讓與人無讓與之權利,其占有仍受法律之保護。但受讓人明知或因重大過失而不知讓與人無讓與之權利者,不在此限。動產占有之受讓,係依第七百六十一條第二項規定為之者,以受讓人受現實交付且交付時善意為限,始受前項規定之保護」;又新民法第 949 條規定:「占有物如係盜贓、遺失物或其他非基於原占有人之意思而喪失其占有者,原占有人自喪失占有之時起二年以內,得向善意受讓之現占有人請求回復其物。依前項規定回復其物者,自喪失其占有時起,回復其原來之權利。」二者之關係特殊❸,已如前述。

---

❸　黃右昌,《民法物權詮解》,自版,1965 年 3 月,頁 460;史尚寬,前揭書,頁 519。

❸　法務部,《民法物權編修正條文對照表(用益物權及占有)》,行政院版民法第 951 條之 1 修正說明,98 年 8 月,頁 53。按此部分之修正已送立法院審議。

❸　張永健,〈論動產所有權善意取得之若干問題〉,《台灣本土法學》,27 期,2001 年 10 月,頁 115、116。

四、善意取得之經濟分析

自經濟分析觀點言之，盜贓物之善意受讓，在新民法第 949 條之情形，通常不易循契約途徑解決，如保障善意取得，則會發生較高之防盜成本與侵權行為之追訴成本。

至於因降低對善意受讓人之保護而增加之調查成本，已有新民法第 950 條之規定可以調和❸。

蓋不論從事實上加以考慮，或者從經濟理論上言之，盜贓物實際上之尋回率，會影響制度之設計。如吾人假設尋回率為百分之零，則原所有人為防止東西被竊，再也無法尋回，必定會付出比較多之防盜成本；相對言之，尋回率既然為百分之零，受讓人則是高枕無憂，因為其知悉，即使在善意不受保護之制度下，盜贓物還是不會被原所有人尋得，而要求返還，故受讓人亦不用付出交易之資訊成本。

反之，假設尋回率為百分之百，則受讓人為防止買到贓物，被原物主尋得而取回，交易時就會非常小心謹慎，蒐集必要資訊，以避免買到贓物。如此，該受讓人付出之調查成本可能會很高，不管是在前者善意不受保護之制度下，或後者縱使有善意受讓保護，只要原所有人可以在補償價金後取回其所有權之制度下，受讓人因已付出高度調查成本，一旦物品遭取回，受損均屬嚴重，其結果，將導致受讓人在市場上願意付出之價格會比較低，如此，亦將會大幅降低交易意願。此種結果將會減少對社會有利之自願性交易。

雖然，盜贓物之尋回率並無具體實證資料說明，但尋回率畢竟都是在百分之零至百分之百間移動，以致原所有人付出之防盜成本，與受讓人付出之交易成本互為消長，兩者合計之總社會成本，何者損失較多，亦因此而無法確定，故在立法保護之際，究應以何者為重，自無定論，只能取決於立法政策之偏好。

按從新民法之規定觀察，盜贓物之善意取得適用第 949 條規定之結果，原所有人可以在一定期間內取回其物，從而原所有人付出之防盜成本可能會比較少，而受讓人之交易調查成本，會相對比較大。

❸　蘇永欽，〈動產所有權的代理取得〉，《民法物權實例問題分析》，五南圖書，2001 年 1 月，頁 48。

　　反之，如盜贓物之善意取得不另作例外規定，而直接適用第 948 條，則原所有人防盜成本會變高，受讓人調查成本則會相對較少。故此二種立法方式，實際上並無法斷定何者較優，所考量者，純屬取捨之問題。

陸、檢討與建議──代結語

一、以「公開與否」做區分之善意取得制度

　　動產所有權之善意取得，因頗複雜，且理論與實務意見不一，故在善意制度之規劃方面，有學者認為動產能否善意取得，應依交易過程之性質而定，如是在公開市場或由商人以善意取得者，不論其是否為盜贓物或遺失物，受讓人均可取得所有權；反之，如非依上述交易過程取得，則縱使不是盜贓物、遺失物，亦不可善意取得❸。

　　因此，針對動產所有權之善意取得，或有必要研究另一套可行之制度，亦即以「公開與否」做區分之善意取得制度❹。理論上言之，採此制度有如下之優點：

(一)財產權界定明確

　　公開市場之定義，雖應視具體情況而定，但在拍賣或公共市場或商人出賣，在客觀上較容易判斷，買受人只要在此種情形下購買，就不必擔心其是否為盜贓物，而有在兩年內，會被取回其所有權之可能。在現行制度，以盜贓物做標準，在善意買受人無法判斷情況下，如係知情，即非善意，故採公開市場之標準，有助於財產權之界定明確，才能有效率地利用標的物。

(二)增加自願性交易

　　在拍賣或公共市場中，因為買受人會終局取得所有權，故較可安心、全力

---

❸　王澤鑑，〈盜贓物的牙保、故買與共同侵權行為〉，《民法學說與判例研究(二)》，自版，1996 年 10 月，頁 229。

❹　張永健，〈論動產所有權善意取得之若干問題〉，《台灣本土法學》，27 期，2001 年 10 月，頁 117–120。

地做最有效之投資利用。在財產權界定明確下，可以增加自願性交易之發生❹，標的物可以流向更能有效利用之人手中，以做最佳利用，提高經濟效用。而在現行法下，雖然亦可以有民法第 950 條之補償規定，但如前所述，受讓人所付出之價金及交易調查成本，未必能夠完全收回，心態上亦可能存有不確定、不安全之隱憂，對受讓人而言，此種成本，往往並非法定之補償所能完全替代。

㈢可降低無權處分與偷竊之發生

一般而言，無論是基於「做賊心虛」之心理因素，或社會之實際情況，無處分權人為處分時，幾乎都不希望被發現，也正因為如此，多不以公開方式進行交易，如此一來，買方本身即會有懷疑之預期心理，其購買意願亦會較低，願意付出之價格亦較低，從而可能會降低偷竊該動產之誘因，長期而言，或許可以間接減少無權處分與偷竊之發生。

㈣防盜成本較低

以目前實際情況言，因一般人不敢奢望失物可以失而復得，反而比較關心如何防止被竊。因此，所必須付出以及關注者，係防盜成本問題，而非失竊後所有權之歸屬，如上所述，倘採取此一制度，可以降低失竊率，則防盜成本就可以隨之降低。

㈤降低信息搜尋成本

如受讓人在公開市場中取得之物，可終局取得所有權，則已經付出很高調查成本，即不致發生最後卻仍喪失所有權之窘況；同時亦不會浪費調查成本，使其支出無益費用。而在公開市場之情形下，受讓人僅付出不被評價為「重大過失」之調查成本即可。

㈥法律解釋上較容易

以是否在「公開市場取得」為標準，與以「盜贓物」為標準，來認定動產所有權是否應受到善意取得之保障，兩者相較之下，前者在法律解釋上較為單純，外觀上亦較容易判定，不至於如現行法有「例外又再例外」之多重轉折之規定情形發生。

㈦有效地分配交易中之風險

法律上是否應確定善意取得制度，取決於原所有人預防風險之成本與善意

---

❹ 在經濟學之定義中，自願性交易之發生會產生福利增長 (welfare gain) 之效果。

取得人預防風險之成本比較，如前者大於後者，應承認善意取得。至於預防風險成本之計算，取決於動產與原所有人分離之情況。

二、小　結

有關善意取得制度設計之問題，雖然目前學說討論，尚非多見，而新民法對此部分亦未有太大修改，但以下幾點，仍是值得重視之課題：

㈠原則上，可適用於善意取得之一般構成要件包括：

1. 需為無權處分人所為之處分行為。

2. 權利取得人所取得權利時，需為善意。

3. 取得權利之法律行為本身有效，且須經過公示。

4. 對善意取得所有權者，須為有償性原則。

此外，對於善意取得他物權者，須有其特殊性。

㈡善意取得制度作為傳統物權法上之一項基本法律制度，產生於人們隨商品經濟發展，而對交易安全所投入之更多關注，並經由「靜之安全」，以調和所有權人與受讓人間之利益。

㈢善意取得制度出現之原因係由於交易安全與所有權保護之平衡。隨著交易形態的複雜化與交易客體之多樣化，善意取得制度亦因此面臨許多挑戰。因此，一定要兼顧雙方面權利之平衡。

第13章
分別共有

壹、概 說

共有制度溯源於羅馬法個人主義所有權制度，因社會經濟生活發生變遷，而在近代民法上確定地位。又為規範共有物之合理有效利用，各國民法乃對共有制度具體精確設計。

分別共有為羅馬法上之共同所有型態，亦稱共有，乃數人按其應有部分，對於一物共同享有所有權之狀態。分別共有其具有如下之特徵：

1. 分別共有係所有權量之分割。

2. 各共有人對共有物有管理權能，不過有時亦採多數決之方式，或負有特別責任。

3. 各共有人對共有物有使用收益權能。

4. 分別共有中有應有部分存在，可自由處分之，並得隨時請求分割共有物。

從而，可知分別共有為個人主義法制下之共同所有型態❶。此外，民法物權編有關「所有權章共有節」部分條文修正草案，曾先後於 1999 年 3 月以及 2005 年 8 月提出，2005 年新草案僅於第 818 條規定：「各共有人，除契約另有約定外，按其應有部分，對於共有物之全部，有使用收益之權。」蓋本條意旨在規定共有物使用收益權能之基本分配，若共有人在此基礎上已有分管協議，法律自應尊重。2009 年 1 月 23 日立法院三讀通過總統公布，其諸多新規定，包括共有物之管理方法，採多數決，但同時對少數共有人加以保護，以及將原物分配與變價分配混合應用，賦予法院更彈性之分割權限；並保障因不動產之裁判分割應受補償共有人之權益；增訂法定抵押權之規定等❷。

基此，本章首先擬探討分別共有與應有部分之意義與發生。其次擬探討分別共有人之權利與義務。再次擬探討共有物之分割與限制，包括原則與限制、性質、共有物分割之方法、共有物分割之效力、共有物管理約定之效力。此外，

---

❶ 謝在全，《民法物權論》，上冊，修訂二版，自版，2003 年 7 月，頁 543。

❷ 鄭冠宇，〈民法物權編關於「共有」部分之修正簡析〉，《月旦法學》，168 期，2009 年 5 月，頁 55。

擬探討分得物之擔保責任、所得物與共有物證書之保管，並提出實務上相關判決，以及新民法第 826 條之 1 立法理由說明；最後，提出檢討與建議。

 貳、分別共有之意義與發生

一、分別共有之意義

依民法第 817 條第 1 項規定：「數人按其應有部分，對於一物有所有權者，為共有人。」從而導出，所謂分別共有指數人按其應有部分，對於一物共同享有所有權。就其主體而言，須為一物，稱為共有物；就其享有權利而言，為所有權；就其享有所有權的形態而言，為按其應有部分。分別共有的重要特徵即為共有人有應有部分存在。

分別共有之各共有人，得按其應有部分之比例，對於共有物之全部行使權利❸。因分別共有既係由數人共享一所有權，則此數人應如何直接支配其共有物，自須有一定之範圍，以為行使權利之依據。

至於所謂應有部分，是各共有人對於該所有權，在分量上，應享有之部分。換言之，亦即各分別共有人行使權利範圍之比例。至於應有部分係抽象存在於共有物任何一部分，並非具體局限於共有物之特定部分。因此，應有部分之權能、性質、效力等，行使時不得不受其他共有人應有部分之限制。

在分別共有中，各共有人分量多少，原則上係依當事人之意思或法律之規定而定，如各共有人之應有部分不明者，則依民法第 817 條第 2 項規定，推定其為均等。

實務上認為，民法第 817 條、第 818 條規定僅係就共有之意義及共有人行使其使用收益權，應按其應有部分而為行使，此觀各該規定自明。換言之，如共有人超越其權利範圍而為使用收益時，上揭民法第 817 條、第 818 條規定，並未賦予其他共有人得逕依該規定，向未按應有部分行使權利之人請求返還或分配所收取之利益❹。

---

❸ 最高法院 57 年臺上字第 2387 號判例。

二、分別共有之發生

分別共有發生之原因有三種，茲分述如下：

㈠基於當事人之意思

基於當事人之意思例如：數人出資購買某地，而共同受讓其所有權。

㈡基於法律規定

即依照法所規定而發生之共有。

㈢將公同共有變為分別共有

當事人基於事實上之需要而將公同共有變為分別共有。例如甲、乙、丙三人共同繼承 A 地與 B 屋，而後依法辦理繼承登記為分別共有 A 地與 B 屋。

三、應有部分

㈠意　義

所謂應有部分係指共有人對共有物所有權得行使權利之比例。換言之，應有部分亦即係各共有人對共有物所有權在分量上應享有之部分，通常此應有部分係以分數表示之。而此項分數之表示及其登記方法則依土地登記規則第 43 條之規定❺。

由於應有部分係所有權在一定比例上量之分割，其分量雖不如所有權大，但其內容、性質、效力等，均與所有權完全相同，僅其行使權利，應受應有部分之限制而已。因此，應有部分之處分、設定負擔或其所受之保障，亦均與所有權完全相同。

㈡性　質

應有部分雖為所有權之量之分割，但其內容、性質及效力與所有權完全無異，僅行使其權利，應受應有部分之限制而已，是以應有部分之處分、設定負擔或所受之保護，與所有權者均屬相同。此為近代個人主義民法下，對於個人

---

❹　臺灣高雄地方法院 85 年度訴字第 1649 號判決。

❺　土地登記規則第 43 條第 1 項規定：「申請登記，權利人為二人以上時，應於登記申請書件內記明應有部分或相互之權利關係。」按土地登記規則制訂於 1946 年 10 月 2 日，歷經多次修正，最近一次修正於 2009 年 7 月 6 日。

財產權尊重之當然結果。

應有部分具有以下三點特徵:

1. 應有部分是抽象者,而非具體者,固非共有物在量上之劃分,亦非就共有物具體劃分使用部分,與所謂分管部分有別。

2. 應有部分係所有權之量之分割,而非所有權能之劃分。例如由一共有人享有用益權,一共有人享有管理權,此即為所有權質的劃分,為民法所不採。

3. 應有部分非局限於共有物之特定部分,而係抽象存在於共有物之任何微小部分上。

(三)比 例

共有人應有部分之多少,通常應依共有發生之原因以定之。

1. 基於當事人意思而發生的共有,依當事人之意思定之。例如:甲、乙、丙三人共購某屋,約定應有部分各為三分之一。數人以有償行為,對於一物發生共有關係者,除各共有人間有特約外,應解釋為係按出資比例定其應有部分❻。

2. 基於法律規定而生之共有,依法律規定定之。例如民法第 808 條、第 812 條第 1 項、第 813 條之規定。

3. 不能依上述方法決定時,則屬應有部分不明。依第 817 條第 2 項規定,推定各共有人之應有部分均等。

實務上認為,共有人與其他共有人訂立共有物分管之特約後,將其應有部分讓與第三人時,除該受讓人不知有分管契約,亦無可得而知之情形外,仍應受讓與人所訂分管契約之拘束,以維法律秩序之安定,並免善意受讓人受不測之損害❼。

參、分別共有人之權利與義務

分別共有人之權利與義務即係指分別共有之內部關係,亦即係指共有人行

---

❻ 最高法院 29 年上字第 102 號判例。

❼ 最高法院 93 年度臺上字第 863 號判決。

使共有物之權利時，與他共有人間之權利義務關係。通常包括第 818 條所定共有人對共有物之使用收益權、第 819 條規定共有人對共有物之處分及設定負擔、第 820 條所定共有人對共有物之管理，以及第 822 條所定共有人對共有物費用之負擔等四部分。

一、分別共有人之權利

分別共有人原即為所有權人，享有一般所有權人之權利。然因有共有關係，故共有人之權利又有一些特別情形，茲就共有物之使用收益權、應有部分之處分權、共有物之處分權、共有物之管理權、對於第三人之請求權，分述如下：

㈠共有物之使用收益權

分別共有者，係數人按其應有部分，對於一物共同享有所有權之狀態。因此，各分別共有人，對於共有物之全部，當然享有使用收益之權利。而非共有物的部分，各共有人得就共有物全部，於無害他共有人權利的限度內，按其應有部分行使使用收益的權利。各共有人如何按其應有部分使用收益，須徵得他共有人的同意。例如：甲、乙、丙共有三間套房的海濱別墅、汽車一輛，其應有部分均等時，房屋可各住一間套房，汽車可輪流使用一日或半日，別墅出租時，則平分其租金。

新民法第 818 條明確規定：「各共有人，除契約另有約定外，按其應有部分，對於共有物之全部，有使用收益之權。」蓋在規定共有物使用收益權能之基本分配，若共有人在此基礎上已有分管協議，法律自應尊重。縱使各共有人依該協議實際可為使用或收益之範圍超過或小於應有部分，亦屬契約自由範圍。至其效力是否拘束應有部分之受讓人，則應依新民法第 826 條之 1 而定，爰仿新民法第 820 條第 1 項加以明定❽。

實務上認為，分別共有之各共有人，依其應有部分對於共有物之全部有使用收益權。所謂應有部分，係指分別共有人得行使權利之比例，而非指共有物之特定部分❾。因此，分別共有之各共有人，得依其應有部分之比例，對共有

---

❽ 法務部，《民法物權編部分修正條文（通則章及所有權章）》，第 818 條修正說明，2009 年 2 月，頁 68。

❾ 最高法院 87 年度臺上字第 2043 號判決。

物之全部行使權利❿。但共有人對共有物之特定部分使用收益，仍須徵得他共有人全體同意，非謂共有人得對共有物全部或任何一部有自由使用收益之權利。如共有人不顧他共有人之利益，而就共有物之全部或一部任意使用收益，自屬侵害他共有人之權利⓫。

(二)應有部分之處分權

依民法第 819 條第 1 項規定：「各共有人，得自由處分其應有部分。」惟自由處分必須在法令限度範圍以內為之。共有人自由處分其應有部分之權利，係分別共有之性質所決定者，故共有人如有禁止處分之約定，雖其約定於共有人間具有債權效力，但對於第三人並不生效力⓬。

又此所謂處分，係指法律上之處分而言，並不包括事實上之處分。應有部分在本質上與所有權相同，則處分應有部分時，應按處分所有權之規定辦理。

分別共有自由讓與其應有部分，而非共有之特定一部分時，在受讓人與其他共有人間，形成繼續共有關係。分別共有人拋棄其應有部分時，如為動產，除法律另有規定外，其他共有人可因先占而取得；如為不動產，除法律另有規定外，應歸屬於國庫。此外，共有人可就其應有部分，設定抵押權⓭。

(三)共有物之處分權

共有物之處分，分為須得共有人全體之同意與未得共有人全體之同意，茲分述如下：

1.處分須得共有人全體之同意

共有人的所有權是存在於共有物全部之上，故就具體共有物之處分、變更及設定負擔，會影響共有人之權益，無論對共有人是否有利，依民法第 819 條第 2 項規定：「共有物之處分、變更、及設定負擔，應得共有人全體之同意。」該處分均應得分別共有人全體之同意。因此，本條文在此次新民法中，並不必修正。

所謂處分是指，事實上處分及法律上處分。事實上處分，如加蓋屋頂或拆

---

❿　最高法院 57 年臺上字第 2387 號判例。

⓫　最高法院 62 年臺上字第 1803 號判例。

⓬　最高法院 33 年上字第 3768 號判例。

⓭　司法院釋字第 141 號解釋。

除房屋；法律上處分，係指處分行為而言，如所有權的讓與。所謂設定負擔，指設定用益物權或擔保物權而言。所謂物之變更，指改變物的本質或用途，如將農田變為魚池，住宅變為店面。

　　須注意者，共有物之處分、變更或設定負擔，不以對共有物全部為必要，亦包括共有物的特定部分在內。共有人對共有物處分的同意，包括事先允許及事後追認，得以明示或默示為之，不以訂立書面為必要。如得共有人全體事先同意時，共有物之處分得由共有人中之一人或數人為之。為便利共有物的處分，實務上採變通方法，例如共有人自願開會依多數之議決，並經推舉有代表參加到場預議者，自應遵從議決，不得事後翻異❶❹。

2.未得共有人全體同意之處分

　　共有人中之一人或數人未經其他共有人同意而對共有物為處分時，其效果如何，分為兩部分來討論。其處分為事實上處分或共有物之變更時，應對他共有人依侵權行為規定負損害賠償責任。其處分若為法律上處分，則分債權行為及物權行為來分別說明：

⑴債權行為

a.出賣共有物之全部

　　共有人中之一人或數人未得全體共有人的同意出賣或出租共有物時，係屬債權行為，不以有處分權為必要，其買賣契約或租賃契約當然有效。例如甲、乙、丙有某屋，甲私將該屋出賣於丁時，甲與丁間之買賣契約有效，丁得向甲請求交付其物，並移轉其所有權。甲給付不能時，應依債務不履行規定負損害賠償責任。甲與丁間的買賣與乙丙無關。

　　惟實務上見解認為該買賣契約對乙、丙「不生效力」，並據此而認為得因共有人之事後承認而溯及既往，發生效力❶❺。但此項見解尚有商榷餘地❶❻。

---

❶❹　最高法院 19 年上字第 2208 號判例。

❶❺　最高法院 72 年度臺上字第 679 號判決謂：「買賣契約之成立，非以出賣人對於標的物有所有權為要件，設有人未得他共有人之同意擅自出賣共有物，其買賣契約並非無效，僅對於他共有人不生效力而已，且得因共有人之事後承認而溯及既往發生效力。」

❶❻　例如最高法院 83 年度臺上字第 2828 號判決謂：「買賣契約係債權行為及負擔行為，

b.出賣共有物特定一部

例如甲、乙、丙共有某地三百坪，應有部分均等，而甲將靠路邊部分一百坪出賣於丁。實務上認為：「共有人將共有物特定之一部讓與他人，固為共有物之處分，其讓與非得共有人全體之同意，對於其他共有人不生效力。然受讓人得對於締約之共有人，依據債權法則而請求使其就該一部取得單獨所有權，對於不履行之締約人除要求追償定金或損害賠償外，亦得請求使其取得按該一部計算之應有部份，與他共有人繼續共有之關係。」❼關於此判例，學者亦提出若干意見❽，值得重視。

(2)物權行為

未得共有人全體同意而為之物權行為，並非無效，而係效力未定，須經其他共有人之承認，始生效力。對共有不動產為處分行為，因須辦理登記，較為少見。動產則較有可能。例如：甲、乙、丙共有某畫，甲私售於丁，並依讓與合意交付該畫時，甲與丁間買賣契約有效，物權行為係屬無權處分，效力未定，得因乙、丙之承認而生效力。乙、丙若未承認，而丁係屬善意時，依法仍可取得其所有權。

㈣共有物之管理權

數人共有一物，如何管理，為分別共有的核心問題。自所有人對標的物的管理權能而言，包括決定如何保存、改良共有物、決定共有物之用益方法以及如何處分標的物等在內。惟關於共有物處分，已在第 819 條第 2 項定有明文，

而非處分行為。王文璋於出賣系爭土地應有部分與被上訴人時，縱未得其他繼承人陳○同意或對該應有部分無處分之權利，亦不影響其債權的買賣契約之有效成立。」

❼ 最高法院 55 年臺上字第 3267 號判例。

❽ 學者有如下四點意見：1.共有物之處分，如所有權之讓與，無論其為共有物之全部或一部，均應得共有人全體之同意。2.共有人以自己名義出賣共有物之特定一部，其買賣契約仍為有效。出賣人不能使買受人取得該共有物之特定一部所有權者，應負債務不履行責任。3.本件判例認為買受人得請求出賣人使其取得按該一部計算之應有部分，與他共有人繼續共有的關係。此項見解，應以誠信原則而為契約補充解釋作為依據。4.準此項判例見解意旨，在共有人之一人或數人私賣共有物全部時，買受人亦得請求出賣人移轉其應有部分。參閱謝在全，〈分別共有內部關係之理論與實務〉，《民法研究(一)》，自版，1995 年，頁 126。

故此所謂共有物之管理，專指其餘情形而言。此種行為，原則上均係為共有人之共同利益，與共有物之處分常會損害共有人之權益者不同。故第 820 條另設條文，以為規範之準據。

1. 新民法第 820 條規定內容

共有物之管理，依新民法第 820 條規定：「共有物之管理，除契約另有約定外，應以共有人過半數及其應有部分合計過半數之同意行之。但其應有部分合計逾三分之二者，其人數不予計算。（第 1 項）依前項規定之管理顯失公平者，不同意之共有人得聲請法院以裁定變更之。（第 2 項）前二項所定之管理，因情事變更難以繼續時，法院得因任何共有人之聲請，以裁定變更之。（第 3 項）共有人依第一項規定為管理之決定，有故意或重大過失，致共有人受損害者，對不同意之共有人連帶負賠償責任。（第 4 項）共有物之簡易修繕及其他保存行為，得由各共有人單獨為之。（第 5 項）」

2. 新民法第 820 條修法理由

⑴管理方法之變更

為促使共有物有效利用，立法例上就共有物之管理，已傾向依多數決為之[19]。共有人依第 1 項規定就共有物所定之管理，對少數不同意之共有人顯失公平時，不同意之共有人得聲請法院以裁定變更該管理，俾免多數決之濫用，並保障全體共有人之權益，爰增訂第 2 項。又依第 1 項規定之管理，係指多數決或應有部分超過三分之二所定之管理。

⑵法院得變更分管契約之內容

對共有人原定之管理嗣因情事變更致難以繼續時，任何共有人均得聲請法院變更之，俾符實際，爰增訂新民法第 820 條第 3 項。

共有人依第 1 項為共有物管理之決定時，有故意或重大過失，致共有人受有損害者，為保護不同意該管理方法之少數共有人權益，爰增訂第 4 項，明定共有人應負連帶賠償責任。又該責任為法定責任，但不排除侵權行為規定之適用，併予敘明。新民法條文將原第 2 項移列為第 5 項。

---

[19]　立法例上就共有物之管理，已傾向依多數決之國家例如瑞士民法第 647 條之 1、第 647 條之 2、日本民法第 252 條、義大利民法第 1105 條、第 1106 條、第 1108 條、奧國民法第 833 條、德國民法第 745 條。

至於新民法第 820 條第 1 項規定之「管理」，為上位概括規定，已可包括現行條文第 3 項之下位概念「改良」在內，故新民法條文第 3 項規定已無實益，爰予刪除❷⓪。

㈤分管契約

1.意　義

關於共有物之管理，民法係採私法自治原則，以共有人之約定為優先，其範圍包括管理行為的全部，包括利用行為、保存行為與改良行為等。共有物管理契約者，指共有人為共有物管理而訂立之契約。

共有物管理契約中有所謂分管契約者，係共有人間約定各自分別就共有物之特定部分而為使用、收益等管理行為之契約。例如甲乙二人共有某地或某店面，約定其耕作或營業範圍，區分建築之所有人於共有建築與基地，約定分管停車位。

分管契約的成立應由共有人全體以協議訂立，明示或默示均可，不以訂立書面為必要。

共有人就其分管部分，有一分管契約使用收益管理之權❷①，包括出租在內。分管部分的出租，毋庸得其他共有人同意。

實務上認為，共有人依其分管權限將該分管部分出租於他人，其後分管契約消滅時，關於租賃契約之存續，在共有物分割之情形。因此，分管契約不過係共有人協議各自分別管理共有物一部之特約，不及於處分，共有人讓與其分管共有物特定部分之所有權，仍應得共有人全體之同意。

分管契約之期間依當事人約定。定有期限時，仍得經共有人全體協議終止分管契約。其未定有分管期限者，因終止分管契約乃共有物管理方法的變更，須經共有人全體同意，始得為之。

又分管契約因共有物之分割而失其效力。蓋共有關係既不存在，分管契約無所附屬，即失其存在目的。分管契約消滅後，共有物之管理與使用收益，應回復原來狀態，而適用民法第 818 條與第 820 條規定。因分管契約而占有共有

---

❷⓪　法務部，《民法物權編部分修正條文（通則章及所有權章）》，第 820 條修正說明，2009 年 2 月，頁 69、70。

❷①　臺灣高等法院 89 年度上易字第 199 號判決。

物特定部分者，須返還於全體共有人，否則成立無權占有。

2.性　質

分管契約之訂立係以繼續維持共有關係為前提，故分管契約訂立後，共有人之共有關係繼續存在，此與共有物之分割契約，目的在消滅共有關係者有異。其次，分管契約是物權關係上關於共有物管理的約定，性質屬於債權契約，屬於民法上無名契約之一種。

3.效　力

分管契約之效力可分為對內即共有人間之效力，與對外效力即應有部分讓與後，對該第三人之效力。

⑴對內效力

分管契約之對內效力，亦即指分管契約之當事人應受該契約之拘束。

a.共有人得依分管內容，就共有物之分管部分，為使用收益及管理，即取得管理權而已❷，故分管後，除經授予分管處分共有物之權外，自仍不得自由處分其分管部分或共有物，而應依第 819 條第 2 項規定為之。

b.共有人就共有物分管之特定部分，既依分管契約有使用收益及管理之權，故凡屬契約範圍內之管理行為，該分管之共有人均得自由為之。詳言之，除分管契約有特別限制外，改良、利用或將分管部分出租、出借他人，皆在許可之列。因此，他共有人亦應受此租賃或使用借貸契約之拘束，亦即不得對該承租人或借用人主張其為無權占有該共有物之特定部分。然而共有人上述管理權既是來自分管契約，則其出租或出借共有物之條件應受分管契約之拘束，其承租人或借用人亦惟有於分管契約所許之範圍內，得以對抗他共有人。

⑵對外效力

分管契約之對內效力，亦即指分管契約僅具債權之效力，無對抗第三人之效力，舊民法並未規定應有部分之受讓人，應受此項分管契約之約束，則在理論上此項契約並不當然隨著應有部分之移轉而移轉於受讓人。新民法第 820 條及第 826 條之 1 則有新規定，詳如後述。

4.終　止

分管契約因下列情形而失其效力：

❷　最高法院 86 年度臺上字第 1656 號判決。

　　(1)如定有期限，於期限屆滿時失其效力。

　　(2)經全體共有人之同意，予以終止者。

　　(3)共有人依分管契約分管之特定部分，因不可歸責於各共有人事由而不能為使用收益，且已不能回復。

　　(4)應有部分經讓與第三人，該第三人因善意而不受分管契約之拘束，分管契約亦將因而歸於消滅。

　　(5)分管契約因共有物分割而失其效力。蓋共有物之分割乃在消滅共有關係，故以維持共有關係為目的之分管契約自無繼續存在之必要。

㈥對於第三人之請求權

　　依民法第 821 條規定：「各共有人對於第三人，得就共有物之全部為本於所有權之請求。但回復共有物之請求，僅得為共有人全體之利益為之。」換言之，共有人即為共有物之所有人，凡所有人基於所有權所得行使之權利，共有人均得加以行使。倘共有人中之一人起訴時，在聲明中請求應將共有物返還於共有人全體，即係為共有人全體利益請求，無須表明全體共有人之姓名 [23]。

　　實務上認為，民法第 821 條規定，各共有人對於第三人得就共有物之全部為本於所有權之請求，此項請求權，既非必須由共有人全體共同行使，則以此為標的之訴訟，自無由共有人全體共同提起之必要。所謂本於所有權之請求權，係指民法第 767 條所規定之物權之請求權而言 [24]，並不及於共有人基於債之法律關係對於第三人為賠償之請求。原審准被上訴人得為其他共有人汪○，基於不當得利法律關係，請求上訴人給付占有系爭土地所受相當於租金利益之損害金，其法律見解亦有違誤。

　　惟請求返還共有物之訴，依民法第 821 條但書之規定，應求為命無權占有人向共有人全體返還共有物之判決，不得請求僅向自己返還。至債權之請求權 [25]，固不在民法第 821 條規定之列，惟應以金錢賠償損害時 [26]，其請求權為可分債權，各共有人僅得按其應有部分，請求賠償，即使應以回復原狀之方法

---

　　[23]　最高法院 84 年臺上字第 339 號判例。

　　[24]　最高法院 94 年度臺上字第 668 號判決。

　　[25]　此債權之請求權，例如共有物因侵權行為而滅失毀損之損害賠償請求權。

　　[26]　此以金錢賠償損害時，例如民法第 196 條、第 215 條之規定。

賠償損害，而其給付不可分者，依民法第 293 條第 1 項之規定，各共有人亦得為共有人全體請求向其全體為給付，故以債權的請求權為訴訟標的之訴訟，無論給付是否可分，各共有人均得單獨提起，以上係就與第三人之關係言之，如共有人之一人，越其應有部分，行使所有權時，他共有人得對之行使物權或債權的請求權，並得單獨對之提起以此項請求權為標的之訴，尤不待言❷。

此外，上開民法第 821 條但書又規定「但回復共有物之請求，僅得為共有人全體之利益為之。」其中所謂利益，係指法律上之利益，例如所有物被侵奪時，請求返還於共有人全體屬之。

因此，在訴訟上，訴之聲明應為：「請求命被告應將共有物返還原告及其他共有人」方為適法。反之，倘訴之聲明為：「請求命被告應將共有物返還原告」云云，因難謂其為「為共有人全體」之利益，則非本條文所規範。

二、分別共有人之義務

依民法第 822 條第 1 項規定：「共有物之管理費及其他負擔，除契約另有約定外，應由各共有人按其應有部分分擔之。」第 2 項規定：「共有人中之一人，就共有物之負擔為支付，而逾其所應分擔之部分者，對於其他共有人，得按其各應分擔之部分，請求償還。」例如某甲與某乙共同將 A 房屋出租予他人，某甲之應有部分為百分之七十，某乙之應有部分為百分之三十，現須對該出租之 A 屋進行修繕，共花費新臺幣 30 萬元，某甲已先支付完畢，此時按照某甲與某乙應有部分之比例，某甲僅應負擔 21 萬元，此時某甲可向某乙請求償還 9 萬元。

肆、共有物之分割

一、原則與限制

共有物之分割，為消滅共有之原因之一。在分別共有，依新民法第 823 條規定：「各共有人，除法令另有規定外，得隨時請求分割共有物。但因物之使用

---

❷　司法院院字第 1950 號。

目的不能分割或契約訂有不分割之期限者，不在此限。（第 1 項）前項約定不分割之期限，不得逾五年；逾五年者，縮短為五年。但共有之不動產，其契約訂有管理之約定時，約定不分割之期限，不得逾三十年；逾三十年者，縮短為三十年。（第 2 項）前項情形，如有重大事由，共有人仍得隨時請求分割。（第 3 項）」

　　立法理由認為，舊民法第 823 條第 1 項規定各共有人原則上得隨時請求分割共有物，惟如法令另有規定者自當從其規定，為期周延，爰增列除外規定。又不動產利用恆須長期規劃且達一定經濟規模，始能發揮其效益，若共有人間就共有之不動產已有管理之協議時，該不動產之用益已能圓滑進行，共有制度無效率之問題足可避免，是法律對共有人此項契約自由及財產權之安排，自應充分尊重，爰於新民法第 823 條第 2 項增列但書規定，放寬約定不分割期限至三十年❷❽。

　　至於共有人間雖訂有禁止分割期限之契約，但在該期限內如有重大事由，可否仍得隨時請求分割問題。舊民法尚無明文規定，易滋疑義。惟參考外國立法例❷❾仍有准許當事人得隨時請求分割之規定，且當事人契約既已明定不得分割，應限例外情事始得請求分割，爰於新民法第 823 條增訂第 3 項，以期明確。所謂「重大事由」，係指法院斟酌具體情形認為該共有物之通常使用或其他管理已非可能，或共有難以繼續之情形而言，例如共有人之一所分管之共有物部分已被徵收，分管契約之履行已屬不能或分管契約有其他消滅事由等是❸⓪。

二、性　質

　　共有物分割請求權，係分割共有物之權利，且此項請求權行使之結果，足使他共有人負有與之協議分割方法之義務，於不能或不為協議時，得以請求訂其分割方法。故實務上認為，其係形成權之一種，並非請求權❸①。

---

❷❽　參照瑞士民法第 650 條第 2 項規定。

❷❾　德國民法第 749 條第 2 項、義大利民法第 1111 條第 3 項。

❸⓪　法務部，《民法物權編部分修正條文（通則章及所有權章）》，第 823 條修正說明，2009 年 2 月，頁 71。

❸①　最高法院 29 年上字第 1529 號判例。

三、共有物分割之方法

㈠新民法第 824 條規定內容

依新民法第 824 條規定:「共有物之分割,依共有人協議之方法行之(第 1 項)。分割之方法不能協議決定,或於協議決定後因消滅時效完成經共有人拒絕履行者,法院得因任何共有人之請求,命為下列之分配: 一、以原物分配於各共有人。但各共有人均受原物之分配顯有困難者,得將原物分配於部分共有人。二、原物分配顯有困難時,得變賣共有物,以價金分配於各共有人;或以原物之一部分分配於各共有人,他部分變賣,以價金分配於各共有人(第 2 項)。以原物為分配時,如共有人中有未受分配,或不能按其應有部分受分配者,得以金錢補償之(第 3 項)。以原物為分配時,因共有人之利益或其他必要情形,得就共有物之一部分仍維持共有(第 4 項)。共有人相同之數不動產,除法令另有規定外,共有人得請求合併分割(第 5 項)。共有人部分相同之相鄰數不動產,各該不動產均具應有部分之共有人,經各不動產應有部分過半數共有人之同意,得適用前項規定,請求合併分割。但法院認合併分割為不適當者,仍分別分割之(第 6 項)。變賣共有物時,除買受人為共有人外,共有人有依相同條件優先承買之權,有二人以上願優先承買者,以抽籤定之(第 7 項)。」

㈡新民法第 824 條修正理由

1.裁判分割之原因

裁判分割之原因,除共有人不能協議決定外,如共有人訂立之協議分割契約,其履行請求權倘已罹於消滅時效,共有人並有為拒絕給付之抗辯者,共有人得請求法院判決分割❷,此前已述及。為期周延,民法物權修正草案,遂增訂民法第 824 條之 1,明定分割之方法,不能協議決定,或於協議決定後因消滅時效完成經共有人拒絕履行者,法院得因任何共有人之聲請,命為分配。

又新民法第 824 條條文規定之裁判上共有物分割方法,過於簡單,致社會之經濟或共有人個人利益,常無以兼顧,實務上亦頗為所苦,為解決上述問題,參照外國立法例❸,將裁判上之分割方法作如下之修正:原則上以原物分配於

---

❷ 最高法院 69 年度第 8 次民事庭會議決議。

❸ 德國民法第 753 條第 1 項、日本民法第 258 條第 2 項及瑞士民法第 651 條第 2 項等

各共有人。以原物分配如有事實或法律上之困難，以致不能依應有部分為分配者，得將原物分配於部分共有人，其餘共有人則受原物分配者之金錢補償；或將原物之一部分分配於各共有人，其餘部分則變賣後將其價金依共有部分之價值比例妥為分配；或變賣共有物，以價金分配於各共有人。

2.分割方法之修正

為配合新民法第824條第2項關於分割方法之修正，乃將新民法第824條第3項修正為「以原物為分配時，如共有人中，有未受分配或不能按其應有部分受分配者，得以金錢補償之。」以原物分配於部分共有人，未受分配之共有人得以金錢補償之，始為平允。至於按其應有部分受分配者，如依原物之數量按其應有部分之比例分配，價值顯不相當者，自應依其價值按其應有部分比例分配。

法院為裁判分割時，固應消滅其共有關係，然因共有人之利益或其他必要情形，就共有物之一部，有時仍有維持共有之必要。例如分割共有土地時，需保留部分土地供為通行道路之用是，爰增訂第4項，賦予法院就共有物之特定部分不予分割之裁量權，以符實際並得彈性運用。又此項共有，應包括由原共有人全體或部分共有人維持共有之二種情形。

又共有人相同之數筆土地常因不能合併分割，致分割方法採酌上甚為困難，且因而產生土地細分，有礙社會經濟之發展，爰增訂第5項，以資解決。但法令有不得合併分割之限制者，如土地使用分區不同，則不在此限。

至於相鄰數不動產之共有人部分相同之情形，新民法第824條第6項則規定：「共有人部分相同之相鄰數不動產，各該不動產均具應有部分之共有人，經各不動產應有部分過半數共有人之同意，得適用前項規定，請求合併分割，但法院認為合併分割為不適當者，仍分別分割之」，此一立法之理由，係為促進土地利用，避免土地過分細分，第824條第6項乃增列各不動產應有部分過半數共有人之同意，即得聲請法院合併分割。此時，各該不動產均具應有部分之共有人始享有訴訟權能。其於起訴後請求合併分割者，原告可依訴之追加，被告可依反訴之程序行之。共有物分割方法如何適當，法院本有斟酌之權，故法院為裁判時，得斟酌具體情形，認為合併分割不適當者，則不為合併分割而仍分別分割之。

立法例。

3.優先承買權

共有物變價分割之裁判係賦予各共有人變賣共有物，分配價金之權利，故於變價分配之執行程序，為使共有人仍能繼續其投資規劃，維持共有物之經濟效益，並兼顧共有人對共有物之特殊感情，爰於第 824 條第 7 項增訂以變價分配時，共有人有依相同條件優先承買之權。但為避免回復共有狀態，與裁判分割之本旨不符，爰仿強制執行法第 94 條規定，有二人以上願優先承買時，以抽籤定之。又買受人為共有人時，因本項規範目的已實現，且為免法律關係之複雜化，故明定於此種情形時，排除本項之適用❸。

四、共有物分割之效力

㈠新民法第 824 條之 1 規定內容

新民法第 824 條之 1：「共有人自共有物分割之效力發生時起，取得分得部分之所有權（第 1 項）。應有部分有抵押權或質權者，其權利不因共有物之分割而受影響。但有下列情形之一者，其權利移存於抵押人或出質人所分得之部分：一、權利人同意分割。二、權利人已參加共有物分割訴訟。三、權利人經共有人告知訴訟而未參加（第 2 項）。前項但書情形，於以價金分配或以金錢補償者，準用第八百八十一條第一項、第二項或第八百九十九條第一項規定（第 3 項）。前條第三項之情形，如為不動產分割者，應受補償之共有人，就其補償金額，對於補償義務人所分得之不動產，有抵押權。前項抵押權應於辦理共有物分割登記時，一併登記。其次序優先於第二項但書之抵押權（第 4 項）。」

㈡新民法第 824 條之 1 修正說明

1.分割之效力

共有物分割之效力，究採認定主義或移轉主義，學者間每有爭論，採認定主義者，係共有物一經分割，隨即發生效力；採移轉主義者，則主張共有物經分割，完成分割登記時，才發生效力。我國鑑於新民法第 825 條「各共有人，對於他共有人因分割而得之物，按其應有部分，負與出賣人同一之擔保責任。」之立法精神，爰於修正草案增列第 824 條之 2 第 1 項明定：「共有人自共有物分

---

❸　法務部，《民法物權編部分修正條文（通則章及所有權章）》，第 824 條修正說明，2009年 2 月，頁 73–77。

割之效力發生時起，取得分得部分之所有權。」換言之，本法採移轉主義，即共有物分割後，共有人取得分得部分單獨所有權，其效力係向後發生，而非溯及既往。又本條所謂「效力發生時」，在協議分割，如分割者為不動產，係指於辦畢分割登記時；如為動產，係指於交付時。至於裁判分割，則指在分割之形成判決確定時。

2.應有部分原有抵押權或質權之分割方法

關於得否以「應有部分」提供擔保，舊民法並未規定，實務上認為：「共有之房地，如非基於公同關係而共有，則各共有人自得就其應有部分設定抵押權。」㉟新民法乃明確承認應有部分得設定抵押權或質權。

此外，分割共有物之效力，因採移轉主義，故應有部分原有抵押權或質權者，於裁判分割時，其權利仍存在於該應有部分上。但權利人於上開訴訟中，有法律上之利害關係，故適用民事訴訟法有關訴訟參加之規定；權利人於參加訴訟後，就分割方法陳述之意見，法院於為裁判分割時，應予斟酌，乃屬當然。

如權利人未自行參加者，於訴訟繫屬中，任何一共有人均可請求法院告知權利人參加訴訟。如其已參加訴訟，則應受該裁判之拘束。若經訴訟告知未參加者，亦不得主張本訴訟之裁判不當。爰明定其權利僅移存於抵押人或出質人所分得之部分，以安定法律關係並兼顧其他共有人之利益。

因此，新民法第 824 條之 1 第 2 項乃明定：「應有部分有抵押權或質權者，其權利不因共有物之分割而受影響。但有下列情形之一者，其權利移存於抵押人或出質人所分得之部分：一、權利人同意分割。二、權利人已參加共有物分割訴訟。三、權利人經共有人告知訴訟而未參加。」

3.法定抵押權及其次序

又新民法第 824 條之 1 第 3 項規定：「前項但書情形，於以價金分配或以金錢補償者,準用第八百八十一條第一項、第二項或第八百九十九條第一項規定。」蓋共有人將其應有部分抵押或出質者，嗣該共有物經裁判分割，抵押人或出質人並未受原物分配時，依前項規定，該抵押權或質權應準用第 881 條第 1 項、第 2 項，或第 899 條之規定，由抵押人或出質人所受之價金分配或金錢補償，按各抵押權人或質權人之次序分配之，其次序相同者，按債權額比例分配之，

㉟　司法院釋字第 141 號，《司法院大法官會議解釋彙編》，頁 387。

並對該價金債權或金錢債權有權利質權，俾保障抵押權人或質權人之權益。

另為保障因不動產之裁判分割而應受補償共有人之權益，同條第 4 項「前條第三項情形，如為不動產分割者，應受補償之共有人，就其補償金額，對於補償義務人所分得之不動產，有抵押權。」之規定，旨在明定應受補償人對於補償義務人之補償金債權，或補償義務人分得不動產，有法定抵押權存在。本項僅適用於不動產裁判分割情形。蓋因動產，請求法院裁判分割之案例甚少，且動產質權之設定，必以占有質物為要件，如分割時，共有物由補償義務人占有，則與動產質權之精神不符。又動產有善意受讓問題，如予規定，實益不大，故本項不規定適用範圍及於動產。

前述第 824 條之 1 第 4 項之法定抵押權，於辦理共有物分割登記時，由地政機關併予登記。其次序應優先於因共有物分割訴訟而移存於特定應有部分之抵押權❸，始足以確保應受金錢補償之共有人之利益，並兼顧交易安全，爰增訂「前項抵押權應於辦理共有物分割登記時，一併登記。其次序優先於第二項但書之抵押權」為第 5 項，至此項法定抵押權與其他抵押權之次序，仍依第 865 條之規定定之。

又不動產分割，應受補償者有多數人時，應按受補償金額比例登記為共有抵押權人❸。

五、共有物管理約定對第三人之效力

㈠新民法增訂第 826 條之 1

共有人基於管理之需求或流通之便利，對於共有物之管理或分割事宜，屢有訂定契約之情形，且該等契約並不以書面或特定之形式為必要。惟該等契約訂定後，任何共有人均可能因買賣、贈與、繼承等各方因素，致其應有部分移轉給受讓人。實務上認為，共有物之管理或協議分割契約，對於應有部分之受

---

❸ 例如：甲乙丙丁四人共有一土地，其應有部分四分之一，該共有土地分割時，甲乙丙三人分得該土地，丁則以金錢補償，此時，丁就上開甲乙丙三人分得該土地有抵押權。

❸ 法務部，《民法物權編部分修正條文（通則章及所有權章）》，第 824 條之 1 修正說明，2009 年 2 月，頁 77–80。

讓人仍繼續存在 ❸。

　　然由於舊民法對於此一爭點，並無明確規範。新民法對此乃有所修正。其中新民法第 820 條第 1 項所定「共有物之管理，除契約另有約定外，應以共有人過半數及其應有部分合計過半數之同意行之。但其應有部分合計逾三分之二者，其人數不予計算。」之規定，無論係針對共有物之使用、禁止分割之約定或依法所為之決定，皆應做相同之解釋。

　　又上述契約、約定或決定之性質，本屬債權行為，基於債之相對性，原對第三人不生效力，惟為保持原約定或決定之安定性，特賦予物權效力 ❸，於不動產為上述約定或決定經登記後，即對應有部分之受讓人或取得物權之人，具有效力，換言之，各該約定或決定之效力，應及於共有人之受讓人。惟該等約定或決定如未辦理登記，則因第三人並不知悉，自不可拘束該第三人。

　　此外，經由法院依新民法第 820 條第 2 項、第 3 項、第 4 項法院裁定所定之管理，屬非訟事件，其裁定效力是否及於受讓人，尚有爭議 ❹，且該非訟事件裁定之公示性與判決及登記不同，故宜明定該裁定所定之管理，亦須經登記完成後，對於應有部分之受讓人或取得物權之人，始具有效力。爰於新民法增訂第 826 條之 1 第 1 項規定：「不動產共有人間關於共有物之使用、管理、分割或禁止分割之約定或依第八百二十條第一項規定所為之決定，於登記後，對於應有部分之受讓人或取得物權之人，具有效力。其由法院裁定所定之管理，經登記後，亦同。」以杜爭議，並期周延。

　　共有人間關於新民法第 826 條之 1 第 1 項共有物使用、管理等行為之約定、決定或法院之裁定，在不動產可以登記之公示方法，使受讓人等有知悉之機會，而動產無登記制度，法律上又保護善意受讓人，故以受讓人等於受讓或取得時知悉或可得而知其情事者為限，始對之發生法律上之效力，方為持平，爰於新民法第 826 條之 1 增訂第 2 項規定：「動產共有人間就共有物為前項之約定、決定或法院所為之裁定，對於應有部分之受讓人或取得物權之人，以受讓或取得

---

❸　最高法院 48 年臺上字第 1065 號判例。

❸　司法院釋字第 349 號解釋，並仿外國立法例，如德國民法第 740 條、第 1010 條第 1項、瑞士民法第 649 條之 1、第 647 條第 1 項。

❹　最高法院 67 年臺上字第 4046 號判例。

時知悉其情事或可得而知者為限，亦具有效力。」

　　共有物應有部分讓與時，受讓人對讓與人就共有物因使用、管理或其他情形（例如協議分割或禁止分割約定等）所生之負擔（第 822 條參照），為保障該負擔之共有人，應使受讓人與讓與人連帶負清償責任，惟為免爭議，俾使之明確，爰於新民法第 826 條之 1 增訂第 3 項：「共有物應有部分讓與時，受讓人對讓與人就共有物因使用、管理或其他情形所生之負擔連帶負清償責任。」又所積欠之債務雖明定由讓與人與受讓人連帶負清償責任，則於受讓人清償後，自得依第 280 條規定定其求償額❹。

(二)學者意見

　　1.新民法增訂第 826 條之 1 第 1 項受限於字義上未如德國已將共有人間所有此類約定劃歸為集體關係 (Gemeinschaft)，未能抽象化。

　　2.動產之公示有其不完全性，無法明確揭示動產之權利狀態，故其公信力僅在受讓人善意取得時始得發動，對於動產應有部分之讓與，無適用公信原則之可能。

　　3.第 826 條之 1 第 3 項規定係共有物上所成立之約定，故原只要經由 Gemeinschaft 之運作規定規範即可，其對外效力，應視是否足以影響交易安全而決定是否應對繼受人生效，故本項不應單獨規定。實際上基於交易安全，應適度以實務判決補充其適用之彈性❷。

(三)小　　結

　　本文認為，Gemeinschaft 中文應係指集體、團體。因此，應僅在集團當事人間之約定，始能及於受讓人，故受讓人於欲與該集團有法律行為，應自行查閱登記資料。又法院之裁定似與登記無關。此外，基於後手之權利不能大於前手之原則，故第 826 條之 1 第 4 項之規定有過於保護交易第三人之嫌。

---

❹　法務部，《民法物權編部分修正條文（通則章及所有權章）》，第 826 條之 1 修正說明，2009 年 2 月，頁 81–83。

❷　古振暉，〈共有人間之法律關係與第三人的交易信賴——兼評民法第八百二十六條之一之規定〉，新物權法的解釋適用研討會，2009 年 5 月，頁 101。

伍、分得物之擔保責任

一、分割前已有瑕疵

依民法第 825 條之規定:「各共有人,對於他共有人因分割而得之物,按其應有部分,負與出賣人同一之擔保責任。」擔保責任之範圍,包括權利之瑕疵擔保與物之瑕疵擔保。法理清楚,故本條並未修正。茲分述如下:

㈠**權利之瑕疵擔保**

所謂權利之瑕疵擔保,即各所有人分得之物,被第三人追奪時,他共有人應負之擔保責任。

㈡**物之瑕疵擔保**

所謂物之瑕疵擔保,即指各所有人在分得該物上,發現分割前已有瑕疵者,他共有人應負之擔保責任。擔保責任之內容,有請求減少價金、損害賠償與解除契約三種。但解除契約僅適用於協議分割,如係裁判分割者,則無解除契約之餘地。

二、分得物證書之保存

共有物分割後,關於分得物之證書,應妥為保存。依民法第 826 條之規定:「共有物分割後,各分割人應保存其所得物之證書。共有物分割後,關於共有物之證書,歸取得最大部分之人保存之,無取得最大部分者,由分割人協議定之,不能協議決定者,得聲請法院指定之。各分割人,得請求使用他分割人所保存之證書。」法理清楚,故本條亦未修正。

陸、結　語

由於社會生活之實際需求,二人以上同時共享一物所有權之狀態,非常普

遍，此既不違反一物一權主義，又顯為人類社會所必需，故共有物之存在與規範，是法治社會所需面對之基本問題。

　　我國依瑞士立法例，就共有物僅採取分別共有與公同共有二種型態，另對於所有權以外之財產權，採「準共有」之立法方式，雖然簡明而單純，實則用於複雜之社會，仍有不足。而歷來法院判決以及此次新民法亦僅解決部分問題，其他有關如「互有」問題，則有賴特別法予以補充規定。

　　由於自古以農立國，我國社會大眾普遍重視房舍田產；家族色彩又特別濃厚，親戚鄰里關係緊密；而共有人之所以成為共有人，許多皆源於親族或鄰里，故國人對於財產之共有或分割，於法制之外，總難免更須兼顧一些人情義理。況共有物之使用、收益、管理或分割，涉及諸多共有人之權益甚或生計。因此，共有物之分割，依共有人協議之方法行之。分割之方法，不能協議決定者，法院雖得因任何共有人之聲請，命為分配，然法院在認定是否有「因物之使用目的不能分割」情事時，固應審慎為之，即使在命「以原物分配於各共有人」，或「變賣共有物，以價金分配於各共有人」之情況，亦應針對共有物之性質、經濟效益及全體共有人之利益，多所斟酌，並應符合公平原則與社會利益。

第14章
公同共有

壹、概　說

　　一般而言，一物由二人以上共同享有其所有權，在法律技術可做三種設計，一為分別共有，二為總有，三即為公同共有。我國民法對於分別共有，規定於民法第 817 條至第 826 條，新法並增訂第 824 條之 1 與第 826 條之 1；對於公同共有，亦以專章規定於第 827 條至第 830 條；又經由民法第 828 條第 1 項之規定，公同共有亦適用於民法第 668 條之合夥，以及夫妻共同財產制契約所生之夫妻公同共有關係；此外尚有祭祀公業❶、神明會❷、祭產❸等，實務上亦承認適用公同共有關係。因此，我國民法將物之共同所有，分為分別共有與公同共有兩類。

　　公同共有與分別共有不同，且公同共有不能如同分別共有人一般，可以任意形成。因公同共有係基於「公同關係」下之產物，乃當事人依法律規定或締結某特定之契約，先形成一「公同關係」，然後再基於該公同關係，共同對於一物享有所有權。

　　公同共有之當事人就該物之所有權之法律關係上，係屬公同共有人。公同共有係基於特定之法律、契約關係而形成，自不能任由當事人約定形成，此與一般契約自由之民法基本概念，頗有差異。由於公同共有係基於公同關係之特殊性，因此，公同共有之效力，與分別共有亦有所不同。

　　基本上，個別之公同共有人不得處分該公同共有物，此一特殊性，亦使公同共有物之利用上，產生極大困難，以致當今學者甚有主張應將之廢除之見解。

　　然而，公同共有之形成，有其歷史背景與因素，及部分法律關係之特殊性。且公同共有係介於分別共有與法人間之多數人團體，具有一定之社會功能，故有其存在之價值與必要，如欲廢除公同共有制度，似所非宜。

---

❶　最高法院 71 年度臺上字第 857 號判決、74 年度臺上字第 2780 號判決、87 年度臺上字第 688 號判決、93 年度臺上字第 1817 號判決。

❷　最高法院 72 年度臺上字第 1174 號判決。

❸　最高法院 82 年度臺上字第 2781 號判決。

　　基此，本章首先擬探討公同共有之機能及意義，包括公同共有之機能、公同共有之意義、公同共有之公同關係、公同共有之「應有部分」及處分。其次擬探討公同共有之內部關係，包括管理權之行使、處分權之行使。再次擬探討公同共有之外部關係，包括債權行為、物權行為、公同共有人對第三人之其他權利、公同共有人對第三人之義務、土地法第 34 條之 1 規定之準用、公同共有物權行使之緩和化。此外，擬探討公同共有關係之消滅，包括公同共有關係之消滅之方式、公同共有關係消滅後分割、清算。最後，提出檢討與建議，期能就公同共有之制度，有深一層之認識。

貳、公同共有之機能及意義

一、公同共有之機能

　　要瞭解公同共有之機能，必先瞭解「分別共有」與「總有」之區別，始能就介於此二者間之公同共有關係之定位，有所瞭解。茲析述如下：

㈠分別共有

　　分別共有乃數人按其應有部分，對於一物，共同享有所有權之型態，故民法逕以「共有」稱之，學說或稱為通常共有，以有別於公同共有❹。

　　從民法相關條文之規定，分別共有之意義、作用如下：

1.有關共有人及應有部分之規定

　　依民法第 817 條規定：「數人按其應有部分，對於一物有所有權者，為共有人。各共有人之應有部分不明者，推定其為均等。」另依民法第 819 條第 1 項規定：「各共有人，得自由處分其應有部分。」

2.有關共有物處分之規定

　　依民法第 819 條第 2 項規定：「共有物之處分、變更、及設定負擔，應得共有人全體之同意。」

3.有關共有物管理之規定

---

❹　謝在全，《民法物權論》，上冊，修訂二版，自版，2003 年 7 月，頁 548。

依新民法第 820 條規定：「共有物之管理，除契約另有約定外，應以共有人過半數及其應有部分合計過半數之同意行之。但其應有部分合計逾三分之二者，其人數不予計算（第 1 項）。依前項規定之管理顯失公平者，不同意之共有人得聲請法院以裁定變更之（第 2 項）。前二項所定之管理，因情事變更難以繼續時，法院得因任何共有人之聲請，以裁定變更之（第 3 項）。共有人依第一項規定為管理之決定，有故意或重大過失，致共有人受損害者，對不同意之共有人連帶負賠償責任（第 4 項）。共有物之簡易修繕及其他保存行為，得由各共有人單獨為之（第 5 項）。」

4. 有關共有人對第三人權利之規定

依民法第 821 條規定：「各共有人對於第三人，得就共有物之全部為本於所有權之請求。但回復共有物之請求，僅得為共有人全體之利益為之。」

5. 有關共有物分割與限制之規定

依新民法第 823 條規定：「各共有人，除法令另有規定外，得隨時請求分割共有物。但因物之使用目的不能分割或契約訂有不分割之期限者，不在此限（第 1 項）。前項約定不分割之期限，不得逾五年；逾五年者，縮短為五年。但共有之不動產，其契約訂有管理之約定時，約定不分割之期限，不得逾三十年；逾三十年者，縮短為三十年（第 2 項）。前項情形，如有重大事由，共有人仍得隨時請求分割（第 3 項）。」

由以上條文內容觀之，基本上在分別共有之共有狀態，各分別共有人可任意處分、分割共有物，僅在影響其他分別共有人部分，需得到其他分別共有人之同意。且在分別共有的情況下，共有人之間，並無「人」之結合關係，各共有人均得隨時脫離，甚或消滅共有關係，故其間充滿不確定性與暫時性，使其不足以應付具有共同目的，或具有共同經濟機能所成立之共同關係之需求❺。也因為如此，法理上才有其他共有態樣之設計。

㈡總　有

在法律領域中，對於共同體之研究，最先探討之內容，為總有之型態。換言之，總有之研究，係源於人類集居式之生活經驗，以實證之研究方法所得，故村落之實態觀察，為研究總有權利義務歸屬之關鍵❻。

---

❺　謝在全，《民法物權論》，中冊，修訂四版，自版，2007 年 6 月，頁 16。

總有 (Gesamtigentum)，屬於早期德國日耳曼村落共同體之所有型態。一般學者通說認為，「總有」並未賦有法律上人格之團體，僅係以團體資格而擁有所有物之共同所有。

我國民法除分別共有與公同共有外，別無「總有」之規定，故亦無所謂「總有」之分類。理論上，目前我國是否有此型態之共同所有，學說意見不一，有認為，我國習慣法上亦有類似此型態之共同所有，例如祀產、祠堂、學田、其他宗教共同財產、會館❼。但此說為實務所不採。另有認為，總有與近代所有權實質上完全不同❽，似認為我國尚無該種共同所有。

二、公同共有之意義

公同共有可以說是在處理眾人所有關係中，最特別之共有關係，其各共有人所擁有共有物之處分權，未如分別共有人般自由；然小未達法人之個人人格權退居幕後般，逕以法人成為權利主體之態樣。故公同共有，可以說是介於分別共有與法人兩者間之特別關係。

茲從民法條文、理論與實務三方面，說明公同共有之意義如下：

㈠民　法

新民法第 827 條規定，公同共有指依法律規定、習慣或法律行為，成一公同關係之數人，基於公同關係，而享有一物之所有權。其權利人稱為公同共有人。

㈡理論上

學者認為，公同共有之人數必在二人以上，此種多數人即為公同共有人。公同共有人雖為多數，但所享有者為公同共有物之一所有權，而非在該物上有多數所有權存在，此與分別共有並無不同，惟分別共有物之標的，大抵以單一或少數為常，而公同共有之標的物，通常卻為多數，故恆以財產稱之，例如合夥財產及包括動產、不動產、債權及其他財產❾。

---

❻　古振暉，《共同所有之比較研究》，中正大學法學博士論文，2005 年 12 月，頁 19、20。

❼　史尚寬，《物權法論》，榮泰印書，1987 年 1 月，頁 140。

❽　謝在全，《民法物權論》，上冊，前揭書，頁 542。

❾　謝在全，《民法物權論》，中冊，前揭書，頁 13。

　　然而，就客體而言，學者另認為，公同共有仍適用一物一權主義，例如甲、乙繼承 A 地、B 屋、C 債權，則甲、乙係分別就 A 地、B 屋成立公同共有，就 C 債權成立準公同共有❿。

㈢實務上

　　所謂公同共有，係指依一定原因成立公同關係之數人，基於其公同關係，而共享一物之所有權者。而該公同關係，係指二人以上因共同目的而結合所成立，足以成為公同共有基礎之法律關係而言，且該公同共有乃在公同關係上成立，故各公同共有人間有人的結合關係存在，於此種關係未終止前，各共有人既不得處分其（潛在）應有部分，以求脫離，亦不得請求分割共有物，以期消滅共有關係⓫。

　　綜上所述，公同共有為數公同共有人依公同關係共享一所有權之方式。公同共有與分別共有均係數人共有一物，惟公同共有基於共有關係，而分別共有基於其應有部分，此乃兩者最大之差別。

三、公同共有之公同關係

　　在公同共有下，共有物歸屬各共有人享有，但各共有人間，有人之結合關係，且共有之財產均有其共同目的或機能，例如合夥事業、夫妻財產或祭祀公業，故需有別於共有人自己之一般財產，其權利之享有，更應受上述目的或機能之拘束，以維持其相當程度之獨立性與安定性，俾使其存在目的得以實現⓬。

　　公同共有基於公同關係而成立，是其中之關鍵，蓋於分別共有，各共有人或法人之股東間，並無所謂之公同關係，是以要說明公同共有，必先就共同關係有一認識，茲就公同關係之形成、法律規定方面、契約類型方面與實務方面，說明如下：

㈠公同關係之形成

　　公同關係指兩人以上因共同目的，而結合所成立，足以成為公同共有基礎之法律關係。因此，公同關係之形成，絕非可任由當事人自行決定，而係必須

❿　王澤鑑，《民法物權㈠——通則、所有權》，自版，1999 年 9 月，頁 304。

⓫　參照最高法院 37 年上字第 6419 號判例及 91 年臺上字第 2334 號判決。

⓬　謝在全，《民法物權論》，中冊，前揭書，頁 16。

依法律或特定之契約關係而產生。依舊民法第 827 條第 1 項之規定，可知公同關係之形成，必須依法律規定，或依當事人間訂立某一種契約，依該契約之特質，當事人間將形成緊密之「公同關係」。依新民法第 827 條第 1 項之規定：「依法律規定、習慣或法律行為，成一公同關係之數人，基於其公同關係，而共有一物者，為公同共有人。前項依法律行為成立之公同關係，以有法律規定或習慣者為限。各公同共有人之權利，及於公同共有物之全部。」

　　蓋公同關係之成立，學者通說及實務上均認為非以法律規定或契約約定者為限，依習慣或單獨行為成立者所在多有，為期周延，爰將第 1 項「契約」修正為「法律行為」，並增設「習慣」，以符實際。又本項所稱「習慣」，例如祭田❸、祀產❹、祭祀公業❺、同鄉會館❻、家產❼，均屬之❽。

㈡法律規定方面

1. 繼　承

　　依民法第 1151 條規定，繼承人有數人時，在分割遺產前，各繼承人對於遺產全部為公同共有。

2. 信　託

　　依信託法第 28 條規定，同一信託之受託人有數人時，信託財產為其公同共有。

㈢契約類型方面

1. 合　夥

　　依民法第 668 條規定，各合夥人之出資及其他合夥財產，為合夥人全體之公同共有。

2. 夫妻財產制中的共同財產制

---

❸　最高法院 19 年上字第 1885 號判例。

❹　最高法院 18 年上字第 1473 號判例。

❺　最高法院 39 年臺上字第 364 號判例，但應注意，本判例自 2008 年 7 月 1 日起不再援用。

❻　最高法院 42 年臺上字第 1196 號判例。

❼　最高法院 93 年度臺上字第 2214 號判決。

❽　法務部，《民法物權編部分修正條文（通則章及所有權章）》，第 827 條第 1 項修正說明，2009 年 2 月，頁 84。

　　依民法第 1031 條規定，夫妻之財產及所得，除特有財產外，合併為共同財產，屬於夫妻公同共有。

㈣實務方面

　　依習慣或單獨行為而發生之祀田、祀產、祭田、祭祀公業等為公同共有關係，故應不以法律或契約為限❶，已如前述。其中又以祭祀公業最為常見。

　　然此所謂依合夥契約訂定而生公同關係，僅係表示得依某種契約，成立公同關係之情形而已，非謂當事人可隨意創設公同關係之契約，例如依民法規定，似僅合夥契約及夫妻共同財產制契約❷，始生公同共有之關係，其餘契約關係之財產，則無此性質可言。因此，例如有二人未成立合夥關係，卻約定共同購買一物，並約定雙方公同共有之，此約定實不生公同共有之法律效力。

四、公同共有之「應有部分」及處分

㈠公同共有之「應有部分」

　　公同共有係基於公同關係而共有一物，各公同共有物之全部所有權，屬於共有人之全體，而非按應有部分享有所有權。故對該公同共有物之全部，共有人並無應有部分存在。繼承人、合夥人、祭祀公業派下之房分等，係就抽象之總財產❹而言，而非對於個別之公同共有物而言，此在學說上稱之為公同共有之潛在應有部分❺。

㈡公同共有之處分

1. 新民法第 827 條規定

　　依新民法第 827 條規定：「依法律規定、習慣或法律行為，成一公同關係之數人，基於其公同關係，而共有一物者，為公同共有人（第 1 項）。前項依法律行為成立之公同關係，以有法律規定或習慣者為限（第 2 項）。各公同共有人之權利，及於公同共有物之全部（第 3 項）。」

---

❶　王澤鑑，前揭書，頁 304。

❷　謝在全，《民法物權論》，中冊，前揭書，頁 16。

❹　此之抽象之總財產，例如繼承人、合夥人、祭祀公業派下之房分中，對於遺產、合夥財產、祭祀公業等之財產是也。

❺　王澤鑑，前揭書，頁 310。

2.新民法第 827 條之修法理由

新民法第 827 條之修法理由如下：

⑴公同關係之成立，學者通說及實務上均認為非以法律規定或契約約定者為限，依習慣或單獨行為成立者所在多有，為期周延，爰將第 1 項「契約」修正為「法律行為」，並增設「習慣」，以符實際。

⑵依法律行為而成立之公同關係，其範圍不宜過廣，為避免誤解為依法律行為得任意成立公同關係，爰增訂第 2 項，明定此種公同關係以有法律規定（例如民法第 668 條）或習慣者為限。

按此，各公同共有人之權利，既係及於公同共有物之全部，則各該共有人自無所謂有其應有部分，從而，公同共有人中之一人如無法律或契約之根據，亦未得其他公同共有人之同意，而就公同共有物所為處分，自屬無效。

惟此應認非全部無效，而屬效力未定，得因其他共有人之承認而生效力。又公同共有人對於公同共有物既無應有部分，自不能以應有部分設定擔保（抵押權）；如公同共有人以所謂之應有部分之出賣，似以不能之給付為標的，其買賣契約無效❷❸。

又實務上認為，合夥財產為合夥人全體公同共有，各合夥人之權利及於合夥財產之全部，並無所謂應有部分存在。是以合夥財產之處分及其他之權利行使，應得合夥人全體之同意，始得為之，此觀民法第 668 條、第 827 條第 2 項、第 828 條第 2 項規定自明。故在上開規定之情況下，於合夥清算前，除法律或契約另有規定外，合夥人中之一人或數人須得其他合夥人全體之同意，始得起訴請求，並不得獨自訴請第三人依其出資比例為給付❷❹，可供參考。

---

❷❸ 王澤鑑，前揭書，頁 310。

❷❹ 最高法院 91 年度臺上字第 2334 號判決。

參、公同共有之內部關係

一、條文根據及立法理由

依民法第 828 條規定：「公同共有人之權利義務，依其公同關係所由成立之法律、法律行為或習慣定之。（第 1 項）第八百二十條、第八百二十一條及第八百二十六條之一規定，於公同共有準用之。（第 2 項）公同共有物之處分及其他之權利行使，除法律另有規定外，應得公同共有人全體之同意。（第 3 項）」

蓋為配合前條之修正，第 1 項「契約」修正為「法律行為或習慣」，並酌作文字修正。又關於共有物之管理、共有人對第三人之權利、共有物使用、管理、分割或禁止分割之約定對繼受人之效力等規定，不惟適用於分別共有之情形，其於公同共有亦十分重要，且關係密切，為期周延，爰增訂第 2 項準用規定。此外，第 1 項已規定公同共有人權利義務之依據，舊條文第 2 項「或契約另有規定」已無規定必要，爰予修正，並移列為第 3 項。又本項所謂「法律另有規定」之意義，就法條適用順序而言，應先適用第 1 項，其次依第 2 項，最後方適用本項所定應得公同共有人全體同意之方式。公同共有人之權利義務，依其公同關係所由規定之法律或契約定之。此「權利義務」範圍，廣義言之，係包含處分權、管理權等，是公同共有物之管理及處分，應先視該所有成立公同關係之法律或契約，有無特別規定或約定❷❺。茲分述如下：

二、管理權之行使

由於各公同共有人之權利，及於公同共有物之全部，故各公同共有人就公同共有物之全部，均有管理使用之權。

實務上認為，公同共有物之處分及其他之權利行使，除依其公同關係所由規定之法律或契約另有規定外，固應得公同共有人全體之同意。惟祭祀公業管

---

❷❺　法務部，《民法物權編部分修正條文（通則章及所有權章）》，第 828 條修正說明，2009
年 2 月，頁 85。

理人依習慣就公業財產得為保存、利用及改良行為，出租屬於利用行為，管理人應有此權限❷⑥。

三、處分權之行使

公同共有人除就共有物得使用收益外，自亦擁有處分之權利，原則上，公同共有人之權利義務，依其公同關係所由成立之法律、法律行為或習慣定之，此前已述及。

例如民法第 1033 條規定，夫妻之一方，對於共同財產為處分時，應得他方之同意。惟當公同共有物是不動產時，同樣有土地法第 34 條之 1 之適用。即當共有物係屬土地與建築改良物時，只需得共有人過半數及其應有部分過半數之同意，或者應有部分合計逾三分之二之同意，即可就整個共有物，為處分、變更、設定地上權、永佃權、地役權、典權等物權行為❷⑦，亦即無須得到公同共有人「全體」之同意，亦得為之。

除上述法律或契約另有規定者外，公同共有物之處分，及其他之權利行使，應得公同共有人全體之同意。

實務上認為，公同共有物之管理與公同共有物之處分等權利有別，選舉或罷免祭祀公業管理人，係選任管理人授與管理祭祀公業之權限或解除其職務，既非公同共有祭祀公業財產之處分行為，亦非對公同共有財產其他權利之行使問題，應無民法第 828 條第 2 項規定之適用❷⑧。

肆、公同共有之外部關係

依據上述規定，公同共有物之處分，如未得共有人全體同意時，即衍生效力上之爭議，因此，公同共有物之處分，實際上頗多不易，亦顯見公同共有物之利用，具有相當之困難。至其處分之效力，亦因公同共有物所為之債權行為

---

❷⑥ 最高法院 88 年度臺上字第 756 號判決。

❷⑦ 最高法院 74 年臺上字第 2561 號判例。

❷⑧ 最高法院 80 年度臺上字第 151 號判決。

或物權行為而異，茲析述如下：

一、債權行為

公同共有人如以公同關係主體所為公同共有物之買賣或租賃，係屬有效，因買賣契約之訂定由該共有關係之主體為之，與民法第 828 條係規範公同共有人無關，無論其他公同共有人是否同意，均不發生是否無效之問題。

例如當土地繼承人之一人，未得他繼承人之同意，將其分管部分之土地出售予他人時，該出賣契約仍有效。因繼承人得隨時請求分割遺產，而取得土地之所有權，故買受人得依民法第 242 條規定，代位出賣人行使遺產之分割請求權[29]。

又如當事人間成立一合夥關係，而以該合夥主體就該公同共有物與他人訂立買賣或租賃，係屬有效。

公同共有人如以公同關係主體所為就共有物所為債權行為雖屬有效，但倘債務人於債權關係成立後不為給付，各公同共有人之債權人，卻無從對共有物聲請強制執行，因強制執行之結果，多會損及其他共有人之權利，且公同共有人不能自由處分其應有部分，故亦不得對其應有部分執行。不過，上開債權關係一經成立，債權人對於公同共有人就共有物應享之權利，如盈餘之分配，孳息分配之請求權，仍得請求強制執行[30]，蓋此種權利乃基於共有關係而發生之獨立財產權，已可由公同共有人獨享之故[31]。

二、物權行為

公同共有人之物權行為，如買賣後之交付或登記行為等屬之。基於公同共有之特性，公同共有人所有權之權能，須受共同關係所由規定之法律或契約之限制，非可由公同共有人隨意行使，唯有如此，才能實現成立公同共有之目的。因此，公同共有人之權益行使，應依下列原則為之：

1. 各公同共有人之權利，依新民法第 827 條第 3 項規定，及於公同共有物

---

[29]　王澤鑑，前揭書，頁 309。

[30]　參閱司法院院字第 1054 號解釋。

[31]　謝在全，《民法物權論》，中冊，前揭書，頁 13。

之全部。

　　2.公同共有人之權利義務，依新民法第828條第1項規定，依其公同關係所由成立之法律、法律行為或習慣定之。至於該條第3項規定，公同共有物之處分及其他之權利行使，除法律另有規定外，應得公同共有人全體之同意。

　　上述所謂處分，包括事實上之處分及法律上之處分行為，所謂事實上之處分行為，舉凡足以使公同共有物所有權發生得喪變更或受限制者，例如所有權之移轉、地上權、抵押權之設定等均屬之。事實上之處分行為，如未得全體公同共有人之同意，則處分人應對第三人負侵權行為責任。

　　所謂法律上之處分，例如「出具土地使用同意書」係屬法律上處分中之負擔行為❸等。公同共有物法律上之處分，倘未得全體公同共有人之同意，對於全體公同共有人則不生效力，蓋此屬無權處分行為，未得全體公同共有人之同意前，其效力未定❸。

三、公同共有人對第三人之其他權利

　　當公同共有人因公同共有物而對第三人取得權利時，其權利之行使，依新民法第828條規定，應依所由成立之法律、法律行為或習慣定之。否則如當事人間無約定者，應得全體共有人同意後為之❹。

　　其中所謂「其他權利之行使」，係指處分以外之權利，包含範圍甚廣，舉凡公同共有物之使用收益、變更、保存、改良與管理行為、本於所有權對第三人之請求、清算帳目、代為意思表示、代受意思表示或通知，甚至審判上、審判外之行使，均包括在內。更具體而言，優先承買權之行使、時效利益之拋棄、提起第三人異議之訴、共有物之管理等皆屬之。

---

❸　法務部認此係在私立學校法第58條第1項所稱「處分」之範圍內。參閱法務部⑻法律字第21747號，1993年10月18日，《法務部公報》，162期，頁69。於此應注意，私立學校法第58條第1項於2006年1月18日修正後，已改列為第61條第1項，2008年1月16日又將之改列為第49條第1項。

❸　王澤鑑，前揭書，頁310。

❹　鄭冠宇，〈民法物權編關於「共有」部分之修正簡析〉，《月旦法學》，168期，2009年5月，頁65。

　　前揭所列事項中，其中就保存行為、本於所有權對第三人之請求權等，係對於全體公同共有人有利之行為，應無全體同意之必要❸。

　　然而，依民法第 828 條之規定，公同共有物如被部分公同共有人為移轉物權之處分，而其他公同共有人對之提起物權契約無效之訴時，移轉物權之處分，應為無效❸。

　　又實務上，為保護全體公同共有人利益計，於部分公同共有人起訴行使對第三人之權利，該起訴行為縱未取得全體共有人之同意，仍可認其當事人適格❸。

四、公同共有人對第三人之義務

　　實務上，公同共有人對第三人之義務，以債務關係最屬常見。公同共有人對第三人負債務時，應先決定該債務是否為連帶債務，再決定該債務之性質，究屬可分或不可分債務。因此，例如民法第 1153 條第 1 項規定：「繼承人對於被繼承人之債務，以因繼承所得遺產為限，負連帶責任。」民法第 681 條規定：「合夥財產不足清償合夥之債務時，各合夥人對於不足之額，連帶負其責任。」故依此等法律規定，各公同共有人均需負連帶債務責任，自不待言。

　　至所謂可分之債務，如金錢債務屬之，而當法律或契約未規定時，公同共有人對第三人之債務，亦一律視為不可分債務，因基於公同共有人間之公同關係，實難認為其可以各自獨立地、對第三人負其責任❸。

五、土地法第 34 條之 1 規定之準用

㈠特別規定

　　公同共有不動產之處分，依土地法第 34 條之 1 第 5 項意旨，已有準用同條第 1、2 項之特別規定。

　　按土地法第 34 條之 1 規定：「共有土地或建築改良物，其處分、變更及設

---

❸　最高法院 83 年度臺上字第 150 號判決。

❸　最高法院 37 年度上字第 6939 號判決。

❸　1992 年 2 月 27 日廳民一字第 02696 函復臺高院研究意見。

❸　吳光明，《物權法新論》，新學林出版，2006 年 8 月，頁 233。

定地上權、永佃權、地役權或典權，應以共有人過半數及其應有部分合計過半數之同意行之。但其應有部分合計逾三分之二者，其人數不予計算。（第 1 項）共有人依前項規定為處分、變更或設定負擔時，應事先以書面通知他共有人；其不能以書面通知者，應公告之。（第 2 項）第一項共有人，對於他共有人應得之對價或補償，負連帶清償責任。於為權利變更登記時，並應提出他共有人已為受領或為其提存之證明。其因而取得不動產物權者，應代他共有人申請登記。（第 3 項）共有人出賣其應有部分時，他共有人得以同一價格共同或單獨優先承購。（第 4 項）前四項規定，於公同共有準用之。（第 5 項）共有人得申請該管直轄市、縣（市）地政機關調處。不服調處者，應於接到調處通知後十五日內向司法機關訴請處理，屆期不起訴者，依原調處結果辦理之。（第 6 項）」

㈡適用時應注意問題

適用上開條文時，應注意下列諸問題，茲分述如下：

1.公同共有不動產之處分，原則上因優先適用土地法，經準用上開法條之結果，公同共有不動產之處分，變更及設定負擔，應以公同共有人過半數及其應有部分（潛在）合計過半數之同意行之，但其應有部分合計逾三分之二者，其人數可不予計算。按新民法第 828 條第 1 項之規定，成立公同共有之規約如有特別約定時，該特別約定仍優先於土地法之適用❸。

2.公同共有本無應有部分，惟準用土地法規定之結果，公同共有之潛在應有部分，例如繼承人就遺產之應繼分，祭祀公業派下之房分，仍應比照應有部分合併計算。

3.多數分別共有人出售共有之不動產時，不同意之共有人得依土地法第 34 條之 1 第 4 項之規定，行使優先購買權，而公同共有之共有人本於準用土地法之規定，自得亦行使上開之優先購買權。

六、公同共有物權行使之緩和化

當公同共有人之人數眾多時，依民法有關規定，除依法律、契約外，應得全體公同共有人之同意，始得行使權利，以致公同共有人之權利，難以行使，從而公同共有物之利用及管理，因之產生很多不利於全體公同共有人之狀況，

❸ 吳光明，前揭書，頁 21–24。

故實務上採取一些變通辦法，使公同共有物權之行使條件，較為彈性化及緩和化，茲分述如下：

1. 依習慣：例如某地有房長得代表該房處分祭產之習慣，則可認為祭產之公同共有人，有以此一習慣為契約內容之意思。

2. 認管理家務之家長於受概括授權之範圍內。

3. 公同共有如人數眾多，願開會決議者，得依多數決議作為全體之同意。

4. 關於公同共有物權利之行使，如事實上無法得公同共有人全體之同意時，例外則無須全體之同意：例如公同共有之財產為一部分公同共有人侵占時，其訴追事宜即無全體同意之可能❹。

伍、公同共有關係之消滅

公同共有關係之消滅，不可能如同分別共有般簡單，即每一分別共有人可隨時請求分割共有物，而共有物一經分割，分別共有關係即行消滅。

依民法第 829 條規定：「公同關係存續中，各公同共有人，不得請求分割其公同共有物。」又新民法第 830 條第 1 項：「公同共有之關係，自公同關係終止，或因公同共有物之讓與而消滅。」是以公同共有，係基於公同關係而成立，所以一旦公同關係消滅時，公同共有關係才能消滅❹。

一、公同共有關係消滅之方式

公同關係之消滅，因公同關係所由生之法律、契約、習慣定之。或因公同共有物之讓與而消滅，其中亦可由其所由生之公同關係，而分類如下：

㈠法律關係

針對遺產分割自由原則，我民法於第 1164 條規定：「繼承人得隨時請求分割遺產。但法律另有規定或契約另有訂定者，不在此限。」依此規定，繼承人得隨時請求分割遺產。因此，除法律另有規定或契約另有訂定者外，當遺產經分

❹　謝在全，《民法物權論》，中冊，前揭書，頁 21–24。

❹　王澤鑑，前揭書，頁 313。

割時，因繼承所形成之公同關係亦隨同消滅。

實務上，在公同共有遺產分割自由之原則下，繼承人得隨時請求分割遺產；而民法第 1164 條所稱之「得隨時請求分割」，依同法第 829 條及第 830 條第 1 項規定觀之，自應解為包含請求終止公同共有關係在內，俾繼承人之公同共有關係，歸於消滅，進而成為分別共有，始不致與同法第 829 條所定之旨趣相左，庶不失繼承人得隨時請求分割遺產之立法本旨❷。

(二)契約關係

夫妻財產制所形成之公同關係，當夫妻離婚或其中一方死亡時，其夫妻財產即應行清算，故夫妻公同共有關係亦同時消滅。

實務上認為，繼承人將公同共有之遺產，變更為分別共有，係使原公同關係消滅，另創設繼承人各按應有部分對遺產有所有權之新共有關係，其性質應仍屬分割共有物之處分行為。各共有人，得隨時請求分割共有物。但因物之使用目的不能分割或契約定有不能分割之期限者，不在此限❸。

(三)習慣關係

例如祭祀公業之解散，亦為公同共有關係之消滅方式之一。而祭祀公業之解散原因，有破產、失去派下、祭祀公業之土地全部喪失等等。然而，祭祀公業之解散，於法律上並無明文之規定，但祭祀公業財產既認屬全體派下之公同共有，則有關祭祀公業之解散，應依公同共有之規定辦理。亦即，祭祀公業之解散，除公業規約另有規定外，應經全體派下之同意❹。

二、公同共有關係消滅後分割、清算

(一)分割方法

依民法第 830 條第 1 項規定：「公同共有之關係，自公同關係終止，或因公同共有物之讓與而消滅。」

實務上認為，在公同共有遺產分割自由之原則下，繼承人得隨時請求分割

❷ 最高法院 93 年度臺上字第 2609 號判決。
❸ 臺灣宜蘭地方法院 89 年度訴字第 312 號判決。
❹ 尤重道，《祭祀公業之研究——以派下權及財產權為中心》，國立中正大學法律學研究所碩士論文，2003 年 1 月，頁 185。

遺產。至民法第 1164 條規定所稱之「得隨時請求分割」，依同法第 829 條及第 830 條第 1 項規定觀之，自應解為包含請求終止公同共有關係在內，俾繼承人之公同共有關係歸於消滅而成為分別共有，始不致與同法第 829 條所定之旨趣相左，庶不失繼承人得隨時請求分割遺產之立法本旨**❹❺**。

又依新民法第 830 條第 2 項：「公同共有物之分割，除法律另有規定外，準用關於共有物分割之規定。」換言之，公同共有物之分割，於性質不相牴觸之情形下，均可準用關於共有物分割之規定，俾共有物分割之效力，亦得準用。

㈡清算財產

各合夥人之出資，及其他合夥財產，為合夥人全體之公同共有，民法第 668 條定有明文。而合夥人死亡時，依民法第 687 條第 1 款規定，其繼承人並不當然為合夥人，除合夥契約有關於繼承人得繼續為合夥人之約定外，合夥人死亡，即當然發生退夥之效力。合夥因合夥人死亡而退夥，僅剩合夥人一人時，應解散而進行清算程序，其清算由合夥人全體或由其選任之清算人為之，非經清算完結，其合夥之關係不能消滅，合夥須於清算完畢，清償合夥債務或劃出必需數額後，始能就賸餘財產返還各合夥人之出資及應受分配利益之成數，未經清算終結確定盈虧以前，自不得向執行清算人就原來出資為返還之請求**❹❻**。

陸、結　語

公同共有既係數人共有一物，有別於分別共有、總有之特別關係，無論從學理或實務之立場觀之，均有存在之必要。雖曾有學者以該關係適用上因需得全體所有人之同意，常常造成運作上之困難，而主張將之刪除。惟此等困難，實務上亦已經有所緩和，亦即透過將習慣作為特約之方式，使得公同共有人權利之行使，仍可順利運作，並因而解決目前如祭祀公業之問題。

在新民法物權編修正後，使「習慣」取得法源之依據，使其成為公同共有人權利義務之規範之一，如此一來，相信公同共有之運作，可以更上軌道，並

---

❹❺　最高法院 93 年度臺上字第 2609 號判決。

❹❻　最高法院 93 年度臺上字第 413 號判決。

更符時宜。茲以祭祀公業之公同共有狀況言，因隨時間推移，派下子孫日益龐大，於行使相關權利義務時，如要求均需全體公同共有人之同意，勢必造成運作之困難。

因此，就此原僅以為祭祀祖先為目的，而設立之獨立財產制度，如何尊重其既有之傳統與習慣，使其既能保存公同共有之原有目的，又顧及共有人可能之權益，反而是最受關切之問題，相信民法物權編之修正，對於此等自古流傳之制度，應具有積極而正面之意義。

第15章
區分所有權

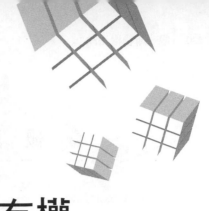

壹、概　說

．．

　　由於不動產成本增加，土地稀少，人口膨脹等因素，在傳統民法領域，除傳統之共有外，還出現對建築物之共有，亦即建築物區分所有。此種建築物區分所有型態對社會經濟、人民生活方式與物權制度，產生深遠之影響。

　　同樣地，我國地狹人稠，為充分發揮土地之效用，降低取得土地之成本，創造更多使用空間，致公寓大廈林立，其特色在於混合水平與垂直之分割。

　　以民法而言，土地與建築物各為獨立之不動產，建築物固然可向上下延伸，分層別戶，惟其必須附著於基地上；且建築物之基地及其依建築相關法規而必須存在之附屬建物、法定空地等，均無法加以分割。於此情況下，建築物之區分所有，以及因區分所有所衍生之相關爭議，遂成為實際生活中經常面臨之問題。

　　就法理之角度言，於探討上開問題之際，首應釐清公寓大廈何部分可獨立為專有部分，何部分為共有部分。蓋專有部分具有獨立性，與其他專有部分不相干擾，故該部分所有權之概念，與一般所有權之概念相近。換言之，專有部分之所有權人單獨擁有該標的，原則上得自由使用收益；而共有部分，以整體公寓大廈言之，因其事實上或法律上不可分割，故無法以分割方式消滅共有關係，此時，其間之分管契約，即占重要地位。

　　此外，如有因不能分割所引起之爭執，而共有人確實無法解決時，則如何決定應由何人退出共有關係，更不無疑義。

　　現代社會中，公寓大廈急速增加，規模亦向超高層發展，其所涉及之糾紛日多，內容亦更趨複雜，大致可歸類為下列數項：

　　1.專有部分與共有部分之界線劃分，所產生之爭議。

　　2.專有部分所有權人，就其標的內之使用收益，對整體公寓大廈造成之影響，尤其是負面之外部效果。

　　3.公寓大廈使用、規劃之約定方式，例如共有部分約定專用及專有部分約定共用，及約定之效力。

　　舉例而言，包括就專有部分之修繕、增建，或使用時產生之噪音、垃圾與

環境污染之問題；又如屋頂平臺、外牆、地下室及地下停車位、法定空地及其他公共設施等之歸屬、使用及修繕❶等。這些問題，理論上雖可由各共有人於具體事件發生時，再加以協議處理，惟事實上往往因共有人眾多，而其利害未必一致，以致協議頗多困難，所耗費之成本亦大為提高。

基於自然之特性、法令之規定、使用之需求或權利人與他人之約定等因素，所有權之標的物經常可能有所異動或調整，此異動或調整無論對建築物本身之使用價值，或對社會整體利益之提升，均頗有助益。在公寓大廈中，有關增建、擴建等情形及土地分區使用之要求，可由行政法規介入，而公寓大廈管理條例中，亦有部分規定係規範區分所有人之相鄰關係問題。故為提升公寓大廈之價值，降低糾紛之發生，公寓大廈各共有人應可事先為某些約定，俾以作為未來處理其可能問題之圭臬。至於此種約定之內容、方式、性質與效力，則均有待探討❷。

基此，本章首先擬探討建築物區分所有權之特徵與舊民法之區分所有權，包括民法第 799 條、民法第 800 條。其次擬探討新民法之區分所有權，包括條文內容、立法理由、使用他專有部分所有人正中宅門、區分所有建築物之共用部分。再次擬探討專屬之獨占使用問題，包括專屬之獨占使用、專屬獨占使用之主體、專屬獨占使用之客體、專屬獨占使用權之發生、專屬之獨占使用權之消滅；並旁及公寓大廈管理條例之適用問題。最後，提出檢討與建議。

貳、建築物區分所有權之特徵、範圍與舊民法之規定

一、建築物區分所有權之特徵

建築物區分所有權，是指多數所有人共有一棟高層建築物，而各所有人在

---

❶ 游舜德，〈公寓大廈爭議事件及其分析〉，《公寓大廈外部效果與財產權之研究》，逢甲大學建築及都市計畫研究所碩士論文，1995 年 6 月，頁 47–53；莊金昌，〈公寓大廈管理上法律問題之研究〉，《司法研究年報》，第 17 輯，第 6 篇，頁 61–92。

❷ 吳光明，《物權法新論》，新學林出版，2006 年 8 月，頁 119。

其構造上與使用上具有獨立性之建築物部分，所享有專有所有權，而對其他共同使用部分享有共有權之總稱。

一般而言，建築物區分所有權與其他不動產相比較之下，其具有以下幾點特徵：

㈠權利主體身分之多重性

建築物區分所有權指建築物區分所有人專有部分之單獨所有權、共有權與住戶權之結合，例如新民法第 799 條，其上述三種權利均為相互獨立之權利，而非其權能。

㈡權利性質之一體性

建築物區分所有權之一體性首先表現於構成建築物區分所有人之專有部分之單獨所有權、共有權與住戶權不可分離，如三者失去其一，建築物區分所有權即解體，或無法正當行使。例如新民法第 799 條之 1 即其運作方式之規定。

㈢權利客體之多樣性

建築物區分所有權之客體包括建築物之專有部分與共有部分。專有部分之單獨所有權之客體為在構造上與使用上具有獨立性以及經濟價值之建築空間。但如無使用上之獨立性，縱具構造上之獨立性，亦僅為附屬建物❸。共有權之客體則為其建築物及其附屬部分之共有部分。住戶權之客體為區分所有人作為團體成員所為之行為。

㈣權利內容之複雜性

建築物區分所有權之內容非常複雜，其主要表現在三方面之權利義務：亦即權利主體作為專有部分單獨所有權人之權利義務關係，權利主體作為共有權人之權利義務關係，權利主體作為管理團體成員之權利義務關係。此三方面關係，經常相互交織。

㈤專有部分單獨所有權之主導性

區分所有人擁有專有部分所有權，是擁有共有權之前提。專有部分單獨所有權標的物之大小或價值，決定區分共有權之應有部分比例，以及住戶之權利義務分擔。因此，處分專有部分單獨所有權之效力及於共有權與住戶權。

---

❸　最高法院 94 年度臺抗字第 656 號裁定。

二、建築物區分所有權之範圍

建築物區分所有權之範圍，從狹義至最廣義共有四種不同見解，本章採最廣義說，認為建築物區分所有權是結合專有部分、共有部分，包括建築物之共有部分、基地與規約等四種。

㈠專有部分

依新民法第 799 條第 2 項前段規定：「專有部分，指區分所有建築物在構造上及使用上可獨立，且得單獨為所有權之標的者。」而依公寓大廈管理條例第 3 條第 3 款規定之定義，專有部分係指公寓大廈之一部分，具有使用上之獨立性，且為區分所有之標的。二者之規定大致相同。蓋民法與公寓大廈管理條例兩者於性質、規範範圍及功能有其不同，應屬私法與公法之協力關係，此種雙軌規範體系之建構，應能有效率規範和諧之社會生活，並滿足其不同制定目的之需求❹。

㈡建築物之共有部分

依新民法第 799 條第 2 項後段規定：「共有部分，指區分所有建築物專有部分以外之其他部分及不屬於專有部分之附屬物。」而依公寓大廈管理條例第 3 條第 4 款規定之定義，共用部分係指公寓大廈專有部分以外之其他部分及不屬專有之附屬建築物，而供共同使用者。二者之規定亦大致相同。

㈢基　　地

依民法第 66 條規定：「稱不動產者，謂土地及其定著物」，足見，民法將土地上之建築物，規定為獨立之不動產，並可獨立於土地而為處分。但此一原則在區分所有權即無法適用❺。蓋依公寓大廈管理條例第 4 條第 2 項規定，專有部分不得與其所屬建築物共用部分之應有部分及其基地所有權或地上權之應有部分分離而為移轉或設定負擔。

㈣規　　約

規約係區分所有人權利義務之準則。舊民法原無規約之規定，但如規約之

---

❹　法務部，《民法物權編部分修正條文（通則章及所有權章）》，第 799 條第 2 項修正說明，2009 年 2 月，頁 47。

❺　謝哲勝，《民法物權》，三民書局，2007 年 9 月，頁 131。

約定對特定之區分所有人若有顯失公平之情事者，宜有救濟之途徑，故新民法第 799 條之 1 第 3 項規定：「規約之內容依區分所有建築物之專有部分、共有部分及其基地之位置、面積、使用目的、利用狀況、區分所有人已否支付對價及其他情事，按其情形顯失公平者，不同意之區分所有人得於規約成立後三個月內，請求法院撤銷之。」

三、舊民法之區分所有權

民法對於區分所有權之規範，主要見諸民法第 799 條、第 800 條，茲敘明如下：

㈠舊民法第 799 條

舊民法第 799 條規定：「數人區分一建築物，而各有其一部者，該建築物及其附屬物之共同部分，推定為各所有人之共有，其修繕費及其他負擔，由各所有人，按其所有部分之價值分擔之。」此一條文係直接繼受日本民法第 208 條而來，實際上，該條文原僅適用於分棟縱切型區分所有建築物。然為因應事實之需，最高法院於 1992 年間，承認亦適用於水平橫切型區分所有建築物❻。

㈡舊民法第 800 條

同一棟建築物有時僅有唯一正中宅門，且屬於某一區分所有權人專有，為使各區分所有權人能充分使用專有部分，民法第 800 條規定：「前條情形，其一部分之所有人，有使用他人正中宅門之必要者，得使用之。但另有特約或另有習慣者，從其特約或習慣。因前項使用，致所有人受損害者，應支付償金。」依此，有無使用他人正中宅門之必要者，應依客觀事實加以認定❼。

---

❻　最高法院 80 年度臺上字第 804 號判決要旨：數人區分一建築物而各有其一部分者，謂之建築物之區分所有。其區分之各部分為獨立之權利客體，成立單獨所有權。至其區分方法或為縱的分割，或為橫的分割，或為二者交互運用，無論分間、分層抑分套，在所不問。惟基於物權標的物獨立性之原則，必須在構造上及使用上均具有獨立性者，始足當之。

❼　例如基於婚喪喜慶之必要，雖有旁門或後門可供使用，但仍認為有使用他人正中宅門之必要。

參、新民法之區分所有權

　　2009 年新民法，針對舊民法就區分所有權規範之不足，已有諸多調整❽，茲將其條文內容與立法理由說明如下：

一、條文內容

㈠新民法第 799 條

　　新民法第 799 條規定：「稱區分所有建築物者，謂數人區分一建築物而各專有其一部，就專有部分有單獨所有權，並就該建築物及其附屬物之共同部分共有之建築物。（第 1 項）前項專有部分，指區分所有建築物在構造上及使用上可獨立，且得單獨為所有權之標的者。共有部分，指區分所有建築物專有部分以外之其他部分及不屬於專有部分之附屬物。（第 2 項）專有部分得經其所有人之同意，依規約之約定供區分所有建築物之所有人共同使用；共有部分除法律另有規定外，得經規約之約定供區分所有建築物之特定所有人使用。（第 3 項）區分所有人就區分所有建築物共有部分及基地之應有部分，依其專有部分面積與專有部分總面積之比例定之。但另有約定者，從其約定。（第 4 項）專有部分與其所屬之共有部分及其基地之權利，不得分離而為移轉或設定負擔。（第 5 項）」

㈡新民法第 799 條之 1

　　新民法第 799 條之 1 規定：「區分所有建築物共有部分之修繕費及其他負擔，由各所有人按其應有部分分擔之。但規約另有約定者，不在此限。（第 1 項）前項規定，於專有部分經依前條第三項之約定供區分所有建築物之所有人共同使用者，準用之。（第 2 項）規約之內容依區分所有建築物之專有部分、共有部分及其基地之位置、面積、使用目的、利用狀況、區分所有人已否支付對價及其他情事，按其情形顯失公平者，不同意之區分所有人得於規約成立後三個月內，請求法院撤銷之。（第 3 項）區分所有人間依規約所生之權利義務，繼受人

---

❽　溫豐文，〈區分所有建築物物權構造之解析〉，《月旦法學》，168 期，2009 年 5 月，頁 42。

應受拘束；其依其他約定所生之權利義務，特定繼受人對於約定之內容明知或可得而知者，亦同。（第 4 項）」

(三)新民法第 799 條之 2

新民法第 799 條之 2 規定：「同一建築物屬於同一人所有，經區分為數專有部分登記所有權者，準用第七百九十九條規定。」

(四)新民法第 800 條

新民法第 800 條規定：「第七百九十九條情形，其專有部分之所有人，有使用他專有部分所有人正中宅門之必要者，得使用之。但另有特約或另有習慣者，從其特約或習慣。因前項使用，致他專有部分之所有人受損害者，應支付償金。」

二、立法理由

(一)定　義

1.區分所有建築物之意義

新民法認為，所謂區分所有建築物者，必數人區分一建築物，各有其專有部分，始足當之，為明確計，乃將舊條文第 799 條第 1 項前段原規定之「各有其一部」修正列為第 1 項「各專有其一部」，並明定就該部分有單獨所有權，且就該建築物及其附屬物之共同部分，除另有約定者外，按各人專有部分面積比例而為共有。

2.就專有部分有單獨所有權之意義

新民法第 799 條所稱「就專有部分有單獨所有權」者，係指對於該專有部分有單一之所有權而言，與該單獨所有權係一人所有或數人共有者無關。舊條文後段規定移列新修正條文第 799 條之 1❾。

3.區分所有建築物專有部分之意義

按第 1 項所定區分建築物之專有部分與共有部分，宜以明文規定其範圍，俾杜爭議，爰增訂第 2 項。得為區分所有權客體之專有部分，除須具有使用之獨立性外，並以具有構造上之獨立性為必要❿。爰就此予以明定，以符物權客

❾ 法務部，《民法物權編部分修正條文（通則章及所有權章）》，第 799 條第 1 項修正說明，2009 年 2 月，頁 48。

❿ 最高法院 89 年度臺上字第 1377 號、93 年度臺上字第 2063 號、94 年度臺上字第

體獨立性之原則。至建築物經區分之特定部分是否具備構造上之獨立性，其需求嚴密之程度因客體用途之不同而有差異，隨著未來建築技術之發展，與社會生活之演變亦有寬嚴之不同，併予指明。

4. 專有部分之意義

區分建築物之專有部分經其所有人同意後，得依規約約定共同使用，共有部分亦得依規約約定由特定所有人使用，俾符物盡其用之旨。惟如其他法律對於共有部分之約定使用有特別規定者，應從其規定，爰增訂第 3 項。

於此應注意實務上認為，從而區分所有建物之專有部分，如為其他專有部分所圍繞，無法對外為適宜之聯絡，致不能為通常之使用，既與袋地之情形類似，法律就此情形，本應同予規範，因立法者之疏忽，而發生顯在之法律漏洞，自得類推適用民法第 787 條之規定[11]。

(二)修繕費之負擔

按區分所有建築物共有部分之修繕費及其他負擔，立法例上有「按其所有部分之價值」定之者，亦有依應有部分比例定之者，我國因缺乏如奧地利住宅法由法院鑑定專有部分價值之制度，民法第 799 條後段規定形同具文，為期簡便易行，爰仿民法第 822 條修正為原則上由各所有人按其應有部分分擔之，但規約另有約定者，不在此限，俾簡易可行，並維彈性，爰增訂新民法第 799 條之 1 第 1 項。

至於區分所有建築物之專有部分經約定供區分所有建築物之所有人共同使用者，該專有部分之修繕費及其他負擔應如何分擔，亦宜明文規定，以期明確，爰增訂新民法第 799 條之 1 第 2 項規定[12]。

(三)規約之內容

規約之約定對特定之區分所有人若有顯失公平之情事者，宜有救濟之途徑，爰增訂新民法第 799 條之 1 第 3 項。又規約之約定是否有顯失公平情事，須就各項具體因素及其他相關情形綜合予以斟酌，以為判斷之準據。至所謂不同意

1636 號民事判決。

[11]　最高法院 96 年度臺上字第 584 號判決。

[12]　法務部，《民法物權編部分修正條文（通則章及所有權章）》，第 799 條之 1 修正說明，2009 年 2 月，頁 51。

之區分所有人包括自始未同意該規約約定或未參與其訂定者在內。

㈣繼受人之繼受問題

區分所有建築物之各區分所有人因各專有該建築物之一部或共同居住其內，已形成一共同團體。而規約乃係由區分所有人團體運作所生，旨在規範區分所有人相互間關於區分所有建築物及其基地之管理、使用等事項，以增進共同利益，確保良好生活環境為目的，故區分所有人及其繼受人就規約所生之權利義務，依團體法法理，無論知悉或同意與否，均應受其拘束，方足以維持區分所有人間所形成團體秩序之安定。至區分所有人依其他約定所生之權利義務，其繼承人固應承受，但因非由團體運作所生，基於交易安全之保護，特定繼受人僅以明知或可得而知者為限，始受其拘束，爰增訂第4項。又所謂繼受人包括概括繼受與因法律行為而受讓標的之特定繼受人在內；區分所有人依法令所生之權利義務，繼受人應受拘束乃屬當然，無待明文，均併予指明。

三、使用他專有部分所有人正中宅門

㈠新民法第 800 條內容

新民法第800條規定：「第七百九十九條情形，其專有部分之所有人，有使用他專有部分所有人正中宅門之必要者，得使用之。但另有特約或另有習慣者，從其特約或習慣。因前項使用，致他專有部分之所有人受損害者，應支付償金。」

㈡新民法第 800 條修正理由

新民法第800條認為，他人正中宅門之使用僅適用於第799條建築物之區分所有。該條既已修正，第800條自應配合修正，爰將第1項「一部分」修正為「專有部分」，並將「他人」修正為「他專有部分所有人」。至於所謂特約，應有第799條之1第4項規定之適用，乃屬當然，併予敘明。

第2項之「所有人」配合前項修正為「他專有部分之所有人」，俾求前後用語一致❸。

---

❸ 法務部，《民法物權編部分修正條文（通則章及所有權章）》，第800條修正說明，2009年2月，頁54。

四、區分所有建築物之共用部分

　　區分所有建築物之共用部分，如地下室、樓頂、外牆、公共電梯、公共走廊等，依民法第 799 條第 4 項規定：「區分所有人就區分所有建築物共有部分及基地之應有部分，依其專有部分面積與專有部分總面積之比例定之。但另有約定者，從其約定。」惟此規定與公寓大廈管理條例第 9 條第 1 項之規定，略有不同❶。

肆、專屬之獨占使用問題

一、專屬之獨占使用

　　近代物權領域發展之重心，已逐漸由所有權轉變成利用權態樣，「物盡其用」往往成為立法者之優先考量，因此，如仍堅持以傳統上「共有共用」原則去使用前述之共用部分，將有可能因共有人間無法達到使用之共識，或是共有人間形成「三不管」之窘境，讓共用部分成為「無用部分」，使用機能無法被充分發揮，進而無法達成物盡其用的目的。

　　因此，當部分區分所有權人不需使用共用部分或物之性質不利於共同使用時，通常以設定「專用使用權」方式，由特定人專屬之獨占使用，例如由特定人在地下室或空地設置停車場、在頂樓加蓋房屋或在外牆懸掛廣告招牌等；依現今公寓大廈之共用部分使用情形而言，「共有專用」已成為一種常態，而法律原本之規定「共有共用」之型態，反而成少數例外情形。

---

❶ 民法第 799 條第 4 項規定與公寓大廈管理條例不同。公寓大廈管理條例第 9 條第 1 項規定：「各區分所有權人按其共有之應有部分比例，對建築物之共用部分及其基地有使用收益之權。但另有約定者從其約定」；按公寓大廈管理條例訂於 1995 年 6 月 28 日，歷經多次修正，最近一次修正於 2006 年 1 月 18 日。

二、專屬獨占使用之主體

專用權之主體，即取得專用權之人為特定人，亦或限定為特定之區分所有權人，亦值探討。在公寓大廈管理條例施行前，學者基於物盡其用之考量，多傾向於無論為區分所有權人或區分所有權人以外之第三人皆可取得專用權；不過該條例施行後，依其第 3 條第 5 款❶及第 58 條第 2 項❶規定，似乎已將專用權之主體限定不得由區分所有權人以外之第三人取得。另外，我國實務上亦認為，專用權不得單獨讓與第三人。故現行法上，惟有區分所有權人能取得專用權人之資格。

三、專屬獨占使用之客體

共用部分在構造上如有固定之使用方法，且屬於區分所有權人生活上所不可或缺者，如公共樓梯、走廊等，為避免影響區分所有權人的居住品質，甚至妨害其居住權，進而破壞物權法秩序，即不得設定專用權。而無論民法、公寓大廈管理條例或相關規章，均未正面表列孰可為專用權之客體，而於新公寓大廈管理條例第 3 條第 1 項第 4 款列舉出必要共用部分❶，該必要共用部分又稱為法定或當然共用部分，明訂禁止將之約定專用，以反面排除之方式勾勒出專用權客體之範圍，此部分涉及公寓大廈管理條例之規定，限於篇幅，本章僅討論民法物權部分。

排除前述公寓大廈管理條例第 3 條第 1 項第 3 款對專用權客體之限制後，專用權之客體為❶：

---

❶ 公寓大廈管理條例第 3 條第 5 款：「約定專用部分：公寓大廈共用部分經約定供特定區分所有權人使用者」。

❶ 公寓大廈管理條例第 58 條第 2 項：「公寓大廈之起造人或建築業者，不得將共用部分，包含法定空地、法定停車空間及法定防空避難設備，讓售於特定人或為區分所有權人以外之特定人設定專用使用權或為其他有損害區分所有權人權益之行為。」

❶ 新公寓大廈管理條例第 3 條第 1 項第 4 款規定：「共用部分：指公寓大廈專有部分以外之其他部分及不屬專有之附屬建築物，而供共同使用者。」

❶ 吳光明，前揭書，頁 250。

㈠區分所有建築物本身所占地面以外之空地

㈡區分所有建築物之共用部分

1.建築物之屋頂平臺或外牆部分

此部分為法定共用部分，得為專用權的客體，如在屋頂平臺設置廣告塔，或在外牆上懸掛霓虹等招牌等。

2.建築物之防空避難室與法定停車空間

此部分屬於建築法第 102 條之 1 第 1 項前段[19]及建築技術規則建築設計施工編第 59 條所定之必要設備，又受到內政部之限制[20]，一律以共同使用部分登記之，得設定為專用停車場或專用兒童遊樂場等。

㈢地下室

地下室究竟屬於專有部分或共用部分，可否成為專用權之客體，值得探討。

按地下室之用途，除使用執照已註明其獨立用途之外，一般可以區分為防空避難室、停車場或防空避難室兼作停車場。其產權登記方式，可登記為主建物或登記為共用。然而，從目前一般利用現狀觀之，通常為使建築面積可發揮「最大經濟效用」，一般均以防空避難室兼作停車場此種形式利用之[21]。

以社會上普遍之利用狀況觀之，地下室一般均以防空避難室兼作停車場之形式利用，就此使用目的而言，地下室應劃歸為全體區分所有權人之共用部分，並得約定專用。

四、專屬獨占使用權之發生

區分所有建築物專用權之設定方式有規約、公寓讓售契約、共有法理等[22]，茲分述如下：

---

[19]　建築法第 102 條之 1 第 1 項前段：「建築物依規定應附建防空避難設備或停車空間」；按建築法訂於 1938 年 12 月 26 日，歷經多次修正，最近一次修正於 2009 年 5 月 27 日。

[20]　最高法院 88 年度臺上字第 627 號判決。

[21]　停車場法第 21 條：「建築物附建之防空避難設備，其標準符合停車使用者，以兼作停車空間使用為限」；按停車場法訂於 1991 年 7 月 10 日，歷經多次修正，最近一次修正於 2001 年 5 月 30 日。

[22]　王澤鑑，《民法物權㈠——通則、所有權》，自版，1999 年 9 月，頁 214。

㈠依規約而設定

依民法第 799 條第 3 項規定:「專有部分得經其所有人之同意,依規約之約定供區分所有建築物之所有人共同使用;共有部分除法律另有規定外,得經規約之約定供區分所有建築物之特定所有人使用。」因此,區分建築物之專有部分經其所有人同意後,得依規約約定共同使用,共有部分亦得依規約約定由特定所有人使用,俾符物盡其用之旨。惟如其他法律對於共有部分之約定使用有特別規定者,應從其規定。

㈡依公寓讓售契約而設定

依公寓讓售契約而設定專用權方式,係指公寓大廈之原始出售人(通常為建商),一方面作成保留專屬獨占使用權之定型化契約,於分批讓售公寓房屋時,經承買人,亦即區分所有權人,簽約同意,他方面則與特定人締結專屬獨占使用權契約,而設定專用權❷。

在效力方面,此種買賣契約係由建商,亦即出賣人,與區分所有建築物之各個買受人分別先後訂立,基於債之相對性,買賣當事人間固受契約拘束。但就形式上觀之,各個買受人非契約當事人或其繼承人,其彼此間應不受專用使用權契約拘束,但如此解釋方式將導致專用權之約定失其意義❷。因此,未對各買受人或區分所有權人發生拘束力。

以目前公寓大廈之讓售實情觀之,公寓大廈之預售屋或成屋出售,建商亦原為準區分所有權人或區分所有權人中之一分子,其於銷售過程中,所持所有權比例逐漸降低,其地位並逐漸為買受人所取代,直到銷售完畢,完全退出區分所有團體為止。因此,應認為部分地位讓與。

㈢依共有之法理而設定

區分所有權人相互間,因共用部分成立共有關係,故可以基於共有之法理,將共用部分設定專用權給特定人使用,此乃共有物管理行為,依民法第 820 條第 1 項規定:「共有物之管理,除契約另有約定外,應以共有人過半數及其應有部分合計過半數之同意行之。但其應有部分合計逾三分之二者,其人數不予計

---

❷　溫豐文,〈專用使用權〉,《月旦法學》,72 期,2001 年 5 月,頁 12。

❷　林芳生,《建築物區分所有權之創設及其專用使用權》,東吳大學法律研究所碩士論文,1998 年 6 月,頁 88、89。

算。」蓋為促使共有物有效利用，立法例上就共有物之管理，已傾向依多數決為之❷，爰仿多數立法例，修正民法第 820 條第 1 項❷。

至於分管契約之效力為何，我國實務上見解前後不一，最高法院原認為❷，分管契約具有物權之效力，對應有部分之受讓人仍繼續存在，不過，嗣後司法院大法官解釋則又修正上述判例之見解❷，認為：「最高法院 48 年度臺上字第 1065 號判例，認為『共有人於與其他共有人訂立共有物分割或分管之特約後，縱將其應有部分讓與第三人，其分割或分管契約，對於受讓人仍繼續存在』，就維持法律秩序之安定性而言，固有其必要，惟應有部分之受讓人若不知悉有分管契約，亦無可得而知之情形，受讓人仍受讓與人所訂分管契約之拘束，有使善意第三人受不測損害之虞，與憲法保障人民財產權之意旨有違，首開判例在此範圍內，嗣後應不再援用。……」準此而言，依分管契約所設定之專用權，應視受讓人是否善意決定其效力，如受讓人知悉有專用權存在或可得而知，亦即受讓人為惡意時，專用權對受讓人繼續存在，反之，受讓人如為善意，則不存續。

五、專屬獨占使用權之消滅

㈠消滅之原因

一般而言，區分所有建築物專用權之消滅之原因，有下列數端：

1. 因權利一般消滅原因發生而消滅

專屬之獨占使用權亦屬於權利之一種，故適用權利一般消滅原因❷，如拋棄或標的物滅失，前者如專用權的拋棄，後者如專用權客體，亦即共用部分之

---

❷ 如瑞士民法第 647 條之 1、第 647 條之 2、日本民法第 252 條、義大利民法第 1105 條、第 1106 條、第 1108 條、奧國民法第 833 條、德國民法第 745 條。

❷ 法務部，《民法物權編部分修正條文（通則章及所有權章）》，第 820 條修正說明，2009 年 2 月，頁 69。

❷ 最高法院 48 年臺上字第 1065 號判例。

❷ 司法院釋字第 349 號解釋。

❷ 謝在全，〈區分所有建築物共用部分之管理──最高法院八十二年度臺上字第一八○二號民事判決評釋〉，《高雄律師會訊》，1 卷 6 期，1996 年 6 月，頁 32。

滅失，均將導致專用權歸於消滅。

關於專用權客體之滅失，以公寓大廈拆除重建為例，其拆除重建依公寓大廈管理條例第 13 條本文之規定❸，係經區分所有權人全體同意，故此時專用權之存續可循其徵求同意之協商程序中解決之，然如拆除重建係基於同條但書規定之原因者❸，其專屬之獨占使用權則應解為因使用客體已不存在而歸於消滅。

2.因存續期間屆至而消滅

如專用權設定時訂有存續期間，當存續期間屆至，則專用權歸於消滅❸。

3.因終止事由發生而消滅

如專用權設定時訂有終止事由，當終止事由發生，則專用權歸於消滅。

㈡爭議問題

有學者認為，專用權除在公寓大廈管理條例公布前取得者，本於法律不溯既往之原則，須經專用權人之同意，始得廢止；又如專用權係依規約或經區分所有權人會議特別決議取得者，則其廢止亦應依規約變更之程序或經區分所有權人會議之特別決議始得為之❸。

另有學者認為，無論取得專用權之方式為何，未定有存續期間或其他終了事由之專用權，為保障專用權人之法律地位，並維護交易安全，非經專用權人之同意，區分所有權人不得逕依集會決議或變更規約之方式使其消滅❸。

---

❸ 公寓大廈管理條例第 13 條前段規定：「公寓大廈之重建，應經全體區分所有權人及基地所有權人、地上權人或典權人之同意。」

❸ 公寓大廈管理條例第 13 條但書：「但有下列情形之一者，不在此限：一、配合都市更新計畫而實施重建者。二、嚴重毀損、傾頹或朽壞，有危害公共安全之虞者。三、因地震、水災、風災、火災或其他重大事變，肇致危害公共安全者。」

❸ 民法第 102 條第 2 項：「附終期之法律行為，於期限屆滿時，失其效力。」

❸ 謝在全，前揭文，頁 32。

❸ 溫豐文，〈論區分所有建物共用部分之專用權〉，《法令月刊》，41 卷 6 期，1990 年 6 月，頁 17。

伍、結　語

　　由於舊民法對於區分所有權之相關規定，頗有不足，況此一早年農業生活型態下所制定之條文，已難因應今日多變之生活態樣；嗣後民法已有增修，第799 條、第 799 條之 1、第 799 條之 2、第 800 條、第 800 條之 1。

　　按公寓大廈管理條例第 1 條之立法目的係為加強公寓大廈之管理維護，提升居住品質，該條例原係為行政機關基於管理之目的所制定，其規範重點在住戶之權利義務、管理組織及管理服務人等，與民法重在建築物各住戶所有權之物權關係有異。又以區分所有建築物之一部為客體之區分所有權乃所有權之特殊型態，民法應設有原則性規範，俾建立所有權制度之完整體系。民法與行政法規兩者於性質、規範範圍及功能有其不同，應屬私法與公法之協力關係，此種雙軌規範體系之建構，應能有效率規範和諧之社會生活，並滿足其不同制定目的之需求。

　　又民法中，即使有關相鄰關係之擴張解釋，亦無法解決基於因新型居住型態所生之區分所有權衍生之相鄰關係。新民法已經立法院三讀通過總統公布，希能周延地規範或解決公寓大廈所面臨之問題。

　　然而，吾人於處理相關公寓大廈案例時，除應考量新民法之立法目的外，「公寓大廈管理條例」遂成為我國區分所有權規範之重要依據之一，為達成「物盡其用」之經濟效能，惟有秉持此一基本前提，於運用新民法與公寓大廈管理條例中之相關規定時，才能掌握正確之適用方向。

第三編

用益物權

第 *16* 章
地上權

壹、概　說

地上權係以羅馬古代，將土地出租與他人建築房屋之法律關係為濫觴。德國民法於立法當時，原以為地上權利用機會甚少，故於民法物權編僅列六個條文，規定極為簡單，豈料其後地上權制度卻於大都市中大為盛行，以致原來民法有關地上權之規定，已不敷實際之需。

1919 年 1 月 15 日，德國另行制定地上權條例公布實施。此項地上權之立法，具有下列兩大特質❶，即(1)增強地上權人之保護；(2)融通性之提升。茲分述如下：

(1)增強地上權人之保護

由於土地所有人之經濟上地位，優於地上權人，土地所有人常挾其經濟上之優勢，約定各種苛酷條款，迫使地上權人接受，以獲取利益。為防止此弊端，德國地上權條例第 27 條、第 32 條規定，地上權期間屆滿時，或土地所有人行使地上權返還請求權時，原則上，土地所有人對於工作物或地上權，負有補償之義務。另同條例第 1 條第 3 項規定，地上權之設定，不得附有解除條件或相類之約款。同條例第 31 條規定，地上權人於地上權因期滿消滅時，有更新之優先權。

(2)融通性之提升

地上權既為大眾所利用，且其本質上係結合建築，而為獨立之不動產物權，故地上權構造上常與土地同視，德國地上權條例為強化其融通性而作諸多特別規定，例如為增強其安定性，盡量減少地上權消滅之原因。此外，又明定工作物具有讓與性，地上權得讓與，並得作為抵押權之標的物。

我國民法亦仿德國、瑞士民法，而有地上權之規定。惟我國民法與日本相同，將建築物與土地作為獨立個別之不動產處理，民法地上權之社會作用，乃重在使用他人之土地，故為典型之用益物權。

本章首先擬探討地上權之意義與要件；其次擬探討地上權之取得與存續期

❶　謝在全，《民法物權論》，中冊，修訂四版，自版，2007 年 6 月，頁 56、57。

間；復次擬探討地上權人之權利義務；再次擬探討地上權之消滅，包括存續期間屆滿、地上權之拋棄、地上權被撤銷、約定消滅事由發生、土地滅失、土地徵收等。此外，擬探討民法物權編修正草案於地上權此節內，所增訂之若干規定與理由。最後，再提出檢討與建議。

 ## 貳、地上權之意義與要件

一、地上權之意義

依修正前民法第 832 條規定：「稱地上權者，謂以在他人土地上有建築物，或其他工作物，或竹木為目的而使用其土地之權。」至於地上權之範圍，實務上認為，需以當事人設定之範圍為限，並非毫無限制，雖以建築物為目的者，並不以建築物或其他工作物本身占用之土地為限，然至多均需於當事人合意設定之範圍內才是❷。因此，土地登記謄本關於他項權利之「權利範圍」欄係指權利人就該項權利係單獨所有，抑或共有所為之註記，而與該他項權利所設定之範圍無涉。

二、地上權之要件

依民法第 832 條之規定，茲分述地上權之要件如下：

㈠地上權係存在於他人土地上之限制物權

地上權係以土地為對象之不動產物權，其設定將限制土地所有人之所有權，而使他人獲得對土地之支配權。因此，地上權為限制物權之一種。地上權設定之範圍，不必是全部土地，亦不以建築物，或其他工作物本身占用之土地為限，其周圍地之附屬地，亦包括在內。

㈡地上權之設立以在他人土地上有建築物或其他工作物或竹木為目的

依建築法第 4 條規定❸，所謂建築物，係指定著於土地上或地面下具有頂

---

❷　臺灣宜蘭地方法院 93 年度訴字第 179 號判決。

蓋、樑柱或牆壁，供個人或公眾使用之構造物或雜項工作物而言。至於所謂其他工作物，係指建築物以外，土地上下之一切設備、橋樑、溝渠、池塘、堤防、管道等。所謂竹木，係指以植林為目的之竹木而言。

地面上設定地上權後，在不妨害其利用之情形下，可就其上空為他人設定地上權。同理，亦可為使用土地地下而設定地上權。

㈢地上權係使用他人土地之物權

地上權以使用土地為目的,惟不以現有建築物或其他工作物或竹木為必要,可就無建築物或其他工作物或竹木存在之土地設定。依民法第841條規定，地上權不因工作物或竹木之滅失而消滅。

㈣地上權不以支付地租為要素

依民法第835條規定:「有支付地租之訂定者，其地上權人拋棄權利時，應於一年前通知土地所有人，或支付未到支付期之一年分地租。」由此反面解釋，可知地上權並不以支付地租為要素。

參、地上權之取得與存續期間

一、地上權之取得

地上權取得之原因，可分為二種，即因法律行為而取得以及因法律行為以外之原因而取得，茲分述如下:

㈠因法律行為而取得

因法律行為而取得地上權，屬於繼受取得。繼受取得可分為創設之繼受取得與移轉之繼受取得兩種。

創設之繼受取得，指基於當事人合意或遺囑而設定。移轉之繼受取得，指地上權人將其地上權讓與他人。

1.地上權之設定

---

❸ 參閱建築法第4條之規定，按建築法訂於1938年12月26日，歷經多次修正，最近一次修正於2009年5月27日。

　　當事人間可依契約而設定地上權，此種契約須土地所有人與地上權人間意思表示合意，並依民法第 760 條規定❹，以書面為之，再依同法第 758 條規定，經過登記，始生效力。登記內容，包括地上權設定之目的、地上權設定之期間、地租及付地租時期。

　　地上權設定契約，是以直接發生地上權為內容之土地所有人與地上權人間之物權契約。其原因行為可為買賣、贈與或遺囑。地上權之設定，亦得依遺囑為之，在遺囑發生效力時，受遺贈人有請求設定地上權之請求權，繼承人或遺囑執行人有履行之義務。因此，以遺囑設定地上權，並非物權行為。

2.地上權之讓與

(1)現行民法之規定

　　依民法第 838 條規定：「地上權人，得將其權利讓與他人。但契約另有訂定或另有習慣者，不在此限。」換言之，地上權之讓與須以書面為之，並經登記後，受讓人即取得地上權。當事人如以特約限制地上權之讓與，則其限制非經登記不得對抗善意第三人。

(2)民法修正草案之規定

　　由於地上權為財產權之一種，依其性質，地上權人原則上應得自由處分其權利，亦得以其權利設定抵押權，以供擔保債務之履行。為求周延，民法修正草案爰增列地上權人得以其權利設定抵押權，並將現行條文之「訂定」修正為「約定」後，改列為第 838 條第 1 項。

　　因前項約定，仍須登記，始足以對抗第三人，修正草案乃於第 838 條增訂第 2 項規定：「前項約定，非經登記，不得對抗第三人。」

　　又因有鑑於地上權之社會作用，係在調和土地與地上物間之使用關係，建築物或其他工作物通常不能脫離土地而存在，兩者必須相互結合，方能發揮其經濟作用。故地上權與其建築物或其他工作物之讓與或設定其他權利，應同時為之，以免地上物失其存在之權源，有違地上權設置之目的，故修正草案第 838 條乃另增訂第 3 項規定：「地上權與其建築物或其他工作物不得分離而為讓與或

---

❹　有關不動產物權之變動應具備書面方式，已於新民法第 758 條增訂第 2 項規定，舊民法第 760 條已無規定必要，爰予刪除。參閱法務部，《民法物權修正草案（通則章及所有權章）》，第 760 條修正說明，2009 年 1 月，頁 19。

設定其他權利。」

㈡因法律行為以外之原因而取得

因法律行為以外之原因而取得地上權，主要是指時效取得、繼承、法定地上權等三種。

1.時效取得

依新民法第 768 條至第 771 條之規定意旨，所謂時效取得所有權，是以所有之意思，在一定期間內，和平、公然繼續占有他人之物，而取得所有權。又依新民法第 772 條規定:「前五條之規定，於所有權以外財產權之取得，準用之。於已登記之不動產，亦同。」因此，地上權是所有權以外之財產權之一，自得因時效而取得❺。

2.繼　承

地上權為財產權之一種，因此，地上權人死亡時，其繼承人當然得以繼承之，但亦有例外情況，例如約定以地上權人之終身為地上權之存續期間者，一旦地上權人死亡時，其地上權即告消滅，自不得繼承。

3.法定地上權
⑴現行民法之規定

所謂法定地上權，係指土地及其建築物同屬一人所有，而僅以土地或僅以建築物為抵押，於抵押物拍賣時，視為已有地上權之設定。又依民法第 876 條規定:「設定抵押權時，土地及其土地上之建築物，同屬於一人所有，而僅以土地或僅以建築物為抵押者，於抵押物拍賣時，視為已有地上權之設定，其地租、期間由當事人協議定之。不能協議者，得聲請法院以判決定之。土地及其土地上之建築物，同屬於一人所有，而以土地及建築物為抵押者，如經拍賣，其土地與建築物之拍定人各異時，適用前項之規定。」

所謂法定地上權，必須符合四個要件:

a.必須在設定抵押時，土地已有建築物。

b.必須在設定抵押時，土地及其建築物同屬一人所有。

c.必須以拍賣方式，實行抵押權。

---

❺ 有關地上權之時效取得，詳請另參閱吳光明，〈時效取得地上權〉，《物權法新論》，新學林出版，2006 年 8 月，頁 277。

　　d.必須拍賣結果，致土地及其建築物各異其所有人。

　　茲舉一實務上之案例：某土地及其土地上所構築無頂蓋之鋼筋混凝土造養魚池設備，原同屬某甲所有，某甲先以土地抵押給某乙並憑借貸。未久，因周轉不靈，乃將土地拍賣，並由丙承買。嗣後，丙因請求甲將養魚池設備遷離，雙方遂生爭訟。針對此一案例，最高法院認為，該養魚池設備既非土地之構成部分而為繼續附著於土地上具獨立經濟價值之「土地上定著物」，與民法第 66 條第 1 項所定之土地及定著物應屬並列之各別不動產，分別得單獨為交易之標的，且該附著於土地上具獨立經濟價值之養魚池設備，性質上不能與土地使用權分離而存在，亦即使用養魚池設備必須使用該養魚池之地基，故土地及土地上之養魚池設備同屬一人所有，而將土地及養魚池設備分開同時或先後出賣，其間縱無地上權之設定，亦應推斷土地承買人默許養魚池設備所有人得繼續使用該土地，並應認該養魚池設備所有人對土地承買人有支付相當租金之租賃關係存在❻。

⑵修正草案之規定

　　土地及其土地上之建築物，同屬於一人所有，宜將土地及其建築物，併予查封、拍賣❼。如未併予拍賣，致土地與其建築物之拍定人各異時，為避免建築物被拆除危及社會經濟利益，並解決建築物基地使用權問題，爰有必要明定此時視為已有地上權之設定。惟於上開情形，其地租、期間及範圍，基於私法自治之原則，宜由當事人協議定之。如土地及其土地上之建築物同屬一人所有，執行法院僅就土地或建築物拍賣時，依前述同一理由，亦宜使其發生法定地上權之效力，為此，民法修正草案乃增訂第 838 條之 1 明定：「土地及其土地上之建築物同屬一人所有，因強制執行之拍賣，其土地與建築物之拍定人各異時，視為已有地上權之設定，其地租、期間及範圍，由當事人協議定之，不能協議者，得聲請法院以判決定之。其僅以土地或建築物拍賣時，亦同。」

二、地上權之存續期間

　　關於地上權之存續期間，現行民法並無明文，一般而言，有兩種情形：

❻　最高法院 91 年度臺上字第 815 號判決。

❼　參閱強制執行法第 75 條第 3 項、辦理強制執行事件應行注意事項 47。

㈠當事人間定有期間者

地上權存續期間，如當事人於設定時，以契約約定者，從其約定。換言之，當事人間可自由約定地上權之存續期間。

㈡當事人間未定期間者

1.現行民法之規定

民法第 841 條規定：「地上權不因工作物或竹木之滅失而消滅。」故當事人間如未定期間，即法律上所謂之「地上權之永續性」。換言之，於當事人間未定期間情況下，地上權人得無限期使用他人之土地。但有下列兩種情況是例外：

⑴有習慣者，從其習慣。

⑵無習慣者，則可請求法院斟酌工作物之種類，及經過時期，酌定期間。

又依現行民法第 834 條第 1 項規定：「地上權未定有期限者，地上權人得隨時拋棄其權利。但另有習慣者，不在此限。」惟此一規定，特別限制以「未定有期限」為前提，與目前社會實際之需，已有落差。

2.民法修正草案之規定

地上權雖未定有期限，但因非有相當之存續期間，難達土地利用之目的，不足以發揮地上權之社會機能。又因科技進步，建築物或工作物之使用年限有日漸延長之趨勢，為發揮經濟效用，兼顧土地所有人與地上權人之利益，故民法修正草案乃增訂第 833 條之 1，其第 1 項為：「地上權未定有期限者，存續期間逾二十年後，法院得因土地所有人或地上權人之聲請，斟酌建築物或工作物之種類、性質及利用狀況等情形，定其繼續存在之期間。」換言之，明定土地所有人或地上權人均得於逾二十年後,聲請法院斟酌建築物或工作物之各種狀況，而定地上權之存續期間。此項聲請係變更原物權之內容，性質上為形成判決，應以形成之訴為之，併予敘明。

又以公共建設為目的而成立之地上權❽，原即難以定其使用年限，宜排除第 1 項之適用，故修正草案第 833 條之 1 乃增訂第 2 項，明定以公共建設為目的而成立之地上權，不適用其規定。

就事實而言，無支付地租之地上權，無論是否定有期限，地上權人拋棄其權利，對於土地所有人有利而無害，故修正草案第 834 條，乃將現行同條文第

---

❽　此所謂以公共建設為目的而成立之地上權，例如大眾捷運、高速鐵路等是。

1 項以地上權未定有期限者，地上權人始得隨時拋棄權利之限制規定，修正為
「地上權無支付地租之約定者，地上權人得隨時拋棄其權利。」又從保障土地所
有人之利益言，縱有不同之習慣，亦無規定之必要，修正草案第 834 條乃將原
條項「但另有習慣者，不在此限」之但書刪除❾。

　　又現行條文第 2 項「前項拋棄，應向土地所有人以意思表示為之」之規定，
牽涉拋棄之方式，不僅為地上權之問題，其他限制物權亦有之，修正草案第 834
條乃將本項刪除，移列於第 764 條，作一概括規定。

肆、地上權人之權利義務

一、地上權人之權利

　　地上權設定後，地上權人即享有對土地之直接支配權。茲分述如下：

㈠地上權人對土地之占有與收益權

　　地上權人為使用土地之物權，因此，其以占有土地必要，因而受到占有規
定之保護，享有物上請求權。地上權之內容為土地之使用，故使用土地為地上
權人之主要權利。使用土地時，必須基於設定行為所定之目的範圍為之。設定
行為不僅可就建築物，工作物或竹木全部或一部限定其目的範圍，甚至對其種
類亦可加以限定。

㈡地上權人享有相鄰關係之權利

　　地上權人在其目的範圍內行使權利，屬於所有權人之地位，依民法第 833 條
規定，自得行使相鄰關係之權利。

㈢地上權人之處分權

　　地上權人可經由下列方式，自由處分其權利：

1.讓　與

　　依民法第 838 條規定：「地上權人，得將其權利讓與他人。但契約另有訂定

---

❾　法務部，《民法物權修正草案 (用益物權及占有)》，行政院版民法第 834 條修正說明，
　　2009 年 8 月，頁 4。按此部分之修正已送立法院審議。

或另有習慣者，不在此限。」此部分修正草案另有規定，已如前述。

2. 抵　押

依民法第 882 條規定，地上權得為抵押權之標的物。修正草案第 838 條第 1 項乃規定：「地上權人得將其權利讓與他人或設定抵押權。但契約另有約定或另有習慣者，不在此限。」蓋地上權為財產權之一種，依其性質，地上權人原則上得自由處分其權利，亦得以其權利設定抵押權，以供擔保債務之履行。為周延計，爰增列地上權人得以其權利設定抵押權，並將現行條文之「訂定」修正為「約定」後，改列為第 1 項❿。

㈣有益費用之償還

地上權消滅時，地上權人就其所支出之改良費用，亦即有益費用，可請求所有權人償還。

㈤工作物及竹木之取回權

依民法第 839 條規定：「地上權消滅時，地上權人得取回其工作物及竹木。但應回復土地原狀。前項情形，土地所有人以時價購買其工作物，或竹木者，地上權人不得拒絕。」此項取回權，修正草案另有規定，容後敘述。

㈥建築物之補償

依民法第 840 條規定：「地上權人之工作物為建築物者，如地上權因存續期間屆滿而消滅，土地所有人，應按該建築物之時價為補償。但契約另有訂定者，從其訂定。土地所有人，於地上權存續期間屆滿前，得請求地上權人，於建築物可得使用之期限內，延長地上權之期間。地上權人拒絕延長者，不得請求前項之補償。」有關按建築物之時價為補償問題，修正草案為符建築物之社會經濟功能，已另行規定要求必須經過一定之催告程序，其內容詳如後述。

二、地上權人之義務

㈠支付地租之義務

1. 現行民法之規定

地租是地上權人對土地所有人支付使用土地之代價，實務上認為，地上權

---

❿　法務部，《民法物權修正草案（用益物權及占有）》，行政院版民法第 838 條第 1 項修正說明，2009 年 8 月，頁 9。按此部分之修正已送立法院審議。

得為有償，亦得為無償，如為有償，其使用土地之對價則稱地租或租金，此觀同法第 835 條至第 837 條之規定自明❶。

　　雖然地租不是地上權成立之要件，但當事人間有支付地租之約定時，地上權人即有支付地租之義務。地租之標的、支付之方法，以及租額若干，由當事人約定之。

　　當事人無約定地租時，地租之標的以金錢為原則，支付方法可準用民法第 439 條規定：「承租人應依約定日期，支付租金；無約定者，依習慣；無約定亦無習慣者，應於租賃期滿時支付之。如租金分期支付者，於每期屆滿時支付之。如租賃物之收益有季節者，於收益季節終了時支付之。」

　　又依民法第 837 條規定：「地上權人，縱因不可抗力，妨礙其土地之使用，不得請求免除或減少租金。」再依民法第 836 條第 1 項規定：「地上權人積欠地租達二年之總額者，除另有習慣外，土地所有人，得撤銷其地上權。」但該地上權之撤銷僅具有相對效力，不能害及第三人之既得權。地上權之撤銷，依登記而生絕對效力。

2.修正草案之規定

　　支付地租而定有期限之地上權，於地上權人拋棄其權利時，對土地所有人而言，較諸支付地租而未定有期限之地上權人拋棄權利之影響為大，為保障其利益，修正草案第 835 條乃修正第 1 項規定明定：「地上權定有期限，而有支付地租之約定者，地上權人得支付未到期之三年分地租後，拋棄其權利。」至殘餘之地上權期限不滿三年者，即無此項規定之適用，僅應支付殘餘期間之地租，自不待言。

　　至支付地租而未定有期限之地上權人，應於一年前通知土地所有人，或支付未到期之一年分地租後，始得拋棄其權利，修正草案第 835 條乃增訂第 2 項規定：「地上權未定有期限，而有支付地租之約定者，地上權人拋棄權利時，應於一年前通知土地所有人，或支付未到期之一年分地租。」

　　又地上權制度，旨在充分使用土地，如因不可歸責於地上權人之事由，致不能達原來使用土地之目的時，應許地上權人拋棄其權利。惟為兼顧土地所有人及地上權人雙方之利益，拋棄後，其危險由雙方平均負擔，故修正草案第 835

---

❶　最高法院 67 年臺上字第 3779 號判例、86 年度臺上字第 295 號判決。

條乃增訂第 3 項規定：「因不可歸責於地上權人之事由，致土地不能達原來使用之目的時，地上權人於支付前二項地租二分之一後，得拋棄其權利；其因可歸責於土地所有人之事由，致土地不能達原來使用之目的時，地上權人亦得拋棄其權利，並免支付地租。」⑫

此外，由於土地之價值，在社會經濟有變遷之情形下，常多變動，如於地上權設定後，因土地價值之昇降，地上權人給付原定地租，依一般觀念顯然不公平者，為保障雙方當事人之權益，並避免爭議，修正草案乃增訂第 835 條之 1，其第 1 項規定：「地上權設定後，因土地價值之昇降，依原定地租給付顯失公平者，當事人得請求法院增減之。」換言之，於此情形，宜由當事人提起民事訴訟，聲請法院以判決增減其地租，以期允當⑬。

又原未訂有地租之地上權，如因土地所有人就土地之租稅及其他費用等負擔增加，而非設定地上權當時所得預料者，如仍令土地所有人單獨負擔，顯失公平，基於情事變更法則，當事人亦得提起民事訴訟，聲請法院酌定地租，故修正草案第 835 條之 1 第 2 項規定：「未訂有地租之地上權，如因土地之負擔增加，非當時所得預料，仍無償使用顯失公平者，土地所有人得請求法院酌定其地租。」

㈡回復土地原狀義務

1. 現行民法之規定

依民法第 839 條第 1 項規定：「地上權消滅時，地上權人得取回其工作物及竹木。但應回復土地原狀。」

2. 修正草案之規定

為配合民法第 832 條之修正，修正草案第 839 條第 1 項乃將現行條文「及竹木」三字刪除，並將現行條文第 2 項調移列為第 3 項，並酌作文字修正。又地上權消滅時，地上權人有取回其工作物之權利。惟地上權人如不欲行使取回權時，工作物究竟應如何處理？現行法尚無明文規定，易滋疑義，為明確計，

---

⑫　法務部，《民法物權修正草案（用益物權及占有）》，行政院版民法第 835 條修正說明，2009 年 8 月，頁 5。按此部分之修正已送立法院審議。

⑬　法務部，《民法物權修正草案（用益物權及占有）》，行政院版民法第 835 條之 1 修正說明，2009 年 8 月，頁 6。按此部分之修正已送立法院審議。

修正草案第 839 條乃增訂第 2 項:「地上權人不於地上權消滅後一個月內取回其工作物者,工作物歸屬於土地所有人。其有礙於土地之利用者,土地所有人得請求回復原狀。」以兼顧土地所有人之權益。

　　再者,為促使土地所有人早日知悉地上權人是否行使取回權,爰修正地上權人取回其工作物前,有通知土地所有人之義務。又依現行條文第 2 項規定,土地所有人行使購買權時,地上權人有無拒絕之權,不無疑問❶,修正草案第 839 條第 3 項乃明定:「地上權人取回其工作物前,應通知土地所有人。土地所有人願以時價購買者,地上權人非有正當理由,不得拒絕。」以期明確❶。

伍、地上權之消滅

　　地上權為物權之一種,當然因物權之一般消滅原因而消滅,除此之外,法律就地上權消滅之原因,有兩項特別規定,茲分述如下:

一、存續期間屆滿

㈠現行民法之規定

　　有期限之物權,在存續期間屆滿時,歸於消滅。地上權當然亦不例外。依民法第 840 條規定:「地上權人之工作物為建築物者,如地上權因存續期間屆滿而消滅,土地所有人,應按該建築物之時價為補償。但契約另有訂定者,從其訂定。土地所有人,於地上權存續期間屆滿前,得請求地上權人,於建築物可得使用之期限內,延長地上權之期間。地上權人拒絕延長者,不得請求前項之補償。」

　　民法第 832 條所定之地上權,得以約定之存續期限為期限,此與民法第 876 條第 1 項規定之法定地上權,則有差異。實務上認為,民法第 876 條第 1 項規

---

❶　地上權人有無拒絕之權,學者間見解不一,按諸公平原則及參考我民法第 919 條、日本民法第 269 條第 1 項但書規定,修正草案有必要作一修正。

❶　法務部,《民法物權修正草案(用益物權及占有)》,行政院版民法第 839 條修正說明,2009 年 8 月,頁 10、11。按此部分之修正已送立法院審議。

定之法定地上權，係為維護土地上建築物之存在而設，則於該建築物滅失時，其法定地上權即應隨之消滅，此與民法第 832 條所定之地上權，得以約定其存續期限，於約定之地上權存續期限未屆至前，縱地上之工作物或竹木滅失，依同法第 841 條規定其地上權仍不因而消滅者不同 ❶❻。

㈡修正草案之規定

地上權人之工作物為建築物者，如地上權因存續期間屆滿而歸消滅，究由土地所有人購買該建築物，抑或延長地上權期間，實有必要盡速確定，俾該建築物能繼續發揮其社會經濟功能，爰於第 840 條第 1 項增列「地上權人得於期間屆滿前，定一個月以上之期間，請求土地所有人按該建築物之時價為補償」之規定，並將但書中之「訂定」修正為「約定」。至於地上權人所定一個月以上期間之末日，不得在地上權存續期間屆滿之日之後，乃當然之理。

又為維持建築物之社會經濟功能，兼顧地上權人之利益，並迅速確定其法律關係，修正草案乃於第 840 條第 2 項增訂「土地所有人拒絕地上權人前項補償之請求或於期間內不為確答者，地上權之期間應酌量延長之。地上權人不願延長者，不得請求前項補償。」之規定，使地上權期間當然接續原存續期間而延長，僅生應延長期間之長短問題。

如土地所有人願按該建築物之時價補償，由地上權人與土地所有人協議定之，於不能協議時，地上權人或土地所有人得聲請法院為時價之裁定。如土地所有人不願依裁定之時價補償時，適用第 2 項之規定酌量延長地上權之期間，修正草案第 840 條乃增訂第 3 項：「第一項之時價不能協議者，地上權人或土地所有人得聲請法院裁定之，土地所有人不願依裁定之時價補償者，適用前項之規定。」至於上述聲請法院為時價之裁定，性質上係非訟事件 ❶❼。

依第 840 條第 2 項規定地上權應延長期間者，其延長之期間為何，亦由土地所有人與地上權人協議定之，於不能協議時，土地所有人或地上權人得聲請法院斟酌建築物與土地使用之利益，以判決酌定延長其期間，修正草案第 840 條乃增訂第 4 項：「依第二項規定延長期間者，其期間由土地所有人與地上權人協

---

❶❻ 最高法院 85 年臺上字第 447 號判例。

❶❼ 參閱非訟事件法第 182 條第 1 項有關收買股份價格之裁定。按非訟事件法訂於 1964 年 5 月 28 日，歷經多次修正，最近一次修正於 2005 年 2 月 5 日。

議定之；不能協議時，得請求法院斟酌建築物與土地使用之利益，以判決定之。」
又此項聲請，應依民事訴訟程序行之，性質上係形成之訴，法院酌定期間之判
決，為形成判決。

依上開第 4 項延長期間，以一次為限，故於延長之期間屆滿後，不再適用
第 1 項及第 2 項之規定，俾免反覆綿延；但如土地所有人與地上權人另達成協
議延長地上權期間者，當尊重其協議❸，修正草案第 840 條乃增訂第 5 項規定：
「前項期間屆滿後，除經土地所有人與地上權人協議者外，不適用第一項及第
二項規定。」

至地上權非因存續期間屆滿而消滅者，因建築物屬工作物之一種，應回歸
第 839 條之適用，要屬當然。

二、地上權之拋棄

㈠現行民法之規定

拋棄為權利消滅之原因之一，地上權自可因拋棄而消滅。有支付地租之地
上權定有期限者，地上權人應支付全期所有地租，始得拋棄；未定有期限之地
上權人，依民法第 835 條規定，於一年前通知土地所有人，或支付未到支付期
之一年分地租，始得拋棄。

無地租之地上權定有期限時，地上權人到期可拋棄；無地租之地上權未定
有期限者，依民法第 834 條第 1 項規定，地上權人得隨時拋棄其權利。

㈡修正草案之規定

修正草案認為，無支付地租之地上權，無論是否定有期限，地上權人拋棄
其權利，對於土地所有人有利而無害，故修正草案乃將現行條文第 834 條第 1
項以地上權未定有期限者，地上權人始得隨時拋棄權利之限制規定加以修正。
又從保障土地所有人之利益言，縱有不同之習慣，亦無規定之必要，修正草案
第 834 條乃將原條文第 1 項「但另有習慣者，不在此限」之但書刪除，而改為：
「地上權無支付地租之約定者，地上權人得隨時拋棄其權利。」

又現行條文第 2 項「前項拋棄，應向土地所有人以意思表示為之」之規定，

❸　法務部，《民法物權修正草案（用益物權及占有）》，行政院版民法第 840 條修正說明，
2009 年 8 月，頁 11–13。按此部分之修正已送立法院審議。

牽涉拋棄之方式，不僅為地上權之問題，其他限制物權亦有之，爰將本項刪除，移列於第 764 條，作一概括規定❶。

三、地上權被撤銷

㈠現行民法之規定

依民法第 836 條第 1 項規定：「地上權人積欠地租達二年之總額者，除另有習慣外，土地所有人，得撤銷其地上權。」又該地上權之撤銷，依民法第 836 條第 2 項規定，應向地上權人以意思表示為之，並依民法第 758 條規定，經登記始生效力。

㈡修正草案之規定

1.終止地上權與地租問題

民法修正草案認為，依本法第 114 條規定，法律行為經撤銷者，視為自始無效。惟本條所謂撤銷地上權，並無溯及效力，僅係向將來發生消滅效力，其性質應為終止權，故修正草案第 836 條第 1 項乃將本條「撤銷」二字修正為「終止」。

又地上權人積欠地租達二年之總額，土地所有人終止地上權前，仍應踐行定期催告程序，以兼顧地上權人之利益❷，為明確計，爰以明文規定之。

又地上權經設定抵押權者，為保障抵押權人之權益，修正草案第 836 條第 1 項後段乃增訂，土地所有人於催告地上權人時，應同時將催告之事實通知抵押權人，俾抵押權人得以利害關係人之身分代位清償，使地上權不被終止。

地上權有地租之約定經登記者，因該地租已為地上權之內容，具有物權效力。地上權讓與時，受讓人即應繼受讓與人積欠地租，合併計算其地租額，並由受讓人負連帶清償責任，以保障土地所有人之權益，惟受讓人就前地上權人積欠之地租清償後，得否向該前地上權人求償，則依其內部關係定之。如地租之約定未經登記者，則僅發生債之關係，地上權讓與時，該地租債務並不當然由受讓人承擔，修正草案第 836 條乃增訂第 2 項：「地租之約定經登記者，地上

---

❶　法務部，《民法物權修正草案（用益物權及占有）》，行政院版民法第 834 條修正說明，2009 年 8 月，頁 4。按此部分之修正已送立法院審議。

❷　最高法院 68 年度臺上字第 777 號判例。

權讓與時，前地上權人積欠之地租，應併同計算。受讓人就前地上權人積欠之地租，應與讓與人連帶負清償責任。」現行條文第 2 項移列於第 3 項，並將「撤銷」修正為「終止」規定為：「第一項終止，應向地上權人以意思表示為之。」

此外，地上權有地租之約定，而其預付地租之事實經登記者，發生物權效力，足以對抗第三人，故土地所有權讓與時，受讓人亦受拘束。惟已預付地租之事實未經登記者，僅發生債之效力，不能對抗第三人，地上權人仍應向受讓人支付地租，惟其得向讓與人請求返還該預付部分，始為公平❹，行政院版修正草案乃增訂第 836 條之 1 規定：「土地所有權讓與時，已預付之地租，非經登記，不得對抗第三人。」

2.約定使用方法

地上權約定之使用方法經登記者，方能構成地上權之內容，發生物權效力，足以對抗第三人，故土地及地上權之受讓人或其他第三人（例如抵押權人），當受其拘束，行政院版修正草案乃增訂第 836 條之 2，規定：「地上權人應依設定之目的及約定之使用方法，為土地之使用收益；未約定使用方法者，應依土地之性質為之，並均應保持其得永續利用。（第 1 項）前項約定之使用方法，非經登記，不得對抗第三人。（第 2 項）」

又地上權設定目的，旨在土地之使用，故土地所有人與地上權人間每有約定使用方法。地上權人只得依約定方法行使地上權，如違反其使用方法，應使土地所有人有阻止之權。如經阻止而仍繼續為之者，並使土地所有人有終止地上權之權，以保護土地所有人，修正草案乃仿民法第 438 條之立法體例，增訂第 836 條之 3，規定：「地上權人違反前條第一項規定，經土地所有人阻止而仍繼續為之者，土地所有人得終止地上權。地上權經設定抵押權者，並應同時將該阻止之事實通知抵押權人。」

四、約定消滅事由發生

地上權當事人間如有約定消滅事由時，一旦事由發生，則地上權因之而消滅。例如約定地上物滅失時，地上權消滅；或約定有特殊事由發生時，土地所

---

❹　法務部，《民法物權修正草案（用益物權及占有）》，行政院版民法第 836 條之 1 修正說明，2009 年 8 月，頁 7。按此部分之修正已送立法院審議。

有人得終止地上權者，則在此等事由發生時，地上權自生消滅之原因，或土地所有人得終止地上權。惟此仍須辦理塗銷地上權登記，始生消滅之效力。

五、土地滅失

地上權之標的為土地，土地如因自然原因而滅失，則地上權自然隨之而消滅。

六、土地徵收

土地法第 208 條至第 247 條❷，訂有國家因公共事業之需要，或政府機關因實施經濟政策之需要等，而得徵收土地之各種要件，在上述土地法所列舉之要件下，土地之地上權因土地被徵收而消滅，此際，地上權人自有權請求損害賠償。

地上權消滅後，地上權人負有交還土地之義務，並應塗銷地上權之登記。此外，地上權人亦有權取回其工作物及竹木，但應回復土地原狀。地上權人對於留在其土地上之建築物，可要求土地所有人，應按該建築物之時價為補償。

陸、修正草案之簡介與評析

一、簡　介

綜合上述，1999 年以及 2009 年民法物權修正草案有關「地上權」部分之修正不少，茲分述如下：

　㈠修正地上權之意義。

　㈡刪除第 833 條有關「相鄰關係規定之準用」之規定。

　㈢增訂未定有期限之地上權得由法院定存續期間之規定。

　㈣修正無支付地租之地上權人得隨時拋棄地上權之規定。

　㈤修正有支付地租之地上權人拋棄地上權時應盡之義務。

---

❷　參閱土地法第 208 條至第 247 條規定。按土地法訂於 1930 年 6 月 30 日，歷經多次修正，最近一次修正於 2006 年 6 月 14 日。

㈥增訂因情事變更之地租增減請求權。

㈦修正地上權終止之要件。

㈧增訂土地所有權讓與時，已預付地租之效力規定。

㈨增訂地上權約定之使用方法經登記者，具有物權效力之規定。

㈩增訂土地所有權人終止地上權之規定。

㈠增訂地上權人得以其權利設定抵押權及地上權不得單獨讓與之限制規定。

㈡增訂法定地上權之規定。

㈢明定工作物取回前，地上權人應盡通知之義務及地上權人不取回時，其工作物之歸屬。

㈣修正地上權人之工作物為建築物時之補償規定。

㈤增訂默示地上權期間延長之規定。

㈥增訂地上權消滅不能依相關規定為補償或延長期間者之準用規定。

㈦修正地上權不因工作物等之滅失而消滅之規定。

㈧另外，修正草案亦已納入區分地上權之概念，並規定於民法修正草案第 841 條之 1 至第 841 條之 5，此一增訂，值得肯定㉓，惟區分地上權非本文主體，限於篇幅，茲不贅述。

二、評　析

㈠預付地租及約定使用方法問題

由於大法官會議解釋㉔認為：「最高法院 48 年度臺上字第 1065 號判例，認為『共有人於與其他共有人訂立共有物分割或分管之特約後，縱將其應有部分讓與第三人，其分割或分管契約，對於受讓人仍繼續存在』，就維持法律秩序之安定性而言，固有其必要，惟應有部分之受讓人若不知悉有分管契約，亦無可得而知之情形，受讓人仍受讓與人所訂分管契約之拘束，有使善意第三人受不測損害之虞，與憲法保障人民財產權之意旨有違，首開判例在此範圍內，嗣後應不再援用。至建築物為區分所有，其法定空地應如何使用，是否共有共用或

㉓　謝哲勝，〈民法物權編修正草案綜合評析〉，《民法物權編修正草案學術研討會論文集》，財產法暨經濟法，2006 年 2 月，頁 69。

㉔　大法官會議解釋釋字第 349 號，《司法院公報》，36 卷 8 期，頁 1–11。

共有專用，以及該部分讓與之效力如何，應儘速立法加以規範，併此說明。」因此，本文亦贊同學者意見❷，亦即民法修正草案第 836 條之 1 應修正為：「土地所有權讓與時，已預付之地租，非經登記，不得對抗善意並無過失之受讓人。」而第 838 條之 2 應修正為：「地上權約定之使用方法，非經登記，不得對抗善意並無過失之土地及地上權之受讓人或其他第三人。」

㈡法定地上權問題

法定地上權規定於民法第 876 條與修正草案第 838 條之 1，與推定租賃之情形相類似，均在解決房屋與土地非同一人之問題，其差異僅在於修正草案第 838 條之 1 係私法買賣行為，民法第 876 條係法院拍賣行為❷。不過，民法第 876 條與修正草案第 838 條之 1，二者是否應分別規定，學者意見不一：

1.肯定說

肯定說認為應分別規定，蓋在讓與之情形，推定其有租賃關係，於強制執行之拍賣，則視為已有地上權之設定，立法目的或在保護拍定人，並強化強制執行拍賣之功能❷。又有認為，民法第 425 條之 1 立法政策上基於僅適於使其形成債之關係之立場，並無容許使用土地之人得享有地上權❷。再者，民法係屬一般市民之私權利義務規範，故無依土地法第 102 條規定，由房屋所有人請求登記地上權之問題，並認為本條讓與之概念，不排除公法上強制執行之拍賣或變賣❷。

2.否定說

否定說認為，民法第 876 條與修正草案第 838 條之 1，二者應是統一之規定，在民法第 425 條之 1 所定情形，房屋受讓人對房屋基地有法定地上權，該地上權之登記在民法第 422 條之 1 所適用者為登記生效主義，在民法第 876 條所適用者為登記對抗主義❸。又有認為，房屋與土地同屬於一人時，利用權被

---

❷ 謝哲勝，前揭文，頁 68。

❷ 林誠二，〈法律推定租賃關係〉，《月旦法學》，81 期，2002 年 2 月，頁 10。

❷ 王澤鑑，《民法物權㈡——用益物權、占有》，自版，2003 年 10 月，頁 52。

❷ 朱柏松，〈論房地異主時房屋所有人之土地使用權——評最高法院八十八年臺上字第二一九三號判決〉，《月旦法學》，57 期，2000 年 1 月，頁 173。

❷ 朱柏松，前揭文，頁 172、176。

包含在土地所有權之中，須待各異其主時，才成為顯在之狀態，換言之，此時利用權始顯然出現❸❶。因此，似宜刪除民法第 876 條與第 425 條之 1 之規定。另增訂自己地上權之規定❸❷，使房屋與土地從同屬於一人所有變為不同屬於一人所有時，房屋所有人當然具有土地之使用權。

3. 小　結

　　就前述兩種見解，採肯定說之學者，似乎有意區分自願移轉與強制移轉，或區分債之關係與物權之關係，以合理化民法第 876 條與修正草案第 838 條之 1 分別規定之不同法律效果，但其解釋之結果，民法第 425 條之 1 之規定亦可能適用在強制拍賣，其前一理由即難以合理化。就後一理由言，在民法第 422 條之 1 基地租賃可請求為地上權登記之規定下，其實亦難有區分之實益。蓋民法第 876 條與第 425 條之 1 之規定，其實在解決相同之問題，將所有物設定抵押權時，即依民法第 876 條法定地上權之規定處理，否則即依民法第 425 條之 1 之規定處理，並無法自圓其說。

　　再者，實務上認為，土地與房屋為各別之不動產，各得單獨為交易之標的，且房屋性質上不能與土地使用權分離而存在，亦即使用房屋必須使用該房屋之地基，故土地及房屋同屬於一人，而將土地及房屋分開、同時或先後出賣，其間雖無地上權設定，然除有特別情事，可解釋為當事人之真意，限於賣屋而無基地之使用外，均應推斷土地承買人默許房屋承買人繼續使用土地❸❸。尋繹其規範之本旨，乃側重於房屋所有權與基地利用權一體化之體現，並基於房屋既得使用權保護原則之考量，進一步肯認基地使用權不因基地物權之嗣後變動而受影響，藉以調和土地與建物之利用關係，庶符社會正義之要求。是房屋所有人對土地所有人原已取得基地利用權，嗣將土地或房屋出賣因致房地異主時，雖與上開判例所稱之「土地及房屋同屬一人」情形未盡相同，但就該判例規範

---

❸⓪　黃茂榮，《債法各論》，第一冊，植根，2003 年 8 月，頁 176。

❸❶　陳榮傳，〈離開土地的房屋（上）——最高法院九十一年臺上字第三六號民事判決評釋〉，《台灣本土法學》，2003 年 10 月，頁 37、38；史尚寬，《物權法論》，自版，1987 年 1 月，頁 252。

❸❷　謝在全，《民法物權論》，中冊，修訂二版，自版，2003 年 7 月，頁 599、600。

❸❸　最高法院 48 年臺上字第 1457 號判例。

之目的及債權物權化之趨勢而言，得否依「相類事實，應為相同處理」之法理而為類推適用，自值深究❸。

因此，本文贊同持上述否定學者之見解，並建議將民法第 876 條與修正草案第 838 條之 1 及民法第 425 條之 1 之規定刪除，而另為統一之規定。房屋與土地從同屬於一人時，房屋本具有基地之使用權，亦即房屋有權占有基地，而形成一個完整之權利狀態，為物權之法律關係。任何人繼受房屋或基地所有權，均僅繼受此一完整權利狀態之一部，而為一部繼受。既是物權之法律關係之一部繼受，原有之使用關係原則上亦當然繼受。換言之，房地同主變更為房地異主，使房屋所有人有基地使用權，當然符合法理。

使房屋所有人具有基地使用權，而成為有權占有，並無爭議。既然均係解決相同問題，以統一規定方式，當然比較妥當。再者，因此種法律關係係基於房地異主，有著眼於資源之利用關係，而非人與人間之請求關係。因此，學者亦同意，以上所述均為物權法之範圍，應規定在物權編中❸。

總之，本文贊同學者意見❸，刪除民法修正草案第 838 條之 1，並將民法第 876 條修正為：「土地及其土地上之建築物，同屬於一人所有，因讓與或拍賣，而為不同所有人時，視為已有地上權之設定，其地租、期間及範圍由當事人協議定之，不能協議時，得聲請法院定之。」

柒、結　語

我國與日本民法之地上權，除得以有建築物為目的而設定外，並得以工作物或竹木為目的而設定。儘管本編修正草案已增訂第四章之一「農育權」，其內容包括以種植竹木為目的，在他人之土地為使用、收益之情形。為避免地上權與農育權之內容重複，爰將本條「或竹木」三字刪除，俾地上權之使用土地目的僅限於有建築物或其他工作物。然而，對大多數人而言，土地是安身立命之

❸　最高法院 91 年度臺上字第 1919 號判決。

❸　謝哲勝，〈租賃之推定〉，《台灣本土法學》，78 期，2006 年 1 月，頁 110、111。

❸　謝哲勝，〈民法物權編修正草案綜合評析〉，前揭文，頁 70。

根本，亦係社會最基本之生產基礎，故無土地則根基動搖。因此，縱然我國之法律規章，針對地上權已有明確之規範，然地上權人仍不免處於劣勢。

　　為避免土地所有人藉其所有權之強勢地位，破壞土地使用人所建立之社會關係與生活中心，妨害社會之進步，加強土地利用人之保護，遂成為近代法律之重要課題之一。

　　晚近研議之民法修正草案，就地上權人與土地所有人間準用相鄰關係規定、地上權之拋棄及消滅之相關規定、地上權人取回其工作物及竹木，乃至於建築物之補償等，均已予以補充，或增設相關規定，正是符合社會實際需求之正面回應，頗值肯定。當然，民法修正草案更應該注意，訂定地上權後，土地所有權讓與時，已預付之地租如何保護「善意並無過失」之當事人，以及法定地上權與其他相關規定間之問題。

第 *17* 章
公用地役關係與補償問題

壹、概 說

一般而言，地役權係指一人或數人為一特定目的，在不影響原土地所有人之權利前提下，使用該土地之財產權 (property right)。設定地役權之目的，在於充分利用土地，發揮土地之效益，以彌補相鄰關係不能完成之功能。

地役權依是否依公法而發生為標準，可區分為民法之地役權與公用地役關係。雖然新物權編對於地役權之規定已有變革而將地役權改為不動產役權以活絡不動產之利用，並將地役權擴大為不動產役權 (新民法第 851 條)，但是並不影響公用地役關係是我國公法實務上所形成之特殊制度❶。

另一方面，目前現實社會中，早已存在有「符合一定要件而成立公用地役關係之私有既成道路」現象，地政學者稱之為「既成巷道」❷，其所有權人雖仍保有該等土地之所有權，但其權利之行使卻受有限制，不得違反供公眾通行之目的而作他用，例如「耕地使用」之私有利用❸，甚至亦不准以「竹柱、鐵線」築為圍籬❹。

實務上亦認為既成巷道須具備為不特定之公眾通行所必要，而於公眾通行之初，土地所有權人並無阻止之情事，且經歷之年代久遠而未曾中斷之要件始能成立公用地役關係❺。

基此，本章首先擬探討民法之地役權與公用地役關係，包括民法之地役權、公用地役關係、兩者之差異。其次探討既成道路之意義、成立要件等。再次，

---

❶ 謝在全，《民法物權論》，中冊，修訂四版，自版，2007 年 6 月，頁 193。

❷ 林英彥，〈論既成巷道之補償問題〉，收於既成道路補償問題座談會，楊松齡主持，《土地問題研究季刊》，2002 年 9 月，頁 2–5。

❸ 參前行政法院（現改制為最高行政法院，下同）57 年判字第 32 號判例，《行政法院判例要旨彙編》，頁 718；《最高行政法院判例要旨彙編》，1933 年至 1999 年 11 月，頁 710。

❹ 參前行政法院 61 年判字第 435 號判例。

❺ 最高法院 89 年度臺上字第 1020 號判決。

擬探討既成道路成立公用地役關係之效果，包括對於所有權人之效果、對於公眾通行權人之效果——權利抑反射利益。此外，擬探討美國法有關「通行地役權」問題，包括美國法之地役權、法律依據、公共使用與補償問題。最後，提出檢討與建議，作為本文之結語。

貳、民法之地役權與公用地役關係

一、民法之地役權

㈠舊民法

依舊民法第 851 條規定：「稱地役權者，謂以他人土地供自己土地便宜之用之權。」則地役權係為需役地而存在之物權，其設定須有供役地與需役地，為需役地之利益而就供役地有所要求，而以供役地之土地供需役地便宜之用為內容。所謂便宜指方便利益或便利相宜，例如：設定通行地役權使需役地得於供役地上開設道路作通行之用，以提升需役地之整體價值❻。

在因時效而取得通行地役權方面，依水利法第 66 條規定由高地自然流至之水，低地所有人，不得妨阻，與民法第 775 條第 1 項規定，完全相同。又民法第 752 條規定地役權以繼續並表見者為限，因時效而取得。

㈡新民法修正草案

1.新民法第 851 條內容

依新民法修正草案第 851 條規定：「稱不動產役權者，謂以他人不動產供自己不動產通行、汲水、採光、眺望、電信或其他以特定便宜之用為目的之權。」

2.修正說明

地役權現行條文規定以供役地供需役地便宜之用為內容。惟隨社會之進步，不動產役權之內容變化多端，具有多樣性，現行規定僅限於土地之利用關係已難滿足實際需要。為發揮不動產役權之功能，促進土地及其定著物之利用價值，爰將「土地」修正為「不動產」。

❻ 吳光明，《物權法新論》，新學林出版，2006 年 8 月，頁 325。

　　不動產役權係以他人之不動產承受一定負擔以提高自己不動產利用價值之物權，具有以有限成本實現提升不動產資源利用效率之重要社會功能，然因原規定「便宜」一詞過於抽象及概括，不僅致社會未能充分利用，且登記上又僅以「地役權」登記之，而無便宜之具體內容，無從發揮公示之目的，爰明文例示不動產役權之便宜類型，以利社會之運用，並便於地政機關為便宜具體內容之登記。又法文所稱「通行、汲水」係積極不動產役權便宜類型之例示，凡不動產役權人得於供役不動產為一定行為者，均屬之。

　　至「採光、眺望」則為消極不動產役權便宜類型之例示，凡供役不動產所有人對需役不動產負有一定不作為之義務，均屬之。至「其他以特定便宜之用為目的」，則除上述二種類型以外之其他類型，例如「電信」依其態樣可能是積極或消極，或二者兼具，均依其特定之目的定其便宜之具體內容。不動產役權便宜之具體內容屬不動產役權之核心部分，基於物權之公示原則以及為保護交易之安全，地政機關自應配合辦理登記，併予指明❼。

　　以通行地役權為例，通行地役權使需役地之所有人或使用人可以從供役地通過以進入需役地。因此，通行地役權人僅能從需役地通行而不能從供役地上取水、排水，或者從事其他行為。

二、公用地役關係

㈠理論上

　　公用地役關係是指私有土地如成為通路、水道等，繼續供不特定公眾之必要使用，以年代久遠，而形成具有公共用物性質之法律關係❽。

　　理論上言之，公用地役關係之成立一定涉及下列三項情況：

1.私有土地

　　私有土地須為不特定公眾使用所必要。換言之，於用作通行之場合，須為

---

❼　法務部，《民法物權修正草案（用益物權及占有）》，行政院版民法第 851 條修正說明，2009 年 8 月，頁 26。按此部分草案已在行政院 98 年 8 月通過，並送立法院審議中，為敘述方便，修正前及現行法仍以舊法稱之，而修正後及現行草案則以新法稱之，以下亦同。

❽　謝在全，前揭書，頁 194。

不特定公眾通行所必要，而非僅為通行之便利或省時。

2.所有人並無阻止

於公眾為通行或其他使用之初，該土地所有人並無阻止之情事。

3.年代久遠

須經歷之年代久遠而未曾中斷。

足見，我國民法雖不採「人役權」制度❾，但在實務上卻不乏人役權色彩之權利出現。例如上述之公用地役關係即指此也，此種公法實務上所形成之特殊制度，自與民法上之通行地役權概念有所不同。行政法實務上亦承認之公用地役關係。

㈡實務上

實務上，認為公用地役關係乃私有土地，而具有公共用物性質之法律關係，不屬於民法之物權，自無適用民法有關地役權相關規定之餘地❿。故前行政法院實務上認為，土地成為道路供公眾通行，既已歷數十年之久，自應認為已因時效完成而有公用地役關係之存在❶。

私有土地供公眾通行數十年，已成道路，在公法上雖應認有公用地役關係存在，其所有權之行使應受限制。惟該土地既未經徵收，仍為私人保留，則土地所有權人仍保有其所有權能，對於無權占有其土地者，仍得行使民法第 767 條之物上請求權⓬。又所謂年代久遠雖不必限定其期間，但應以時日長久，一般人無復記憶其確實之起始，僅能知其梗概⓭。

---

❾ 一般而言，人役權係為特定人之利益而利用他人所有之物之權利。換言之，人役權係以他人之物提供自己使用與收益之權利。

❿ 最高法院 88 年度臺上字第 698 號判決。

❶ 前行政法院 59 年判字第 638 號判例認為：「土地成為道路供公眾通行，既已歷數十年之久，自應認為已因時效完成而有公用地役關係之存在，此項見解，本院迄未變更。」另參閱前行政法院 45 年判字第 8 號判例。

⓬ 最高法院 97 年度臺上字第 159 號判決。

⓭ 最高法院 96 年度臺上字第 1704 號判決。

三、兩者之差異

　　從其要件或效果觀察，可以發現民法之地役權與公用地役關係兩者至少有如下之差異：

　　1.因時效取得公用地役關係，不以辦理時效取得「登記」為必要，此與民法時效取得物權，以登記為要件之情形，有所不同。

　　2.公用地役關係之對象，係不特定之公眾，且亦不以有供役地與需役地之存在為必要❹。

　　3.因公用地役關係使所有人對公用地役關係之土地無從自有使用收益，造成土地所有權之嚴重限制。

　　4.民法之地役權之爭執為私法事件，公用地役關係之爭執為公法事件，有應循之救濟程序不同❺。亦即民法之地役權之爭執以民事訴訟為救濟程序，公用地役關係之爭執救濟程序依行政訴訟程序為之。

　　因此，公用地役關係可謂與民法地役權完全不同，似宜避免使用「公用地役權」之用語❻來指稱「公用地役關係」❼。至於公有土地能否成立公用地役權❽，則係另一問題，限於篇幅，茲不贅述。

---

❹　最高法院 89 年度臺上字第 2500 號判決。

❺　前行政法院 61 年判字第 361 號判例、最高法院 89 年度臺上字第 2500 號判決參照。

❻　使用此用語者，例如：最高行政法院 92 年度判字第 477 號、臺中高等行政法院 92 年度訴更一字第 1 號判決。

❼　學者間對於「公用地役權」之用語及存在，多有批評，例如姚瑞光，《民法物權論》，自版，1990 年 9 月，頁 196。關於其存在之批評，嗣雖因有司法院釋字第 400 號解釋之作成而稍歇，惟如其用語仍借用民法上「地役權」之字眼，恐又陷入物權法定主義與名詞之爭，甚無必要。

❽　蔡茂寅，〈公有土地能否成立公用地役權〉，《月旦法學》，39 期，1998 年 7 月 15 日，頁 16、17。

參、既成道路之意義、成立要件

一、既成道路之意義

㈠理論上

探討既成道路之意義以前，首先須對「道路」之意涵作一瞭解。「道路」二字，常見於現行法中，例如：

1.市區道路條例❶第 2 條：「市區道路，指下列規定而言：一、都市計畫區域內所有道路。二、直轄市及市行政區域以內，都市計畫區域以外所有道路。三、中央主管機關核定人口集居區域內所有道路。」

2.都市計畫法❷第 42 條第 1 項第 1 款「都市計畫地區範圍內，應視實際情況，分別設置道路、公園、綠地、廣場、兒童遊樂場、民用航空站、停車場所、河道及港埠用地。」

3.平均地權條例❸第 60 條第 1 項：「依本條例規定實施市地重劃時，重劃區內供公共使用之道路、溝渠、……等十項用地，除以原公有道路、溝渠、河川及未登記地等四項土地抵充外，其不足土地及工程費用、重劃費用與貸款利息，由參加重劃土地所有權人按其土地受益比例共同負擔，並以重劃區內未建築土地折價抵付。如無未建築土地者，改以現金繳納。其經限期繳納而逾期不繳納者，得移送法院強制執行。」

上開規定，不勝枚舉，其意涵不一，但均未就道路定義之。因此，就定義規範以觀，道路應是依道路交通管理處罰條例❹第 3 條第 1 款規定：「道路：指

---

❶ 按市區道路條例訂於 1947 年 7 月 22 日，歷經多次修正，最近一次修正於 2004 年 5 月 28 日。

❷ 按都市計畫法訂於 1939 年 6 月 8 日，歷經多次修正，最近一次修正於 2009 年 1 月 7 日。

❸ 按平均地權條例訂於 1954 年 8 月 26 日，歷經多次修正，最近一次修正於 2005 年 1 月 30 日。

公路、街道、巷衖、廣場、騎樓、走廊或其他供公眾通行之地方」；以及建築技術規則建築設計施工編第 1 條第 36 款定義謂：「道路：指依都市計畫法或其他法律公布之道路（得包括人行道及沿道路邊緣帶）或經指定建築線之現有巷道。除另有規定外，不包括私設通路及類似通路。」規範之。

　　至於所謂既成道路，實務上，係指私有土地成為公眾通行之道路，供不特定之公眾繼續通行已歷一定年數，因時效完成而有公用地役關係之存在者[23]；此項道路之土地，因而成為他有公物中之公共用物[24]者。

　　換言之，前揭所謂「公用地役關係」，係指「私有之土地如成為通路、水道等，繼續供不特定公眾之必要使用，已年代久遠，而形成具有公共用物性質之法律關係」，此為我國公法實務上所形成之特殊制度。

㈡實務上

　　私有土地供公眾通行數十年，已成道路，在公法上雖應認有公用地役關係存在，其所有權之行使應受限制。惟該土地既未經徵收，仍為私人保留，則土地所有權人仍保有其所有權能，對於無權占有其土地者，仍得行使民法第 767 條之物上請求權[25]。

　　按編為計劃道路之土地，在徵收之前，所有權人仍得為使用、收益。又既成道路成立公用地役關係之要件須為：供不特定之公眾通行所必要，而非僅為通行之便利或省時。於公眾通行之初，土地所有權人並無阻止之情事。經歷之

---

[22]　按道路交通管理處罰條例訂於 1968 年 2 月 5 日，歷經多次修正，最近一次修正於 2008 年 8 月 25 日。

[23]　參前行政法院 45 年判字第 8 號、53 年判字第 157 號、57 年判字第 32 號以及 61 年判字第 435 號判例。

[24]　所謂「公物」，係指直接供公目的使用之物，並處於國家或其他行政主體所得支配者而言；包括公共用物、行政用物、特別用物、營造物用物。所謂「公共用物」，係指行政主體直接提供公定使用之公物，原則上為不融通物；惟在例外情形，亦有私人仍保有其對公物所有權之情形，即係所謂「他有公物」。於此種「他有公物」之情形，於不妨害公物按其性質為合於公物目的之使用條件下，其所有權之轉讓，法律並未禁止，而仍具有融通性。詳吳庚，《行政法之理論與實用》，增訂八版，自版，2003 年 10 月，頁 209-212。

[25]　最高法院 97 年度臺上字第 159 號判決。

年代久遠而未曾中斷。所謂年代久遠雖不必限定其期間，但應以時日長久，一般人無復記憶其確實之起始，僅能知其梗概❷，已如前述。

二、既成道路之成立要件

一般而言，依建築法規及民法等之規定，提供土地作為公眾通行之道路，與因時效而形成之既成道路不同，非本件解釋所指之公用地役關係，乃屬當然❷。而既成道路成立公用地役關係之成立，首先須為不特定之公眾通行所必要。其次，於公眾通行之初，土地所有權人並無阻止之情事。再者，須經歷之年代久遠而未曾中斷，茲詳述如下：

1.為不特定之公眾通行所必要

此種不特定之公眾通行，非僅為通行之便利或省時。如該道路只供特定之鄰地所有人或使用人通行，則僅係特定之鄰地所有人或使用人對之有無地役權問題，尚不得遽謂該道路為「既成公眾通行之道路」❷。

實務上，所稱通行所必要，雖不必類如無此通路即不能與公路聯絡，要須無此通路，則欲到達此通路所達到之公路，在客觀上顯然不便，不合社會生活所需要者始可❷。

2.於公眾通行之初，土地所有權人並無阻止之情事

私有土地於公眾通行之初，土地所有權人如未予以阻止，其後因時效取得公用地役關係，不以辦理時效取得「登記」為必要，此與民法時效取得物權以登記為要件之情形，有所不同。

又按私有土地因公眾通行地面已成立公用地役關係者，土地所有權人已無從排除公眾之通行地面而自由使用收益其土地，因公眾之通行具公用地役關係土地，無時且無處不存在，土地所有權人自不得設定地面通行地役權予他特定之人，使之支配供役地以排除公眾之通行。且他特定之人亦因公用地役關係而通行，為公眾通行合一不可分之部分，究不能分離而出，另取得地役權以排他

---

❷ 最高法院96年度臺上字第1704號判決。

❷ 參閱司法院釋字第400號解釋理由書。

❷ 前行政法院81年度判字第2104號判決。

❷ 最高行政法院91年度判字第1376號判決。

而通行。是以具有通行地面公用地役關係之土地，性質上無從再成立以通行地面為內容之地役權。既不得因設定以成立，亦無從因時效而取得。查系爭土地自日據時期即為道路，供公眾通行，已具有公用地役關係等情，為原判決確定之事實。原判決已說明其認定所憑證據及心證理由，無違證據法則，係其取捨證據認定事實職權之正當行使，自無不合❸⓪。

3.經歷之年代久遠而未曾中斷

　　所謂年代久遠雖不必限定其期間，但仍應以時日長久，一般人無復記憶其確實之起始，僅能知其梗概，例如始於日據時期、八七水災等為必要。

　　既成道路通行年限至少需多長，不無疑問。司法院釋字第 400 號解釋所謂「年代久遠」，固有彈性，但並不明確。因此，在認定上發生困難❸①，應由法院依具體個案決定之。

　　實務上，查既成道路之土地，經公眾通行達一定年代，應認已因時效完成而有公用地役關係之存在，其所有權雖仍為私人所有，亦不容其在該公用道路上起造任何建築物，妨害公眾之通行❸②。

　　至究須經公眾通行達若干年代，始足取得公用地役關係，司法院釋字第 400 號解釋理由僅謂「應以時日久遠」，而未指明確切年代。於此，即應「類推適用」新民法第 772 條前段：「前五條之規定，於所有權以外財產權之取得，準用之。」新民法第 769 條：「以所有之意思，二十年間和平、公然、繼續占有他人未登記之不動產者，得請求登記為所有人。」及新民法第 770 條：「以所有之意思，十年間和平、公然、繼續占有他人未登記之不動產，而其占有之始為善意並無過失者，得請求登記為所有人。」規定，從而，為認定公用地役關係取得時效之年限。因此，似可以公眾通行連續二十年以上作為既成道路之「年代久遠」要件之認定標準。

　　換言之，供不特定公眾通行之私有土地，亦非全然必為司法院所指之公用地役關係，此觀該解釋指明「至於依建築法規及民法等之規定，提供土地作為

---

❸⓪　最高行政法院 93 年度判字第 410 號判決。

❸①　前行政法院 45 年判字第 8 號、53 年判字第 157 號、57 年判字第 32 號以及 61 年判字第 435 號判例等案例事實，至少都在二十年以上。

❸②　最高行政法院 92 年度判字第 1124 號判決。

公眾通行之道路，與因時效而形成之既成道路不同，非本件解釋所指之公用地役關係，乃屬當然。」❸即可知之。

又建築房屋應保留「法定空地」，係屬於建築基地之一部分，其都市計畫使用分區用途為建築用地，地目並非「道路」，如同時供私人道路使用，甚至於供公眾通行使用，因其並非專供道路使用，而係具雙重用途，本不屬既成道路範圍；惟如供公眾通行使用長達數十年（二十年）之久，有學者認亦可歸類為廣義之既成道路範圍❸。

肆、既成道路成立公用地役關係之效果

一、對於所有權人之效果

㈠所有權人之容忍義務與負擔

1.不得違反供公眾通行之目的而作他用：所有權人之容忍義務，除不得違反供公眾通行之目的而作他用外，亦不得「起造任何建築物」❸、「耕地使用」❸，以及「以竹柱、鐵線築為圍籬」❸。

2.另由於既成道路屬於供公眾通行之道路之一種，符合前揭道路交通管理處罰條例第 3 條第 1 款規定所稱道路。因此，可依據該條例加以管理。如有任意設置路障或其他妨害交通之物，亦可依據該條例第 82 條以下規定，由警察機關加以排除。

3.又既成道路如屬於前揭市區道路條例第 2 條所定市區道路之範圍，亦一併受該條例之規範。換言之，土地所有權人於供公眾通行之公用目的範圍內，

---

❸　司法院釋字第 400 號解釋，《司法院公報》，38 卷 5 期，1996 年 4 月 12 日，頁 11–18。

❸　陳清秀，《既成道路相關法律問題探討》，既成道路相關法律問題研討會報告論文，2004 年 4 月 21 日，頁 1。

❸　前行政法院 44 年判字第 11 號判例。

❸　前行政法院 57 年判字第 32 號判例。

❸　前行政法院 61 年判字第 435 號判例。

有容忍他人行使之義務；國家機關為有利於公眾之通行使用，就該道路予以整建，屬合於公共利益之行為，土地所有權人亦應予以容忍❸❽。

㈡所有權人之權利

1.地下利用權

既成道路之公用地役關係，只及於地面上土地之通行，並未及於地下部分，因此，所有權人仍得就地下部分使用收益。例如作為鄰接土地房屋之地下室❸❾。

另依司法院釋字第 440 號解釋，「主管機關對於既成道路或都市計畫道路用地，在依法徵收或價購以前埋設地下設施物妨礙土地權利人對其權利之行使，致生損失，形成其個人特別之犧牲，自應享有受相當補償之權利」，亦係肯認相同見解。故而，如行政機關如擬使用既成道路之地下部分開闢下水道，應依下水道法規定❹❶給予損失補償；擬使用既成道路之地下部分開闢捷運設施時，亦應給予穿越地下之損失補償。

2.法定空地利用權

既成道路如非坐落於都市計畫道路用地，而是屬於住宅用地時，則在其周邊土地建築房屋時，依建築法第 11 條規定之法理，其情形在一定要件下，可以將該既成道路納入建築基地範圍，作為建蔽率之計算基礎❹❶。

3.求償權

憲法第 15 條規定：「人民之財產權應予保障」，又依民法第 765 條規定：「所有人，於法令限制之範圍內，得自由使用、收益、處分其所有物，並排除他人之干涉。」所有權人之私有土地因符合前述既成道路成立公用地役關係之要件，私有財產權所有人即喪失憲法及民法保障之權利。雖基於增進公共利益之必要，依憲法第 23 條規定對人民依法取得之土地所有權，國家得為合理之限制。此種

---

❸❽　謝在全，前揭書，頁 194。

❸❾　陳清秀，前揭文，頁 4。

❹❶　下水道法第 16 條規定：「下水道機構因勘查、測量、施工或維護下水道，臨時使用公、私土地時，土地所有人、占有人或使用人不得拒絕。但提供使用之土地因而遭受損害時，應予補償。如對補償有異議時，應報請中央主管機關核定後為之」。按下水道法訂於 1984 年 12 月 21 日，歷經多次修正，最近一次修正於 2007 年 1 月 3 日。

❹❶　陳清秀，前揭文，頁 5。

為公益而構成之「特別犧牲」，既成道路私有財產權所有人應有合理之求償權，方符公平原則。至於一般私權受損求償依據有：

(1)不當得利請求權

民法第 197 條規定：「無法律上之原因而受利益，致他人受損害者，應返還其利益。」實務上認為，私有土地實際供公眾通行數十年之道路使用，公法上應認為已有公用地役關係存在，其所有權之行使應受限制，土地所有人不得違反供公眾通行之目的而為使用。而既成道路符合一定要件而成立公用地役關係者，其所有權人對土地既已無從自由使用收益，形成因公益而特別犧牲其財產上之利益，國家自應依法律之規定辦理徵收補償，各級政府如因經費困難，不能對上述道路全面徵收補償，有關機關亦應訂定期限籌措財源逐年辦理或以他法補償其損失，固經司法院大法官會議釋字第 400 號解釋在案；惟既成道路之使用既係公法上之公用地役關係，其補償關係自屬公法上之權利義務，此公用地役關係存續時，於此公用目的範圍內，要無私法上不當得利之問題❷。又既成道路所有權人不得向行政機關請求給付相當於租金之不當得利❸。最高法院實務上民事判決已有類似判決❹。

(2)侵權行為請求權

民法第 184 條第 1 項前段規定：「因故意或過失，不法侵害他人之權利者，負損害賠償責任。」實務上認為，依司法院大法官會議釋字第 400 號解釋理由所示，僅指既成道路成立公用地役關係之土地所有權人有請求徵收之權利，惟不得主張維持既有道路之狀態而請求國家予以補償，易言之，依該號解釋，在辦理徵收以前所受之損失，所有權人並無直接請求補償之權利。又按第 440 號解釋，在政府依法徵收或價購以前，因土地利用受有妨礙而受損失者，土地所有

---

❷ 臺灣高等法院 92 年度上國字第 23 號判決。

❸ 最高法院 88 年度臺上字第 3479 號判決。

❹ 最高法院 88 年度臺上字第 1683 號判決：「系爭土地既已形成公用地役關係，而為公眾通行使用被上訴人即非無法律上之原因占有系爭土地，自不構成不當得利。從而上訴人本於不當得利之法律關係，訴請被上訴人賠償其損害，尚屬無據，不能准許。」參閱蔡明誠，〈既成巷道之公用地役關係與所謂公用人役權問題〉，《物權法研究》，新學林出版，2005 年 3 月，頁 207。

權人享有相當補償之權利。惟上訴人是否有請求被上訴人依法徵收或予以補償
之權利，乃應以行政爭訟程序解決之問題。況既成道路之徵收、購買，應依第
400 號解釋及都市計畫法第 48 條規定辦理，各級政府如因經費困難，不能對上
述道路全面徵收補償，有關機關亦應訂定期限籌措財源逐年辦理或以他法補償，
則補償之方法、金額，應屬行政機關之職權。既成道路成立公用地役關係之土
地所有權人既得請求損失補償，足見土地所有權人之損失應為行政機關合法行
使公權力行為所致。此與侵權行為損害賠償請求權須行為人有「不法」行為之
要件顯有不符，上訴人本於侵權行為之法律關係請求被上訴人負損害賠償之責，
亦非有據❹❺。

⑶國家賠償請求權

　　國家賠償法第 2 條第 2 項規定：「公務員於執行職務行使公權力時，因故意
或過失不法侵害人民自由或權利者，國家應負損害賠償責任。公務員怠於執行
職務，致人民自由或權利遭受損害者亦同。」

　　實務上認為，按公用地役關係，乃私有土地而具有公共物性質法律關係，
固與民法上地役權之概念有間，然公用地役關係之成立，既以既成道路供不特
定之公眾通行，且其時間數十年而未間斷為要件；公用地役關係，係以不特定
之公眾為對象，其本質上仍係公法關係，在繼受人明知或可得而知該土地已設
有公法上之負擔或契約內容時，自應受其拘束。次按國家賠償法第 2 條第 2 項
所定之國家賠償責任，係以公務員於執行職務行使公權力時，有故意或過失不
法侵害人民自由或權利之行為或怠於執行職務，致人民自由或權利遭受損害者，
且該行為與損害之發生，有相當因果關係為要件。被上訴人是否應負本件國家
賠償責任，固要審酌被上訴人所屬公務員於執行職務行使公權力時，有無故意、
過失或怠於執行職務之情事，惟請求權人仍應先證明其權利存在之狀況，且因
不法之侵害而受有損害，始足當之。如無法證明權利之存在，縱因被上訴人所
屬公務員於執行職務行使公權力時，有故意、過失或怠於執行職務之情事，亦
與國家賠償要件不合❹❻。

⑷徵收補償

---

❹❺　最高法院 94 年度臺上字第 2375 號判決。

❹❻　高等法院臺中分院 93 年度上國字第 10 號判決。

　　大法官釋字第 440 號解釋所謂：「至既成道路或都市計畫道路用地之徵收或購買，應依本院釋字第 400 號解釋及都市計畫法第 48 條之規定辦理，併此指明。」亦係指政府機關辦理徵收時應依循之解釋及規定，並非謂都市計畫道路用地所有權人有請求徵收之權利。上開解釋僅能作為國家之立法及施政方針，尚難據為向國家請求徵收、補償之請求基礎❼。此外，最高行政法院實務上亦認同私有之既成道路，土地所有權人請求給予徵收補償費❽，但並不認其有請求權。

　　綜觀上述大法官會議解釋及實務上之認定，既成道路成立公用地役關係，因公用地役關係屬公法上之關係，土地所有權人之損失無從依不當得利、侵權行為、國家賠償法等規定請求補償❾。此亦非有向國家請求徵收、補償之請求基礎。此種土地所有權人因公益而形成之「特別犧牲」，主管機關應速謀求解決之機制，以保障人民之私有財產。

二、對於公眾通行權人之效果──權利抑反射利益

㈠理論上

　　公用地役關係之對象，係不特定之公眾，其本質乃係一公法關係，與私法上地役權之性質不同，已如前述。故既成巷道之通行僅屬公用地役關係之反射利益，本屬公法上之一種事實，尚不得執以對抗土地所有權人，此為普通法院歷來實務通說見解❺。故當事人不得本於公用地役關係，於民事訴訟請求土地所有人不得有妨害其通行之行為，而僅得請求地方政府以公權力加以排除。

㈡實務上

　　實務上認為，公用地役關係僅為行政法上行政主體基於行政目的，依法對私人財產賦予限制之關係，一般不特定民眾利用具公用地役關係之巷道通行，僅係反射利益之結果，非本於其權利或合法利益所發生，不得主張對該土地有

---

❼　臺中高等行政法院 92 年度訴字第 899 號判決。

❽　最高行政法院 93 年度判字第 1013 號判決。

❾　大法官會議釋字第 400 號、第 440 號解釋。

❺　最高法院 89 年度臺上字第 2500 號判決。謝在全，前揭書，頁 195；蔡明誠，〈既成巷道之公用地役關係與所謂公用地役權問題──最高法院 89 年度臺字第 2500 號判決評釋〉，《月旦法學》，9 期，2002 年 12 月 1 日，頁 306。

任何權利或法律上利益❺❶。

又按臺中縣政府依臺中縣建築管理自治條例第 4 條第 1 項第 1 款及第 2 項規定，固得依其職權基於客觀事實，認定供公眾通行具有公用地役關係之私人土地為既成巷道，或依同條第 1 項第 3 款規定，認定無礙公共安全、公共衛生、公共交通及市容觀瞻且公益上確有需要之巷道為現有巷道；至一般不特定民眾利用該巷道通行，僅係反射利益之結果，事實上該民眾對於該供通行之土地並無任何權利可言，故具有公用地役關係之既成巷道，僅行政主體基於行政目的得為主張，一般不特定民眾僅能向行政機關陳述意見或表示其願望，亦即一般不特定人民並無向行政機關請求將其他私人所有之土地認定為具有公用地役關係之既成巷道等之公法上權利❺❷。

因此，本文從理論與實務探討認為，本於公用地役關係對於公眾通行權人之效果係一種反射利益之效果，而非本於其權利所發生。

伍、美國法有關「通行地役權」問題

一、美國法之地役權

一般認為，美國法之 "easement" 可譯為「地役權」，而涉及「衡平法役權」(equitable servitude) 則一律譯為「役權」(servitude)。美國法之地役權種類可分屬地或屬人地役權。

設立屬地地役權 (an appurtenant easement) 目的係為方便每一特定不動產（需役地）；反之，設立屬人地役權 (an in gross easement) 目的係為方便某一特定人，而不論其是否擁有任何不動產。

美國許多州規定，時效取得通行地役權之要件為： 1.須無權占有； 2.須繳納稅捐； 3.須排他； 4.須繼續不間斷❺❸。

❺❶　最高行政法院 93 年度判字第 1251 號判決。

❺❷　參照最高行政法院 95 年度裁字第 16 號裁定、高等行政法院 97 年度訴字第 65 號判決。

❺❸　Roger H. Bernhardt and Ann M. Burkhart, *Real Property*, 5th Edition, 2005, pp. 208–210.

二、通行地役權之法律依據

美國聯邦憲法第 5 條修正案規定:「非依正當法律程序,不得剝奪任何人之生命、自由或財產;非有合理補償,不得徵用私有財產公共使用。」同法第 14 條修正案要求州政府依據正當法律程序取得私有財產並保證不得拒絕法律對公民之平等保護。美國各州憲法對此問題均有類似規定。從而,有所謂「土地徵收」(Taking),亦即指政府依法有償從私人手中取得財產占有權。

美國法之徵收,傳統上只州有取得私人財產供公共使用之權力,此種徵收權力被認為是最高主權政府,基於統治行為所得行使權力之一,而人民財產因受到侵害,請求價值損失補償之情形,亦即學者所謂「準徵收」❺❹。

三、公共使用與補償問題

美國法之通行地役權,亦即在他人土地上,為一般目的或特殊目的而通行之權利,此與大陸法系相同。理論上言之,任何地役權必須有其授予 (grant) 根據,此種授予包括明示授予 (express grant) 與默示授予 (implied grant),甚至在時效取得地役權之情況下,亦曾經以授予作為地役權取得之理論基礎。

因此,在地役權非自願產生下,所有權人可直接根據法律規定獲得對他人土地之地役權。此種法定地役權中,最常見者為袋地通行地役權。根據美國公共政策,袋地因無法進出,為沒有價值之土地,故無法對其徵稅。為避免稅收損失,即必須經由立法,從周圍地所有權人「徵用」一個通行地役權,交由袋地所有人行使❺❺。

根據美國聯邦憲法規定,為公共利益而徵收私人財產,應當有相當之補償。因而,被「徵用」通行地役權之土地所有權人將可從政府獲得補償。又由於袋地所有人實際上得到通行地役權,此筆補償費用最後將由其支付。

由於美國聯邦憲法第 5 條修正條款「公共使用」(public use) 之名詞並未變更,法院為使政府免於受制於為「公共使用」才可行使徵收權之限制,因此必

---

❺❹ 謝哲勝,《財產法專題研究㈡》,元照出版,1999 年 11 月,頁 226。

❺❺ 高富平、吳一鳴,《英美不動產法:兼與大陸法比較》,*Real Property Law in Common Law with Civil Law*,清華大學出版社,北京,2007 年 2 月,頁 696。

須將 "public use" 擴張解釋為 "public interest"（公共利益）、"public purpose"（公共目的）、"public need"（公共需要）、"public welfare"（公共福祉）等，亦可行使徵收權❺❻。

至於被準徵收之救濟則有訴請法院宣告無效、請求金錢補償等，限於篇幅，茲不贅述。

陸、結　語

公用地役關係之成立不以有需役地存在為前提，性質上與民法上地役權完全不同，因而使所有人對公用地役關係之土地無從自由使用收益，造成土地所有權之嚴重限制，學說與實務對此問題爭議頗多。另對既成道路成立公用地役關係之土地所有人為公益而構成之「特別犧牲」本應有合理之求償權。然實務上及大法官會議之解釋，認為既成道路成立公用地役關係屬公法上之關係，土地所有人無由依民法之不當得利、侵權行為、國家賠償法等方式請求補償，同時亦認為無主動請求徵收補償之權利。凡此種種，均使為公益而犧牲之公用地役關係之土地所有人之私有財產蒙受不必要之損失。為使既成道路之公用地役關係成為合理之制度，本文建議如下：

一、依司法院釋字第 400 號解釋之意旨及實務採「立法指針說」之見解，制定特別法加以統一規範，依「相同事務，相同處理；不同事務，不同處理」之平等原則，明訂既成道路成立公用地役關係之要件，對「年代久遠」訂出明確之時間。並於審酌公用地役關係成立要件時，依我國憲法第 15 條保障人民財產權之意旨，嚴格適用。

二、由實務觀之，公用地役關係既成道路之損失補償問題，係全國性之問題，非單一地方政府財力所能解決之問題，應由中央政府協助解決，盡速確實清查私有既成道路成因與性質，釐清整理應予損失補償及不屬應予損失補償之地籍資料，並檢討公告土地現值之評定及研修合理之補償制度❺❼，俾地方政府

---

❺❻　謝哲勝，前揭書，頁 233。

❺❼　監察院函行政院就私有既成道路之取得問題，表示其調查意見第五項謂「既成道路

執行有所遵循，且避免發生投機取巧者「以低價收購而獲高價補償」之弊端。

　　三、如當事人之土地已形成公用地役關係之既成道路，在無法徵收並予以補償之前，參考美國法考量補償與稅收問題。稅捐機關應考慮免徵土地稅捐，以彌補既成道路所有權人之損失，保障人民財產權。

　　四、我國現行民法不採「人役權」制度，但法律與實務上卻有人役權色彩之權利出現，而實務上承認之「公用地役關係」正是「人役權」之一種。因此，本文建議主管機關於修正物權法中，在重建地役權時，為確定既成道路利用人之地位，將「人役權」納入考量。

　　成立公用地役關係應具備一定要件，……。顯見既成道路之成因與性質，確與一般因都市計畫或公路系統計畫而劃定之計畫道路迥異，兩者公告土地現值查定及徵收補償費評定方式如為相同，殊不合理，亦易發生以低價收購而獲高價補償之弊端，故私有既成道路公告土地現值之評定及補償之制度，確有檢討改進之必要。」轉引自邱鈺鍾，〈既成道路補償之見解〉，收於既成道路補償問題座談會，楊松齡主持，《土地問題研究季刊》，1 卷 3 期，2002 年 9 月，頁 9。

第*18*章
區分地上權

壹、概　說

　　傳統農業社會時代，經濟結構以農業生產為主，土地利用多為平面使用，在該社會經濟背景下，所制訂出之我國民法，將土地所有權之範圍設定為涵蓋地表、地上、地下等三部分，依民法第 773 條規定：「土地所有權，除法令有限制外，於其行使有利益之範圍內，及於土地之上下。如他人之干涉，無礙其所有權之行使者，不得排除之。」故土地所有人之所有權，並不以地表為限，而是具有土地上下垂直之支配能力。

　　然而，隨著社會工商業化，人口逐漸朝向都市聚集發展，導致都市土地需求增加，加上建築技術日益精進，時至今日，都市之土地利用，早已由平面轉往地面上空及地下，形成垂直式之立體發展，諸如興建高層建築，在土地上空架設高架道路、大眾捷運等交通運輸系統，或於土地下方興建地下商店街、地下鐵路等，比比皆是。

　　因之，傳統以土地平面關係為規範主軸之法制體系，已無法因應現今社會現況，加上現代建築技術之進步，土地利用已擴展至地平面以上之空中，以及地下之空間範圍，亦即土地已呈現立體之利用。「空間權」之概念遂應運而生，從而衍生出「空間地上權」之法律概念。惟如承認空間地上權之存在，即應就其相關問題作一配套措施。因此，空間地上權理論之建立，就現代社會而言，確有其必要。換言之，地上權得在他人土地上下一定空間範圍內設定之❶。

　　有鑑於此，我國乃經由制訂特別法之方式，先在公共工程相關法規，如大眾捷運法、獎勵民間參與交通條例等，賦予區分地上權之法律基礎，並隨後於民法物權編修正草案中第 841 條之 1 至之 5，增訂有關區分地上權之條文，以因應社會需要。

　　因此，本章首先擬探討空間權與空間地上權之法理，包括空間權之法理、空間地上權之法理、特別法體系之「區分地上權」。其次擬探討區分地上權之法源，包括權利範圍問題、區分地上權之見解、特別法體系之「區分地上權」。再

---

❶　王澤鑑，《民法物權㈡——用益物權、占有》，自版，2003 年 10 月，頁 56。

次擬探討區分地上權之涵義，包括區分地上權制度、區分地上權之名稱、區分
地上權之目的、區分地上權之客體、區分地上權之設定等。復次擬探討區分地
上權與其他權利併存之法律關係，包括排他效力、優先效力。接著擬探討區分
地上權之相鄰關係，包括調和使用人間之權義、增訂條文之適用。此外，擬探
討區分地上權之消滅，包括區分地上權設定期間之延長、區分地上權人對第三
人之補償。最後，提出檢討與建議。

貳、空間權與空間地上權之法理

一、空間權之法理

空間權之概念肇始於美國，係由判例及部分州之立法形成而得❷。空間權
理論之發展，乃是現代土地大幅立體使用之結果，使離開地表之空中，或地下
之橫切水平斷層，皆產生獨立之經濟使用價值，而必須賦予其土地法上之權
利❸，俾成立數個所有權，或設定可特定其範圍之數個利用權。

按空間權之客體為「空間」，空間本身原非不動產，但由於其占有一定位置，
可以藉由三度空間之點、位測量，以確定其權利範圍，並具有特定、獨立、直
接支配之可能性，且學者咸認為符合「一物一權主義」及「物權法定主義」法
理，故可成立為個別獨立之不動產應無疑義❹。

本文認為，如基於公益之考量，將土地上下一定之空間加以利用，並不違
反「一物一權主義」；此外，「物權法定主義」無論新法舊法均應採緩和說，故
空間權之概念，應可成立為個別獨立之不動產。

❷　吳珮君，〈區分地上權之探討——以物權編修正草案為中心〉，李木貴之發言，《月旦
　　法學》，69 期，2001 年 2 月，頁 120。

❸　溫博煌，〈區分地上權制度之探討㈡〉，《現代地政》，251 期，2002 年 5 月，頁 46。

❹　李文輝，《地上權應用與展望之研究》，國立中正大學碩士論文，1997 年 6 月，頁 162。

二、空間地上權之法理

民法物權編修正草案中增訂有關「區分地上權」規定，即此處所謂「空間地上權」，不過，此種地上權之使用目的，僅為建築物及其他工作物。

「區分地上權」之能否成立，亦即空間地上權之能否成立，涉及以下兩項物權法之基本原則：

(一)物權標的物之獨立性原則

區分地上權之標的，限於土地之上空、地下或上下間之一定範圍，或地面以上或以下之一定範圍，其面積範圍，應以土地之面積或一宗土地內設定地上權部分之面積為限，故具有獨立性原則。

(二)物權法定主義

物權法定主義 (numerus clausus) 係指物權之種類與內容，以民法或其他法律所規定者為限，當事人不得任意創設❺。另依舊民法第 757 條規定：「物權，除本法或其他法律有規定外，不得創設。」實務上，此所謂法律，並不包含習慣法❻。然而，為緩和物權法定主義之僵化，學者認為，宜認為新成長之物權，具有依規定公示方法時，將其納入現行物權體系，承認其效力❼。物權之新種類或新內容，倘未違反物權之直接支配與保護絕對性，並能以公示方法確保交易安全者，即可認為與物權法定主義存在之宗旨無違❽。

基於上述理論與實務之見解，新民法第 757 條規定：「物權除依法律或習慣外，不得創設。」一方面認為，為確保交易安全及以所有權之完全性為基礎所建立之物權體系及其特性，物權法定主義仍有維持之必要，然為免過於僵化，妨礙社會之發展，若新物權秩序法律未及補充時，自應許習慣予以填補，故習慣形成之新物權，若明確合理，無違物權法定主義存立之旨趣，能依一定之公示方法予以公示者，法律應予承認，以促進社會之經濟發展，並維護法秩序之安定，爰仿韓國民法第 185 條規定修正本條。又本條所稱「習慣」係指具備慣行

---

❺　王澤鑑，《民法物權(一)——通則、所有權》，自版，2003 年 10 月，頁 46。

❻　最高法院 30 年上字第 2040 號判例。

❼　王澤鑑，《民法物權(一)——通則、所有權》，前揭書，頁 48。

❽　最高法院 86 年度臺再字第 97 號判決。

之事實及法的確信，即具有法律上效力之習慣法而言❾。因此，學者亦有「物權法定主義已淡出」之說❿。

　　一般而言，普通地上權對於所設定之土地之行使範圍，除土地地表外，亦及於土地之上下；而區分地上權對於所設定之土地之行使範圍，僅在於土地之上空或地下之一定空間，並不包括該土地之地表。換言之，普通地上權與區分地上權，在法律性質上，並無不同，只有權利所及範圍大小之不同而已，可見區分地上權並非創設與普通地上權內容有異之新物權，故並不違背物權法定主義。

三、區分地上權之登記

　　我國土地登記規則，於第 4 條、第 49 條、第 108 條等條中，對地上權登記，業已明定。其中第 108 條等係規定，於一宗土地內就其特定部分申請設定地上權，應提出位置圖等登記之情形。

　　本文曾建議，為因應實務之需，必要時，應可增訂土地登記規則第 108 條之 1，規定僅就某一特定空間，設定地上權時，以標高或層別劃分之⓫。惟因區分地上權尚未完成立法，土地登記規則對此亦無規定⓬。

參、區分地上權之法源

一、權利範圍問題

㈠民法第 832 條

❾　法務部，《民法物權編部分修正條文（通則章及所有權章）》，第 757 條修正說明，2009 年 2 月，頁 18。

❿　蘇永欽，〈為什麼通則不通？——從民法典的角度看物權編通則的修正〉，2009 年 5 月，頁 6。

⓫　吳光明，《物權法新論》，新學林出版，2006 年 8 月，頁 294。

⓬　按土地登記規則訂於 1946 年 10 月 2 日，歷經多次修正，最近一次修正於 2009 年 7 月 6 日。

依民法第 832 條規定：「稱地上權者，謂以在他人土地上有建築物，或其他工作物，或竹木為目的而使用其土地之權。」可知，地上權乃是以使用他人土地為對象之一種不動產物權，地上權人在該特定使用目的下，限制土地所有人之所有權，而得對土地使用支配。就土地之橫向範圍而言，地上權人之權利範圍，係以設定面積為準，而不以一筆土地之全部為必要；就土地的縱向範圍而言，其權利範圍與土地所有權人相同，亦及於土地之上下空間。

㈡修正草案第 832 條

修正草案第 832 條規定：「稱普通地上權者，謂以在他人土地之上下有建築物或其他工作物為目的而使用其土地之權。」

㈢修正理由

修正理由認為，本章將地上權分為普通地上權及區分地上權二節，本條至第 841 條為有關普通地上權之規定。而本條係關於普通地上權之定義性規定，故仍表明「普通地上權」之文字。至於本節以下各條規定中所稱之「地上權」，既規定於同一節內，當然係指「普通地上權」而言，毋庸逐條修正。

又本編已增訂第四章之一「農育權」，其內容包括以種植竹木為目的，在他人之土地為使用、收益之情形。為避免地上權與農育權之內容重複，爰將本條「或竹木」三字刪除，俾地上權之使用土地目的僅限於有建築物或其他工作物。又當事人間為上開目的之約定已構成地上權之內容，地政機關於辦理登記時，宜將該設定目的予以配合登記。

此外，地上權之範圍依現行條文規定「……以在他人土地上……」等文字觀之，易使人誤解為僅限於在土地之上設定，惟學者通說及實務上見解均認為在土地上空或地下均得設定。為避免疑義，爰將「土地上」修正為「土地之上下」，以期明確❸。

二、區分地上權之見解

茲將學者對區分地上權之見解，分述如下：

㈠通常平面就一宗土地之一部為甲設定地上權後，得更就其他部分為乙設

---

❸ 法務部，《民法物權修正草案（用益物權及占有）》，行政院版民法第 832 條修正說明，2009 年 8 月，頁 2。按此部分之修正已送立法院審議。

定地上權，此種立體疊設之地上權，亦可認對於土地之一部所設之地上權⓮。

　　㈡一宗土地既得平面劃分一部，使其具有獨立性，成為地上權之客體。則一宗土地上下空間劃分為立體之一部，亦僅屬劃分方法之不同而已……，是以解釋上可認區分地上權亦屬普通地上權之一種⓯。

　　㈢我國得為分層（區分）地上權之設定，在實務及學理上，均無疑義⓰。

　　㈣地上權人行使其權利之範圍及於土地之上下，除於設定時特約限於地上或地下外，與土地所有權人使用土地之範圍相當，惟僅於地下設定地上權者(此時地上權之名稱欠當)，如建築地下室、開鑿隧道等，土地所有人尚得於該地上設定地上權⓱。

　　㈤同一土地之上空及其地下，不但得設定不相抵觸之地上權，且同屬地下亦得分層設定多數不相抵觸之地上權，這種就同一土地立體疊設之地上權，或可借用民法第 779 條建築物區分所有之概念，稱之為區分地上權⓲。

三、特別法體系之「區分地上權」

　　由於近年來政府大力推動公共建設，對土地之需求日益殷切，為能有效取得用地，起初電業法⓳、鐵路法⓴、自來水法㉑、下水道法㉒等等皆採「強行

⓮　史尚寬，《物權法論》，自版，1987 年 1 月，頁 172。

⓯　謝在全，《民法物權論》，中冊，修訂三版，自版，2004 年 5 月，頁 129。

⓰　陳銘祥，〈區分地上權的設定及其法律問題〉，《聯合報》，1987 年 2 月 4 日，第 2 版。

⓱　姚瑞光，《民法物權論》，自版，1995 年 10 月，頁 164。

⓲　楊與齡，〈論分層地上權〉，《法令月刊》，38 卷 6 期，頁 3。

⓳　電業法第 51 條：「電業於必要時，得在地下、水底、私有林地或他人房屋上之空間，或無建築物之土地上設置線路。但以不妨礙其原有之使用及安全為限，並應於事先書面通知其所有人或占有人……」，按電業法訂於 1947 年 10 月 2 日，歷經多次修正，最近一次修正於 2007 年 3 月 21 日。

⓴　鐵路法第 17 條第 2 項：「前項輸電系統之線路，得於空中、地下、水底擇宜建設，免付地價或租費。但因必須通過私人土地或建築物而有實際損失時，應由鐵路機構付予相當補償；其工程鉅大者，並應經所有人或占有人之同意，如有不同意時，由地方政府裁決之。」按鐵路法訂於 1958 年 1 月 3 日，歷經多次修正，最近一次修正於 2006 年 2 月 3 日。

通過」之觀念，在不妨礙其原有使用及安全前提下，用地機關既不必徵收所有權，亦不必徵用使用權，即可「強行穿越」他人所有土地之上空或地下。但是，電線、電纜線路或水管穿越他人土地時，僅為「線」之穿越，而非「面」之侵害❷，對他人土地利用所造成之妨礙，固屬較小。

然以大眾捷運系統而言，其具有使用空間大、使用期間長、且開發後即難以回復之特性，如欲穿越他人土地，對他人土地所有權行使有利益之範圍，所產生之侵害甚大，實並不宜適用「強行通過」之方式；又如採取由政府購置所有土地所有權之模式，不但用地人需負擔龐大之地價補償費用，人民之土地所有權亦遭侵奪，實非明智之作法。

因此，在民法尚未有區分地上權相關規定之際，學者參照各國之立法例❷，幾經研究討論，方於大眾捷運法第 19 條創設「區分地上權」制度，以便利大眾捷運系統興建所需之空間權利，此乃我國法律體系中首先明確訂立「區分地上權」之法條❷。

---

❷ 自來水法第 52 條：「自來水事業於必要時，得在公私土地下埋設水管或其他設備，工程完畢時，應恢復原狀，並應事先通知土地所有權人或使用人。」按自來水法訂於 1966 年 11 月 17 日，歷經多次修正，最近一次修正於 2009 年 1 月 21 日。

❷ 下水道法第 14 條第 1 項本文：「下水道機構因工程上之必要，得在公、私有土地下埋設管渠或其他設備，其土地所有人、占有人或使用人不得拒絕。」按下水道法訂於 1984 年 12 月 21 日，歷經多次修正，最近一次修正於 2007 年 1 月 3 日。

❷ 李文輝，前揭書，頁 186。

❷ 關於世界各國在建造大眾捷運系統時，法令如何處理通過人民土地下方的問題，各國規定不一，新加坡係制訂「土地分層使用法」；日德則採取設定用益物權的方式達成使用私人土地的目的；香港則是採用地役權，該地役權之設定不需得到土地所有人之同意，亦不需任何授與或移轉行為，且得對抗任何人；法國則是採取徵收地下空間部分的方式，但我國民法規定一物一權主義，故徵收地下部分之所有權，在我國並無法採用。參閱〈釋論「區分地上權」──訪經建會法規小組陳銘祥〉，《人與地》，41 期，1987 年 5 月，頁 29。

❷ 大眾捷運法第 19 條：「大眾捷運系統因工程上之必要，得穿越公、私有土地及其土地改良物之上空或地下。……前項須穿越私有土地及其土地改良物之上空或地下之情形，主管機關得就其需用之空間範圍，在施工前，於土地登記簿註記，或與土地

　　隨後，獎勵民間參與交通建設條例第 19 條第 1 項❷⁶、促進民間參與公共建設法第 18 條第 1 項❷⁷、土地徵收條例第 57 條第 1 項❷⁸，亦陸續採相同理念辦理，由此可知，在我國有關土地利用之立法中，區分地上權實已躍居重要地位。

　　然而，上述立法皆僅為因應公共建設之需要，就其需用之特定空間範圍，授權主管機關以協議或準用徵收方式，取得地上權之特別立法，至於私人間或其他共用事業之使用土地，是否可逕依現行民法第 832 條有關地上權之規定，予以「擴張解釋」其適用問題，則待探討。目前，實務上見解雖已認許，然學者多認為區分地上權雖不屬新之物權，但我國關於「區分」之規定，民法上尚呈真空狀態，且如僅為簡省民法本身之修正，而由行政機關在土地登記法規內規定之，反易造成適用上之問題。

　　鑑於區分地上權之運用，於實務上極為廣泛，確立「區分地上權」制度並予以法制化，乃為潮流所需，民法物權編修正草案於是增訂第 841 條之 1 至之 5 等條文，以資配合。

　　所有權人協議設定地上權……」按大眾捷運法訂於 1988 年 7 月 1 日，歷經多次修正，最近一次修正於 2004 年 5 月 12 日。

❷⁶　獎勵民間參與交通建設條例第 19 條第 1 項：「民間機構興建本條例所獎勵之交通建設，需穿越公、私有土地之上空或地下，應與該土地管理機關或所有權人就其需用之空間範圍協議取得地上權……」按獎勵民間參與交通建設條例訂於 1994 年 12 月 5 日，歷經多次修正，最近一次修正於 2002 年 6 月 9 日。

❷⁷　促進民間參與公共建設法第 18 條第 1 項：「民間機構興建公共建設，需穿越公有、私有土地之上空或地下，應與該土地管理機關或所有權人就其需用之空間範圍協議設定地上權……。」按促進民間參與公共建設法訂於 2000 年 2 月 9 日，歷經多次修正，最近一次修正於 2001 年 10 月 31 日。

❷⁸　土地徵收條例第 57 條第 1 項規定：「需用土地人因興辦第三條規定之事業，需穿越私有土地之上空或地下，得就需用之空間範圍協議取得地上權……。」按土地徵收條例訂於 2000 年 2 月 2 日，歷經多次修正，最近一次修正於 2002 年 12 月 11 日。

肆、區分地上權之涵義

一、區分地上權制度

區分地上權制度，乃是突破傳統地上權概念，就土地之「上空」、「地面」及「地中」之一定空間範圍而為設定。我國民法物權編修正草案係將區分地上權置於地上權章內，增訂第 841 條之 1：「地上權得在他人土地上下之一定空間範圍內設定之。」蓋土地之利用，已不再局限於地面而逐漸向空中與地下發展，由平面化而趨向立體化，遂產生土地分層利用之結果，有承認土地上下一定空間範圍內設定地上權之必要。又日本亦有此立法例，爰增訂第一項規定，通稱為「區分地上權」。其客體限於「土地上下之一定空間範圍」，與民法第 832 條之普通地上權客體及於「土地之上下」，僅有量之差異，並無質之不同，故非物權之新種類❷。

由上述說明可知，區分地上權與普通地上權無異，屬地上權之一種特殊類型，而非另創設之新物權，其與普通地上權之主要差異，僅為存在範圍大小不同而已。以下就條文之簡略文字，析述如下：

二、區分地上權之名稱

㈠學者首先呼籲

歷來，國內學者就如何稱呼「在他人土地上下一定空間範圍內，設定之地上權」，意見不一，有稱立體之疊設地上權者，有稱分層地上權者，有稱區分地上權者，有稱空間地上權者，亦有稱之分層區分地上權者❸。

---

❷ 法務部，《民法修正草案》，第 841 條之 1 修正說明，1999 年 3 月，頁 151、152。

❸ 有稱立體之疊設地上權者，如史尚寬；有稱分層地上權者，如楊與齡；有稱區分地上權者，如蘇永欽、陳銘祥、邱萬金、劉得寬；有稱空間地上權者，如溫豐文、吳珮君等；亦有稱之分層區分地上權者，如蘇志超。參照溫博煌，〈區分地上權制度之探討㈠〉，《現代地政》，251 期，2002 年 5 月，頁 41；謝在全，前揭書，頁 143。

　　舊民法物權編修正草案第 841 條之 1，仍未賦予此種地上權法定名稱，而僅於增訂理由中使用「區分地上權」之名，導致其後之條文如第 841 條之 3、4、5 等，均須以「依第八百四十一條之一設定之地上權」來說明；另相對於第 832 條之普通地上權，就第 841 條之 5 而言，亦須以「第 832 條之地上權」稱之，就條文之精簡而言，似有不足 ❸❶。

　　本文則以為，修正草案第 841 條之 1 所稱之地上權，係將土地上下垂直空間予以水平分隔，以各個獨立之區分空間為權利客體，而允許個別設定用益權，類似於我國民法第 799 條有關建築物區分所有之觀念，以及公寓大廈管理條例區分所有權之規定，故本文從通說，認採「區分地上權」應較易為人民所接受，而民法第 832 條規定之地上權則可以「普通地上權」稱之，俾資區別 ❸❷。

㈡修正草案第 841 條之 1 內容

　　修正草案第 841 條之 1 規定：「稱區分地上權者，謂以在他人土地上下之一定空間範圍內設定之地上權。」

㈢修正理由

　　由於人類文明之進步，科技與建築技術日新月異，土地之利用已不再局限於地面，而逐漸向空中與地下發展，由平面化而趨於立體化，遂產生土地分層利用之結果，有承認土地上下一定空間範圍內設定地上權之必要。爰仿日本民法第 269 條之 2 第 1 項之立法例，增訂「區分地上權」之定義性規定。

三、區分地上權之目的

　　民法物權編修正草案中，為避免地上權與農用權內容重複，將民法第 832 條中「或竹木」刪除，將種植竹木為目的之不動產用益物權，移歸至第四章農用權中規定，而改為僅得以在他人土地有建築物或工作物為目的，設定普通地上權，故區分地上權之設定目的，亦應局限於建築物或其他工作物，似不及於竹木。此與區分地上權之設定主要係為因應大眾運輸系統、高速鐵路、電信、電纜、排水管道、區分所有建築物或地下街所需而存在之社會功能，亦較相符。

　　然而，在民法修正草案尚未完成立法前，普通地上權仍得以有竹木為目的

---

❸❶　吳珮君，前揭文，頁 103。

❸❷　吳光明，前揭書，頁 298。

而設定，區分地上權又得以地表上下一定空間為客體，應尚不得排除「種植竹木」之設定目的 ❸。

四、區分地上權之客體

區分地上權係就土地上下之一定空間範圍設定之，此所謂一定空間範圍，係指以兩個水平面間之平行空間為範圍，例如：土地上空之一百至一百五十公尺、土地地下二百至三百公尺、或土地地表以上一百公尺至其下五十公尺等，或僅設定其上限或下限範圍，例如：土地下方五十公尺以下的範圍或上空一百公尺以上之範圍等。

惟國內亦有學者認為，條文中對於區分地上權之文字，係使用「土地上下一定空間範圍」，故就只有上或下有範圍之情況，似與文義有所抵觸 ❸。

然而，區分地上權制度設計之用意，僅在使土地立體空間之使用更富效率及多樣性，只要區分地上權之登記具公示效力，使第三人得以清楚其範圍界限所在即可，似無須拘泥於法條文字。

五、區分地上權之設定

依前述，區分地上權之本質與普通地上權並無不同，故其成立與普通地上權之成立應無二致。如其取得係依法律行為而取得者，應依民法第 758 條規定，非經登記不生效力；如依法律行為以外之事實如繼承、強制執行、時效取得及法律規定而取得者，依民法第 759 條規定，於登記前已取得不動產物權者，非經登記不得處分。

所謂登記，依我國現行土地登記規則第 4 條規定，謂土地及建築改良物之所有權與他項權利之登記。而區分所有權之登記，於我國土地登記規則雖未規定，然因其亦係地上權，其與普通地上權共通部分之登記，自可依照普通地上權登記方式辦理，由區分地上權人會同土地所有人檢具土地登記規則第 34 條 ❸

❸ 謝在全，前揭書，頁 131。

❸ 吳珮君，前揭文，黃立之發言，頁 120。

❸ 土地登記規則第 34 條：「申請登記，除本規則另有規定外，應提出下列文件：一、登記申請書。二、登記原因證明文件。三、已登記者，其所有權狀或他項權利證明

規定之土地登記書、登記證明文件、所有權狀、申請人身分證明等，向該地所屬地政機關辦理他項權利登記。而區分地上權與普通地上權之登記不同之處，則在於設定範圍之不同。

普通地上權，以一宗土地之全部設定者，應於地上權設定契約書中之設定範圍欄內填具「全部」；如以一宗土地之特定部分設定者，依土地登記規則第 108 條之規定 ❸，應先向該管登記機關申請土地複丈，取得位置圖後，於該欄填具「本地號內〇〇平方公尺，詳位置圖」。而區分地上權，另須就「空間之上下範圍」以為記載，如：「本地號第三層建築物所占之空間」。

又如依大眾捷運法第 19 條規定，大眾捷運系統主管機關因路線工程上之必要，就其空間範圍協議取得地上權而辦理登記時，應先依大眾捷運系統工程使用土地上空或地下處理及審核辦法第 5 條 ❸，由需地機構確定需用之空間、空間範圍及其界線後，測繪平面圖及立面圖，計算面積，再填載於設定範圍欄內。

至於空間位置之測量，在日本係以東京灣平均海平面為基準，亦即設定如「自東京灣平均海平面上（或下）〇〇公尺至上（或下）〇〇公尺間」，或僅設定上限或下限範圍，如「東京灣平均海平面上（或下）〇〇公尺以上部分」 ❸，而為測量之便利，亦可就地面上之特定點為基準點測量區分空間之範圍。而我國關於區分空間高層之測量，除原則上本島以基隆平均海水面為測量基準，澎湖地區以馬公之平均海水面為測量基準外 ❸，茲將目前地政實務所採行之方式，分述如下 ❹：

書。四、申請人身分證明。五、其他由中央地政機關規定應提出之證明文件。前項第四款之文件，能以電腦處理達成查詢者，得免提出。」

❸　土地登記規則第 108 條規定：「於一宗土地內就其特定部分申請設定地上權、永佃權、地役權或典權登記時，應提出位置圖。因主張時效完成，申請地上權或地役權登記時，應提出占有範圍位置圖。前二項位置圖應先向該管登記機關申請土地複丈。」

❸　大眾捷運系統工程使用土地上空或地下處理及審核辦法第 5 條：「需地機構應將確定使用之空間範圍及界線之劃分，測繪於捷運系統改良物之平面圖、立面圖及剖面圖上。剖面圖應加測高程，其基準自平均海水面為零公尺起算，並自水準點引測之。」

❸　吳珮君，前揭文，頁 102。

❸　內政部 86 年 8 月 6 日臺內地字第 8684805 號函。

❹　內政部 87 年 9 月 15 日臺內地字第 8796413 號函。

　　1. 一般人民申請案件，由當事人設立一個固定參考點，作為設定空間範圍高程之相對基準，如設定空間範圍內已有建物，得以該建物之某樓層或其上方特定空間之範圍標的設定區分地上權。

　　2. 大型公共建設之申請案件，由工程單位提供參考點，作為設定空間範圍高程之相對基準。

伍、區分地上權與其他權利併存之法律關係

　　物權是直接支配標的物，而享受其利益之權利，具有排他與優先效力。就傳統以土地上下延伸之整體空間為設定範圍之普通地上權，乃適用新民法第774條至第798條有關不動產相鄰關係之規定，調和各土地利用權人相互間之關係。

　　然而，區分地上權係對土地之分層區分空間而定，各權利人間之法律關係、利用關係自較普通用益物權益加複雜，如逐予適用此「全平面」之規範，將有時而窮，故民法物權修正草案第841條之1至第841條之5等規定係創設物權排他效力之部分例外，並對於區分地上權之排他及優先效力予以規範。

　　茲謹就區分地上權之排他效力、優先效力，以及其相關問題，加以探討。

一、排他效力

㈠與其他用益物權間之排他效力

　　所謂排他效力，一般係指同一標的物不容許兩個以上性質不相容之物權並存。其中所有權因係全面支配之完全物權，故性質上不容許兩所有權並存；而須藉由占有方式以收實質使用利益之用益物權，亦不容許同性質之他物權並存，如地上權、永佃權、典權及其相互之間，皆無法相容；反之，數個物權內容若非均為占有標的者，如擔保物權間、擔保物權與用益物權間，一般咸認得重複設定。

　　基於傳統土地平面空間占有之普通用益物權，與基於土地上下區分空間占有之區分地上權間，是否亦應有排他效力之存在問題，學者多認為傳統之普通

用益物權，在理論上雖占有土地之整體空間，但如對於部分標的物之空間，僅係一種形式上之占有狀態，而對特定區分空間實際上並未支配利用者，則不妨准許他人於此部分，得另設定一實質占有利用之空間權利，以盡空間之利用，於此，傳統之物權排他效力，在空間法體系中，即應作較彈性之解釋。

民法修正草案第 841 條之 2 規定：「區分地上權人得與其設定之土地上下有使用、收益權利之人，約定相互間使用收益之限制。其約定未經土地所有人同意者，於使用收益權消滅時，土地所有人不受該約定之拘束。（第 1 項）前項約定，非經登記，不得對抗第三人。（第 2 項）」

修正草案認為，區分地上權呈現垂直鄰接狀態，具有垂直重力作用之特性，與平面相鄰關係不同。為解決區分地上權人與就其設定範圍外上下四周之該土地享有使用、收益權利之人相互間之權利義務關係，爰於第 1 項前段明定得約定相互間使用收益之限制。此項限制，包括限制土地所有人對土地之使用收益，例如約定土地所有人於地面上不得設置若干噸以上重量之工作物或區分地上權人工作物之重量範圍等是。又與土地所有人約定時，土地所有權人自應受該約定之拘束，僅於與其他使用權人約定時，始發生該約定是否須經土地所有人同意及對其發生效力與否之問題，爰增訂後段規定。至所謂使用收益權，包括區分地上權與普通地上權均屬之。

又前項約定經登記者，方能發生物權效力，足以對抗第三人，故土地及地上權之受讓人或其他第三人（例如抵押權人），當受其拘束，爰增訂第 841 條之 2 第 2 項❹。

(二)與他區分地上權間之排他效力

如在同一空間範圍內，兩區分空間全無重疊，則自不生排他效力問題。然而，如一土地之特定空間範圍內已存在一區分地上權，是否得於重疊空間內另設定他區分地上權，民法修正草案內相關條文並無明確規定。但細觀第 841 條之 1 之文義，乃指區分地上權所欲設定之空間範圍內，只要第三人於此先有使用收益權存在，無論是針對土地整體空間所存在之普通用益物權，或是對於空間層擁有之用益物權如區分地上權，均符合本條文義，自應得以適用之。

---

❹　法務部，《民法物權修正草案（用益物權及占有）》，行政院版民法第 841 條之 2 修正說明，2009 年 8 月，頁 15。按此部分之修正已送立法院審議。

依上開所敘，區分地上權與他區分地上權間，只要其實質占有利用狀況，並不衝突，仍得適用本條規定，亦即如於原區分地上權之外，另再設定區分地上權者，只要「得其同意」，並無不可。唯須注意者，此重疊情形，可能為兩空間層之範圍不同，但上下、或四周之一部分重疊情形，或兩空間範圍雖不同，但大範圍之空間涵蓋小範圍之空間，但並不包括兩區分地上權範圍完全相同之情況，否則物權之排他效力，將全然被推翻❷。

二、優先效力

㈠與土地所有權間之優先效力

物權之優先效力，係指同一標的物上，如有兩個以上之權利並存時，何者得優先支配之謂。關於物權間或物權化之債權如租賃權間，原則上，係以成立時間在先之權利，優先於成立在後之權利。

然而，就區分地上權人與土地所有權人之關係以為探討，因土地所有權人為將土地之一部分空間設定區分地上權予區分地上權人，區分地上權人就此設定範圍，依據雙方之合意，自可限制土地所有權人之使用。例如：在以地下工作物所有為目的之區分地上權設定時，為達地下工作物之維持利用，區分地上權人可以對土地所有人之地表利用予以限制而約定為：「土地所有人不可於地上設置○○公噸以上之工作物」云云。只是此種限制之約定，不能全面排除土地所有人之利用，否則將失去區分地上權之意義。

又此種限制對象，限於土地所有人之利用型態，並不可限制土地所有人之法律行為，例如土地之讓與、租賃，及其他區分地上權之設定，且此種特約經登記後，有對抗第三人之效力。

㈡與其他用益物權間之優先效力

區分地上權與其他普通用益物權間，如何決定其優先效力，民法修正草案中並無明文規定，而僅於第841條之5規定：「同一土地有區分地上權與以使用收益為目的之物權同時存在者，其後設定物權之權利行使，不得妨害先設定之物權。」可知，其係基於物權優先效力之一般原則，直接規定先成立之區分地上權，優先於後成立之普通用益物權。

❷ 吳珮君，前揭文，頁104。

　　本條增訂理由認為，基於區分地上權係就土地分層立體使用之特質，自不宜拘泥於用益物權之排他效力，是土地所有人於同一土地設定區分地上權後，宜許其得再設定用益物權（包括區分地上權），反之亦然，以達土地充分利用之目的。此際，同一不動產上用益物權與區分地上權同時存在，自應依設定時間之先後，定其優先效力，亦即後設定之區分地上權或其他用益物權不得妨害先設定之其他用益物權或區分地上權之權利行使。又區分地上權（或用益物權）若係獲得先存在之用益物權（或區分地上權）人之同意而設定者，後設定之區分地上權（或用益物權）則得優先於先物權行使權利，蓋先物權人既已同意後物權之設定，先物權應因此而受限制。再所謂同一土地，乃指同一範圍內之土地，要屬當然❸。

㈢與他區分地上權間之優先效力

　　兩區分地上權之設定範圍若不同但重疊者，只要實際占有狀態互不衝突，應可設定，已如前述。而就此重疊空間內，究何者得優先支配問題，草案對此亦無明確規定。

　　一般而言，兩個區分地上權空間重疊之情形，可分下列三種情形：

　　1.為兩個空間一部重疊。

　　2.為先存在大範圍之區分地上權，而後於此範圍內，再設定小範圍之區分地上權。

　　3.為先存在小範圍之區分地上權，而後再設定大範圍之區分地上權。

　　就第 2 種情形，應較類似於第 841 條之 2 之規定，即先成立一大空間範圍權利而後再設定小空間範圍權利，故於此情形，先權利人在衡量其利用狀態及利害得失後，於其同意之前提，為他人設定地上權，則在其同意之空間範圍內，自可解為其自願限制原得享有之支配利益,而歸他人享有以達空間利用之目的。

　　而第 3 種情形，則較類似於第 841 條之 5，即先存在一小空間範圍之權利，而後設定大空間範圍權利之情況，故解釋上，應類推適用該條，毋庸先區分地上權人之同意，即可設定，先區分地上權人於其設定範圍，當然優先享有支配之權利，後區分地上權人則支配該範圍以外之空間，以免因先區分地上權人之

---

❸　法務部，《民法物權修正草案（用益物權及占有）》，行政院版民法第 841 條之 5 修正說明，2009 年 8 月，頁 16。按此部分之修正已送立法院審議。

不同意，而後利用者未排除前，空間反而必須切割，而設定數個區分地上權。

 陸、區分地上權之相鄰關係

一、調和使用人間之權義

相鄰關係，旨在調和權利使用人間之權利義務關係。為避免各土地使用權人僅注重自己權利之行使，而不顧及他人權利，民法特於第 774 條以下，就相鄰土地之使用為一定程度之介入，而加以規範。

修正民法物權編鑑於相鄰關係應不局限於土地所有人間，地上權人、農育權人、地役權人、典權人、承租人，甚至其他土地、建築物或其他工作物利用人間，亦皆有相鄰關係之存在，新民法乃增訂第 800 條之 1：「第七百七十四條至前條之規定，於地上權人、農用權人、地役權人、典權人、承租人、其他土地、建築物或其他工作物利用人準用之。」此處所稱之地上權，即兼指普通地上權及區分地上權。

然而，區分地上權之空間相鄰狀態錯綜複雜，可能為上下之垂直相鄰，亦可能為前後左右之平面相鄰，就其衍生之用益衝突及權益調整狀況，實非一般平面相鄰關係所能比擬，如設定區分地上權以興建高速鐵路，其對地面所造成之震動與安全問題，便須特別加以關注。

為解決區分地上權人與其設定範圍上下四周之用益物權人相互間之權利義務關係，本草案除於新民法第 800 條之 1 規定，區分地上權人有一般相鄰關係之準用外，亦增訂第 841 條之 2。

二、增訂條文之適用

增訂第 841 條之 2 第 1 項規定：「區分地上權人得與其設定之土地上下有使用、收益權利之人，約定相互間使用收益之限制。其約定未經土地所有人同意者，於使用收益權消滅時，土地所有人不受該約定之拘束。」

茲就民法修正草案增訂第 841 條之 2 之適用，說明如下：

(一)契約當事人

依條文所定，此契約之主體為區分地上權人與其設定範圍外四周上下之土地所有人、用益物權人、其他債權之用益權人、及租賃權人。至於使用借貸人是否有本條之適用，學者間見解不一，有持肯定見解❹，亦有持否定之看法❺。

然而，由於借用人亦有權使用不動產，且得與地上權人為使用收益之約定，且本條旨在使此等契約因登記而生拘束第三人之效力，故有權訂定此等具物權化效力契約之人，範圍不宜過廣，似應限於具有物權權利之人訂定為宜，故本文以為，單純之債權利用人，例如借用人，應不及之。

(二)契約之內容

前揭契約約定內容，為區分地上權人與其相鄰用益權人為相互間使用收益之限制，包括用益的範圍、方法及得否施作或放置工作物等在內。除草案說明所舉因垂直鄰接而生之負重限制外，例如：土地下之區分地上權人與其標的物之所有人約定，土地所有人不得在其地面上設置逾若干公噸之工作物，諸如工安、噪音、振動、管線、通行及排水等，亦皆為相鄰空間可能面臨之問題。

針對上開所述問題，雖目前於相鄰關係之條文中已有規定，但因空間利用型態，具有相當特殊性，例如除前述所舉設定區分地上權以興建高速鐵路有振動安全等問題外，其他如高空或地下建築物與地面聯絡管道，或兩高空建築物間，所設通行用空中通道之設施等，與平面通行之關係，皆頗有差異，此等利用關係，均有賴兩相鄰空間或不動產權利人間自行約定調整。

(三)契約之效力

因修正草案第 841 條之 2 規定之「約定相互間使用收益之限制」，係屬訓示規定，該等約定事項與民法第 774 條至第 798 條一般相鄰關係之規定效力，孰強孰弱，應視民法第 774 條至第 798 條規定之性質而定。如其規定屬任意性質，而當事人約定加以排除，則當事人間之約定自屬有效，如新民法第 792 條規定為「得請求償金」，但當事人約定不給付償金時，應從當事人之約定。

反之，如該規定為強制規定，則當事人間如排除該規定所為之約定，應屬無效，如新民法第 787 條袋地通行權中之「應支付償金」，其主要目的不僅為調

---

❹　謝在全，前揭書，頁 135。

❺　吳珮君，前揭文，頁 108。

和個人所有之利害關係，且在充分發揮袋地之經濟效用，以促進物盡其用之社會整體利益，其由當事人約定放棄，該約定應屬無效❹。

再者，限制約定於當事人間，具有債之效力，當事人應受拘束，自屬當然之理。惟本條為謀相鄰使用關係之穩定，更進一步明定此種債權約定於經登記後，即發生約束第三人之物權效力。

換言之，該經登記之限制約定事項，對區分地上權或經約定之相鄰不動產用益權之受讓人，均得主張之。但學者指出，本條所定之第三人範圍，僅及於受讓人而不及於其他第三人，範圍似有不足❹。

例如，地下之區分地上權人為限制地面上之負重，而與土地所有人為建築樓層限高之約定並登記之，而後土地所有權人將該地設定普通地上權或出租予第三人，該第三人於建築時，亦應受限高契約之拘束，方屬合理。

此外，基於契約自由原則下，所作之各項相鄰關係約定之內容非常複雜，亦無統一之格式，在實務登記上，應有配套措施，以使該約定內容，能達其公示效果。

柒、區分地上權之消滅

普通地上權消滅之原因與效果，於區分地上權原則上均有其適用，然而，區分地上權之存續與否，並非如普通地上權大抵僅牽涉其與土地所有人之關係，其更與其他權利人有關，而導致利害關係更為複雜，故民法修正草案爰增訂第841條之3、4以資解決。

一、區分地上權設定期間之延長

民法修正草案第841條之3規定：「法院依第八百四十條第四項定區分地上權之期間，足以影響第三人之權利者，應併斟酌該第三人之利益」，蓋區分地上權如為第三人之權利標的或第三人有使用收益權者，法院依第840條第4項定

---

❹ 最高法院75年臺上字第947號判例。

❹ 謝在全，前揭書，頁136。

該地上權延長之期間時，勢必影響該第三人之權利，為兼顧該第三人之權益，法院應併斟酌其利益，以期允當❹。

　　理論上，法院依第 840 條第 4 項規定，酌定地上權之延長期間時，本應就建築物尚可使用之期間、都市發展及社會整體利益等各種具體客觀情事，予以綜合考量，是以針對區分地上權設定期間之延長，自應斟酌有無影響第三人利益之情事，可見本條似應僅具訓示意義❹。

二、區分地上權人對第三人之補償

㈠第 841 條之 4 規定內容

　　民法修正草案第 841 條之 4 規定：「區分地上權依第八百四十條規定，以時價補償或延長期間，足以影響第三人之權利時，應對該第三人為相當之補償。補償之數額以協議定之，不能協議時，得聲請法院裁定之。」

㈡增訂理由

　　區分地上權之工作物為建築物，依第 840 條規定以時價補償或延長期間，足以影響第三人之權利時，例如同意設定區分地上權之第三人或相鄰之區分地上權人，其權利原處於睡眠狀態或受限制之情況下，將因上開情形而受影響等是，基於公平原則，應由土地所有人或區分地上權人對該第三人為相當之補償。補償之數額宜由當事人以協議方式行之，如不能協議時，始聲請法院裁定，此裁定性質上屬非訟事件❺。

㈢評　析

　　然於此所需探討者，為在何種高度或深度之空間通過，方須給予補償，其是否有一定之標準問題。學者認為，此應與民法第 773 條對土地所有權效力之規定一致，亦即「土地所有權除法令有限制外，於其行使有利益之範圍內，及於土地之上下。如他人之干涉，無礙其所有權之行使者，不得排除之。」如區分

---

❹　法務部，《民法物權修正草案（用益物權及占有）》，行政院版民法第 841 條之 3 修正說明，2009 年 8 月，頁 15。按此部分之修正已送立法院審議。

❹　謝在全，前揭書，頁 140。

❺　法務部，《民法物權修正草案（用益物權及占有）》，行政院版民法第 841 條之 4 修正說明，2009 年 8 月，頁 15。按此部分之修正已送立法院審議。

地上權人所利用者，非屬所有權人或其他用益物權人行使有利益之空間範圍，則不認為當然對土地所有人造成損失，無須給予補償[51]。

至於區分地上權人對第三人之補償範圍及數額，應考量以下因素：

㈠因設定區分地上權而使原來土地價值減少之部分。

㈡使用費用部分，即指因設定區分地上權之租金。

㈢區分地上權部分使用後，畸零地之補償，即是一旦利用私人土地之部分空間，導致原有土地不能再做相當使用，則應給予補償。

捌、結　語

依設定區分地上權所施作之建築物或工作物，如地下鐵、大眾捷運系統、高架道路等，多具永久性；而隨著社會之進步，此等現代化之施作，又恐將有增無減，如每有施作工程之需，始循大眾捷運法之模式，針對個案為特別立法，再授權主管機關另定土地上空或地下之使用程序、使用範圍，以及有關界線劃分、登記、徵收等審核辦法，不免造成現行土地法制與徵收法令適用上之困擾，亦欠缺法制之一致性與安定性。

為配合區分地上權理論之建立，民法中有關「區分地上權」法制之增訂，實屬必要，政府部門並應盡早建立相關之配套措施，俾期區分地上權制度施行後之登記、估價等法令與實務作業，有所遵循，使區分地上權制度之應用效果，得以充分發揮。

基於上述原因，除須於現行民法物權編做適切之修正外，其他有關法令，亦須配合增（修）訂，如區分地上權登記制度之設計屬之，必要時，可於土地登記規則增訂第 108 條之 1，明訂辦理區分地上權設定登記時，所應特加以規範之登記事項；或以其他行政命令，予以規定統一登記之方式，用以保障不動產交易之安全，如此，始符現代社會之需，亦為長久之計。

---

[51]　邱萬金，〈區分地上權制度之研究〉，《經社法制論叢》，4 期，1989 年 7 月，頁 253、254。

第 *19* 章
農育權

壹、概　說

　　民法修正草案已將永佃權廢止,現行民法對建地之使用設有地上權之規定,而對於農地之使用,則尚無符合需要之物權設定之規定。因此,修正草案乃參酌我國目前農業政策,增訂「農育權」一章,以符合實際需要。

　　然此項草案尚未立法完成,農業政策亦在調整中,故草案各項利弊得失,仍有待評估。另有學者認為,增訂農育權與否,亦必須思考農育權是否具有競爭力,而能在不動產交易中存活,並非增訂於民法典,即能自然存在。足見農育權訂定,非常複雜,近年最新修正草案有關農育權之規定,又有不同新面貌。尤其,舊版修正草案有「以支付租金」作為農育權之要件,在新版本中已刪除。其他尚有若干觀念之修訂,故有詳加討論之必要。

　　本章首先擬從民法物權修正草案農育權章,探討永佃權之存廢與農育權之立法;其次擬探討農育權之意義與期限、取得權之取得、農育權之效力,包括農育權之處分權、農育權人之地租支付義務、土地及農育工作物出租之禁止、土地用益權等。再次,擬探討農育權消滅原因及效果之若干規定。最後,提出檢討與建議。

貳、永佃權之存廢與農育權之立法

一、永佃權之存廢

　　舊民法第 842 條第 1 項規定,永佃權,謂支付佃租永久在他人土地上為耕作或牧畜之權。永佃制度在人類社會中由來已久,在西方可以追溯到羅馬共和時期;在我國,遠自秦漢時代開始,農田之租佃制度即已經產生。而制度在歷經時間與社會經濟之變遷,永佃權之社會機能亦逐漸式微。

　　根據永佃權修法理由說明,土地登記實務上之統計資料,多年來在臺灣地

區已無設定永佃權案件，永佃權亦可說是名存實亡。永佃權制度對於調和土地之「所有」與「利用」，尤其是土地之開墾，曾經發揮重要機能。

永佃權式微之原因，學者認為可分成以下兩點概述之❶：

㈠經濟分析觀點

就經濟分析觀點而言，永佃權在現在社會不具有資源使用之效率。永佃權係支付佃租以「永久」在他人土地上為耕作或牧畜之權利，此將造成土地之所有權與使用永久分離。對土地所有人言之，將土地設定永久供他人使用，應為少有情形。對使用人言之，現今從事農業生產之經濟效益偏低，故亦鮮少有人願意以永久耕作或牧畜使用為目的，於他人之土地上設定永佃權。

㈡憲法觀點

憲法第 143 條第 4 項規定，國家對於土地之分配與整理，應以扶植自耕農及自行使用土地人為原則，國民政府遷臺後，其施行之土地改革政策，如耕地三七五減租條例、耕者有其田條例，徵收地主保留以外之土地，轉放現耕農民承領。農民有田地可以自己耕種，沒有再於他人土地上設定永佃權之必要，故永佃權便漸漸失去了存在之價值。

二、農育權之立法

㈠增訂農育權

在 1999 年民法物權修正草案刪除永佃權一章後，對於農地之使用，尚無符合需要之物權設定規定。因此，物權修正草案乃參酌我國目前農業政策，增訂農用權一章，以符合實際需要。但由於草案尚未完成，我國農業政策時有調整，故草案中各項條文之利弊得失，仍有待評估❷。

2009 年修正時認為，此項新設物權係以農業使用及土地保育為其重要內容，且單純之種植竹木，未達森林之程度，亦非農業使用所能涵蓋，爰名為「農育權」，俾求名實相符❸。

---

❶　王澤鑑，《民法物權㈡──用益物權、占有》，增訂版，自版，2001 年 9 月，頁 60。

❷　吳光明，《物權法新論》，新學林出版，2006 年 8 月，頁 314。

❸　法務部，《民法物權修正草案（用益物權及占有）》，行政院版民法第四章之一農育權修正說明，2009 年 8 月，頁 18。按此部分之修正已送立法院審議，為便於讀者閱讀，

㈡農育權之意義與目的

1.新民法第 850 條之 1 內容

農育權之意義，依據新民法修正草案第 850 條之 1 第 1 項規定：「稱農育權者，謂在他人土地為農作、森林、養殖、畜牧、種植竹木或保育之權。」

根據條文之定義，農育權係存在於他人土地上之物權，目的在取代永佃權，而成為一種符合現代農地使用需要的用益物權。而其設定，如係約定以支付地租為必要，則是屬於有償之物權❹。

2.新民法第 850 條之 1 修正說明

本條規定農育權之意義。其內容為：

㈠農育權係存在於他人土地之用益物權。

㈡農育權係以農作、森林、養殖、畜牧、種植竹木或保育為目的之物權，使用上並包括為達成上開目的所設置、維持之相關農業設施。所謂「農作」，亦包括花、草之栽培、菇菌之種植及園藝等。又當事人間為上開目的之約定，已構成農育權之內容，地政機關於辦理農育權登記時，宜將該農育權之設定目的予以配合登記❺。

參、農育權之取得與期限

一、農育權之取得

農用權取得，大致上可以分成兩種，可分為基於法律行為而取得，如設定行為，與基於法律行為以外之原因或事實而取得，如繼承。茲分述如下：

㈠基於法律行為而取得

基於法律行為而取得農育權，又可以分成兩種：

修正前仍以「舊法」稱之，而修正後則以「新法」稱之，以下亦同。

❹ 謝在全，《民法物權論》，中冊，修訂四版，自版，2007 年 6 月，頁 178。

❺ 法務部，《民法物權修正草案（用益物權及占有）》，行政院版民法第 850 條之 1 第 1 項修正說明，2009 年 8 月，頁 18。按此部分之修正已送立法院審議。

1.當事人之合意

基於當事人之合意而設定，亦即以設定農育權契約之方式取得，而此項行為需以書面為之，並經登記始生效力。

2.農育權人因為讓與而取得權利

依新民法第 850 條之 3 第 1 項規定：「農育權人得將其權利讓與他人或設定抵押權。但契約另有約定或另有習慣者，不在此限。」換言之，農育權人得將農育權讓與他人，而他人因此受讓而取得農育權。此項變動同樣亦需以書面為之，並辦理登記，始得對抗第三人。

㈡基於法律行為以外之原因或事實而取得

基於法律行為以外之原因或事實而取得，主要係指繼承。被繼承人有農育權，當繼承開始時，繼承人當然可以繼承其農育權，但應注意同樣須依新民法第 759 條應經辦理繼承登記，始得加以處分。

二、農育權之期限

㈠新民法第 850 條之 1 第 2 項內容

農用權之期限，依新民法第 850 條之 1 第 2 項規定：「農育權之期限，不得逾二十年，逾二十年者，縮短為二十年。但以造林、保育為目的或法令另有規定者，不在此限。」

㈡新民法第 850 條之 1 第 2 項修正說明

修正說明認為，農育權之期限如過於長久，將有害於公益，經斟酌農業發展、經濟利益及實務狀況等因素，認以二十年為當。如訂約期間超過二十年者，亦縮短為二十年。但以造林、保育為目的，須逾二十年始能達其目的者，事所恆有，或法令另有規定之情形時，為期顧及事實，爰增訂但書規定。至所謂「造林」包括人工營造林木、林木之撫育、保護、生長、更新及林地養護等工作；而所謂「保育」係基於物種多樣性與自然生態平衡之原則，對於野生物或棲地所為保護、復育、管理之行為等。

學者認為，此項訂約期間規定旨在避免永佃權關係「永久性」之缺點❻。本文亦贊同，蓋實務上永佃權之設定，定有期限者視為租賃，適用關於租賃之

❻　王澤鑑，前揭書，頁 63。

規定，如租期屆滿，以後承租人繼續耕作該十筆土地，出租人不即為反對之表示，依法視為以不定期限繼續契約❼，可解決「永久性」問題。

肆、農育權之效力

一、農育權人之權利

㈠土地之使用收益

新民法第 850 條之 6 規定：「農育權人應依設定之目的及約定之方法，為土地之使用收益；未約定使用方法者，應依土地之性質為之，並均應保持其生產力或得永續利用。（第 1 項）農育權人違反前項規定，經土地所有人阻止而仍繼續為之者，土地所有人得終止農育權。農育權經設定抵押權者，並應同時將該阻止之事實通知抵押權人。（第 2 項）」

然而，依新民法第 850 條之 4 規定：「農育權有支付地租之約定者，農育權人因不可抗力致收益減少或全無時，得請求減免其地租或變更原約定土地使用之目的。（第 1 項）前項情形，農育權人不能依原約定目的使用者，當事人得終止之。（第 2 項）前項關於土地所有人得行使終止權之規定，於農育權無支付地租之約定者，準用之。（第 3 項）」換言之，土地如係因不可抗力原因或事實，以致農育權人之收益減少或是全無者，農育權人得請求減免其地租或變更原約定土地使用之目的。例如原約定目的為養殖水產，但因缺水而無法養殖，但土地仍然可以作為畜牧牛羊之用時，農育權人得向土地所有人行使變更使用目的之請求權，以求地盡其利，互謀雙方利益兼顧❽。

㈡農育權人之處分權

1. 讓與和抵押

農育權為用益物權之財產權，依新民法第 850 條之 3 規定：「農育權人得將其權利讓與他人或設定抵押權。但契約另有約定或另有習慣者，不在此限。（第

---

❼　最高法院 76 年度臺上字第 222 號判決。

❽　謝在全，前揭書，頁 179。

1 項）前項約定，非經登記不得對抗第三人。（第 2 項）農育權與其農育工作物不得分離而為讓與或設定其他權利。（第 3 項）」此一規定旨在使農育權人得處分農育權，使其具有交易性，而發揮經濟效用❾。

至於同條第 3 項規定中之所謂「農育工作物」，是例如農舍、水塔、倉庫等等。其修正理由認為，因農育權而設置於土地上之農育工作物應與農育權相互結合，始能發揮其經濟作用。

2. 土地或農育工作物之出租

新民法第 850 條之 5 規定：「農育權人不得將土地或農育工作物出租於他人。但農育工作物之出租另有習慣者，從其習慣。（第 1 項）農育權人違反前項規定者，土地所有人得終止農育權。（第 2 項）」

關於此項禁止原則，蓋土地所有人設定農育權於農育權人，多置重於農育權人能有效使用其土地。如農育權人不自行使用土地或設置於土地上之農育工作物，而以之出租於他人，使農地利用關係複雜化，並與土地所有人同意設定農育權之原意不符，爰增訂第 1 項，明定禁止出租之限制。但關於農育工作物之出租另有習慣者，例如倉庫之短期出租等是，自宜從其習慣❿。

關於農育工作物之出租，學者中有不同見解。茲分述如下：

(1)原則上禁止，例外許可說

此說認為，農育工作物之使用必須依存於土地之上，如同意其出租，而土地不得出租，則必將產生使用權之困擾現象，應一併禁止出租⓫，故認為原則上禁止，例外許可，蓋農育工作物僅占農育權標的物之小部分，且或有供他人使用之必要，其使用多為暫時性。因之，其認為有出租之習慣者，始例外予以准許。

(2)無禁止之必要

此說則是從不同角度出發，認為農育工作物屬於農育權人所有，應當考慮者，農育權人之利益與資源之利用是否有效率，而非考慮其藉由出租而從中得

---

❾　王澤鑑，前揭書，頁 64。

❿　法務部，《民法物權修正草案（用益物權及占有）》，行政院版民法第 850 條之 5 第 1 項修正說明，2009 年 8 月，頁 22。按此部分之修正已送立法院審議。

⓫　謝在全，前揭書，頁 180。

利，或使用方式是否符合土地所有人的原意。農育權人將閒置或無使用效率之農育工作物出租給其他人，尤其是其他農育權人，通常無害於土地所有人之利益，故應無禁止必要，亦無須另待習慣之形成 ❷。

(3)小　結

上述二說雖然出發點不同，但不論是認為可以例外許可，或者是無須禁止，二者之意見皆同意農育工作物之出租行為之存在。

至於第 2 項明定農育權人違反前項規定之效果，土地所有人得終止農育權。

二、農育權人之義務

支付租金與否是基於當事人間之約定，此係以有土地收益為對價。但租金在設定之後，有下列兩種情況，當事人可請求變更租金之數目：

1. 因不可抗力致收益減少或全無時

新民法第 850 條之 4 第 1 項規定，因不可抗力致收益減少或全無時。

2. 因土地價值之昇降

新民法第 850 條之 9 規定準用同法第 835 條之 1 第 1 項：「地上權設定後，因土地價值之昇降，依原定地租給付顯失公平者，當事人得請求法院增減之。」因此，農育權設定後，因土地價值之昇降，依原定地租給付顯失公平者，當事人得聲請法院增減之。

伍、農育權消滅原因與法律效果

一、農育權消滅之原因

(一)存續期間屆滿

新民法第 850 條之 1 第 2 項規定：「農育權之期限，不得逾二十年，逾二十年者，縮短為二十年。但以造林、保育為目的或法令另有規定者，不在此限。」是以農育權於期限屆滿時就歸於消滅 ❸。

---

❷　王澤鑑，前揭書，頁68。

㈡土地所有人行使終止權

按土地所有人行使終止權之情形有三:

1.不能依原約定之目的使用

新民法第 850 條之 4 第 2 項規定:「前項情形,農育權人不能依原約定目的使用者,當事人得終止之。」蓋本項增訂有第 1 項情形農育權人及土地所有人均得終止農育權,俾使土地資源得另作合理之規劃❹。

2.農育權人違反規定將土地及農育工作物出租於他人

依新民法第 850 條之 5 第 1 項規定:「農育權人不得將土地或農育工作物出租於他人。但農育工作物之出租另有習慣者,從其習慣。」因此,如將土地或農育工作物違反規定出租於他人時,土地所有人得依同條第 2 項終止農育權。

3.農育權人未依約定之目的及方法為土地之使用收益

依新民法第 850 條之 6 規定:「農育權人應依設定之目的及約定之方法,為土地之使用收益;未約定使用方法者,應依土地之性質為之,並均應保持其生產力或得永續利用。」農育權人未依約定者,經土地所有人阻止或通知改善而仍繼續者,依同條第 2 項規定,土地所有人得終止農育權。

㈢農育權人拋棄其權利

農育權人拋棄其權利,此可分兩點說明如下:

1.農育權人不能依原約定的目的使用者

依新民法第 850 條之 4 第 2 項規定:「前項情形,農育權人不能依原約定目的使用者,當事人得終止之。」蓋本項增訂有第 1 項情形農育權人及土地所有人均得終止農育權,俾使土地資源得另作合理之規劃,已如前所述。

2.農育權人得支付未到期之地租拋棄其權利

依新民法第 850 條之 9 規定,新民法第 835 條第 1 項、第 2 項之規定,於農育權準用之,以期立法之周延❺。因此,農育權定有期限,而有支付地租之約定者,農育權人得支付未到期之三年分地租後,拋棄其權利。未定有期限,

---

❸ 吳光明,前揭書,頁 319。

❹ 法務部,《民法物權修正草案(用益物權及占有)》,行政院版民法第 850 條之 4 第 2 項修正說明,2009 年 8 月,頁 21。按此部分之修正已送立法院審議。

❺ 吳光明,前揭書,頁 320。

而有支付地租之約定者，農育權人拋棄權利時，應於一年前通知土地所有人，或支付未到期之一年分地租。

㈣因欠租而經終止

此同樣是農育權準用地上權之相關規定，農育權人積欠地租達二年之總額，除另有習慣外，土地所有人得定相當期限催告農育權人支付地租，如農育權人於期限內不為支付，土地所有人得終止農育權。

二、農育權消滅時之法律效果

原則上，農育權消滅時，農育權人應負回復原狀之義務。此外，新民法修正草案另設有以下之特別規定：

㈠農育權人得取回其土地之出產物及農育工作物

1.新民法第850條之7內容

依新民法第850條之7規定：「農育權消滅時，農育權人得取回其土地上之出產物及農育工作物。（第1項）第八百三十九條規定，於前項情形準用之。（第2項）第一項之出產物未及收穫而土地所有人又不願以時價購買者，農育權人得請求延長農育權期間至出產物可收穫時為止，土地所有人不得拒絕。但延長之期限，不得逾六個月。（第3項）」

2.新民法第850條之7增訂理由

依本法第66條第2項規定，不動產之出產物，尚未分離者，為該不動產之部分。惟土地上之出產物，為農育權人花費勞力或資金之所得；農育工作物，如係農育權人因實現農育權而設置，皆宜於農育權消滅時由農育權人收回，始合乎情理，爰增訂第1項規定。

農育權人於取回前項之出產物及工作物時應盡之義務，及不取回時該物之歸屬等，宜準用第839條有關地上權之規定，爰增訂第2項規定。

至於農育權消滅時，土地上之出產物因尚未成熟而未及收穫，土地所有人又不願以時價購買者，應許農育權人得請求延長農育權期間至該出產物可收穫時為止，土地所有人不得拒絕，俾保障農育權人之權益，惟為兼顧土地所有人之權益，其期間最長不得逾六個月，以期平允，爰增訂第3項規定[16]。

---

[16] 法務部，《民法物權修正草案（用益物權及占有）》，行政院版民法第850條之7修正

㈡土地所有人以時價購買土地之出產物或工作物之權

土地所有人以時價購買土地之出產物或工作物時，準用地上權之相關規定。

㈢期間延長請求權

依新民法第 850 條之 7 第三項規定：「第一項之出產物未及收穫而土地所有人又不願以時價購買者，農育權人得請求延長農育權期間至出產物可收穫時為止，土地所有人不得拒絕。但延長之期限，不得逾六個月。」其增訂說明已如上述。

㈣特別改良費用或其他有益費用之償還

1. 新民法第 850 條之 8 內容

依新民法第 850 條之 8 規定：「農育權人得為增加土地生產力或使用便利之特別改良。（第 1 項）農育權人將前項特別改良事項及費用數額，以書面通知土地所有人，土地所有人於收受通知後不即為反對之表示者，農育權人於農育權消滅時，得請求土地所有人返還特別改良費用。但以其現存之增價額為限。（第 2 項）前項請求權，因二年間不行使而消滅。（第 3 項）」

2. 新民法第 850 條之 8 增訂理由

農育權人於保持土地原有性質及效能外，其因增加勞力、資本，致增加土地生產力或使用上之便利，為土地特別改良，可增進土地利用及土地生產之增加，爰增訂第 1 項。

為調整農育權人與土地所有人財產損益變動，農育權人自得向土地所有人請求返還特別改良事項費用，但其費用之返還，須農育權人曾以書面將特別改良事項及費用數額通知土地所有人，土地所有人於收受通知後不即為反對之表示，且農育權消滅時現存之增價額為限，始得請求返還，以兼顧雙方當事人權益之保障，爰增訂第 2 項規定❶❼。

說明，2009 年 8 月，頁 24。按此部分之修正已送立法院審議。

❼　法務部，《民法物權修正草案（用益物權及占有）》，行政院版民法第 850 條之 8 修正說明，2009 年 8 月，頁 25。按此部分之修正已送立法院審議。

陸、結　語

　　永佃權與農育權之一廢一立，期望在廢除較不合時宜之法條，再以新條文規定取代之後，農地之使用與收益能更具有效率，並符合社會之所需。

　　然而，在現代社會之中，除將土地用來造林或保育目的以外，很少有超過二十年以上之投資規劃，且不動產租賃幾乎可以完全取代農育權之功能，而成為農育權在不動產交易之中之競爭對手。

　　學者認為，不動產租賃優於農育權之處如下：

　⑴二者都有二十年期限的限制，但租賃期滿後可以更新。

　⑵不動產租賃經公證後，可享受比農育權人更好的保護。

　⑶不動產租賃交易成本低於農育權。

　　因此，學者認為農育權實無增訂之必要❶❽。關於農育權之增訂，是否有其價值，仍有再深入探討之空間。

---

　❽　謝哲勝，《民法物權編修正草案綜合評析》，臺灣財產法暨經法研究協會，2006 年 2 月，頁 71。

第20章
不動產役權

壹、概　說

地役權歷史悠久，古羅馬時期即以法律明確對其加以規定。當時羅馬法稱其為役權，係市民法上之物權。而後將役權區分為人役權與不動產役權，其區分之標準，在於權利之基礎，亦即為特定物之利益而設者，為不動產役權；為特定人而設者，為人役權。

地役權與人役權各有不同之特徵，地役權在時間上具有永久性之權利，至於人役權則在內容上具有豐富之權利❶。換言之，地役權必屬於需役地之所有人，一旦與土地所有權分離，即變成人役權。

由於人役權係為特定人之便利而設定之權利，在德國，人役權還包括長期居住權或稱長期使用權，其規定於德國「住宅所有權及長期居住權法」(Daurwohnrecht)❷。

不動產役權又可區別為建築物役權及地役權，建築物役權係為建築物之利益而設定，地役權則係為特定土地之利益而設定。

一般繼受羅馬法之各國，多承認地役權與人役權併存。但日本與我國則僅承認地役權。蓋我國物權法於制定時，考量自古無人役之習慣，且人役權內容過於豐富，有礙基於物權法定主義對於舊物權之整理及防止其復辟之功能，並以有礙經濟之流通為理由，不採取人役之物權。至於設定地役權之目的，在於充分利用土地，發揮土地之效益，用所有權以外之一種從屬性物權，以彌補相鄰關係不能完成之功能。

新物權編對於地役權之規定已有如下重大之變革❸：

---

❶ 鄭玉波著、黃宗樂修訂，《民法物權》，修訂十五版，三民書局，2007 年 11 月，頁 215。

❷ Fritz Baur, *Lehrbuch des Sachencechts*, 14. Auflage, 1987, S. 285.

❸ 法務部，《民法物權修正草案（用益物權及占有）》，行政院版民法第 851 條、第 859 條之 3、第 859 條之 4，2009 年 8 月，頁 26–33。按此部分草案已在行政院 98 年 8 月通過，並送立法院審議中，為敘述方便，修正前及現行法仍以「舊法」稱之，而修正後及現行草案則以「新法」稱之，以下亦同。

　　(1)地役權改為不動產役權以活絡不動產之利用，並將地役權擴大為不動產役權（新民法第 851 條），故土地或建物均得為需役或供役。

　　(2)擴大役權之設定人：將役權設定人由原條文之所有人擴及至使用不動產之人（新民法第 859 條之 3）。

　　(3)增設自己不動產役權之規定（新民法第 859 條之 4）。

　　基此，本章首先擬探討不動產役權之概念與特徵，包括舊地役權之概念、舊地役權定義之重建、不動產役權之特徵；其次，擬探討不動產役權之種類，包括根據不動產役權之行使內容區分、根據不動產役權之行使方法區分、根據不動產役權之行使狀態區分；再次，擬探討新法中數不動產役權之競合、不動產役權發生上之從屬性與取得問題、時效取得不動產役權問題。此外，擬探討不動產役權移轉上之從屬性，包括不動產役權消滅從屬性之明文化、不動產役權從屬性之緩和、不動產役權之效力與消滅。最後，提出檢討與建議，以供參考。

貳、不動產役權之概念與特徵

一、舊民法地役權之概念

　　舊民法第 851 條規定：「稱地役權者，謂以他人土地供自己土地便宜之用之權。」則地役權係為需役地而存在之物權，其設定須有供役地與需役地，為需役地之利益而就供役地有所要求，而以供役地之土地供便宜之用為內容。

　　所謂便宜指方便利益或便利相宜，例如：設定通行地役權使需役地得於供役地上開設道路作通行之用，以提升需役地之整體價值。此一提供便宜之用，供役地所有權應容忍需役地所有權能之擴張，其內容可分為積極之地役權或消極之地役權；在積極地役權，供役地所有權人負有容忍地役權人為一定行為之義務；在消極地役權，供役地所有人負有不為一定行為之義務❹。此一土地間供需關係之存在，使地役權不因需役地或供役地之所有權人之移轉而生變動。

　　就我國民法之規定觀之，地役權所稱之「地」，係指土地而言，惟我國民法

---

❹　謝在全，《民法物權論》，中冊，修訂二版，自版，2007 年 6 月，頁 192。

既將土地及其定著物視為兩筆獨立之不動產，則考量定著物亦可能有設定前述役權之需求，仍應有建築物役權存在之必要性，使土地與土地、建築物與土地，及建築物與建築物間，有前述之供需關係而有必要時，得設定役權❺。

二、舊民法地役權定義之重建

舊民法第 851 條所規定之「舊地役權」，係指存在於「他人」土地上之物權，亦即供役地以及需役地必須異其所有權人，並且將標的局限於土地，而未包括自己地役權以及社區地役權之情形。

然現今社會大廈林立，他人建築物不無妨礙他人建築物使用之可能，故倘如同 1999 年修正條文所規定，亦即僅僅將需役地之客體擴張為不動產，而屬供役地之客體仍僅局限於土地，不免漠視社會之現狀。因此，新條文有檢驗舊地役權之定義之必要。

三、不動產役權之特徵

學者認為，依上開舊條文第 851 條意旨，供役地以及需役地必須異其所有權人。但由於地役權之功能，在於協調不動產間之利用，故同一所有權人如就其所有之數不動產間之利用關係，希冀先作一定之有效利用與規劃，實不妨肯認其得以先就其所有之數不動產間設定地役權。蓋藉著對於不動產之事前規劃，一方面可創造整體之最大效益，另一方面，較少了嗣後大量交易成本，絕非「全無實益」❻。

㈠不動產役權之條文內容

新民法物權編擴大舊地役權之適用，將第五章舊地役權章名修改為不動產役權，而於新修正民法第 851 條規定：「稱不動產役權者，謂以他人不動產供自己不動產通行、汲水、採光、眺望、電信或其他以特定便宜之用為目的之權」，其他相關條文一併配合調整之。

---

❺ 蘇永欽，〈重建役權制度——以地役權的重建為中心〉，《月旦法學》，65 期，2000 年 10 月，頁 85。

❻ 蘇永欽，前揭文，頁 81；另請參閱蘇永欽，〈相鄰關係在民法上的幾個主要問題〉，《跨越自治與管制》，1999 年 1 月，頁 205。

　　另於新修正民法第 859 條之 3 第 1 項規定：「基於以使用收益為目的之物權或租賃關係而使用需役不動產者，亦得為該不動產設定不動產役權。前項不動產役權，因以使用收益為目的之物權或租賃關係之消滅而消滅。」

㈡不動產役權修訂理由

　　新民法物權之不動產役權修訂理由認為，地役權現行條文規定以供役地供需役地便宜之用為內容。惟隨社會之進步，不動產役權之內容變化多端，具有多樣性，現行規定僅限於土地之利用關係已難滿足實際需要。為發揮不動產役權之功能，促進土地及其定著物之利用價值，爰將「土地」修正為「不動產」。

　　又不動產役權係以他人之不動產承受一定負擔以提高自己不動產利用價值之物權，具有以有限成本實現提升不動產資源利用效率之重要社會功能，然因原規定「便宜」一詞過於抽象及概括，不僅致社會未能充分利用，且登記上又僅以「地役權」登記之，而無便宜之具體內容，無從發揮公示之目的，爰明文例示不動產役權之便宜類型，以利社會之運用，並便於地政機關為便宜具體內容之登記。又法文所稱「通行、汲水」係積極不動產役權便宜類型之例示，凡不動產役權人得於供役不動產為一定行為者，均屬之；至「採光、眺望」則為消極不動產役權便宜類型之例示，凡供役不動產所有人對需役不動產負有一定不作為之義務，均屬之。至「其他以特定便宜之用為目的」，則除上述二種類型以外之其他類型，例如「電信」依其態樣可能是積極或消極，或二者兼具，均依其特定之目的定其便宜之具體內容。不動產役權便宜之具體內容屬不動產役權之核心部分，基於物權之公示原則以及為保護交易之安全，地政機關自應配合辦理登記，併予指明❼。

㈢設定不動產役權之主體

　　至於需役不動產須取得何種之權利，才可取得不動產役權問題，依現行民法明文規定取得「所有權」者得設定役權。新物權編及學者通說更認為取得「用益物權、租賃」者亦得取得之。

　　目前僅「所有權人」可以取得不動產役權情況下，所有權移轉時，原所有人喪失需役地之所有權，自不能繼續經由需役不動產享受對供役不動產之權利。

---

❼　法務部，《民法物權修正草案（用益物權及占有）》，行政院版民法第 851 條修正說明，2009 年 8 月，頁 26。按此部分之修正已送立法院審議。

相反言之，新所有人擁有需役不動產之所有權，當然亦取得從屬於需役不動產之役權。因此，自得認為「經由取得需役不動產之所有權而取得役權」、「不動產役權從屬於需役不動產所有權」。

新物權編使「用益物權人、租賃人」亦得設定不動產役權。用益物權人、租賃人所設定之不動產役權從屬於何物，將發生爭議。蓋就應從屬於「所有權」、「使用收益權」，抑或「需役不動產本身」，值得探討。

參、不動產役權之種類

在不動產役權之行使上，不動產役權按各種不同之標準，有以下之分類❽：

一、根據不動產役權之行使內容區分

㈠積極不動產役權

積極地役權，是指不動產役權人得於供役不動產上為一定行為之不動產役權。積極不動產役權，又稱作為不動產役權，例如通行不動產役權、排水不動產役權。在積極不動產役權中，供役不動產所有人負有一定之容忍義務，亦即應容忍地役權人於供役不動產上為一定行為，而不得禁止、干涉之。

㈡消極不動產役權

消極不動產役權，是指供役不動產所有人在供役不動產上不得為一定行為之不動產役權。消極不動產役權，又稱不作為不動產役權。在消極不動產役權中，供役不動產所有人並非單純地負容忍義務，而應負不作為義務。例如在供役不動產上不建築妨礙觀望之建築物、不在需役不動產附近栽植竹木等，此均屬消極不動產役權。

二、根據不動產役權之行使方法區分

㈠繼續不動產役權

繼續不動產役權，是指不動產役權之行使，無須每次有權利人之行為而能

---

❽ 吳光明，《物權法新論》，新學林出版，2006 年 8 月，頁 329、331。

繼續行使之不動產役權。例如眺望不動產役權、築有通路之通行不動產役權、裝有水管之汲水不動產役權。

(二)不繼續不動產役權

　　不繼續不動產役權，是指不動產役權之行使，每次須有不動產役權人之行為之不動產役權。此種不動產役權大都屬於沒有固定之設施，而須有不動產役權人每次之行為，才能行使不動產役權。例如每次須有不動產役權人汲水之汲水不動產役權、每次須有不動產役權人放牧之放牧不動產役權。

三、根據不動產役權之行使狀態區分

(一)表見不動產役權

　　表見不動產役權，是指不動產役權之行使，有外部表見形態之不動產役權。此種不動產役權因有外形標準，而能自外部加以認識，故又稱表現不動產役權，例如地面通行不動產役權、地面汲水不動產役權。

　　不過應注意，通行地役權，即使有長年間使用他人土地之事實，以土地所有權人並無特別障礙而默認之為限[9]，由於好意給予通行之情況並不少見，故此情形不被認可有通行之權利。至於是否得時效取得不動產役權，以通行不動產役權之情況最多。此外，另有開設溝渠或安設地面水管之導水等不動產役權是。

(二)非表見不動產役權

　　非表見不動產役權，乃行使不動產役權之型態無可依外型之標誌以顯示者。例如為成通路之通行、開設暗溝或安設地下水管之導水管等等[10]。此種不動產役權因無外形標準，而不能自外部加以認識，故又稱不表見不動產役權。

四、新法增訂自己不動產役權

(一)自己不動產役權之定義

　　依新修正民法第 859 條之 4 規定：「不動產役權亦得就自己之不動產設定之。」按現行供役不動產僅限於對他人土地設定之，若供役不動產為需役不動產

---

[9]　通行地役權為民法用語，學者認為如通行供公眾使用應稱為公用地役關係為妥。詳請參閱本書第 17 章〈公用地役關係與補償問題〉。

[10]　李肇偉，《民法物權》，自版，1966 年 12 月，頁 305。

所有人所有，所有人本得在自己所有之不動產間，自由用益，尚無設定不動產役權之必要，且有權利義務混同之問題，是自己地役權承認與否，學說上不無爭議。

然而，隨社會進步，不動產資源有效運用之型態，日新月異，為提高不動產之價值，就大範圍土地之利用，對各宗不動產，以設定自己不動產役權方式，預為規劃，即可節省嗣後不動產交易之成本，並維持不動產利用關係穩定。例如建築商開發社區時，通常日後對不動產相互利用必涉及多數人，為建立社區之特殊風貌，預先設計建築之風格，並完整規劃各項公共設施，此際，以設定自己不動產役權方式呈現，遂有重大實益。對於自己地役權，德國學說及實務見解亦予以承認。為符合社會脈動，使物盡其用，並活絡不動產役權之運用，爰增訂自己不動產役權之規定，以利適用❶。

㈡自己不動產役權之爭議

是否承認自己不動產役權，學說上雖有爭議。但採肯定說之學者認為，可將自己役權與需役不動產用益權人設定役權相結合，其認為：「在通常情形，需役地與供役地，故多異其所有權人，但若土地所有權人有多筆土地，其中一筆或數筆，出典（或設定地上權、永佃權）於他人，其典權人如更有以出典人所有之土地，供自己有典權之土地便宜之用之需要，經雙方合意，設定地役權，似無不可之理，從而，就地役權重在此地供彼地便宜之用之點言之，凡得準用相鄰關係之地上權人、永佃權人、典權人，均得為地役權之主體，不以土地所有權人相異者為限，始得設定地役權。」❷

然而，新物權編所承認者，不僅止於此種不動產役權人與供役地所有權人不同之不動產役權，亦承認不動產役權人與供役地所有權人同為一人之自己不動產役權。因此，為建立社區特殊風貌，實有必要預先設計建築之風格，並完整規劃各項公共設施❸，此際，以設定自己不動產役權方式呈現，對於消費者

---

❶ 法務部，《民法物權修正草案（用益物權及占有）》，行政院版民法第 859 條之 4 修正說明，2009 年 8 月，頁 33、34。按此部分之修正已送立法院審議。

❷ 姚瑞光，《民法物權論》，初版，自版，1967 年 10 月，頁 177。

❸ 吳光明，〈公寓大廈規約之探討──兼論其與自己地役權之比較〉，《財產法暨經濟法》，創刊號，2005 年 3 月，頁 20。

之保護將有重大意義。

肆、新法中數不動產役權之競合

一、競合之發生

　　由於所有權人及用益物權人或租賃人均得為不動產役權人，故將來有下列問題待解決：

　　例如，某甲為需役地所有權人，某乙為地上權人。如某甲於設定不動產役權後，設定地上權給某乙，此時某乙得享用某甲之不動產役權。

　　然而，上述情形，將產生下列問題：

　　(1)於同一供役地其後乙是否得以設定與甲之地役權性質不相容之不動產役權？

　　(2)若甲未取得不動產役權，而是乙取得不動產役權，其後甲是否得於其後設定一個與乙之不動產役權不相容之不動產役權？

　　問題之癥結在於，究竟係採取「物之排他效力」，抑或採取「同意原則」二種，茲分述如下：

　　(1)如貫徹物權之排他性，進而認為只要與已成立之不動產役權有干戈之處，即不使後不動產役權設定，亦即堅決維持「物之排他效力」。

　　(2)或者，如認為此時只要經先成立之不動產用益物權人同意即可於其後設定不動產役權，甚至一律允許後成立之不動產役權設定。此時，後設定之不動產役權不得妨礙先成立之不動產役權，亦即先設定物權之優先效力不妨礙後設定之物權。因此，同一不動產上存在數不動產役權，其效力以物權之成立先後定之，抑或以真正使用收益該供役不動產者之不動產役權為優先，致存在於先之不動產役權處於睡眠狀態，此亦即不管設定先後順序為何，以真正使用、收益不動產之人之不動產役權為優先。

二、競合之解決

㈠用益物權排他性問題

關於用益物權排他性之問題❶，依新民法物權編對於同一不動產上之區分地上權與其他用益物權之規範做參考。新民法第841條之5規定：「同一土地有區分地上權與以使用收益為目的之物權同時存在者，其後設定物權之權利行使，不得妨害先設定之物權。」

該條修正說明為：「基於區分地上權係就土地分層立體使用之特質，自不宜用益物權之排他效力，是土地所有人於同一土地設定區分地上權後，宜許其再設定用益物權（包括區分地上權）。反之，亦然，以達土地充分利用之目的……」❶，修正理由認為，區分地上權與普通用益物權或其他區分地上權間，只要依據先成立之用益物權有優先效力，而後設立之用益物權不妨害先設立之用益物權，即可層層堆疊，並不以物之排他性效力，遽以為無從設立後面之用益物權。

本條文為用益物權堆疊不妨礙原則之具體條文，如是規定之目的在於物盡其用，雖然看似違反物之排他效力，但仍值得嘉許。然而，雖然排他效力是基於物權之排他性，但「基於排他之效力」為抽象，並未顯示其具體效力。

蓋物權之排他效力是無內容之效力概念，換言之，排他效力通常被認為是物之優先效力及物上請求權。又由於追及效力為物上請求權之一個面相，結果將使作為物權一般效力之優先效力與物上請求權成為排他性之通則。因此，原則上得將物權之排他效力，解釋為物權優先效力及物上請求權，則無妨害原則與同意原則應為物之排他效力❶內容之一部分，而非例外之規定，故用益物權得層層堆疊，但後設定之用益物權不得妨害先設定之用益物權，或經先設定之用益物權人同意後，後設定之用益物權得與先設定之用益物權權利重疊。

(二)同一供役不動產成立數不動產役權問題

1.是否需經同意

由於不動產役權係一種非占有性權益，在正常情況下，其並不包括排除他人占有之權利或阻止他人亦享用該不動產之權利❶。

---

❶ 謝哲勝，《民法物權》，三民書局，2007年9月，頁258。

❶ 法務部，《民法物權修正草案（用益物權及占有）》，行政院版民法第841條之5修正說明，2009年8月，頁15。按此部分之修正已送立法院審議。

❶ 無妨害原則與同意原則中，所指「物之排他效力」，係指優先效力與物上請求權二種。

因此，於同一供役不動產上是否得為同一需役不動產成立數不動產役權，以及後設定之不動產役權需經先設定不動產役權人同意，或者即使未獲同意亦得設定之，值得探討。

由新民法第 841 條之 5 之規定可知，在學說上排他性較地役權為強而存在於同一不動產上之用益物權與空間地上權間，新民法對於後用益物權之設定，尚以無妨礙原則規範之，而不採取須經先成立用益物權人同意之同意原則為設定條件，何況排他效力較低之不動產役權之設定，亦應以不妨礙原則，允許其設定，亦即同一供役不動產為某一需役不動產設定不動產役權後，在未經不動產役權人之同意下，亦得於其後為該需役不動產上之其他得設定不動產役權之人，設定不動產役權。

2.何者為優先

於同一供役不動產上為同一需役不動產設定之數不動產役權，其效力究以物之優先效力定之，抑或以真正使用、收益不動產之人之不動產役權為優先，亦值得研究。

如採前者，其效力究以物之優先效力定之，則與新民法第 841 條之 5 體例一致，且可貫徹物權之優先效力，較符合法律邏輯。

然而，如考慮不動產役權之行使，為物之使用、收益之人，且依據新民法第 859 條之 3 第 2 項之規定，使用、收益權人所設定之不動產役權，因以使用收益為目的之物權或租賃關係之消滅而消滅，將不影響所有權人於用益物權或租賃消滅後，行使其先成立之不動產役權。因此，不妨解釋為以真正使用收益該需役不動產者之不動產役權為優先，而存在於先之不動產役權處於睡眠狀態。

3.小　結

於同一供役不動產上已有為某一需役不動產設定不動產役權，其後尚可為該不動產設定其他之不動產役權，即使兩者內容有干戈之處，亦係如此。然後設定之不動產役權不得妨礙先設定之不動產役權。

由於行使不動產役權者為需役不動產之使用、收益人，故以使用、收益人之不動產役權效力為優先，而存在於先之不動產役權如與使用、收益人之不動

---

⑰　原則上，不動產役權係一種非占有性權益，此在美國亦為相同之原則，參閱 Roger H. Bernhardt & Ann M. Burkhart, *Real Property*, 4th Edition, 2004, p. 192.

產役權內容有所干戈，雖然在理論上具優先效力，則仍處於睡眠狀態。待至使用、收益人之不動產隨使用、收益權共同消滅時，即可甦醒。因此，後設定之不動產役權實則未妨害先設定之不動產役權❶。

在新民法第 859 條之 3 規範下，理論上亦有可能產生某甲為所有權人、某乙為典權人、某丙為轉典權人、某丁為向某丙承租該不動產之人，如此複雜情形，如掌握上述規則，則問題應可迎刃而解。

然而，行政院版新民法第 851 條之 1 規定：「同一不動產上有不動產役權與以使用收益為目的之物權同時存在者，其後設定物權之權利行使，不得妨害先設定之物權。」則使數不動產役權間之優劣關係，均以設定先後定其效力，其修正說明認為，不動產役權多不具獨占性，宜不拘泥於用益物權之排他效力，俾使物盡其用，爰增訂本條。準此，不動產所有人於其不動產先設定不動產役權後，無須得其同意，得再設定用益物權（包括不動產役權），反之，亦然。此際，同一不動產上用益物權與不動產役權同時存在，自應依設定時間之先後，定其優先效力，亦即後設定之不動產役權或其他用益物權不得妨害先設定之其他用益物權或不動產役權之權利行使。又不動產役權（或用益物權）若係獲得先存在之用益物權（或不動產役權）人之同意而設定者，後設定之不動產役權（或用益物權）則得優先於先物權行使權利，蓋先物權既已同意後物權之設定，先物權應因此而受限制。再所謂同一不動產，乃指同一範圍內之不動產，要屬當然❶。

此外，更應注意到，有些不動產役權可以具排他性，亦可以不具排他性，不同之不動產役權間之排他程度差異很大。此種排他程度，取決於排他之對象與排他之內容。例如某甲擁有在一條道路上行車之不動產役權，但其不能排除

---

❶ 上述問題結論：⑴於同一供役不動產上，已有同一需役地所有人甲之不動產役權，甲將其土地設定地上權給乙，乙不妨設定與甲之不動產役權性質不相容之不動產役權，此時甲之不動產役權（如與乙之不動產役權有所干戈）則處於睡眠狀態，待至乙之不動產役權隨同乙之地上權共同消滅時，即可甦醒。⑵若乙取得不動產役權，其後甲尚可於其後設定一個與乙之不動產役權不相容之不動產役權，效果亦如上述。

❶ 法務部，《民法物權修正草案（用益物權及占有）》，行政院版民法第 851 條之 1 修正說明，2009 年 8 月，頁 28。按此部分之修正已送立法院審議。

任何人使用該條道路。

 ## 伍、不動產役權發生上之從屬性與取得問題

一、發生上之從屬性

為配合新法將「地」役權修正為「不動產」役權，故不動產役權之從屬性如下：

㈠不動產役權從屬於需役不動產而存在

不動產役權乃為需役不動產之利益而設，以限制供役不動產所有權之物權。在新法將「地」役權修正為「不動產」役權之前，學者認為，民法為調節相鄰土地間之利用，設相鄰關係之規定。地役權之作用，與此相同。然在相鄰關係，為法律上當然發生之利用調節，可認為所有權本身之範圍，而在地役權，則係超過此法律所規定最小限度之調節，依當事人之意思，為較大之調節，而有由外部從屬於所有權之物權之性質[20]。足見不動產役權從屬於需役不動產而存在，如需役不動產不存在，則不動產役權即無所附麗，無從存在。

其實，無論相鄰關係被解釋為所有權之擴張或法定不動產役權，其亦與不動產役權相同，從屬於不動產所有權，亦有從屬性之適用。

㈡舊、新民法物權對役權之規定

茲從舊、新民法物權規定之不同，說明如下：

1.舊民法物權

舊民法物權僅所有權人得設定地役權。由於地役權「乃為需役地之利益而設，以限制供役地所有權之物權。」故地役權應該從屬於需役地本身。

然而將產生下列問題：

⑴在法律上，不動產役權只是一個物權，由於人始得為權利主體，而物（需役地）不得為權利主體。

⑵在實際上，對於需役不動產本身而言，根本沒有所謂利用或不利用其他

---

[20]　史尚寬，《物權法論》，自版，1979 年 10 月，頁 200。

不動產之問題，不動產役權本質上是人類於他人不動產之利用。不動產役權無法從屬於需役不動產本身。

因此，吾人利用人類對於需役不動產最大之支配力，亦即所有權，使人類藉著對於需役不動產之所有權，代表需役不動產取得對於供役不動產之權利。在此種情況下，不動產役權從屬於需役不動產之所有權❷❶。換言之，不能僅讓與需役不動產而自己保留不動產役權，亦即不能將需役不動產及不動產役權兩者分別而為讓與，更不能僅讓與不動產役權而自己保留需役不動產。

從另一方面言之，此所謂「需役不動產」在新民法下，指「需役不動產所有權」（權利）而非「需役不動產本身」（標的）。不動產役權設定時，權利人是需役不動產之所有人，所有人得「代表」需役不動產取得不動產役權，而不動產役權就存在於需役不動產之所有權上。

2.新法與不動產役權發生上之從屬性

新民法物權編擴大地役權之適用，將第五章地役權章名修改為不動產役權，並於新民法第851條規定：「稱不動產役權者，謂以他人不動產供自己不動產通行、汲水、採光、眺望、電信或其他以特定便宜之用為目的之權。」又於第859條之3第1項規定：「基於以使用收益為目的之物權或租賃關係而使用需役不動產者，亦得為該不動產設定不動產役權。前項不動產役權，因以使用收益為目的之物權或租賃關係之消滅而消滅。」

因此，將來除所有權人外，用益物權人及物權化租賃之承租人均得為不動產役權人。在不動產役權人為需役不動產之用益物權人或物權化租賃之承租人時，該等不動產役權到底從屬於何者，可能有不同見解，茲分述如下：

⑴從屬於土地所有權

此說認為，不動產役權從屬於土地所有權，係以第三人利益契約解釋之❷❷。

⑵從屬於不動產之使用、收益權能

此說認為，不動產役權從屬於不動產之使用、收益權能。

---

❷❶　蓋基於不動產役權從屬性，不動產役權不得由需役不動產分離而為讓與，否則一旦需役不動產與所有權分離，即變成人役權。

❷❷　蘇永欽，民法物權編修正系列研討會之二：〈重建役權制度——以地役權的重建為中心〉，《月旦法學》，65期，2000年10月，頁88。

(3)小　結

如不動產役權設定人為需役地之地上權人,採第一說則不動產役權人為「需役地所有人」;採第二說則為「地上權人」。至於如該地上權消滅,採第一說該地役權則不消滅;採第二說可能有以下二情況產生:

a.不動產役權亦同消滅

不動產役權從屬於地上權,故不動產役權亦同消滅❷。亦有學者認為,地役權究為從權利,其在地上權人、永佃權人或典權人為利用土地之必要在他人土地上取得地役權,或於不妨礙自己土地利用之限度內,就其權利標的之土地向他人設定地役權者,如此等權利消滅,則地役權隨之消滅,自不待言❷。

b.不動產役權並非消滅

所有權基於彈力原則,不動產役權並非消滅,而為所有權涵蓋,故地役權遂從屬於所有權。

蓋新民法強調使用收益權人得在「使用收益權存續範圍內」設定不動產役權,故如非不動產役權從屬於土地所有權,則將使其從屬於該使用權能,此係基於所有權彈力原則之適用,否則不動產役權旋即隨使用權能消滅而消滅,即不須有新民法第 859 條之 3 第 2 項「前項不動產役權,因以使用收益為目的之物權或租賃關係之消滅而消滅」之規定。

雖有學者認為,不動產役權如從屬於不動產之使用權能,則有呈現人役權之色彩❷。然而,不動產役權之所以有從屬性,是為與人役權做區別,不動產役權須「供需役不動產便宜之用」,而在需役不動產上擁有完全物權之所有權人當然可以成為不動產役權人,實乃不動產非權利主體,不經由人類則無法對他不動產取得權利,所有權人可以「代表」需役地不動產得地役權。

至於依據物權或債權使用需役地之人,在新民法物權編之架構下,為「需役不動產便宜之用」亦得成為不動產役權人,換言之,新民法將得「代表」需

---

❷　陳重見,〈地役權修正草案評析〉,《新修正用益物權學術研討會會議手冊》,輔仁大學,頁 72。

❷　曹傑,《中國民法物權論》,商務印書館,香港,1937 年 5 月,頁 166。

❷　陳重見,〈地役權修正草案評析〉,與談人鄭冠宇之發言,《台灣本土法學》,107 期,2008 年 6 月,頁 208。

役不動產取得不動產役權之人，擴及至「不動產使用收益權人」。然而，不動產
役權應該存在「不動產」上，這或許就是學者為何以第三人利益契約解釋使用
收益權人所設定的不動產役權❷。

　　因此，為此種不動產役權之設定，應不具人役權之色彩。況且，此種用益
物權人或承租人設定之不動產役權，雖然隨其用益物權共同消滅。然而，原則
上不因為用益物權移轉而消滅，故應非人役權。故另有學者更指出，惟此等用
益權人得為自己設定地役權，仍係以其有需役不動產存在為前提，故不能因此
謂我國民法已承認人役權❷。

二、不動產役權之取得

　　在不動產役權發生之從屬性部分，不動產役權設定時，其設定人須為所有
權人或第 859 條之 3 之使用權人。而不動產役權則依設定者之不同，從屬於所
有權或使用、收益權。

　　不動產役權之取得可分為：㈠基於法律行為取得；㈡基於法律行為以外原
因取得，以下僅就基於法律行為取得不動產役權，探討需役不動產及供役不動
產之狀態。

㈠設定契約

　　就民法規定之地役權，通常依需役地所有人與供役地所有人間之設定契約
而成立。然亦得依供役地所有人之捐助行為或遺囑而為成立。因此，以法律行
為設定地役權，地役權人為需役地所有人，設定之他方當事人為供役地所有人，
殊無問題。

　　在新民法將地役權擴大為不動產役權情況下，由於不動產役權從屬於需役
不動產之使用權能，故基於法律行為取得不動產役權時，不動產役權人須對需
役地土地有合法之使用權能。

　　不動產物權之變動要件，一為基於買賣、互易、贈與等債權行為之債權書
面契約；一為依據新民法第 758 條第 2 項之物權變動書面契約。

　　除上述兩種契約外，尚須依據民法第 758 條登記後，始生效力。訂立債權

---

❷　蘇永欽，法務部修法委員會中有關新修正不動產役權之見解。

❷　謝在全，前揭書，頁 186。

契約及物權契約時，預定成為不動產役權之人，無須對於該需役不動產有使用權能。蓋物權行為為處分行為，在無權處分之情況下，民法第 118 條規定，僅效力未定，而非該物權行為不生效力，在相對人無受領權❷❸之情況下，似亦非不生效力。但遲至為不動產物權登記時，則須有該項權能。

㈡不動產役權人可能發生之情況

1.供役不動產為土地，需役不動產亦為土地

如供役不動產為土地，需役不動產亦為土地時，不動產役權人為需役土地之使用權人，設定相對人為供役地所有權人。

2.供役不動產為土地，需役不動產為建物

如供役不動產為土地，需役不動產為建物時，又以下有四種情形：

⑴需役之建物為經登記之合法建物，則凡有使用權能之人，均得為不動產役權人。

⑵需役之建物未經登記，則得以補辦登記外，不得為不動產役權人。

⑶建物之使用權人，應包括所有人及基於債之關係使用該不動產之人，不合法之建物無用益物權之存在。如兼為基地之使用權人，則以基地為需役不動產，設定不動產役權。

⑷但如違建之使用人對於基地無使用權，則該使用人無法以需役之不動產或土地設定不動產役權。

3.供役不動產為建物、需役不動產為土地

如供役不動產為建物，需役不動產為土地時，又以下有三種情形：

⑴供役之建物為經合法登記之建物，則需役土地之使用權人得以供役建物之所有人為相對人，設定不動產役權。

⑵供役之建物未經登記之不動產，則除補辦登記外，理論上又將有以下二種情形：

a.該不動產之所有權與其基地之所有權為同一人所有，則需役土地之使用權人得以取得供役建物基地之役權方式，以替代之。

b.該不動產之所有權與基地之所有人非同一人，則擇一為之。

---

❷❸　此之所謂「在相對人無受領權」，係指對需役地無使用權，無法成為不動產役權人。

三、基於時效取得不動產役權

㈠取得方式

時效取得不動產役權，尚須排除因鄰人之好意而容忍之使用，如使之得以時效取得地役權，則供役地所有人或使用人，將提高警覺而不肯與鄰人以好意上之便利，反而使其與鄰人之交誼發生裂痕，故乃有所謂「依許可之地役權之行使不為權利」之諺語❷。

不動產役權雖可因時效而取得，惟依民法第 772 條及第 769 條、第 770 條規定，僅能依土地法規定程序，向該管縣市地政機關申請登記為不動產役權人。此項申請登記，依土地登記規則第 27 條第 15 款規定，得由主張時效取得之人單獨為之，故主張時效取得不動產役權之人自無訴請確認登記請求權存在之利益❸。

㈡要　件

在依時效取得不動產役權者，自依時效進行期間所行使之方法定之。不動產役權人之行使權利既有其一定之範圍，自不得逾越其範圍而使用他人之不動產。例如原為人畜之通行役權，不得加寬其道路而為車輛之通行；原為家庭用水之役權，不得增加其數量而為農田之用水是。

在供役不動產為土地情形下，不動產役權，性質上僅為限制他人不動產所有權之作用，而存在於他人所有不動產上，故有繼續並表見利用他人不動產之情形，即可因時效而取得不動產役權，並不以他人所有未經登記之不動產為限❹。

在供役不動產為建物情形下，則該建物應以領有使用建造之合於法律之建物為限，始得為不動產役權設定登記。土地登記規則❺第 11 條規定：「未經登記所有權之土地，除法律或本規則另有規定外，不得為他項權利登記或限制登

---

❷　史尚寬，《物權法論》，自版，1987 年 1 月，頁 312。

❸　臺灣彰化地方法院 90 年度簡上字第 41 號判決。

❹　最高法院 54 年臺上字第 698 號判例。

❺　按土地登記規則訂於 1946 年 10 月 2 日，歷經多次修正，最近一次修正於 2009 年 7 月 6 日。

記。」而時效取得不動產役權即為法律另有規定情形之一。未經登記所有權之建物，亦不得為他項權利之登記，土地法第 38 條及土地登記規則第 8 條亦有類似之明文規定。但為杜絕違章建築，建築法第 73 條前段規定：「建築物非經領得使用執照，不准接水、接電及使用。」

㈢實務上

實務上認為，不動產役權係屬財產權之一種，其取得時效自依民法第 772 條規定，定取得時效之期間❸。

然而，該解釋係於 1931 年作出，是否仍有其意義，不無疑問。實際上地役權之時效取得以行使地役權之意思於他人土地、便宜於自己之土地利用為要件，故難有新民法第 770 條「占有之始為善意並無過失」之情形，地役權難以短期時效取得之。蓋如果承認自己地役權，需役地之所有權人一直誤以為供役地為自己所有，在這種情況下，應以「行使所有權之意思」使用供役地，尚難舉證其以行使自己地役權之意思為之。

又實務上認為，按繼續並表見之地役權，依民法第 852 條規定，固得因時效而取得。惟新民法第 772 條規定，所有權以外財產權之時效取得，準用新民法第 769 條至第 771 條規定。故主張時效取得第一要件須為以行使地役權之意思而占有，若依其所由發生之事實之性質，無行使地役權之意思者，非有變更為以行使地役權之意思而占之情事，其取得時效，不能開始進行❹。

因此，以須符合新民法第 769 條以取得不動產役權之意思 20 年間和平公然繼續占有他人之不動產之要件，其中以行使不動產役權之意思，指「由權利之性質客觀判斷有不動產役權人之意思」。此外，時效取得不動產役權尚須依舊民法第 852 條規定：「地役權以繼續並表見者為限，因時效而取得。」舊民法時效取得物權之要件，動產須公然、和平、繼續占有三要件，而不動產僅有和平、繼續占有兩要件❺。

---

❸　司法院院字第 437 號解釋：「不動產役權係屬財產權之一種，其取得時效自依該法第 772 條規定，分別定取得時效之期間。」

❹　最高行政法院 87 年度判字第 2158 號判決。

❺　如非供自己不動產便宜之用，而係供鄰近住戶公共通行或其他所有自己亦通行或表見而不繼續者，均無因時效而取得不動產權之可能。參閱 73 年度判字第 1271 號判決。

㈣新民法之規定

新民法第 852 條第 1 項改為規定:「不動產役權因時效而取得者,以繼續並表見者為限。」第 2 項規定為:「前項情形,需役不動產為共有者,共有人中一人之行為,或對於共有人中一人之行為,為他共有人之利益,亦生效力。」第 3 項規定為:「向行使不動產役權取得時效之各共有人為中斷時效之行為者,對全體共有人發生效力。」

新民法第 852 條立法理由為,需役不動產為共有者,可否因時效而取得不動產役權? 再者,如數人共有需役不動產,其中部分需役不動產所有人終止通行,其餘需役不動產所有人是否因此而受影響? 現行法尚無明文規定,易滋疑義。鑑於共有人間利害攸關,權利與共,爰仿日本民法第 284 條規定,增訂第 2 項,明定「共有人中一人之行為,或對於共有人中一人之行為,為他共有人之利益,亦生效力」。又本項中之「行為」係包括「作為」及「不作為」,亦屬當然。此外,為對供役不動產所有人之衡平保護,如部分需役不動產共有人因行使不動產役權時效取得進行中者,則供役不動產所有人為時效中斷之行為時,僅需對行使不動產役權時效取得進行中之各共有人為之,不需擴及未行使之其他共有人,即對全體共有人發生效力;準此,中斷時效若非對行使不動產役權時效取得之共有人為之,自不能對他共有人發生效力,爰參照前開日本民法第 284 條第 2 項規定,增訂第 3 項[36]。

陸、不動產役權移轉上之從屬性

一、不得與需役不動產分離而獨立存在

不動產役權是使需役不動產利用價值提高之權利,故不得與需役不動產分離而獨立存在。不動產役權隨需役不動產所有權移轉而為移轉,不能與需役不動產分離而存在。例如,因買賣而取得需役不動產所有權,則當然取得不動產

---

[36]　法務部,《民法物權修正草案(用益物權及占有)》,行政院版民法第 852 條修正說明,2009 年 8 月,頁 28。按此部分之修正已送立法院審議。

役權。此時，不動產役權雖未移轉登記，但買受人於需役不動產所有權登記完成時即取得不動產役權，而有民法第 759 條規定之適用。

然而，在地租方面，由於不動產役權不以支付地租為要件，與地上權同，其有支付使用費者，由於使用費雖然為法律所不禁止，亦為法律所不明認，故關於支付使用費之約定，僅能發生單純之債務關係，非構成不動產役權內容之一部分。縱使已經登記，對於不動產役權之受讓人，不生效力，亦不應認為物上負擔，故不動產役權有移轉時，其地租不應認為當然隨之移轉[37]。

二、不動產役權不得由需役不動產分離而為讓與

不動產役權為附隨於需役不動產之權利，故需役不動產所有人將該不動產讓與他人，縱未言及不動產役權是否移轉，而其不動產役權亦當然隨同需役不動產移轉於受讓人[38]。

原則上，不可由需役不動產分離而為讓與，應包括下列四種情況：

1.需役不動產所有人不得將其需役之不動產所有權讓與他人，而自己保留其不動產役權。其讓與為無效受讓人不能取得不動產。

2.需役不動產所有人，不得以不動產役權讓與他人，而自己保留其不動產所有權。受讓需役不動產所有權之人，隨同取得不動產役權，讓與人之保留不動產役權為無效。

3.需役不動產所有人不得以土地所有權及不動產役權兩者分別讓與他人，受讓需役不動產所有權之人，隨同取得不動產役權，而僅受讓不動產役權之受讓人，亦不因之而取得不動產役權。

4.不動產役權為存於需役不動產上之標的物。

因此，依新民法第 859 條之 3 所成立之不動產役權，由於權利從屬於該條的使用收益權，故上述解釋應變更為：

1.不動產役權人不得將其對於需役不動產之權利讓與他人，而自己保留不動產役權。

2.不動產役權人，不得將其不動產役權讓與他人，而保留自己對於需役不

---

[37]　黃右昌，《民法物權詮解》，臺再版，三民書局，1965 年 3 月，頁 272。

[38]　黃棟培，《民法物權論》，初版，三民書局，1968 年，頁 157。

動產之權利，據以設立不動產役權的所有權、用益物權或租賃。

3.不動產役權人不得以不動產權利，而據以設立不動產役權之所有權、用益物權或租賃，以及不動產役權兩者分別讓與他人。

4.不動產役權為存於需役不動產上權利之標的物。

又有學者認為，需役不動產所有人於其需役之土地設定其他權利，如地上權、永佃權，則地役權亦必隨之而為其權利之標的 [39]。然而，此時仍只有需役不動產所有權人為不動產役權人，其上之用益物權人及承租人、使用借貸之人僅由於不動產役權之特質，故亦得為便宜之使用，並無從成為不動產役權之權利人，此為當然之道理。

三、不動產役權不得由需役不動產分離而為其他權利之標的物

例如不動產役權人不得僅以不動產役權供擔保或僅以不動產役權出租於他人。如認可不動產役權人得將其不動產役權單獨地提供作為擔保，則因拍賣不動產役權而取得役權者，該不動產役權成為人役權，蓋其對於需役不動產無所有權或其他得以設定不動產役權之權利。不動產役權人亦不得僅以其不動產役權出租與他人，道理亦同。

四、不動產役權消滅從屬性之明文化

不動產役權於需役不動產滅失或不堪使用時，由於不動產役權從屬於需役不動產，故不動產役權因需役不動產之客觀滅失而消滅。但如僅一部分之滅失，則不當然發生不動產役權消滅之結果，而應以殘餘之不動產，是否使不動產役權行使為不能以為斷。

然而，此時是否仍須依民法第 859 條向法院聲請宣告不動產役權消滅，學說上有不同意見，為避免爭議，新民法第 859 條第 2 項規定：「不動產役權因需役不動產滅失或不堪使用而消滅。」使不動產役權當然消滅，毋待法院為形成判決之宣告，足見新民法第 859 條第 2 項即為不動產役權消滅從屬性之明文化。

而本條之滅失係指客觀滅失而言，如所有權僅主觀滅失，則不動產役權隨

---

[39] 倪江表，《民法物權》，臺初版，正中書局，1954 年 3 月，頁252。

著所有權之移轉而移轉於新的所有人，此為不動產役權移轉從屬性，而並非消滅從屬性的問題。

此外，由於用益物權人與承租人設定之不動產役權，從屬於該用益物權或租賃，而依據新民法第 859 條之 3 第 2 項規定，因以使用收益為目的之物權或租賃關係之消滅而消滅。此亦可能被解釋為不動產役權消滅上之從屬性。

五、不動產役權從屬性之緩和

依據舊民法，地役權僅可從屬於土地之所有權，然依據新民法，不動產役權除從屬於需役不動產之所有權外，如由需役不動產之用益物權人或具物權化租賃之承租人設定者，尚得從屬於該用益物權或租賃權。

蓋不動產役權為定限物權，其作用不如所有權完全，故禁止讓與或禁止當事人以外之人行使其權利，不但無傷其本質之虞，且亦不妨害公共秩序，故法律就當事人之意思定其效力。

雖然依據不動產役權之從屬性，不動產所有權移轉或據以設定不動產役權之用益物權或租賃移轉，則不動產役權從屬於該等權利而隨同移轉，但是當事人以特約約定，需役不動產之所有權或據以設定不動產役權之用益物權或租賃如移轉於他人時，不動產役權即消滅，此約定，並非無效。

蓋不動產役權既得以法律行為設定，如當事人附以消滅之特約時，即等於定有期限，自應有效，此時該不動產役權自不得移轉。惟此特約，須經登記，始得為不動產役權之內容，否則不得以之對抗第三人❹。

又雖然依據不動產役權之從屬性，如不動產役權人為需役不動產所有人時，如需役不動產所有人於設定不動產役權後，將其不動產設定用益物權、租賃，則由於用益物權為自該所有權分化者，而承租人則以債權之方式對於該需役不動產為使用收益。

因此，用益物權人及承租人得以繼續享受需役地之不動產役權。此外，如不動產役權設定當事人以特約約定，不動產役權禁止為需役不動產所有權以外之他權利之標的，則存於需役不動產上之他權利，不能行使其不動產役權。換言之，不動產役權設定後，於需役不動產取得使用收益權之人不得享受該不動

❹　李肇偉，《民法物權》，作者自版，1966 年 12 月，頁 307。

產役權也。較有問題的是，當事人特約約定之「他權利」是否得以包括租賃？本文認為，應視該租賃是否為得以設定不動產役權之租賃權為判斷標準。至於何種租賃權得據以設定不動產役權，應限於有所有權移轉不破租賃之物權化租賃始可為之。

柒、不動產役權之效力與消滅

一、不動產役權之效力

㈠不動產役權人之權利

1.不動產役權人享有供役不動產使用權

依新民法規定,不動產役權者係以他人不動產供自己不動產便宜之用之權，則不動產役權人於其目的範圍內，自得使用供役不動產。目的範圍依不動產役權發生之原因而定。不動產役權為限定物權，有限制供役不動產所有權作用之效力。因此，不動產役權人在其目的範圍內，有優先供役地所有人使用不動產之權利。

2.不動產役權人享有必要行為權

新民法規定，不動產役權人為遂行其權利之目的，於行使其不動產役權或維持其不動產役權起見，有另須為必要行為之時，學者有稱此必要行為為「附隨不動產役權」，並認為其與「主不動產役權」同其命運。故此必要行為非指行使不動產役權之行為，乃行使不動產役權以外之另一概念，如有築路必要之通行權，築路為必要行為；汲水不動產役權，埋設涵管或通行為必要行為，均其適例。因此，為期立法之明確，並杜爭端，新民法爰於「必要行為」上，修正增加「附隨」二字❹，而為「必要之附隨行為」。

又不動產役權人使用供役不動產，多不具獨占性，不但可設定內容不相排斥之數個不動產役權，亦可設定其他以供役不動產為標的之物權，例如地上權、

---

❹　法務部,《民法物權修正草案（用益物權及占有）》,行政院版民法第854條修正說明，2008 年 8 月，頁 29。按此部分之修正已送立法院審議。

農用權、典權等。故不動產役權人為附隨之必要行為時，除須顧及供役地所有人之利益外，亦須兼顧其他以供役不動產為標的之物權人之權益，選擇對其損害最少之處所及方法為之，新民法第 854 條乃修正為：「不動產役權人因行使或維持其權利得為必要之附隨行為。但應擇於供役不動產損害最少之處所及方法為之。」

3.不動產役權人享有物上請求權

不動產役權人在其權利範圍內，對於供役不動產有直接支配之權利。此種情況與土地所有人無異，依新民法第 767 條第 2 項規定：「前項規定，於所有權以外之物權，準用之。」蓋本條規定「所有物返還請求權」及「所有物保全請求權」，具有排除他人侵害作用。學者通說以為排除他人侵害之權利，不僅所有權有之，即所有權以外之其他物權，亦常具有排他作用。茲舊民法第 858 條僅規定「第七百六十七條之規定，於地役權準用之」，於其他物權未設規定，易使人誤解其他物權無適用之餘地，為期周延，爰增訂第 2 項準用之規定❷。

換言之，不動產役權人對於無權占有或侵奪其不動產役權者，可請求返還之，對於妨害其不動產役權者，可請求排除之，對於有妨害其不動產役權之虞者，可請求防止之。

4.不動產役權人享有工作物取回權

不動產役權人安置在供役不動產上之工作物，係不動產役權人行使不動產役權之投資，不動產役權消滅後，不動產役權人自得取回該工作物。

㈡不動產役權人之義務

1.維持設置物之義務

新民法第 855 條第 1 項認為，為行使不動產役權而須使用工作物者，該工作物有由不動產役權人設置者；亦有由供役不動產所有人提供者。在該設置如由供役不動產所有人提供之情形，因其係為不動產役權人之利益，自應由不動產役權人負維持其設置之義務，始為平允，爰增訂第 1 項後段規定如上。又不動產役權人既有維持其設置之義務，自係以自己費用為之，自屬當然。

2.允許使用設置物之義務

---

❷ 法務部，《民法物權編部分修正條文（通則章及所有權章）》，第 767 條第 2 項修正說明，2009 年 2 月，頁 24。

新民法第 855 條第 2 項認為，為求文字簡潔，乃將原條文第 2 項及第 3 項之規定，合併規定為：「供役不動產所有人於無礙不動產役權行使之範圍內，得使用前項之設置，並應按其受益之程度，分擔維持其設置之費用。」❸

3.給付代價之義務

不動產役權之設定，雖不以有償為必要條件，但約定為有償時，不動產役權人自有給付代價之義務。

(三)供役不動產所有人之權利

1.供役不動產所有人在不妨礙不動產役權之範圍內，得自由使用、收益及處分其不動產，並行使與不動產役權人相同之權利。

2.供役不動產所有人在不妨礙不動產役權之範圍內，在一定條件下，有使用不動產役權人在供役不動產上所為設置物之權利。

3.不動產役權之設定，如為有償，則供役不動產所有人有報酬請求權。

4.又新民法第 851 條之 1 規定：「同一不動產上有不動產役權與以使用收益為目的之物權同時存在者，其後設定物權之權利行使，不得妨害先設定之物權。」

蓋不動產役權多不具獨占性，宜不拘泥於用益物權之排他效力，俾使物盡其用，爰增訂本條。準此，不動產所有人於其不動產先設定不動產役權後，無須得其同意，得再設定用益物權（包括不動產役權），反之，亦然。此際，同一不動產上用益物權與不動產役權同時存在，自應依設定時間之先後，定其優先效力，亦即後設定之不動產役權或其他用益物權不得妨害先設定之其他用益物權或不動產役權之權利行使。又不動產役權（或用益物權）若係獲得先存在之用益物權（或不動產役權）人之同意而設定者，後設定之不動產役權（或用益物權）則得優先於先物權行使權利，蓋先物權既已同意後物權之設定，先物權應因此而受限制。再所謂同一不動產，乃指同一範圍內之不動產，要屬當然，併予敘明❹。

(四)供役不動產所有人之義務

---

❸ 法務部，《民法物權修正草案（用益物權及占有）》，行政院版民法第 855 條第 2 項修正說明，2009 年 8 月，頁 41。按此部分之修正已送立法院審議。

❹ 法務部，《民法物權修正草案（用益物權及占有）》，行政院版民法第 851 條之 1 修正說明，2009 年 8 月，頁 38。按此部分之修正已送立法院審議。

1.容忍及不作為之義務

供役不動產所有人就其土地利用方面，原則上不負積極行為之義務，僅容忍及不作為之義務。

2.使用不動產役權人設置時之義務

為求文字簡潔，新民法第855條第2項乃將原條文第2項及第3項之規定，合併規定為一項，亦即應按其受益之程度，分擔維持不動產役權人設置之費用，已如前述。

二、不動產役權之消滅

㈠物權共同消滅原因

物權之消滅乃物權變動態樣之一種，其原因甚多，不動產役權為物權之一種，物權之共同消滅原因，自亦有其適用。

㈡物權特別消滅原因

除具有一般物權消滅原因外，還具有特殊之原因，茲分述如下：

1.標的物滅失

不動產役權因需役不動產或供役不動產之滅失而消滅。此種滅失必須為全部滅失，如為部分滅失，則在剩餘土地上，不動產役權仍存在。

2.目的不能

因自然原因，致使不動產役權之目的不能實現時，不動產役權亦應歸於消滅。例如引水役權因其水源枯竭而消滅。

3.約定消滅事由發生

不動產役權設定時，當事人約定，於一定事由發生時，不動產役權消滅者，則事由發生時，不動產役權即歸於消滅。

4.混　同

不動產役權設定後，需役不動產與供役不動產歸於一人所有時，不動產役權即因混同而消滅。但需役不動產與供役不動產為第三人權利標的時，或不動產役權之存續，於所有人有法律上之利益時，不在此限。

5.拋　棄

不動產役權人可拋棄其權利，其拋棄應向供役不動產所有人以意思表示為

之，並依新民法第 764 條第 1 項、第 758 條以及土地法❹❺第 72 條規定，辦理變更登記。拋棄時，如第三人有以該物權為標的物之其他物權或於該物權有其他法律上之利益者更應注意到新民法第 764 條第 2 項之規定，非經該第三人同意，不得為之。如為共有之不動產役權，必須由共有人全體為拋棄之意思表示，共有人不得就其應有部分為拋棄之意思表示。

如未訂有期間之不動產役權，不動產役權人得隨時拋棄其不動產役權；如訂有期間之不動產役權，不動產役權人拋棄其權利時，供役不動產所有人可請求剩餘期間之地租。

6. 法院之宣告

依新民法第 859 條規定：「不動產役權之全部或一部無存續之必要時，法院因供役不動產所有人之聲請，得就其無存續必要之部分，宣告不動產役權消滅。不動產役權因需役不動產滅失或不堪使用而消滅。」

該條修正理由認為，不動產役權因情事變更致一部無存續必要之情形，得否依本條規定聲請法院宣告不動產役權消滅，法無明文，易滋疑義，為期明確，爰於本條增列不動產役權之一部無存續必要時，供役不動產所有人亦得聲請法院就其無存續必要之部分，宣告不動產役權消滅，俾彈性運用，以符實際，並改列為第 1 項。又不動產役權原已支付對價者，不動產役權消滅時，不動產役權人得依不當得利之規定，向供役不動產所有人請求返還超過部分之對價，乃屬當然，不待明定。

又不動產役權於需役不動產滅失或不堪使用時，是否仍須依本條第 1 項向法院聲請宣告不動產役權消滅，學說上有不同意見。為免爭議，爰增訂第 2 項，明定上開情形其不動產役權當然消滅，毋待法院為形成判決之宣告❹❻。

---

❹❺ 土地法第 72 條規定：「土地總登記後，土地權利有移轉、分割、合併、設定、增減或消滅時，應為變更登記。」按該法訂於 1930 年 6 月 30 日，歷經多次修正，最近一次修正於 2006 年 6 月 14 日。

❹❻ 法務部，《民法物權修正草案（用益物權及占有）》，行政院版民法第 859 條修正說明，2009 年 8 月，頁 31。按此部分之修正已送立法院審議。

三、消滅之效果

　　不動產役權消滅之效果如何，依新民法修正草案第 859 條之 1 規定：「不動產役權消滅時，不動產役權人所為之設置準用第八百三十九條規定。」蓋不動產役權消滅時，不動產役權人有無回復原狀之義務，以及其與供役不動產所有人間就不動產役權有關之設置，權利義務關係如何？ 現行法尚無如第 850 條之 7 農育權準用第 839 條地上權之規定，適用上易滋疑義，爰參酌學者意見並斟酌實際需要，增訂準用規定。又本條之「設置」，係指不動產役權人為行使不動產役權而為之設置，應屬當然❹ 。

　　此外，依土地登記規則 ❹ 第 143 條第 1 項規定：「依本規則登記之土地權利，因權利之拋棄、混同、存續期間屆滿、債務清償、撤銷權之行使或法院之確定判決等，致權利消滅時，應申請塗銷登記。」因此，不動產役權消滅時，不動產役權人除供役不動產所有人得單獨申請塗銷不動產役權外，應負有協同塗銷不動產役權之義務。占有供役不動產者應回復原狀並交還不動產；不占有供役不動產而於其上有設置者應有回復原狀之義務。

捌、結　語

　　新民法將地役權之客體修改為不動產，使需役不動產亦由土地擴展至建物，使地役權成為不動產役權。在新民法第 859 條之 3 之規範下，使用益物權人及具物權化效力之承租人亦得為不動產役權人，此般不動產役權應從屬於該使用收益權能。

　　又在新民法第 851 條之 1 規範下，同一不動產上有不動產役權者，不妨成立其他不動產役權，只是後設定之不動產役權，不得妨害先設定之不動產役權，

---

❹　法務部，《民法物權修正草案（用益物權及占有）》，行政院版民法第 859 條之 1 修正說明，2009 年 8 月，頁 32。按此部分之修正已送立法院審議。

❹　按土地登記規則訂於 1946 年 10 月 2 日，歷經多次修正，最近一次修正於 2009 年 7 月 6 日。

亦即數不動產役權之關係均以物權優先效力定之，如此規定簡單明瞭且符合法律邏輯。由於新民法第859條之3第2項規定之不動產役權消滅從屬性已足以保護先次序之不動產役權人，且不動產役權係需役不動產對於供役不動產便宜之利用，而利用者則為真正使用收益之需役不動產之人。

因此，應以其所設定之不動產役權效力優先，此時，其他不動產役權呈睡眠狀態，直至不動產役權與其使用收益權共同消滅時，即可甦醒。換言之，於同一供役不動產為同一需役不動產設定數不動產役權時，各不動產役權之優先效力，應以真正使用收益供役不動產之人為何者予以判斷，而非均以物權優先效力為根據，較為妥當。

第21章 典權

壹、概　說

　　典權制度源於我國固有之習慣與法制，惟日本於明治 38 年（清光緒 31 年）及大正 11 年（1922 年）以敕令將臺灣等地之典權視為不動產質權，清末民律草案亦持相同見解，並於該草案物權編質權中規定不動產質權，而無典權❶。在民法典制訂過程中，整合各種習慣，並在物權編中專設一章，加以規定，至現行民法物權編於 1929 年 11 月 18 日公布，典權為不動產質權觀念，始告消失。

　　典權係物權之一種，屬於其他物權中之用益物權。典權人依法律所規定或依當事人之約定，在典權期限內享有對典物之占有，而為使用與收益之權利。典權人對典物取得占有、使用與收益之權利，但應向出典人支付典價；典期屆滿時，出典人則有原價回贖之請求權。

　　典權之發生，係基於典物所有權派生出來之權利，依據典權人與出典人間之典權協議而確認。即出典人在需要資金時，保留典物之所有權，並將典物之使用權與收益權轉移給典權人，典權人取得此典期效益，向出典人支付相當之典價，並依約允諾出典人原價回贖行為。於此可見，典權為用益物權，而非擔保物權。

　　擔保物權是債權人為防止喪失債權利益，要求債務人確實履行債務，並以債務人個人或第三人財產作為履行債務之擔保。如債務人履行債務，則其所擔保之財產恢復擔保前之自由狀態；而如債務人未能履行債務，則其所擔保之財產將被債權人聲請法院拍賣，並由債權人優先受償。從此一對比中，可以看出，作為用益物權之典權，在權利之設定、權利之內容，以及權利之終止等方面，均與擔保物權之屬性有別。

　　基此，本章首先擬探討典權之意義與性質、典權與其他類似概念之比較。其次擬探討物權法是否保留典權制度之爭論。再次擬探討典權之設定與期限、典權之效力等，並擬探討修正草案之內容，以及其立法理由❷。最後，提出檢

---

❶　楊與齡，〈有關典權之幾項爭議〉，《民法物權爭議問題研究》，五南圖書，1999 年 1 月，頁 265。

討與建議，以作為本文之結論。

貳、典權之意義並與其他類似概念之比較

一、意義與性質

(一)意 義

典權是我國傳統特有之法律制度❸，在我國古代法制中，「典」多與當、質、賣並用，稱典當、典質、典賣。

典權興起之緣由，乃因國人認為為籌款周轉以應付急需，而變賣祖產，尤其是變賣不動產，乃是敗家之舉，足使祖宗蒙羞，故絕不輕易從事，然又不能不有解決之際，於是折衷將財產出典於人，以獲取相當於賣價之金額，在日後又可以原價將之贖回；而典權人又得以支付低於賣價之點價後，即取得典物之使用收益權，且事後尚有因之取得典物所有權之可能，是以出典人與典權人兩全其美，實為最適當之安排❹。

民法第 911 條規定，典權係指支付典價，占有他人之不動產，而為使用收益之權。支付典價之人為典權人，以不動產供典權人使用收益之人為出典人，該項不動產，稱為典物。

(二)性 質

物權編第一次草案，誤認典權為擔保物權，故誤訂為不動產質權。第二次草案，雖有典權之規定，仍設有不動產質權。迄至 1929 年完成現行法，始將不動產質權刪除，僅規定典權❺。

---

❷ 吳光明，《物權法新論》，新學林出版，2006 年 8 月，頁 341–367。

❸ 事實上，1958 年公布，1964 年修正之韓國民法第三編物權，第六章亦有典權之規定，參閱鄭玉波教授譯韓國民法，轉引自楊與齡，前揭書，頁 259–262。

❹ 謝在全，《民法物權論》，中冊，修訂四版，自版，2007 年 6 月，頁 247。

❺ 參閱民法物權編第二次草案第 1002 條，轉引自蘇盈貴，〈典權與臨時典權之比較研究〉，《法令月刊》，51 卷 7 期，2000 年 7 月 1 日，頁 21。

學者對典權之性質為何，學說見解不一，主要有下列三種：

1. 擔保物說

該說之理由，一為根據典權在法典體例中之安排，二為認為典權之發生，多數是出典人以典物作為借款擔保。

2. 特種物權說

認為典權具有擔保物權及用益物權之性質，典權是以典權人取得其對典物之所有權為最終目的，而且典權是由擔保物權發展而來，具有相當之擔保作用。

3. 用益物權說

該說之主要理由是根據民法第 911 條之規定，占有他人之不動產，而為使用收益，是典權之法定內容，具有用益物權之特質。

4. 小　結

比較上述學說，以第三說為通說。雖然從典權之歷史沿革，以及下述之典權與其他相近關係之區別，可看出典權屬於用益物權。但要注意，典權與其他用益物權亦有不同之處，蓋其對典物之占有並不限於直接占有，間接占有亦可，至於其使用收益方法，則無限制。

再者，擔保物權與用益物權二種類型，性質不同，作用亦迥然有異，將二者混而用之，絕非適當❻，故現行法應嚴予適用與解釋。近有認為「典權在法律形式上雖與讓與擔保不同，然實質上亦具權利移轉型擔保之思想存在」❼云云，完全忽略典權係「占有他人之典物，而為使用收益」之要件，至於讓與擔保之要件、性質、標的物、經濟意義等，與典權完全不同，將典權與讓與擔保二者相混，更非允當。

二、特　徵

依現行民法第 911 條規定內容觀之，可知典權具有如下特徵：

1. 典權為用益物權

---

❻　朱柏松，〈典權關係中之回贖、別賣與留買權〉，《月旦法學》，108 期，2004 年 4 月，頁 172。

❼　朱家寬，《權利移轉型擔保法律構造之研究——以所有權之擔保作用觀察》，臺北大學碩士論文，2005 年 5 月，頁 99。

典權人依民法第 911 條規定或依當事人之約定，在典權期限內享有對典物之占有，而為使用與收益之權利，故為用益物權，已如前述。

2. 典權為限制物權

以權利管領之範圍觀之，物權分為兩類：一為所有權；所有權有完全管領物權，即所有權人享有占有、使用、收益及處分四項權能。二為限制物權；其對標的物是有限度之管領，僅享有所有權能中之部分權能，典權人僅對出典標的物享有使用收益之權利，故典權為限制物權。又由於典權不依賴於其他權利而獨立存在，故典權又為主物權。

3. 典權以占有他人不動產而使用收益

典權為用益物權，因此其與其他用益物權如地上權，永佃權，地役權占有不動產而使用收益相同，只是典權人之使用收益，應與民法第 765 條所定所有權人使用收益性質相當，亦即在法律限制範圍內，可自由使用收益其典物，佃當事人間另有約定或有特約習慣者，從其約定及習慣。

4. 典權以不動產為其標的物

在我國典權史上，典權標的物可以是動產、不動產、甚至可以是人身。但現行民法不許可動產及人身作為典權標的物，僅有不動產可為典權標的物。

5. 典權是以支付典價而成立之物權

典權之成立，以支付典價為要件，屬有償行為❽。典價之多寡，由當事人自行約定。通常典價在典物市場價格之二分之一，係由於民法第 920 條第 1 項規定：「典權存續中，典物因不可抗力致全部或一部滅失者，就其滅失之部分，典權與回贖權，均歸消滅。」因而，危險負擔各為二分之一。事實上，所謂「典物市場價格」，僅存於雙方當事人心中，故只要當事人意思一致，契約即可成立。此外，典價不以金錢為限，其他代替物亦可❾。

實務上認為，典權人支付之典價為取得典權之對價，非以此成立借貸關係，故出典人有於一定期間內以原典價回贖典物之權利，不負返還原典價之義務❿。

---

❽ 蔡明誠，〈典權的成立要件〉，《月旦法學》，79 期，2001 年 12 月，頁 12。

❾ 司法院院字第 2128 號解釋，《司法院解釋彙編》，第 4 冊，1941 年 2 月 8 日，頁 1818。

❿ 最高法院 32 年上字第 5011 號判例。

三、典權與其他類似概念之比較

典權在法制史沿革上，雖具有當、質之擔保作用，但現行民法之典權則為用益物權。因此，典權與抵押權、地上權、永佃權、買回、租賃等法律制度，容易發生混淆，故有將其加以區別之必要。

(一)典權與抵押權

抵押權是債權人對於債務人或第三人不移轉占有而供擔保之不動產，得就其賣得價金而受清償之權利。典權與抵押權相同之處，在於二者同為不動產物權。但二者又具有下列不同之處：

1.典權以典物之使用收益為目的，具有用益物權之性質，抵押權以供債權之擔保為目的，具有擔保物權之性質。

2.典權是獨立發生之權利，是主物權，而抵押權是以債權擔保為目的，以債權存在為前提，為從權利。

3.典權之標的物必須轉移占有，而抵押權之標的物不移轉占有。

4.典權人支付典價，出典人不負返還原典價之義務，典物價值降至不及原典價時，出典人得拋棄回贖權而使典權關係消滅；抵押權是為擔保債權之清償，債務人有清償債務之義務，抵押物變價後不足抵償部分，債務人仍負清償責任。

5.出典人有回贖之權利而無回贖之義務，典權人不能請求出典人償還典價以回贖典物。抵押權人在債權清償期屆滿時，則可就抵押權所擔保之債權，向債務人請求清償。

6.典物之危險，由典權人與出典人分擔，如典物因不可抗力滅失時，典權與回贖權均歸消滅。抵押物之危險，由抵押人負擔，即使抵押物因不可抗力滅失，抵押權不存在，但債務人仍應清償其債務❶。

7.典權設定時，如典期在十五年以上，得附到期不贖即作為絕賣之條款。抵押權設定時，不得約定債權到期未為清償時，抵押物之所有權移屬於抵押權人。

8.典權到期不贖，典物之所有權即由典權人取得。抵押權所擔保之債權到期未能清償，債權人僅能向法院提出聲請拍賣抵押物，不能當然地取得該物之所有權。

---

❶ 史尚寬，《物權法論》，自版，1971 年 11 月，頁 393。

9.典權可作為抵押權之標的物，而抵押權不能成為典權之標的物。

(二)典權與地上權

地上權依民法第 832 條規定，是以在他人土地上有建築物或其他工作物，或竹木為目的，而使用其土地之權利。典權與地上權共同之處，在於均以不動產之使用收益為目的，二者同屬用益物權；但二者之間，存在下列不同之處❶：

1.典權之標的物為不動產，亦即包括土地及其定著物。地上權之標的物，則以土地為限。

2.典權以取得典物所有權為目的。出典人雖有回贖典物之權，然一般而言，使用收益，並不是典權之最終目標，典權人多係以取得典物所有權為目的。地上權人則有返還土地之義務。

3.典權人得因出典人到期不贖而取得典物所有權。地上權消滅時，地上權人有返還土地之義務。

4.典權人可自由對於典物為使用收益。地上權人對於土地之使用收益，僅以建築物、工作物或種植竹木為限。

(三)典權與永佃權

永佃權依民法第 842 條規定，係指支付佃租，永久在他人土地上為耕作或牧畜之權利。典權與永佃權同屬用益物權，均以對不動產之使用收益為目的。典權與永佃權存在下列不同之處：

1.典權之標的物，為土地或其定著物，永佃權之標的物，以土地為限。

2.典權，為典權人支付典價，移轉占有出典人之不動產，並於典物上使用、收益；而永佃權人則支付佃租，永久在他人土地上為耕作或牧畜。

3.典權人以取得典物所有權為目的，使用收益並非其最終目的，已如前述；永佃權則以使用收益為最終目的。

4.典權人對於典物之使用收益，並無限制。永佃權人對於土地之使用收益，僅以耕作或牧畜為限。

5.典權之期限，最長不得超過三十年；永佃權則無期限之限制。

6.典權人得因出典人到期不贖而取得典物所有權；永佃權消滅時，永佃權人有返還土地之義務。

---

❶　吳光明，前揭書，頁 346。

(四)典權與買回

買回依民法第 379 條規定，係指出賣人於買賣契約保留買回之權利，得返還其所受領之價金，而買回其標的物之契約。典權之回贖與買賣契約之買回類似，典價與買回之價金相當，但二者主要有以下區別：

1. 典權為物權之關係，有對抗第三人之效力。買回為債權關係，原則上不得對抗第三人。

2. 典權之標的物，以不動產為限❸。買回之標的物，包括動產及不動產。

3. 典權僅移轉典物的占有，並不移轉其所有權。買回則須將標的物所有權移轉於買受人。

4. 典權之回贖權根據法律規定，而買回契約之買回權係根據當事人之約定。

5. 典權之回贖係消滅典權關係，即以消除典物所有權所受之限制為目的。買回契約之買回，則為其出賣標的物所有權之再取得。

6. 回贖之價金，以原典價為限。買回之價金，不以出賣人原受領者為限。

7. 典權係附有期限之使用收益，其期限不得逾三十年，買回係附期限之再買賣，其期限不得逾五年。

(五)典權與不動產租賃

租賃依民法第 421 條規定，係指當事人約定，一方以物租與他方使用收益，他方支付租金之契約。典權與租賃均為對他人之物為使用收益。典權與租賃有如下不同之處：

1. 典權為物權，不動產租賃權雖然其效力得到強化❹，但其仍然為債權關係。典權有對抗一般人之效力，租賃僅在特定當事人間，具有效力。

2. 出典人所取得之典價，在典期屆滿回贖典物時，必須返還於典權人。租賃之租金，一經支付，即屬於出租人所有，在租賃關係消滅時，無須返還承租人。

3. 典權之標的物，以不動產為限。租賃之標的物，為動產或不動產。

---

❸ 惟我國舊制，典權之客體並不以不動產為限，尚包括動產及人。參閱宋刑統典賣質當論競物業：「奴婢得予典賣」。轉引自陳榮隆，〈物權修正之芻議〉，《中華法學》，2 期，1992 年 1 月，頁 299。

❹ 買賣不破租賃之規定，在民法第 425 條第 2 項規定：「前項規定，於未經公證之不動產租賃契約，其期限逾五年或未定期限者，不適用之。」亦即附加一些限制性規定。

4.在處分權上，典權人得將典權讓與他人或將典物轉典。而租賃權之轉讓、轉租均受法律嚴格之限制。換言之，承租人在原則上不得將租賃權讓與第三人或將租賃物轉租於第三人。

5.典權包括對典物交換價值之支配，而租賃權則僅限於對租賃物使用價值之支配。

6.租賃期間如無特別約定，出租人負有修繕義務及承擔租賃物滅失之風險。而典權人無須負修繕義務，典物之風險亦由雙方負擔，典物因不可抗力致全部或一部滅失者，依民法第 921 條規定，典權人，除經出典人同意外，僅得於滅失時滅失部分之價值限度內為重建或修繕。

參、典權制度存廢之爭論

典權性質之界定以及典權制度之存廢，乃典權修正之先決問題。對於典權制度之存廢，亦即是否保留典權制度，學者之間意見紛歧。有認為應廢除典權制度，亦有認為保留典權制度。

一、應廢除典權制度

持應廢除典權制度之學者認為，不應保留典權制度，主要理由在於：

㈠雖我國傳統認為，變賣祖產是敗家之舉，讓祖宗蒙羞，乃採取折衷辦法，將祖產出典於人，日後原價贖回，以獲得資金。然而，現今經濟發達，如急需資金，有多種方法可供選擇，故已無必要保留典權。

㈡隨著物權國際化，典權為我國所特有制度，現代各國並無此制度，故為適應物權國際化趨勢，典權宜予以廢除。

㈢典權制度本身之法律構造不符現代社會經濟生活之需要，實務上，現實生活中設定典權日益減少，保留典權，價值不大。

㈣典權制度之擔保功能可能為抵押權所取代，而用益功能亦可能為其他用益物權或租賃權所取代，故無須設立典權[15]。

---

[15]　謝哲勝，〈民法物權編修正草案綜合評析〉，民法物權編修正學術研討會，2006 年 2

㈤典權制度有失公平，易生糾紛，法理難圓，理應廢止，而應以其他不動產抵押代替之。

二、應保留典權制度

主張應保留典權制度之學者，主要理由在於：

㈠典權為我國獨特之物權制度，充分體現濟貧扶弱之道德觀念，保留典權有利於維持民族文化。

㈡典權可以隨時滿足用益需要與資金需求，一方面，典權人可取得不動產之使用收益，即典價之擔保；另一方面，出典人可保有典物所有權，並獲得資金運用，以發揮典物之雙重效用，抵押權制度難以完全取代。

㈢典權之使用收益性質，比租賃、地上權等利用更為完備。典權之回贖期限較長，且具有對抗效力。典權之回贖依民法第 923 條、第 924 條規定，其期限不像民法第 380 條規定，買回期限最長五年，且不能對抗第三人。

㈣由於典權之規定宣傳不夠，實務上，有房屋使用人例如銀行，給付出租人鉅額押租金，而使用收益該房屋，並以該房屋設定抵押權，擔保押租金之返還，實質上達到典權之效果。

㈤設定典權可避免出租或委託他人代管之麻煩，推動不動產之利用，並增加典權之適用範圍。

三、小　結

本文持肯定說認為，應保留典權制度，除上述肯定說之理由外，茲補充說明如次：

㈠實務上，為實行抵押權拍賣抵押物，須依強制執行法之規定，其聲請費用、執行費用、鑑價費用、律師費用等，使抵押權之實行成本高昂。相較之下，典權之設定、實行成本十分低廉。故就擔保功能而言，很難說擔保物權比典權更為優越。

㈡典權設定後，出典人無須考慮修繕費用、管理費用以及定期收取租金問題，較租賃制度更符合民眾之需要。

㈢典權在我國現行制定法中，已經存在，實務上亦有登記程序之規定，以我國 2003 年至 2007 年 9 月受理典權相關案件統計，共有 216 件，共 1136 筆，筆數面積共 835995 平方公尺，共 84 棟，棟數面積共 17654 平方公尺❶，不能不予以重視。

㈣在稅捐方面，依土地稅法❼第 29 條之規定：「已規定地價之土地，設定典權時，出典人應依本法規定預繳土地增值稅。但出典人回贖時，原繳之土地增值稅，應無息退還。」故該出典稅捐之問題對出典人並不重要，至於其辦理登記時尚需繳納登記費，依土地法及土地登記規費及其罰鍰計收補充規定其繳納標準為以權利價值、稅捐機關核定之繳（免）納契稅之價值計收千分之一登記費，亦在出典人可負擔範圍之內。

㈤物權法中繼續承認典權，不會增加立法、司法、執法之成本。

肆、典權之取得與期限

一、典權之取得

典權之取得即典權之發生。典權之取得，有兩種途徑：一為基於法律行為，二為基於法律行為以外之事實。

㈠基於法律行為

基於法律行為而取得典權者，係典權人根據與出典人間合意之法律行為而取得典權。基於法律行為而取得典權，包括典權之設定、讓與以及轉典等。

1.典權之設定

典權之設定是指典權人與出典人經由法律行為創設典權之行為。典權之設

---

❶　內政部地政司又於 2008 年 2 月提供「地籍資料庫現存典權件數筆棟數」，大臺灣地區（包括金門、馬祖）僅有 1010 件、871 筆棟。參閱內政部地政司土地登記科提供之資料，特此一併致謝土地登記科。

❼　按土地稅法，制訂於 1977 年 7 月 14 日，歷經多次修正，最後一次修正於 2007 年 7 月 11 日。

定，需具備下列條件：

(1)須以他人之不動產為標的物

民法第 911 條之規定，占有他人之不動產，而為使用收益，故需以他人之不動產為標的物。茲所謂「他人」，係指典權人以外之其他之人，當然包括第三人。

(2)須支付典價

從民法第 911 條之規定可以看出，典權是以支付典價為對價之物權。

(3)須採特定形式

基於法律行為而取得典權，包括設定取得與移轉取得兩種。典權之設定，通常以契約形式，亦有單方面行為，如以遺囑設定典權。不論採取何種形式，由於典權本身之性質，其為不動產物權之一種，依民法相關條文規定，基於法律行為而取得典權者，必須以書面為之 ❶，並且非經登記，不生法律效力。

2.典權之讓與以及轉典

在同一不動產上不得設定數個典權。典權之移轉取得，包括讓與以及轉典。讓與即為典權人將典權讓與他人，受讓人對出典人取得與典權人相同之權利。

轉典即為典權人在典權存續中，依照民法第 915 條規定，將典物交付他人使用收益，而收取其支付之典價，即於典物上設定新典權，該他人因轉典而取得典權。

(二)基於法律行為以外之事實

基於法律行為以外之事實，而取得典權者，亦可分為兩種途徑，即繼承與取得時效。典權是財產權之一種，可因繼承而取得，但非經登記，不得處分。

理論上，對取得時效取得典權問題，存在以下兩種學說：

1.否定說

此說認為典權之成立以支付典價為要件，占有人如支付典價，業主收受時，即等於合意設定典權，如不支付典價，即與典權成立要件不合。

2.肯定說

此說認為不動產占有人得依民法第 772 條準用第 769 條、第 770 條之規定，

---

❶ 由於修正草案第 758 條第 2 項已增訂規定，故將現行民法第 760 條「書面」問題刪除。法務部，《民法物權編部分修正條文（通則章及所有權章）》，第 760 條修正說明，2009 年 2 月，頁 23。

先完成時效要件，尚應支付典價，並申請登記即可取得。

　　上開兩種學說，均言之成理。但在事實上，因時效取得典權，似乎不大可能❶。然而，面對取得時效制度上之上述特異性，妥適與否，亟待群策群力予以檢討，以謀其至當❷。

二、典權之期限

　　典權之期限，與一般權利之存續期限不同。一般權利之存續，有其一定之期限，當其期限屆滿時，該權利即歸消滅❸。而典權期限屆滿，典權並不消滅，只是回贖應於此時行使。故所謂典權期限，並非典權存續之期限，而是出典人不得行使回贖權之期限。

　　典權之期限，因當事人是否約定有期限，而有所不同，茲分述如下：

㈠當事人約定有期限

　　典權多由於當事人設定行為而發生，當事人在設定典權時，如定有期限，依其所定。但當事人約定之期限，不能超過法定限制。民法第 912 條規定：「典權約定期限不得逾三十年，逾三十年者縮短為三十年」。故以三十年為典權約定期限之最高限度。但法定三十年之最長期限，並不以一次為限，期限屆滿後，當事人亦可繼續訂立典約。又第 913 條規定，典權之約定期限不滿十五年者，不得附有到期不贖即作絕賣之條款。

　　定期之典權可以契約加長其期限，但此為典權內容之變更，須經登記，始生效力。典期延長所加之期限與該典權已經過之時間，合併計算，仍不得逾三十年。凡逾三十年，自出典後滿三十年時，其期限即為屆滿。但加長其期限，必須在期限屆滿前進行。

　　至於期限屆滿後，是否可延長其期限。學者有兩種學說：

1.肯定說

---

❶　參閱姚瑞光，《民法物權論》，自版，1988 年，頁 334；鄭玉波，《民法物權》，三民書局，1980 年，頁 143。

❷　謝在全，〈典權取得時效之研究──最高法院八十四年度臺上字第二〇六二號民事判決評釋〉，《萬國法律》，106 期，1999 年 8 月，頁 90。

❸　期限屆滿時，該權利即歸消滅，例如民法第 840 條規定之地上權之存續期限。

此說認為典權期限之延長，法律並未禁止於期滿後逕行，並且典權人取得所有權後，另訂回贖契約，不得認為無效❷。故典期之延長，在典期屆滿後逕行，自無不可。

2.否定說

此說認為典權期限屆滿後，原定時間已無延長可言，故典期之延長，應於期限屆滿前逕行。在期限屆滿後逕行，無異加長法定之二年回贖期間，不能認為有效。

此兩種學說，從符合物權法定主義原則言之，實務上均以否定說為宜。至於典權期限如何計算，實務上認為，應自移轉登記完畢之次日起算❸。

㈡當事人未定期限

當事人在設定典權時，訂明未定期限或得隨時回贖，或就期限無任何約定者，均為未定期限之典權。未定期限之典權，出典人得隨時回贖，但出典後經三十年不回贖者，典權人即取得典物之所有權（民法第 924 條），此屬於無時效性質之法定期間❹。

如出典後加典，仍從出典之翌日起算。出典人在三十年期限屆滿，而仍未回贖典物時，不得再行回贖，且出典人無民法第 923 條第 2 項之規定另加二年之利益。未定期限之典權，得另以契約訂定期限，但須於得回贖之時，逕行加二年之利益，且兩者前後合計，仍不得超過三十年。

民法第 913 條對絕賣附款有規定，典權之約定期限不滿十五年者，不得附有到期不贖即作絕賣之條款。違反者，出典人仍得於典期屆滿後二年內回贖。

---

❷ 司法院院字第 1108 號解釋。

❸ 司法院院解字第 3134 號解釋。

❹ 福建高等法院金門分院 85 年度上字第 14 號判決，《福建高等法院金門分院民、刑事裁判書彙編》，頁 25–32。

伍、典權之效力

一、典權對於典權人之效力

(一)典權人之權利

1.對典物之使用收益

典權之內容在於使用、收益,所以典權人對於典物,自可占有而使用、收益。

典權人占有他人之不動產而使用收益,與所有人之地位並無差異,因此,民法第774條至第800條有關相鄰關係之規定,在典權人間,典權人與土地所有人之間準用之(民法第914條)。

除當事人訂有約定,從其約定外,典權人應依典物之性質,而為有利之使用。

典權人占有典物且受占有之保護,與所有人處於相同之地位,並有與所有人相同之物上請求權。在典物受到損害時,典權人不僅基於占有,而且基於典權,得請求典物之返還或請求妨害之除去或防止。

典權人之收益,不僅可以取其天然孳息,法定孳息亦包括在內。民法第915條第1項規定,典權存續中,除契約另有訂定或另有習慣外,典權人得將典物出租於他人。但將典物出租時,必須注意典權定有期限者,其租期不得逾原典權之期限;未定期限者其租賃不得定有期限(民法第915條第2項)。典權人對於典物因出租所受之損害,應負賠償責任(民法第916條)。

2.其他權利

典權人除對典物之使用收益外,尚有下列之權利❷⁵:

---

❷⁵ 本文認為,典權人對典物之權利限於對典物之使用收益,典權人其他權利如轉典、典權讓與、留買權、重建修繕權、費用求償權等均屬之,典權人並無典物之處分權,如典權人有典物之處分權,非但與出典人之典物處分權相衝突,且徒增法律關係之複雜。但學者有不同見解,認為基於活絡典權之功能,應給予典權人典物之處分權,值得觀察。參閱朱柏松,〈論典權人之典物處分權〉,2008年民商法暨醫療法研討會,2008年6月14日,頁5。

⑴轉　典

所謂轉典，是指典權人與出典人仍保持原有典之關係，而將典物在收取典價後交與他人使用收益。民法第 915 條第 1 項規定，典權存續中，典權人得將典物轉典於他人，但契約另有訂定，或另有習慣者，依其訂定或習慣。

關於轉典之性質，學者見解不一，其大體上有四種學說：

第一說，轉典為原典權人將其原有典權上，更設一典權，而取得其對價。

第二說，轉典，係典權人收取典價，將典物交付他人使用及收益，於典物上設定新典權之行為。

第三說，轉典為附解除條件，而將典權贈與他人者。

第四說，轉典，為典權人以自己責任，將其所承典之不動產，再行出典於他人。

綜合以上四種學說，轉典是典權人依原典條件，又設定新典權之行為。

典權人有轉典之權利，但如不加以限制，即不免使出典人受到損害。因此，依民法第 915 條規定意旨，轉典必須符合以下四個要件：

第一，轉典須在原典權存續期間中為之。

第二，須典權所訂契約或習慣，無禁止轉典之規定。即轉典須為雙方當事人之約定或習慣所允許。實務上，認限制典權人轉典於他人之習慣，有優先於成文法之效力[26]。

第三，轉典之期限必須不逾原典權之期限。如原典權為未定有期限者，則轉典亦不得定有期限。實務上，轉典之期限，不得逾原典權之期限，係指轉典期限屆滿之時期，不得後於原典權期限屆滿之時期而言[27]，故原典權之期限經過一部分後轉典者，其轉典之期限，不得逾原典權所剩餘之期限。原典權未定有期限者，其轉典不得定有期限。

第四，轉典之典價，不得超過原典價。

對於違反上述四個要件之規定，除出典人自行承認者外，在典權存續外而逕行之轉典，不發生效力。違反契約或習慣，如該特約未加以登記，則不得對抗第三人，有無禁止之習慣，由出典人舉證。原出典契約，未定有期限，而轉

---

[26]　最高法院 28 年上字第 1078 號判例。

[27]　最高法院 32 年上字第 3934 號判例。

典契約定有期限者，則應視該轉典契約為不定期限之契約。轉典期限超過原典期限，則其超過部分為無效。如當事人以其期限為絕對必要條件者，則其轉典行為無效。

轉典為不動產物權之設定，依民法第 760 條規定，應以書面為之，即使有轉典「得不以書面為之」之習慣，亦無效力，故民法第 915 條第 1 項但書所稱之習慣，係指限制典權人將典物轉典或出租於他人之習慣而言，並不包含轉典「得不以書面為之」之習慣在內。

轉典之範圍，應以原典權之範圍為準，因此，實務上認為，典權人在原典權範圍以外，另指定該典物為他項債權之擔保或加價轉典時，即應由原典權人負擔責任，原出典人僅須備齊原價，即能向轉典權人取贖，消滅其物上之擔負❷⓼。典權人對於典物因轉典所受之損害，則應負賠償責任（民法第 916 條）。

(2)典權讓與

典權為財產權之一種，無專屬性，故民法第 917 條第 1 項規定：「典權人得將典權讓與他人」，又典權讓與轉典不同，典權經讓與後，則原典權人即與出典人脫離關係，故第 917 條第 2 項規定：「前項受讓人對於出典人取得與典權人同一之權利」。

又典權人將典權讓與他人，其讓與價格，可高於原典價，亦可低於原典價，但無論讓與價格高低。出典人回贖時，僅按原典權人支付之典價回贖。

(3)留買權

留買權是指在典權期限內，出典人出賣典物時，典權人有同樣條件優先承買權。依民法第 919 條規定：「出典人將典物之所有權讓與他人時，如典權人聲明提出同一之價額留買者，出典人非有正當理由，不得拒絕。」因此，典權人有留買權。

(4)重建修繕權

依民法第 921 條規定：「典權存續中，典物因不可抗力致全部或一部滅失者，典權人，除經出典人同意外，僅得於滅失時滅失部分之價值限度內為重建或修繕。」此即為典權人之重建修繕權。

由於典權為用益物權，故典權人得重建或修繕因不可抗力而毀損滅失之物，

---

❷⓼　最高法院 18 年上字第 187 號判例。

以繼續對該典物之用益。

(5)費用求償權

依民法第 927 條規定:「典權人因支付有益費用,使典物價值增加,或依第九百二十一條之規定,重建或修繕者,於典物回贖時,得於現存利益之限度內,請求償還。」換言之,典權人就典物支出之費用有三種: 一為必要費用,即保存典物所不可缺之費用;二為有益費用,即增加典物之價值所支出之改良費用;三為重建或修繕費用,即重建或修繕因不可抗力致毀損滅失之典物所支出之費用。

(二)典權人之義務

1.保管典物

有關典權人保管典物責任,依民法第 922 條規定:「典權存續中,因典權人之過失,致典物全部或一部滅失者,典權人於典價額限度內,負其責任。但因故意或重大過失,致滅失者,除將典價抵償損害外,如有不足,仍應賠償。」典權是占有他人不動產之用益物權,典權人在占有典物期間,負有保管典物之義務。典權人保管典物,為保護出典人之利益,典權人應以善良管理人之注意義務,保管典物❷❾。

2.返還典物

典權人於典權因回贖、拋棄典權或其他原因而消滅時,除典物已滅失或典權人已取得所有權外,典權人均負有返還典物之義務。典權人在返還典物時,必須將典物恢復原狀。但由於典權是占有他人不動產之用益物權,故典權人如依典物之性質而定之方法為使用收益,致使典物發生耗損或變更,此為用益物權之當然結果,自不發生恢復原狀之問題。

二、典權對於出典人之效力

(一)出典人之權利

1.典物之處分權

出典人雖將典物之占有、使用、收益移轉給典權人,但出典人仍保有典物之所有權,出典人當然亦有權處分典物。此種處分僅能為法律上處分,例如出賣、贈與等,出典人不能為事實上處分。

---

❷❾ 吳光明,前揭書,頁 359。

又出典人處分典物後，典權人之典權並不因此而受影響，只是出典人發生變化而已。雖出典人有權處分典物，但出典人出賣典物時，典權人有留買權，並得按時價找貼，此為出典人對典物行使處分權時之必要限制。

2.就典物之抵押設定權

出典人仍保有典物之所有權，即出典人有權就典物再行設定抵押權，但出典人不得在典物設定與典權相抵觸之權利，例如不得重新設定典權，以保障典權人之權利。

3.回贖權

(1)回贖權之意義

回贖權是指出典人向典權人提出原典價回贖典物，以消滅典權之一種權利。從性質上言之，回贖權係一種形成權。因此，只要出典人為回贖行為，典權即歸消滅。又回贖典物，係出典人之權利，而非其義務，故典權人無權要求出典人回贖典物。

如為定期典權之回贖，依民法第 923 條規定：「典權定有期限者，於期限屆滿後，出典人得以原典價回贖典物。出典人於典期屆滿後，經過二年，不以原典價回贖者，典權人即取得典物所有權。」

如為未定期典權之回贖，依民法第 924 條規定：「典權未定期限者，出典人得隨時以原典價回贖典物。但自出典後經過三十年不回贖者，典權人即取得典物所有權。」

至於回贖典物之方法，出典人只要提出原典價，向典權人表示回贖典物之意思表示，即可發生消滅典權之效力。縱令典權人對於出典人提出之原典價拒絕收領，出典人亦未依法提存，於典權之消滅均不生影響[30]。

(2)回贖時之典價及其他費用

回贖權之行使為要物行為，除須向回贖權之相對人為回贖之意思表示外，還需提出原典價，始生效力。又民法第 927 條規定典權人得於出典人回贖時，請求償還有益與修建費用，此與典價之計算有關，故一併說明。

依民法第 923 條及第 924 條之規定，出典人僅須以原典價回贖典物，故無論典物之價值在典期中增漲至如何程度，典權人不得因而加價。而所謂提出原

---

[30]　最高法院 32 年上字第 4090 號判例。

典價，係回贖時，應提出與原典價同種品質數量之物以為返還而言。

然而，典權之法律關係亦應有情事變更原則之適用。依民法第 227 條之 2 規定：「契約成立後，情事變更，非當時所得預料，而依其原有效果顯失公平者，當事人得聲請法院增、減其給付或變更其他原有之效果。前項規定，於非因契約所發生之債，準用之。」故典權成立後，確有因不可歸責當事人之事由，致情事變更非當時所得預料，如仍以原典價回贖，顯失公平者，法院自得依職權公平裁量，為加價回贖之判決。

應注意者，如出典人將典物一部分所有權讓與第三人，而第三人欲使其典權消滅，不能僅提出該部分典價以為回贖，而必須商同出典人就典物全部為回贖，如欲為一部回贖，應得典權人之同意。

⑶典價與有益費用之計算

典權存續中，如典物因不可抗力至全部或一部滅失，典權人依民法第 921 條予以重建時，重建部分之典價與民法第 927 條所規定之現存利益，應如何計算，茲就司法院之解釋❸，作以下三點分析：

第一、滅失部分重建後之價值低於或等於滅失時之價值者，出典人回贖時，應支付重建部分之典價，餘存部分之典價以及償還重建費用半數之現存利益額。

第二、典權人未經出典人同意，超過滅失部分滅失之價值重建，出典人回贖時，應支付原典價與償還重建費用減去重建部分典價所餘之現存利益額。

第三、典權人經出典人同意而為超過滅失時滅失部分價值之重建者，出典人回贖時，應支付重建部分之典價，餘存部分之典價與償還重建半數於回贖時之現存利益額。

⑷轉典時，應支付之典價

典物經轉典後，出典人回贖時，應向典權人提出典價與轉典價之差額，向轉典權人提出轉典價，以為回贖。

⑸回贖權行使與不行使之效果

如出典人提出典價而為回贖後，則典權即因而消滅，故有謂回贖為典權消滅原因之一。出典人依法行使回贖權，典權人自有返還典物並協同出典人辦理塗銷典權登記之義務。如典權人不為之，出典人可依典權之關係與所有物返還

❸ 司法院院字第 2190 號解釋。

請求權請求，要求典權人予以返還。

如出典人於回贖期間內不行使回贖權者，回贖權即絕對消滅，當事人以特約使之復活，亦屬無效。依民法第 923 條第 2 項及第 924 條但書之規定，典權人因出典人逾時不回贖而取得典物之所有權。不動產之所有權與典權同歸於典權人，典權即因民法第 762 條混同之規定而消滅。

㈡出典人之義務

1.瑕疵擔保義務

典權為用益物權，故典物有無瑕疵，直接關係到典權人對典物之使用收益。因此，為保障典權人對典物之使用收益。出典人對典物負有瑕疵擔保義務。出典人之瑕疵擔保義務，包括物之瑕疵擔保義務與權利之瑕疵擔保義務。

2.費用返還義務

在典權關係中，典權人對出典人享有費用償還請求權，故出典人應負費用返還義務。出典人在回贖典物時，應依典權人之費用償還請求權，返還有關費用，例如必要費用、有益費用、重建修繕費用等。

三、典物之危險負擔

在典權關係存續中，如典物因不可抗力，致全部或一部滅失者，該危險究應如何負擔，值得研究。在非常事變責任時，依民法第 920 條第 1 項規定：「典權存續中，典物因不可抗力致全部或一部滅失者，就其滅失之部分，典權與回贖權，均歸消滅。」足見，關於典物之危險，係由典權人與出典人雙方共同分擔，亦即典權人負擔典價之損失，而出典人負擔典物所有權之損失。而此之「典權與回贖權，均歸消滅」，係指典權人不能收回典價，而出典人亦不能回贖典物。

陸、典權之消滅

典權之消滅原因，除標的物滅失、混同、拋棄等物權消滅之一般原因之外[32]，還包括以下之特別消滅原因：

---

[32]　謝哲勝，《民法物權》，三民書局，2007 年 9 月，頁 284。

一、典權因回贖而消滅

回贖典權係出典人之權利,已如前述。如出典人行使回贖權而回贖典物,則典權消滅。如出典人在典權定期內,未依民法第 923 條規定:「定期回贖典物」,則典權亦歸於消滅。

二、典權因期限屆滿而消滅

典權因期限屆滿,出典人在回贖期限內未回贖典物而消滅。嚴格言之,期限內未回贖之直接效力,係典權人取得典物所有權,而典權之消滅,僅係典權人因期限屆滿,取得典物所有權之反射結果。

三、典權因找貼而消滅

(一)意 義

所謂找貼,即按時價找貼,又稱找貼作絕,是指出典人於典權關係存續中,表示讓與其典物之所有權於典權人者,此時,典權人得按典物之時價,將原典價抵銷賣價之一部分,然後由典權人支付差額,俾取得典物所有權之制度。

依民法第 926 條第 1 項規定:「出典人於典權存續中,表示讓與其典物之所有權於典權人者,典權人得按時價找貼,取得典物所有權。」其第 2 項規定:「前項找貼,以一次為限。」足見,找貼實際上是為方便出典人與典權人而設定之制度,同時亦具有一定之擔保作用。

實務上認為,典權人得按時價找貼,取得典物所有權,並未認出典人有按時價找貼之請求權。即同條第 2 項亦不過規定典權人自願取得典物所有權時,所為之找貼以一次為限,仍不足為出典人有一次找貼請求權之論據❸。

(二)性 質

找貼之性質如何,學說上有三種,茲分述如下:

1.典權人權利說

此說認為,出典人於典權存續中,表示讓與其典物之所有權於典權人者,典權人得按時價找貼,以取得典物所有權。足見,應否找貼取決於典權人之意

---

❸ 最高法院 32 年上字第 4283 號判例。

思，出典人不能強迫典權人找貼。因此，找貼是典權人之權利。

2.出典人權利說

此說認為，典權人得按時價找貼，必須出典人有讓與其典物所有權於典權人之意思，然後典權人才能決定找貼與否。因此，找貼是出典人之權利，而非典權人之權利。

3.買賣契約說

此說認為，找貼必須基於是出典人與典權人間之一種買賣契約，找貼必須基於雙方之意思表示一致才能成立。出典人必須願意出賣典物，而典權人必須願意購買典物，並就其價金達到合意。出典人並無按時價找貼之請求權，而典權人亦無請求以找貼買受典物之權利。

本文採第三說，買賣契約說。

四、典權因留買、作絕、別賣而消滅

出典人將典物之所有權讓與他人時，如典權人依民法第 919 條規定：「聲明提出同一之價額留買者」，則典權人取得典物所有權，典權歸於消滅。

如典權契約中附有民法第 913 條規定之「到期不贖即作絕賣之條款」時，出典人在典權期限屆滿不回贖，典權歸於消滅。又如典權中附有「到期不贖，即由典權人出賣典物收回典價之條款」時，典權因典權人將典物別賣而消滅。

柒、典權之修正

一、典權定義之修正

典權之成立，究否以占有他人之不動產為要件，學說上有認為，倘若不拘泥民法第 911 條「占有」一語，則重點應該在於典權關係之實質內容，以及是否公平合理等實質問題之探究，如此更能符合當事人之利益❸。

---

❸　蔡明誠，〈典價、典物占有與典權成立要件——最高法院八十七年度臺上字第二二七五號民事判決評釋〉，《台灣本土法學》，39 期，2002 年 10 月，頁 78。

實務上對於典權之成立，究否以占有他人之不動產為要件❸，亦尚有爭議。惟查典權為不動產物權，依第758條規定，應以登記為生效要件及其公示方法，「占有」僅係用益物權以標的物為使用收益之當然結果，乃為典權之效力，而非其成立要件。

現行條文在定義規定內列入「占有」二字，易滋疑義，為期明確，修正草案第911條乃將「占有他人之不動產」修正為「在他人之不動產」。又典權人對於典物，或為使用、或為收益、或為使用及收益，現行條文僅謂「使用及收益」，似欠周延，爰修正為「使用、收益」。

此外，典權特質之一，乃出典人未行使回贖權時，典權人取得典物所有權（第923條、第924條參照），爰於後段增列「於他人不回贖時，取得該不動產所有權」，俾使定義更為周全，並彰顯典權除用益外，並兼具擔保之作用，以活化典權之社會功能❸。

經修正後，修正草案第911條之規定內容為：「稱典權者，謂支付典價在他人之不動產為使用、收益，於他人不回贖時，取得該不動產所有權之權。」

二、典權附有絕賣條款之修正

又典權之典期在十五年以上而附有絕賣條款者，出典人於典期屆滿後不以原典價回贖時，典權人是否當然取得典物之所有權，學說並不一致，為免有害交易安全，自以明定為宜。民法物權修正草案第913條乃增訂第2項規定：「典權附有絕賣條款者，出典人於典期屆滿不以原典價回贖時，典權人即取得典物所有權。」俾杜爭議。此所謂取得所有權者，與第923條第2項、第924條所定之「取得典物所有權」，性質上同屬繼受取得。

至於典權附有絕賣條款而未經登記者，典權人自得向出典人請求為所有權移轉登記。

又當事人約定有絕賣條款者，經登記後方能發生物權效力，足以對抗第三人，故土地及典權之受讓人或其他第三人（例如抵押權人），當受其拘束❸，爰

---

❸ 最高法院38年臺上字第163號判例。
❸ 法務部，《民法物權修正草案（用益物權及占有）》，行政院版民法第911條修正說明，2009年8月，頁35。按此部分之修正已送立法院審議。

增訂第 913 條第 3 項規定:「絕賣條款非經登記,不得對抗第三人。」

三、典權回贖之修正

㈠最後轉典價逕向最後轉典權人回贖之修正

　　民法第 915 條雖設有轉典之規定,惟出典人回贖時,究應向典權人抑轉典權人為之,現行法尚無明文規定,易滋疑義❸。為期明確,爰於民法物權修正草案明定出典人向典權人回贖時,如典權人不於相當期間向轉典權人回贖並塗銷轉典權登記者,為保障出典人之利益,特賦予出典人得提出於原典價範圍內之最後轉典價逕向最後轉典權人回贖之權利,故修正草案乃增訂第 924 條之 1 第 1 項。

　　出典人依前項規定向最後轉典權人回贖時,原典權及全部轉典權均歸消滅。惟轉典價低於原典價或後轉典價低於前轉典價者,應許典權人及各轉典權人分別向出典人請求相當於自己與後手間典價之差額,出典人並得為各該請求權人提存該差額,俾能保護典權人與轉典權人之權益,而符公平❸,故修正草案乃增訂第 924 條之 1 第 2 項:「前項情形,轉典價低於原典價者,典權人或轉典權人得向出典人請求原典價與轉典價間之差額。出典人並得為各該請求權人提存其差額。」

　　又轉典為典權人之權利,非出典人所得過問,然為避免增加出典人行使回贖權之困難,若典權人預先表示拒絕塗銷轉典權登記或行蹤不明時,致出典人不能

---

❸　法務部,《民法物權修正草案(用益物權及占有)》,行政院版民法第 913 條修正說明,2009 年 8 月,頁 35。按此部分之修正已送立法院審議。

❸　陳榮隆,〈轉典後典物之回贖〉,《民法物權實例問題分析》,五南圖書,2001 年 1 月,頁 281–286。

❸　例如:甲將土地一筆,以 1000 萬元出典於乙,乙以 900 萬元轉典於丙,丙復以 800 萬元轉典於丁。甲依新民法第 924 條之 1 第 1 項前項規定以最後轉典價即 800 萬元向丁回贖時,乙之典權及丙、丁之轉典權均歸消滅,乙、丙就自己與後手間各 100 萬元之典價差額,均得向甲請求返還。出典人甲並得分別為乙、丙提存典價之差額各 100 萬元。法務部,《民法物權修正草案(用益物權及占有)》,行政院版民法第 924 條之 1 第 2 項修正說明,2009 年 8 月,頁 41。按此部分之修正已送立法院審議。

為回贖之意思表示者，自應賦予出典人亦得向最後轉典權人回贖典物之權❹。

㈡扣減原典價方法之修正

典物因不可抗力致一部滅失者，典權與回贖權，部分消滅。此時，依民法第 920 條第 2 項規定：「前項情形，出典人就典物之餘存部分，為回贖時，得由原典價中扣減典物滅失部分滅失時之價值之半數。但以扣盡原典價為限。」蓋如典權人所負擔之損失超過原典價，並不符合典物之危險負擔原則。

上開條文第 2 項所定回贖一部滅失之典物時，扣減原典價之方法，在扣盡原典價之情形下，有類於典權人負擔全部損失，尚欠公平，且此際典權人之責任，竟與第 922 條典權人有過失之責任無異，亦有不妥。爰修正為依滅失時滅失部分之價值與滅失時典物價值之比例扣減之，以期公允❹。第 920 條第 2 項乃規定為：「前項情形，出典人就典物之餘存部分，為回贖時，得由原典價扣除滅失部分之典價。其滅失部分之典價，依滅失時滅失部分之價值與滅失時典物之價值比例計算之」。

㈢原典權對於重建之物視為繼續存在之修正

物權因標的物滅失而消滅，固係物權法之原則。惟為保護典權人之權益，典物因不可抗力致全部或一部滅失者，特賦予重建或修繕之權，是以典權人依第 921 條規定為重建時，原典權仍應視為繼續存在於重建之標的物上，以釐清典權人與出典人間權利義務關係，民法修正草案爰調整文字，並於第 921 條後段規定修訂為：「原典權對於重建之物視為繼續存在。」❹

❹ 法務部，《民法物權修正草案（用益物權及占有）》，行政院版民法第 924 條之 1 第 3 項修正說明，2009 年 8 月，頁 42。按此部分之修正已送立法院審議。

❹ 例如出典房屋一棟，典價為 90 萬元，因不可抗力致房屋一部滅失，經估算滅失時房屋價值為 300 萬元，該滅失部分為 180 萬元，如依現行法規定，回贖金額為 90－(180×1/2)=0 即出典人不須支付任何金額即可回贖原典物餘存部分，甚不公平。如依修正條文計算之，回贖金額為 90－(90×180/300)=36 即出典人須按比例支付 36 萬元，始得回贖典物房屋餘存之部分。法務部，《民法物權修正草案（用益物權及占有）》，行政院版民法第 920 條第 2 項修正說明，2009 年 8 月，頁 40。按此部分之修正已送立法院審議。

❹ 法務部，《民法物權修正草案（用益物權及占有）》，行政院版民法第 921 條修正說明，2009 年 8 月，頁 40。按此部分之修正已送立法院審議。

㈣回贖典物之期限與通知之修正

回贖典物之期限與通知，依民法第 925 條規定：「出典人之回贖，如典物為耕作地者，應於收益季節後次期作業開始前為之。如為其他不動產者，應於六個月前，先行通知典權人。」然因現代之土地耕作，邁向多元化，農作物之種植常有重疊情形，故收益季節難以明確劃分，如依現行法規定，出典人之回贖，事實上將有窒礙難行之處。為符實際，修正草案爰修正為出典人之回贖，不論典物為耕作地或其他不動產，均應於六個月前先行通知典權人，使典權人有從容預備之機會，而免意外之損失❹。故行政院版民法第 925 條修正為：「出典人之回贖，應於六個月前通知典權人。」

四、經轉典而回贖之修正

㈠民法第 924 條之 1 修正條文

民法第 924 條之 1 修正為：「經轉典之典物，出典人向典權人為回贖之意思表示時，典權人不於相當期間向轉典權人回贖並塗銷轉典權登記者，出典人得於原典價範圍內，以最後轉典價逕向最後轉典權人回贖典物。（第 1 項）前項情形，轉典價低於原典價者，典權人或轉典權人得向出典人請求原典價與轉典價間之差額。出典人並得為各該請求權人提存其差額。（第 2 項）前二項規定，於下列情形亦適用之：一、典權人預示拒絕塗銷轉典權登記。二、典權人行蹤不明或有其他情形致出典人不能為回贖之意思表示。（第 3 項）」

㈡民法第 924 條之 1 修正理由

1.轉典後，出典人回贖時究應向典權人抑轉典權人為之，現行法尚無明文規定，易滋疑義。按行使回贖權時原應提出原典價為之，然轉典後，可能有多數轉典權存在，為避免增加出典人行使回贖權之負擔，及向典權人回贖，而其未能塗銷轉典權時，出典人若向最後轉典權人回贖，須再次提出典價，恐遭受資金風險之不利益，爰於第 1 項明定，出典人回贖時，僅須先向典權人為回贖之意思表示，典權人即須於相當期間內，向其他轉典權人回贖，並塗銷轉典權，嗣出典人提出原典價回贖時，典權人始塗銷其典權。如典權人不於相當期間向

---

❹　法務部，《民法物權修正草案（用益物權及占有）》，行政院版民法第 925 條修正說明，2009 年 8 月，頁 45。按此部分之修正已送立法院審議。

轉典權人回贖並塗銷轉典權登記者，為保障出典人之利益，特賦予出典人得提出於原典價範圍內之最後轉典價逕向最後轉典權人回贖之權利。

2.出典人依前項規定向最後轉典權人回贖時，原典權及全部轉典權均歸消滅。惟轉典價低於原典價或後轉典價低於前轉典價者，應許典權人及各轉典權人分別向出典人請求相當於自己與後手間典價之差額，出典人並得為各該請求權人提存該差額，俾能保護典權人與轉典權人之權益，而符公平。例如：甲將土地一宗以 1000 萬元出典於乙，乙以 900 萬元轉典於丙，丙復以 800 萬元轉典於丁。乙、丙、丁如仍有回贖權時，甲依前項規定以最後轉典價即 800 萬元向丁回贖者，乙之典權及丙、丁之轉典權均歸消滅，乙、丙就自己與後手間各 100 萬元之典價差額，均得向甲請求返還。出典人甲並得分別為乙、丙提存典價之差額各 100 萬元。爰增訂第 2 項規定。

3.轉典為典權人之權利，非出典人所得過問，然為避免增加出典人行使回贖權之困難，若典權人預先表示拒絕塗銷轉典權登記或行蹤不明時，致出典人不能為回贖之意思表示者，自應賦予出典人亦得向最後轉典權人回贖典物之權，爰明定前 2 項規定亦適用之❹。

五、典權設定抵押權之修正

又典權為財產權之一種，依其性質，典權人得自由處分其權利，亦得以其權利設定抵押權，以供擔保債務之履行。為周延計，爰修正第 917 條第 1 項，增訂典權人得將典權設定抵押權之規定。典權之受讓人當然取得其權利，無特別規定之必要，且修正條文第 838 條僅規定得讓與，而無受讓人取得原權利之文字，爰刪除現行條文第 2 項。

此外，典權人在典物之土地上營造建築物者，典權與該建築物應不得各自分離而為讓與或其他處分，例如建築物設定抵押權時，典權亦應一併設定抵押權，反之亦同，俾免因建築物與土地之使用權人不同，造成法律關係複雜之困擾，爰增訂第 2 項規定：「典物為土地，典權人在其上有建築物者，其典權與建築物，不得分離而為讓與或其他處分。」❺

---

❹ 法務部，《民法物權修正草案（用益物權及占有）》，行政院版民法第 924 條之 1 修正說明，2009 年 8 月，頁 42。此部分之修正已送立法院審議。

　　至於設定典權後，如典物「非」土地，可否以「典物」為他人設定抵押權問題，與上述類似，其實不同。實務上認為，按不動產所有人於同一不動產設定典權後，在不妨害典權之範圍內，仍得為他人設定抵押權，業經司法院大法官會議釋字第 139 號解釋在案。且查典權為支付典價，占有他人之不動產而為使用收益之用益物權；抵押權則為不移轉不動產之占有，為擔保債權之履行而就之設定之擔保物權，兩者性質上並非不能相容。倘出典人於典權設定後，於典物上設定抵押權，該抵押權所擔保之債權清償期在典權人依民法第 932 條第 2 項、第 924 條之規定取得典物所有權以前，縱抵押物即典物被拍賣，亦係將有典權負擔之抵押物拍賣，基於物權優先之效力，先成立之典權有優於後成立之抵押權之效力，拍定人取得之不動產所有權後，在典權存續期限內，典權人仍得占有使用典物，並不受其影響。故不動產所有人於同一不動產設定典權後，在不妨害典權之範圍內，再與他人設定抵押權，民法物權編既無禁止之規定，自非法所不許。至於土地登記規則第 106 條㊻係內政部參酌上開大法官會議解釋，認設定典權後之不動產再設定抵押權，是否足以妨害典權，典權人最能明悉而制定，典權人之同意所有人就典物設定抵押權，僅屬證明典權未受妨害之方法而已，與抵押權登記之效力無關㊼。

六、典物為土地而後營造建築物以及房地分別出典之修正

　　典權人在典物之土地上營造建築物者，其典權與該建築物應不得分離而單獨為讓與或設定其他權利，俾免因建築物與土地之使用權人不同，造成法律關係複雜之困擾，行政院版民法修正草案第 917 條乃增訂第 2 項規定：「典物為土地，典權人在其上有建築物者，其典權與建築物，不得分離而為讓與或其他處分。」

㊺　法務部，《民法物權修正草案（用益物權及占有）》，行政院版民法第 917 條修正說明，2009 年 8 月，頁 37。按此部分之修正已送立法院審議。

㊻　按 1995 年 7 月 12 日修正前土地登記規則第 106 條規定：「同一土地所有權人設定典權後再設定抵押權者，應經典權人同意。」該條規定已刪除，該土地登記規則於 1946 年 10 月 2 日地政署訂定發布，歷經多次修訂，最近一次修訂於 2009 年 7 月 6 日。

㊼　最高法院 86 年度臺上字第 2558 號判決。

另行政院版民法修正草案第 924 條之 2 規定:「土地及其土地上之建築物同屬一人所有,而僅以土地設定典權者,典權人與建築物所有人間,推定在典權或建築物存續中,有租賃關係存在;其僅以建築物設定典權者,典權人與土地所有人間,推定在典權存續中,有租賃關係存在;其分別設定典權者,典權人相互間,推定在典權均存續中,有租賃關係存在。(第 1 項)前項情形,其租金數額當事人不能協議時,得請求法院以判決定之。(第 2 項)依第一項設定典權者,於典權人依第九百十三條第二項、第九百二十三條第二項、第九百二十四條規定取得典物所有權,致土地與建築物各異其所有人時,準用第八百三十八條之一規定。(第 3 項)」

其修法理由如下:

㈠同屬於一人所有之土地及其建築物,可否僅以土地或建築物出典或將土地及其建築物分別出典於二人,實務上認為所有人設定典權之書面,雖僅記載出典者為建築物,並無基地字樣,但使用建築物必須使用該土地,除有特別情事,可解為當事人之真意,僅以建築物為典權之標的物外,應解為該土地亦在出典之列❹。惟查土地與建築物為各別獨立之不動產(第 66 條第 1 項),原得獨立處分,而法律又未限制典權人用益典物之方法,典權人不自為用益亦無不可,僅以土地或建築物設定典權或分別設定,亦有可能,是上開見解似有斟酌餘地。

㈡惟同一人所有之土地及建築物單獨或分別設定典權時,建築物典權人與土地所有人、建築物所有人與土地典權人、或建築物典權人與土地典權人間,對於土地之利用關係為何,如當事人間有特別約定時,自得依特別約定定之,如無特別約定,應擬制當事人真意是建築物得繼續利用其基地,爰參考民法第 425 條之 1,增訂第 1 項,明定於典權存續中,推定有租賃關係,以維護建築物所有人或典權人及社會經濟利益。

㈢租金數額本應由當事人自行協議定之,如不能協議時,始得請求法院定之,爰增訂第 2 項。

㈣依第 1 項設定典權者,於典權人依第 913 條第 2 項、第 923 條第 2 項、

---

❹　司法院院解字第 3701 號、第 4094 號㈤解釋、最高法院 33 年上字第 1299 號判例參照。

第 924 條之規定取得典物所有權致土地與建築物各異其所有人時，已回歸為建築物所有人與土地所有人間之關係，為使建築物對基地使用權單純及穩定，爰增訂第 3 項，明定準用第 838 條之 1 之規定視為已有地上權之設定❹。

　　然而，此部分之修正，本文持保留意見。蓋就用益之功能言，租賃借貸及地上權等制度已足資替代典權制度，既係學者認為應廢除典權之最重要理由之一，因此典權之規定，不必有太多複雜之法律關係。因有關物權修正草案第 917 條第 2 項有關「典物為土地，典權人在其上有建築物者」則應如何，似不必增訂。蓋如典物為土地，典權人有意在該土地上營造建築物，則當初可直接要求設定地上權，直接適用地上權之法律關係即可。此外，如僅以土地設定典權，由於該土地上有建築物，對典權人並無實益，其當然不願意交付鉅額典價設定典權。至於僅將土地上建築物出典，實務上已有解決之判例，故為避免法律關係複雜，該條似不必增訂。

　　上述典物為土地而後營造建築物以及房地分別出典之修正之複雜規定，將如學者所言，用於實際案例之機率不大，其研究探討、理論色彩過於濃厚❺。

七、留買權行使之修正

　　修正草案為期留買權之行使與否，得以早日確定❺，於第 919 條增訂第 2 項，明定出典人應踐行通知典權人之義務，及典權人於收受通知後十日內不為表示之失權效果。又典物為土地者，買賣時應優先適用土地法之相關規定，自不待言。

　　為期留買權之行使與否早日確定，爰仿土地法第 104 條第 2 項之立法例，增訂第 2 項，明定出典人應踐行通知典權人之義務及典權人於收受通知後十日內不為表示之失權效果，期使法律關係早日確定。修正草案第 919 條增訂第 2 項規定：「前項情形，出典人應以書面通知典權人。典權人於收受出賣通知後十

---

❹ 法務部，《民法物權修正草案（用益物權及占有）》，行政院版民法 924 條之 2 第 3 項修正說明，2009 年 8 月，頁 44。按此部分之修正已送立法院審議。

❺ 曾世雄，《民法總則之現在與未來》，自版，1993 年 6 月，頁 95。

❺ 修正草案第 917 條乃仿耕地三七五減租條例第 15 條第 1 項之立法例。按該條例訂於 1951 年 6 月 7 日，另經多次修訂，最近一次修訂於 2002 年 5 月 15 日。

日內不以書面表示依相同條件留買者，其留買權視為拋棄。」

此外，出典人違反通知義務而為之所有權移轉，不得對抗典權人，使留買權具有物權之效力❷。故修正草案第 919 條亦增訂第 3 項規定：「出典人違反前項通知之規定而將所有權移轉者，其移轉不得對抗典權人。」

八、典物上有工作物之修正

修正草案認為，典物上有工作物者，解釋上應可類推適用第 839 條「地上權消滅時，……，土地所有人以時價購買其工作物，或竹木者，地上權人不得拒絕。」之規定，為兼顧出典人及典權人之利益，第 927 條乃增訂第 2 項準用之規定。

典物為土地，出典人同意典權人在其上營造建築物者，除另有約定外，於典物回贖時，應按該建築物之時價補償之，以維護典權人之利益。出典人不願補償者，於回贖時視為已有地上權之設定，俾顧及社會整體經濟利益，並解決建築基地使用權源之問題，第 927 條乃增訂第 3 項。至如出典人未曾同意典權人營造建築物者，除另有約定外，於典物回贖時，出典人得請求典權人拆除並交還土地，乃屬當然。

出典人願為補償而補償時價不能協議時，為兼顧雙方之權益，宜聲請法院裁定之。如經裁定後，出典人仍不願依裁定之時價補償，為保障典權人之利益及解決基地使用權問題，於典物回贖時，亦視為已有地上權之設定，第 927 條乃增訂第 4 項規定。

上開二項視為已有地上權設定之情形，其地租、期間及範圍，基於私法自治之原則，宜由當事人協議定之，如不能協議時，始聲請法院以判決定之，第 927 條乃增訂第 5 項規定❸。

---

❷　法務部，《民法物權修正草案（用益物權及占有）》，行政院版民法第 919 條修正說明，2009 年 8 月，頁 39。按此部分之修正已送立法院審議。

❸　法務部，《民法物權修正草案（用益物權及占有）》，行政院版民法第 927 條修正說明，2009 年 8 月，頁 46。按此部分之修正已送立法院審議。

捌、檢討與建議——代結語

一、檢 討

典權最初來自民間習慣，具有悠久之歷史。典權之萌生，就早期以農立國、重視恆產之我國而言，實有其深厚之歷史背景；典權之成長，反映出時代之起伏與變遷；典權之分布，有其廣泛之範圍；典權規章之增修，彰顯出法治之發展與需求。

因此，針對此一源遠流長之制度，實應特別加強研究，以現代法律科學之概念，建立完備之規範，使典權成為具有我國特色之用益物權，並在物權法中，占一席重要之地位，更符社會之需求。

從經濟分析觀點言之，由於典權是一種轉讓物之使用價值而獲取效用之交易結構。因此，典物必須移轉其占有，即由典權人經由無償占有使用收益典物，彌補其付出典價之利息損失，而抵押物並不移轉占有，抵押權人亦無須實際使用抵押物，二者完全不同，無法相互取代。

因此，儘管學者認為，典權於我國之運用，確有式微之跡象，其存廢於民法修正之際，遂備受注目❺。然而，基於典權之上述特質以及社會作用，加上物權法定主義規範下，不動產之用益物權本屬有限，實不宜貿然廢除典權制度。

再者，繼續承認典權，不會增加立法、司法、執法之成本，非但不能貿然廢除典權制度，而且應予具有我國特色之典權在用益物權占有一合理地位。

二、建 議

物權編第八章「典權」自實施以來，社會生活有重大變遷，理論上與實務上均發生一些爭議，1999 年、2008 年以及 2009 年行政院版之修正認為，占有典物僅係典權之效力而非其成立要件，故予以修正。其他修正之條文，有些是

---

❺ 學者認為，典權在制度成本高於其他物權下，理論上毫無復興之可能，應該刪除。謝哲勝，〈民法物權編修正草案綜合評析〉，前揭文，頁 73。

文字修正，而增訂之條文，亦多能使法律關係確定，減少爭議，貢獻頗大。

　　由於典權性質之界定以及典權制度之存廢，乃典權修正之先決問題。現行民法將典權置於擔保物權之法典體例中，以至於有學者將典權之性質誤解為擔保物權，故將來之典權制度不廢除，而修正時，如能在法典體例中之安排上，將典權放在用益物權中，而將條文置於地役權之後，一定可以避免典權被誤會為擔保物權。

　　就典物之抵押設定權問題，雖理論上出典人仍保有典物之所有權，即有權就典物再行設定抵押權，但出典人當然不得在典物設定與典權相抵觸之權利，例如不得重新設定典權。然而，為保障典權人之權利，並避免法律關係複雜，更應注意出典人既已就典物設定典權，而取得一筆款項後，如真還是需款孔急，而需要設定抵押權，倒不如將典物出賣，典權人有民法第919條第1項之「留買權」，或出典人與典權人商談民法第926條第1項之「找貼權」，以免周轉不靈，損害更大。故從典權立法目的言之，似應禁止出典人就典物再設定抵押權，或者於民法第917條第1項後段規定：「同一土地所有權人設定典權後再設定抵押權者，應經典權人同意。」以資明確。

　　另外，就用益之功能言，租賃借貸及地上權等制度已足資替代典權制度，既係學者認為應廢除典權之最重要理由之一。因此，典權之規定，不必有太多複雜之法律關係。有關物權修正草案第917條第2項有關「典物為土地，典權人在其上有建築物者」則應如何，似不必增訂。蓋如典物為土地，如典權人有意在該土地上營造建築物，則當初可直接設定地上權，直接適用地上權之法律關係即可。

　　又僅以土地設定典權，由於該土地上有建築物，不能達典權人使用收益之目的，對典權人並無實益，其當然不願意交付鉅額典價設定典權。至於僅將土地上之建築物出典，如將來回贖權不能行使時，將發生不易解決之問題，且實務上對此亦已有解決之判例，故為避免法律關係複雜，似亦不必增訂民法第924條之2。

　　至於典物之保管問題，現行民法與修正草案並未釐清典權人保管典物之注意義務為何，應負何種過失責任，似有欠缺，如將來有機會修正，應正視此一問題。至於有認為，「應給予典權人典物之處分權」云云，將與出典人之典物處

分權相衝突，且導致法律關係更複雜，本文持保留態度。

　　總之，典權制度對出典人可籌措資金不必支付利息，期限屆滿時，享有備價回贖權；對典權人可對典物使用收益，雙方當事人各取所需，如政府能多加宣導，將來必為多數工商社會所歡迎而利用之。

第四編

擔保物權

第22章
抵押權

壹、概　說

羅馬法中擔保制度相繼經歷信託到質押再到抵押之發展過程，17 世紀後，德國亦開展大規模羅馬法繼受運動。德國民法典中之抵押制度 (Hypotheca) 則在普魯士 1872 年法律之基礎上構築起來。

1929 年我國頒布民法，並於 1930 年施行。而後，學說上抵押權有廣義與狹義之分，廣義抵押權包括普通抵押權、動產抵押權等特殊抵押權在內。狹義之抵押權僅指民法物權編所定之抵押權而言，又稱普通抵押權。

依舊民法第 860 條規定：「稱抵押權者，謂對於債務人或第三人不移轉占有而供擔保之不動產，得就其賣得價金受清償之權。」然而，新民法認為，由於抵押權所擔保者為債權，而所受清償者亦其債權，就民法規定未標明「債權」，易使人誤解受清償者為抵押權，本條係關於普通抵押權之定義性規定，故仍表明「普通抵押權」等文字❶。因此，為使抵押權定義更為周全，新物權法第 860 條規定：「稱普通抵押權者，謂債權人對於債務人或第三人不移轉占有而供其債權擔保之不動產，得就該不動產賣得價金優先受償之權。」

隨著抵押擔保日益受到重視，抵押制度亦發生變化，抵押權之發展亦呈現越來越重要之趨勢。

基此，本章首先擬探討抵押權之意義與法律性質、抵押權之分類，以及抵押權之取得，包括基於法律行為、基於法律行為以外之事實取得抵押權等。其次，探討抵押權之效力，包括抵押權之效力範圍、對抵押人之效力、對抵押權人之效力；繼則探討共同抵押權，包括共同抵押權之成立、共同抵押權之效力；再次並探討抵押權之實行，包括抵押權實行之要件、抵押權實行之方法；然後探討抵押權之消滅；最後，再提出檢討與建議。

---

❶ 蓋本條係關於普通抵押權之定義性規定，故仍表明「普通抵押權」等文字。至於本節以下各條規定中所稱之「抵押權」，既規定於同一節內，當然係指「普通抵押權」而言，毋庸逐條修正。

貳、抵押權之意義與法律性質

一、抵押權之意義

㈠抵押權為擔保物權之一種

　　所謂擔保物權，指以確保債權得受償為目的，而於債務人或第三人之物或權利上所取得之物權。雖抵押權設定後，抵押權人並不占有供擔保之不動產，但抵押權人在其債權已屆清償期而未受清償時，可逕行拍賣抵押物，就其賣得價金受清償。此為直接支配物之一種方式，而且具有物權之優先效力與追及效力，故抵押權為物權之一種。依我國民法，抵押權係以擔保抵押債權受清償為目的，至於抵押權所擔保債權之種類，並無限制。

　　又依民法或其他法律之規定，可推斷出我國抵押權所能擔保之債權，包括下列❷：

1.無財產價格之債權

　　依民法第 199 條第 2 項規定：「給付，不以有財產價格者為限。」因此，無財產價格之債權，亦可設定抵押權。

2.金錢債權

　　抵押權實行時，抵押權人以抵押標的物變賣，優先清償債權。因此，債權之標的原則上，須為金錢債權。

3.賠償金債權

　　受精神損害而得請求賠償金錢者，就該賠償金亦可為之設定抵押權。

4.附條件之債權

　　附條件之債權可否為抵押權之擔保物，我國民法並未明文規定，惟學者認為，此種期待權既受法律所保護，故該債權可為抵押權之擔保物。

5.消滅時效完成後之債權

　　依民法第 144 條第 2 項規定：「請求權已經時效消滅，債務人仍為履行之給

❷　吳光明，《物權法新論》，新學林出版，2006 年 8 月，頁 371。

付者，不得以不知時效為理由，請求返還；其以契約承認該債務或提出擔保者亦同。」因此，消滅時效完成後之債權，可為被擔保債權而設定抵押權。

6. 將來之債權

將來之債權可否為抵押權之擔保物，我國民法並未明文規定，但實務上承認將來之債權，可設定抵押權；例如最高限額抵押權。此部分所涉甚廣，將另由專章論述。

㈡抵押權係由債務人或第三人就其不動產所設定之擔保物權

抵押權之標的物原則上限於不動產。所謂不動產，依民法第 66 條第 1 項規定：「稱不動產者，謂土地及其定著物。」故抵押權之標的物原則上應為土地及其定著物，或僅為土地或定著物而設定。

依民法第 882 條規定：「地上權、永佃權（已改為農育權）及典權，均得為抵押權之標的物。」蓋地上權、永佃權及典權，均係存在於不動產上之權利，其亦可為抵押權之標的物。以地上權、永佃權及典權而設定抵押權，係屬於特殊抵押權中之權利抵押權。但應注意者，以不動產所有權以外之他項權利設定抵押權，必須經過登記才能生效❸。

抵押權係由債務人或第三人就其不動產所設定之擔保物權，故抵押權為約定擔保物權。抵押權係由債務人或第三人不動產上所設定之物權，因此為他物權。

㈢抵押權係不移轉占有標的物之擔保物權

擔保物權包括留置權、質權與抵押權，前二者以移轉占有標的物為要件，而抵押權則不以移轉占有標的物為要件。換言之，在債務人或第三人以其不動產提供擔保後，仍有權對其財產使用收益。債權人則以拍賣抵押物為手段，擔保債權受清償為目的。此為抵押權與其他擔保物權不同之處。

㈣抵押權是就其標的物賣得價金優先受清償之擔保物權

抵押權為債權之特別擔保，已如前述。抵押權人不占有抵押物，僅在債權不受清償時，拍賣抵押物，就其賣得價金而受清償。

實務上亦認為，優先受償是指有抵押權之債權人，得優先於普通債權人而受清償❹，抵押權次序在先之債權人，得優先於次序在後之債權人而受清償。

---

❸ 同理，未經登記之不動產，必須先進行所有權登記，才能辦理抵押權設定。

❹ 最高法院 96 年度臺上字第 133 號判決。

抵押權之次序，可分為兩方面：

1.抵押權相互間之次序

不動產所有人因擔保數債權，就同一不動產設定數抵押權者，其次序依登記先後定之。

2.對於他權利之次序

抵押權、地上權、永佃權及典權次序之先後，依登記之先後而定。在抵押權設定前，土地已設有地上權、永佃權及典權者，各該權利不因抵押權之設定而受影響。在抵押權設定後，土地方設定地上權、永佃權及典權者，抵押權亦不因此而受影響。

二、抵押權之法律性質

㈠抵押權具有從屬性

抵押權是為擔保債權而設立，其與所擔保之債權形成主從關係，對其具從屬性。此種從屬性表現在抵押權之效力決定在主債權，其隨債權之成立而成立，隨債權之移轉而移轉，隨債權之消滅而消滅。茲分述如下：

1.發生上之從屬性

抵押權以主債權之存在而存在，抵押權所擔保之債權如無效或被撤銷，抵押權即失去效力。原則上，在設定抵押權時，主債權就已存在或同時存在。但抵押之成立，並不以主債權必須存在或確定為要件，就將來之債權亦可成立抵押，只是如未來之債權不成立或無效，抵押權亦就不發生效力。

惟應注意者，近來隨著擔保物權制度之發展與社會進步之需求，抵押權發生上之從屬性逐漸被突破，例如最高限額抵押權之出現，即為證明。

2.處分上之從屬性

所謂處分上之從屬性，係指抵押權隨同債權之處分而發生移轉或變化。依民法第 870 條前段規定：「抵押權不得由債權分離而為讓與。」換言之，抵押權不能與債權彼此分離，而分別轉讓，抵押權與債權應緊密結合為一體，如要轉讓則一併轉讓。因此，抵押權人如僅讓與抵押權，其讓與不生效力。如僅讓與債權時，依民法第 295 條規定，其讓與之效力應及於抵押權。

又第 295 條所謂之「隨同移轉」，係屬法定移轉，無待登記即發生移轉之效

力，而不受民法第 758 條規定之限制，此與意定移轉須經登記始發生移轉效力者迥異；況且，抵押權（擔保物權）具從屬性，必從屬於主債權而存在，此觀之民法第 870 條之規定自明❺。依民法第 870 條後段規定，抵押權不得由債權分離，而為其他債權之擔保。即抵押權人不得單獨以抵押權為其他債權設立權利質權。然而，抵押權可以與其他所擔保之債權結合起來，作為其他債權之擔保。

3. 消滅上之從屬性

所謂消滅上之從屬性，係指抵押權因債權消滅而消滅。主債權消滅，其從權利已無繼續存在之必要。抵押權所擔保之債權，如因清償、提存、抵銷、免除等原因，而全部消滅時，則抵押權亦隨之而消滅，但僅有一部債權消滅時，則僅該部分抵押權隨之消滅。

實務上認為，抵押權為從物權，以其擔保之債權存在為發生之要件，契約當事人間除以債權之發生為停止條件，或約定就將來應發生之債權而設定外，如所擔保之債權不存在，縱為抵押權之設定登記，仍難認其抵押權業已成立，乃抵押權成立上（發生上）之從屬性，固與民法第 870 條規定之移轉上從屬性有別，惟兩者關於抵押權與主債權不可分之從屬特性，則無二致❻。

於此應注意者，1999 年 3 月物權修正草案於第 860 條之 2 增訂：「抵押權約定有存續期間者，其存續期間之約定無效。」其修正理由認為，抵押權係以擔保債權之清償為目的，從屬於擔保債權而存在，該債權未消滅前，抵押權應繼續存在，債權消滅時，抵押權始歸於消滅，故其本身實無存續期間可言。如當事人間有存續期間之約定者，該約定應屬無效❼。

惟此部分之修正是否必要，學者認為，抵押權之從屬性已漸緩和，且同屬具有從屬性之保證契約亦可定有期限（民法第 752 條、第 755 條），如規定抵押權不得約定存續期間，顯欠合理❽。本文亦贊同，此存續期間之約定問題可留待學說與實務發展。因此，新通過之民法已將該規定刪除。

---

❺　臺灣基隆地方法院 93 年度訴字第 228 號判決。

❻　最高法院 94 年度臺上字第 112 號判決。

❼　法務部，《民法物權編第 860 條之 2 修正說明》，1999 年 3 月，頁 182。

❽　陳榮隆，《擔保物權新修正評析專題研究系列之──新民法擔保物權修正草案總覽》，《月旦法學》，141 期，2007 年 1 月，頁 214。

㈡抵押權具有不可分性

抵押權成立後，抵押權與擔保債權係不可分。抵押權之不可分性表現在於抵押權之效力係就擔保之債權全部及於標的物之全部，亦即抵押權人得就抵押標的物之全部，行使其權利。因此，抵押權之不可分性，具體表現如下：

1.抵押物分割

抵押之不動產如經分割，或讓與其一部，或擔保一債權之數不動產而以其一讓與他人者，依民法第 868 條規定，其抵押權不因此而受影響。換言之，抵押權人仍得就抵押標的物之全部行使其權利。

2.債權分割

以抵押權擔保之債權，如經分割或讓與其一部時，除當事人約定抵押權部分消滅外，依民法第 869 條第 1 項規定，其抵押權不因此而受影響。

3.抵押物部分滅失

如抵押物部分滅失時，未滅失部分之抵押物仍須擔保債權之全部。

4.債權一部分受清償

如僅債權一部分受清償時，抵押權人對於其餘未受清償部分之債權，仍得對於抵押物之全部行使其權利。

5.抵押物價格發生變動

抵押權設定後，如抵押物價格發生漲跌，原則上，抵押權人對抵押物之權利或義務，並不因此發生減少或增加。

6.債務發生分割時

以抵押權擔保之債權，如債務發生分割時，其所設定之抵押權不因此而受影響。即使分割後一個債務人已清償債務，依民法第 869 條第 2 項規定，其抵押權不因此而受影響。抵押權人仍得就抵押標的物之全部行使其權利。

㈢抵押權具特定性

抵押權設定，在所有人之財產上加以負擔，使所有人對其抵押財產上之權利受到限制。因此，為保護第三人之利益，必須使他人明確知悉有設定抵押權存在。經由此一公示原則，體現抵押權之特定性，使抵押權之標的與所擔保之債權範圍特定。

我國民法規定，設定抵押權必須經登記，否則不生效力。抵押權之標的既

然必須是特定物，抵押人就僅能以現存之財產供作抵押，如以未來或將來可得
到之財產作抵押，並不能生效。此外，抵押權所擔保之債權亦須是特定。抵押
權僅能為債權人之特定債權而設定，其不能擔保債務人之一切債務。

㈣抵押權有物上代位性及追及性

1.舊民法之規定

抵押權之標的物滅失、毀損，因而得受賠償金而消滅。依舊民法第 881 條
規定，抵押權因標的物滅失得受之賠償金，應按各抵押權人之次序分配之，此
即為擔保物權之物上代位性。學者認為，縱使該條之「滅失」包括「相對滅失」，
由於「出賣所得」與「互易所得」等「交易所得」並非「賠償金」，恐怕無法直
接適用該條規定❾。

又抵押人將抵押財產轉讓他人時，抵押權人仍可就抵押物行使權利。抵押
人喪失對抵押財產之占有，或者抵押財產本由抵押債務人占有而債務人喪失占
有時，抵押權人可依占有之規定行使追及權。追回抵押物，使債權得以及時充
分受償。

2.新民法之規定

關於抵押物滅失時，抵押權之效力問題，新民法已增訂於第 862 條之 1，
為期周延，新民法第 881 條第 1 項前段乃增訂「除法律另有規定」之除外規定，
修正為「抵押權除法律另有規定外，因抵押物滅失而消滅。」又舊條文所稱之「賠
償金」，新民法第 881 條乃將「賠償金」修正為「賠償或其他利益」❿。

至抵押物滅失後，如抵押人因滅失得受賠償或其他利益者，抵押權人所得
行使之權利並不當然消滅，惟其性質已轉換為權利質權，行使之次序已於新民
法第 881 條第 2 項增設明文，該條第 1 項乃刪除但書後段次序分配之規定，並
作文字調整⓫。

---

❾　至於修法後，「交易所得」得否解釋為「因相對滅失得受其他利益者」，易滋疑義。
　　詳請參閱黃健彰，〈擔保物權的物上代位性〉，新物權法的解釋適用研討會，2009 年
　　5 月，頁 147。

❿　法務部，《民法物權編部分修正條文對照表（擔保物權部分）》，第 881 條第 1 項修正
　　說明，2007 年 4 月，頁 33。

⓫　法務部，《民法物權編部分修正條文對照表（擔保物權部分）》，第 881 條第 2 項修正

㈤抵押權具有優先受償性

抵押權是物權，優先於債權。附有抵押權之債權優先於未附有抵押權之債權而受清償。在同一不動產上設定數個抵押權時，依登記順序，登記順序在先之抵押權，優先於登記順序在後之抵押權而受清償。

㈥抵押權是交換價值權

抵押權與用益物權最主要之區別，在於抵押權是交換價值權。抵押權不以標的物實體之利用為目的，而是以取得交換價值，確保債權之清償為目的。抵押權是對於標的物之交換價值，直接地、排他地為支配之權利，並以確保債務之清償為目的。抵押權之交換價值，遠比其他擔保物權表現更為強烈。

實務上認為，抵押權係支配標的物交換價值之價值權，與用益物權係支配標的物用益價值之用益權，係立於同等之地位。用益物權既為獨立物權，為使抵押權能發揮媒介投資手段之社會作用，已無斷然否認其亦具有獨立性之必要，是以對抵押權從屬性之解釋不妨從寬。蓋設定抵押權之目的係在擔保債權之清償，則只須將來實行抵押權時有被擔保之債權存在即為已足，故契約當事人如訂立以將來可發生之債權為被擔保債權，亦即其債權之發生雖屬於將來，但其數額已經預定者，此種抵押權在債權發生前亦得有效設立及登記❷。

三、抵押權之分類

依我國民法之分類，抵押權可分為普通抵押權與特殊抵押權。二者區分之標準在於，抵押權發生之原因及標的不同。普通抵押權即為民法第 860 條以下所規定之內容，其標的物以不動產為限，是典型之抵押權。特殊抵押權因與普通抵押權發生原因特殊而不同者，有法定抵押權；因標的物特殊者有權利抵押、動產抵押、財團抵押、共同抵押；其他情形特殊者有所有人抵押、證券抵押、最高限額抵押。特殊抵押權準用關於普通抵押權之規定，或先適用其他特別法之規定，特別法無規定時，再適用普通抵押權之規定。

説明，2007 年 4 月，頁 34。

❷　最高法院 91 年度臺上字第 1955 號判決。

參、抵押權之取得

　　抵押權人取得抵押權有二種情形，即基於法律行為取得抵押權，以及基於法律行為以外之事實取得抵押權。茲分述如下：

一、基於法律行為取得抵押權

　　抵押權可由當事人以法律行為設定，可以雙方行為，例如契約，或以單方行為，例如遺囑，以設定抵押權。惟無論以何種方式為之，設定抵押權，均須以書面方式並經登記，才能發生法律效力。設定抵押權，不以交付不動產契據或所有權證書為要件。

　　設定抵押權之雙方當事人，為抵押人與抵押權人。抵押人可以是債務人自己，亦可以是第三人，此時該第三人稱為物上保證人。在第三人設定抵押權時，抵押權登記之申請書中，須由其所擔保之債務人簽字蓋章。不論是由債務人自己，或是第三人設定抵押權，其抵押物必須是由設定人自己所有，且未喪失其處分權。抵押權人一般稱為債權人，但在所有人抵押制度，土地所有人亦可自行設定抵押權。

　　普通抵押權之標的物，以不動產為限。不動產包括土地及定著物，已如前述。因抵押權是在取得抵押物之交換價值，故不得讓與之物，不能成為抵押權之標的物。特殊抵押權可以動產、權利等為標的物。例如：地上權、永佃權、及典權等限制物權，以及依特別法規定之採礦權、漁業權、工礦財團等，均可為抵押權之標的物。

二、基於法律行為以外之事實取得抵押權

　　基於法律行為以外之事實取得抵押權有兩種情形，即法律規定與繼承，茲分述如下：

(一)法律規定

　　依法律規定而設定之抵押權，稱為法定抵押權，係特定抵押權之一種。如

民法第 513 條第 1 項所規定：「承攬之工作為建築物或其他土地上之工作物，或為此等工作物之重大修繕者，承攬人得就承攬關係報酬額，對於其工作所附之定作人之不動產，請求定作人為抵押權之登記；或對於將來完成之定作人之不動產，請求預為抵押權之登記。」此即所謂承攬人之抵押權[13]。

㈡繼　承

抵押權為財產權，當然可因繼承而取得。繼承開始，繼承人即取得被繼承人之抵押權。但必須經登記，否則不能連同債權而處分。

實務上認為，繼承因被繼承人死亡而開始，民法第 1148 條定有明文。如當事人既因繼承而成為抵押權人，基於程序經濟之目的，縱非訟事件法並無準用民事訴訟法關於承受訴訟之規定，亦得於本件非訟事件繫屬中，為承受訴訟之行為[14]。

肆、抵押權之效力

一、抵押權之效力範圍

抵押權之效力範圍，包括抵押權所擔保債權之範圍，以及抵押權標的物之範圍，茲分述如下：

㈠抵押權所擔保債權之範圍

依新民法第 861 條第 1 項規定：「抵押權所擔保者為原債權、利息、遲延利息、違約金及實行抵押權之費用。但契約另有約定者，不在此限。」

1.原債權

抵押權之存在，係以確保債權之滿足為目的，故原債權當然為抵押權所擔保之主要對象。原債權，即原本債權，係指抵押權所擔保之原本債權而言。

2.利　息

---

[13] 有關承攬人之抵押權問題，涉及甚多，茲另以專章說明之。詳請參閱本書第 28 章〈承攬人之抵押權〉。

[14] 最高法院 91 年度臺抗字第 53 號裁定。

利息亦在抵押權所擔保範圍之內，但必須經登記，才能生效。此之利息指約定利息。當事人約定利息，同時約定利率，如其約定超過法定利率，應在法定範圍內行使抵押權。依民法第 205 條規定：「約定利率，超過週年百分之二十者，債權人對於超過部分之利息，無請求權。」

原則上，我國民法禁止複利，但依民法第 207 條第 1 項規定：「利息不得滾入原本再生利息。但當事人以書面約定，利息遲付逾一年後，經催告而不償還時，債權人得將遲付之利息滾入原本者，依其約定。」此種約定如經登記，債權人得就抵押物賣得價金優先受清償。

3. 遲延利息

遲延利息係指金錢債務履行遲延時，債權人得請求依法定利率計算之利息。依民法第 233 條第 1 項規定：「遲延之債務，以支付金錢為標的者，債權人得請求依法定利率計算之遲延利息。但約定利率較高者，仍從其約定利率。」遲延利息為損害賠償之一種，債務人約定較高之利率者，從其約定。但仍應受最高利率之限制，超過部分，債權人無請求權。

又遲延利息係依法律規定而發生，當事人間即使未約定遲延利息，亦未經登記，依民法第 861 條規定，仍得就抵押權標的物，行使抵押權。

4. 實行抵押權之費用

實行抵押權之費用，係指抵押權人實行抵押權所支出之費用，包括申請費用、拍賣費用。該費用無需登記，除當事人另有約定外，亦在擔保範圍之內。

5. 約定之違約金

依民法第 250 條第 1 項規定：「當事人得約定債務人於債務不履行時，應支付違約金。」當事人在設定抵押時，如有違約金之約定❶，係對於債權所附之特約，如經登記後，亦可列為抵押權所擔保之範圍。

6. 保全抵押之費用

為防止抵押物價值減少，而支出保全抵押之費用，此係基於抵押權而發生❶，由於新民法第 871 條第 2 項請求或處分所生之費用，係由保全抵押物而

---

❶　學者通說及實務上見解認為違約金應在抵押權所擔保之範圍內，爰於本條增列之，使擔保範圍更臻明確。

❶　依舊民法第 871 條之規定：「抵押人之行為，足使抵押物之價值減少者，抵押權人得

生，其不僅保全抵押權人之抵押權，亦保全抵押人之財產，對其他債權人均屬有利。故應較諸各抵押權所擔保之債權優先受償，為期明確，爰於新民法第 871 條第 2 項後段增訂之❶。

又提供不動產為債權之擔保而設定抵押權者，所擔保者究為抵押物提供人抑為第三人之債務，固非所問；惟實務上認為，抵押權為不動產物權，非經登記，不生效力，抵押權人僅能依設定登記之內容行使其權利。故以抵押物提供人為債務人而為抵押權登記者，所擔保之範圍即以抵押物提供人之債務為限❶。

㈡抵押權標的物之範圍

普通抵押權標的物為不動產，則其抵押權之效力，原應僅涉及該不動產。但法律規定，抵押權標的物之範圍不僅包括該被抵押之物，且及於抵押物之從物及從權利，抵押物扣押後之天然孳息與法定孳息，抵押物之代位物。茲分述如下：

1. 抵押物之從物及從權利

依民法第 862 條第 1 項規定：「抵押權之效力，及於抵押物之從物與從權利。」其第 2 項規定：「第三人於抵押權設定前，就從物取得之權利，不受前項規定之影響。」再依民法第 68 條之規定：「非主物之成分，常助主物之效用，而同屬於一人者，為從物。但交易上有特別習慣者，依其習慣。主物之處分，及於從物。」因此，抵押權之效力，及於抵押物之從物及從權利。

由於社會上常有建物上增建、擴建或為其他之附加使成為一物而不具獨立性之情形，如以該建築物為抵押，抵押權是否及於該附加部分，舊民法尚無明文規定，易滋疑義。為杜絕爭議，並解決於實行抵押權時法院強制執行程序之困擾，新民法第 862 條乃增訂第 3 項：「以建築物為抵押者，其附加於該建築物而不具獨立性之部分，亦為抵押權效力所及。但其附加部分為獨立之物，如係於抵押權設定後附加者，準用第八百七十七條之規定。」換言之，明定無論於抵

請求停止其行為，如有急迫之情事，抵押權人得自為必要之保全處分。因前項請求或處分所生之費用，由抵押人負擔。」

❶ 法務部，《民法物權編部分修正條文對照表（擔保物權部分）》，第 871 條第 2 項修正說明，2007 年 4 月，頁 33。

❶ 最高法院 94 年度臺上字第 199 號判決。

押權設定前後，附加於該為抵押之建築物之部分而不具獨立性者，均為抵押權效力所及。如其附加部分為獨立之物，且係於抵押權設定後附加者，準用第 877 條之規定。即抵押權人於必要時，得聲請法院將該建築物及其附加物併付拍賣，但就附加物賣得價金，無優先受清償之權，以保障抵押權人、抵押人與第三人之權益，並維護社會整體經濟利益[19]。

又依民法第 811 條之規定，附合物為抵押物所有人所有，因此，抵押物之附合物為抵押權效力所及。

此外，抵押權之效力，及於抵押物及抵押物之從權利。例如供抵押之土地為需役地時，其上之地役權亦在抵押權擔保之範圍內。又如抵押物為房屋時，存在於基地上之地上權或租賃權亦在抵押權擔保之範圍內。

最後，有關殘存材料問題，新民法認為，抵押物滅失致有殘餘物時，例如抵押之建築物因倒塌而成為動產是，從經濟上言，其應屬抵押物之變形物。又抵押物之成分，非依物之通常用法，因分離而獨立成為動產者，例如自抵押建築物拆取之「交趾陶」是，其較諸因抵押物滅失而得受之賠償，更屬抵押物之變形物，學者通說以為仍應為抵押權效力所及，始得鞏固抵押權之效用。因現行法尚無明文規定，易滋疑義，為期明確，新民法乃增訂第 862 條之 1 第 1 項規定:「抵押物滅失之殘餘物，仍為抵押權效力所及。抵押物之成分非依物之通常用法而分離成為獨立之動產者，亦同。」

又為期充分保障抵押權人之權益，新民法另增訂第 862 條之 1 第 2 項明定:「前項情形，抵押權人得請求占有該殘餘物或動產，並依質權之規定，行使其權利。」惟如抵押權人不請求占有該殘餘物或動產者，其抵押權自不受影響，併予敘明[20]。

2.抵押物扣押後之天然孳息與法定孳息

依舊民法第 863 條規定:「抵押權之效力，及於抵押物扣押後由抵押物分離之天然孳息。」蓋抵押權設定後，抵押人仍得使用、收益或處分擔保標的物。因

---

[19] 法務部，《民法物權編部分修正條文對照表（擔保物權部分）》，第 862 條第 3 項修正說明，2007 年 4 月，頁 21。

[20] 法務部，《民法物權編部分修正條文對照表（擔保物權部分）》，第 862 條之 1 第 2 項修正說明，2007 年 4 月，頁 20。

此，抵押物所產生之天然孳息應由抵押人收取，故抵押權之效力，原則上並不涉及抵押物之天然孳息。但在抵押物扣押後由抵押物分離之天然孳息，亦即抵押人之收益權，自此後即被剝奪。抵押權人對此種天然孳息，享有優先受償權。

又抵押權設定後，於同一抵押物得設定地上權或成立其他權利❷，故土地之天然孳息收取權人依民法第 70 條規定，未必即為抵押人，則抵押物扣押後，由抵押物分離時，如抵押人無收取權者，抵押權之效力，自不及於該分離之天然孳息。至於在抵押權設定之前，抵押物上已設定地上權或成立其他權利者，其天然孳息為抵押權效力所不及，乃屬當然。為明確計，新民法第 863 條乃將舊條文作文字修正為：「抵押權之效力，及於抵押物扣押後自抵押物分離，而得由抵押人收取之天然孳息。」

至於法定孳息為收益之一種，在抵押權中，抵押標的物之法定孳息，包括房屋之租金，土地之租金及佃租。抵押權之設定因不妨害抵押人對抵押物之收益權，故原則上法定孳息不應在抵押權之效力範圍之內，但在抵押物扣押後抵押人就抵押物得收取之法定孳息，則為抵押權之效力所及。依民法第 864 條前段規定：「抵押權之效力，及於抵押物扣押後抵押人就抵押物得收取之法定孳息。」與此同時為保護清償法定孳息之義務人之利益，依民法第 864 條但書規定：「但抵押權人，非以扣押抵押物之事情，通知應清償法定孳息之義務人，不得與之對抗。」所謂不得與之對抗，係指該義務人不知抵押物已被扣押之事情，而仍向抵押人清償時，抵押權人不得主張其清償無效，從而該債務人不必負責任。

3. 抵押物之代位物

抵押物之代位物，亦稱物上代位性。依舊民法第 881 條規定：「抵押權，因抵押物滅失而消滅。但因滅失得受之賠償金，應按各抵押權人之次序分配之。」因滅失得受之賠償金，即抵押物之代位物。代位是一種制度，可分為兩種，即人之代位與物之代位。所謂物上代位，係指在擔保標的物滅失而其價值轉化為其他形態時，擔保物權之效力仍可及於代位物上。

換言之，民法所承認「抵押權之物上代位」之客體，僅為抵押物滅失後，得受之賠償金❷。抵押權物上代位，須具備下列要件：

---

❷ 此處之成立其他權利，例如租賃、使用借貸等是。

❷ 舊民法第 881 條條文所稱之「賠償金」，易使人誤解為抵押物之代位物僅限於金錢，

(1)抵押物滅失

抵押物之滅失，或為事實上之滅失，或為法律上之滅失。但必須是絕對之滅失。我國民法不承認抵押物相對滅失後，有物上代位權。

(2)因抵押物滅失得受之賠償金

賠償金是抵押權之代位物，如不用抵押物絕對滅失而得受之賠償金，即無代位物可言，此時抵押權即歸消滅。

(3)抵押物所有人得受之賠償金

抵押權物上代位，須抵押物所有人得受之賠償金。否則，如無得受之賠償金，即無抵押權物上代位可言。

然而應注意，依新民法第 881 條規定已改為：「抵押權除法律另有規定外，因抵押物滅失而消滅。但抵押人因滅失得受賠償或其他利益者，不在此限。抵押權人對於前項抵押人所得行使之賠償或其他請求權有權利質權，其次序與原抵押權同。給付義務人因故意或重大過失向抵押人為給付者，對於抵押權人不生效力。抵押物因毀損而得受之賠償或其他利益，準用前三項之規定。」

其立法理由在於下列幾點[23]：

(一)關於抵押物滅失時，抵押權之效力問題，新民法已增訂第 862 條之 1，為期周延，爰增訂「除法律另有規定」之除外規定。又新條文所稱之「賠償金」，易使人誤解為抵押物之代位物僅限於金錢，實則抵押物之代位物，在賠償或其他給付義務人未給付前，抵押人對該義務人僅有給付請求權，給付物並未特定，金錢、動產、不動產或其他財產權均有可能，為避免疑義，爰將「賠償金」修正為「賠償或其他利益」。至抵押物滅失後，如抵押人因滅失得受賠償或其他利益者，抵押權人所得行使之權利不當然消滅，惟其性質已轉換為權利質權，行使之次序已於第 2 項增設明文，爰刪除但書後段次序分配之規定，並作文字調整。

(二)抵押權人依物上代位所得行使之擔保權，其性質為何，非無爭議，為期明確，爰增訂第 2 項，明定係屬權利質權。又此項質權雖係嗣後始發生，然基於抵押權之物上代位性，該質權實為抵押權之代替，故該質權之次序，應與原

並非妥適，新民法第 881 條修正為「賠償或其他利益」。

[23]　法務部，《民法物權編部分修正條文對照表（擔保物權部分）》，第 881 條第 1 項修正說明，2007 年 4 月，頁 52。

抵押權同，爰一併明定，以保障抵押權人之權益。

　　㈢抵押物滅失時，依第 1 項規定之意旨，負賠償或其他給付義務之給付義務人應向抵押權人給付，始為公允。而為涵蓋第 1 項所稱賠償或其他利益之給付人，乃概括以給付義務人稱之。故給付義務人如因故意或重大過失已向抵押人為給付，對抵押權人不生效力。易言之，抵押權人如請求給付，給付義務人仍負給付之義務，爰增訂第 3 項。

　　㈣抵押物因毀損而得受之賠償或其他利益，是否亦為抵押物之代位物？現行法尚無明文，易滋疑義，惟學者通說認為其係抵押權之物上代位，為期明確，爰增訂第 4 項。又本項與修正條文第 872 條可同時併存，抵押權人依本項所生之物上代位權與依該條所生之提出擔保請求權，發生請求權競合問題，由抵押權人擇一行使，乃屬當然❷❹。

二、對抵押人之效力

　　抵押權並不要求移轉標的物之占有，抵押人在抵押關係成立後，對其所有之不動產仍可為使用收益，即享有對抵押標的物之使用收益權。此外，抵押人在法律上，可自由處分抵押物。依我國民法規定，抵押人在抵押關係成立後，仍享有三種權利，茲分述如下：

㈠抵押權之再設定

　　抵押人就其抵押物未失去其處分權，故在同一不動產上，可為擔保數債權而設定數抵押權，依民法第 865 條規定：「不動產所有人，因擔保數債權，就同一不動產，設定數抵押權者，其次序依登記之先後定之。」抵押權之順位既為決定優先受償之標準，登記在先者先受清償，登記在後者後受清償，而不以當事人間訂定抵押權契約日期之先後為準，亦不以債權發生之先後為準，同時登記者，次序相同，依舊民法第 874 條規定：「抵押物賣得之價金，按各抵押權人之次序分配之；其次序同者，平均分配之。」

　　新民法認為，抵押物賣得價金之分配次序，法律不乏另有規定者，如稅捐稽徵法第 6 條第 1 項、強制執行法第 29 條第 2 項、國民住宅條例第 17 條、第

❷❹　法務部，《民法物權編部分修正條文對照表（擔保物權部分）》，第 881 條第 4 項修正說明，2007 年 4 月，頁 53。

27 條、新民法第 824 條之 2 第 3 項、第 870 條之 1、第 871 條第 2 項等是，為期周延，新民法第 874 條乃增列「除法律另有規定外」一語，以資配合。

又舊民法第 874 條條文中所謂「按各抵押權人之次序」云云，究竟指何種次序而言，又末段「其次序同者，平均分配之」，文義亦不甚明顯，易生爭議，新民法第 874 條乃予修訂為：「……除法律另有規定外，按各抵押權成立之次序分配之。其次序相同者，依債權額比例分配之。」以期明確❷。

㈡用益權之設定

依舊民法第 866 條規定：「不動產所有人設定抵押權後，於同一不動產上，得設定地上權及其他權利。但其抵押權不因此而受影響。」抵押權人就抵押物有設定用益物權之權利，除地上權外，亦可設定典權、地役權、永佃權。

所謂抵押權不因此而受影響，指在抵押物上設定用益物權後，抵押權人仍得就抵押物行使權利。

實務上認為，按不動產所有人設定抵押權後，於同一不動產上設定地上權或其他權利或租、借於第三人，因而使價值減少，致其抵押權所擔保之債權不能受滿足之清償者，執行法院得依聲請或依職權除去後拍賣之，俾避免不點交，致影響拍定價格❷。

由於舊民法條文規定「地上權及其他權利」究何所指，易滋疑義。學者通說及實務上見解均認為除地上權外，包括地役權、典權等用益物權或成立租賃關係。為明確計，新民法乃將舊民法第 866 條第 1 項原規定之「……於同一不動產上，得設定地上權及其他權利」，修正為：「……於同一不動產上，得設定地上權或其他以使用收益為目的之物權，或成立租賃關係」。

舊民法第 866 條第 1 項但書「但其抵押權不因此而受影響」之解釋，學者間意見不一，有謂仍得追及供抵押之不動產而行使抵押權；有謂如因設定他種權利之結果而影響抵押物之賣價者，他種權利歸於消滅。為避免疑義❷，新民法第 866 條增訂第 2 項規定：「前項情形，抵押權人實行抵押權受有影響者，法

---

❷　法務部，《民法物權編部分修正條文對照表（擔保物權部分）》，第 874 條修正說明，2007 年 4 月，頁 39。

❷　最高法院 93 年度臺抗字第 916 號裁定。

❷　司法院院字第 1446 號、釋字第 119 號及釋字第 304 號解釋。

院得除去該權利或終止該租賃關係後拍賣之。」俾於實體法上訂定原則，以為強制執行程序之依據。

上述除去其權利拍賣之情形，法院既得依聲請，亦得依職權為之。又上述之權利雖經除去，但在抵押之不動產上，如有地上權等用益權人或經其同意使用之人之建築物者，就該建築物則應依民法第 877 條第 2 項規定，辦理併付拍賣，併予敘明。

不動產所有人，設定抵押權後，於同一不動產上，成立第 1 項以外之關係，如使用借貸關係者，事所恆有。該等關係為債之關係，在理論上當然不得對抗抵押權，但請求點交時，反須於取得強制執行名義後，始得為之❷❸，與前 2 項情形觀之，有輕重倒置之嫌，且將影響拍賣時應買者之意願，為除去前述弊端，新民法第 866 條乃增訂第 3 項規定：「不動產所有人設定抵押權後，於同一不動產上，成立第一項以外之權利者，準用前項之規定。」

㊂抵押不動產之讓與

依民法第 867 條規定：「不動產所有人設定抵押權後，得將不動產讓與他人。但其抵押權不因此而受影響。」抵押權人不得阻止抵押人讓與抵押不動產，且不得妨礙抵押物之交付或讓與，對抵押物亦無排除強制執行之權利。又抵押人之他債權人就抵押物聲請強制執行時，抵押權人僅得行使優先受償權，不得據此訴請排除強制執行。

上開條文「抵押權不因此而受影響」，係指抵押物所有人在抵押權設定後，將該所有權讓與第三人，其原設定之抵押權，仍隨其物所在而存在，抵押權人在其債權未受清償時，仍可向法院聲請拍賣，以清償其債權。

三、對抵押權人之效力

㊀抵押權之保全

抵押標的物在抵押權實行之前，一直在抵押人占有中，抵押權人無法實際控制抵押物，故易發生對抵押權人不利之情事，此時法律賦予抵押權人對抵押物享有下列保全之權利，茲分述如下：

---

❷❸　參閱強制執行法第 99 條第 2 項規定，按強制執行法訂於 1940 年 1 月 19 日，歷經多次修正，最近一次修正於 2007 年 12 月 12 日。

1.抵押物價值減少之防止

依民法第 871 條第 1 項規定:「抵押人之行為,足使抵押物之價值減少者,抵押權人得請求停止其行為。如有急迫之情事,抵押權人得自為必要之保全處分。」此種行為包括作為、不作為。如屬作為,得請求行為人停止其行為;如屬不作為,則得請求行為人積極作為。此種請求應向法院提出。

如因情況緊急,抵押權人得不經法院許可,自為必要之保全處分,而進行自助行為。依舊民法第 871 條第 2 項規定:「因前項請求或處分所生之費用,由抵押人負擔。」此等費用,應列入抵押權擔保範圍之內,並有優先受償之權利,此前亦已述及。

又新民法認為,因第 871 條第 2 項請求或處分所生之費用,係由保全抵押物而生,其不僅保全抵押權人之抵押權,亦保全抵押人之財產,對其他債權人均屬有利。故應較諸各抵押權所擔保之債權優先受償,為期明確❷⑨,新民法乃於第 871 條第 2 項後段增訂:「因前項請求或處分所生之費用,由抵押人負擔。其受償次序優先於各抵押權所擔保之債權。」已如前述。

2.抵押物價值減少之補救

抵押物價值減少之原因,可分為二:

⑴可歸責於抵押人之事由

因可歸責於抵押人之事由,而使抵押物價值減少時,依新民法第 872 條第 1 項規定:「抵押物之價值因可歸責於抵押人之事由致減少時,抵押權人得定相當期限,請求抵押人回復抵押物之原狀,或提出與減少價額相當之擔保」。蓋舊條文第 1 項規定之情形,條文內雖未明定可歸責於抵押人之事由為原因,學者通說以為其與同條第 2 項比較觀之,應係指因可歸責於抵押人之事由而致價值減少者,新民法爰予明示。又為兼顧抵押人之利益,爰增訂抵押權人請求回復抵押物之原狀或提出擔保時,應定相當期限之規定。

新民法第 872 條第 2 項規定:「抵押人不於前項所定期限內,履行抵押權人之請求時,抵押權人得定相當期限請求債務人提出與減少價額相當之擔保。屆期不提出者,抵押權人得請求清償其債權。」蓋新民法認為,抵押人與債務人非

---

❷⑨ 《民法物權編部分修正條文對照表 (擔保物權部分)》,第 871 條修正說明,2007 年 4 月,頁 17。

同一人時，瑞士民法第 809 條、德國民法第 1133 條均設有抵押人不應抵押權人之請求為增加擔保或回復原狀時，喪失債務清償期限利益意旨之規定。為更周延保障抵押權人之利益並兼顧債務人之利益，爰參考上開外國立法例，增訂第 2 項規定。

　　新民法第 872 條第 3 項規定：「抵押人為債務人時，抵押權人得不再為前項請求，逕行請求清償其債權。」如抵押人即為債務人時，債務人既已受有提出與減少價額相當擔保之請求，抵押權人自無再為第 2 項後段請求之必要，而得逕行請求清償其債權，以資便捷，爰增訂第 3 項規定。

(2)不可歸責於抵押人之事由

　　因不可歸責於抵押人之事由，而使抵押物價值減少時，依新民法第 872 條第 4 項規定：「抵押物之價值因不可歸責於抵押人之事由致減少者，抵押權人僅於抵押人因此所受利益之限度內，請求提出擔保。」新條文將第 2 項移列為第 4 項，並將「『非』可歸責」修正為「『不』可歸責」，以期與民法第 225 條、第 266 條等條文之用語一致。另抵押權人得請求抵押人提出擔保之範圍不以抵押人所受損害賠償為限，尚應包括不當得利、公法上損失補償等利益，爰將抵押權人僅於抵押人「得受損害賠償」之限度內，請求提出擔保，修正為抵押權人僅得於抵押人「因此所受利益」之限度內，請求提出擔保❸⓪。

(二)抵押權之處分

　　抵押權之處分可分為抵押權之讓與、抵押權之拋棄，以及抵押權次序之處分三種，茲分述如下：

(1)抵押權之讓與

　　抵押權為財產權，故抵押權可以讓與。但應注意，依民法第 870 條規定：「抵押權不得由債權分離而為讓與，或為其他債權之擔保。」至於抵押權隨同其所擔保之債權而為讓與，必須辦理抵押權移轉之登記。又依新民法第 900 條規定：「稱權利質權者，謂以可讓與之債權或其他權利為標的物之質權。」雖該條修正為定義規定❸①，然並不影響抵押權可隨同債權，一併設立權利質權。

---

❸⓪　法務部，《民法物權編部分修正條文對照表（擔保物權部分）》，第 872 條修正說明，2007 年 4 月，頁 34。

❸①　法務部，《民法物權編部分修正條文對照表（擔保物權部分）》，第 900 條修正說明，

⑵抵押權之拋棄

抵押權人可拋棄其抵押權，該拋棄，抵押權人應向抵押人以意思表示為之，並為抵押權塗銷之登記。抵押權因拋棄而消滅，拋棄抵押權之債權人變為普通債權人。原則上，抵押權人得任意拋棄其抵押權，但有害於第三人之權利時，抵押權人不得拋棄其抵押權。

⑶抵押權次序之處分

抵押權人依其次序所能支配者係抵押物之交換價值，即抵押權人依其次序所得優先受償之分配額。為使抵押權人對此交換價值之利用更具彈性，俾使其投下之金融資本在多數債權人間仍有靈活周轉之餘地，並有相互調整其複雜之利害關係之手段，應有設抵押權次序讓與、次序拋棄規定之必要❸❷。我國民法就此尚無明文規定，鑑於此項制度具有上述經濟機能，且與抵押人、第三人之權益無影響，而在學說及實務上均承認之。

為符實際並期明確，新民法乃增訂第870條之1第1項，規定：「同一抵押物有多數抵押權者，抵押權人得以下列方法調整其可優先受償之分配額。但他抵押權人之利益不受影響：一、為特定抵押權人之利益，讓與其抵押權之次序。二、為特定後次序抵押權人之利益，拋棄其抵押權之次序。三、為全體後次序抵押權人之利益，拋棄其抵押權之次序。」換言之，即明定抵押權人得以讓與抵押權之次序，或拋棄抵押權之次序之方法，調整其可優先受償之分配額。但他抵押權人之利益不受影響。

前揭所謂「特定抵押權人」，係指因調整可優先受償分配額而受利益之該抵押權人而言，不包括其他抵押權人在內。又其得調整之可優先受償之分配額，則包括全部及一部。至於特定抵押權之內容另包括學說上所稱抵押權次序之讓與及拋棄。茲詳述如下：

a.次序之讓與

次序之讓與係指抵押權人為特定抵押權人之利益，讓與其抵押權之次序之謂，亦即指同一抵押物之先次序或同次序抵押權人，為特定後次序或同次序抵

2007年4月，頁92。

❸❷　日本民法第375條及德國民法第880條，均設有抵押權次序讓與之規定，日本民法並及於抵押權次序之拋棄。

押權人之利益,將其可優先受償之分配額讓與該後次序或同次序抵押權人之謂。此時讓與人與受讓人仍保有原抵押權及次序,讓與人與受讓人仍依其原次序受分配,惟依其次序所能獲得分配之合計金額,由受讓人優先受償,如有剩餘,始由讓與人受償❸。

b.次序之拋棄

有相對拋棄及絕對拋棄兩種,分述如下:

①相對拋棄

相對拋棄係指抵押權人為特定後次序抵押權人之利益,拋棄其抵押權之次序之謂,亦即指同一抵押物之先次序抵押權人,為特定後次序抵押權人之利益,拋棄其優先受償利益之謂。此時各抵押權人之抵押權歸屬與次序並無變動,僅係拋棄抵押權次序之人,因拋棄次序之結果,與受拋棄利益之抵押權人成為同一次序,將其所得受分配之金額共同合計後,按各人債權額之比例分配之❸。

②絕對拋棄

絕對拋棄係指抵押權人為全體後次序抵押權人之利益,拋棄其抵押權之次序之謂,亦即指先次序抵押權人並非專為某一特定後次序抵押權人之利益,拋棄優先受償利益之謂。此時後次序抵押權人之次序各依次序升進,而拋棄人退處於最後之地位,但於拋棄後新設定之抵押權,其次序仍列於拋棄者之後。如為普通債權,不論其發生在抵押權次序拋棄前或後,其次序本列於拋棄者之後,乃屬當然❸。

---

❸　例如:債務人甲在其抵押物上分別有乙、丙、丁第一、二、三次序依次為新臺幣(以下同)180萬元、120萬元、60萬元之抵押權,乙將第一優先次序讓與丁,甲之抵押物拍賣所得價金為300萬元,則丁先分得60萬元,乙分得120萬元,丙仍為120萬元。又如甲之抵押物拍賣所得價金為280萬元,則丁先分得60萬元,乙分得120萬元,丙分得100萬元。

❸　例如前例,甲之抵押物拍賣所得價金為300萬元,乙將其第一次序之優先受償利益拋棄予丁,則乙、丁同列於第一、三次序,乙分得135萬元,丁分得45萬元,至丙則仍分得120萬元,不受影響。又如甲之抵押物拍賣所得價金為280萬元,則乙、丁所得分配之債權總額為180萬元(如乙未為拋棄,則乙之應受分配額為180萬元,丁之應受分配額為零),乙拋棄後,依乙、丁之債權額比例分配(三比一),乙分得135萬元,丁分得45萬元,丙仍分得100萬元不受影響。

　　又我國民法第758條關於不動產物權行為，採登記生效要件主義，前項可優先受償分配額之調整，已涉及抵押權內容之變更，自須辦理登記，始生效力。

　　又抵押權之債務人或抵押人，於提供抵押物擔保之情形，債務人仍得為債務之任意清償；抵押人為有利害關係之人，亦得向抵押權人為清償。於抵押權人調整可優先受償分配額時，如債務人或抵押人不知有調整情形仍向原次序在先之抵押權人清償，自足影響其權益。新民法第870條之1乃增訂第2項規定：「前項抵押權次序之讓與或拋棄，非經登記，不生效力。並應於登記前，通知債務人、抵押人及共同抵押人」，亦即明定前項可優先受償分配額之調整，非經登記，不生效力。並以通知債務人、抵押人及共同抵押人為其登記要件，以期周延。至於登記時，應檢具已為通知之證明文件，乃屬當然。

　　再者，抵押權人間可優先受償分配額之調整，對各抵押權人之抵押權歸屬並無變動，僅係使因調整而受利益之抵押權人獲得優先分配利益而已。故該受利益之後次序抵押權人亦得實行調整前次序在先之抵押權。惟其相互間之抵押權均須具備實行要件，始得實行抵押權，乃屬當然❸❻。為此，新民法乃增訂第870條之1第3項規定：「因第一項調整而受利益之抵押權人，亦得實行調整前次序在先之抵押權。」

　　另外，為同一債權之擔保，於數不動產上設定抵押權者，抵押權人本可就各個不動產賣得之價金，受債權全部或一部之清償。如先次序或同次序之抵押權人，因調整可優先受償分配額而喪失其優先受償利益，則必使其他共同抵押人增加負擔，為示公平，除經該第三人即共同抵押人同意外，殊無令其增加負擔之理，新民法第870條之1乃於第4項明定：「調整優先受償分配額時，其次序在先之抵押權所擔保之債權，如有第三人之不動產為同一債權之擔保者，在

---

❸❺　例如前例，甲之抵押物拍賣所得價金為300萬元，乙絕對拋棄其抵押權之第一次序，則丙分得120萬元，丁分得60萬元，乙僅得120萬元。又如甲之抵押物拍賣所得價金為480萬元，戊之抵押權200萬元成立於乙絕對拋棄其抵押權次序之後，則丙分得120萬元，丁分得60萬元，乙可分得180萬元，戊分得120萬元。

❸❻　例如債務人甲在其抵押物上分別有乙、丙、丁第一、二、三次序之抵押權，乙將第一優先次序讓與丁，如乙、丁之抵押權均具實行要件時，丁得實行乙之抵押權，聲請拍賣抵押物。

因調整後增加負擔之限度內，以該不動產為標的物之抵押權消滅。但經該第三人同意者，不在此限。」換言之，明定在因調整後增加負擔之限度內，以該不動產為標的物之抵押權消滅[37]。

 # 伍、共同抵押權

一、共同抵押權之成立

　　共同抵押權係指為確保同一債權得受償為目的，就數標的物所設定之抵押權。以數抵押物設定共同抵押權時，地政登記實務上，均為共同擔保之附記。此種登記實務之公示方法，足以把握共同抵押物之數目，對於物上保證人或後次序抵押權人，行使新民法第 875 條之 3 規定之權利人，以及計算共同抵押人間之內部分擔額，助益甚大。

二、共同抵押權之效力

㈠民法之規定

　　共同抵押權之效力，與普通抵押權，並無不同之處。惟共同抵押權特殊者，在於數抵押物擔保同一債權，則各抵押物就擔保債權，應分擔之金額如何，法律必須明文加以規定。依民法第 875 條規定：「為同一債權之擔保，於數不動產上設定抵押權，而未限定各個不動產所負擔之金額者，抵押權人得就各個不動產賣得之價金，受債權全部或一部之清償。」此之「抵押權人得就各個不動產賣得之價金，受債權全部或一部之清償」即採自由選擇保障主義[38]。茲分述如下：

1. 限定各個抵押標的物負擔金額時

　　為同一債權之擔保，於數不動產上設定抵押權，如當事人以特約限定各個抵押標的物負擔金額時，自應按各該不動產應負擔之金額，負其擔保責任。

---

[37]　法務部，《民法物權編部分修正條文對照表（擔保物權部分）》，第 870 條之 1 修正說明，2007 年 4 月，頁 24。

[38]　吳光明，前揭書，頁 371。

例如某甲為擔保對某乙新臺幣 1000 萬元之債務，就其座落某地段之 A、B 地號兩筆土地設定共同抵押權，並約定 A 地號土地擔保 700 萬元，B 地號土地擔保 300 萬元，則某乙實行抵押權時，應將 A、B 地號兩筆土地，併予拍賣，就 A 地號土地賣得價金受清償為 700 萬元，B 地號土地賣得價金受清償為 300 萬元。

如拍賣結果，A 地號土地賣得價金不足清償 700 萬元，就不足部分亦不得另就 B 地號土地賣得價金應負擔之 300 萬元範圍外，優先受償。

2. 未限定各個抵押標的物負擔金額時

為同一債權之擔保，於數不動產上設定抵押權，如當事人未限定各個抵押標的物負擔金額時，抵押權人得就各該不動產賣得價金，受債權全部或一部之清償。

茲以上例基本型說明之，例如某甲為擔保對某乙新臺幣 1000 萬元之債務，就其座落某地段之 A、B 地號兩筆土地設定共同抵押權，並未約定 A、B 地號土地各應擔保之金額，則某乙實行抵押權時，得同時將 A、B 地號兩筆土地，併予拍賣，各取其價金之一部，以清償其債權；亦得僅拍賣 A 地號土地，如其賣得價金已達 1000 萬元時，其於受全部清償後，即不再拍賣 B 地號土地。倘其賣得價金僅為 800 萬元，而未能受全部清償，自亦得再拍賣 B 地號土地，以資受償。

(二)新民法之規定

新民法第 875 條之 1 規定：「為同一債權之擔保，於數不動產上設定抵押權，抵押物全部或部分同時拍賣時，拍賣之抵押物中有為債務人所有者，抵押權人應先就該抵押物賣得之價金受償。」

按新民法修正理由認為，為同一債權之擔保，於數不動產上設定抵押權者，於抵押權人請求就數抵押物或全部抵押物同時拍賣時，如拍賣之抵押物中有為債務人所有者，為期減少物上保證人之求償問題，而又不影響抵押權人之受償利益，宜使抵押權人先就債務人所有而供擔保之該抵押物賣得之價金受償。又本條之適用，不限於未限定各個不動產所負擔之金額者；其已限定者，亦同。又共同抵押權制度各國立法例不一，爰於新民法第 875 條之 1、第 875 條之 2、第 875 條之 3 明定各抵押物同時拍賣之情形；第 875 條之 2 及第 875 條之 4 則

適用於各抵押物異時拍賣之情形❸。

　　共同抵押權之抵押物不屬同一人所有或抵押物上有後次序抵押權存在時，為期平衡物上保證人與抵押物後次序抵押權人之權益，並利求償權或承受權之行使，宜就各抵押物內部對債權分擔金額之計算方式予以明定，新民法爰增訂第 875 條之 2 第 1 項規定。至如各不動產限定負擔金額之總額超過所擔保之債權總額者，當然依各抵押物所限定負擔金額之比例定之，若未超過總額時，亦應依各抵押物所限定負擔金額計算。因此，新民法第 875 條之 2 第 1 項規定：「為同一債權之擔保，於數不動產上設定抵押權者，各抵押物對債權分擔之金額，依下列規定計算之：一、未限定各個不動產所負擔之金額時，依各抵押物價值之比例。二、已限定各個不動產所負擔之金額時，依各抵押物所限定負擔金額之比例。三、僅限定部分不動產所負擔之金額時，依各抵押物所限定負擔金額與未限定負擔金額之各抵押物價值之比例。」

　　至於依新民法第 875 條之 2 第 1 項第 2 款、第 3 款計算分擔額時，如各抵押物所限定負擔之金額較抵押物之價值為高者，為期平允，宜以抵押物之價值為準，該第 875 條之 2 乃增訂第 2 項規定：「計算前項第二款、第三款分擔金額時，各抵押物所限定負擔金額較抵押物價值為高者，以抵押物之價值為準。」

　　其次，共同抵押權之抵押權人請求就二以上（包括全部或部分）之抵押物同時拍賣，如其賣得之價金總額超過所擔保之債權總額時，於不影響抵押權人之受償利益下，各抵押物賣得之價金，應如何分配，以清償抵押權人之債權，攸關共同抵押人等之權益。為期減少求償或承受問題並利實務運作，宜就該等經拍賣之各抵押物對債權分擔金額之計算方法，予以明定❹，新民法第 875 條

---

❸　《民法物權編部分修正條文對照表（擔保物權部分）》，第 875 條之 1 修正說明，2007 年 4 月，頁 24。

❹　例如甲對乙負有 600 萬元之債務，由丙、丁、戊分別提供其所有之 A、B、C 三筆土地設定抵押權於乙，共同擔保上開債權，而均未限定各個不動產所負擔之金額。嗣甲逾期未能清償，乙遂聲請對 A、B 二地同時拍賣，A 地拍賣所得價金為 500 萬元，B 地拍賣所得價金為 300 萬元，於此情形，A 地、B 地對債權分擔之金額，應準用第 875 條之 2 第 1 項第 1 款之規定計算之，故 A 地對債權之分擔金額為 375 萬元（=600×[500÷(500+300)]），B 地對債權之分擔金額則為 225 萬元

之3乃增訂本條準用之規定為：「為同一債權之擔保，於數不動產上設定抵押權者，在抵押物全部或部分同時拍賣，而其賣得價金超過所擔保之債權額時，經拍賣之各抵押物對債權分擔金額之計算，準用前條之規定。」

再次，因共同抵押權之各抵押物內部分擔擔保債權金額之計算方式已於新民法第875條之2明定。是以，於抵押物異時拍賣時，如抵押權人就其中某抵押物賣得價金受償之債權額超過其分擔額時，即生求償或承受問題，為期公允明確，宜就求償權人或承受權人行使權利之範圍與方式予以明定，新民法乃增訂第875條之4，並仿民法第281條第2項、第312條、第749條之立法意旨，於各款設但書之規定。

又新民法第875條之4第1款，雖規定物上保證人間之求償權及承受權，惟基於私法自治原則，當事人仍可以契約為不同約定而排除本款規定之適用。另第2款係規定同一人所有而供擔保之抵押物經拍賣後，該抵押物後次序抵押權人就超過分擔額之範圍內有承受權；本款所稱之「同一人」所有，除債務人所有之抵押物經拍賣之情形外，亦包括物上保證人所有之抵押物經拍賣之情形。至於物上保證人對債務人或對保證人之求償權或承受權，則另規定於第879條，併此敘明❹。

因此，新民法第875條之4規定：「為同一債權之擔保，於數不動產上設定抵押權者，在各抵押物分別拍賣時，適用下列規定：一、經拍賣之抵押物為債務人以外之第三人所有，而抵押權人就該抵押物賣得價金受償之債權額超過其

　　　　(=600×[300÷(500+300)])。拍賣抵押物之執行法院，自應按此金額清償擔保債權。又上例中，如分別限定A、B、C三筆土地所負擔之金額為300萬元、200萬元、100萬元，乙聲請對A、B二地同時拍賣，A地拍賣所得價金為500萬元，B地拍賣所得價金為300萬元，於此情形，A地、B地對債權分擔之金額，則應準用第875條之2第1項第2款前段之規定計算之，故A地對債權之分擔金額為300萬元，B地對債權之分擔金額為200萬元。又上述第一例中，A、B抵押物賣得價金清償債權額均已逾其分擔額（第875條之2第1項第1款參照），此際丙、丁對C抵押物可行使第875條之4第1款所定之權利，自屬當然。

❹　法務部，《民法物權編部分修正條文對照表（擔保物權部分）》，第875條之4修正說明，2007年4月，頁44。

分擔額時，該抵押物所有人就超過分擔額之範圍內，得請求其餘未拍賣之其他第三人償還其供擔保抵押物應分擔之部分，並對該第三人之抵押物，以其分擔額為限，承受抵押權人之權利。但不得有害於該抵押權人之利益。二、經拍賣之抵押物為同一人所有，而抵押權人就該抵押物賣得價金受償之債權額超過其分擔額時，該抵押物之後次序抵押權人就超過分擔額之範圍內，對其餘未拍賣之同一人供擔保之抵押物，承受實行抵押權人之權利。但不得有害於該抵押權人之利益。」

陸、抵押權之實行

抵押權之實行，係指抵押權人在其債權已屆清償期，而未受清償時，可向法院提出聲請拍賣抵押物，或訂立契約取得抵押物所有權，或以其他方法處分抵押物，而優先受償之行為。

一、抵押權實行之要件

抵押權之本質，在於擔保債權之受償，抵押權實行是抵押債權得以實現之步驟，是抵押權最主要之效力。抵押權之實行，必須符合下列要件：

(一)必須有抵押權之存在

抵押權之實行，即對抵押物進行處分，此際抵押權必須存在，且必須有效存在。如不符合抵押權之成立要件，即為無效之抵押權，則不能實行抵押權。我國民法對抵押權之實行，有法律上之限制，亦即對於抵押權所擔保之債權之代位清償，予以限制，於不得有害於債權人利益之情況下，代位行使抵押權。

(二)須給付遲延

給付遲延即債務人已屆清償期，而未為給付。相對言之，係指抵押權人在其債權已屆清償期，而未受清償時，債權人才有權要求實行抵押權，以實現自己之權利。

二、抵押權實行之方法

㈠拍　賣

依新民法第 873 條規定:「抵押權人,於債權已屆清償期,而未受清償者,得聲請法院,拍賣抵押物,就其賣得價金而受清償。」拍賣抵押物,須向法院提出聲請,由法院依強制執行法❷第 4 條第 1 項第 5 款規定,裁定執行。

拍賣屬於非訟事件。抵押物拍賣後,就其賣得價金扣除強制執行費用及執行名義費用後,剩餘金額交付債權人,以受清償。

又為維護債權人與債務人雙方之利益,新民法第 877 條第 1 項規定:「土地所有人於設定抵押權後,在抵押之土地上營造建築物者,抵押權人於必要時,得於強制執行程序中聲請法院將其建築物與土地併付拍賣。但對於建築物之價金,無優先受清償之權。」第 1 項之所以增訂:「於強制執行程序中聲請法院」係鑑於「拍賣」,乃執行方法,故宜明定於強制執行程序中由抵押權人聲請執行法院決定之。

又新民法第 877 條增訂第 2 項規定:「前項規定,於第八百六十六條第二項及第三項之情形,如抵押之不動產上,有該權利人或經其同意使用之人之建築物者,準用之。」蓋為維護抵押權人利益,於不動產抵押後,在該不動產上有用益物權人或經其同意使用之人之建築物者,該權利人使用不動產之權利雖得先依第 866 條第 2 項規定予以除去,惟為兼顧社會經濟及土地用益權人利益,該建築物允應併予拍賣為宜,但建築物拍賣所得價金,抵押權人無優先受償權,新民法第 877 條乃增訂如上第 2 項規定❸。

有關拍賣後產生法定地上權問題,新民法第 876 條規定:「設定抵押權時,土地及其土地上之建築物,同屬於一人所有,而僅以土地或僅以建築物為抵押

---

❷ 按強制執行法制訂於 1940 年 1 月 19 日,歷經多次修正,最後一次修正於 2007 年 12 月 12 日。強制執行法第 4 條第 1 項第 5 款規定:「強制執行,依下列執行名義為之:五、抵押權人或質權人,為拍賣抵押物或質物之聲請,經法院為許可強制執行之裁定者。」

❸ 法務部,《民法物權編部分修正條文對照表(擔保物權部分)》,第 877 條第 2 項修正說明,2007 年 4 月,頁 47。

者，於抵押物拍賣時，視為已有地上權之設定，其地租、期間及範圍由當事人協議定之。不能協議者，得聲請法院以判決定之。(第 1 項) 設定抵押權時，土地及其土地上之建築物，同屬於一人所有，而以土地及建築物為抵押者，如經拍賣，其土地與建築物之拍定人各異時，適用前項之規定。(第 2 項)」換言之，法定地上權之範圍，為該建築物所占基地，以及在建築物利用必要限度內之基地以外之土地。

㈡拍賣以外之方法處分抵押物

1.訂立契約取得抵押物之所有權

依民法第 878 條規定：「抵押權人於債權清償期屆滿後，為受清償，得訂立契約，取得抵押物之所有權或用拍賣以外之方法，處分抵押物，但有害於其他抵押權人之利益者，不在此限。」可見取得抵押物之所有權，必須符合下列條件：

⑴必須是雙方自願訂立契約

雙方自願訂立契約，任何一方不得強迫他方訂立契約。

⑵必須是雙方於債權清償期屆滿後訂立契約

僅在債權清償期屆滿後訂立契約，才能生效，如預先約定於債權已屆清償期，而未為清償時，抵押物之所有權，移屬於抵押權人者，依舊民法第 873 條第 2 項規定，其約定為無效，此即所謂流抵契約之禁止。其立法意旨在於保護債務人，使其不致因一時之急迫，而蒙受重大之損害或不利。然而，應注意者，舊民法第 873 條第 2 項所謂「流抵契約禁止」之規定，由於新民法第 873 條之 1 規定，已有重大變革。

按新民法第 873 條之 1 規定：「約定於債權已屆清償期而未為清償時，抵押物之所有權移屬於抵押權人者，非經登記，不得對抗第三人。抵押權人請求抵押人為抵押物所有權之移轉時，抵押物價值超過擔保債權部分，應返還抵押人；不足清償擔保債權者，仍得請求債務人清償。抵押人在抵押物所有權移轉於抵押權人前，得清償抵押權擔保之債權，以消滅該抵押權。」

新民法第 873 條之 1 修正理由認為❹，本條為配合條文內容有關流抵契約之規定，舊民法第 873 條第 2 項規定，改列為本條第 1 項本文，並予修正，另

---

❹　法務部，《民法物權編部分修正條文對照表 (擔保物權部分)》，第 873 條之 1 修正說明，2007 年 4 月，頁 36。

增列第 2 項及第 3 項規定。

按於抵押權設定時或擔保債權屆清償期前，約定債權已屆清償期，而債務人不為清償時，抵押物之所有權移屬於抵押權人者，須經登記，始能成為抵押權之物權內容，發生物權效力，而足以對抗第三人，爰增訂第 1 項規定。

又因抵押權旨在擔保債權之優先受償，非使抵押權人因此獲得債權清償以外之利益，故為第 1 項之流抵約款約定時，抵押權人自負有清算義務，抵押物之價值如有超過債權額者，自應返還抵押人，爰增訂第 2 項規定。本項並明定抵押物價值估算之基準時點，為抵押權人請求抵押人為抵押物所有權之移轉時，以杜抵押物價值變動之爭議。又計算抵押物之價值時，應扣除增值稅負擔、前次序抵押權之擔保債權額及其他應負擔之相關費用等，自屬當然❹❺。

此外，於擔保債權清償期屆至後，抵押物所有權移轉於抵押權人前，抵押權及其擔保債權尚未消滅，債務人或抵押人自仍得清償債務，以消滅抵押權，並解免其移轉抵押物所有權之義務，爰增訂第 3 項規定，俾利適用。

⑶必須不損害其他第三人之利益

在數抵押權人之情況下，如次序相同，則所有抵押權人按債權比例受清償；如次序不同，則第一次序之抵押權人優先受清償。如此時，訂立契約取得抵押物之所有權，將損害其他第三人之權利，該契約不生效力，其他債權人可向法院聲請拍賣抵押物。

2.其他處分方法

抵押權人於債權清償期屆滿後，為受清償，除訂立契約，取得抵押物之所有權外，依民法第 878 條規定，亦得訂立契約，以其他拍賣以外之方法，處分抵押物。所謂「其他方法」，例如採買賣方法，或將抵押物出典於他人等，只要其符合清償期屆滿後訂立契約，且不損害其他第三人之利益即可。

---

❹❺ 有關流抵契約禁止問題，涉及甚多，茲另以專章說明之。參閱本書第 29 章〈流抵契約禁止原則之轉變〉。

柒、抵押權之消滅

抵押權消滅之原因，不一而足，茲分述如下：

一、主債權消滅

抵押權為從屬於債權之權利，為其所擔保之主債權而存在。故一旦主債權因清償、抵銷、免除等原因而全部消滅，則抵押權亦隨之而消滅。

二、除斥期間屆滿

主債權之請求權已因時效而消滅者，如抵押權人，於消滅時效完成後，五年間不實行其抵押權者，依民法第 880 條規定，其抵押權消滅。此「消滅時效完成後，五年間不實行其抵押權」，即一般所謂之「除斥期間屆滿」。此項請求權自債權成立時即可行使，依民法第 128 條之規定，其消滅時效，應自債權成立時起算。蓋實務上認為，抵押權所擔保之債權，其消滅時效，應自債權成立時起算，此為抵押權發生上之從屬性之當然解釋[46]。又例如是否為民法第 127 條第 8 款規定所稱之「商人所供給之商品代價」，因無契約可參，自不能遽以認定。縱認其請求權之時效期間最長為十五年，且其清償日期載為「不定期」，倘該貨款之債權請求權至 1997 年 12 月 3 日前，因十五年未行使而罹於消滅時效，且債權人遲未行使該債權，而其亦迄未實行該抵押權，則債務人主張抵押權至 2002 年 12 月 3 日之前，已因五年除斥期間經過未予實行而消滅[47]。

三、抵押物滅失

㈠舊民法規定

依舊民法第 881 條規定：「抵押權，因抵押物滅失而消滅。但因滅失得受之

---

[46]　最高法院 28 年上字第 1760 號判例。

[47]　臺灣新竹地方法院 91 年度訴字第 221 號判決，《臺灣新竹地方法院民事裁判書彙編》，2003 年版，頁 54–65。

賠償金，應按各抵押權人之次序分配之。」因此，抵押物滅失，亦為抵押權消滅之原因。

實務上認為，抵押權因抵押物滅失而消滅，但因滅失得受之賠償金，應按各抵押權人之次序分配之，民法第 881 條定有明文。又抵押物雖滅失，然有確實之賠償義務人者，依照民法第 881 條之規定，該抵押權即存於得受之賠償金之上，而不失其存在，此即所謂抵押權之代物擔保性。又保險金既為賠償金之一種，而民法上述規定所稱之賠償金，並未設有任何限制，無論其係依法律規定取得，或依契約取得，均不失其為賠償金之性質，故保險金解釋上應包括在內。賠償金既為抵押權效力所及，抵押權人自得就該項賠償金行使權利，是以抵押權人得逕向賠償義務人請求給付，賠償義務人則有對抵押權人給付之義務❹。

㈡新民法規定

新民法第 881 條修正理由認為，關於抵押物滅失時，抵押權之效力問題，新民法已增訂第 862 條之 1，為期周延，新民法第 881 條乃增訂「除法律另有規定」之除外規定，然該等規定，仍不悖於「抵押權因抵押物之滅失而滅失」之意旨。

四、實行抵押權

債權人對抵押物已實行抵押權，則無論其債權已否受全部清償，其抵押權均歸於消滅。因此，抵押權之實行，亦為抵押權消滅之原因。

此外，抵押物被公用徵收，抵押權與所有權混同，抵押權人拋棄抵押權，均可導致抵押權消滅。

捌、結　語

我國近代不動產擔保制度，正式成立於滿清末年之第一次民律草案，其間經過大幅修訂，迨 1929 年公布，1930 年施行之現行民法物權編，其中，擔保

---

❹　臺灣宜蘭地方法院 92 年度保險字第 12 號判決，《臺灣宜蘭地方法院民、刑事裁判書彙編》，2004 年版，頁 8–19。

物權之種類則變化較大，以抵押權而言，其仍為意定擔保物權，標的物限於不動產，且為非占有之擔保物權。

　　抵押權之目的，主要為保障債權之履行；蓋債權為對人權，屢受個人資力之不同，而影響其受償之可能性。因此，遂有不動產抵押擔保制度之產生。

　　抵押權自施行以來，迄今已近八十年，其間社會結構、經濟型態以及人民生活觀念，均有重大變遷。抵押權之規定，已漸難因應今日多變之生活型態，致有全面檢討之必要。

　　我國不動產抵押權之修訂工作，雖經主管機關先於 1999 年 3 月提出修正草案，嗣於 2005 年 7 月，又針對第 873 條之 1、第 875 條之 1 等條文，再提出另一新版本。二者對新抵押權之相關缺失，業已詳為補正，故針對其修正事項，本文原則上均感贊同，已如上述。迄 2007 年 3 月 28 日已三讀通過並經總統公布，學界及實務各界亦皆深知新民法修正之所在，不必再因循舊規，誠屬可賀。

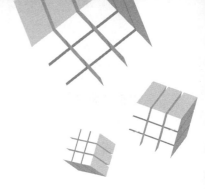

第 *23* 章
最高限額抵押權

壹、概　說

最高限額抵押權是近代民法所確立之一種抵押制度❶，法國民法第 2132 條對最高抵押權之規定，可謂近代民法中最高限額抵押制度之濫觴；嗣後德國民法於第 1190 條有關最高限額抵押之規定，使最高限額抵押制度，更形完善。日本民法典制訂之早期，其學說大多認為最高限額抵押無效，下級法院對最高限額抵押之判決，則搖擺不定。昭和 46 年 6 月 3 日，日本頒布「民法——部分改正之法律」，在民法第 10 章中，增設第 4 節「最高限額抵押」為專門規定。至此，最高限額抵押制度，遂在日本確立，學術界對最高限額抵押權有效性問題之爭論，亦塵埃落定❷。

我國民法物權編中，並無最高限額抵押權之規定。然而，實務上，最高限額抵押權之設定及登記，已行之多年。1976 年 1 月 28 日修正動產擔保交易法，其第 16 條第 2 項明文規定：「動產抵押契約，以一定期間內所發生之債權作為所擔保之債權者，其依前項第二款所載明之金額，應為原本及利息之最高金額。」但對於不動產，是否亦得設定最高限額抵押，仍無明文。

為因應今日多變之生活形態，我國已全面檢討修正民法物權編，其中最高限額抵押部分，亦經予以增列。繼 1999 年 3 月修正草案提出後，於 2005 年 7 月新修正版又再度作文字修正，2006 年 5 月行政院版與前開新修正版「擔保物權」部分則大致相同。而後 2007 年 3 月 28 日立法院三讀通過最新「擔保物權」、總統公布，並於物權編施行法中規定於同年 9 月 28 日起施行。至此，我國新民法已將「最高限額抵押權」法制化。

基此，本章首先擬探討最高限額抵押權之意義、特性與效力，並以最高限額抵押權之確定為核心。其次擬探討最高限額抵押權之最高限額與期日。再次擬探討最高限額抵押權之確定問題，參酌現行民法相關規定，以探討最高限額抵押權之意涵與相關問題。最後提出檢討與建議。

❶ 最高限額抵押權，德文為 Hochstgtragshypothek，在日本稱為根抵當。

❷ 許明月，《抵押權制度研究》，法律出版社，1998 年 5 月，頁 423。

貳、最高限額抵押權之意義、特性與效力

一、最高限額抵押權之意義

最高限額抵押權係指抵押權人對債務人一定範圍內之不特定債權,在一定金額限度內,由債務人或第三人提供其不動產為擔保,而設定之特殊抵押權。新民法第 881 條之 1 第 1 項規定:「稱最高限額抵押權者,謂債務人或第三人提供其不動產為擔保,就債權人對債務人一定範圍內之不特定債權,在最高限額內設定之抵押權。」依此,可知最高限額抵押權之設定人為債務人或第三人,標的物為不動產,所擔保者為債權人對債務人一定範圍內之不特定債權,且須在一定金額限度內。

依此定義,茲析述其意義如下:

㈠擔保不特定債權

此之「不特定債權」,係指最高限額抵押權所擔保之債權,自該抵押權設定時起,至確定時止,係屬不特定而言。在此情況下,最高限額抵押權所擔保之債權雖不特定,但所擔保債權之基礎法律關係則為確定。

㈡擔保一定範圍內之債權

此擔保一定範圍內之債權,依新民法第 881 條之 1 第 1 項意旨,所謂一定範圍內之債權係指債權人與債務人間一定法律關係所生之債權,或基於票據所生之權利。至於立法理由中稱,所謂一定法律關係,例如買賣、侵權行為等是。此種說明,有無超越原條文,不無疑問,尤其是後者「侵權行為」一語,在法律適用上將發生困擾。

凡基於此種法律關係而發生之債權,皆為抵押權之效力所及。反之,如非基於特定基礎法律關係而發生之債權,即便在同一當事人間發生,亦不當然歸入所擔保債權之範圍。

至於新民法第 881 條之 1 第 1 項中有「債務人或第三人提供其不動產為擔保」文字,學者認為該文字於普通抵押權之定義中已有明文,故於此次重複規

定應屬贅文❸，本文亦贊同。

(三)以最高限額限度內為擔保

　　新民法第 881 條之 2 明文規範最高限額之額度範圍觀之，擔保債權金額最高限額之存在，乃屬必然。蓋在設定最高限額抵押權時，因其係擔保不特定債權，在抵押權設定時，所擔保之債權金額，並無從具體確定。又最高限額抵押權所得優先受償之限度為何，須予限定，其限定之方法則為「最高限額」，亦即僅有在該金額限度內之債權額，始為其優先受償之範圍，此亦為最高限額抵押權與普通抵押權之主要差異所在。

二、最高限額抵押權之特性

　　綜合前述最高限額抵押權之定義，及現行民法相關之規定，可歸納出最高限額抵押權之主要特性如下：

(一)擔保債權之不特定性

　　普通抵押權所擔保者，為確定之特定債權；最高限額抵押權所擔保者，則為債權人對於債務人一定範圍內之不特定債權。故最高限額抵押權所擔保債權之不特定性，係最高限額抵押權之重要特性之一。

(二)最高限額抵押權支配範圍之限制性

　　最高限額抵押權所擔保之債權，雖具不特定性，然其所支配之抵押物之交換價值範圍，仍有限制。

　　在此應注意，有學者認為，由於傳統民法上之抵押權於今日交易型態上時有不合時宜之處，因此屬非典型擔保物權之最高限額抵押權遂應運而生❹。不過，以銀行界利用最高限額抵押權多於普通抵押權之情況而言，其是否視為非典型擔保物權，有待觀察。

　　至於最高限額抵押權所擔保債權之限制方法有二，茲分述如下❺：

---

❸　陳榮隆，〈臺灣最高限額抵押權立法之評析（上）〉，《台灣本土法學》，102 期，2008年 1 月，頁 12。

❹　陳榮隆，〈非典型擔保的立法化——兼介紹民法物權編修正草案有關的立法〉，《月旦法學》，49 期，頁 45。

❺　吳光明，〈最高限額抵押權所擔保債權之研究〉，《固有法制與當代民事法學——戴東

1.擔保債權「範圍」之限制

就所擔保不特定債權之範圍，予以限制，從而概括最高限額抵押權，自不能有效成立。

2.擔保債權「額度」上之限制

限定最高限額範圍內之擔保債權額，始為最高限額抵押權優先受償之範圍，從而最高限額抵押權之設定，必須有最高限額之約定，否則不能解為有效。

準此言之，最高限額抵押權仍係從屬於一定範圍之法律關係，最高限額抵押權所擔保者，即係由此項法律關係不斷發生之債權。

㈢最高限額抵押權從屬性之最大緩和化

有關最高限額抵押權從屬性之最大緩和化，可分從該項抵押權成立、移轉與消滅上之從屬性觀察得知。一般而言，除訂約時已發生之債權外，最高限額抵押權於設定後，於確定前，並無特定債權可資從屬，是最高限額抵押權成立從屬性之緩和，其債權推移至確定後，權利實現時有無擔保債權以為判斷。據此，最高限額抵押權仍具一定之成立上從屬性。

另新民法第 881 條之 6 規定：「最高限額抵押權所擔保之債權，於原債權確定前讓與他人者，其最高限額抵押權不隨同移轉。第三人為債務人清償債務者，亦同。最高限額抵押權所擔保之債權，於原債權確定前經第三人承擔其債務，而債務人免其責任者，抵押權人就該承擔之部分，不得行使最高限額抵押權。」換言之，最高限額抵押權所擔保之債權，於原債權確定前讓與他人者，其最高限額抵押權不隨同移轉。故最高限額抵押權移轉上之從屬性，已與普通抵押權相異。

最高限額抵押權亦無消滅上之從屬性，蓋其係擔保生生不息之不特定債權，於確定前，擔保債權縱然歸於消滅，實際債權額為零時，抵押權仍為擔保將來可能發生之不特定債權而繼續存在，並不消滅。因此，相較於普通抵押權，最高限額抵押權之從屬性，可謂已達最大緩和化。

三、相關案例

實務上認為，按所謂最高限額之抵押契約，係指所有人提供抵押物與債權

雄教授六秩華誕祝壽論文集》，三民書局，1997 年 8 月，頁 254。

人訂立在一定金額之限度內，擔保現在已發生及將來可能發生之債權之抵押權設定契約而言。此種抵押權所擔保之債權，除訂約時已發生之債權外，即將來發生之債權，在約定限額之範圍內，亦為抵押權效力所及。雖抵押權存續期間內已發生之債權，因清償或其他事由而減少或消滅，原訂立之抵押契約依然有效，嗣後在存續期間內陸續發生之債權，債權人仍得對抵押物行使權利。此種抵押契約如未定存續期間，其性質與第 754 條第 1 項所訂就連續發生之債務為保證而未訂有期間之保證契約相似，類推適用同條規定，抵押人固得隨時通知債權人終止抵押契約，對於終止契約後發生之債務，不負擔保責任。反之，此種抵押契約訂有存續期間者，訂立契約之目的顯在擔保存續期間內所發生之債權，凡在存續中所發生之債權，皆為抵押權效力所及，雖已發生之債權因清償或其他事由而減少或消滅，於存續期間屆滿前所發生之債權，債權人在約定限額範圍內，對於抵押物均享有抵押權，除債權人拋棄其為擔保之權利外，自無許抵押人於抵押權存續期間屆滿前，任意終止此種契約。縱令嗣後所擔保之債權並未發生，僅債權人不得就未發生之債權實行抵押權而已，非謂抵押人得於存續期間屆滿前終止契約而享有請求塗銷抵押權設定登記之權利 ❻。

　　此一判例具體敘明，最高限額抵押權之性質及效力，茲先就上開判例所述，析述如下：

　　㈠最高限額抵押權之擔保債權範圍，為除訂約時已發生之債權外，即將來發生之債權，在約定限額之範圍內，亦為抵押權效力所及。

　　㈡最高限額抵押權無消滅之從屬性。

　　㈢凡在存續中所發生之債權，皆為抵押權效力所及。

　　㈣定有存續期限之最高限額抵押權，於期限屆滿前，除經抵押權人拋棄其抵押權外，抵押人不得任意請求塗銷該抵押權。惟當事人於最高限額抵押權有效存續中，雙方應得合意終止抵押權。

　　㈤最高限額抵押權未定存續期限者，抵押人得類推適用民法第 754 條第 1 項規定予以終止。

---

❻　最高法院 66 年臺上字第 1097 號判例。

四、最高限額抵押權之效力及擔保範圍

茲將最高限額抵押權優先受償之效力及其擔保債權之範圍，分述如下：

㈠優先受償之效力

新民法第 881 條之 17 規定：「最高限額抵押權，除第八百六十一條第二項、第八百六十九條第一項、第八百七十條、第八百七十條之一、第八百七十條之二、第八百八十條之規定外，準用關於普通抵押權之規定。」換言之，最高限額抵押權之效力，除與普通抵押權相同，而得準用者外，最高限額抵押權為變動之不特定債權之擔保，得優先受償。因之，應預先約定其優先受償之範圍與其優先標準。

㈡擔保債權之範圍

最高限額抵押權係擔保將來繼續不斷發生之不特定債權，故不特定債權屬最高限額抵押權擔保範圍，必須有明確基準，此為吾人何以謂最高限額抵押權除就當事人外，對於債務人及擔保債權之範圍，務須於抵押權設定登記時，一併予以登記之理由❼。

易言之，抵押權人、債務人與擔保債權範圍之登記，乃在限定僅於抵押權人與債務人間所生，屬於擔保債權範圍內之不特定債權，始為擔保效力所及。此涉及兩個層面：一為最高限額抵押權擔保之不特定債權，應否有一定的範圍，亦即「概括最高限額抵押權」是否有效之爭議；二為最高限額抵押權擔保債權之決定標準為何。

1.「概括最高限額抵押權」是否有效

「概括最高限額抵押權」係指就抵押權人（債權人）對債務人之一切債權，在最高限額內均予以擔保之最高限額抵押權。此種抵押權是否有效，主要有二說❽，茲析述如下：

⑴否定說

此說認為，「概括最高限額抵押權」應予限制，蓋最高限額抵押權擔保債權之範圍，依民法第 861 條規定之意旨，本得由當事人自由約定之。惟概括最高

---

❼ 吳光明，前揭文，頁 254。

❽ 謝在全，《民法物權論》，下冊，修訂四版，自版，2007 年 6 月，頁 48、49。

限額抵押權係就債務人與抵押權人間所生之一切債務，均列入擔保之範圍，恐致使抵押人負擔不可預期之債務。且由於擔保債權未劃定一定範圍，抵押物在最高限額範圍內不受拘束，在最高限額約定過高之情形時，將使實際擔保債權額與最高限額間之抵押物交換價值陷於窒息狀態，妨害其交換價值之有效利用，有違物盡其用意旨。

另一方面，概括最高限額抵押權未約定擔保債權之範圍，偶然發生之債權可隨時進入擔保範圍，甚至抵押權人得以不當方法蒐集無擔保債權、票據債權，列入擔保範圍，使後次序抵押權人或一般債權人無法預測抵押物應負擔之擔保程度，對後次序抵押權人及一般債權人不利。

再者，有認為概括最高限額抵押權所擔保之不特定債權，因無一定之基礎關係為其發生原因，該抵押權已無一定之法律關係可資從屬，此已違反抵押權之從屬性。綜合前述理由，故不予承認概括最高限額抵押權為有效。

⑵肯定說

此說認為，「概括最高限額抵押權」不必予以限制。蓋我國實務上大多默認概括最高限額抵押權之效力❾。故概括最高限額抵押權之設定依契約自由原則，應無加以否定之理由。

又既有最高限額之登記，最高限額抵押權之效力及其限度業已確定且公示，對第三人不致發生損害。前述採否定說者提出之概括最高限額抵押權所可能造成之弊害，實為最高限額抵押權本身早已存在之缺陷，而概括最高限額抵押權僅更加凸顯該缺陷而已。

又基於最高限額抵押權從屬性之最大緩和化特性，最高限額抵押權所擔保之債權，僅須依當事人之約定及登記內容可得特定時，即不能認與抵押權之從屬性有違，而概括最高限額抵押權就此亦能具備，並未違反抵押權之從屬性。

⑶小　結

按應否承認概括最高限額抵押權之有效性，實屬立法政策之問題。鑑於最高限額抵押權未劃定擔保債權之一定範圍，致抵押物在最高限額範圍內受無限

❾　實務上僅最高法院 86 年度臺上字第 3114 號判決、同院 92 年度臺上字第 370 號判決否定概括最高限額抵押權之效力；其餘大抵均默認其效力，例如：88 年度臺上字第 307 號判決。

制之拘束，抵押人因此可能負擔不可預期之責任，且有效利用抵押物交換價值，以獲取融資之機會，亦將因而受阻，甚至可能形成抵押權人獨占抵押物交換價值，使債務人或第三人陷入經濟上弱勢之不公平後果，我國新民法遂仿日本民法例，採否定說（限制說）立場，就最高限額抵押權之擔保債權範圍予以限定，亦即否定「概括最高限額抵押權」之效力。至此，概括最高限額抵押權之爭論乃劃下休止符。

依新民法第881條之1第1項規定：「稱最高限額抵押權者，謂債務人或第三人提供其不動產為擔保，就債權人對債務人一定範圍內之不特定債權，在最高限額內設定之抵押權。」蓋實務上行之有年之最高限額抵押權，以抵押人與債權人間約定債權人對於債務人就現有或將來可能發生最高限額內之不特定債權，就抵押物賣得價金優先受償為其特徵，與供特定債權擔保之普通抵押權不同，是其要件宜予明定，俾利適用，爰增訂第1項規定。

新民法第881條之1第2項規定：「最高限額抵押權所擔保之債權，以由一定法律關係所生之債權或基於票據所生之權利為限。」此規定涉及最高限額抵押權之設定，其被擔保債權之資格有無限制問題，學說上向有限制說與無限制說二說，鑑於無限制說有礙於交易之安全，爰採限制說，除於第1項規定對於債務人一定範圍內之不特定債權為擔保外，並增訂第2項限制規定，明定以由一定法律關係所生之債權或基於票據所生之權利，始得為最高限額抵押權所擔保之債權[10]。所謂一定法律關係，例如買賣、侵權行為等是。然而，本文認為，此部分將「侵權行為」列入之立法說明似乎超越原條文，已如前述。

至於由一定法律關係所生之債權，當然包括現有及將來可能發生之債權，及因繼續性法律關係所生之債權，自不待言[11]。

新民法第881條之1第3項規定：「基於票據所生之權利，除本於與債務人間依前項一定法律關係取得者外，如抵押權人係於債務人已停止支付、開始清算程序，或依破產法有和解、破產之聲請或有公司重整之聲請，而仍受讓票據者，不屬最高限額抵押權所擔保之債權。但抵押權人不知其情事而受讓者，不

---

[10] 日本民法第398條之2參考。

[11] 《民法物權編部分修正條文對照表（擔保物權部分）》，第881條之1第1項、第2項修正說明，2007年3月28日，頁57。

在此限。」蓋為避免最高限額抵押權於債務人資力惡化或不能清償債務，而其債權額尚未達最高限額時，任意由第三人處受讓債務人之票據，將之列入擔保債權，以經由抵押權之實行，優先受償，而獲取不當利益，致妨害後次序抵押權人或一般債權人之權益，爰仿日本民法第 398 條之 2 第 2 項，增列第 3 項明定基於票據所生之權利，列為最高限額抵押權所擔保債權之限制規定，以符公平 ⓬。

2.最高限額抵押權擔保債權之決定標準

最高限額抵押權所擔保之債權，其決定標準有二：

⑴與債務人交易關係而產生者

例如經銷貨物之契約，帳戶透支契約等。

⑵交易關係以外所產生之債權

例如工廠在廢棄物處理時，所產生之損害賠償請求權。

五、擔保債權之資格

所謂擔保債權，係指最高限額抵押權之被擔保債權。最高限額抵押權係由抵押權人與抵押人，基於相互間之合意而設定之；故必以約定範圍內之不特定債權，始為最高限額抵押權所擔保。此項債權足以符合該被擔保債權之性質者，稱為擔保債權資格。又擔保債權基於債權之相對性，應係指特定債權人對特定債務人具有如何之擔保債權。是以於判斷某債權是否具有最高限額抵押權之擔保債權資格時，決定之重要標準 ⓭有三：債權人標準、債務人標準及債權範圍標準，茲分述如下：

㈠債權人標準

最高限額抵押權之抵押權人必為債權人，惟有該抵押權人之債權，始得為該抵押權擔保債權之範圍。蓋抵押權不可單獨讓與，故抵押權讓與致其主體與債權主體不同之情形不可能發生。如債權於最高限額抵押權確定前讓與，最高限額抵押權並不隨同移轉。如第三人為債務人清償債務，而發生債權之法定移轉者，因該債權已不屬該抵押權人之債權，自非擔保範圍之債權。

⓬　《民法物權編部分修正條文對照表（擔保物權部分）》，第 881 條之 1 第 3 項修正說明，2007 年 3 月 28 日，頁 58。

⓭　吳光明，前揭文，頁 256。

(二)債務人標準

依新民法第 881 條之 1 第 1、2 項之規定可知,擔保債權之一定範圍,係於抵押權設定時由當事人約定。抵押物係由債務人自己提供者,固由債務人與債權人約定,如係由第三人提供者,則係由該第三人(即物上保證人)與債權人約定,約定後並須辦理登記。

(三)債權範圍標準

由於我國立法政策已明示否定概括最高限額抵押權之效力,基此,當事人僅形式上約定一定之範圍者,則尚有未足,須另約定債權之範圍標準,具實質之限定性與客觀之明確性,方符合立法意旨。故新民法第 881 條之 1 所謂「由一定法律關係所生之債權或基於票據所生之權利」究為何指,有進一步討論之必要。

1. 由一定法律關係所生之債權

所謂「一定法律關係」,原則上係指債權人與債務人間,足生不特定債權之繼續性法律關係而言,不以契約行為為限,侵權行為或行為以外之事實所生法律關係亦足當之。凡約定之法律關係,就債權發生之範圍,於實質上已有相當程度之限制,亦即具備實質上之限定性,且於最高限額抵押權確定時,依該項法律關係所定之債權範圍標準,何者屬擔保債權或不屬擔保債權之區別,自第三人觀之,已達客觀明確之程度,亦即符合客觀上之明確性,即屬合法。

至如僅生特定債權之法律關係,雖亦可作為此項債權範圍標準,惟基於最高限額抵押權係擔保不特定債權之特性,該法律關係須與足生不特定債權之法律關係,共同作為當事人所約定之債權範圍標準,方屬適法。

新民法第 881 條之 1 第 2 項之意旨,既在限定最高限額抵押權之擔保債權範圍,故「一定法律關係」之限定,必須在一定程度上,實質縮小擔保債權之範圍,且當事人之間,必須使第三人依據當事人所約定法律關係之內容,客觀上足以認識其劃定之擔保債權範圍究竟為何,始足當之。

又當事人限定一定法律關係後,須由該法律關係所生債權,始為擔保債權之範圍;抵押權人若係受讓第三人對債務人買賣關係所生之債權者,雖屬買賣關係所生債權,但因非抵押權人與債務人間之買賣關係所生,自非屬擔保債權。此外,自約定法律關係所生債權之利息、遲延利息與違約金,亦在擔保債權範

圍之內，蓋此等債權皆屬法律關係過程中，通常所生之債權。

　　再者，依據新民法第 881 條之 1 修正理由，由一定法律關係所生之債權，當然包括現有及將來可能發生之債權，及因繼續性法律關係所生之債權，自不待言。

2.基於票據所生之權利

　　抵押權人所取得之債務人票據，如係源於一定法律關係以外之原因者，若未經當事人約定為擔保債權範圍，則不具擔保債權之資格，為適應社會經濟之需要，新民法第 881 條之 1 第 2 項參考日本民法第 398 條之 2，明定「基於票據所生之權利」亦屬當事人得約定之擔保債權範圍之一項標準。

　　抵押權人取得債務人票據之原因，有兩種可能，一種是迴得票據，抵押權人經由他人取得債務人所簽發、背書或保證之票據；另一種則是迴得票據以外，抵押權人直接自債務人取得由其簽發、背書等之票據❶。

　　在迴得票據之情況下，迴得票據所生權利得為擔保債權範圍，然如未加限制，則有可能發生收購債務人票據，對抵押人、後次序抵押權人或其他一般債權人不利之情形。

　　為避免最高限額抵押權人於債務人資力惡化或不能清償債務，而其債權額尚未達最高限額時，任意由第三人處受讓債務人之票據，將之列入擔保債權，以經由抵押權之實行，優先受償，而獲取不當利益，致妨害後次序抵押權人或一般債權人之權益，新民法於第 881 條之 1 增列第 3 項，明定基於票據所生之權利，列為最高限額抵押權所擔保債權之限制規定，已如前述。

　　至如迴得票據以外之情形，抵押權人非直接自債務人取得，或非基於約定之一定法律關係而取得，自非所約定之一定法律關係所生債權，如欲成為擔保債權，則應由當事人另行約定。

　　值得注意者，最高限額抵押權所擔保者，故係不特定債權，但此所謂不特定債權，係指最高限額抵押權所擔保之債權，自該抵押權設定時起至確定時止，係屬不特定，即具有變動性與替代性，非指債權本身未特定。最高限額抵押權既屬抵押權之一種，即無排除特定債權成為擔保債權之理，況最高限額抵押權

---

❶　例如當事人約定以承攬關係所生之債權為擔保債權範圍，而債務人（定作人）另簽發支票向抵押權人（承攬人）借調現款使用。

係就擔保之不特定債權範圍予以限制，非謂特定債權不得與不特定債權共同約定為最高限額抵押權之擔保債權。

惟基於最高限額抵押權擔保不特定債權之特性，不得僅以特定債權為擔保債權，須與其他不特定債權共同約定為擔保債權，已如前述。最高限額抵押權於不特定債權外，並就特定債權予以擔保時，該特定債權之發生原因為何，不予限制；且不以現在已發生之債權為限，將來債權亦足當之。

易言之，最高限額抵押權得就此項特定債權併為擔保，此部分與普通抵押權所得擔保之債權，並無不同。

參、最高限額與期日

最高限額抵押權之所謂「最高限額」，係指抵押權人基於該抵押權所得優先受償債權之最高限度額數而言[15]。當事人如欲設定最高限額抵押權，必須有最高限額契約之約定與設定登記，方生最高限額抵押權之效力。

惟最高限額抵押權所擔保之債權，其優先受償之範圍，須受最高限額之限制，亦即於最高限額抵押權確定時，只有不超過最高限額範圍內之擔保債權，始為抵押權效力所及，超過該最高限額之債權，仍無優先受償之權。

一、約定方式

關於最高限額之約定方式，實務上向有「債權最高限額」與「本金最高限額」兩種。二者差異處如下：
㈠債權最高限額

債權最高限額是指「原本、利息、遲延利息與違約金等合併計算所得受償之債權最高限額」而言，即利息、違約金等須一併計入最高限額，倘一併計算超過最高限額時，超過部分即無優先受償權。
㈡本金最高限額

本金最高限額則單指「債權原本所得受償之最高限額」，至於該原本以外之

---

[15] 吳光明，前揭文，頁255。

利息、遲延利息及約定為擔保範圍之違約金等，依新民法第 861 條規定，當然為抵押權效力所及，故不受該最高限額之限制，惟債權原本超過最高限額者，始無優先受償之權。

最高限額之約定方式，除動產擔保交易法第 16 條第 2 項就動產抵押權明定擔保債權之最高金額係指原本及利息合計者（即採取「債權最高限額」方式），已無爭議外，一般最高限額抵押權如約定「本金最高限額若干元」時，其效力如何，仍有爭議❶。

為解決上開爭議，現行民法乃依據實務見解❶，採「債權最高限額」制，於 2007 年最新修正通過新民法第 881 條之 2 規定：「最高限額抵押權人就已確定之原債權，僅得於其約定之最高限額範圍內，行使其權利。前項債權之利息、遲延利息、違約金，與前項債權合計不逾最高限額範圍者，亦同。」

二、確定期日

最高限額抵押權所擔保之債權於確定前，乃具有變動性之不特定債權，此種狀態如任其繼續存在，必將使抵押人受抵押權長期甚至無限期之拘束，自非所宜。故新民法第 881 條之 4 乃明定：「最高限額抵押權得約定其所擔保原債權應確定之期日，並得於確定之期日前，約定變更之。前項確定之期日，自抵押權設定時起，不得逾三十年。逾三十年者，縮短為三十年。前項期限，當事人得更新之。」

新民法第 881 條之 4 立法理由如下：

㈠最高限額抵押權設定時，未必有債權存在。惟於實行抵押權時，所能優先受償之範圍，仍須依實際確定之擔保債權定之。故有定確定期日之必要，本條即為關於原債權確定期日之規定。第 1 項仿日本民法第 398 條之 6 第 1 項，規定該確定期日得由抵押權人與抵押人約定之，並得於確定之期日前，約定變更之。此所謂確定之期日，係指約定之確定期日而言。

㈡為發揮最高限額抵押權之功能，促進現代社會交易活動之迅速與安全，

❶　吳光明，前揭文，頁 260–263。

❶　最高法院 1986 年 11 月 25 日 75 年度第 22 次民事庭會議決議，日本民法第 398 條之 3 第 1 項、德國民法第 1190 條第 2 項等外國立法例。

並兼顧抵押權人及抵押人之權益，前項確定期日，不宜過長或太短，參酌我國最高限額抵押權實務現況，應以三十年為當。爰於第 2 項明定之。又當事人對於此法定之期限，得更新之，以符契約自由原則及社會實際需要，故設第 3 項規定 **⑱**。

肆、最高限額抵押權之確定

最高限額抵押權所擔保之一定範圍內不特定債權，因一定事由之發生，歸於具體特定者，為最高限額抵押權之確定。事實上，於確定事由發生後，最高限額抵押權已變成為僅就確定時存在之原債權、利息、遲延利息、違約金與其後所生之利息、遲延利息、違約金等債權，於最高限額範圍內予以擔保之抵押權。

由此可知，最高限額抵押權確定後，所擔保之具體特定債權，除原債權外，尚包括當時已發生及將來發生之利息、遲延利息及違約金。惟因擔保債權之確定，使最高限額抵押權擔保之債權，由不特定債權變為特定債權，致最高限額抵押權於性質上發生變更，學者著眼於此效果，故稱之為最高限額抵押權之確定 **⑲**。

一、確定之必要性

㈠優先受償之債權及金額有確定之必要

最高限額抵押權所擔保之債權，固為一定範圍內之不特定債權，隨時有發生新債權之可能性，惟其仍屬擔保物權，為擔保債權之優先受償而存在，於其實現擔保價值（亦即實行抵押權）之時，關於何一債權方為優先受償之債權，仍需予以具體確定。

又最高限額抵押權之優先受償金額，雖有最高限額之限制，但計算擔保債權之金額是否已逾最高限額，或實際債權額究為若干，亦須就最高限額抵押權

---

⑱ 《民法物權編部分修正條文對照表（擔保物權部分）》，第 881 條之 4 修正說明，2007 年 3 月 28 日，頁 63。

⑲ 王昱之，〈最高限額抵押權所擔保債權之確定〉，《民法物權論文選輯（下）》，頁 769-771；謝在全，前揭書，頁 55、56。

所擔保之債權為何，予以具體確定。故基於最高限額抵押權之擔保作用實現時，
自須確定其所擔保之債權及其金額。

㈡利害關係人權益之保護

依強制執行法第 80 條之 1 規定[20]，不動產如有最高限額抵押權存在時，其
拍賣最低價額，是否足以清償該抵押權所擔保之債權、其他優先債權及強制執
行費用，乃一般債權人或後次序抵押權人可否對之聲請強制執行之要件。因此，
有必要確定該不動產上之最高限額抵押權所擔保之債權及金額。

又倘使最高限額抵押權所擔保之債權一直未能確定，則最高限額範圍內抵
押物之擔保價值，將一直處於受拘束的狀態，如有剩餘之擔保價值，亦無法轉為
其他用途，致利害關係人之地位陷於不安定。因此，法律上有必要規定在一定條
件下，使最高限額抵押權歸於確定，使利害關係人之地位受到更穩固的保障。

二、確定之原因事由

按新民法第 881 條之 12 規定觀之，最高限額抵押權確定之事由，依其特性
與擔保機能，大抵可歸納為二類[21]，茲分述如下：

㈠擔保債權已無發生可能時

第 881 條之 12 第 1 項第 1、2、3、4 款及第 7 款所定事由屬之。

1.約定之原債權確定期日屆至者

最高限額抵押權之當事人雙方約定原債權之確定期日者，於此時點屆至時，
最高限額抵押權所擔保之原債權即基於當事人之意思而歸於確定。

2.擔保債權之範圍變更或因其他事由，致原債權不繼續發生者

依新民法第 881 條之 12 第 1 項第 2 款規定意旨，最高限額抵押權本係擔保
一定範圍內不斷發生之不特定債權，如因擔保債權之範圍變更或債務人之變更、
當事人合意確定最高限額抵押權擔保之原債權等其他事由存在，足致原債權不
繼續發生時，最高限額抵押權擔保債權之流動性即歸於停止，自當歸於確定。
至所謂「原債權不繼續發生」，係指該等事由，已使原債權確定的不再繼續發生

---

[20]　按強制執行法制定公布於 1940 年 1 月 19 日，歷經多次修正，最近一次修正於 2007
年 12 月 12 日。

[21]　謝在全，前揭書，頁 107。

者而言，如僅一時之不繼續發生，自不適用。

3.擔保債權所由發生之法律關係經終止或因其他事由而消滅者

最高限額抵押權所擔保者，乃由一定法律關係所不斷發生之債權，如該法律關係因終止或因其他事由而消滅，則此項債權不再繼續發生，原債權因而確定。

4.債權人拒絕繼續發生債權，債務人請求確定者

債權人拒絕繼續發生債權時，例如債權人已表示不再繼續貸放借款或不繼續供應承銷貨物。為保障債務人之利益，允許債務人請求確定原債權。

例如債權人銀行甲與債務人乙訂立融資契約，並就此項契約所生債權，由債務人乙提供不動產設定最高限額 1000 萬元之最高限額抵押權，並以十年為確定之期日，惟該抵押權設定後，債權人僅曾貸與債務人 100 萬元，嗣後債務人請求融資，債權人均置之不理，此時，債務人為充分利用抵押物之擔保價值，向他人融資，即得向該債權人（銀行）行使確定請求權。由此可知，此項確定請求權係由債務人向債權人以意思表示為之，又債務人行使此項請求權後，足使最高限額抵押權發生確定之效果，其性質自屬形成權無疑。

5.債務人或抵押人經裁定宣告破產者

依新民法第 881 條之 12 第 1 項第 7 款規定意旨，債務人或抵押人不能清償債務，經法院裁定宣告破產者，應即清理其債務，原債權自有確定之必要。但其裁定經廢棄確定時，即與未宣告破產同，不具原債權確定之事由❷。

㈡抵押權人實行抵押權或抵押物經查封

抵押權人實行抵押權或抵押物經查封時，例如第 881 條之 12 第 1 項第 5 款、第 6 款規定屬之。茲分述如下：

1.最高限額抵押權人聲請裁定拍賣抵押物，或依第 873 條之 1 之規定為抵押物所有權移轉之請求時，或依第 878 條規定訂立契約者

本款係以最高限額抵押權人實行最高限額抵押權為其確定事由。抵押權人既聲請裁定拍賣抵押物，或依第 873 條之 1 之規定為抵押物所有權移轉之請求時，或依第 878 條規定訂立契約者，足見其已有終止與債務人間往來交易之意

---

❷ 《民法物權編部分修正條文對照表（擔保物權部分）》，第 881 條之 12 第 1 項第 7 款修正說明，2007 年 3 月 28 日，頁 77。

思，故宜將之列為原債權確定之事由。

2.抵押物因他債權人聲請強制執行經法院查封，而為最高限額抵押權人所知悉，或經執行法院通知最高限額抵押權人者

抵押物因他債權人聲請強制執行而經法院查封，其所負擔保債權之數額，與抵押物拍賣後，究有多少價金可供清償執行債權有關，自有確定原債權之必要。惟確定之時點，實務上以最高限額抵押權人知悉該事實❷，例如未經法院通知而由他債權人自行通知最高限額抵押權人是❷，或經執行法院通知最高限額抵押權人時即告確定。但抵押物之查封經撤銷時，例如強制執行法第 17 條後段、第 50 條之 1 第 2 項、第 70 條第 5 項、第 71 條、第 80 條之 1 第 1 項、第 2 項，其情形即與根本未實行抵押權無異，不具原債權確定之事由。

㈢其他確定之事由

1.依新民法第 881 條之 12 第 2 項規定：「第八百八十一條之五第二項之規定，於前項第四款之情形，準用之。」蓋為期法律關係早日確定，以兼顧抵押權當事人雙方之權益，前項第 4 款債務人請求確定原債權之期日，宜準用第 881 條之 5 第 2 項之規定，爰設第 2 項規定。

2.依新民法第 881 條之 12 第 3 項規定：「第一項第六款但書及第七款但書之規定，於原債權確定後，已有第三人受讓擔保債權，或以該債權為標的物設定權利者，不適用之。」蓋第三人如於第 1 項第 6 款但書或第 7 款但書事由發生前，受讓最高限額抵押權所擔保之債權或以該債權為標的物設定權利者，因該抵押權已確定，回復其從屬性，是該抵押權自應隨同擔保，惟於該 2 款但書事由發生後，最高限額抵押權之確定效果消滅，為保護受讓債權或就該債權取得權利之第三人權益，爰參照日本民法第 398 條之 20 第 2 項規定，設第 3 項規定如上❷。

---

❷ 最高法院 78 年度第 17 次民事庭會議決議。
❷ 實務上之處理，由於他債權人查封後自行「通知」最高限額抵押權人與法院「通知」最高限額抵押權人會有作業上之差距，故精明之代理律師要懂得查封後盡速自行「通知」，以節省時日，避免最高限額抵押權人於查封後，法院「通知」前，繼續貸款給債務人，將妨礙債權人所獲得之清償款項。
❷ 《民法物權編部分修正條文對照表（擔保物權部分）》，第 881 條之 12 第 2 項、第 3

3.最高限額抵押權人與抵押人依新民法第 881 條之 11 規定：「最高限額抵押權不因抵押權人、抵押人或債務人死亡而受影響。但經約定為原債權確定之事由者，不在此限。」換言之，依新民法第 881 條之 11 但書當事人另有約定抵押權人、抵押人或債務人之死亡為原債權確定之事由者，本於契約自由原則，自應從其約定，爰增訂本條規定❷。

三、確定之性質及效果

㈠最高限額抵押權確定後之性質
1.擔保不特定債權之特性消滅

最高限額抵押權一經確定，無論其原因為何，擔保債權之流動性隨之喪失，該抵押權所擔保者，由不特定債權變為特定債權，抵押權之從屬性回復。

2.最高限額繼續存在

最高限額抵押權確定後，由原債權所生之利息、遲延利息與違約金，雖仍繼續為抵押權所擔保，但依照新民法第 881 條之 2 第 2 項及第 881 條之 11 但書規定，其與原債權合計後不得超過最高限額範圍。由此可知，債權優先受償金額應受最高限額限制之特性，仍繼續存在。

㈡最高限額抵押權確定後發生之效果
1.最高限額抵押權之擔保債權於確定時歸於確定
⑴所擔保債權之範圍亦告確定

依新民法第 881 條之 14 之規定：「最高限額抵押權所擔保之原債權確定後，除本節另有規定外，其擔保效力不及於繼續發生之債權或取得之票據上之權利。」蓋最高限額抵押權所擔保之原債權一經確定，其所擔保債權之範圍亦告確定。至於其後繼續發生之債權或取得之票據上之權利則不在擔保範圍之內。但本節另有規定者，例如第 881 條之 2 第 2 項規定，利息、遲延利息、違約金，如於原債權確定後始發生，但在最高限額範圍內者，仍為抵押權效力所及。惟上開所稱確定時存在之原債權，並不以當時已發生者為限，亦包含當時尚未發

項修正說明，2007 年 3 月 28 日，頁 78。

❷《民法物權編部分修正條文對照表（擔保物權部分）》，第 881 條之 11 但書修正說明，2007 年 3 月 28 日，頁 73。

生之附條件債權、將來債權或其他發生原因事實已存在之債權。又確定時存在
且已具擔保債權資格之債權，其利息、遲延利息、違約金等於確定時已發生者，
如與原債權合計未逾最高限額時，當然屬被擔保債權，於確定後發生者，如未
逾最高限額時，亦為擔保效力所及。

(2)債權次序依債權清償之抵充順序定之

　　確定時之擔保債權，如其債權總額已逾最高限額時，其得列入最高限額之
債權種類或次序，依債權清償之抵充順序定之。又依新民法第 881 條之 16:「最
高限額抵押權所擔保之原債權確定後，於實際債權額超過最高限額時，為債務
人設定抵押權之第三人，或其他對該抵押權之存在有法律上利害關係之人，於
清償最高限額為度之金額後，得請求塗銷其抵押權。」蓋最高限額抵押權所擔保
之原債權確定後，如第三人願代債務人清償債務，既無害於債務人，亦無損於
債權人，應無不許之理。為債務人設定抵押權之第三人，例如物上保證人，或
其他對該抵押權之存在有法律上利害關係之人，例如後次序抵押權人，於實際
債權額超過最高限額時，均僅須清償最高限額為度之金額後，即得請求塗銷抵
押權❷。又上開利害關係人為清償而抵押權人受領遲延者，自可於依法提存後
行之，乃屬當然。惟如債權額低於登記之最高限額，則以清償該債權額即可，
自不待言❷。

　　再者，最高限額抵押權所擔保之債權，其請求權如已因時效而消滅，倘抵
押權人於消滅時效完成後，五年間不實行其抵押權者，該債權於最高限額抵押
權確定時縱仍存在，但依新民法第 881 條之 15 之規定，亦不再屬該抵押權之擔
保範圍，以免抵押權人長久不行使權利，而害及抵押人之利益❷。

2. 法律關係之變化

(1)最高限額抵押權確定前所得為者，於確定後不再適用

　　擔保債權範圍及債務人之變更、確定期日之變更、原債權確定請求權之行

---

❷　按本條之規定，係仿日本民法第 398 條之 22。

❷　《民法物權編部分修正條文對照表（擔保物權部分）》，第 881 條之 16 修正說明，2007
　　年 3 月 28 日，頁 81。

❷　謝在全，〈最高限額抵押權確定之研究〉，《法官協會雜誌》，2 卷 2 期，2000 年 12 月，
　　頁 77。

使、原債權特別確定事由之約定等，如係於最高限額抵押權確定前所得為者，於確定後不再適用。最高限額抵押權確定後，確定最高限額抵押權之從屬性回復，故適用關於普通抵押權從屬性之相關規定，例如擔保債權有讓與、代位清償或債務承擔者，改依抵押權處分上之從屬性處理，不再適用新民法第881條之6之規定。

(2)不宜準用而被排除之普通抵押權恢復適用

為避免法律關係複雜，於最高限額抵押權不宜準用而被排除不予準用之普通抵押權規定❸，於最高限額抵押權確定後，恢復適用。

最高限額抵押權確定後，抵押權人就確定時存在之原債權及其利息、遲延利息、違約金，其後所生之利息、遲延利息及違約金，於不逾最高限額範圍內，均得行使優先受償權。故確定時之實際擔保債權額一時仍未確定。倘最高限額抵押權確定時，合計之擔保債權額低於最高限額，抵押人仍有抵押物之多餘交換價值可用，但因抵押權人未實行其抵押權之結果，可能造成利息等債權繼續累計增加，亦造成抵押人於設定後次序抵押權或處分抵押物之障礙。

對此，新民法第881條之13規定：「最高限額抵押權所擔保之原債權確定事由發生後，債務人或抵押人得請求抵押權人結算實際發生之債權額，並得就該金額請求變更為普通抵押權之登記。但不得逾原約定最高限額之範圍。」蓋最高限額抵押權所擔保之原債權於確定事由發生後，其流動性隨之喪失，該抵押權所擔保者由不特定債權變為特定債權，惟其債權額尚未確定，爰賦予債務人或抵押人請求抵押權人結算之權，以實際發生之債權額為準。又原債權一經確定，該抵押權與擔保債權之結合狀態隨之確定，此時該最高限額抵押權之從屬性即與普通抵押權完全相同，故債務人或抵押人並得就該金額請求變更為普通抵押權之登記。但抵押權人得請求登記之數額，不得逾原約定最高限額之範圍，俾免影響後次序抵押權人等之權益❸。

此外，最高限額抵押權確定後，所產生之法律關係變化，尚有最高限額抵押權塗銷請求權之發生。蓋最高限額抵押權所擔保之原債權確定後，如第三人

---

❸　例如新民法第870條之1、第870條之2及第880條之規定。

❸　《民法物權編部分修正條文對照表（擔保物權部分）》，第881條之13修正說明，2007年3月28日，頁79。

願代債務人清償債務，既無害於債務人，亦無損於債權人，應無不許之理。法律為平衡為債務人設定抵押權之第三人（如物上保證人）或其他對該抵押權之存在有法律上利害關係之人，與抵押權人間之利益，遂於新民法第 881 條之 16 規定：「確定最高限額抵押權之塗銷請求權」，賦予前述利害關係人僅需清償最高限額為度之金額後，即得請求塗銷抵押權之權利，已如前述。

伍、結　語

我國舊民法原無不動產最高限額抵押權之明文規定，惟目前學者通說，均從寬解釋抵押權之從屬性，而認最高限額抵押權為有效。實務上，最高法院亦以判例承認之，已如前述。故學術界呼籲，將不動產最高限額抵押權法制化。不動產之「最高限額抵押權」相關法律，已於 2007 年 3 月 28 日明訂並公布施行，此後不會再被譏為違反物權法定主義。

新民法已順應社會經濟之趨勢，不但增訂有關最高限額抵押權之規定，並整合過去實務與學說上之見解，予以統一；至「概括最高限額抵押權」之有效性等爭議問題，在新民法中，終亦獲得解決。

由於舊民法修正草案於 1999 年提出後，遲遲無法於立法院三讀通過施行；2005 年又提出一新修正版本。然比較 1999 年、2005 年民法修正草案與 2007 年新民法，後者實未有重大修正，僅係數字與文字上略作添補而已。

總之，我國最高限額抵押權制度之確立，應以已公布施行之新民法版本為主，在學界及實務界共同之努力下，吾人應可期待其落實與發展。

第 *24* 章
動產質權

壹、概　說

在羅馬法上最古之擔保物權為所有人質，或稱為信託讓與、信任質 (fiducia)。至共和末期，經由法務官之運作，乃有「質」(pignus) 與「抵押」 (hypotheca) 之興起，而兩者不僅同一性質，且大抵受同一原則之支配，將二者 並稱為質之情形，亦屬常有，只不過將「抵押」解為非占有質，而將「質」解 為占有質而已；而此二種擔保物權之設定，並無一定之方式，可能以契約或遺 囑為之，且因無登記制度，亦無其他公示方法，故缺點頗多。

其後大陸法繼受此類質權擔保制度，建立登記制度及公示方法，廢止羅馬 法上之動產或總財產抵押，改以建立不動產抵押之制度，並將占有質自抵押權 中分離，於是近代法之質權制度於焉形成❶。

我國古代，不論動產、不動產，如交付占有，以供債務之擔保，均稱為「質」。 兩漢以後，稱為典或當。近代以來，典與質常通用或並用。我國民法將典權與 質權、抵押權分開，典權為用益物權，質權、抵押權為擔保物權。取消不動產 質權，僅以動產為標的，又分為動產質權與權利質權兩種。

質權有廣義狹義二種，廣義之質權乃指物之擔保而言，包括質與抵押在內， 狹義之質權，則指因擔保債權，占有由債務人或第三人移交之動產，得就其賣 得價金受清償之權而言❷，我國民法所謂之質權，乃指狹義之質權。設定質權 之人稱為出質人，享有質權之人稱為質權人。

質權以留置效力與優先受償效力為其擔保作用，而留置效力因係由質權人 留置標的物，剝奪債務人之占有，難免造成債務人心理上之痛苦或生活上之不 便，從而以壓迫其從速清償債務，且標的物為一般民眾所常有，如衣服、家具、 電器用品、珠寶、古董……等，設質亦簡便，且最能發揮上述留置效力，頗能 適應一般民眾金融周轉之需要，而抵押權因不具留置效力之擔保機能，非其所 能取代。

---

❶　謝在全，《民法物權論》，下冊，修訂四版，自版，2007 年 6 月，頁 206–208。

❷　楊與齡，《民法物權》，二版四刷，五南圖書，1996 年 4 月，頁 212。

　　在法制史上，質權較諸抵押權更早發生，而動產質權在消費性融資領域中為主要之手段，自古至今，一直占有王者之地位。

　　優先受償權可謂是擔保權最根本之本質，取得優先受償之債權人，其債權幾乎可獲得完全之滿足❸，就質權以優先受償效力為其擔保作用而言，乃為確實支配其交換價值，以供擔保之用，故的確有留置標的物，剝奪債務人之利用權，以實現其優先受償效力之必要。

　　基此，本章首先擬探討動產質權之意義與特性。其次擬探討動產質權之要件與分類。再次擬探討動產質權之發生，包括動產質權之設定、動產質權之讓與、取得時效、繼承、善意取得。復次擬探討動產質權所擔保之範圍，包括所擔保債權之範圍、所擔保標的物之範圍。再者，擬探討出質人與質權人之權利與義務，包括出質人之權利、出質人之義務、質權人之權利、質權人之義務。此外，擬探討動產質權之消滅，包括動產質權之實行、質物之返還、喪失質物之占有、質物之滅失，並特別探討現行民法物權於動產質權此節內，所增訂兩種質權，即最高限額質權與營業質。最後，提出檢討與建議。

貳、動產質權之意義與特性

一、動產質權之意義

㈠舊民法之規定

　　依舊民法第 884 條之規定「稱動產質權者，謂因擔保債權，占有由債務人或第三人移交之動產，得就其賣得之價金，受清償之權。」

㈡新民法之規定

　　新民法第 884 條已修正為：「稱動產質權者，謂債權人對於債務人或第三人移轉占有而供其債權擔保之動產，得就該動產賣得價金優先受償之權。」

　　本條修正理由，在於質權與抵押權同屬擔保物權之一種，設有質權擔保之債權，債權人就拍賣質物所得之價金受清償時，有優先受清償之權，為使立法

---

❸　王文宇，〈建構資訊時代之擔保權法制〉，《月旦法學》，95 期，2003 年 4 月，頁 57。

體例一致，本條仿修正條文第 860 條關於抵押權之規定，作文字之調整。另外，質權有分為權利質權與動產質權，而本條乃是關於動產質權之定義性規定，故表明「動產質權」之文字，至於本節以下各條規定中所稱之「質權」，既規定於同一節內，當然係指「動產質權」而言，毋庸逐條修正❹。

二、動產質權之特性

動產質權作為擔保物權，當然亦具備擔保物權之一般特性，茲分述如下：
㈠從屬性
動產質權之從屬性，又稱質權之附隨性。蓋質權係為擔保債權之受償而設定或發生之物權，其具有從屬於被擔保債權之屬性。被擔保債權為主權利，擔保債權之質權為從權利。

然而，質權之從屬性並非絕對，例如新民法第 899 條之 1 第 1 項規定：「債務人或第三人得提供其動產為擔保，就債權人對債務人一定範圍內之不特定債權，在最高限額內，設定最高限額質權」，此種最高限額質權並非以債權之存在為其發生或存在之前提要件，故在此情況下之質權從屬性，並不顯著。

另在處分之從屬性上，質權得與債權共同處分，雖新民法第 870 條：「抵押權不得由債權分離而為讓與，或為其他債權之擔保」有關抵押權處分上從屬性之規定，於質權並無明文規定，但基於擔保物權之共通性，質權在處分之從屬性上，亦應類推適用之。

在消滅之從屬性上，如債權因清償、免除等原因全部消滅時，質權亦歸消滅。

至於有關轉質權之規定於新民法第 891 條：「質權人於質權存續中，得以自己之責任，將質物轉質於第三人。其因轉質所受不可抗力之損失，亦應負責。」觀其性質中，亦可認為係質權移轉從屬性之突破。

㈡不可分性
質權不因質物之分割或讓與，以及被擔保債權之部分清償，分割或讓與而變化，原質權人仍得就擔保物之全部，行使其質權。又當質物部分滅失時，未滅失部分之質物仍擔保債權之全部，而不能按比例縮減質物之擔保範圍。

❹　《民法物權編部分修正條文對照表（擔保物權部分）》，第 884 條修正說明，2007 年 3 月 28 日，頁 83。

㈢物上代位性

質權之性質為價值權，其內容在於支配標的物之交換價值。而交換價值在本質上並不因質物之形態或性質之變化而發生變化，該質物仍保持其同一性。因此，不論該質物之形態或性質是否發生變化，只要能維持其交換價值，質權基於直接支配標的物交換價值之效力，可及於質物之代替物，此即所謂質物之物上代位性❺。

參、動產質權之要件與分類

一、動產質權之要件

由上述法條之定義，動產質權之要件，可分析為如下幾點：

㈠動產質權係以他人之動產為標的物

動產質權之標的物僅能以動產為限，如以不動產為標的物設定質權，將違反民法第 757 條之物權法定主義，應屬無效❻。而所謂「他人」乃指債權人以外之第三人或債務人，如此以非債權人之動產為質物，才能發揮質權之留置與優先清償效力。

又動產質權之標的物需具備下列三條件：

---

❺ 參閱最高法院 92 年度臺上字第 488 號判決：「按擔保物雖滅失，然有確實之賠償義務人者，依民法第 881 條、第 899 條之規定，該擔保物權即移存於得受之賠償金之上，而不失其存在，此即所謂擔保物權之代物擔保性，本院 59 年臺上字第 313 號著有判例。」

❻ 違反物權法定主義是否一定為無效，本文則認為有探討之空間，蓋如最高限額抵押權並未明定，但於民間實務上行之有年，且加以司法實務上（最高法院 84 年臺上字第 1967 號判例、97 年度臺上字第 2131 號判決、96 年度臺上字第 927 號判決）之承認，故其雖然違反物權法定主義，但仍非無效。是否物權法定原則可包括習慣法上之物權，只要在不危及公序良俗、符合公示原則及確保交易安全下，可承認之，新法通過後，此更不是問題。然此非本文所探討議題，限於篇幅，茲不贅述。

1. 特定物

動產質權僅需移轉其標的物之占有，而無需移轉其標的物之所有權，在所擔保之債權消滅後，質權人應依民法第 896 條規定，將質物返還於有受領權之人。因此，動產質權之標的物必須是特定物。

2. 流通物

動產質權之標的物，必須是可讓與之動產，亦即是能流通之物。如不可讓與之動產，不能成為交易之標的。此種不能流通之物，即使是有價證券，但不能依法定程序變賣，債權人便無法實行質權，故不能成為動產質權之標的物。

3. 獨立物

動產質權之標的物必須是獨立之物，蓋動產質權之設定，必須移轉動產之占有，如非獨立之物，無法移轉動產之占有，當然不能充當動產質權之標的物。至於共有之物，就其應有部分設定質權，使質權人與他共有人共同占有物者，其質權仍可認為成立。

(二)須「占有」該標的物之動產

1. 舊民法之規定

動產質權乃以「占有」債務人或第三人之動產，為其成立與存續之要件，故質權人須占有質物，且依民法第 885 條第 1 項之規定「質權之設定，因移轉占有而生效力。」然所謂移轉占有，應如何為之，按民法第 946 條，已對占有之移轉為一般性規定，該條第 1 項規定：「占有之移轉，因占有物之交付而生效力。」第 2 項規定：「前項移轉，準用第七百六十一條之規定。」

至民法第 761 條則共規定了四種移轉之方式，如現實交付、簡易交付、占有改定與指示交付，此四種交付方式，是否皆適用於質物之移轉占有，則有待討論。

2. 新民法之規定

現行民法第 885 條修正理由認為，原條文第 1 項未標明移轉占有之客體及對象，為期明確，現行民法第 885 條第 1 項乃修正為：「質權之設定，因供擔保之動產移轉於債權人占有而生效力。」

又動產質權以占有由債務人或第三人移轉之動產為其成立及存續之要件，故質權人須占有質物，始能保全質權之效力。為使質權之關係明確，並確保質

權之留置作用，新民法第 885 條乃於第 2 項增列：「質權人不得使出質人或債務人代自己占有質物。」

三得就質物賣得之價金優先受償之權

動產質權既為擔保物權之一，係為確保債權之清償而存在，則在債權屆期未獲清償時，自得依民法第 893 條第 1 項規定，拍賣質物，就其賣得價金而受清償。

又實務上認為，民法第 893 條之規定，僅謂質權人於債權屆期未受清償時，有拍賣質物優先受償之權利，並非認其必須負有拍賣之義務。故質權人就質物行使權利，或逕向債務人請求清償，仍有選擇之自由，要無因拋棄質權，而債權亦歸於消滅之理❼。故於適用該條規定時，應注意之。

四動產質權為擔保物權

動產質權乃為擔保債務之履行而設，不僅具有留置效力，且有優先受償權，於債務人不清償債務時，質權人得實行質權，就質物所賣得之價金有優先受償之權，故為擔保物權之一種，此與抵押權、留置權相同，而與用益物權有異。

二、質權之分類

質權依各國立法例之不同，約可作四種分類，茲分述如下：

(一)依標的物之不同為區分標準

依標的物之不同為區分標準，質權可分為動產質權、權利質權與不動產質權，我國民法僅有第 884 條之動產質權與第 900 條之權利質權二種❽。

(二)依內容之不同為區分標準

依內容之不同為區分標準，質權可分為占有質權、用益質權與歸屬質權。占有質權之質權人對質權標的物僅得占有，原則上不得收益使用之；用益質權乃質權人對於質權標的物，不僅占有且可使用收益之；歸屬質權乃質權人取得質權標的物之所有權以抵充債權，又稱為流質，依舊民法第 893 條第 2 項規定：「約定於債權已屆清償期而未為清償時，質物之所有權移屬於質權人者，其約定為無效。」換言之，此為我國民法所禁止。

---

❼　最高法院 49 年臺上字第 2211 號判例。

❽　法國民法第 2085 條、日本民法第 356 條則有不動產質權。

新民法第 893 條第 2 項修正理由認為，關於抵押權之流抵約款規定，於第 873 條之 1 修正條文已設有相對之禁止規定，現行民法第 893 條第 2 項乃規定：「約定於債權已屆清償期而未為清償時，質物之所有權移屬於質權人者，準用第八百七十三條之一之規定。」以求立法體例之一致❾。

㈢依適用法規之不同為區分標準

依適用法規之不同為區分標準，質權可分為民事質權、商事質權與營業質。民事質權乃適用民法之質權，如我國民法上之動產與權利質權；商事質權乃適用商事法之質權，但我國係採民商法合一主義，故無此種質權之存在；營業質係指適用當鋪業法之當鋪業質權，我國新民法物權編施行法❿第 20 條規定：「民法物權編修正前關於質權之規定，於當舖或其他以受質為業者，不適用之。」可知新民法第 899 條之 2 乃增訂關於營業質之規定，並就其得適用動產質權之範圍予以明定，本條係配合修正。

㈣依成立原因之不同為區分標準

質權可分為意定質權與法定質權。意定質權乃是當事人以法律行為所設定之質權，民法上所定質權屬之；法定質權乃依法律規定而發生之質權，如民事訴訟法第 103 條❶、第 106 條❷所規定者是。

肆、動產質權之發生

動產質權之發生原因，有基於法律行為者，如動產質權之設定；有基於法

---

❾　《民法物權編部分修正條文對照表（擔保物權部分）》，第 893 條第 2 項修正說明，2007 年 3 月 28 日，頁 89。

❿　民法物權編施行法訂於 1930 年 2 月 10 日，歷經多次修正，最近一次修正於 2009 年 1 月 23 日。

❶　民事訴訟法第 103 條第 1 項規定：「被告就前條之提存物，與質權人有同一之權利。」按民事訴訟法訂於 1930 年 12 月 26 日，歷經多次修正，最近一次修正於 2009 年 7 月 8 日。

❷　民事訴訟法第 106 條前段規定：「第一百零二條第一項、第二項及第一百零三條至前條之規定，於其他依法令供訴訟上之擔保者準用之⋯⋯。」

律之規定者，如動產質權之讓與；有基於法律行為以外之原因者，如取得時效、繼承與善意取得，茲分述如下：

一、動產質權之設定

所謂動產質權之設定，係指出質人以其動產為債權之擔保，並將物之占有移轉於質權人而成立之行為。動產質權之設定行為可為契約行為，亦可為遺囑行為。質權之設定行為，以直接成立質權為目的，不因原因行為無效而無效。質權之設定行為，為要物行為[13]，除債權人與出質人間，需有合意外，必須移轉占有，才能發生效力。

因此，動產質權之取得如以質權契約為之，其要件為：

1.動產質權之設定須雙方當事人合意

⑴舊民法之規定

依舊民法第 885 條第 1 項規定：「質權之設定，因移轉占有而生效力。」此為變動之外觀。

⑵新民法之規定

當事人合意部分，新民法第 885 條第 1 項規定：「質權之設定，因供擔保之動產移轉於債權人占有而生效力。」其修正理由乃是為標明移轉占有之客體與對象，使其明確[14]，然雙方當事人既須以供擔保之目的而移轉占有該動產，實已含有當事人間須存有設定動產擔保之合意在內。

2.須移轉占有質物

移轉占有之方式，有依民法第 946 條第 2 項準用第 761 條動產物權變動之規定，而其中現實交付、簡易交付之方式，殆無疑問；但質物之移轉，因不得有違動產質權之留置效力，故不適用占有改定；另指示交付之方式，目前學者見解仍有不一，如能於加入「通知質物之占有人」之要件，應較屬完善，此均已如前述。

---

[13] 楊與齡，前揭書，頁 221。

[14] 《民法物權編部分修正條文對照表（擔保物權部分）》，第 885 條第 2 項修正說明，2007 年 3 月 28 日，頁 84。

二、動產質權之讓與

　　動產質權為非專屬性之財產權，自得讓與之，然動產質權係擔保物權之一種，亦具有從屬性，故其讓與應與所擔保之債權一併為之。

　　依民法第 295 條第 1 項前段規定:「讓與債權時，該債權之擔保及其他從屬之權利，隨同移轉於受讓人。」故於債權讓與時，原則上其質權亦隨同移轉於受讓人，而此項質權移轉之效果，係來自法律規定，非依法律行為而生，故不待質物之交付，即生移轉之效力。蓋唯有作此解釋，才不致發生債權已移轉，卻因質物未及交付，導致發生質權無擔保權之情事，而有違質權從屬性。而為質權實行之需要與保護其質權，債權之受讓人自得請求讓與人交付質物，倘讓與人不為此項行為時，受讓人得以訴請求之❺。

三、取得時效

㈠舊民法之規定

　　動產質權得因取得時效之完成而取得，即依民法第 772 條、第 768 條規定意旨，債權人以行使質權之意思，五年間和平公然占有他人之動產者，可取得動產質權。不過，此情形仍須以債權人對於債務人具有債權存在為前提，此乃基於質權之從屬性所必然；而承認動產質權可時效取得之制度，在動產質權之設定具有無效原因，而實際上已有動產質權設定之外觀情形，頗具有實益❻。

㈡新民法之規定

　　然新民法第 768 條，及增訂第 768 條之 1，對於動產所有權之取得時效，有區分為惡意者須過十年，而善意者才是五年之規定，據此，動產質權之取得時效，在準用占有所有權取得時效之規定時，亦應區分善意或惡意，而異其年限。

四、繼　承

　　由於動產質權為財產權之一種，故於質權人死亡時，當然由其繼承人因繼

---

❺　謝在全，前揭書，頁 251、252。惟有學者有不同意見，認為仍須將質權標的物移交於債權之受讓人占有，該受讓人取得質權始生效力。參閱楊與齡，前揭書，頁 222。

❻　謝在全，前揭書，頁 252。

承而取得，且不論繼承人是否知其事實，或已否占有質物。

五、善意取得

㈠舊民法之規定

依舊民法第 886 條規定：「質權人占有動產而受關於占有規定之保護者，縱出質人無處分其質物之權利，質權人仍取得質權。」

㈡新民法之規定

新民法第 886 條將上述條文文字修改為「動產之受質人占有動產，而受關於占有規定之保護者，縱出質人無處分其質物之權利，受質人仍取得質權。」其理由乃為所謂「質權人」係指已經取得質權之人，而現行條文所引之質權人乃尚未取得質權，而須依善意受質之規定取得之，避免用語疑義，乃將質權人改為受質人[17]。

㈢善意取得要件

茲依上開條文之規定，分析動產質權之善意取得要件如下[18]：

1.須以設定質權為目的

出質人將動產移轉債權人占有，係以設定質權，擔保債權為目的。

2.須出質人為動產占有人且無處分之權利

原則上，出質人對動產無處分權時，其設定質權之行為，本應為無效行為。然因動產質權以占有為公示方法，並無登記制度。為維護交易安全，故法律規定，受質人如已占有該動產，仍可取得質權。

3.須受質人係善意受讓該動產之占有

新民法第 886 條規定之動產質權之善意取得，與民法第 801 條動產所有權善意取得，二者之要旨相同，均係以「而受關於占有規定之保護者」為前提，而所謂「受關於占有規定之保護者」，即是指民法第 948 條「以動產所有權或其他物權之移轉或設定為目的，而善意受讓該動產之占有者，縱其讓與人無讓與之權利，其占有仍受法律之保護。」等規定。故受質人於設定質權時，須不知出

---

[17] 《民法物權編部分修正條文對照表（擔保物權部分）》，第 886 條修正說明，2007 年 3 月 28 日，頁 84。

[18] 謝在全，前揭書，頁 252、253。

質人就該動產無處分權存在，始符善意受讓之條件。

4.當事人間須有設定質權之合意

　　受質人之占有乃依法律行為受讓而來，故係以物權行為設定質權，當事人間自須有設定質權之合意。

　　合於上述四要件後，受質人即取得質權，此種取得雖是基於當事人間之法律行為，但因出質人本無處分權，故受質人實係基於法律之特別規定，而取得質權。

 # 伍、動產質權所擔保之範圍

一、所擔保債權之範圍

㈠舊民法之規定

　　舊民法第 887 條規定：「質權所擔保者，為原債權、利息、遲延利息、實行質權之費用及因質物隱有瑕疵而生之損害賠償。但契約另有訂定者，不在此限。」由於動產質權不採登記制度，故動產質權就此部分之擔保範圍，無登記與否之問題，而如當事人依本條但書之規定，另行約定擔保債權之範圍者，亦無登記之問題。

㈡新民法之規定

　　新民法第 887 條第 1 項規定：「質權所擔保者為原債權、利息、遲延利息、違約金、保存質物之費用、實行質權之費用及因質物隱有瑕疵而生之損害賠償。但契約另有約定者，不在此限。」第 887 條第 2 項規定：「前項保存質物之費用，以避免質物價值減損所必要者為限。」

　　蓋質權與抵押權同為擔保物權，修正條文第 861 條已增列「違約金」為抵押權擔保之範圍，本條亦配合增列。又質權存續中，質物由質權人占有，質權人因保存質物所生之費用，得向出質人請求償還，自亦應為質權擔保之範圍。本條爰仿外國立法例修正❶，並將「訂定」修正為「約定」後，改列為第 1 項。

----

❶　日本民法第 346 條、德國民法第 1210 條、韓國民法第 334 條均有相同之規定。

此外，為兼顧出質人之利益，爰增列第 2 項，明定保存質物之費用，以避免質物價值減損所必要者為限，始為質權擔保之範圍，例如稅捐、修繕費或其他必要之保存費用。至於為避免質物滅失所必要之費用，當然包括在內。又單純之保管費用，例如質物置於倉庫所須支付之倉租等是，若非為避免質物價值減損所必要者，其保管費用自仍應由質權人負擔，不在本項保存費用之內 [20]。

㈢因質物隱有瑕疵而生之損害賠償問題

因質物隱有瑕疵而生之損害賠償，固為動產質權所擔保債權之範圍，但仍須具備下列要件，始為該動產質權所擔保：

1. 須質物有瑕疵，如出質之牲畜有病毒。

2. 須其瑕疵係屬隱有者，即以通常之注意而難以發現者而言，如為質權人所知者，則非屬隱有瑕疵，自非該動產質權所擔保之範圍。

3. 須瑕疵與損害之發生有因果關係，如質權人受牲畜之病毒感染而致病 [21]。

二、所擔保標的物之範圍

因動產質權在設定時，就已經將質物交付與質權人占有，而質權人除能將質物留置，以擔保將來債權之實現外，並無使用收益之權限。因此，新民法第 888 條增訂第 2 項：「質權人非經出質人之同意，不得使用或出租其質物。但為保存其物之必要而使用者，不在此限。」 [22]

又有關質權所擔保標的物之範圍尚有以下幾個較重要之問題，茲分析探討如下：

㈠孳　息

1. 舊民法之規定

依舊民法第 889 條規定：「質權人得收取質物所生之孳息。但契約另有訂定者，不在此限。」由此可知，除當事人間契約另有約定外，質權人有收取質物孳息之權利，故動產質權之效力，原則上及於孳息，且基於現實面之考量，因質

---

[20] 李淑明，《民法物權》，初版第一刷，元照出版，2004 年 6 月，頁 237、238。

[21] 謝在全，前揭書，頁 262。

[22] 《民法物權編部分修正條文對照表（擔保物權部分）》，第 888 條修正說明，2007 年 3 月 28 日，頁 86。

權人是質物的占有人，由質權人來收取該孳息，自然較出質人為便利，同時舊民法第 890 條第 2 項規定：「前項孳息，先抵充收取孳息之費用，次抵原債權之利息，次抵原債權。」

申言之，質權人就孳息僅能「收」，「收」取後並非放入自己口袋中，而是作為抵充債務人之債務，故此等孳息，仍是屬於出質人所有❷。然此項孳息是否僅限定在天然孳息，值得探討。

2. 新民法之規定

由於新民法第 889 條，並無明定僅限於天然孳息，則法定孳息自宜解為包括在內❷，加以新民法第 890 條增列第 3 項：「孳息如須變價始得抵充者，其變價方法準用實行質權之規定。」其立法理由即謂：「本條規定之孳息包括天然孳息與法定孳息，其為優先受償效力所及，應無疑義。質權人收取之孳息，非當然可依第 2 項規定抵充，為期周延，爰增列第 3 項……。」故依說明可知，質權人收取之孳息，包括天然孳息與法定孳息，當無疑義❷。

㈡ 從　物

因民法總則編第 68 條第 2 項之規定，就質權言，並未如抵押權般，於新民法第 862 條第 1 項有明文訂定，故動產質權之效力，是否及於從物問題，學者有不同見解。

1. 質權之效力及於從物

有學者認為，依民法第 68 條第 2 項之規定：「主物之處分，及於從物。」故肯認動產質權之效力及於從物❷。

2. 質權之效力不及於從物

亦有學者認為，動產質權之效力非當然及於從物，須從物已移交質權人占有時，才為質權效力所及，如無，則非質權效力所及❷。

---

❷　李淑明，前揭書，頁 238。

❷　謝在全，前揭書，頁 264。

❷　張婷，《兩岸動產擔保權之比較研究》，中國文化大學法律研究所碩士論文，2004 年 6 月，頁 27；《民法物權編部分修正條文對照表（擔保物權部分）》，第 890 條修正說明，2007 年 3 月 28 日，頁 87。

❷　謝在全，前揭書，頁 264。

　　雖主物之處分及於從物是為原則，然動產質權乃以質物之移轉占有為其成立要件，故從物亦須移轉交由質權人占有，才是屬質權標的物之範圍。

　　上開後說為多數之通說，且符合質權之成立要件、公示原則，自屬可採❷。本文亦贊同。

㈢代替物

1.舊民法之規定

　　質權標的之代替物亦稱為代位物❷，可分為兩項：

　　⑴舊民法第 892 條規定：「因質物有敗壞之虞，或其價值顯有減少，足以害及質權人之權利者，質權人得拍賣質物，以其賣得價金，代充質物。」

　　⑵舊民法第 899 條規定：「動產質權，因質物滅失而消滅。如因滅失得受賠償金者，質權人得就賠償金取償。」

2.新民法之規定

　　⑴新民法為使代位物之規定更加完善，於此二條皆有修正之。新民法第 892 條第 1 項規定：「因質物有腐壞之虞，或其價值顯有減少，足以害及質權人之權利者，質權人得拍賣質物，以其賣得價金，代充質物。」此乃將原條文之敗壞字眼改為腐壞，是為與第 806 條用語一致，另新民法第 892 條增訂第 2 項規定：「前項情形，如經出質人之請求，質權人應將價金提存於法院。質權人屆債權清償期而未受清償者，得就提存物實行其質權。」蓋質權人基於占有質物之權，本可占有前項賣得之價金，惟經出質人請求，質權人應將價金提存於法院❸，爰仿德國民法第 1219 條第 2 項第 2 款之立法例，增訂第 2 項。又質權人於屆債權清償期未受清償時，自得取回提存物，實行其質權，以之優先受償。此種提存，係以質權人為提存人，出質人為受取人，附以債權清償始得領取之條件。上述情形，提存法應配合修正，建議主管機關修正之❹。

---

❷ 史尚寬，《物權法論》，自版，1971 年 11 月，頁 323；姚瑞光，《民法物權論》，初版，自版，1967 年 10 月，頁 289；李光夏，《民法物權新論》，上海書報社，頁 461；謝在全，前揭書，頁 264。

❷ 李淑明，前揭書，頁 239；謝在全，前揭書，頁 264。

❷ 謝在全，前揭書，頁 265。

❸ 參閱德國民法第 1219 條第 2 項第 2 款之規定。

(2)新民法第 899 條規定:「動產質權,因質物滅失而消滅。但出質人因滅失得受賠償或其他利益者,不在此限。(第 1 項)質權人對於前項出質人所得行使之賠償或其他請求權仍有質權,其次序與原質權同。(第 2 項)給付義務人因故意或重大過失向出質人為給付者,對質權人不生效力。(第 3 項)前項情形,質權人得請求出質人交付其給付物或提存其給付之金錢。(第 4 項)質物因毀損而得受之賠償或其他利益,準用前四項之規定。(第 5 項)」

另新民法第 899 條除第 1 項為文字修正外,第 2 項至第 5 項皆為新增,其理由說明如下:

1.第 1 項現行條文之賠償金,易使人誤解為質物之代位物僅限於金錢,實則在賠償義務人未為給付前,質權人對賠償義務人有賠償請求權,給付物並未特定為金錢,其他財產權均有可能,為避免疑義故修正之。現行規定後段乃前段之例外規定,爰將「如」字修正為「但」字之但書規定,且因其易令人誤解為一旦質物滅失受有賠償金時,質權人即可就賠償金取償。實則,質物滅失後,如出質人因滅失得受賠償或其他利益者,基於擔保物權之物上代位性,質權人所得行使之權利並不消滅,故仍有質權,且其次序與原質權同。爰將「質權人得就賠償金取償」修正為「質權人對於前項出質人所得行使之賠償或其他請求權仍有質權,其次序與原質權同」,並改列為第 2 項。

2.質物滅失時,依第 1 項及第 2 項規定之意旨,負賠償或其他給付義務之給付義務人應向質權人給付,始為公允。故給付義務人如因故意或重大過失已向出質人為給付,對質權人不生效力。易言之,質權人如請求給付,給付義務人仍負給付之義務,爰增訂第 3 項。

3.第 3 項情形,如所擔保之債權已屆清償期,質權人得請求出質人交付其賠償物、給付物或賠償金、給付之金錢;如債權未屆清償期,質權人僅得請求出質人交付其賠償物、給付物或提存其賠償金、給付之金錢,爰增訂第 4 項。此種提存,係以出質人為提存人,質權人為受取人,附以債權屆期未受清償始得領取之條件,併予指明。

4.質物因毀損而得受之賠償或其他利益,是否亦為質物之代位物?現行法

---

❸❶ 《民法物權編部分修正條文對照表(擔保物權部分)》,第 892 條修正說明,2007 年 3 月 28 日,頁 88。

尚無明文，易滋疑義，惟學者通說認為其係質權之物上代位，為期明確，爰增訂第5項準用規定。當質物滅失時，依第1項規定之意旨，賠償義務人應向質權人賠償始為公允，故若賠償義務人因惡意或重大過失向出質人為賠償，對質權人不生效力，質權人如請求賠償，賠償義務人仍負給付義務❸❷。

此外，有關質權之物上代位物問題，學者提出質疑，值得參考。學者指出，依新民法規定，質權之物上代位物，須符合下列要件：

1.質物係因事實上或法律上之原因而絕對滅失，至於毀損，修正草案已明定在內。

2.因滅失而受有賠償金，若滅失後無受有賠償金，則質權消滅，自無物上代位可言。所謂賠償金包含第三人之損害賠償請求權或保險金請求權，其他之償金請求權亦屬之，如質物因添附而所有權消滅時，質物所有人依民法第816條規定，對添附物所有人取得償金請求權。

3.須為出質人所得受領之賠償金。如非所得受領之賠償金，則質權人亦無從行使物上代位權。如出質人於質物設質前，已將質物投保並指定其受益人為第三人，則保險事故發生時，具有保險金之受領人為該第三人，而非出質人，則質權人亦無從行使物上代位權❸❸。

(四)添附物

質物一旦發生添附之情形，先依民法第811條至第816條有關添附之規定，定其所有權之歸屬，如該質物之所有權仍然存在，只是較原來有所擴張，則動產質權不受到影響；如該質物之所有權因而消滅，則動產質權亦因失其標的而消滅，但如因此有賠償金或賠償請求權，則動產質權人之權利，會轉而存在於該賠償金或賠償請求權❸❹。

---

❸❷　《民法物權編部分修正條文對照表（擔保物權部分）》，第899條修正說明，2007年3月28日，頁90、91。

❸❸　謝在全，前揭書，頁265。

❸❹　李淑明，前揭書，頁239、240。

陸、出質人與質權人之權利與義務

一、出質人之權利

動產質權之成立，必須移轉質物之占有，故出質人即無使用、收益及事實上之處分權，然出質人並不因而喪失法律上之處分權。茲將出質人之權利，分述如下：

㈠質物收益權

原則上於設立質權後，質物已由質權人占有，出質人已無從享有使用權與收益權，但可依民法第 889 條但書規定，出質人得以依契約之規定，保留質物之收益權。

㈡質物處分權

質權設定後，出質人對該質物並未喪失所有權，故仍有法律上之處分權，例如可將質物之所有權為讓與。

質權設定之後，雖有認為基於物權優先效力之原則，仍可再設定質權或動產抵押權，用以擔保其他債務之履行，而原有之質權不受影響，各擔保物權之優先次序，則依其成立之先後次序定之。

然本文認為，出質人能否於設定質權後，再設定質權給另一人，實有待商榷，蓋質權之設立須占有質物，而出質人並無法將同一質物分別交付給兩人以上，自亦難以就同一質物同時設立質權給兩個以上之人。

至於事實上之處分權，因出質人已喪失質物之占有，無從為之，且此亦有害於質權人之權益，從而應解為出質人對於出質物，不得享有再設定質權或動產抵押權之權利。

㈢對債務人之求償權與代位權

出質人如非債務人而是第三人時，出質人性質上為物上保證人，此物上保證人於代為清償債務後，依民法第 312 條之規定，對債務人自有求償權與代位權。此外，如因質權之實行，以致出質人喪失質物所有權時，此與強制以質物

代為清償債務時同，出質人亦應有第 312 條之適用，或得類推適用第 879 條之規定，而行使求償權與代位權。

二、出質人之義務

㈠損害賠償義務

依民法第 887 條之規定意旨，出質人就質物隱有瑕疵，對質權人而生之損害須負賠償義務；至於對質權人因質物非隱有瑕疵所生之損害，是否應有賠償之責，則有疑義。茲分述如下：

1.應負賠償之責

有學者認為，此種損害，出質人仍應負賠償之責，只不過此屬普通債權，不在質權所擔保之範圍內❸。

2.僅對質物隱有瑕疵致質權人遭受之損害負賠償之責

另有學者認為，出質人僅對質物隱有瑕疵致質權人遭受之損害負賠償之責而已，除此以外，不負其他瑕疵擔保義務❸。

惟按新民法第 887 條之意旨，僅係在當事人間，未約定質權所擔保債權之範圍時，用以限定其擔保範圍，而非在限定質權人所得行使損害賠償之範圍，故該質物縱因非隱有瑕疵對質權人所生之損害，質權人得依其他法律關係請求損害賠償時，出質人仍應負賠償之責，故本文採前說。

㈡償還必要費用之義務

民法質權章中，雖無「償還必要費用」之明文，但動產質權應可類推適用留置權於第 934 條之規定，亦即因保管留置物所支出之費用，得向其物所有人，請求償還。而新民法第 887 條中，已增列第 2 項規定：「前項保存質物之費用，以避免質物價值減損所必要者為限。」亦即出質人所需償還之費用，應以避免質物價值減損所必要者為限。至於所謂必要費用之範圍，是否包含有益費用，則有下列不同見解：

甲說：在質物現存之增加價值限度內，出質人負償還義務。

乙說：出質人只對於有利於己並且不違反自己已明示或可推知之意思的有

---

❸　姚瑞光，前揭書，頁 287。

❸　李光夏，前揭書，頁 471；謝在全，前揭書，頁 268。

益費用支出，始負償還義務。

　　丙說：因出質人本多屬經濟弱勢者，為避免其於清償原債務後，無力償還有益費用，故僅限於出質人所同意支出之有益費用，始負償還義務。

　　按質權人之所以占有質物，乃基於法律關係，自不能適用無法律關係或無因管理之規定，且質權人通常無使用質物之權，應無支出有益費用之必要，故為避免增加出質人之負擔，本文認為，應從丙說為當。

三、質權人之權利

㈠質物之留置權

　　動產質權既以占有質物為其成立與存續要件（新民法第 884 條、第 897 條參照），則質權人於其債權未受完全清償前，留置質物乃質權人必須占有質物之當然結果，不待法律明文之。

㈡質物之孳息收取權

　　原則上，除契約另有訂定外，質權人可收取質物所生之孳息（新民法第 889 條參照）。例如以母雞設定質權，質權人可收取母雞所生之雞蛋。蓋質物既由質權人占有，故由質權人收取孳息，較為便利。

　　又依新民法第 890 條規定：「質權人有收取質物所生孳息之權利者，應以對於自己財產同一之注意收取孳息，並為計算。前項孳息，先抵充費用，次抵原債權之利息，次抵原債權。」如違反與「自己財產同一之注意」義務時，應負損害賠償責任。

㈢質物之變價權

　　如質物有腐壞之虞，或價值顯有減少，足以害及質權人之權利時，質權人得依新民法第 892 條第 1 項規定，拍賣質物，以該質物賣得之價金，代充質物。又依新民法第 892 條第 2 項規定：「前項情形，如經出質人之請求，質權人應將價金提存於法院。質權人屆債權清償期而未受清償者，得就提存物實行其質權。」

㈣轉質權

　　質權人為供自己債務之擔保，於質權存續中，得以自己之責任，將質物轉質於第三人，而設定新質權，是為轉質權❸❼。轉質是對質物之處分，而非對質

---

❸❼　謝在全，前揭書，頁 273-278；李淑明，前揭書，頁 240、241。

權之處分。質物轉質依其需否承諾，可分為責任轉質與承諾轉質。茲分述如下：

1. 責任轉質

依民法第 891 條規定：「質權人於質權存續中，得以自己之責任，將質物轉質於第三人。其因轉質所受不可抗力之損失，亦應負責。」而所謂自己責任，乃指質權人不須得到出質人之同意，即得轉質予第三人，故稱為責任轉質，且其性質為於質物上再設定新質權之行為，此係質權人為供自己或第三人債務之擔保。

責任轉質設立之要件：

⑴須具備新民法第 884 條一般質權之規定：因轉質權乃就質物設定一個新質權。

⑵須於質權存續中為之：轉質權所擔保之債權額，必須在質權所擔保債權額範圍之內。蓋轉質權乃係質權人就自己所能支配之質物交換價值賦予轉質權人而已。

⑶須以自己責任為之：即便損失是因不可抗力之原因而發生，質權人仍應負責，蓋取得利益者自應承擔風險。

當然，轉質權人與質權人、質權人與出質人，二者間之清償期及債權額，未必一致，如其中一債權之清償期屆至，應由何人對何人清償，不無疑問。

理論上，由於責任轉質須受到原質權之限制，故轉質權所擔保之清償期，必須同時或先於原質權所擔保之債權，且轉質權乃係質權人就自己所能支配之質物交換價值賦予轉質權人，故在轉質權存續期間，質權人負有不得使質權消滅之義務，否則轉質權亦將會跟著消滅。

可以確定者，當質權人與出質人間之債權已屆清償期時，轉質權人與質權人間之債權清償期，應該已經或同時屆至，此時，如質權人還未向轉質權人清償，出質人為取回質物，可向轉質人清償，如有餘額，再向質權人清償。在出質人向轉質權人清償後，於此限度內，轉質權與原質權同歸消滅。

如原質權所擔保之債權額，大於轉質權所擔保者，就不足部分，出質人倘未向質權人為清償，此部分質權仍不消滅，不過，因為責任轉質之設定，並不需要得到出質人之同意，換言之，出質人可能毫不知情，如在此情況下，出質人善意地向質權人清償，仍應承認其效力，亦即如未將責任轉質之情事通知出質人者，不得對抗出質人。

2.承諾轉質

「承諾轉質」雖然未見諸於新民法法條，於物權編修正草案中，亦未論及，但其適法性仍為學者們所肯認。「承諾轉質」與「責任轉質」之最大不同，在於前者是得到出質人同意而轉質，故不需要受到原質權之拘束，換言之，即轉質權所擔保債權之額度及其清償期等，均無須受制於原質權❸。

承諾轉質設定要件與一般質權均相同，當事人間須有設定轉質權之合意，並應交付該質物與轉質權人。而此時之轉質乃受出質人所同意，故免除了質權人轉質時應負之不可抗力責任，但仍應負一般質權人的責任，即通常過失責任。

又承諾轉質乃獨立於原質權而存在，因此，當質權人與出質人間之債權已屆清償期時，出質人固然可以向質權人為清償，但因出質人一為清償，就是要取回質物，此際如質物還在轉質人占有中，則出質人向質權人所為清償之目的，不免大打折扣。不過，此等情形，於出質人同意轉質時，應已能預見，故出質人可以利害關係第三人身分，向轉質權人為清償，以取回質物，而此時轉質權人對質權人之債權，將依民法第 312 條規定，法定移轉予出質人，出質人取得對質權人之債權後，便可與自己對質權人所負債務，互相抵銷。

依據前開所敘，可見於轉質之情況下，如質權人與出質人間之債權已屆清償期時，然質權人還未向轉質權人清償，則出質人為了取回質物，可向轉質人清償。

不過應注意，出質人一旦以此方式取回質物，則對質權人未清償之部分，即失擔保，對質權人而言，亦未見公允，故還是應由質權人盡其應盡義務，由質權人先去向轉質權人為清償，取回質物後，而出質人再向質權人為全部清償後，才能取回質物，始稱妥適。

四、質權人之義務

(一)保管質物之義務

新民法第 888 條第 1 項規定：「質權人應以善良管理人之注意，保管質物。」又質權為擔保物權而非用益物權，故質權人非經出質人之同意，不得使用或出租其質物。但為保存質物之必要而使用者，例如易生鏽之機械，偶而使用之，

❸　謝在全，前揭書，頁 278、279；李淑明，前揭書，頁 242、243。

以防其生銹等是，應得為之。新民法第 888 條乃增訂第 2 項規定：「質權人非經出質人之同意，不得使用或出租其質物。但為保存其物之必要而使用者，不在此限。」**㊴**

㈡收取孳息之注意義務

1. 舊民法之規定

質權人依舊民法第 890 條第 1 項之規定，收取孳息時，應以對於自己財產同一之注意義務，並為計算。該條第 2 項規定，前項孳息，先抵充收取孳息之費用，次抵原債權之利息，次抵原債權。

2. 新民法之規定

保存質物之費用，依新民法第 887 條規定，亦在質權擔保之範圍，故新民法第 890 條第 2 項謂：「前項孳息，先抵充收取孳息之費用」，失之過窄，爰仿第 323 條之意旨，將「先抵充收取孳息之費用」修正為「費用」。此所稱「費用」自包括「保存質物及收取孳息之費用」在內。至於質權其餘擔保範圍，諸如違約金、實行質權之費用及因質物隱有瑕疵而生之損害賠償等，應分別依其性質納入本項相關項目定其抵充順序，要屬當然。

本條規定之孳息包括天然孳息與法定孳息，其為優先受償效力所及，應無疑義。質權人收取之孳息，非當然可依第 2 項規定抵充，為期周延，新民法第 890 條乃增列第 3 項規定：「孳息如須變價始得抵充者，其變價方法準用實行質權之規定。」換言之，明示孳息如須變價始得抵充者，其變價方法準用實行質權之相關規定**㊵**。

㈢質物返還之義務

當所擔保之債權消滅時，質權人依民法第 896 條之規定，應將質物返還於有受領權之人。

㈣賠償轉質所受損害之義務

質權人於質權存續中，雖得以自己之責任，將質物轉質於第三人，惟依民

㊴　《民法物權編部分修正條文對照表（擔保物權部分）》，第 888 條修正說明，2007 年 3 月 28 日，頁 86。

㊵　《民法物權編部分修正條文對照表（擔保物權部分）》，第 890 條修正說明，2007 年 3 月 28 日，頁 87。

法第 891 條之規定，其因轉質所受不可抗力之損失，亦應負責。

 ## 柒、動產質權之消滅

　　動產質權屬於擔保物權，自得適用物權一般之消滅原因，如拋棄、混同、標的物被沒收或徵收，以及擔保物權共同之消滅原因，如被擔保之債權消滅、擔保物權之實行。此外，動產質權尚有特別之消滅原因，茲將動產質權之實行、質物之返還、喪失質物之占有、質物之滅失等，茲分述如下：

一、動產質權之實行

㈠拍賣質物

　　質權人於債權已屆清償期而未受清償者，依民法第 893 條第 1 項規定，得拍賣質物，以其賣得之價金而受清償，而動產質權人自行拍賣前，依民法第 894 條規定，應通知出質人。過去實務上認為，在拍賣法未公布施行前，自可依債編施行法第 28 條規定辦理❹。

　　而新民法物權編施行法第 19 條，即是將該解釋明文化，該條規定：「民法第八九二條第一項及第八九三條第一項所定之拍賣質物，除聲請法院拍賣者外，在拍賣法未公布施行前，得照市價變賣，並應經公證人或商業團體之證明。」

　　又依強制執行法第 4 條第 1 項第 5 款規定意旨，「強制執行，得依左列執行名義為之……抵押權人或質權人，為拍賣抵押物或質物之聲請，經法院為許可強制執行之裁定者。」故動產質權人亦可聲請法院拍賣，但應先取得執行名義。

㈡訂立契約取得質物所有權

1.舊民法之規定

　　由於舊民法第 893 條第 2 項規定，禁止流質契約，故動產質權僅能依民法第 895 條準用第 878 條規定，質權人於清償期屆滿後，為受清償，於無害於其他質權人之利益之前提下，得訂立契約取得質物之所有權，此即為質權人與出

---

❹　司法院院字第 980 號解釋。按民法債編施行法第 28 條於 1999 年 4 月 21 日修正前規定於第 14 條。

質人訂立契約取得質物所有權之方法，以實行質權。

2. 新民法之規定

惟新民法第 893 條第 2 項規定：「約定於債權已屆清償期而未為清償時，質物之所有權移屬於質權人者，準用第八百七十三條之一之規定。」其修正理由，已如前述。

㈢以其他方法處分質物

除上述兩種方法以外，依民法第 895 條、第 878 條規定，質權人亦可於清償期屆滿後，為受清償，在無害於其他質權人之利益之前提下，得訂立契約，以取得質物所有權或拍賣以外之方法，處分質物，如約定由質權人自行尋覓買主變賣等。

二、質物之返還

因動產質權以占有質物為存續要件，故新民法第 897 條將原條文作文字整理，合併為一條明定：「動產質權，因質權人將質物返還於出質人或交付於債務人而消滅。返還或交付質物時，為質權繼續存在之保留者，其保留無效。」亦即一旦質權人將質物返還或交付於出質人或債務人，該動產質權即因而消滅，且即便有為質權繼續存在之保留者，其保留亦屬無效。而此處之返還或交付，乃係指因質權人之自由意志所為者。

三、喪失質物之占有

㈠舊民法之規定

按舊民法第 898 條規定：「質權人喪失質物之占有，不能請求返還者，其動產質權消滅。」而學者主張，此條所規範之喪失占有，應以非基於質權人之自由意志者為限，用以與第 897 條區別 ❷。

㈡新民法之規定

新民法第 898 條將上開舊民法之條文修改為：「質權人喪失質物之占有，於二年內未請求返還者，其動產質權消滅。」蓋質權人之物上請求權時效如過長，將使法律關係長久處於不確定狀態，有礙社會經濟發展，為從速確定其法律關

---

❷　謝在全，前揭書，頁 299。

係，並促進經濟發展，爰明定質權人喪失其質物之占有，未於二年之消滅時效期間內請求返還者，其動產質權消滅❹。

四、質物之滅失

㈠舊民法之規定

物權因標的物滅失而滅失，此乃物權之共通消滅原因，動產質權亦不例外。舊民法第 899 條前段規定：「動產質權，因質物滅失而消滅。」然若標的物雖已滅失，但如化作其他價值型態，如賠償金，則質權移存於該替代物上而不消滅，同條但書參照之。

㈡新民法之規定

新民法第 899 條規定：「動產質權，因質物滅失而消滅。但出質人因滅失得受賠償或其他利益者，不在此限。質權人對於前項出質人所得行使之賠償或其他請求權仍有質權，其次序與原質權同。給付義務人因故意或重大過失向出質人為給付者，對於質權人不生效力。前項情形，質權人得請求出質人交付其給付物或提存其給付之金錢。質物因毀損而得受之賠償或其他利益，準用前四項之規定。」

新民法第 899 條修正理由如下：

1.原條文所稱之「賠償金」，易使人誤解為質物之代位物僅限於賠償之金錢，實則質物之代位物，不以賠償為限，且在賠償或其他給付義務人未給付前，出質人對該義務人有給付請求權，惟給付物並未特定，金錢、動產或其他財產權均有可能，為避免疑義，爰將「賠償金」修正為「賠償或其他利益」。又現行規定後段乃前段之例外規定，爰將「如」字修正為「但」字之但書規定，且因其易令人誤解為一旦質物滅失受有賠償金時，質權人即可就賠償金取償。實則，質物滅失後，如出質人因滅失得受賠償或其他利益者，基於擔保物權之物上代位性，質權人所得行使之權利並不消滅，故仍有質權，且其次序與原質權同。爰將「質權人得就賠償金取償」修正為「質權人對於前項出質人所得行使之賠償或其他請求權仍有質權，其次序與原質權同。」並改列為第 2 項。

❹　《民法物權編部分修正條文對照表（擔保物權部分）》，第 898 條修正說明，2007 年 3 月 28 日，頁 89。

2.質物滅失時，依第 1 項及第 2 項規定之意旨，負賠償或其他給付義務之給付義務人應向質權人給付，始為公允。故給付義務人如因故意或重大過失已向出質人為給付，對質權人不生效力。易言之，質權人如請求給付，給付義務人仍負給付之義務，爰增訂第 3 項。

3.第 3 項情形，如所擔保之債權已屆清償期，質權人得請求出質人交付其賠償物、給付物或賠償金、給付之金錢；如債權未屆清償期，質權人僅得請求出質人交付其賠償物、給付物或提存其賠償金、給付之金錢，爰增訂第 4 項。此種提存，係以出質人為提存人，質權人為受取人，附以債權屆期未受清償始得領取之條件，併予指明。

4.質物因毀損而得受之賠償或其他利益，是否亦為質物之代位物？現行法尚無明文，易滋疑義，惟學者通說認為其係質權之物上代位，為期明確，爰增訂第 5 項準用規定❹。

 # 捌、結　語

現今社會商業繁榮，競爭激烈，尤其是金融業者，無不積極開發個人信用貸款之市場，而不再局限於以傳統提供擔保之方式，作為融資之條件，此一情況對於主要多運用於消費性小額擔保之動產質權，帶來極大之挑戰。

又我國長久以來已經存在之當舖質，也提供部分融資管道；另一方面，隨著金融業之發達，其融資管道日趨多元化，以金融卡、信用卡、現金卡等不同方式，來提供相當幅度之信用貸款之情形，業已相當普遍，加以民間社會對於小額款項融資之需求，多以票據或經由合會方式籌款，是以藉由動產質權作為消費性融資手段之社會作用，似有式微之趨勢。

綜合言之，動產質權如仍堅持以傳統擔保物權之方式，來規範當事人間之權利義務關係，是否能在現今之社會型態下存續，實令人懷疑。因此，為因應社會之演變與現實之趨勢，動產質權之制度，或已有必要大幅注入新內容。本

---

❹　《民法物權編部分修正條文對照表（擔保物權部分）》，第 899 條修正說明，2007 年 3 月 28 日，頁 90、91。

文認為，未來在制度之設計上，動產質權應能配合擔保市場多樣化、彈性化之發展趨勢，逐步修正發展，否則，存在已久之動產質權制度，恐會隨著自由經濟之高度發展，反漸無運用之空間 ❹。

---

❹　吳光明，《物權法新論》，新學林出版，2006 年 8 月，頁 467。

第 *25* 章
權利質權

壹、概　說

　　自羅馬時代有債權質以來，即得以用益權、地上權等各種財產權為標的設定質權。迨財產權尤其是債權之獨立交換價值，被社會所承認，以及將財產權轉化為有價證券之有價證券制度發明以後，權利質權更加盛行❶。我國民法仿歐陸民法體例，因而有權利質權之規定。

　　由於質權乃係為擔保債權，占有由債務人或第三人移交之動產或可讓與之財產權，於債權屆清償期而未受清償時，債權人得就其賣得之價金優先受償之權利，屬於擔保物權之一種。

　　由此可知，質權係支配標的物之交換價值，以確保債權之清償為目的，屬於價值權，與抵押權同為擔保物權之一種❷。

　　各國民法之質權制度，因其標的物之不同，得分為動產質權、權利質權及不動產質權。我國民法僅規定動產質權與權利質權，而無不動產質權，法國、日本之民法則有不動產質權❸。

　　基此，本章首先擬探討權利質權之意義與性質；其次擬探討權利質權之取得，包括權利質權之當事人、標的物、設定行為、讓與、最高限額權利質權善意取得；另析述權利質權之效力，包括效力範圍、出質人、質權人、實行、第三債務人之權利義務；再次擬探討權利質權之消滅原因等；最後，並提出檢討與建議，以供參考。

---

❶　德國民法第 1273 條第 1 項、日本民法第 362 條第 1 項、瑞士民法第 899 條等，均有權利質權之規定，而與動產質權並列。法國民法第 527 條，因將各種財產權當作無體動產處理，故各種財產權仍得以動產方式設質，僅是無權利質權之名而已。

❷　謝在全，《民法物權論》，下冊，修訂四版，自版，2007 年 6 月，頁 278。

❸　郭振恭，《民法》，修訂四版，三民書局，2004 年 9 月，頁 545。

貳、權利質權之意義與性質

一、權利質權之意義

權利質權,指以可讓與之債權或其他權利為標的物之質權。依舊民法第900條規定:「可讓與之債權或其他權利,均為質權之標的物。」

新民法擔保物權之修正理由認為,限制物權例如地上權、典權、地役權、抵押權、動產質權等,均有定義規定。為期明確,並期立法體例一致❹,新民法第900條乃依據此一定義修正為:「稱權利質權者,謂以可讓與之債權或其他權利為標的物之質權。」茲分析其意義如下:

㈠權利質權為質權

民法上對於權利之支配權,通常稱為「準物權」,然權利質權係存在於權利上之權利,係對權利之支配,其性質是否與質權相等,值得探究。

權利質權係以權利為標的物而設定之,以支配其交換價值,確保債務之清償為目的,故本質上確為價值權,此點與動產質權、抵押權,本質上亦為價值權者,並無不同。況動產質權形式上雖以動產為標的物,實質上係以動產之所有權為標的物,此與權利質權以權利為標的物並無相異。

但民法規定質權係屬物權,其標的物應以有體物為限,以權利為支配對象之權利質權,未必能當然適用物權編之規定;且我民法以可讓與之債權或其他權利得為質權之標的物,乃為適應社會經濟之發展及謀求個人之便利。故認為民法第901條規定,權利質權除其本身已有規定外,準用動產質權之規定。故學者遂將權利質權稱為準質權,以有別於以動產為標的物之動產質權,實則此僅係名稱問題,在本質上,兩者並無嚴格區別之必要❺。

㈡權利質權以可讓與之債權或其他權利為標的物

❹ 《民法物權編部分修正條文對照表(擔保物權部分)》,第900條修正說明,2007年3月28日,頁94。

❺ 謝在全,前揭書,頁280。

1. 須為財產權

權利質權之標的物必須為財產權，因為如果非財產權則不具經濟價值，無法使債權能夠優先清償。新民法第 900 條雖然規定債權及其他權利得為權利質權之標的物，而未表明需為財產權，但債權既為財產權，且條文以之為例示，則其他權利自然亦必須為財產權。易言之，人格權及身分權不得作為權利質權之標的物。

2. 須為可讓與之財產權

權利質權設定之目的，乃在所擔保之債權未受清償時，債權人能取得入質權利之交換價值以供優先受償，故作為質權標的物之權利，必須具有讓與性。且權利質權之設定，依新民法第 902 條規定，並應依關於其權利讓與之規定為之；而民法明定可讓與之債權或其他權利，始得為權利質權之標的物，可見法律禁止讓與、扣押或供擔保之權利，當然不得為權利質權之標的物。

實務上認為，不動產之所有權狀，不過為權利之證明文件，並非權利之本身，不能為擔保物權之標的。如不動產所有人同意以其所有權狀交與他人擔保借款，自係就該不動產設定抵押權，而非就所有權狀設定質權❻。

3. 須為與質權性質無違之財產權

因為我國民法不承認不動產質權，而且依民法第 901 條規定，權利質權必須準用動產質權之規定，故不動產物權，例如地上權、永佃權、典權或準不動產物權等，在性質上雖然屬於可轉讓之財產權，但是因為與質權性質相違，遂不得成為權利質權之標的物❼。

二、權利質權之性質

關於權利質權之性質，主要有兩種學說：

(一)權利讓與說

此說認為質權主要是指有體物為標的之物上質，而不得於權利之上更發生一種質權之權利，故所謂權利質權，係以擔保之目的讓與債權或其他權利。如設定權利質權，必須依權利讓與之規定為之，在債權質權，並得直接收取為質

❻　最高法院 49 年臺上字第 235 號判例。

❼　謝在全，前揭書，頁 309、310。

權標的之債權❽。

㈡權利客體說

此說認為權利質權與物上質，於本質上並無差異，其不同之處，僅在於其客體而已。法理上無體之權利與有體之物，同為權利之客體，因此，絕無將權利質權解釋為權利讓與之必要。

依照國內通說，認為權利讓與說於一般權利質權，根據其設定，須依讓與權利之規定為之，遂認一般權利質權為權利之讓與，此一論點，有將手段誤認為目的之嫌；蓋於此情形，其目的既在於設定權利質，並非讓與權利，其依讓與權利之規定設定者，不過係為設定質權之手段，並非以讓與為目的，故仍以權利客體說最為適當❾。

本文認為，權利質權客體不限於有體物，有可轉讓且有交換價值財產權，均可作為質權之客體，故權利質權依新民法第 900 條之規定，謂以可讓與之債權或其他權利為標的物而設定之質權。至於以債權設定質權時，法律僅於便宜上賦予質權人索取他人之債權之權能，而債權解釋上仍宜認為存留於出質人之手，並非讓與債權，故採權利客體說為妥❿。

參、權利質權之取得

權利質權取得之原因，與動產質權相同，有基於法律行為取得者，亦有基於法律行為以外之原因而取得者，依照民法第 901 條之規定：「權利質權，除本節有規定外，準用關於動產質權之規定。」基於因法律行為而取得者，如因設定權利質權而取得，或因權利質權之讓與而取得。另基於法律行為以外之原因而取得者，如新民法第 768 條之取得時效或新民法第 886 條質權之善意取得。茲將針對取得權利質權之要件，分述如下：

---

❽ 蔡明誠，〈權利質權與債權讓與〉，《月旦法學教室》，76 期，2001 年 9 月，頁 8。

❾ 蔡明誠，前揭文，頁 9；採類似見解者，如黃右昌，《民法物權詮解》，自版，頁 326；史尚寬，《物權法論》，自版，頁 351；鄭玉波，《民法物權》，三民書局，頁 320、321。

❿ 吳光明，《物權法新論》，新學林出版，2006 年 8 月，頁 473。

一、權利質權之當事人

權利質權之設定當事人，法律並無特別規定，依新民法第 901 條、第 884 條意旨，其與動產質權固無不同。出質人雖然以債務人為常態，但是第三人亦得以自己之權利供債務人履行債務之擔保，為債權人設定權利質權。由此可知，權利質權有物上保證人（物上擔保人）之情形。惟因權利質權係以權利為標的物，而權利通常有相對之義務人，此項義務並因權利質權之設定而影響其義務之履行，故權利質權之設定，尚涉及與該被設質之權利有利害關係之相對人。但是此種利害關係人並非質權之當事人，故質權之設定，並不以經其同意為必要，此與物上保證人有顯著之不同❶。

二、權利質權之標的物

㈠標的物

權利質權之標的物，必須為可讓與，且與質權性質無違之財產權。法律允許一般債權設定權利質權。蓋債權作為一般財產權利，具有特定目的與經濟上之價值。又債權具有變現之功能，並依附於當事人之間之法律關係而存在，具有特定性。

再者，在債權上設定權利質權，可經由權利質權人之監督，提高債權實現效率。換言之，在一般債權中，除不具有讓與性之債權外，均得為權利質權標的物。

在證券債權中，原則上，金錢債權、有價證券均可設定質權。至於所有權及不動產限制物權❷等，雖可設定其他權利，但因與質權性質有違，並非其他適於出質之權利，均不得為權利質權標的物。

此外，以商標專用權設定質權者，依舊商標法第 30 條之規定：「商標專用權人設定質權及質權之變更、消滅，應向商標主管機關登記；經登記者，不得對抗第三人。質權存續期間，質權人非經商標專用權人授權，不得使用該商標。」足見，商標專用權不得為權利質權標的物之規定。不過應注意，該條已於 2003

❶　謝在全，前揭書，頁 312。

❷　此所謂不動產限制物權，例如地上權、農育權、不動產役權、抵押權、典權等是也。

年刪除❸。

　　至於其他不得為權利質權標的物之權利，包括(1)性質上不得讓與之債權或權利；(2)依法律規定不得讓與之債權或權利：例如人身權為專屬權，不得讓與；(3)法律禁止扣押之債權：如退休金債權；(4)依當事人特約不得讓與之債權；(5)法律禁止設質之權利；(6)將來債權；(7)將來可能發生之變動多數債權。

㈡動產質權與權利質權之替代效應

　　現實生活中，當人們用其他商品代替價格上升之商品時，即產生替代效應，在法律上，亦同樣存在著替代效應問題。

　　由於質權標的物替代性之必要，動產質權與權利質權間，遂存有如下替代效應：

　　1.就出質人言，動產質權之設定，須將質物移轉占有，並交付於債權人，如質物巨大，難以搬運，則出質人將增加出質費用，如出質人有定存單或其他票據，則將會考慮以權利質權替代之。

　　2.就質權人言，如接受動產質權之設定並保管該質物，遠比保管該質物之權利證書之支出費用高，其即會考慮以權利質權替代之。

　　3.動產質權之質物價值波動大，且容易貶值，質權人考慮到該質物對債權之救濟效率，亦會選擇以權利質權替代動產質權。

三、設定行為

　　動產質權與權利質權間，由於上述替代效應之考量，質權當事人往往會選擇採行對於本身有利之方式。正因如此，法律於規範時，如給予彼此相互準用之空間，自更有利於質權制度之運用。故新民法第 902 條規定：「權利質權之設定，除依本節規定外，並應依關於其權利讓與之規定為之。」

　　原則上，權利質權因法律行為而發生，亦即主要因當事人間之設定行為而發生；至於因法律行為以外之事實而發生者，則以無記名證券之善意取得問題，最值關注。

---

❸　有關「商標專用權設定質權」之相關規定，於 2003 年 5 月 28 日修正之商標法已刪除；另參閱吳光明，〈商標權之共有與設質〉，《中興法學》，28 期，1989 年 4 月，頁181。

茲將各種權利質權之設定，分述如下：

㈠債權質權之設定

1.舊民法之規定

舊民法第 904 條規定：「以債權為標的物之質權，其設定應以書面為之，如債權有證書者，並應交付其證書於債權人。」此即為債權質權設定之特則。債權質權之設定為要式行為，如未立具書面，其設定行為不生效力。設定質權，需立具書面，並交付證書，乃藉以證明權利之發生，亦可防止出質人之處分其權利❶。

另依民法第 902 條規定意旨，債權質權之設定，除應依第 904 條之規定以書面為之等外，尚應依債權讓與之規定為之；因此，債權之設質，亦應依民法第 297 條有關債權讓與之規定通知債務人。然通知債務人僅為債權設質之當然要件，而非成立要件，即使未通知債務人，債權質權之設定仍屬有效成立，惟不能以之對抗債務人。

2.新民法之規定

新民法第 904 條修正理由認為，債權證書之交付，學者通說以為依現行規定，為債權質權設定之要件，於設質時有證書而不交付，不生質權設定之效力。惟按債權證書僅係債權存在之證明方法，且證書之有無，質權人常難以知悉，於無債權證書時，設質以書面為之為已足，債權證書之交付，並非成立或生效要件。

至於雖有證書，而出質人予以隱瞞時，質權人原屬被欺瞞之人，如竟因而使質權設定歸於無效，殊非合理，應以出質人負有交付證書之義務為宜，新民法第 904 條乃將之作文字修正為：「前項債權有證書者，出質人有交付之義務。」並移列為第 2 項，俾利適用❶。

㈡有價證券質權之設定

1.舊民法之規定

債權本有一般債權與證券債權之分，證券債權係指以有價證券表彰之債權而言，此種債權之設質，係以有價證券為標的物。依舊民法第 908 條規定，質

---

❶ 郭振恭，前揭書，頁 552。

❶ 《民法物權編部分修正條文對照表（擔保物權部分）》，第 904 條修正說明，2007 年 3 月 28 日，頁 95。

權以無記名證券為標的物者，因交付其證券於質權人而生設定質權之效力，以其他之有價證券為標的物者，並應依背書方法為之。

2. 新民法之規定

新民法第908條規定：「質權以未記載權利人之有價證券為標的物者，因交付其證券於質權人，而生設定質權之效力。以其他之有價證券為標的物者，並應依背書方法為之。前項背書，得記載設定質權之意旨。」

新民法第908條修正理由認為，本條所稱「無記名證券」實係指未記載權利人之證券，與第719條規定無記名證券之定義無關，為避免混淆，爰將「無記名證券」修正為「未記載權利人之有價證券」，並將本條改列為第1項。

又為謀出質人權益、交易安全之維護及交易成本減少之平衡，並符私法自治原則，爰增訂第2項，前項背書，得記載設定質權之意旨，以期明確 ❻。

所謂無記名證券，即持有人依民法第719條規定，對於發行人得請求其依所記載之內容為給付之證券，就此證券設定準質權，僅將證券交付於質權人即發生效力。至於其他有價證券，例如以指示證券設定質權，除將證券交付於質權人外，並需依背書之方法記載一定之文句，由出質人簽名後，始生效力。設質之背書應如何記載，則應依照公司法 ❼ 所定之背書辦理。

(三)以其他權利為標的物

以其他權利為標的物設定質權者，應依關於其權利讓與之規定為之。例如專利法第62條規定：「發明專利權共有人未得共有人全體同意，不得以其應有部分讓與、信託他人或設定質權。」以及依著作權法第39條規定：「以著作財產權為質權之標的物者，除設定時另有約定外，著作財產權人得行使其著作財產權。」故專利權、著作權，均可設定權利質權 ❽。

---

❻　《民法物權編部分修正條文對照表（擔保物權部分）》，第908條修正說明，2007年3月28日，頁102。

❼　公司法第164條規定：「記名股票，由股票持有人以背書轉讓之，並應將受讓人之姓名或名稱記載於股票。無記名股票，得以交付轉讓之。」以及第165條第1項規定：「股份之轉讓，非將受讓人之姓名或名稱及住所或居所，記載於公司股東名簿，不得以其轉讓對抗公司」。按公司法訂於1929年12月26日，歷經多次修正，最近一次修正於2009年5月27日。

四、權利質權之讓與

權利質權係不具有專屬性之財產權，自然得讓與他人，但基於擔保物權之從屬性，應不得與其擔保債權分離而為讓與。因此，依民法第 295 條規定，債權讓與時，該債權之擔保及其他從屬之權利，除有特別情形外亦隨同移轉於受讓人。

由於上開質權移轉之效果，係來自於法律規定，非依法律行為而生，故不待依權利質權設定方式為移轉，即足以生移轉之效力❿。蓋如不如此解釋，可能會發生債權已經移轉，卻因質權未及依設定方式移轉，致質權無擔保物權，有違質權之從屬性。因此，受讓人得請求讓與人依該質權設定之方式讓與其質權，如讓與人不為此項行為時，受讓人得提起訴訟請求之。

五、最高限額權利質權

舊民法中，並無所謂最高限額質權之規定，當然亦無最高限額權利質權之規定；新民法則增訂第 899 條之 1，以增補之，茲說明如下：

㈠新民法之規定

新民法第 899 條之 1 規定：「債務人或第三人得提供其動產為擔保，就債權人對債務人一定範圍內之不特定債權，在最高限額內，設定最高限額質權。前項質權之設定，除移轉動產之占有外，並應以書面為之。關於最高限額抵押權及第八百八十四條至前條之規定，於最高限額質權準用之。」

㈡新民法第 899 條之 1 立法理由

基於質權之從屬性，必先有債權發生，始可設定質權，且擔保債權一旦消滅，質權即歸於消滅。長期繼續之交易，須逐筆重新設定質權，對於現代工商業社會講求交易之迅速與安全，不但徒增勞費，造成不便，亦生極大妨害，為

⓲　按專利法訂於 1944 年 5 月 29 日，歷經多次修正，最近一次修正於 2003 年 2 月 6 日；按著作權法訂於 1928 年 5 月 14 日，歷經多次修正，最近一次修正於 2009 年 5 月 13 日。

⓳　有學者認為以債權設質時，該債權之質權隨同移轉於質權人，惟應將質物交付，似認質物應交付於質權人，始生質權移轉之效力。姚瑞光，《民法物權論》，1990 年 9 月，頁 311；謝在全，前揭書，頁 296。

彌補上述缺點，實有增訂最高限額質權之必要，新民法第 899 條之 1 乃仿民法第 881 條之 1 第 1 項最高限額抵押權之立法體例，明定第 1 項有關「最高限額質權」之規定。

又新民法第 899 條之 1 第 2 項規定，最高限額質權之設定為要式行為。鑑於質權之設定不若抵押權之設定須經登記，為期慎重及法律關係明確化，明定最高限額質權之設定，除須移轉動產之占有以符合質權成立之要件外，尚須以書面為之。

此外，關於最高限額抵押權及新民法第 884 條至前條有關動產質權之規定，依其性質與最高限額質權不相牴觸者，皆在適用之列，新民法第 899 條之 1 第 3 項乃設準用規定，以期周延[20]。

衡諸新民法第 900 條規定：「稱權利質權者，謂以可讓與之債權或其他權利為標的物之質權」，以及第 901 條規定：「權利質權，除本節有規定外，準用關於動產質權之規定」之意旨，可見當事人自得設定「最高限額權利質權」。

六、善意取得問題

依民法第 901 條之規定，新民法第 886 條動產質權善意取得之規定，於權利質權固有其準用，但動產質權善意取得之標的物，係以動產為限，至於權利質權，自然應以性質上得與動產同視之有價證券，方有準用之餘地。除此之外，權利質權應無善意取得可言。

肆、權利質權之效力

權利質權效力之範圍，係指權利質權所擔保債權之範圍與權利質權標的物之範圍。

---

[20] 《民法物權編部分修正條文對照表（擔保物權部分）》，第 899 條之 1 修正說明，2007 年 3 月 28 日，頁 92。

一、權利質權效力之範圍

依新民法第 901 條意旨，權利質權準用動產質權之規定。而動產質權所擔保債權之範圍，除當事人另有約定外，包括原債權、利息、遲延利息、實行債權之費用以及權利因隱有瑕疵而生之損害賠償❷。至於權利質權標的物之範圍，民法僅對標的物為有價證券者有特別規定，其餘自應準用動產質權關於標的物範圍之相關條文❷。於此，需特別說明者有以下三點：

(一)有價證券質權標的物之範圍

質權以有價證券為標的物者，有價證券本身固為質權標的物之範圍，但附屬於該有價證券之從證券，是否為標的物之範圍，依照該從證券存在發生於設質前後，而所有不同：

1.設質前已存在之從證券

在設質前已經存在之從證券，基於隨主之法理，原應為質權之所及，然因從證券可與主證券分別獨立，而質權之設定以質權人占有質物為生效要件，故從證券亦以交付於質權人為限，始為質權效力之所及。

2.設質後所生之從證券

最高法院民事庭會議決議❷認為，證券投資後所生之證券，如係基於主證券所得請求之孳息，而非需基於從證券始得請求者，則依新民法第 901 條準用新民法第 889 條規定，為質權之所及。準此，新民法第 910 條第 2 項增訂：「附屬之證券，係於質權設定後發行者，除另有約定外，質權人得請求發行人或出質人交付之。」

至於新民法第 910 條所定附屬於證券之利息證券、定期金證券或其他附屬證券，以已交付於質權人者為限，始為質權效力之所及。

(二)代位物

權利質權因標的物滅失所得之賠償金，學理上稱為質物代位物，依新民法第 901 條準用第 899 條之規定，固為質權效力之所及❷。

---

❷　郭振恭，前揭書，頁 554。

❷　新民法第 889 條、第 890 條、第 892 條、第 899 條之規定。

❷　最高法院 63 年度第 3 次民事庭會議決議(二)，1974 年 5 月 28 日。

(三)質權標的物債權之擔保

以債權設質，而該債權有擔保者，依從權利隨主權利之法理，及擔保權之從屬性，亦應為質權效力之所及，該擔保無論係人之擔保或物之擔保，在所不問。如物之擔保為質權者，則生與轉質相類之效果。

(四)質權標的物債權轉化之同一債權

質權標的物債權，如於形式上轉化為另一債權，然實質上未喪失其同一性時，該新債權仍為質權效力所及。例如以定期存款單設定權利質權，因到期後予以延期，而換發新定期存款單之債權。又如以保險金請求權設定權利質權，該保險契約之保險期限屆滿後，締定同一內容之保險契約，是此等債權均應解釋為具有實質上之同一性，為原質權效力所及。

二、出質人之權利義務

依新民法第 903 條規定，為質權標的物之權利，非經質權人之同意，出質人不得以法律行為，使其消滅或變更。其立法目的，係在保護質權人，此即為對出質人處分權之限制。

所謂以法律行為使其消滅者，指以法律行為使權利失其存在而言；以法律行為使其變更者，指以法律行為變更權利之內容而言。蓋為權利質權標的物之權利，乃債權清償之擔保，如許出質人得任意消滅或變更其權利，則質權人難免受意外之損害，故出質人非得質權人之同意，不得為之。

三、質權人之權利義務

(一)質權人之權利

1.證書或證券之留置權

依新民法第 904 條規定，以債權為標的物之質權，其設定應以書面為之。前項債權有證書者，出質人有交付之義務。其為未記債權利人之有價證券者，依新民法第 908 條規定，應交付有價證券於質權人。質權人對於此等業經交付占有之證書或證券，自有留置之權，於擔保之債權未受全部清償前，得拒絕返還之。

---

❷ 謝在全，前揭書，頁 308。

2. 孳息之收取權

供設質之權利有法定孳息者，依新民法第 901 條準用第 889 條之規定，質權人有收取之權。但當事人就此項孳息收取權另有約定時，或雖以有價證券設質，然其證券從未交付於質權人時，則不得收取之，此為質權人孳息收取權之二項例外。

3. 轉質權

依新民法第 901 條準用第 891 條之規定，質權人於質權存續中，得以自己之責任將設質之權利轉質於第三人，其就因轉質所受不可抗力之損失，亦應負責，此即為學理上所稱之責任轉質。責任轉質既得為之，則得出質人之同意而為之，更無不可，此為承諾轉質。質權人為取得此轉質權，通常於設質時，由出質人出具轉質承諾書，此最常見於有價證券質權。

4. 權利之變價權

依新民法第 901 條準用第 892 條之規定，權利質權人因設質之權利，價值顯有減少，足以害及質權人之權利者，質權人得拍賣質物，以其賣得之價金代充質物，此為權利質權人之權利變價權❷。

5. 質權之物上請求權及損害賠償請求權

權利質權人所占有之債權證書、有價證券質權標的物之證券，或無體財產權質權之標的物財產權等，如受侵害，依新民法第 767 條第 2 項之規定：「前條規定，於所有權以外之物權，準用之」❷，以及物權之共通效力，權利質權人應有質權之物上請求權，以排除其侵害；其占有或準占有受侵害者，質權人自亦得依第 962 條或第 966 條準用之規定，行使占有人之物上請求權。

但質權標的物之債權本身受侵害時，通說認為係債權侵害之問題，與質權之受侵害，無論性質或態樣，仍有所區別，且債權非物權，故無物上請求權可言。

6. 質權之實行權

---

❷　謝在全，前揭書，頁 350。

❷　茲民法第 858 條僅規定：「第七百六十七條之規定，於地役權準用之」，於其他物權則未設規定，易使人誤解其他物權無適用之餘地。為期周延，爰增訂概括準用之規定，列為第 2 項。法務部，《民法物權修正草案》，第 767 條修正說明，1999 年 3 月，頁 62。

質權之設定，乃在確保債權之受清償，故屆期債權未能受償時，法律自不能不給予實現債權之手段，以達到清償債權之目的，此即為質權之實行權，亦為權利質權人之最主要權能。

(二)質權人之義務

1.保管標的物之義務

權利質權人應以善良管理人之注意義務，負保管之責任。所謂保管，僅置於自己實力支配下，保持其現狀，使其不致毀損滅失即可。原則上，質權人不得使用或出租作為質權標的物，此與新民法第 888 條第 2 項之規定，質權人原則上不得使用或出租質物之意旨相符，蓋質權為擔保物權，而非用益物權❷。

2.返還標的物之義務

在動產質權，質權人於所擔保之債權消滅時，應將質物返還於有受領權之人，依新民法第 901 條準用第 896 條規定，此在權利質權亦有準用。

四、權利質權之實行

權利質權之實行者，權利質權人於其債權已屆清償期而受清償時，得實行其質權以優先受其清償，質權之實行權包括兩項權能，一是變價權，二是優先受償權，此兩項權能之實現，合稱為權利質權之實行。

(一)普通債權質權之實行

普通債權質權之實行，通常多不適用拍賣之方法，故法律使質權人得直接收取為質權標的物之債權，以充自己債權之清償。但權利質權所擔保債權之清償，若與為權利質權標的物債權之清償期不一致時，則其實行之情形，即有不同。

1.為質權標的物之債權，其清償期先於其所擔保債權之清償期

此時質權標的物之債權，雖已屆清償期，但因質權人自己之債權尚未屆清償期，質權人不得就債務人給付物以為清償，但如任由債務人將為清償之給付物仍交付出質人，則對於將來權利之實行，顯將有不利。故為保護質權人起見，舊民法第 905 條規定，此時質權人得請求債務人提存其為清償之給付物，嗣後質權人之質權，即存在於該提存物上。

❷　《民法物權編部分修正條文對照表（擔保物權部分）》，第 888 條修正說明，2007 年 3 月 28 日，頁 86。

2. 為質權標的物之債權，其清償期後於其所擔保債權之清償期

此時質權人之債權雖已屆清償期,但因為質權標的物之債權尚未屆清償期,債務人即無現時為清償之義務,故質權人如欲行使其質權,須待其清償期屆滿時,始得直接向債務人請求給付。其係金錢債權者,依舊民法第 906 條之規定,質權人僅得就自己對於出質人之債權額,為給付之請求。就債務人所給付之金錢,質權人固得以抵充自己債權之清償,其給付物如為金錢以外之物,則質權即存在於受給付物上,質權人需再依拍賣之方式受償。

㈡有價證券質權之實行

質權以無記名證券、票據或其他得依背書而轉讓之證券為標的者,其所擔保之債權如已屆清償期,質權人得直接向證券債務人請求給付,或將其證券拍賣,俾就其賣得價金以受清償。縱其所擔保之債權未屆清償期,而其證券上債權已屆清償期者,依舊民法第 909 條前段之規定,質權人仍得收取其證券上所應受之給付。因證券上之權利如不即期行使,即有受不利益之虞。

又質權人依證券收取應受之給付,如有預先通知證券債務人之必要,依舊民法第 909 條中段之規定,並有為通知之權利。有價證券質權設定後,證券即屬質權人占有,依舊民法第 909 條後段之規定,證券債務人亦僅得向質權人為給付。

㈢其他權利質權之實行

權利質權之實行,除就債權質權與有價證券質權,法律設有特別規定外,關於此二項質權以外之其他權利質權,均無法律明文規定,故此類質權之實行,依照民法第 901 條之規定,自應準用動產質權實行之有關規定辦理。新民法已增訂第 906 條之 2,對此訂定明文規範之❷。

㈣新民法之規定

1. 以金錢給付為內容者

舊民法第 905 條、第 906 條,僅就質權標的物債權之清償期與其所擔保債權清償期之先後區分而為規定,並未對質權標的物內容之不同而分別規定,致適用上易滋生疑義,為期周延明確,新民法第 905 條乃修正為:「為質權標的物

❷ 《民法物權編部分修正條文對照表（擔保物權部分）》,第 906 條之 2 修正說明,2007 年 3 月 28 日,頁 90。

之債權，以金錢給付為內容，而其清償期先於其所擔保債權之清償期者，質權人得請求債務人提存之，並對提存物行使其質權。為質權標的物之債權，以金錢給付為內容，而其清償期後於其所擔保債權之清償期者，質權人於其清償期屆至時，得就擔保之債權額，為給付之請求。」

新民法第 905 條修正理由如下❷：

⑴以債權為質權標的之物，其質權之實行，因該債權與其所擔保債權之清償期不同，以及質權標的物之債權與其所擔保債權標的物種類之有異，而各有不同之方法，新民法第 905 條、第 906 條，僅就質權標的物債權之清償期與其所擔保債權清償期之先後區分而為規定，並未對質權標的物內容之不同而分別規定，致適用上易滋疑義，為期周延明確，爰就質權標的物債權之內容及其清償期之先後於新民法第 905 條、第 906 條及第 906 條之 1 詳為規定其實行方法。

⑵本條規定為質權標的物之債權以金錢為給付內容之實行方法。第 1 項就其清償期先於所擔保債權清償期之實行方法加以規定，質權人不惟得請求債務人提存該金錢，且其質權移存於提存金之返還請求權上，質權人並得對其行使質權（日本民法第 367 條第 3 項參考）。

⑶至於質權標的物之債權清償期後於所擔保債權清償期者，質權人自得待質權標的物之債權清償期屆至後，就擔保之債權額，向債務人直接為給付之請求，爰增訂第 2 項。又此種情形，亦包括二者之清償期同時屆至之情形在內。

2.以動產給付為內容者

新民法第 906 條規定：「為質權標的物之債權，以金錢以外之動產給付為內容者，於其清償期屆至時，質權人得請求債務人給付之，並對該給付物有質權。」由此可知，為質權標的物之債權，以金錢以外之動產給付為內容者，不論質權擔保債權之清償期如何，均需待質權標的物債權之清償期屆滿時，始得請求債務人給付該動產，並對該動產有質權，此時，權利質權轉換為動產質權。

3.以不動產物權之設定或移轉為內容者

⑴新民法第 906 條之 1 規定

新民法增訂第 906 條之 1 規定：「為質權標的物之債權，以不動產物權之設

---

❷ 《民法物權編部分修正條文對照表（擔保物權部分）》，第 905 條修正說明，2007 年 3 月 28 日，頁 96、97。

定或移轉為給付內容者，於其清償期屆至時，質權人得請求債務人將該不動產物權設定或移轉於出質人，並對該不動產物權有抵押權。前項抵押權應於不動產物權設定或移轉於出質人時，一併登記。」

(2)新民法增訂第 906 條之 1 修正理由[30]

a.為質權標的物之債權，以不動產物權之設定或移轉為給付內容之實行方法。不論質權所擔保債權之清償期如何，均須待質權標的物債權之清償期屆至時，質權人始得請求債務人將該不動產物權設定或移轉於出質人，並對該不動產物權有抵押權[31]，俾使質權合法轉換為抵押權，以確保質權人之權益，爰增訂第 1 項規定。又本條所指「不動產物權」，不包括不能設定抵押權之不動產物權，例如地役權等，乃屬當然。

b.依前項規定而成立者，乃特殊型態之抵押權，固不以登記為生效要件，惟仍宜於該不動產物權設定或移轉於出質人時，一併登記，俾保障交易安全，而杜紛爭，爰增訂第 2 項規定。此項抵押權之登記，應依申請為之，且無待出質人之同意，地政機關當可於有關法令中作配合規定，併予敘明。

4.以其他給付為內容者

(1)新民法第 906 條之 2 規定

新民法增訂第 906 條之 2 規定:「質權人於所擔保債權清償期屆至而未受清償時，除依前三條之規定外，亦得依第八百九十三條第一項或第八百九十五條之規定實行其質權。」

(2)新民法第 906 條之 2 修正理由

權利質權之實行方法，第 905 條至第 906 條之 1 已設有明文規定，質權人可否仍依動產質權之規定，實行其權利質權，就第 901 條規定之文字可能滋生疑義，為期明確，爰增訂本條。不論質權標的物債權之給付內容如何，其清償期如何，僅須質權所擔保債權之清償期屆至而未受清償時，除依第 905 條至第 906 條之 1 之規定外，亦得依第 893 條第 1 項或第 895 條之規定實行其質權。易言之，質權人不但得依前三條之規定行使權利，亦得拍賣質權標的物之債權

---

[30]　《民法物權編部分修正條文對照表 (擔保物權部分)》，第 906 條之 1 修正說明，2007 年 3 月 28 日，頁 98。

[31]　此係參照日本民法第 367 條第 4 項、德國民法第 1287 條。

或訂立契約、用拍賣以外之方法實行質權，均由質權人自行斟酌選擇之❸。

5.通知之義務

新民法第 906 條之 4 規定:「債務人依第九百零五條第一項、第九百零六條、第九百零六條之一為提存或給付時，質權人應通知出質人，但無庸得其同意。」蓋債務人依第 905 條第 1 項、第 906 條、第 906 條之 1 為提存或給付時，因債權質權依法轉換為動產質權或抵押權，對出質人之權益雖無影響，惟出質人仍為質權標的物之主體，宜讓其有知悉實際狀況之機會，爰增訂本條，明定質權人應通知出質人，但無庸得其同意。又此項通知，並非債務人依上開規定所為提存或給付之成立或生效要件，如質權人未通知出質人，致出質人受有損害，僅生損害賠償之問題❸。

至於新民法第 907 條之 1 則規定:「為質權標的物之債權，其債務人於受質權設定之通知後，對出質人取得債權者，不得以該債權與為質權標的物之債權主張抵銷。」蓋權利質權為擔保物權之一種，質權人於一定限度內，對該為標的物之債權，具有收取權能，故對該債權之交換價值，應得為相當之支配，方足以貫徹其擔保機能。出質人與債務人自不得為有害於該權能之行為。爰參照第 340 條、第 902 條、第 297 條之規定，增訂本條，明示第三債務人不得以受質權設定之通知後所生之債權與為質權標的物之債權抵銷，以保障質權人之權益❸。

五、第三債務人之權利義務

權利質權標的物之權利如有債務人存在時，該債務人即為學理上所稱之第三債務人，其地位因質權之設定而受影響，故有下列之權利義務:

㈠第三債務人之清償

民法第 907 條規定:「為質權標的物之債權,其債務人受質權設定之通知者,

---

❸　《民法物權編部分修正條文對照表（擔保物權部分）》，第 906 條之 2 修正說明，2007 年 3 月 28 日，頁 99。

❸　《民法物權編部分修正條文對照表（擔保物權部分）》，第 906 條之 4 修正說明，2007 年 3 月 28 日，頁 101。

❸　《民法物權編部分修正條文對照表（擔保物權部分）》，第 907 條之 1 修正說明，2007 年 3 月 28 日，頁 102。

如向出質人或質權人一方為清償時，應得他方之同意。他方不同意時，債務人應提存其為清償之給付物。」此為債權質之第三債務人就清償行為所受之限制，有以下四點須說明之處：

　　1.第三債務人受有設定質權之通知者，雖可向出質人或質權人之一方清償，但必須獲得他方之同意，若他方不同意，第三債務人有提存其給付物之義務。於提存後，質權人之質權移存於提存之給付物上。第三債務人若未得他方之同意，任意向一方當事人為清償時，對他方而言不生清償之效力。

　　2.第三債務人未受質權設定之通知者，因質權對第三債務人不生效力，故如仍向其債權人（即出質人）清償，自仍屬有效，而得對抗質權人。

　　3.依新民法第 906 條之 4 規定，債務人依第 905 條第 1 項、第 906 條、第 906 條之 1 為提存或給付時，質權人應通知出質人，但無庸得其同意。

　　4.上開第 906 條之 4 之條文修正理由認為，債務人於依第 905 條第 1 項為清償、第 906 條、第 906 條之 1 為提存或給付時，因債權質權依法轉換為動產質權或抵押權，對出質人之權益雖無影響，惟出質人仍為質權標的物之主體，宜讓其有知悉實際狀況之機會，爰增訂本條，但無庸得其同意。又此項通知，並非債務人依上開規定所為提存或給付之成立或生效要件，如質權人未通知出質人，致出質人受有損害，僅生損害賠償之問題，已如前述。

(二)有價證券質權清償之限制

　　有價證券質權，即指以有價證券設定質權之謂。此時之第三債務人，依新民法第 907 條之規定，為質權標的物之債權，其債務人受質權設定之通知者，如向出質人或質權人一方為清償時，應得他方之同意。他方不同意時，債務人應提存其為清償之給付物。換言之，如他方不同意時，僅得提存其為清償之給付物。從而，無論是否有受質權設定之通知，均不得向出質人清償，否則其清償對質權人不生效力。

(三)第三債務人之主張抵銷問題

　　依新民法第 907 條有所謂「質權設定之通知」之規定，因此，實務上，第三債務人因設質而受有上列「通知」之影響外，其餘權利理論上均不受限制。故第三債務人於受設質通知時，所得對抗出質人之事由，包括抗辯權或其他足以阻止、排斥債權成立、存續或行使之事由，均得以之對抗質權人。由此可知，

第三債務人於受設質通知時，如對出質人有債權存在，而符合抵銷之要件者，自無不許其抵銷之理由。第三債務人一經向其債權人為抵銷之意思表示，即發生消滅債務之效果，新民法第 907 條在此無準用之餘地❸。

反之，第三債務人對出質人之債權於受設質通知時若未屆清償期者，即不符合抵銷之要件❸，縱為抵銷，除經質權人之同意，對質權人亦不生效力。新民法第 907 條之 1 規定：「為質權標的物之債權，其債務人於受質權設定之通知後，對出質人取得債權者，不得以該債權與為質權標的物之債權主張抵銷。」以保障質權人之權益。

伍、權利質權之消滅

一、一般原因

權利質權消滅之一般原因，例如權利質權人因實行質權而消滅；又如主債權消滅，其權利質權當然消滅。

二、特殊原因

㈠標的物權利之滅失

為質權標的物之權利滅失時，則權利質權亦隨之消滅。例如以專利權為質權標的物，該專利權消滅時，質權亦隨之消滅。

㈡混　同

為質權標的物之權利與質權同歸一人時，原則上質權消滅。但在債權質權，質權人與第三債務人為同一人時，質權不因之而消滅。

㈢標的物之返還或喪失占有

在動產質權，質權人返還質物於出質人者，或質權人喪失質物之占有，不能請求返還者，質權均歸於消滅，依照新民法第 901 條準用第 897 條、第 898 條

---

❸　最高法院 84 年度臺上字第 35 號判決。

❸　最高法院 81 年度臺上字第 2860 號判決。

之規定，故以無記名證券為質權之標的物者，質權因質權人將證券返還於出質人而消滅。

 陸、結　語

近代以來，無體財產權逐漸獨立，而與有體財產權同樣具有一定之交換價值。蓋權利質權以此等財產權設質，既符合擔保物權直接支配標的物交換價值之本質，且此等財產權之交換價值較易取得，債務人於不履行債務時，質權之實行自較便捷。

時至今日，物品證券化已逐漸興盛，尤其是主要之財產權有日漸證券化之趨勢，以證券為權利質權之標的，無論於設定方式或質權實行上，均頗能符合社會投資擔保手段之需求，而為社會所樂於接受並採行。足見權利質權未來在投資性融資領域中，將占有一席之地，甚或將與抵押權並駕齊驅，而成為投資性融資手段之寵兒。

為此，新民法對於「權利質權」部分之相關條款，曾作若干增修，包括明定權利質權之意義，並闡明設定權利質權時，債權證書之交付非債權質權設定之要件。另較屬重要者，包括增訂權利質權之質權人得行使一定之權利，使清償期屆至。增訂權利質權之債務人依法為提存或給付時，質權人之通知義務。並增訂為質權標的物之債權，其債務人不得主張抵銷之規定，以保障質權人之權益。又增訂證券質權適用或準用權利質權之相關規定；以及增訂證券質權設質後所生證券之效力規定等。

修正部分，則有修正證券質權之設定及增訂背書得記載設定質權意旨之規定。又質權人如有使證券清償期屆至之必要者，並有為通知或依其他方法使其屆至之權利。

第 *26* 章
留置權

壹、概　說

　　留置權制度起源於羅馬法之惡意抗辯制度。法國、德國民法典繼承羅馬法，未明確認定留置權為物權，而是將其作為由債權效力派生出來之抗辯權。

　　以德國為代表之民商立法，採用債權留置權制度，留置權係債權效力之延伸。債權人在相對人履行債務前，對已占有之相對人財產，有拒絕給付之權利，但無直接支配之權利。債權留置權之特點，在於留置權在立法上，視為債之履行抗辯權，構成債權法之內容。留置權僅係債權人對抗相對人物之交付請求權之權利，不產生直接支配物之效力。

　　以瑞士、日本為代表之國家，則採用物權留置權制度。留置權，係債權人為擔保債權之受償，而對其占有之債務人財產享有之一種獨立之法定擔保物權。留置權有直接支配物之權利，可對抗物之所有人與其他第三人。留置權之成立，必須是在債權與留置之標的物間有牽連關係。

　　我國採日本、瑞士立法例，認為留置權係擔保物權之一種，依新民法第 928 條第 1 項規定：「稱留置權者，謂債權人占有他人之動產，而其債權之發生與該動產有牽連關係，於債權已屆清償期未受清償時，得留置該動產之權。」因此，留置權以債權之發生，與債權人占有屬於債務人之動產間有牽連關係，為其成立要件之一。在我國民法物權編中，設留置權專章，另在民法其他各條與特別法中，規定有特殊留置權。

　　基此，本章首先擬探討留置權之意義、性質與特徵；其次擬探討留置權成立之積極要件與消極要件；再次，擬探討留置權之效力，包括留置權效力之範圍、留置權對於留置權人之效力、留置權對於留置物所有人之效力、留置權之消滅等，其中，亦就新舊條文、相關判決與民法修正草案❶，予以說明。

---

❶　法務部曾於 1999 年與 2005 年提出二次修正草案，其中最主要不同在於新修正草案增訂民法第 932 條但書之規定，其餘僅略作文字修正；2007 年 3 月 28 日三讀通過總統公布之民法物權編部分修正條文（擔保物權部分）修正內容與說明，亦同。

貳、留置權之意義、性質與特徵

一、留置權之意義

㈠舊民法之規定

依舊民法第 928 條規定，留置權係指債權人占有屬於其債務人之動產，在具備一定要件時，於其債權未受清償前，得留置該動產之權利。享有留置權之債權人為留置權人，留置權所擔保之債權為留置債權，被留置之動產為留置物。

㈡新民法之規定

1.新民法第 928 條內容

新民法第 928 條規定：「稱留置權者，謂債權人占有他人之動產，而其債權之發生與該動產有牽連關係，於債權已屆清償期未受清償時，得留置該動產之權。（第 1 項）債權人因侵權行為或其他不法之原因而占有動產者，不適用前項之規定。其占有之始明知或因重大過失而不知該動產非為債務人所有者，亦同。（第 2 項）」

2.新民法第 928 條修法理由

新民法認為，限制物權例如地上權、永佃權、地役權、抵押權、動產質權、典權及修正之權利質權等，各該章節之首揭條文皆以定義規定之立法方式為之，為期明確並期立法體例一致，爰將本條修正為定義規定。又留置權在立法例上雖有債權性留置權與物權性留置權之分，且於物權性留置權，或僅有留置權能，或併有優先受償權能，各國立法例不一，故有關優先受償權能另規定於第 936 條，併此敘明。

留置權之標的物依新民法規定，以屬於債務人所有者為限，惟觀諸各國民法多規定不以屬於債務人所有者為限❷，為期更能保障社會交易安全及貫徹占有之公信力，且事實上亦常有以第三人之物作為留置對象，爰仿上開外國立法

---

❷　例如瑞士民法第 895 條第 3 項、日本民法第 295 條第 1 項、韓國民法第 320 條第 1 項等是。

例，將「債務人之動產」修正為「他人之動產」。又所稱「動產」，解釋上當然包括有價證券在內，不待明文。

為維護公平原則，法律不允許債權人以侵權行為或其他不法原因取得留置權。又債權人占有動產之始明知或因重大過失而不知該動產非為債務人所有，如允許其取得留置權，將與民法動產所有權或質權之善意取得❸之精神有違，爰增訂第 2 項排除規定❹。

關於留置權標的物範圍，各國規定不同，瑞士民法以動產及有價證券為限。日本民法以物為限。我國民法以動產為限。至於所有權狀，僅屬證明文件，並不能作為民法第 928 條留置權之標的❺。

實務上認為，依我民法規定，留置權之取得無庸登記，債權人對債務人有無擔保債權，並無依國家機關作成之登記文件可明確證明。如債務人就留置物所擔保之債權之發生或其範圍有爭執時，應由債權人循訴訟方式，取得債權確已存在及其範圍之證明，始得聲請法院裁定拍賣留置物，以兼顧債務人之權益❻。

二、留置權之性質

依新民法第 928 條規定，留置權具有如下之性質：

㈠留置權係以動產為標的物之擔保物權

留置權為確保債務人履行債務，留置他人動產之權利，以督促債務人清償其債務，在必要時，可拍賣留置物，以賣得價金優先受償。因此，留置權係擔保物權。

㈡留置權係債權人占有屬於他人之動產之權利

留置權係因債權人已占有動產，因債權未受清償，而得以留置之權利，故占有他人之動產，為留置權成立及存續之要件。留置權之權利主體為債權人，其所占有之動產，依新民法第 928 條規定，不以屬於債務人所有之動產為限，

---

❸　例如民法第 801 條、第 886 條之規定。

❹　法務部，《民法物權編部分修正條文（擔保物權部分）》，第 928 條修正說明，2007 年 4 月，頁 103、104。

❺　最高法院 80 年度臺上字第 1146 號判決。

❻　最高法院 89 年度臺上字第 541 號判決。

他人之動產亦可。

(三)留置權係在一定條件下占有他人之動產

留置權係在一定條件下占有他人之動產，依法律規定，當然發生之擔保物權。依民法第 929 條至第 931 條規定，留置權在具備一定要件時，當然發生，故留置權是法定擔保物權，而非意定擔保物權。

三、留置權之特徵

留置權為擔保物權之一種，當然具有物權性、價值性與擔保性等擔保物權之共通屬性。然而，留置權與抵押權、質權相比，其具有以下特徵：

(一)設定方面

留置權係依法律直接規定而發生，而非依當事人之合意而設定，故留置權為法定擔保物權；而抵押權、質權係依當事人之合意而設定，為約定擔保物權。

(二)客體方面

留置權之客體，一般限於動產，且是債權之標的，亦即留置權之客體與債權之發生有牽連關係，故留置權是他人所有之財產。而抵押權之客體為不動產；質權之客體可為動產，亦可為權利。

由於抵押權與質權是由他人或第三人設定之擔保債權以實現之物權。因此，抵押權與質權之客體是擔保債權標的外之物權或權利，且既可以為債務人所有，又可以為第三人所有。

(三)成立要件方面

留置權之成立與存續，須以占有標的物為要件，此點與質權相同。但質權在設定時即已占有標的物；而留置權之客體在事先係由債權人占有。至於抵押權則不以占有標的物為必要，而係以登記為公示方法。

(四)效力方面

留置權如喪失標的物之占有，則留置權消滅。留置權並無追及效力；而抵押權與質權則有追及效力。

(五)實施條件方面

留置權之實施條件須依新民法第 928 條規定，債權人占有他人之動產，而其債權之發生與該動產有牽連關係，且於債權已屆清償期未受清償時，二要件

併備；而抵押權與質權則僅須債權已屆清償期未受清償即可。

㈥消滅原因方面

留置權可因債務人另提供擔保而消滅；而抵押權與質權則不因債務人另提供新擔保而影響其存在與實施。

㈦適用範圍方面

在留置權之適用範圍方面，留置權之客體必須與債權之發生有牽連關係；而抵押權與質權之適用範圍，則非常廣泛。

參、留置權之成立

如上所述，留置權係依法律規定而成立，為法定擔保物權之一種，其成立要件，分為積極要件與消極要件二種❼，茲分述如下：

一、積極要件

所謂留置權成立之積極要件，係指在留置權之成立時，所應具備之條件而言。茲分述如下：

㈠債權人占有屬於他人之動產

留置權以擔保債權為目的，因此，其權利主體為債權人，債權發生之原因對此無影響。留置權之義務人為他人，此與抵押權及質權得以債務人以外之第三人為義務人相同。

留置權之客體，必須是他人所有之動產，我國民法對動產之範圍，未做明確規定，有學者認為，留置權動產之範圍，應與瑞士民法做相同解釋，包括動產及有價證券。

又留置權客體性質是否必須為融通物，我國民法並無特別規定，有學者認為，留置權以留置動產為主要之作用，就留置物取償，為次要之作用。不融通物雖無法拍賣受償，但仍可發揮留置之作用，間接強制債務人履行債務。因此，留置權之客體，不以融通物為限。惟新民法規定債權人留置之動產，不以屬於

❼　吳光明，《物權法新論》，新學林出版，2006 年 8 月，頁 497。

債務人所有者為限。第三人所有之動產，亦能成立留置權。

至於債權人占有他人之動產，只要事實占有即可，不問其為直接占有、間接占有、輔助占有或者共同占有，其效力均相同。

㈡必須債權已屆清償期

留置權之目的，在於債務人不履行債務時，扣留債務人或他人之留置物，俾以強制債務人履行債務。因此，必須在債權已屆清償期時，才可取得留置物。但是在債務人無支付能力時，依民法第 931 條第 1 項規定，債權人縱於其債權未屆清償期前，亦有留置權。此即所謂留置權之擴張。

債權是否已屆清償期，依當事人之約定，當事人無約定時，依當事人之催告或法定方式確定。留置權之成立，以債權已屆清償期為已足，至於債務人是否構成履行給付義務遲延，與留置權之成立無關。至所謂無支付能力，是指債務人顯然不能清償債務。

㈢必須債權之發生與該動產有牽連關係

債權之發生與該動產有牽連關係，有牽連關係包括下列三種情形❽：

1.債權係由該動產本身發生者

例如民法第 596 條規定：「受寄人因寄託物之性質或瑕疵所受之損害，寄託人應負賠償責任。但寄託人於寄託時，非因過失而不知寄託物有發生危險之性質或瑕疵或為受寄人所已知者，不在此限。」此時損害賠償債權是由寄託物所生，因而，在寄託人未為損害賠償前，對寄託物有留置權。

2.債權與交付該動產之義務，係由同一法律關係所發生者

例如將自己之機車交付修理廠修理，其修理費債權與交還機車之義務，係由同一法律關係所發生者。機車之所有人如不交付修理費，修理廠對該機車有留置權。

3.債權與交付該動產之義務，係由同一事實關係所發生者

例如二人均將機車存放於同一處所，其後彼此將他造之機車取走，此時彼此均享有向對造請求返還自己機車之義務。此種請求權與義務，係由同一事實關係所發生者，故在對造交還自己機車前，對於對造之機車有留置權。

⑴舊民法第 929 條之規定

---

❽　吳光明，前揭書，頁498。

　　就普通當事人之留置權而言，如雙方當事人均為商人，依舊民法第 929 條之規定：「商人間因營業關係而占有之動產，及其因營業關係所生之債權，視為有前條所定之牽連關係。」此即所謂牽連關係之擬制。足見，商人間之留置權較非商人間之留置權範圍為廣。

(2)新民法第 929 條之規定

　　由於占有動產與因營業關係所生之債權，二者合一，始得視為有前條所定之牽連關係，新民法修正條文第 929 條認為，舊條文規定「及」字不妥，修正為「與」字❾。

　　實務上認為，依新民法第 929 條之規定，商人間因營業關係所生之債權，與因營業關係而占有之動產，即可視為有牽連關係而成立留置權。縱其債權與占有，係基於不同關係而發生，且無任何因果關係，亦無不可❿。

二、消極要件

　　所謂留置權成立之消極要件，係指留置權成立之限制而言。茲分述如下：

㈠動產須非因侵權行為而占有者

　　法律使留置權人繼續占有與債權有牽連關係之債務人之動產，以促進債務人清償債務，是留置權取得之目的。因此，占有自始至終，必須為合法。債權人之債權，其成立雖屬正當，如因侵權行為而占有他人之動產，依新民法第 928 條第 2 項規定，仍為不法之占有，應速返還於被害人，自無從發生留置權。

㈡動產之留置不違反公序良俗

　　所謂公序良俗，係指公共秩序善良風俗。公序，係指社會生活之公安與公益。所謂良俗，係指公民之一般道德觀念。維持社會公安公益以及道德標準，係我國民法立法原則之一。此原則比保護債權人個人利益較為重要。

　　依民法第 72 條規定，法律行為，有背於公共秩序或善良風俗者，無效。為貫徹民法總則此一條規定，新民法第 930 條前段規定，動產之留置，違反公共秩序或善良風俗者，不得為之。留置之動產是否違反公共秩序或善良風俗者，

❾　法務部，《民法物權編部分修正條文（擔保物權部分）》，第 929 條修正說明，2007 年 4 月，頁 105。

❿　最高法院 60 年臺上字第 3669 號判例。

應權衡公共利益與個人利益，視具體情形而定。法律明訂不得留置之物，例如留置物為違禁品，或為他人生活之必需品，債權人自無留置權。

舊民法第930條前段規定「……如違反公共秩序或善良風俗者，……」，其中既有「如」，又有「者」，似嫌累贅，爰刪除「如」字，以期簡鍊，爰修正該條前段為：「動產之留置，違反公共秩序或善良風俗者，不得為之。」又該條後段所謂「與債權人所承擔之義務相牴觸者」，係指債權人如留置所占有之動產，即與其應負擔之義務相違反而言。至所謂「與債務人於交付動產前或交付時所為之指示相牴觸者」，其本質為契約義務，舊民法規定易使人誤解為債務人之一方行為，且債務人事後所為之指示，如為債權人所接受者，已成為契約內容之一部，法律似無特予排除之理，為期明確並避免誤解❶，爰修正新民法第930條後段為：「其與債權人應負擔之義務或與債權人債務人間之約定相牴觸者，亦同。」

㈢動產之留置必須不與債權人應負擔之義務或與債權人債務人間之約定相牴觸

依新民法第930條後段規定，留置動產如與債權人應負擔之義務或與債權人債務人間之約定相牴觸者，亦不得為之，以免有背誠信原則。故如債務人於動產交付後，成為無支付能力，或其無支付能力於交付後始為債權人所知者，依民法第931條第2項規定，其動產之留置，縱與債權人應負擔之義務有牴觸情形，債權人仍得行使留置權。

留置權是無專屬性質之財產權，法律尚無禁止讓與之規定。因此，除當事人合意或法律明文禁止外，可讓與及繼承。蓋留置權為擔保物權之一種，具從屬性。因此，在讓與留置權時，應與債權一併讓與。

又留置物存有所有權以外物權之情形，事所恆有，例如留置物上存有質權等是。物權之優先效力，本依其成立之先後次序定之。惟留置權人在債權發生前已占有留置物，如其為善意者，應獲更周延之保障，該留置權宜優先於其上之其他物權，爰仿動產擔保交易法第25條，增訂第932條之1規定：「留置物存有所有權以外之物權者，該物權人不得以之對抗善意之留置權人。」至留置物所有人於債權人之債權受清償前，本不得請求返還留置物之占有，要乃留置權

---

❶　法務部，《民法物權編部分修正條文（擔保物權部分）》，第930條修正說明，2007年4月，頁106。

之本質，自不生本條所謂對抗之問題❷。

肆、留置權之效力

一、留置權效力之範圍

㈠留置權所擔保債權之範圍

　　留置權所擔保債權之範圍，我國民法並無如抵押權或質權一般明文列舉規定，僅在留置權之成立要件中，設立一抽象標準，即該債權之發生必須與留置物有牽連關係。因而，債權之範圍不限於原始債權，亦包括原始債權之利息、遲延利息、以及原始債權不能發生之損害賠償請求權及債權人行使留置權之費用。

㈡留置權標的物之範圍

1. 舊民法第 936 條之規定

　　我國民法關於留置權標的物之範圍無直接規定，原則上，應以留置物本身以及其從物、孳息、代位物等。從物從屬於主物，如留置物為主物，則其從物亦為留置權效力所及。又留置權以占有標的物為成立要件，故該從物亦必須已由債權人占有為限。

　　依舊民法第 935 條規定：「債權人得收取留置物所生之孳息，以抵償其債權。」亦即留置物所生之孳息，應在留置權效力範圍以內。惟修正草案認為，舊規定已併入第 933 條修正條文，本條爰予刪除。

　　又依舊民法第 936 條規定：「債權人於其債權已屆清償期而未受清償者，得定六個月以上之相當期限，通知債務人，聲明如不於其期限內為清償時，即就其留置物取償。」亦即債權人在一定條件下，得依關於實行質權之規定，拍賣留置物，或取得其所有權。留置權屬於擔保物權之一種，留置權之效力，亦應及於因留置物滅失所得之賠償金或代位物。

---

❷　法務部，《民法物權編部分修正條文（擔保物權部分）》，第 932 條之 1 修正說明，2007 年 4 月，頁 107。在此，應注意動產擔保交易法第 25 條已於 2007 年 7 月 11 日刪除，另於該法第 5 條增訂第 2 項規定。

2.新民法第 936 條之規定

修正草案認為，現代社會資訊發達，交通便捷，一切講求快速，現行條文第 1 項規定債權人通知債務人清償之期限為「六個月以上」，對於債權已屆清償期而未為清償之債務人，保障過寬，將使留置權之實行耗費時日，對長期負保管責任之債權人，未免過苛，且有違現代工商社會之講求效率，為期早日免除債權人之責任並符實際，修正草案第 936 條乃將上開期限修正為「一個月以上」。

又為配合第 928 條第 1 項之修正及第 932 條之 1 之增訂，留置物如為第三人所有或存有其他物權而為債權人所知者，債權人應一併通知之，以維護其權益，新民法第 936 條乃增訂後段規定：「留置物為第三人所有或存有其他物權而為債權人所知者，應併通知之」。

第三人之動產既得為留置權之標的物，該第三人自得以利害關係人之地位清償債務❸，爰於第 2 項增列「留置物所有人」亦為清償之主體。又留置權之實行方法，不限於拍賣留置物，以訂約取得留置物之所有權、訂約以拍賣以外之方法處分留置物，應無不可❹。

另外，有關權利質權之實行方法，與留置權性質不相牴觸者，亦在適用之列❺。而依留置權為擔保物權本質，留置權人就留置物賣得之價金得優先受償，或取得其所有權，新民法第 936 條乃依上述意旨將第 2 項修正為：「債務人或留置物所有人不於前項期限內為清償者，債權人得準用關於實行質權之規定，就留置物賣得之價金優先受償，或取得其所有權」。

舊民法第 936 條第 3 項規定未為清償之期限為「二年」，亦嫌過長，新民法第 936 條第 3 項修正為「六個月」，修正理由與第 1 項同❻。新民法第 936 條第 3 項乃修正為：「不能為第一項之通知者，於債權清償期屆至後，經過六個月仍未受清償時，債權人亦得行使前項所定之權利。」

---

❸　參照民法第 311 條之規定。

❹　參照民法第 895 條準用第 878 條之規定。

❺　參照民法第 905 條、第 906 條、第 906 條之 2 之規定。

❻　法務部，《民法物權編部分修正條文（擔保物權部分）》，第 936 條修正說明，2007 年 4 月，頁 108、109。

二、留置權對於留置權人之效力

㈠留置權人之權利

1.留置權人對標的物之占有權

⑴舊民法第 932 條之規定

　　留置權之目的，在於留置標的物，以為債權提供擔保，在債務人不履行債務時，留置權人有繼續占有留置標的物之權利。依舊民法第 932 條規定:「債權人於其債權未受全部清償前，得就留置物之全部，行使其留置權。」因此，留置權具有不可分性。

⑵新民法第 932 條之規定

　　惟留置權之作用乃在實現公平原則，過度之擔保，反失公允，新民法第 932 條乃仿民法第 647 條意旨，增設但書規定:「但留置物為可分者，僅得依其債權與留置物價值之比例行使之。」以兼顧保障債務人或留置物所有人之權益❶❼。

　　留置權人對標的物之占有，可對抗標的物所有人之任何處分行為，不受債務人處分標的物行為之影響。如該標的物受到第三人不法侵害時，可訴請法院回復占有。

2.留置權人對標的物孳息之收取權

　　依舊民法第 935 條規定:「債權人得收取留置物所生之孳息，以抵償其債權。」因此，留置權人有權收取留置物所生之自然孳息與法定孳息，以抵償其債權。孳息收取實際上產生留置權人對孳息優先受償之孳息留置權。我國民法留置權章未就如何收取，如何抵償，作出規定，應類推適用新民法第 890 條關於質物孳息收取之規定。收取孳息，先抵充收取孳息之費用，次抵原債權之利息，次抵原債權。

　　由於新民法已將舊民法規定併入第 933 條修正條文，故舊民法第 935 條爰予刪除。

3.留置權人對標的物之保管收取權

⑴舊民法之規定

---

❶❼　法務部，《民法物權編部分修正條文（擔保物權部分）》，第 932 條修正說明，2007 年 4 月，頁 106。

依舊民法第 933 條規定：「債權人應以善良管理人之注意，保管留置物。」留置權人對於留置物，本無使用之權利，但為盡保管義務所必要之使用，是留置權人之權利。至於何謂「必要之使用」，法律無明文規定，解釋上應指有利於留置物之使用。

實務上認為，民法第 933 條規定債權人應以善良管理人之注意，保管留置物。該所謂善良管理人之注意，係指依一般交易上之觀念，認為有相當知識經驗及誠意之人所具有之注意，其已盡此注意與否，應依抽象之標準定之，亦即以客觀之注意能力，而非以主觀之注意能力為斷❽。

⑵新民法之規定

由於留置權與質權同為擔保物權，均以占有動產促使債務人清償債務為目的。故質權存續中質權人對質物之保管義務、使用出租之限制、孳息收取權，在留置權本應準用。日本民法第 298 條、韓國民法第 324 條亦設有明文。本條舊條文僅規定債權人對留置物之保管義務，有欠周延，新民法第 933 條為概括之準用規定：「第八百八十八條至第八百九十條及第八百九十二條之規定，於留置權準用之。」

又因新民法第 928 條之修正及準用第 888 條第 2 項「質權人非經出質人之同意，不得使用或出租其質物。但為保存其物之必要而使用者，不在此限」規定之結果，留置物之使用或出租之同意，係指經留置物所有人之同意而言，併予敘明❾。

4.留置權人費用求償權

依民法第 934 條規定：「債權人因保管留置物所支出之必要費用，得向其物之所有人，請求償還。」此即留置權人之費用求償權。留置權人享有該權之前提條件，是債權人必須已支出費用，且該費用以必要費用為限。留置權人未支出費用，或雖支出費用，但該費用並非保管留置物所必要之費用，仍不能請求償還該費用。

5.留置權人對標的物之變價權

❽　最高法院 91 年度臺上字第 2139 號判決。

❾　法務部，《民法物權編部分修正條文（擔保物權部分）》，第 933 條修正說明，2007 年 4 月，頁 107。

留置權人在留置標的物後，經過合理期間，債務人不履行義務又未提供擔保者，債權人有權將留置標的物變價，此即留置權之實行。留置權之實行係法律賦予留置權之第二作用。

留置權之實行，必須在法定條件下。所謂法定條件，即依新民法第 936 條規定：「債權人於其債權已屆清償期而未受清償者，得定一個月以上之相當期限，通知債務人，聲明如不於其期限內為清償時，即就其留置物取償；留置物為第三人所有或存有其他物權而為債權人所知者，應併通知之。（第 1 項）債務人或留置物所有人不於前項期限內為清償者，債權人得準用關於實行質權之規定，就留置物賣得之價金優先受償，或取得其所有權。（第 2 項）不能為第一項之通知者，於債權清償期屆至後，經過六個月仍未受清償時，債權人亦得行使前項所定之權利。（第 3 項）」因此，經過一定程序實行留置權，必須符合下列條件。茲分述如下：

(1)已屆清償期而未受清償

已屆清償期而未受清償，為債權人實行留置權之第一條件。

(2)必須定期通知，並作適當聲明

留置權與抵押權、質權不同之處，在於留置權必須定一個月以上之相當期限，通知債務人，並聲明如不於其期限內為清償時，即就其留置物取償。又為配合新民法第 928 條第 1 項及第 932 條之 1 之增訂，留置物如為第三人所有或存有其他物權而為債權人所知者，債權人應一併通知之，以維護其權益，爰增訂第 936 條第 1 項後段規定。

(3)必須債務人在接到通知後，未遵期清償

如債務人在期限內清償，則債權人不得實行留置權。

在具備上述三要件後，債權人即可實行留置權。實行留置權之方法有二：一為拍賣；二為取得留置物之所有權。

拍賣留置物應依關於實行質權之規定，在拍賣前應通知留置物所有人。拍賣後，就其所得之價金優先受償。留置權人取得留置物之所有權，必須訂立契約而取得。

又關於「一定期間」，依新民法第 936 條第 3 項規定：「不能為第一項之通知者，於債權清償期屆至後，經過六個月仍未受清償時，債權人亦得行使前項

所定之權利。」❷⓿

㈡留置權人之義務

1.對標的物之保管義務

依舊民法第933條規定：「債權人應以善良管理人之注意，保管留置物。」保管義務之履行，包括下列三種：

⑴保障標的物之安全

留置標的物因留置權人對標的物之過失，而毀損滅失者，留置權人應負損害賠償之責任。

⑵保障標的物之利益收取

留置權人對標的物之孳息或其他利益，有收取保管之義務。如留置權人因過失，而怠於收取者，應負損害賠償之責任。

⑶不為自己利益而利用標的物

留置權人不經債務人同意，不得使用、出租留置之標的物，或以留置標的物向他人提供擔保。否則，留置權人應負義務不履行之損害賠償責任。

於此應注意，舊條文僅規定債權人對留置物之保管義務，有欠周延，爰新民法修正為概括之準用規定，詳如前述。

2.對標的物之返還義務

債務人在合理期限內或經債權人催告後，履行給付義務，使留置權所擔保之債權消滅時，留置權人應返還留置物於受領權人。債權雖未消滅，但債務人另提出相當擔保，致留置權消滅時，債權人應無條件地返還留置標的物。否則，債權人應當承擔不法占有債務人財產之責任。

三、留置權對於留置物所有人之效力

留置權對於留置物所有人，有如下二種權利：

㈠處分權

由於留置物所有人並未喪失其對留置物之所有權，因而留置物所有人仍可自由處分其所有物。此種處分並不影響留置權。

---

❷⓿　法務部，《民法物權編部分修正條文（擔保物權部分）》，第936條修正說明，2007年4月，頁108、109。

㈡**再設定質權**

　　理論上，留置權成立後，雖可再設立質權，但在實際上，如留置權成立後，再設立質權，則留置物所有人之返還請求權，因有質權存在而發生衝突，故將無人願意接受再設定質權。

伍、留置權之消滅

一、留置權消滅之原因

㈠一般物權消滅之原因

　　留置權是物權之一種，因此，物權一般消滅原因，如標的物滅失、混同、拋棄、徵收等原因，亦為留置權消滅之原因。

㈡擔保物權消滅之原因

　　留置權與抵押權、質權一樣為擔保物權，則主債權消滅、擔保物權之實行等有關擔保物權之一般消滅原因，均適用於留置權。

㈢留置權特有之消滅原因

　　留置權特有之消滅原因有二種：

1.另提供擔保

　　依舊民法第 937 條規定：「債務人為債務之清償，已提出相當之擔保者，債權人之留置權消滅。」換言之，債務人為清償債務，已另行提出相當擔保，則債權已受保障，即無必要再允許其留置債務人之動產，故債權人之留置權即行消滅。新民法第 937 條為配合民法第 928 條之修正，乃將舊民法第 937 條原條文之「債務人」一詞，修正為「債務人或留置物所有人」，俾前後一貫，並符實際。

2.占有之喪失

　　留置權因以占有屬於其債務人或留置物所有人之動產為成立及存在之要件，如其占有已喪失，則無從實行留置權。故依舊民法第 938 條規定：「留置權因占有之喪失而消滅。」但如占有係因被侵奪而喪失者，或留置物因被盜或遺失而喪失者，須依民法第 962 條、第 963 條、第 949 條規定，在一年或二年期限

內，請求返還或回復其物。如留置權人之占有未確定為喪失，留置權即未消滅。

由於學者通說以為留置權與質權均為動產擔保物權，二者發生條件雖然不一，但若僅一時喪失占有，而得依占有規定請求返還以回復占有者，其權利之存續，應無二致❷，舊民法第 938 條規定：「留置權因占有之喪失而消滅。」由於該條文已併入第 937 條第 2 項修正條文，新民法第 938 條乃予刪除。

至於留置權人知有留置權存在，而返還其物者，此時可解釋為留置權之拋棄，從而使留置權消滅。留置權人於返還之際，留有未為留置權拋棄之異議時，就其物不妨再生留置權。留置權人不知有留置權存在，而返還其物者，則因明顯無拋棄留置權之意思，就其物有留置權再生之可能，學者認為，留置權之重新發生，須具備留置權成立之其他要件，從而產生下列二種情況❷：

⑴留置物之所有人受其物之返還前非為債務人，或債務人受留置物之返還後讓與第三人時，其後債權人再取得其物之占有，亦不得就該物再生留置權。

⑵商人間因營業關係而認有前牽連關係所成立之留置權，債權人再取得返還物之占有之際，需仍有商人之資格，而且其占有需因營業關係而取得。

於此應注意，新民法第 937 條增訂第 2 項規定：「第八百九十七條至第八百九十九條之規定於留置權準用之。」增訂理由認為，第 2 項增列留置權消滅原因準用質權規定，係因留置權與質權均屬動產擔保物權，其目的係由債權人占有債務人或第三人所有之動產，以確保債務之受償，二者性質近似之故，是以本項之增設並不排除質權之其他相關規定仍得類推適用❷。

3.債權清償期之延緩

債權人如同意延緩債權之清償期時，不能認為債務已屆期而未履行，因而欠缺留置權之成立要件，原已發生之留置權應歸於消滅。但如其後債務人於延緩期屆滿後仍未履行其義務時，如符合留置權發生之其他條件，則可再行成立留置權。

---

❷ 法務部，《民法物權編部分修正條文（擔保物權部分）》，第 938 條修正說明，2007 年 4 月，頁 110。

❷ 史尚寬，《物權法論》，自版，1971 年 11 月，頁 471。

❷ 法務部，《民法物權編部分修正條文（擔保物權部分）》，第 937 條第 2 項修正說明，2007 年 4 月，頁 110。

二、留置權消滅之效果

留置權消滅時，與地上權、永佃權、質權消滅時不同，留置權人並不因留置權關係消滅，而負有返還留置物之義務。然而，留置權消滅時，留置物所有人有請求返還該留置物之權利。

又依舊民法第 939 條規定：「法定留置權，除另有規定外，準用本章之規定。」然而，留置權之成立，無不由於法定者，本條所稱「法定留置權」，用語欠當，實指本章以外之「其他留置權」而言，為期明確，新民法第 939 條修正並作文字整理為：「本章留置權之規定，於其他留置權準用之。但其他留置權另有規定者，從其規定。」

陸、結　語

近代各國在留置權之立法體制上，存在著兩種基本制度，即債權留置權與物權留置權。

在我國，留置權是擔保物權之一，故擔保物權所具有之從屬性、不可分性、物上代位性等，留置權均亦具有之；其作用在於藉此督促債務人履行債務，但在督促之際，又必須實現公平之原則。因此，如何達到擔保債權人債權之目的，並能避免因過度之擔保，反失公允，則成為留置權法制上之重要課題。

2007 年 3 月 28 日，新民法對留置權之相關條文均有所修正，修正內容包括留置權之意義、留置權之限制規定、增訂留置物存在所有權以外物權之效力規定、明示留置權準用質權之相關規定、修正留置權之實行、修正留置權因喪失占有而消滅之規定、修正留置權之準用規定等。

另又針對舊條文第 937 條增列第 2 項留置權消滅原因準用質權之規定，係因留置權與質權均屬動產擔保物權，其目的係由債權人占有債務人或第三人所有之動產，以確保債務之受償，二者性質近似之故，是以本項之增設並不排除質權之其他相關規定仍得準用。

同時，配合舊民法第 938 條已併入第 937 條第 2 項修正條文，爰予刪除舊

民法第 938 條。

　　又按留置權係因擔保物權，自具有不可分性。惟留置權之作用乃在實現公平原則，過度之擔保，反失公允，故新民法第 932 條條文再增設但書規定：「但留置物為可分者，僅得依其債權與留置物價值之比例行使之。」以兼顧保障債務人或留置物所有人之權益。本文認為，如此頗能兼顧保障債務人或留置物所有人之權益，均表示贊同。

第27章
占 有

壹、概　說

「占有」(Besitz) 一詞看似簡單，實際上沒有比此問題更難以解決者，是因「占有」問題之困難還未被意識到。定義「占有」係為喚回一個觀念 (image)，如此觀念因人而異，或如很多人並未形成任何觀念，或此觀念因時因地而異，則不容易下定義以確定此一觀念。因此，根據「占有」對象性質之不同，例如「占有」對象是動產還是不動產，「占有」之觀念就會不同❶。

從我國民法之規定觀之，占有不是一種權利，只是一種事實狀態，我國民法占有之概念與德國、瑞士民法相同，實兼有日耳曼法及羅馬法占有之內容❷。

然而，法律對於此種事實狀態，賦予各種法律效力，並在一定情況下予以保護，例如民法第 943 條、第 953 條之規定均屬之。

占有既具有法律上之意義，顯見其在概念上，與單純之事實——例如秋風落葉、海邊散步等不具任何法律意義者，明顯不同❸。此外，占有不僅得為民法第 184 條侵權行為之客體，亦係民法第 182 條不當得利下所得請求返還之利益，且與本權結合後，亦能具有權利之性質。民法將占有定位為事實，旨在表示法律對物事實支配狀態之保護，此種支配純然僅為事實之支配，是否具有法律上之正當權利，在所不問❹。

占有與法律對物之觀念支配狀態所為之保護不同，此項觀念之支配，係抽

---

❶ 德國學者薩維尼 (Friedrich Carl von Savigny) 1803 年出版《論占有》(*Das Recht des Besitzes*) 後聲名大噪，此後占有理論就一直處於被討論之中，這些討論自然對於德國立法產生影響，當然更影響德國民法典之制定。依據德國民法典之規定在一些例外情形中，占有之取得甚至不需要占有之意圖，更甚至同樣不需要事實上之支配關係，此點與薩維尼之觀點亦有區別。我國民法物權編之占有理論，自亦受其影響。

❷ 史尚寬，《物權法論》，自版，1979 年 5 月，頁 476。

❸ 單純事實與法律事實之區別，參閱吳光明，《民法總則》，三民書局，2008 年 6 月，頁 517-533。

❹ 謝在全，《民法物權論》，下冊，修訂四版，自版，2007 年 6 月，頁 469。

象之支配，需具有法律上之正當權利。然而，有認為不論占有為事實，或認為占有為權利❺，實際上並無太大區別。

　　本文首先擬探討占有之意義、社會作用與相關概念之比較、分類與轉換；其次擬探討占有之發生，包括直接占有之取得、間接占有之取得、占有之效力、權利之推定、權利之取得；再次擬探討物權修正草案有關占有之規定；其中亦探討相關實務上案例、準占有；同時擬探討德國法上占有之相關規定，包括占有之概念、取得與喪失、間接占有、占有輔助人、對合法占有之保護等。最後，再提出檢討與建議。

貳、占有之意義、社會作用與相關概念之比較

一、占有之意義

㈠占有之定義

　　依民法第 940 條規定：「對於物有事實上管領之力者，為占有人。」依此規定可知，占有係占有人對於物有事實上管領力之狀態，是一種事實，而非權利❻，但占有係產生權利之基礎。占有不僅是所有權之一個權能，且還可與所有權脫離，故占有係一項獨立之民事法律制度。分析上述定義，可知占有具有如下要件：

1. 占有之標的以物為限

　　因占有之標的以物為限，物既包括不動產，亦包括動產，且僅指有體物。因此，無體財產，如著作權，僅能成立準占有。能夠成為占有之標的物之物，較諸一般私權之標的物，有下列兩個特點：

　　⑴民法物權中之一物一權原則，在占有中，通常不適用。蓋占有可以僅對於物之一部分實行管領，即成立占有。

　　⑵在性質上，即使不得為私權標的物之物，在一定條件下，仍可成為占有

---

❺　謝哲勝，〈民法物權修正草案綜合評析〉，民法物權編修正學術研討會，2006 年 2 月 18 日，頁 80。

❻　王澤鑑，《民法物權㈡——用益物權、占有》，自版，1997 年 9 月，頁 28。

之標的物。

2. 占有是對物有事實上之管領力

所謂管領力，係指對物之事實上支配。占有不以有管領權為必要，僅以對物有事實上管領力為已足。至於何種情形為事實上之支配，其管領方法，依社會上觀念之認定及標的物之性質，而有所不同。

占有僅以對物有事實上之管領力為已足，故不要求占有人須有「占有之意思」，即決定占有成立與否，僅須從客觀事實上決定，至於占有人主觀意思如何，在所不問。然而，占有人仍必須有「事實上管領」之意識，故無自覺意識之人，即使持有一物，不能說是占有。

3. 占有須具有某種為外人所認識之外觀

物之支配關係，須以某種為外人所能認識之方式加以表現，此種外觀需經由下列兩方式來表現：

⑴物之空間位置

例如置於某人住宅內之物，通常應認為屬於住宅占有人或使用人所占有。

⑵物之法律地位

例如某物雖由承租人使用收益，但依該物之法律地位仍應認為其與所有人間存在著間接占有關係。

㈡占有之觀念化

何謂「占有」，似乎並非簡單問題，為防止「占有」意義模糊不清，必須將物理上 (physical) 之占有與法律上 (legal) 之占有加以區分。物理上之占有係指對於對象本身之占有，其在法律出現前已存在；法律上之占有，則完全是法律之產物，其係指對於在物上之占有，應依社會一般觀念定之❼。

從原始取得之意義言之，占有可確定所有權歸屬。蓋在現實生活中，以「先占」解決無主物之歸屬，仍有其現實意義。

由占有觀念之擴大與限制，可知占有人與物之關係業已觀念化，並納入法律上之因素，鬆弛事實上之關聯。此種占有觀念化之程度，由直接占有經由占有輔助關係，間接占有，而達於繼承人之占有❽。

---

❼　姚瑞光，《民法物權論》，自版，1997 年 10 月，頁 384。

❽　王澤鑑，前揭書，頁 24。

二、占有制度之發展與社會作用

㈠占有制度之發展

占有制度起源於羅馬法，羅馬法之占有制度係以占有訴權為中心，在此制度下，形成占有與所有權相分離之觀念，占有逐漸成為一種獨立之法律制度。日耳曼之占有，並未與所有權嚴格區分。

現代法上之占有制度，有源於羅馬法之占有制度，如法國民法典。有源於日耳曼法之占有制度，如德國民法典、瑞士民法典。

我國物權中，有關權利之推定，使占有具有權利之防禦功能，係由日耳曼法理論進展而來；占有訴權與善意占有人之孳息取得及費用償還請求權之規定，則是繼受羅馬法占有制度之結果。

因此，占有制度可彌補權利規定之不周延或權利真空之狀態。尤其在從特定人發現特定物至權利被確定之期限內，占有制度可為物之占有人提供法律上之保護依據。

㈡占有制度之社會作用

占有制度在現代社會生活中，具有重要意義。一般而言，占有能以保護請求權形成對占有事實本身之保護，從而維護社會秩序，確定人與物間正當關係之功能。茲分述如下：

1.體現出民法之公平與誠信原則

占有制度體現出民法之公平原則與誠實信用原則，有益於形成社會之和諧正義觀念。在物權之各項制度中，以占有制度體現出民法之公平原則與誠實信用原則。例如對於無權占有中善意占有人之保護以及即時取得制度，公平地解決本權人與善意占有人間之矛盾，發揚誠信原則，並維護社會和諧。

2.保護現實之財產占有關係

占有制度旨在保護現實之財產占有關係，以維護社會經濟秩序。在此意義上，占有制度與所有權制度、他物權制度一起，構成民法物權制度之完整體系。

占有制度與其他制度之區別，其根本特徵在於占有制度重視對事實之保護，而非對權利之保護。

3.維護交易安全

占有制度有益於維護交易安全，包括動態安全與靜態安全。物之動態安全係指物在交易過程中之安全；物之靜態安全係指物在占有方面之安全。占有制度在維護物之動態安全與靜態安全兩方面均各有其作用，在保護作為事實之占有同時，占有制度對善意第三人因市場公開之交易行為而取得之利益，亦進行保護，從而提高交易效率，促進商品之交流。

4.占有之繼續功能

占有人對其占有物有繼續使用之利益。民法第 425 條第 1 項規定：「出租人於租賃物交付後，承租人占有中，縱將其所有權讓與第三人，其租賃契約，對於受讓人仍繼續存在。」該規定旨在以出租人出租後「讓與」租賃物所有權所生之法律關係為規範內容，寓有保障承租人及受讓人之意義[9]。

占有物達一定期間者,得取得其占有物上行使之權利,例如新民法第 768 條規定：「以所有之意思，十年間和平、公然、繼續占有他人之動產者，取得其所有權。」此項時效制度亦在促進占有繼續之功能[10]。

綜上所述，占有制度之社會作用隨時代之需求而不同，亦因各時代相關法律制度之建立而有差異。占有之背後一定有本權存在，尤以所有權為多。占有具有本權推定之效力、公示力、公信力。而本權推定之效力具有維持社會和平秩序，及維護占有人個人利益之作用，本權之保護乃因之較為簡易，故保護占有實係保護此等權利[11]。

三、占有與相關概念之比較

㈠占有與持有

占有與持有 (Gewahrsam) 均指對物之一種事實上之控制狀態；持有乃刑法上之概念；按刑法上所謂持有，係指就特定物在法律上、事實上居於可得支配之狀態而言[12]。作為不同之概念，占有與持有二者有以下之區別：

1.占有係民法之一項重要制度，持有僅係對事實狀態之簡單描述，不發生

---

[9] 最高法院 95 年度臺上字第 521 號判決。

[10] 王澤鑑，前揭書，頁 34。

[11] 謝在全，前揭書，頁 477。

[12] 臺灣高等法院 94 年度上訴字第 2719 號刑事判決。

法律效力。

2.占有可形成雙重占有，即直接占有與間接占有，如出租人將其物出租於承租人，則承租人對其物形成直接占有，出租人則成立間接占有；而持有僅係一種實際控制狀態，形成單一化，不存在雙重狀態。

3.占有之客體為民法上之物，不包括法律絕對禁止流通之物，例如毒品；但持有不要求持有對象必須為法所允許。

4.占有具有權利推定之效力，即法律推定占有人對占有享有合法之權利；而持有不具有類似之效力。

5.占有依法定事實可以繼續，能夠發生讓與以及繼承之效力，即使被讓與人與繼承人不知情，亦並未形成對物事實控制之時，仍能取得該物之占有；而持有人一旦不能實際控制其物時，及喪失持有，故持有係不可轉讓。

(二)占有與所有

占有係所有之外部表現形式，占有與所有二者關係表現在以下：

1.在一般情況下，所有與占有發生重合。在所有人占有其物時，所有人亦即占有人；所有僅能從占有開始，才能從客觀權利變成主觀權利。

2.物脫離所有人而為他人占有，不論合法占有或非法占有，其所有與占有均分離。

3.所有人外之占有人在特定情況下，可依法取得對占有物之所有權，如根據動產善意取得制度，善意受讓人可取得受讓物之所有權；根據占有時效制度，占有人和平公然繼續占有某物，經過一定期間，則可依法取得該物之所有權。

4.所有人之財產受到侵害時，所有人可依民法第 767 條規定提起物上返還請求權；占有人之占有物受到侵害時，該占有人可依民法第 962 條規定提起占有物返還請求權。

(三)占有與占有權

占有是一種事實狀態❸；占有權則係物之占有人根據占有之事實依法享有之權利。故占有與作為權利存在之占有權有明顯之區別。從概念中，占有與占有權二者有如下之關係：

---

❸　在現代大陸法系民法，除日本民法明定占有為權利（稱占有權）外，大多認為占有並非物權，而僅係一種受法律保護之事實狀態。

1.占有是占有權形成之基礎與前提。如某一主體不能占有某物，則其當然不能享有占有權。

2.占有本身不等同於占有權，蓋在現實生活中，控制物之方式有很多，但僅合法占有能形成法律上之權利，而非法占有則不一定形成占有權。例如竊盜對其盜贓物之控制亦屬占有，但該竊盜不享有占有權。實務上，亦有使用「占有權」之概念❶。

總之，占有之事實狀態，有時具有合法權源，有時則完全不具有法律依據，亦正是此一特徵，理論上才將占有列為物權制度獨立於所有權制度與其他物權制度之外，成為一項獨立之物。

參、占有之分類與占有之轉換

一、占有之分類

我國民法中之占有，依其狀態不同，可進行多種分類：

㈠有權占有與無權占有

1.意　義

此種分類以有無占有之權利為標準而分。基於本權，即基於法律上原因，而享有之占有，稱為有權占有，或稱正權源占有。例如：基於所有權或地上權等，所進行之占有即是。凡非基於本權而占有，稱為無權占有，例如：拾得人占有遺失物。

2.區別實益

對占有進行此種分類之意義在於：

⑴有權占有人可拒絕他人本權之行使（民法第767條）。無權占有人遇到本人請求返還占有物時，有返還義務。

---

❶ 例如最高法院37年上字第8467號判例認為：「行親權之母，本於管理未成年子女特有財產之占有權，以自己名義起訴，請求交還系爭田及稻穀，即屬合法。」然而，最高法院在實務上使用「占有權」之概念，並非妥適。

　　(2)確定當事人對標的物之占有有無權利基礎，而採不同之保護方法。例如因侵權行為占有他人之物，不導致留置權發生之效果，亦即留置權須非因侵權行為而占有他人之動產才會發生，故即使是對竊盜物已支出大量之修繕費用，亦不發生留置問題。

(二)善意占有與惡意占有

1.意　義

　　在無權占有中，以占有人是否知其無占有之權利為標準而分。占有人不知其無占有之權利，而信其有占有之正當權利且無懷疑而占有，稱為善意占有。占有人對物知其無占有之權利，或對於自己是否有權占有，雖具懷疑而仍占有，稱為惡意占有❶。

2.區別實益

　　對占有進行此種分類之意義在於，不動產取得時效，占有人因善意占有、惡意占有，時效期間有所不同。例如：依新民法第 769 條規定，以所有之意思，二十年間和平、公然、繼續占有他人未登記之不動產者，得請求登記為所有人。新民法第 770 條規定，以所有之意思，十年間和平、公然、繼續占有他人未登記之不動產，而其占有之始為善意並無過失者，得請求登記為所有人。由於後者為善意占有，故適用不動產之特別取得時效。

　　此外，即時取得，必須以善意占有為要件，依民法第 952 條至第 958 條規定，善意占有與惡意占有在效力上有多種不同。至於占有人是善意占有還是惡意占有，如很難證明時，依民法第 944 條第 1 項規定：「占有人，推定其為以所有之意思，善意、和平及公然占有者。」以保護占有人之利益。

(三)無過失占有與過失占有

1.意　義

　　此係對善意占有之再分類。此種分類以占有人之不知無權是否有過失為標準。占有人並無過失不知無權者，稱為無過失占有。占有人不知無權，係因其過失所致者，稱為過失占有。

2.區別實益

　　無過失占有與有過失占有之區別實益在於不動產取得時效，倘占有之始為

❶　謝哲勝，《民法物權》，三民書局，2007 年 9 月，頁 406。

善意而無過失者，時效計算期間較短❶。例如依新民法第770條規定，以所有之意思，十年間和平、公然、繼續占有他人未登記之不動產，而其占有之始為善意並無過失者，得請求登記為所有人。

在此，應注意新民法認為，占有他人不動產，不得以隱秘之方式為之，必須公然占有，始有對占有加以保護之必要。況我國新民法第768條關於因時效取得動產所有權，亦以「公然占有」為要件。新民法第769條、第770條乃增列「公然占有」為不動產所有權取得時效之要件❶。

㈣公然占有與隱密占有

1.意　義

此種分類以占有人之方法為標準而劃分。依物之性質方法而為一般之占有可公示於眾者，稱為公然占有。恐他人知悉而藏匿，不公示於眾而占有者，稱為隱密占有。

2.區別實益

對占有進行此種分類之意義在於，取得時效之要件，必須是公然占有（民法第768條）；而隱密占有不發生時效取得問題。

㈤和平占有與強制占有

1.意　義

此種分類以占有人之手段為標準而劃分。不以法律所禁止之手段占有者為和平占有。例如：經由贈與行為而占有物。以法律所禁止之手段占有者，為強制占有。例如：以暴力手段而占有。

2.區別實益

對占有進行此種分類之意義在於，取得時效之要件，亦必須是和平占有（民法第768條至第770條）。

㈥繼續占有與不繼續占有

1.意　義

此種分類以占有在時間上是否繼續為標準而劃分。占有狀態持續不間斷者，

---

❶　謝在全，前揭書，頁487。

❶　法務部，《民法物權修正草案（通則及所有權章）》，第770條修正說明，1999年3月，頁65、66；2008年7月修正理由亦同。

為繼續占有；否則為不繼續占有。實務上認為，物之占有人，如出於一定之基礎權源，其對該物之占有，無論以行使何項權利之意思占有，其繼續一定期間之占有之事實狀態，仍應受其基礎權源法律關係之規範，不應適用時效取得之制度，而破壞原規範之法律效果❶。

2.區別實益

對占有進行此種分類之意義亦在於，取得時效之要件，必須是繼續占有（民法第 768 條至第 770 條）。

㈦無瑕疵占有與瑕疵占有

此種分類以上述分類標準為標準而劃分。凡善意、無過失、和平、公然、繼續等占有者，為無瑕疵占有。凡有故意、過失、強暴、脅迫、隱密、不繼續占有等任何一種情事者，即為瑕疵占有。

㈧自主占有與他主占有

1.意　義

此種分類以占有人之意思為標準而劃分。凡以所有人之意思而占有者，為自主占有。凡不以所有人之意思而占有者，稱為他主占有，或稱為限定占有。此所謂「所有」，並非必須確信取得所有權，只要在事實上有與所有人居於相同地位之意思而占有物即可。

實務上認為，上游山坡地排水使用，則系爭土地於未設護岸前，既屬野溪而供排水，依土地法第 14 條之規定，自不得為私有。如原無正當使用權源，當不至於會將他人土地，當成自己土地予以支配使用，而產生自主占有之主觀意思❷。

2.區別實益

對占有進行此種分類之意義亦在於，取得時效、先占、占有人之賠償責任要件，均對占有有具體要求。依民法第 944 條規定，一般占有，推定自主占有，故自主占有之占有，無須負舉證責任。

㈨完全占有與輔助占有

1.意　義

以占有人是否親自占有標的物為標準，占有可分為完全占有與輔助占有。

---

❶　最高法院 92 年度臺上字第 2713 號判決。

❷　最高法院 94 年度臺上字第 70 號判決。

完全占有是指占有人親自對物為事實上之管理與支配。輔助占有是指基於特定人之從屬關係，輔助人受占有人之指示而對標的物為事實上之管理。因此，受雇人、學徒或基於其他類似關係，受他人之指示而對於物有事實上管領之力者，該受雇人為輔助占有人，其所輔助之他人為完全占有人。

2.區別實益

⑴可明確知悉真正之占有人，從而確定權利義務歸屬。

⑵輔助占有人在替占有人為法律行為時，具代理人之功能，但為事實行為時，不能適用代理之規定。

⑶輔助占有不能獨立存在；完全占有則能獨立存在。

㈩單獨占有與共同占有

1.意　義

此種分類以占有人之人數為標準而劃分。一人占有一物，稱為單獨占有。單獨占有既可以是直接占有，亦可以是間接占有。數人占有一物，稱為共同占有，亦即數人對同一標的物進行之占有。例如同租一屋之數承租人，各有鑰匙，在不妨礙他人之情況下對於房屋之占有。

實務上認為，質權人不得使出質人代自己占有質物，倘質權人與出質人共同占有質物，亦必質權人對全部質物有事實上之管領力始可，上訴人既未直接共同占有系爭機器，縱有單純的共同占有情形，仍難謂與質權設定之要件相合❷。

又如某甲僅概括主張某乙及某丙共同占有土地之全部與鐵皮屋，尚應證明究竟何人占有何部分之土地，何人建造鐵皮屋，蓋建造者始有拆除、處分權能，如未能舉證，遽命某乙及某丙就系爭土地全部均應回復原狀，返還予某甲，及命某乙及某丙「連帶」給付按系爭土地全部計算之損害金，自屬可議❷。

2.區別實益

對占有進行此種分類之意義，在請求權範圍上有異，如依民法第965條所規定，數人共同占有一物時，各占有人就其占有物使用之範圍，不得互相請求占有之保護；而單獨占有人則不存在此問題。

依民法物權修正草案之見解，於共同占有，如占有物受第三人侵害時，應

---

❷ 最高法院58年度臺上字第191號判決。

❷ 最高法院86年度臺上字第2629號判決。

容許各占有人就占有物之全部，行使第 960 條之自力救濟或第 962 條之物上請求權，始得保障各共同占有人之權益❷。至於占有人依前開規定，取回或返還之占有物，則仍為占有人共同占有。為此，該草案第 963 條之 1 爰增訂：「數人共同占有一物時，各占有人得就占有物之全部，行使第九百六十條或第九百六十二條之權利。依前項規定，取回或返還之占有物，仍為占有人全體占有。」以期明確。

此外，單獨占有僅能依民法第 962 條有關占有人之物上請求權規定請求占有之保護❸；而數人共同占有一物時，各占有人則依民法第 965 條規定，就其占有物使用之範圍，不得互相請求占有之保護。

(土)直接占有與間接占有

1.意　義

此種分類以占有人在事實上是否占有其物為標準而劃分。占有人在事實上占有其物者，稱為直接占有。例如：質權人、承租人基於物權或債權關係，而直接占有他人之物。基於一定法律關係，而對事實上占有其物之人，有返還請求權者，稱為間接占有，例如：出質人、出租人基於物權或債權關係，不自己占有其物，而由他人行使占有權。

2.區別實益

對占有進行此種分類之意義亦在於以下三點：

(1)取得之效力不同。

(2)間接占有不能獨立存在；而直接占有可獨立存在。

(3)由於間接占有人與直接占有人間存在一定之法律關係，故間接占有人享有在此法律關係終止後對直接占有人返還原物之請求權。在占有物受第三人侵奪時，直接占有人與間接占有人均享有占有物返還請求權。實務上亦認為，民法第 767 條所有權物上請求權之相對人，除直接占有人外，尚包括間接占有人，如貸與人、出租人等❹。

---

❷ 法務部，《民法物權修正草案（用益物權及占有）》，行政院版民法第 963 條之 1 修正說明，2009 年 8 月，頁 55。按此部分之修正已送立法院審議。

❸ 臺灣雲林地方法院 93 年度簡上字第 60 號判決。

❹ 最高法院 87 年度臺上字第 946 號判決。

二、占有之轉換

㈠占有間之轉換情況

占有可以有多種分類，各類占有在占有關係存續中，可能相互轉換，且會發生法律上不同之效果。此種轉換，可分為兩類，茲分述如下[25]：

1.外觀上有事實可查

由於外觀上有事實可查，而法律僅就該事實，賦予其效果者。例如：和平占有與強制占有、公然占有與隱密占有、繼續占有與不繼續占有、直接占有與間接占有間之轉換。

2.以占有人主觀意思而定之

以占有人主觀意思而定之占有，例如：自主占有與他主占有、善意占有與惡意占有間之轉換。此種占有以個人意思為轉換，因此法律必須對此兩類占有間之轉換，加以規定，以杜糾紛。

㈡占有間轉換之規定

1.他主占有與自主占有

⑴民法之規定

依民法第 945 條規定：「占有，依其所由發生之事實之性質，無所有之意思者，其占有人對於使其占有之人表示所有之意思時起，為以所有之意思而占有。其因新事實變為以所有之意思占有者，亦同。」占有人與所有人之間，因某種法律事實，而使占有人占有所有人之物，此種物之占有，起初並非以占有人所有，而占有者，後來占有人改變初衷，想改以所有意思占有其物，或者因占有人與物之所有人間發生新法律關係改變所有之歸屬，例如買賣、贈與，致產生他主占有變為自主占有之情況，此種變化，將涉及占有人與所有人之取得時效、先占，以及占有人之賠償等問題。

實務上認為，運送人係託運貨物之直接他主占有人，託運人則為間接自主占有人。在託運人將載貨證券交付於有受領權利之人以前，託運人仍為託運貨物之所有人，此所有權不因運送人將託運貨物轉託他人運送而受影響[26]。

---

[25] 吳光明，《物權法新論》，新學林出版，2006 年 8 月，頁 519。

[26] 最高法院 86 年度臺上字第 3135 號判決。

⑵修正草案之規定

依現行條文規定，他主占有變為自主占有，占有人僅對使其占有之人表示所有之意思即可。惟使其占有之人非所有人之情形，事所恆有，為保障所有人之權益，修正草案第 945 條乃將原條文內容列為第 1 項，並增訂第 2 項：「使其占有之人非所有人，而占有人於為前項表示時已知占有物之所有人者，其表示並應向該所有人為之。」換言之，明定占有人於表示所有之意思時，如已知占有物之所有人者，負有通知所有人之義務。

又占有人占有特定物意思之變更，應不限於第 945 條第 1 項所定之情形，有以所有之意思占有變為以其他意思而占有者❷；有以其他意思之占有變為以不同之其他意思而占有者❸；此種占有狀態之變更及占有人之通知義務，應與第 1 項、第 2 項相同，修正草案第 945 條乃增訂第 3 項準用規定：「前二項規定，於占有人以所有之意思占有變為以其他意思而占有，或以其他意思之占有變為以不同之其他意思而占有者，準用之。」❷

2.善意占有變為惡意占有

⑴民法之規定

善意占有人如其後知無占有之權利而仍繼續占有者，固變為惡意占有人，惟此時有待主張其為惡意占有人負舉證之責，法律為保護物之回復請求人之利益，特於民法第 959 條規定：「善意占有人，於本權訴訟敗訴時，自其訴訟拘束發生之日起，視為惡意占有人。」是為惡意占有人之擬制❸。亦即以訴狀送達之日為標準，使敗訴一方之善意占有變為惡意占有。惡意占有人不得為即時取得，且無法適用民法第 952 條至第 955 條有關善意占有人之相關規定，其權利難免因之受到部分限制。

---

❷ 以所有之意思占有變為以其他意思而占有者，例如以所有之意思變為以地上權之意思占有等是。

❸ 以其他意思之占有變為以不同之其他意思而占有者，例如以地上權意思之占有變為以租賃或農育權意思而占有等是。

❷ 法務部，《民法物權修正草案（用益物權及占有）》，行政院版民法第 945 條修正說明，2009 年 8 月，頁 66。按此部分之修正已送立法院審議。

❸ 謝在全，前揭書，頁 504。

⑵修正草案之規定

物權修正草案認為，本條係善意占有人轉變為惡意占有人之時點規定，然原條文僅就當事人經本權訴訟敗訴之情形作規範。如原善意占有人嗣後明知其無占有本權，惟當事人並未提起訴訟者，此際，原善意占有人應否負惡意占有人之責任，原條文並非明確，爰參考德國民法第 990 條第 1 項之規定，增訂第 959 條第 1 項規定：「善意占有人自知其無占有本權時起，為惡意占有人」，俾利適用。

又「訴訟拘束」一詞非民事訴訟法上之用語，其真意係指訴訟繫屬之時。惟通說均認為應以訴狀送達於占有人之日，視為惡意占有人，較符合本條規定之趣旨，爰將「訴訟拘束發生」修正為「訴狀送達」。又所謂「本權訴訟敗訴」，係指實體上裁判確定而言，乃屬當然❸。

至於惡意占有如何始得變為善意占有，法無明文，通說認為於有新事實發生，足使其信為有占有之權源者，即可受民法第 944 條之善意推定❸。

肆、占有之發生

占有之發生，有直接占有與間接占有，其原因各有不同，茲分述如下：

一、直接占有之取得

㈠直接占有之原始取得

非基於他人之占有而原始取得占有，稱為直接占有之原始取得。例如：遺失物之拾得、無主物之先占等。此皆非基於法律行為，而係事實行為所產生之取得。取得此種占有之人，無須為有行為能力。此種直接占有之取得，並不必須取得人親自占有，占有輔助人之占有亦可。直接占有之方法，亦不限於身體之直接接觸，只要將物直接置於其實際控制管領範圍內即可。

---

❸ 法務部，《民法物權修正草案（用益物權及占有）》，行政院版民法第 959 條修正說明，2009 年 8 月，頁 73。按此部分之修正已送立法院審議。

❸ 謝在全，前揭書，頁 510。

占有純係一種事實狀態，占有人在占有物後，是否可取得該物之所有權，須依據法律規定。直接占有之取得行為，並不以合法者為限。

(二)直接占有之繼受取得

直接占有之繼受取得，其主要原因為讓與及繼承兩類：

1.讓　與

占有不是一種權利，但占有是一種受法律保護之對物之事實關係，故學者承認此種讓與。占有人以契約，將其占有移轉於他人，稱為占有之讓與。

直接占有之讓與，必須具備下列兩要件❸：

(1)直接占有之讓與，應當事人意思一致

讓與是法律行為，係占有讓與成立之要件。當事人一方必須有移轉之意思表示，另一方必須有取得讓與之意思表示，契約才能成立。因此，無當事人之意思表示，使物脫離原占有人，直接置於自己管領之下，不能視為直接占有之讓與。

(2)交付占有物

依民法第 946 條第 1 項規定：「占有之移轉，因占有物之交付而生效力。」足見交付占有物，係直接占有讓與成立之要件。

交付占有物之方式，不以現實交付為限。依同條第 2 項規定：「前項移轉，準用第七百六十一條之規定。」亦即該條規定，觀念交付之方式有三種：即簡易交付、占有改定、指示交付。

在物權中，不動產之移轉，因移轉登記而成立。動產之移轉，則因實際交付而成立。但在占有物之移轉中，動產之交付不必辦理占有移轉之登記，此與不動產之移轉，有所不同。

2.繼　承

有些國家民法規定，占有可因繼承之關係，由被繼承人移轉於繼承人。我國民法對此雖無明確規定，但由於民法第 947 條第 1 項條文既有「占有之繼承人」字樣，解釋上，應對占有之繼承作肯定之解釋。

(三)繼受取得之效力

民法第 947 條第 1 項規定：「占有之繼承人或受讓人，得就自己之占有或將

---

❸　吳光明，前揭書，頁 521。

自己之占有與其前占有人之占有合併，而為主張。」所謂占有之合併，係指繼受人將自己之占有與前占有人之占有在時間上合併，以完成取得時效。但合併前占有人之占有而為主張者，民法第947條第2項規定，並應承繼其瑕疵。

主張占有之合併者，「並應承繼其瑕疵」，已如前述。在此種情況下，法律上自應許占有人單就自己之占有，而主張分離占有❸。

二、間接占有之取得

依民法第941條規定：「質權人、承租人、受寄人或基於其他類似之法律關係，對於他人之物為占有者，該他人為間接占有人。」然由於上開條文關於直接占有人之例示，多屬動產占有人，實則對不動產亦得成立占有，為避免誤解，修正草案第941條爰增列地上權人、農育權人、典權人為例示，以資補充❸。

㈠間接占有之創設取得

間接占有之創設方法，有三種形式，茲分述如下：

1. 自己創設

即直接占有人為自己創設間接占有。蓋直接占有人可將其直接占有讓與他人，而為自己創設間接占有。

2. 為他人創設

直接占有人為他人創設間接占有。直接占有人為他人創設間接占有大多依占有改定之方式為之。

3. 自己取得直接占有並為他人創設間接占有

---

❸ 例如某甲係有瑕疵、和平、繼續占有他人未登記不動產13年後，將該不動產贈與無過失之某乙，某乙又和平、繼續占有該不動產8年，依民法第769條規定，某乙可取得該不動產之所有權。但如某甲係有瑕疵、和平、繼續占有他人未登記不動產2年後，某乙後又無過失繼續占有該不動產10年，某乙如依民法第769條規定，尚須占有8年。此時，某乙可依民法第770條規定：「以所有之意思，十年間和平繼續占有他人未登記之不動產，而其占有之始為善意並無過失者，得請求登記為所有人。」而主張將自己之占有與某甲之占有分離。

❸ 法務部，《民法物權修正草案（用益物權及占有）》，行政院版民法第941條修正說明，2009年8月，頁46。按此部分之修正已送立法院審議。

非占有人於為自己取得直接占有之際，同時為他人創設間接占有。此又可分為兩種情形：

(1)某人原非占有人，而他人亦非占有人，但因某人取得直接占有，而他人即同時取得間接占有。例如某甲將置放於某乙處之電腦出租於某丙，由某丙直接向某乙領取，此時某丙取得直接占有，而某乙即同時取得間接占有。

(2)某人原非占有人，而他人原為直接占有人，但因某種關係，如留置權，某人取得直接占有，同時他人成為間接占有人。

㈡間接占有之繼受取得

間接占有人可將其間接占有轉讓於他人，此即所謂指示交付。間接占有亦係一種占有，自可繼承，繼承時繼承人同時繼承其瑕疵。

伍、占有之效力

一、權利之推定

㈠民法之規定

法律為保護占有人之利益，對主張是善意、和平、公然、繼續占有或自主占有之事實，向採推定方法。然此畢竟僅限於對事實之認定；在法律上，亦有必要對此等事實，進行權利之推定 (Vermutung)。

依民法第 943 條規定：「占有人於占有物上行使之權利，推定其適法有此權利。」例如占有人於其占有物上行使所有權時，即推定其有所有權。蓋占有人於占有物上行使之權利，推定其適法有此權利，即無需證明其權利。如他人就該標的物上之權利有爭議時，其須負舉證之責任。如他人不能提出確切可信之憑證以證明其權利時，則無論占有人能否舉證證明自己有權利，或所舉證據有無瑕疵，均應認他人之主張不成立[36]。

推定占有人有權利，其權利之範圍為何，我國民法並未予以限制，理論上，只要該權利是可對標的物占有之權利，占有人均可行使有權利之占有。故物權、

---
[36]　吳光明，前揭書，頁 524。

債權，動產、不動產之權利，均可推定為占有人亦可享有。

權利之推定有如下之效力：

1.受權利推定之占有人，無舉證之責任。占有人可援用此項推定對抗有爭議之對造。

2.權利推定之效力，不僅占有人可援用，第三人亦可援用。

3.權利之推定，並非僅為占有人利益而設，有時為其不利益，亦得適用。換言之，占有人既享受其權利，同時亦必須承擔相同之義務。

4.權利推定之效力，僅限於消極方面，占有人不得利用此種推定，作為其行使權利之積極證明。例如占有人不得僅以此推定，而請求登記。

實務上認為，民法第943條占有權利推定，對於真實權利人可能造成相當損害，故其適用應受有下列限制：

1.人之限制

蓋本條之效力，乃是以權利概然性為基礎，基於占有之表彰本權機能而生，故其推定係以對於所有人或移轉占有之前占有人以外之第三人關係為前提也。此際僅得依一般舉證責任分配，由主張有正當占有權源之占有人，就其有正當權源之事實負舉證之責。

2.物之限制

已登記之不動產，就其物權無本條之適用。因民法就不動產以登記為物權之表徵，則不動產物權如經登記，其權利人均得以登記為反證而推翻占有人權利之推定，是就不動產占有權利之推定而言，僅在未登記之不動產與以不動產為標的之債權，方能受本條之推定。故就已登記之不動產，占有人不得執民法第943條對該不動產物權登記名義人，主張其於占有物上行使之權利，推定其適法有此權利❸。

(二)修正草案之規定

關於依占有而推定其權利適法之原則❸，其中日本民法以「物」為規範對象，德國、瑞士則限於動產始有適用。我國民法原參仿日本民法之體例而訂定

---

❸ 臺灣高等法院90年度重上字第431號判決。

❸ 關於依占有而推定其權利適法之原則，德國民法第1006條、瑞士民法第930條及日本民法第188條等均著有明文。

第 943 條。

　　然而，關於所有權之移轉，動產以交付占有為要件，不動產則非經登記不生效力；兩者權利外觀之公示方式並不相同。對於已登記之不動產物權，其交易相對人所應信賴者，乃地政機關之登記，尤不能依憑不動產之現時占有狀態而為權利之推定 **㊴**。

　　因此，日本法制雖以登記為不動產物權變動之對抗要件，但其有力學說仍認第 188 條對於已登記之不動產並不適用 **㊵**，是宜將第 943 條之「占有已登記之不動產物權」排除適用，俾免疑義，物權修正草案爰將原條文修正為：「占有人於占有物上行使之權利，推定其適法有此權利。」增列為第 2 項第 1 款除外規定。

　　占有人依修正草案第 943 條第 1 項規定，於占有物上行使權利，僅須證明其為占有人，即受本條權利之推定，就其占有物上行使之權利，不負舉證責任。惟於根據債權（如租賃或借貸）或限制物權（如動產質權）等所有權以外之權利而占有他人之物者，在占有人與使其占有人間，如逕依第 1 項規定而為權利適法之推定，其結果殊欠合理 **㊶**。修正草案第 943 條乃增訂第 2 項第 2 款規定，行使所有權以外之權利者，對使其占有之人，不適用推定之規定。換言之，占有人對使其占有之人不得主張前項推定之效果 **㊷**，俾符公平。

二、占有之推定

　　占有之狀態各有不同，因而效力亦各異其趣，依民法第 944 條第 1 項規定：

㊴　法務部，《民法物權修正草案（通則章及所有權章）》，第 759 條之 1 修正說明，2009 年 2 月，頁 21。

㊵　法務部，《民法物權修正草案（用益物權及占有）》，行政院版民法第 943 條修正說明，2009 年 8 月，頁 47；黃右昌，《民法物權詮解》，自版，1965 年 3 月，頁 444；史尚寬，《物權法論》，自版，1971 年 11 月，頁 525；謝在全，前揭書，頁 526。

㊶　例如：某甲將物交付某乙占有，嗣後某甲以所有物返還請求權請求某乙返還，某乙認為其間有租賃關係存在，主張因租賃權而占有。依訴訟法上舉證責任分配之法則，某乙對妨礙所有權存在之障礙事實本應負舉證責任，惟如依本條現行規定即得主張有租賃權而無庸另負舉證之責，顯與訴訟法上舉證責任分配之法則有違，且有欠公平。

㊷　修正草案第 943 條係參考瑞士民法第 931 條第 2 項但書之精神而為規定。

「占有人，推定其為以所有之意思，善意、和平及公然占有者。」此即為民法就占有狀態之推定，學說上稱為「占有事實之推定」❸。

惟占有人之善意占有是否無過失，民法第 944 條第 1 項未設推定之規定，學者認為「無過失」乃是無過失之善意，亦即完全之善意，倘認就無過失應負舉證之責，則等於須就完全之善意負舉證之責，此與民法第 944 條第 1 項推定善意之規定即生矛盾。

修正草案認為，占有人之占有，有無過失，第 1 項未設推定之規定。惟所謂「無過失」乃已善盡注意義務，在「善意」已受推定之範圍內，學者認為無過失為常態，有過失為變態，且無過失為消極的事實，依一般舉證責任分配原則，占有人不須就常態事實及消極事實，負舉證責任。為明確計，爰於第 944 條第 1 項規定：「占有人推定其為以所有之意思，善意、和平、公然及無過失占有。」❹

又依民法第 944 條第 2 項規定：「經證明前後兩時為占有者，推定前後兩時之間，繼續占有。」

三、權利之取得

占有人在某種條件下，直接取得占有物之權利，主要有兩種制度，茲分述如下：

㈠取得時效

取得時效須占有人經過一定時間占有動產或不動產。動產所有權之取得時效，依舊民法第 768 條規定：「以所有之意思，五年間和平公然占有他人之動產者，取得其所有權。」不動產之一般取得時效，依舊民法第 769 條規定：「以所有之意思，二十年間和平繼續占有他人未登記之不動產者，得請求登記為所有人。」新民法則將第 769 條原規定之「和平繼續占有……」，增列為「和平、公然、繼續占有……。」

至不動產之特別取得時效，依舊民法第 770 條規定：「以所有之意思，十年

---

❸ 謝在全，前揭書，頁 495。

❹ 法務部，《民法物權修正草案（用益物權及占有）》，行政院版民法第 944 條修正說明，2009 年 8 月，頁 49。按此部分之修正已送立法院審議。

間和平繼續占有他人未登記之不動產，而其占有之始為善意並無過失者，得請求登記為所有人。」新民法亦增列為「……和平、公然、繼續占有……」，亦即新民法已增列「公然占有」。

㈡善意取得

1.原 則

⑴民法之規定

善意取得不須占有人經過一定時間，只要對動產占有，即能取得權利。善意取得之構成要件，依民法第 948 條規定:「以動產所有權，或其他物權之移轉或設定為目的，而善意受讓該動產之占有者，縱其讓與人無讓與之權利，其占有仍受法律之保護。」

⑵修正草案之規定

修正草案認為，受讓人不知讓與人無讓與之權利係因重大過失所致者，因其本身具有疏失，應明文排除於保護範圍之外，以維護原所有權靜的安全❹，修正草案第 948 條乃增列但書規定:「但受讓人明知或因重大過失而不知讓與人無讓與之權利者，不在此限。」並移列為第 1 項。

又善意取得，讓與人及受讓人除須有移轉占有之合意外，讓與人並應將動產交付於受讓人。第 761 條第 1 項但書規定之簡易交付，第 3 項指示交付均得生善意取得之效力，且讓與人均立即喪失占有。惟如依同條第 2 項之占有改定交付者，因受讓人使讓與人仍繼續占有動產，此與原權利人信賴讓與人而使之占有動產完全相同，實難謂受讓人之利益有較諸原權利人者更應保護之理由，故不宜使之立即發生善意取得效力，參考德國民法第 933 條規定，於受讓人受現實交付且交付時善意者為限，始受善意取得之保護，以保障當事人權益及維護交易安全，爰增訂第 2 項❹規定:「動產占有之受讓，係依第七百六十一條第二項規定為之者，以受讓人受現實交付且交付時善意為限，始受前項規定之保護。」

2.例 外

⑴民法之規定

---

❹ 此不但為學者通說，德國民法第 932 條第 2 項亦作相同之規定。

❹ 法務部，《民法物權修正草案(用益物權及占有)》，行政院版民法第 948 條修正說明，2009 年 8 月，頁 50。按此部分之修正已送立法院審議。

善意取得之情形，如涉及盜贓遺失物之回復請求，則例外不受第 948 條規定之保護；依民法第 949 條規定：「占有物如係盜贓或遺失物，其被害人或遺失人，自被盜或遺失之時起，二年以內，得向占有人請求回復其物。」

⑵修正草案之規定

理論上，於他人善意取得後，原占有人得請求返還者，現行條文僅限於盜贓及遺失物，惟依外國立法例❹，尚及於其他非因權利人之意思而脫離占有之物，例如遺忘物、誤取物等是，為更周延保障原權利人靜的安全，修正草案第 949 條乃擴張適用範圍及於其他非基於原占有人之意思而喪失物之占有者。為配合修正，請求回復之人修正為「原占有人」。

又請求回復之相對人，現行規定「占有人」之真意係指已符合動產物權善意取得要件之「現占有人」❹，為期明確，修正草案第 949 條乃將「占有人」修正為「現占有人」，條文內容修正為：「占有物如係盜贓、遺失物或其他非基於原占有人之意思而喪失其占有者，原占有人自喪失占有之時起二年以內，得向善意受讓之現占有人請求回復其物」，並將其改列為第 949 條第 1 項。

原占有人行使前項之回復請求權後，回復其物之效果如何，學者間雖有不同見解，惟善意取得占有喪失物之回復乃善意取得之例外，原即重在財產權靜之安全之保護，故以喪失其占有時起，溯及回復其原來之權利為宜，行政院版修正草案第 949 條乃增訂第 2 項規定：「依前項規定回復其物者，自喪失其占有時起，回復其原來之權利」，俾杜爭議。

3.例外之例外

茲所稱善意受讓例外之例外，係指涉及盜贓遺失物回復請求之限制。依行政院版民法第 950 條規定：「盜贓、遺失物或其他非基於原占有人之意見，而喪失其占有之物，如現占有人由公開交易場所，或由販賣與其物同種之物之商人，以善意買得者，非償還其支出之價金，不得回復其物。」此外，有關盜贓遺失物回復請求之禁止，依行政院版修正草案第 951 條修正為：「盜贓、遺失物或其他非基於原占有人之意思而喪失其占有之物，如係金錢或未記載權利人之有價證

❹　德國民法第 935 條、瑞士民法第 934 條第 1 項等外國立法例，尚及於其他非因權利人之意思而脫離占有之物。

❹　最高法院 29 年上字第 1061 號判例。

券，不得向其善意受讓之現占有人請求回復。」❹

四、無權占有人與回復請求人之關係

　　無權占有人將占有物返還於回復請求人，主要有兩種情形：一為基於某種法律關係或法律規定而必須返還者；二為不基於任何已有之法律關係而必須返還者。

　　占有既有善意與惡意之分，故占有人之權利義務，自亦有所不同，茲分述如下：

㈠善意占有人之權利義務
1.善意占有人享有占有物之用益物權
⑴民法之規定

　　依舊民法第 952 條規定：「善意占有人，依推定其為適法所有之權利，得為占有物之使用及收益。」此係為保護善意占有人設定，推定其為適法所有之權利，即民法第 943 條規定推定之權利。

⑵修正草案之規定

　　修正草案認為，得就占有物為使用、收益者，不以所有權為限，地上權、典權、租賃權等，亦得為之。惟其權利之內容，有得為占有物之使用或收益者，有得為占有物之使用及收益者，現行規定易使人誤解為不問權利之範圍如何，一律均得為占有物之使用及收益。為避免誤解並期明確，修正草案第 952 條乃稍作文字修正為：「善意占有人於推定其為適法所有之權利範圍內，得為占有物之使用、收益。」❺

　　又被推定之權利，在內容上必須有用益之權能。使用及收益，係指善意占有人可享受有占有物之使用利益以及取得孳息之權利，在返還占有時，無須返還。

2.費用求償權
⑴民法之規定

---

❹　法務部，《民法物權修正草案（用益物權及占有）》，行政院版民法第 951 條修正說明，2009 年 8 月，頁 53；請參閱吳光明，前揭書，頁 181–202。

❺　法務部，《民法物權修正草案（用益物權及占有）》，行政院版民法第 952 條修正說明，2009 年 8 月，頁 71。按此部分之修正已送立法院審議。

有關善意占有人之必要費用求償權，依民法第 954 條規定：「善意占有人，因保存占有物所支出之必要費用，得向回復請求人請求償還。但已就占有物取得孳息者，不得請求償還。」蓋費用與孳息視為互相抵銷，不得請求償還，故有上開但書之規定。

⑵修正草案之規定

修正草案認為，必要費用分為通常必要費用及特別必要費用兩種。前者例如占有物之維護費、飼養費或通常之修繕費。後者例如占有之建築物因風災或水災而毀損，所支出之重大修繕費。民法是否僅就通常必要費用不得請求償還，民法第 954 條但書原條文雖未明示，惟學者通說均作相同之解釋❺❶。為期明確，修正草案針對此一情形，乃增列善意占有人不得請求償還「通常必要費用」。

至於有關善意占有人之有益費用求償權，並未做修正，依民法第 955 條規定：「善意占有人，因改良占有物所支出之有益費用，於其占有物現存之增加價值限度內，得向回復請求人，請求償還。」

3.占有物滅失毀損之賠償義務
⑴民法之規定

依民法第 953 條規定：「善意占有人，因可歸責於自己之事由，致占有物滅失或毀損者，對於回復請求人，僅以因滅失或毀損所受之利益為限，負賠償之責。」依此規定，該善意占有人須是自主之善意占有人，因占有人自己之故意過失，而非他人或不可抗力之天災，致占有物滅失或毀損。換言之，善意占有人僅在法律規定之範圍內負責。

⑵修正草案之規定

善意占有人如因不可歸責於自己之事由，致占有物滅失或毀損者，對於回復請求人雖不負損害賠償責任，然善意占有人若因此受有利益者，仍應依不當得利之規定，負返還之責，乃屬當然。修正草案第 953 條乃修正為：「善意占有人就占有物之滅失或毀損，如係因可歸責於自己之事由所致者，對於回復請求人僅以滅失或毀損所受之利益為限，負賠償之責」，而刪除後段之修正文字❺❷。

---

❺❶　參諸日本民法第 196 條第 1 項、德國民法第 994 條第 1 項均明定就占有物取得孳息者，僅就通常必要費用不得請求償還。

❺❷　法務部，《民法物權修正草案（用益物權及占有）》，行政院版民法第 953 條修正說明，

㈡惡意占有人之權利義務

1. 費用求償權

依民法第 957 條規定:「惡意占有人,因保存占有物所支出之必要費用,對於回復請求人,得依關於無因管理之規定,請求償還。」依此規定,該惡意占有人無請求償還有益費用之權,其請求償還必要費用亦設有限制,即僅能依民法第 176 條、第 177 條關於無因管理之規定,請求償還。

實務上認為,民法第 957 條,所謂因保存占有物所支出之必要費用,係僅指因占有物之保存不可欠缺所支出之費用而言,至支出之費用是否具備上述要件,應以支出當時之情事,依客觀之標準決定之❸。

2. 占有物滅失毀損之賠償義務

⑴民法之規定

依民法第 956 條規定:「惡意占有人,或無所有意思之占有人,因可歸責於自己之事由,致占有物滅失或毀損者,對於回復請求人,負損害賠償之責。」此之惡意占有人,包括自始之惡意占有人,亦包括善意轉變為惡意之占有人。惡意占有人必須就占有物滅失或毀損,負全部賠償責任。

⑵修正草案之規定

惡意、他主占有人因不可歸責於自己之事由,致占有物滅失或毀損者,對於回復請求人應無損害賠償責任,然若因占有物之滅失或毀損受有利益者,應否負返還之責,則依不當得利規定,修正草案第 956 條乃明定:「惡意占有人或無所有意思之占有人,就占有物之滅失或毀損,如係因可歸責於自己之事由所致者,對於回復請求人,負賠償之責」,而刪除後段之修正文字❹。

3. 返還孳息之義務

依民法第 958 條規定:「惡意占有人,負返還孳息之義務。其孳息如已消費,

2009 年 8 月,頁 58。按此部分之修正已送立法院審議。

❸　最高法院 44 年臺上字第 21 號判例。

❹　法務部,《民法物權修正草案(用益物權及占有)》,行政院版民法第 956 條修正說明,2009 年 8 月,頁 54。按此部分之修正已送立法院審議。在此應注意,上開最新修正草案已將 1999 年第 956 條修正草案後段:「其因不可歸責於自己之事由所致者,僅以所受利益為限,負返還之責」之文字內容刪除。

或因其過失而毀損，或怠於收取者，負償還其孳息價金之義務」，可見惡意占有人與善意占有人不同，蓋惡意占有人必須返還孳息，而善意占有人則不必返還孳息。返還之方法，如其收取之孳息存在，則將孳息本身返還，如孳息已不復存在，則以孳息物同等之價金返還。

實務上認為，善意占有人，依推定其為適法所有之權利，得為占有物之使用及收益，為民法第 952 條所明定。惟此項規定，於有同法第 958 條、第 959 條所定之情形時，不適用之。故善意占有人如於本權訴訟敗訴時，自其訴訟繫屬發生之日起，即視為惡意占有人，仍應負返還占有物孳息之義務❺❺。

五、占有之保護

㈠占有人之自力救濟權

占有人之自力救濟權，包括自力防禦權與自力取回權兩種，茲分述如下：

1. 自力防禦權

依民法第 960 條第 1 項規定：「占有人，對於侵奪或妨害其占有之行為，得以己力防禦之。」行使此種權利者，必須是直接占有人或占有輔助人，其可自行排除侵奪人或妨害人之行為結果。

2. 自力取回權

占有人在其物被侵奪後，依民法第 960 條第 2 項規定：「占有物被侵奪者，如係不動產，占有人得於侵奪後，即時排除加害人而取回之；如係動產，占有人得就地或追蹤向加害人取回之。」

㈡占有人之物上請求權

依民法第 962 條規定：「占有人，其占有被侵奪者，得請求返還其占有物；占有被妨害者，得請求除去其妨害；占有有被妨害之虞者，得請求防止其妨害。」由此規定可知，占有人之物上請求權，含有三種權利：即占有物返還請求權、占有物妨害除去請求權、占有物妨害防止請求權。

在此三種請求權中，權利人均為占有人，不論是直接占有、間接占有，還是有權占有、無權占有；相對人則為侵奪其占有之人以及其繼受人❺❻、妨害其

---

❺❺ 最高法院 42 年臺上字第 1213 號判例。

❺❻ 此所謂占有之繼受人，並不包括善意之特定繼受人。換言之，對善意之特定繼受人，

占有之人、有妨害其占有之虞之人。

此外,此三種請求權必須以存在占有被侵奪、被妨害、有被妨害之虞之事實狀態為前提條件❺。占有人物上請求權之消滅時效,依民法第 963 條規定:「前條請求權,自侵奪或妨害占有或危險發生後,一年間不行使而消滅。」

六、占有之消滅

依民法第 964 條規定:「占有,因占有人喪失其對於物之事實上管領力而消滅。但其管領力僅一時不能實行者,不在此限。」依此規定,占有人喪失其對於物之事實上管領力,因而占有消滅。喪失對於占有物之管領力,可能因占有物滅失,亦可能占有人拋棄占有物等原因。其喪失不管意思如何,但須為確定之喪失,如僅係暫時失去對於占有物之管領力,不在此限。

又由於占有是一種事實,而非物權上之權利,故物權上一般消滅之原因,如混同、拋棄、因法定原因撤銷等,不能適用於占有。占有僅及於占有人喪失對物之事實上管領力而消滅。至於何為喪失對物之事實上之占有,應結合法律規定與社會觀念等因素綜合衡量,對於非基於占有人自己之意思而喪失之占有,一般不視為消滅。

值得注意者,最高法院前曾有「占有為單純之事實,不得為確認之訴之標的」之判例,然該則判例業已決議不再援用❺。

則不得請求返還。

❺ 例如在占有物被他人所侵奪,而原占有人全部喪失其占有;或者妨害人對現存之占有狀態,加以部分之侵害,使占有人無法完全之支配其占有物;或者有依一般社會觀念客觀決定之對請求權將造成妨害之事實。

❺ 最高法院 52 年臺上字第 3115 號判例於 91 年 12 月 10 日經最高法院 91 年度第 16 次民事庭會議決議不再援用,並於 92 年 1 月 10 日由最高法院依據最高法院判例選編及變更實施要點第 9 點規定以(92)臺資字第 00014 號公告之。

陸、準占有

一、準占有之概念

對於事實上行使不因物之占有而成立之財產權者，法律賦予以占有同等之保護，謂之準占有 (nachgebildedete Besitz) [59]。換言之，準占有係指對於不必占有物亦可行使權利之財產權為事實上之行使。

準占有又稱權利占有 (Rechtsbesitz) [60]，係指以財產權為客體之占有。嚴格言之，準占有並非真正意義之占有。依民法第 966 條第 1 項規定：「財產權，不因物之占有而成立者，行使其財產權之人，為準占有人。」依此規定，所謂準占有，具有如下之意義：

(一) 準占有以財產權為標的

占有之標的為物，而準占有之標的則為權利。例如：抵押權、一般債權。

實務上認為，財產權不因物之占有而成立者，行使其財產權之人為準占有人，債權乃不因物之占有而成立之財產權之一種，故行使債權人之權利者，即為債權之準占有人，此項準占有人如非真正之債權人而為債務人所不知者，債務人對於其人所為之清償，仍有清償之效力，此通觀民法第 310 條第 1 項第 2 款及第 966 條第 1 項之規定，極為明顯 [61]。

(二) 準占有者是事實上行使其權利之人

占有是對物有事實上之管領力，而準占有則為對權利有事實上之管領力。在外觀上，足以認定對該財產權歸屬於某人時，即可成立準占有，不必等到權

---

[59] 姚瑞光，前揭書，頁 425。

[60] 關於權利是否能作為占有之客體，各國立法不一，法國民法不僅確立權利可成為占有之客體，且還擴大權利占有之觀念，將身分關係亦包括在內，稱為「身分占有」；德國民法雖未就權利占有設一般規定，但承認地役權與人役權之準占有；日本民法與我國民法就準占有之立法採取概括主義，將財產權利作為準占有之客體。

[61] 最高法院 42 年臺上字第 288 號判例。

利內容實現才成立。

二、準占有之客體

準占有之客體是權利，但並非一切權利均可為準占有之標的。一般而言，作為準占有標的之權利須具備下列要件：

㈠財產權

如無財產權性質或僅反映一種身分關係等之權利，如行政權等，不能成為準占有之標的。

㈡不必占有物即可行使

如行使權利必須占有該標的物，則可直接適用占有之規定，不成立準占有。

㈢事實上可繼續行使之權利

所謂事實上行使，與占有所謂事實上管領相當，通常僅須依一般交易或社會觀念，有使人認識其事實上支配該財產權之客觀事實存在即可。

三、準占有之效力

在占有所生之各種效力中，只要在性質上與準占有不相抵觸，即可直接準用。依民法第 966 條第 2 項規定：「本章關於占有之規定，於前項準占有準用之。」換言之，占有之各種規定，均適用於準占有。

準占有除準用占有之規定外，尚有下列二種效力[62]：

㈠對於債權之準占有人，善意所為之清償，有清償之效力。實務上認為，按受領人係債權之準占有人者，以債務人不知其非債權人者為限，有清償之效力，民法第 310 條第 1 項第 2 款定有明文。次按財產權不因物之占有而成立者，行使其財產權之人為準占有人，債權乃不因物之占有而成立之財產權之一種，故行使債權人之權利者，即為債權之準占有人，此項準占有人如非真正之債權人而為債務人所不知者，債務人對於其人所為之清償，仍有清償之效力，此通觀民法第 310 條第 1 項第 2 款及第 966 條第 1 項之規定，極為明顯。又所謂債權準占有人，應係事實上行使債權，足使他人相信其為債權人，始克當之[63]。

---

[62]　王澤鑑，前揭書，頁 268。

[63]　臺灣士林地方法院 92 年度簡上字第 79 號判決。

（二）準占有之標的如為繼續行使之權利，依民法第 772 條之規定，得發生所有權以外財產權之取得時效。

 # 柒、德國法上占有之相關規定

一、占有之概念、取得與喪失

（一）占有之概念

占有係指對所有權客體持續性之實際控制，其往往是所有權其他權能得以實現之前提。依德國物權法理論，物權法設定保護功能（即占有保護）、持續功能（即占有是取得時效之必要條件保護）與權利推定功能（即所有權推定）。換言之，德國法上之占有是與物之實際支配權 (Beherrschungsmöglichkeit) 相關聯。從而，實物占有作為實實在在物之支配與實際行使某項權利之權利占有必須作一區別。蓋權利占有並無意支配實物本身。

直接占有是指某人完全實在地占有某物，並根據其占有意思直接對該物行使實際之支配，而無須借助他人之協助，至於占有人是否係有權占有，在所不問。占有之對象可以是土地或是動產。

物之實際支配權是否存在，取決於對物施加影響之現實可能性。在行使實際支配權時，依德國民法第 856 條第 2 項之規定，暫時性之障礙不終止占有。如發生疑義時，則由交易習慣決定之❻。

占有作為實際支配權與德國刑法 (StGB) 第 242 條之支配權概念，雖大部分相重合，但該刑法支配權概念更重視實際情況。因此根據德國民法第 857 條規定之繼承人雖為占有人，但如其不能行使實際物之支配權，即無支配權可言。占有之支配權與德國刑法之支配權，在占有輔助人中亦有區別，雖然占有輔助人不被認為是占有人，卻享有支配權。

（二）占有之取得

占有人需有行使對物實際控制之意思，經由獲得實際支配 (Tatsächliche

---

❻　Fritz Baur, *Lehrbuch des Sachenrechts*, 14. Auflage, Verlag C. H. Beck, 1987, S. 49.

Sachherrschaft erlangt) 而取得直接占有。所謂對物實際控制之意思，即占有取得意思 (Besitzerwerbswille)。占有取得意思無須是一種法律行為之意思，自然意思即已足矣。換言之，即使無行為能力人亦可具備占有取得意思。此點亦適用於實際交付相關聯繫之占有賦予意思 ❻，即向他人移轉占有意思與占有行使意思，即取得占有後還想實際行使占有之意思。占有意思必須可識別，但無須專門針對某一具體之物，只要涉及處於所有人保護空間內之物，僅須具備一般占有意思 ❻。

㈢占有之喪失

　　如現在之占有人由於物之喪失或被盜非自願地不能再行使實際支配，或者自願向外界表明其不能再繼續行使實際支配之意思。例如承租人將房屋搬空，縱使該人偷偷保留房屋之鑰匙，理論上還可以進行實際之支配，但其仍喪失其租賃權，而將不再是該房屋之占有人。換言之，單純之放棄意思本身不足以表明「喪失占有」，而必須是伴隨著可以從外界識別之占有放棄行為 ❻。

二、間接占有

　　直接占有人與物有直接之關係，而間接占有人不能直接干預物。間接占有人與直接占有人有不同之法律地位。理論上，可存在多層次之間接占有，亦即依德國民法第 871 條之規定，在一層間接占有人上，還有第二層與第三層之間接占有人。

　　間接占有人與直接占有人一樣受免遭禁止之自力行為之保障，間接占有人可主張依德國民法第 861 條、第 862 條規定之占有保護請求權，亦可享有德國民法第 859 條規定之自主權。

　　對於第三人之侵害，間接占有人亦受德國民法第 823 條第 1 項之保護。但在德國實務上，直接占有人侵害間接占有人時，則不適用德國民法第 823 條第 1 項之規定 ❻。因此，間接占有不能成為干預性不當得利之對象。但間接占有享有占有媒介關係中對直接占有人之請求權或者德國民法第 821 條、第 985 條

❻　BGH NJW 1988, 3260, 3262.

❻　BGHZ 101, 186, 188.

❻　Fritz Baur, *Lehrbuch des Sachenrechts*, 14. Auflage, Verlag C. H. Beck, 1987, S. 50.

❻　BGHZ 32, 194, 204.

中規定之請求權。

又間接占有在動產中與直接占有一樣亦有公示性功能 (Publizitätsfunktion)。德國民法第 930 條、第 931 條中，法律規定間接占有人之賦予是所有權移轉之外部標誌。所有權之推定，依德國民法第 1006 條第 3 項之規定，亦適用於間接占有人。

至於間接占有之前提條件，必須有占有媒介關係 (Besitzmittlungsverhält-nis)。占有媒介關係不一定必須有效，只要占有媒介人表明相應之占有媒介意思 (Besitzmittlungswillen) 即可，亦即其行為人認為存在此種占有媒介關係。德國民法第 868 條列舉個別占有媒介關係，例如用益物權人為直接占有人，所有權人為間接占有人；質權人為直接占有人，出質權人為間接占有人；保管人為直接占有人，寄放人為間接占有人（德國民法第 688 條）。此外，德國民法第 868 條還為其他占有媒介關係留下空間❻❾。

三、占有輔助人

㈠意　義

如一個人在與物之交往中，以服從於他人指示 (Weisungen) 之方式行使對物之實際支配，其即為占有輔助人，而有指示權人為直接占有人。

占有輔助與間接占有之區別是，占有輔助人服從於指示，占有媒介人則相反。因此，占有媒介人本身是占有人，占有輔助人依德國民法第 855 條規定則否。

占有人可讓他人為自己行使控制權，而不使他人成為占有人，同時自己亦失去占有。其法律效果如下：

1. 是否存在自力行為僅由占有人之意思決定，而非占有輔助人之意思。

2. 德國民法第 861 條、第 862 條之占有保護請求權僅由占有本人享有，而非占有輔助人；但占有輔助人可依德國民法第 860 條規定行使占有本人之自助權。

3. 占有輔助人亦非德國民法第 965 條意義上之占有遺失物之拾得人，而應該是占有本人❼❾。

㈡機構占有

有權利能力之社團組織之董事會，如德國民法第 26 條、德國股份法第 76 條

---

❻❾　Manfred Wolf, *Sachenrecht*, Verlag C. H. Beck oHG, 2002, Rd 177, S. 84.

❼❾　BGHZ 8, 130.

(§76 AKtG)，其並非為自己占有。作為機構行使之占有，應歸屬於法人。此一點來自於其機構地位，而非一種指示從屬關係。不過在德國民法合夥中，並無機構占有，而是合夥人之共同占有❼。

四、占有保護

「對合法占有之保護」與「占有保護」(Besitzschutz) 不同，「占有保護」僅僅與事實上物之支配相關，目的在於維護法律秩序，與占有人是否有權占有無關。占有強化權利人之法律地位，使權利能從外觀認識，並經由德國民法第 861 條、第 862 條之占有保護請求權賦予權利人相對於任何人之防衛權。

「占有保護」請求權具有相對於所有人之效力，債權人之法律地位因此得到加強，使占有之債權與占有相結合而被承認為是德國民法第 823 條第 2 項意義上之其他權利❼。

德國民法第 861 條、第 862 條之占有保護請求權旨在維護法律秩序，保護事實上之占有關係。除此之外，德國民法第 1007 條還規定補充之返還請求權，其僅賦予合法占有人與認為自己無重大過失之善意占有人。

五、善意占有人之保護

依德國民法第 1007 條之規定，享有請求權之權利人，既可以是直接占有人，亦可以是間接占有人，既可以是自主占有人，亦可以是他主占有人。然而，此項請求權僅能向既無占有權，亦非善意之占有人行使。如是遺失物，亦可依德國民法第 1007 條第 2 項之規定，向善意占有人請求返還。又根據德國民法第 1007 條第 3 項第 2 句之規定，占有人可準用德國民法第 861 條之請求權外，通常還有其他返還請求權，不論其來自契約、德國民法第 812 條抑或是德國民法第 823 條第 1 項與德國民法第 249 條第 1 句❼。

此外，依德國民法第 990 條第 1 項之規定：「占有人於取得占有時，非為善意者，自取得時起，依第 987 條、第 989 條之規定，對於其所有人負其責任。

❼　BGH NJW 1983, 1114, 1115.

❼　Fritz Baur, *Lehrbuch des Sachenrechts*, 14. Auflage, Verlag C. H. Beck, 1987, S. 70.

❼　Fritz Baur, *Lehrbuch des Sachenrechts*, 14. Auflage, Verlag C. H. Beck, 1987, S. 73, 74.

占有人事後知悉其為無權占有者，自知悉時起，負同一責任。」德國民法第 993 條第 1 項之規定:「同法第 987 條至第 992 條所示要件不成立者,占有人所收取、依通常經濟規則，非可視為物出產物之孳息，依關於不當得利返還之規定，應予返還。除此之外，占有人既不負使用收益返還義務，亦不負損害賠償義務。」學者於是推知，德國民法所採規範模式係「全然免除」善意自主占有人損害賠償義務；於無須負責情形，並非以現存利益為限度，使善意占有人負有損害賠償責任，而係使其「更不負有」損害賠償責任**74**。

捌、結　語

我國物權法乃係對物支配之保護，惟近代物權法之特色,在於對物之支配,茲劃分為二:

1.觀念之支配

觀念之支配具有法律上之正當權利，係抽象之支配，例如所有權與他物權屬之。

2.事實之支配

事實之支配則與有無法律上之正當權利無關，係事實之支配，例如占有制度屬之。占有針對動產而言，在法律意義上具有權利推定效力、權利移轉效力、占有公信效力。

我國民法物權編，在所有權與他物權之外，另設「占有」專章，在法律上賦予各種效力，並加以保護。抑有進者，關於占有之效力，除民法物權編設占有專章外，尚散見於民法各處，致占有具有各種機能。以德國民法之規定而言，該國民法在一些例外情形中，占有之取得，不但不需要占有之意圖，甚至不需要事實上之控制行為。

又由於占有之取得，其背後均有一定之緣由或權利存在，尤以所有權（本權）為然，故占有之社會作用，乃在保護占有，並維持社會整體之穩定性。為

---

74 游進發，〈民法物權編修正草案無權占有人占有物滅失或毀損損害賠償義務——反思性分析〉，兩岸 2007 年財產權最新法令變革研討會，《法令月刊》，58 卷 12 期，頁 53。

使此等本權經由占有實現，法律乃賦予占有表彰本權之機能，從而，占有具有本權推定之效力、公示力、公信力。

依我國法制，占有為事實，非意思表示。因此，法律對占有之保護不考慮占有發生之原因、主體之主觀意圖、有無行為能力等。此外，我國占有制度本無所謂代理占有之觀念，故修正草案第 942 條所規定受他人指示而對於物有管領力者，乃指示人之占有輔助機關，亦即學說所稱之「占有輔助人」❼，並非占有之代理人，此一觀念，茲有必要加以釐清。以德國民法典而言，占有輔助人為占有人取得占有，係基於從屬關係，德國實務上認為，占有輔助人是否具有為占有人進行占有之意思，並非所問❼。

總之，一個完整之物權法體系中，不能缺少獨立之占有制度，占有僅在財產與本權人脫離後，才能顯現出來。因此，對於物權與債權之保護均無法取代獨立之占有制度，實現對占有人利益之保護。再者，由於現代社會生活日趨複雜，原民法物權編所設占有專章，已不足規範日常生活所需，民法物權編修正草案針對此一問題，仿德國民法規定加以大幅修正，應能更符社會之需求與期望。

雖然有學者認為，修正草案第 953 條善意自主占有人以現存利益為限負損害賠償責任，第 956 條惡意他主占有人以所受利益為限負損害賠償責任，不無斟酌餘地❼。然而，該文所批判之上開條文後段均為 1999 年修法時所增訂，2009 年行政院版修正草案定稿時，均已刪除，不過該文之反思性分析、邏輯推論，均值得參考。

---

❼ 黃右昌，前揭書，頁 441。

❼ Fritz Baur, *Lehrbuch des Sachenrechts*, 14. Auflage, Verlag C. H. Beck, 1987, S. 47.

❼ 游進發，前揭文，頁 54。該文進一步於頁 58 中強調：「強將損害賠償本質者，轉化成不當得利，從而再由此相同處置本身，尋得不同處置之正當性，實係完全強橫作法，實有違反憲法平等要求此一內部評價 (rechtsinterne Wertung) 之嫌。」

第五編

特殊擔保物權

第28章 承攬人之抵押權

壹、概　說

　　根據物權法定主義，物權之種類與內容由法律或習慣作統一規定，當事人不准自由創設。舊民法第 513 條規定之承攬法定抵押權卻一反常態，該條旨在規定擔保物權採取不指明其類型而直接規定其內容、效力與實行方式之法條設計辦法。惟該條被學者認為極不公平，應屬「惡法」❶。

　　2000 年 5 月 5 日施行之新民法第 513 條有不同於以往之新規定：「承攬之工作為建築物或其他土地上之工作物，或為此等工作物之重大修繕者，承攬人得就承攬關係報酬額，對於其工作所附之定作人之不動產，請求定作人為抵押權之登記；或對於將來完成之定作人之不動產，請求預為抵押權之登記。（第 1 項）前項請求，承攬人於開始工作前亦得為之。（第 2 項）前二項之抵押權登記，如承攬契約已經公證者，承攬人得單獨申請之。（第 3 項）第一項及第二項就修繕報酬所登記之抵押權，於工作物因修繕所增加之價值限度內，優先於成立在先之抵押權。（第 4 項）」

　　相較於舊法第 513 條規定之「承攬人得就承攬關係所生之債權，對於其工作所附之定作人之不動產，有抵押權」即所謂承攬人之法定抵押權。新法之規定，不但在文義上與舊法之規定有所不同，在實質內容上亦有顯著之差異，使得新法實施後關於承攬人抵押權是否仍可稱為「法定抵押權」或僅屬「強制性意定抵押權」；又新法第 513 條規定之抵押權究竟是「登記生效要件」或「登記對抗要件」，直至目前為止，在學說上仍存在有不同之見解，而引起相當廣泛之討論。

　　本章則以法律規定目的之前提下，先從不同之概念所可能產生之法律效果比較分析，並就其可能在當事人間所產生之利益加以衡量，提出對承攬人抵押權之性質採取不同見解者之相關意見，以作為將來在法律適用上之參考。

　　在中國，1999 年「合同法」第 286 條亦有關於「建築承包人施工費用」之規定，此規定與臺灣民法第 513 條規定類似，其究竟係參考德國民法典第 648 條

---

❶　楊與齡，〈惡法之適用〉，《民法總則爭議問題研究》，五南圖書，1998 年 10 月，頁 45。

第 1 款抑或參考法國、日本之立法例，該條規定何以一直受爭議，究竟如何合理解釋，並進一步完善，均值得研究。

　　基此，本章首先擬探討承攬人抵押權之成立與規範目的。其次，擬探討承攬人抵押權之效力問題，包括優先受償、承攬人抵押權之登記或預為登記、與用益權之關係。復次，擬提出承攬人抵押權登記之性質及其影響，包括性質、登記生效與登記對抗說對問題之影響、善意融資性抵押權人之信賴保護問題。再次，擬探討承攬人抵押權之拋棄，包括預先拋棄承攬人抵押權與事後拋棄承攬人抵押權。此外，擬探討中國「合同法」建設工程承包人優先受償權之規定，包括「合同法」第 286 條之意義、問題之提出、建設工程承包人之權利類型、優先受償權行使之條件與「工程價款」之認定、海峽兩岸相關問題之比較。最後，提出檢討與建議，期能就承攬人之抵押權制度，有更深一層之認識。

貳、承攬人抵押權之成立與規範目的

一、成　立

　　關於新民法承攬人抵押權登記之問題，導致對於承攬人抵押權性質之爭論，本節特先論述承攬人抵押權之成立要件：

㈠須有請求承攬關係報酬額之債權存在

1. 承攬人與建築物所有權人間須有承攬人與定作人之關係

　　承攬人抵押權乃擔保物權，性質與普通抵押權相同，屬從權利，故必從屬於其所擔保之債權而存在，倘承攬人與建築物所有權人間並不存有承攬人與定作人之關係，其就承攬關係所產生之報酬額，自不得對建築物所有權人主張承攬人抵押權；倘無承攬人與定作人之關係，亦不能依雙方之約定而成立承攬人抵押權❷。

　　因此，次承攬人（小包）由於僅係承攬人之履行輔助人，與定作人間並無報酬請求權存在，故其縱就工作物為修繕，亦不得享有承攬人抵押權❸。此一

---

❷　最高法院 61 年臺上字第 1326 號判例、86 年度臺上字第 3142 號判決。

結果，實有忽視建築物承攬工作之現實層面，次承攬人通常均為承攬工作實際執行之人，其努力所為工作之結果，僅得本於債權向承攬人求償。此時，次承攬人與承攬人之其他債權人，共同分享承攬人之價值。其結果將導致法律所要保障承攬工作者之規範真正目的，反而遭到推翻，顯有所不當。

2. 須承攬人就承攬工作產生之報酬

承攬關係報酬額，乃係承攬人就承攬工作產生之報酬，工作物之材料若由承攬人所提供者，依民法第 490 條規定「推定為報酬之一部」，故材料之價額亦可計入報酬額。

至於除報酬額以外所產生之債權額，如損害賠償請求權（民法第 509 條）、墊款償還請求權以及因定作人遲延給付所生之債權是否可計入報酬額問題，有不同意見：

(1)肯定說

此說認為損害賠償請求權（民法第 509 條）、墊款償還請求權以及因定作人遲延給付所生之債權等，均係法定抵押權登記之上限，亦即承攬人報酬請求權均為法定抵押權之擔保範圍，如此等請求權之數額高過登記之數額者，超過部分即非法定抵押權擔保效力所及❹。

(2)否定說

此說認為由於預為抵押權登記時，無法確定，如亦包含在抵押權所擔保之範圍內，則抵押權將無從登記，故採反對見解❺。

(3)本文採否定說

損害賠償請求權、墊款償還請求權以及因定作人遲延給付所生之債權等，均不包含在內。新民法修正時，特亦將其排除在外。

此外，報酬請求權不以金錢為標的者為限，即以金錢以外之物為標的者，並無礙於承攬人抵押權之成立。

3. 須承攬人與定作人間須存有承攬契約

---

❸ 最高法院 90 年度臺上字第 2445 號判決。

❹ 林誠二，《民法債編各論（中）》，瑞興圖書，2002 年 3 月，頁 121；溫豐文，〈費用性抵押權優先效力之要件〉，《月旦法學教室》，4 期，2003 年 2 月，頁 13。

❺ 謝在全，〈承攬人抵押權之研究〉，《月旦法學》，69 期，2001 年 2 月，頁 123。

　　承攬人與定作人間須存有承攬契約，承攬人抵押權僅針對承攬人之工作報酬為擔保，因其他契約如買賣契約、委任契約、僱傭契約等所產生之報酬額，雖是就定作人之工作物支出所產生，仍非屬承攬人抵押權擔保範圍。

　　此外，承攬契約無效者，承攬人就其所為之給付，固得本於不當得利之規定，請求定作人償還其價額，此時承攬人應得請求為承攬人抵押權之登記，蓋其所為之給付，原係本於承攬契約針對承攬工作所為，實質上有增加工作物之價值，有利於所有債權人之共同利益，因此其價額之償還，性質上與承攬工作之報酬相當。

㈡須承攬之工作為建築物等之新建或重大修繕

1. 須新建或重大修繕

　　所謂新建或重大修繕，以房屋為例，如僅為房屋之一小部分之木工或水電，而非如泥工營建全部構造時，承攬人就該報酬額不得主張承攬人抵押權❻，故須以房屋之結構或類似之重大工程為工作內容者，始有承攬人抵押權之發生。通常承作工寮、木門、框、地下室安全措施等，均不被認為屬於重大工程，其承攬人就工作所生之報酬額，自不得主張承攬人抵押權❼。

2. 重大修繕之認定問題

　　裝潢是否為重大修繕，法律上並無確定內容，實務上認為，裝潢二字於法律上無法確定其內容，應依個案情形審查該裝潢內容是否符合民法第 513 條重大修繕之範圍而定❽。

　　換言之，須就客觀具體事實認定，並參考修繕部位在工作物之重要性、修繕費用占工作物全部價值之比例等因素決定❾。

---

❻　71 年 3 月司法院司法業務研究會第 1 期，法律問題。

❼　最高法院 92 年度臺上字第 1767 號判決。

❽　臺灣高等法院暨所屬法院 84 年法律座談會。不過應注意，該案例舉出：「定作人甲百貨公司以價值新臺幣（以下同）一億元之建築物一幢（不含土地價值），由承攬人乙承攬內部裝潢，裝潢費用共計一億五千萬元，承攬工程完工後，甲公司無力給付裝潢費」云云，並不合常理，蓋一億元之建築物，由承攬人乙以「一億五千萬元」承攬而事先未收分文，亦未經信用調查，以此種不合常理之案例分析，其分析結果必定不妥適。

3.小額之承攬人所施作之工作問題

以重大工程為保護之對象，乍看之下似乎有忽略非重大工程之承攬人之保護，其實不然。蓋小額之承攬人所施作之工作，對於工作物之增加價值有限，其利益依然是由定作人之全體債權人所共享，承攬人之小額報酬債權雖僅得對於定作人主張本於契約之債權請求權，但其債權容易取償，縱有未受清償，其強制執行亦容易。因此，小額報酬債權無法與承攬人抵押權之擔保物權之保障相比，仍不會抹煞小額工作者之權益。

(三)抵押權之標的為工作所附定作人之不動產

1.基地不包括在內

所謂工作所附定作人之不動產，僅係指其所工作之不動產而言，承攬人承攬之工作既為房屋建築或重大修繕，其就承攬關係所生之債權。僅對「房屋」部分始有承攬人抵押權。至房屋之基地，因非屬承攬之工作物，自不包括在內[10]。

較特殊者為公寓大廈管理條例第 4 條第 2 項規定「專有部分不得與其所屬建築物共用部分之應有部分及其基地所有權或地上權之應有部分分離而為移轉或設定負擔。」因而承攬人就區分所有建築物為新建或重大修繕者，其承攬人抵押權效力亦應及於基地所有權，但承攬人實行抵押權時，對該基地賣得之價金無優先受償之權限。

2.是否能主張善意取得承攬人抵押權

承攬人為重大修繕之不動產非定作人所有者，承攬人不得主張善意取得承攬人抵押權，例如出租人對於屋頂漏水不為修繕，而由承租人自行僱工修繕者，承攬人不得主張其係善意取得承攬人抵押權。

承攬人縱經登記為抵押權人，亦不因此而享有抵押權，蓋無論主張承攬人抵押權係屬法定抵押權或意定抵押權，承攬人抵押權之內容均為法定之內容，自應以該不動產屬於定作人所有為前提[11]，不得捨此法定內容任意主張善意取得。

然承攬人就該不動產所為之修繕，已增加該不動產之價值，縱其未與不動產所有權人間存有承攬契約，其利益實已歸不動產所有權人之債權人共享，使

---

[9] 謝在全，前揭文，頁 123；溫豐文，前揭文，頁 12。

[10] 最高法院 87 年度第 2 次民事庭會議決議；最高法院 90 年度臺上字第 1178 號判決。

[11] 最高法院 59 年臺抗字第 1590 號判例。

承攬人就所增加之價值限度內享有擔保物權，實為合理。

至於承攬人事後經真正所有權人登記為抵押權人者，則可經由抵押權之設定而取得抵押權，此一抵押權係由不動產所有人提供其所有之不動產而擔保承攬人之債權，性質上非屬承攬人抵押權，自無本條之適用問題，且該不動產所擔保者為他人之債務，故不動產所有權人為物上保證人。

二、規範目的

承攬人本於承攬契約，已先依約為給付，且其所為之給付，乃係增加定作人之財產，對於定作人之全體債權人均有利益，法律自應對其本於契約所生之報酬額加以保障，同時亦應兼顧其他關係人之利益。因此，新民法第 513 條關於承攬人抵押權規範目的之修正理由，主要有下列幾點：

㈠明確承攬人之債權範圍

因舊法條文規定抵押權範圍為「承攬人就承攬關係所生之債權」，其債權額於登記時尚屬不確定狀態，有使得先登記之融資性抵押權人於融資放款時，無法正確評估可能發生之風險，其縱然享有第一次序抵押權，卻仍屬於債權無法確保之不利益狀態。

有鑑於此，新民法遂將舊法之規定改列為新法第 1 項，規定承攬人得就約定之報酬，對於其工作所附定作人之不動產，得請求定作人為抵押權之登記。承攬人之抵押權以訂定契約時已確定之「約定報酬額」為限，使其債權範圍更為明確，而不包括不履行之損害賠償。債權範圍既已明確，對於在承攬關係報酬額發生前欲對定作人融資放款之授信人，即得就其抵押權設定後將來可能發生之風險為正確之評估，以作為融資放款之考慮依據，而有助於融資放款以及工作物承攬之實務。

㈡保護善意授信債權人

依舊法規定，承攬人對於其工作所附之定作人之不動產有法定抵押權❷。在維持承攬人利益之前提下，並得兼顧交易安全，新民法遂將第 513 條修正為得由承攬人請求定作人會同為抵押權之登記，並兼採「預為抵押權登記」制度。

---

❷　然由於法定抵押權之發生不以登記為生效要件，實際上容易造成與定作人有授信往來之債權人，因不明該不動產有法定抵押權之存在而受不測之損害，而有修正之必要。

就此一修正目的而論，立法者僅係考慮舊法關於法定抵押權之規定，對信賴該不動產登記之債權人有使其遭受不測損害之可能，為避免此一損害，遂有規定承攬人得請求定作人會同為抵押權之登記,並兼採預為抵押權之登記制度，如此即足以保障信賴登記之授信人，並無從得知立法者是否存有否定承攬人法定抵押權性質之意願❸。蓋由於民法第513條修正時，修正委員有持正、反及未明確表明三種意見，造成後來意見紛歧。

對於明知該不動產上存有承攬人抵押權之惡意授信人，應不具有保障之基礎存在，其自不得主張享有信賴保護之法律效果。但如承攬人抵押權所擔保之債權雖屬存在，由於未經登記而無法得知，第三人因信賴土地登記簿之記載，確信抵押權不存在而對於抵押人為融資放款者，此消極利益亦應屬於承攬人抵押權之保護範圍，其信賴應受法律之保護，否則登記制度反將成為妨礙不動產交易秩序之因素。

㈢確保承攬人優先次序

建築物或其他土地上之工作物，因承攬人之修繕而增加其價值，則就工作物因修繕所增加之價值限度內，因修繕報酬所設定之抵押權，當優先於成立在先之抵押權，始為合理，新法遂增訂第4項，明定其旨。

蓋承攬人因工作物修繕所增加之價值，實乃係其為所有債權人之共同利益所為之行為，自不應歸屬於成立在先之抵押權人所享有，此即承攬人之費用性抵押權優先於融資性抵押權之意義所在。此外，在承攬契約經公證者，雙方當事人之法律關係自可確認,且亦足認定作人已有會同前往申辦登記抵押權之意，故得許承攬人在法定要件下，單獨申請登記為抵押權人。

---

❸ 楊與齡，〈承攬人法定抵押權之成立與登記〉,《民法物權實例問題分析》，五南圖書，頁29。

參、承攬人抵押權之效力

一、優先受償

(一)費用性抵押權優先於融資性抵押權

新民法第 513 條規定，承攬人得就承攬關係報酬額，請求定作人為抵押權之登記，或請求預為抵押權之登記。承攬人就修繕報酬所登記之抵押權，於工作物因修繕所增加價值限度內，優先於成立在先之抵押權。故承攬人完成工作，就其所應得之報酬經登記為抵押權人而取得擔保後，即應就工作物修繕所增加價值限度內，享有優先於成立在先之抵押權之權，且無論該抵押權是否為意定抵押權或法定抵押權，工作物所增加之價值，均係由於承攬人為先提供給付而為費用之支出所創造，其利益既為定作人之全體債權人所均霑，性質上乃屬共益費用，此項費用性抵押權一經登記，次序上自應優先於融資性抵押權。

至於工作物如有先後修繕之情形，後修繕所生之承攬人抵押權經登記後，仍應優先於先修繕所生之抵押權，蓋後修繕之人所為之修繕，係為定作人所有債權人之共同利益所為之行為，其中亦包括先修繕人之債權，否則無異以後修繕人之資金清償先修繕人之債權，顯失公平。

例如某甲為擔保向某乙借款，而將其屋為某乙設定抵押權，其後該屋因重大修繕而由某丙承攬，某丙於修繕後就其修繕報酬額登記為抵押權人者，其次序仍應優先於某乙之融資性抵押權。

然而，如某丙登記為抵押權人後，該屋又再由某丁為重大修繕者，某丁就其修繕報酬額登記為抵押權人後，各抵押權人就該抵押物之受償次序應為某丁、某丙、某乙❶。

(二)費用性抵押權、融資性抵押權與善意第三人之保護

所有權人先就其工作物為融資而設定抵押權，其後再交由承攬人修繕，如

---

❶　在此案例情況下，此一受償次序，無論係登記生效要件說或登記對抗要件說，效果應無不同。

在承攬人未就其修繕報酬額為抵押權登記之前，工作物所有權人又將該已修繕完工後之工作物提供與善意第三人設定抵押權，以擔保其間之債務，此時抵押權之次序，由善意第三人丙享有優先於承攬人抵押權之次序，承攬人則享有優先於已設定融資性抵押權人之次序。

然而，善意第三人於抵押權設定時，既明知已有第一次序之融資性抵押權人存在，自不得就其事後之設定抵押權，對該第一次序抵押權人主張其優先次序，如此各抵押權人間之次序，即有矛盾之情形產生。

㈢其他法定抵押權之次序

貸款機關依國民住宅條例第 17 條、第 27 條之規定❺，所取得之法定抵押權，法律既將之定位為第一順位，則承攬興建該住宅之承攬人，其承攬關係報酬請求權之發生時期，不論貸款機關之法定抵押權是否成立在先，均不能優先於貸款機關而受清償。

至於承攬人事後對該住宅為重大修繕者，依民法第 513 條第 4 項之規定，承攬人就其修繕報酬額，自得就定作物之增價部分優先於成立在先之抵押權而受清償。因此，無論是成立在先之意定抵押權、法定抵押權及國民住宅貸款機關之抵押權，承攬人之抵押權均不受上述規定之影響❻。

二、承攬人抵押權之登記或預為登記

㈠抵押權預為登記，於承攬工作開始前亦得為之

由於此係在抵押物存在之前而為登記，實不符合物權法定主義之精神，民法債編遂以立法方式加以特別規定，立法者之目的乃在於貫徹保障承攬人之決心，承攬人雖尚未施工，亦未增加工作物之價值，抵押權所擔保之債權，並未實際存在，但在符合抵押權從屬性之前提下，僅需以該債權屬可得確定，並於抵押權實行時確係存在即可成立❼。承攬契約經公證者，承攬人並得依民法第

---

❺ 按國民住宅條例訂於 1975 年 7 月 12 日，歷經多次修正，最近一次修正於 2005 年 1 月 26 日。

❻ 楊與齡，〈承攬人法定抵押權之成立與登記〉，前揭文，頁 34；邱聰智，《新訂債法各論（中）》，元照出版，2002 年 10 月，頁 104。

❼ 最高法院 91 年度臺上字第 1955 號判決。

513 條第 3 項、土地登記規則第 117 條規定，單獨申請預為登記❸。

㈡抵押權預為登記所擔保之債權逐漸增長

經由抵押權預為登記所擔保之債權，其實際發生之數額並非固定不變，而係隨著承攬人所實施工作之完成逐漸增長。

承攬人工作未完成前，工作物卻遭定作人之其他債權人查封者，法院拍賣工作物時，依強制執行法第 34 條之規定，承攬人勢必須被強制參與分配，承攬人之承攬關係報酬額即須於查封時確定，查封後所增加之報酬額是否屬於強制執行法第 51 條第 2 項所稱，查封後有礙執行效果之行為，而不在承攬人抵押權之擔保範圍，即存有疑義。再者，亦可能產生下列問題：

1. 承攬人報酬額與工作完成後，超過契約所定之報酬額，其超過部分亦未於預為登記時為記載，是否仍受承攬人抵押權之擔保？

2. 承攬人若是事後為抵押權之登記者，就超過之部分是否仍享有優先權？

3. 若第三人先為抵押權之登記者，承攬人事後再為抵押權之登記，承攬人就超過部分之報酬額是否仍能主張享有優先受償權限？

新法僅針對承攬人之承攬關係報酬額為規定，雖然此一報酬額理論上應以承攬契約成立時之約定報酬額為準，但本條之立法目的，既在對於承攬人之保障，使其不至於因支出費用增加定作人財產後，該費用債權無法確保，就此目的以觀，縱然承攬工作實際所生之承攬關係報酬額已超過原本承攬契約之約定，但其性質上仍為增加定作人財產所支出之費用，自應與契約所定之承攬關係報酬額同等對待，屬於承攬人抵押權所擔保之範圍，承攬人於抵押權登記後，自得就此超過部分享有優先受償權。

三、承攬人抵押權與用益權之關係

㈠用益權先存在

費用性抵押權可否對抗已登記在先之用益權人，值得探討。蓋無論採取登記生效要件或登記對抗要件說，均由於承攬人抵押權係用於用益權成立後始存在，且由於承攬人就其承攬關係報酬額優先受償之規定，亦僅係規範其與融資

---

❸　土地登記規則第 117 條係針對承攬人抵押權登記之新規定。按土地登記規則訂於 1946 年 10 月 2 日，歷經多次修正，最近一次修正於 2009 年 7 月 6 日。

性抵押權人間之法律關係，亦即規範擔保物權人間受償次序的規定，至於擔保物權人與用益權人間之法律關係，則非當然得以適用該規定。

　　因此，登記在先之用益物權或先存在之租賃權，不因事後始登記之承攬人抵押權而受影響，承攬人實行抵押權時，縱其上存有用益物權或相類似之租賃權，而影響其受償者，亦無從主張其優先受償之利益。然而，承攬人就工作物所為之修繕，該修繕部分所增加之價值，其利益亦為用益物權人或承租人所享受，該經修繕之部分對用益權人之使用收益若存有重大利益，承攬人如因用益權之存在以至於影響其受償者，此時，承攬人之利益實有受保護之必要而不容忽略，但在現行法對此欠缺規定之情形下，似難以許可抵押權人請求法院除去該用益權。

　　惟抵押權之標的物範圍，依民法第 864 條之規定，原本即及於抵押權扣押後抵押人得就抵押物收取之法定孳息，故於承攬人抵押權時，宜許可承攬人就地上權人、承租人之租金債務，於工作物所增加之價值範圍內，享有優先受償之權限。

㈡承攬人抵押權先存在

　　如承攬人抵押權先存在時發生下列二問題：

　　1.在承攬人就工作物修繕完工後，定作人始將該工作物為第三人設定用益物權或出租者，其後承攬人就承攬關係報酬額經登記為抵押權人，承攬人抵押權是否得對抗在承攬關係報酬額發生後始存在之用益物權或租賃權，不無疑問。

　　關於承攬人抵押權之法律關係，如上所述，新法僅係就承攬人與融資性抵押權人間之法律關係加以規定，亦即針對擔保物權人間受償次序之規定，至於擔保物權人與用益權人間之法律關係，則非當然得以適用該規定，而應以其成立之先後定其次序 ❶⓽。因此，在用益物權人信賴土地登記簿之記載，而主張其善意信賴應受法律之保護時，承攬人似不得否定善意用益物權人權利；至於租賃雖無需登記，民法亦無承租人善意信賴之相關保護規定，但對於事後成立之承攬人抵押權，承攬人似亦不得對先存在之租賃權主張排除其權利 ⓴。

---

　　❶⓽　依登記生效要件說，由於承攬關係報酬額發生時，承攬人抵押權尚未存在，且由於此一抵押權乃意定抵押權，故其縱經登記，亦屬成立在後。

　　⓴　惟此時適用上自應受民法第 425 條第 2 項之限制，未經公證之不動產租賃契約，其

　　2.至於承攬人實行抵押權時，該用益物權或租賃權影響其受償者，承攬人是否得請求法院除去該用益權，亦值得探討。

　　蓋依登記對抗要件說，承攬人抵押權縱未經登記，仍不失其存在，故對於因承攬關係之報酬額發生後所存在之用益物權或租賃權，民法第 866 條之規定，成立在先之抵押權之效力應不受影響。然由於在設定用益物權時，承攬人抵押權尚未經登記，用益物權人信賴土地登記簿之記載，而得主張 2009 年新民法第 759 條之 1 善意信賴應受到法律規定之保護，承攬人縱事後為抵押權之登記者，亦不得於其實行抵押權時，請求法院除去對其抵押權有妨礙之用益物權。

　　然而，如該用益物權人於權利設定時係屬惡意，自不應許其主張善意信賴而受保護。至於租賃權，則由於其性質上係屬債權，並無主張善意信賴之可能，雖然民法有規定，出租人就租賃物設定物權，致妨礙承租人之使用收益者，準用民法第 425 條買賣不破租賃之規定，然該條規定係適用於物權設定前已存在之租賃關係而言，對於租賃關係發生於抵押權已存在之情形，自無該條之適用。因此，抵押權人於實行抵押權時，似得請求法院除去對其抵押權有妨礙之租賃權。

　　3.承攬人抵押權與用益物權競合時，法律並未有特別保護抵押權人之規定，蓋用益權並非就標的物價值取償之權利，其與擔保物權人間並無受償次序之問題，故而其間之法律關係仍應依民法之一般規定，亦即關於善意信賴之保護、物權優先性之一般原則，在此仍應適用❷❶。

㈢新法實務上之觀點

　　1.「承攬之工作為建築物或其他土地上之工作物，或為此等工作物之重大修繕者，承攬人就承攬關係所生之債權，對於其工作所附之定作人之不動產，有抵押權」乃 1999 年 4 月 21 日修正前民法第 513 條基於公平原則之考量所為立法，即所謂之法定抵押權。依其規定意旨觀之，法定抵押權之成立，必承攬人為定作人施作建築物或地上工作物，或為此等建築物、工作物之重大修繕，始足當之。是以認定是否成立法定抵押權，須觀諸承攬之工作究否為新建築物、工作物，或為相當於該建築物、工作物「重大修繕」之工程。此所謂「重大修

　　期限逾五年或未定期限者，不適用之。

❷❶　依登記對抗要件說所產生之法律效果，似較符合上述之情形，而與整體法律體系相符合。

繕」，係指就工作物為保存或修理，其程度已達重大者而言❷。

2.不動產物權，依法律行為而取得、設定、喪失及變更者，非經登記，不生效力，新民法第758條定有明文。修正前民法第513條規定之法定抵押權，係基於法律規定、非本於法律行為而發生，原不待承攬人與定作人意思表示合致及辦理物權登記即生效力。

至其拋棄，因屬依法律行為而喪失其不動產物權之處分，非依法為登記，不生效力❷，即於未依法為拋棄登記前，仍不生消滅法定抵押權之效果❷。惟法定抵押權，旨在保護承攬人之私人利益，究與公益無涉，非不得由承攬人事先予以處分而為拋棄之意思表示，此細繹修正後民法第513條已規定法定抵押權應辦理物權登記，並可預為登記。如未辦理登記，縱其承攬關係之報酬請求權發生在先，仍不能取得抵押權，亦無優先於設定抵押權之效力等意旨益明❷。

肆、承攬人抵押權登記之性質及其影響

一、性　質

修正後承攬人抵押權登記之性質仍待釐清❷，主要有二說，茲分述如下：

1.登記生效要件說

登記生效要件說認為，新法既規定，承攬人得請求定作人為抵押權之登記或預為登記，定作人亦有會同辦理登記之義務，故如雙方共同聲請為抵押權登記後，乃屬依雙方之合意所為抵押權之設定，故而此一抵押權非經登記無從成立，可謂登記生效要件說❷。

---

❷　最高法院95年度臺上字第1074號判決。

❷　司法院院字第2193號解釋參照。

❷　最高法院74年臺上字第2322號判例。

❷　最高法院95年度臺上字第1809號判決。

❷　黃健彰，《法定優先權制度研究——兩岸物權修正草案芻議》，中正大學博士論文，2008年11月，頁140。

實務上亦認為,按修正前民法第 513 條規定承攬人就承攬關係所生之債權,對於其工作所附之定作人之不動產有抵押權,乃基於法律規定而生之抵押權,於因承攬關係所生之債權發生時即當然成立生效,不以當事人合意或登記為要件❷❽。修正後民法第 513 條已規定法定抵押權應辦理物權登記,並可預為登記。如未辦理登記,縱其承攬關係之報酬請求權發生在先,仍不能取得抵押權,亦無優先於設定抵押權之效力等意旨益明❷❾。

2. 登記對抗要件說

登記對抗要件說認為,新法之規定,並非否定承攬人之法定抵押權,僅係為保護第三人及維持交易安全起見,而課予承攬人與定作人為登記之義務。條文所稱「承攬人得請求定作人為抵押權之登記或預為登記」,即係表示抵押權原已存在,僅在賦予承攬人登記之權利,以達公示之目的。因此,承攬人抵押權效力之發生,並無需經由登記,性質上乃屬法定抵押權,登記僅係對抗善意第三人之要件而已,可謂登記對抗要件說❸⓿。

另亦有學者舉出四點理由支持登記對抗要件說:(1)依規範意旨,不應以登記作為生效要件;(2)登記生效曠日廢時;(3)登記之主要功能係保護交易安全;(4)日本實務見解已有所變遷❸❶。

3. 本文認為

新民法第 513 條既規定「得就承攬關係報酬額,對於其工作所附之定作人之不動產,請求定作人為抵押權之登記;或對於將來完成之定作人之不動產,請求預為抵押權之登記」,但並未規定「非經登記不生效力」。反之,如規定「非

---

❷❼　謝在全,前揭文,頁 125;謝在全,《民法物權論》,下冊,修訂四版,自版,2007 年 6 月,頁 147。

❷❽　最高法院 91 年度臺上字第 1056 號判決。

❷❾　最高法院 95 年度臺上字第 1809 號判決。

❸⓿　楊與齡,〈承攬人法定抵押權之成立與登記〉,前揭文,頁 26;林誠二,〈論法定抵押權新舊法之適用問題〉,《黃宗樂教授六秩祝賀財產法學篇㈠》,2002 年 3 月,頁 87;劉宗榮,《民法概要》,三民書局,2007 年 8 月,頁 253;溫豐文,前揭文,頁 13。

❸❶　黃健彰,〈承攬人抵押權的登記——登記生效或登記對抗〉,《不動產登記論文集》,2008 年 9 月,頁 125–128。

經登記不生效力」，對承攬人未免過苛，有失保護承攬人之用意，故應採登記對抗要件說。然而，應注意法院實務見解與此相反。

理論上言之，「登記生效」與「登記對抗」之差別不在於「強制登記」與「任意登記」，而係在於「權利發生」至「登記」前之整段時間差承攬人是否取得抵押權。如採登記對抗要件說，承攬人在此段時間差已取得抵押權，對其較有利，其詳如以下所述。

二、登記生效與登記對抗說對問題之影響

承攬人如未就其修繕報酬額為抵押權之登記，於修繕報酬額發生前登記為融資性抵押權人實行抵押權時，承攬人優先受償之權利，是否因此而受影響問題。

在前述之例，如某乙於債權屆期未受清償而實行抵押權時，某丙之權益是否會因此而受影響，值得探討。

1.如採登記生效要件說

既然主張承攬人抵押權為意定抵押權，自須經由登記始得存在，未經登記之承攬人抵押權根本不存在。因此，已登記之融資性抵押權人實行抵押權，就抵押物為強制執行時，未登記抵押權之承攬人不應就其修繕報酬額聲明參與分配，依強制執行法第 34 條規定，執行法院亦不應就其報酬額列入分配❷。

較有疑問者則為下列問題：

(1)承攬人此時若請求定作人為抵押權之登記，該登記是否即屬於強制執行法第 51 條第 2 項所稱之查封後債務人所為之設定負擔？

(2)登記機關應否准許其為登記？

(3)縱登記機關准許其為登記，其登記是否對執行債權人不生效力？

(4)承攬人於登記後，是否即得參與分配，並主張優先受償？

承攬人抵押權既須經由登記始存在，此時之登記應屬設權登記而非宣示登記，則於查封後所為之登記，即為查封後債務人所為之設定負擔，如其登記仍得發生優先受償之效力，對於執行債權人而言，其登記即可能屬於有礙執行效果之行為。

---

❷　按強制執行法規定於 1940 年 1 月 19 日，歷經多次修正，最近一次修正於 2007 年 12 月 12 日。

　　實務上，對於查封後債務人所為之設定負擔，均認定其為有礙執行效果之行為，對於申請登記之債權人，登記機關應依土地登記規則第 141 條第 1 項之規定，不許其為登記，已經登記者，執行債權人得逕行主張該抵押權設定登記，對其不生效力，而訴請塗銷登記❸。

　　此一結果，將導致實體法對承攬人抵押權之規範目的，在強制執行法程序無法貫徹之疑慮，而無法有效保護承攬人之工作報酬，使得實體法之規定形同虛設，故為求法律體系之整體維護，採登記生效要件說者勢必主張，民法第 513 條之規定為強制執行法第 51 條第 2 項之例外，而無土地登記規則第 141 條第 1 項之適用，登記機關非但應許承攬人為抵押權之登記，且其登記仍有優先受償之效力，否則實無法貫徹承攬人抵押權優先於融資性抵押權人之規定。

2.如採登記對抗要件說

　　主張承攬人抵押權為法定抵押權，其縱然未經登記，亦已依法律之規定而存在，惟其未經登記，不得對抗先於其存在之融資性抵押權，亦即承攬人不得主張優先於已先為登記之抵押權人而受償。但發生下列問題：

　　⑴已登記之抵押權人實行抵押權而就抵押物為強制執行時，承攬人是否仍得就其修繕報酬額聲明參與分配？

　　⑵未及聲明參與分配者，執行法院是否得依強制執行法第 34 條第 3 項規定，就已知之報酬額列入分配？

　　⑶承攬人此時請求定作人為抵押權之登記，登記機關應否准許其為登記？

　　⑷其所為之登記，是否即屬於強制執行法第 51 條第 2 項所稱之查封後債務人所為之設定負擔，而對執行債權人不生效力？

　　既然承攬人抵押權為法定抵押權，其抵押權係在登記前即已存在，此時之登記，性質上與宣示登記相類，而非設權登記。承攬人為抵押權登記之請求，乃在行使法定之權利，故此登記應非屬於查封後債務人所為設定負擔之情形，登記機關實無拒絕其為登記之理。承攬人抵押權一經登記後，即得對抗實施執行之融資性抵押權人，而主張優先受償，否則，承攬人工作所增加之價值，卻由融資性抵押權人坐享其成，實為不當。

　　此外，民法既未規定承攬人之登記期限，但承攬人欲參與分配者，自應受

---

❸　最高法院 69 年臺上字第 112 號判例。

強制執行法關於參與分配之時間點限制，亦即其是否有權請求定作人為抵押權之登記，而得主張優先受償，應依強制執行法第32條第1項之規定，須於拍賣、變賣終結或依法交債權人承受之日一日前為之。

3.小　結

由於承攬人抵押權原本即係面對已存在之融資性抵押權人所為保護承攬人之規定，因此承攬人就重大修繕所生之報酬額為限，於修繕所增加之價值限度內優先受清償，其受償之範圍，並非屬於先存在之融資性抵押權人所不可預測之危險範圍。先存在之融資性抵押權人實行抵押權時，承攬人再為抵押權登記之申請，或為參與分配之聲明，並就修繕報酬額主張優先受償，實乃符合承攬人抵押權之規範目的，先登記之融資性抵押權人自不得主張於抵押權登記時善意信賴土地登記簿之記載，而有信賴保護規定之適用❸❹。

三、善意融資性抵押權人之信賴保護問題

承攬人如未就其修繕報酬額為抵押權之登記，工作物所有權人又將該已修繕完工後之工作物，提供與第三人設定抵押權，以擔保其間之債務，則此時發生下列問題：

1.抵押權之次序如何？例如甲房屋因重大瑕疵而由乙承攬，向丙貸款，並為其設定抵押權以供擔保，乙之抵押權受償次序是否應優先於丙之融資性抵押權？

2.若甲先將房屋為丙設定最高限額抵押權，以擔保其間往來之債務，該先登記之融資性抵押權人丙，不知乙尚未就修繕報酬額為抵押權之登記，其屬善意之第三人者，於承攬人乙之修繕報酬額發生後繼續對甲融資放款時，承攬人事後所為抵押權登記的效力如何？

(1)採登記生效要件說

由於承攬人抵押權既未經登記而不存在，工作物所有權人將修繕後之工作物為第三人設定抵押權以供融資擔保者，該第三人取得抵押權雖係在修繕報酬額發生之後，然亦發生下列問題：

a.第三人於抵押權設定時善意信賴土地登記簿之記載，該善意之抵押權人

---

❸❹　因而，無論採登記生效要件說或登記對抗要件說者，於融資性抵押權人就工作物實行強制執行時，承攬人均得在符合此一規範目的前提下，主張其權利，始為恰當。

是否應受法律之善意信賴保護?

　　由於承攬人抵押權尚未經登記而不存在,授信債權人善意信賴土地登記簿之記載,認為承攬之工作物並不存在承攬人抵押權,而就承攬工作物設定抵押權者,則與新民法第 759 條之 1 規定相符,而有善意信賴之適用❸,但其知有尚未經登記之承攬人抵押權者,其惡意則不須受保護。

　　b.承攬人縱於事後再登記成為抵押權人,得否對該善意之第三人主張優先受償?

　　承攬人抵押權保障承攬人得對融資性抵押權人主張優先受償權之意義,乃在於由承攬人支出費用所增加之工作物價值,已與先存在之融資性抵押權人無關,自宜避免不當之為先存在之融資性抵押權人所享有。然如承攬人修繕所增加之價值,於融資性抵押權人融資放款前已存在,工作物所有權人復以此修繕後之工作物為融資,其情形已與費用性抵押權優先受償之意義不同,故承攬人優先受償之規定,應限於在修繕報酬額發生前已存在之融資性抵押權。

　　至於在修繕報酬額發生後始存在之融資性抵押權人,自無適用此優先受償規定之必要,而應依據抵押權成立之時間先後定其受償次序。乙之承攬人抵押權既未發生優先之效力,而屬後次序之抵押權,其登記對於已善意登記為抵押權人丙而言,應無妨礙其實行抵押權,但如丙實行抵押權後,無論其是否受償,依強制執行法第 98 條第 3 項規定,原則上因拍賣而消滅。

　　然如該修繕報酬額發生後先為登記之融資性抵押權人丙係屬惡意第三人,明知就該設定抵押權之不動產已有修繕報酬額發生,雖然其為抵押權設定時承攬人抵押權尚未經由登記而存在,但其既就該土地登記簿將來可能發生之登記情形有所認識,是否仍得以信賴土地登記簿,且在時間上先經登記為由,主張應受到法律之保護,實值懷疑❸。

　　至於惡意之丙實行抵押權時,乙申請為抵押權之登記者,其登記是否屬於妨礙執行效果之行為,而不應許其登記,且縱經登記亦不許其主張優先受償,

---

❸　此處之善意信賴,係指信賴新民法第 759 條之 1 第 2 項:「因信賴不動產登記之善意第三人,已依法律行為為物權變動之登記者,其變動之效力,不因原登記物權之不實而受影響。」之規定,而不知悉有尚未經登記之承攬人抵押權存在。

❸　從另一角度言之,此即主張新民法第 513 條承攬人抵押權為登記生效要件說之缺點。

亦恐有疑義。此一疑慮，亦同時發生在上述關係於最高限額抵押權之情形，在承攬人尚未為抵押權之登記前，最高限額抵押權人不知就該不動產已有承攬人之修繕報酬額發生，而對債務人繼續給予融資，其善意似應受到保護。

此外，如最高限額抵押權人明知就該不動產已有承攬人之修繕報酬額發生，仍願對債務人繼續給予融資，事後如許其主張該放款屬於最高限額抵押權之擔保範圍，而得對承攬人主張優先受償，終將使得保護承攬人之法律規範目的，完全失去意義。

(2)採登記對抗要件說

由於承攬人抵押權乃在保障承攬人，使其對在修繕報酬額發生前已存在之融資性抵押權人，得主張優先受償權，至於對修繕報酬額發生後始存在之融資性抵押權，由於承攬人抵押權雖未經登記卻已優先存在，自應具有優先性；然就交易安全之保護而言，並未貫徹新民法第 759 條之 1 效力，對於善意信賴土地登記簿之人，法律對其所加之保障❸。

此在最高限額抵押權之情形，亦應有其適用，如先登記之最高限額抵押權人明知已有承攬人抵押權存在，而仍願意繼續對債務人融資，先登記之最高限額抵押權人即屬惡意，縱其所為最高限額抵押權之登記先於承攬人抵押權之登記，亦不得主張其為善意之第三人而應受信賴登記之保護，後登記之承攬人仍得以其登記對抗先登記之融資性抵押權人而就抵押物優先受償。

3.為解決上述之問題，新民法第 513 條第 4 項之規定，乃係針對成立在修繕報酬額發生前已存在之融資性抵押權，該融資性抵押權縱然成立在先，但由於修繕報酬額乃係增加工作物所有人之財產所支出之費用，係以所有債權人共同享受利益為前提，工作物因此就增加之價值，自不應由成立在先之融資性抵押權人享有；相反，在修繕報酬額發生之後始成立的融資性抵押權，係以修繕後之工作物為融資依據，抵押權人對此工作物所提供之融資，原本即非屬於本條規範之對象。

---

❸ 否則登記制度反將有礙於不動產物權之交易。換言之，工作物所有權人將已修繕完工後尚未為承攬人抵押權登記之工作物，提供與善意第三人設定抵押權，以擔保其間之債務者，該善意之融資性抵押權人，自得主張其抵押權在次序上應優先於承攬人抵押權，反之，惡意者則不受到保護。

　　因此，上述關於抵押權次序之問題，在修繕報酬額發生後始為授信之債權人，因善意信賴土地登記簿而先登記為融資性抵押權人時，其善意自應受法律之保護，對此無論係採登記生效要件說或登記對抗要件說，結果應無差異，上述之例承攬人某乙就定作人某甲之房屋為修繕，某乙並未就修繕報酬額登記為抵押權人，其後某甲將該屋為某丙設定抵押權以擔保對某丙之借款者，縱然某乙事後再就修繕報酬額登記為抵押權人，亦無法對抗善意之某丙，某乙受償之次序應位於某丙之後。

伍、承攬人抵押權之拋棄

一、預先拋棄承攬人抵押權

(一)意　義

　　預先拋棄承攬人抵押權係指定作人得否與承攬人經由約定之方式，預先排除承攬人抵押權問題。

(二)學　說

1. 肯定說

　　此說認為，抵押權為財產權之一種，權利人予以拋棄，原則上應無不許之理，但其抵押權如與他人利益有關者，例如保證人與定作人訂立保證契約就承攬人履行承攬契約負保證之責，依民法第 749 條之規定，承攬人抵押權即與保證人之利益有關。此時自非承攬人所得任意拋棄[38]。

2. 否定說

　　此說認為，基於法定物權非「完全性權利」，故不得預先拋棄[39]。另有認為，基於該拋棄非出於當事人之自由意思，故不得預先拋棄[40]。

---

[38]　謝在全，前揭書，頁 160。

[39]　朱柏松，〈論保證人預先拋棄權利之效力——評最高法院九十二年臺上字第一三六號判決〉，《月旦法學》，125 期，2005 年 10 月，頁 206。

[40]　朱柏松，〈論不同抵押權之效力〉，《月旦法學》，124 期，2005 年 8 月，頁 190、191；

㈢實務上

實務上認為，按修正前民法第 513 條規定承攬人就承攬關係所生之債權，對於其工作所附之定作人之不動產有抵押權，乃基於法律規定而生之抵押權，於因承攬關係所生之債權發生時即當然成立生效，不以當事人合意或登記為要件。此項規定雖在保護承攬人利益，惟基於物權有對世效力，恆涉及第三人利益，其內容係屬法定之特性，自不許當事人以特約阻止此項法定抵押權之產生，此與當事人得以特約就法定抵押權產生後，承攬人行使、處分其抵押權等事項為約定，尚有不同。本件原審認：上訴人出具切結書時，其承攬之房屋尚未建築完成，對參加人亦無承攬債權存在，其法定抵押權自尚未成立生效，故切結書所稱「拋棄法定抵押權」，其真意應係兩造與參加人合意排除修正前民法第 513 條「法定抵押權」發生規定之適用等詞，與法定抵押權之性質已有違背❹。足見係採取否定之見解。

此一實務上之見解，係按舊法之規定，以在定作人與承攬人為約定之時，承攬債權尚未發生，法定抵押權尚未存在，即無從拋棄之觀點出發，而從本質上否定預先排除承攬人抵押權之可能；承攬債權既未發生，即便依據新法之規定，對於承攬人法定抵押權是否存在，仍存有爭議之情形下，無論係採取登記生效要件說或登記對抗要件說，均由於承攬人抵押權尚未發生，其法律效果仍屬相同。

然而，承攬人抵押權規範之目的，除為對承攬人之保護外，亦在於保護授信債權人，使其不致因不知情而遭受不測，而對於後者之保護，若係涉及報酬額發生前之授信人者，其經由現行法關於承攬人債權額之確定，即足以達成保護之目的，畢竟因承攬關係所增加之工作物價值，原非授信人所得享有，對其範圍加以確定，有助於授信時，對工作物價值之評估，但對於承攬報酬額發生後為授信之債權人之保護，則需藉由承攬人抵押權之承認與登記，將承攬人抵押權予以公示，使得授信債權人明瞭抵押物之價值狀態。授信債權人要求承攬人須先放棄承攬人抵押權，其所考量者，乃在於承攬人由於事後之重大修繕，以至於影響其先成立之抵押權的受償，或由於承攬人為土地上建築物之修繕，

鄭冠宇，〈承攬人抵押權〉，《法學叢刊》，51 卷 3 期，2006 年 7 月，頁 19-21。

❹ 最高法院 91 年度臺上字第 1056 號判決。

而對該建築物存有承攬人抵押權者，將會影響以土地為授信債權人設定抵押權後該土地之價值，或影響最高限額抵押權人事後再繼續融資之意願。此些影響授信債權人利益之情形，其授信關係均發生在承攬關係報酬額產生之前，而該授信債權人既已經由承攬人債權額之確定受到保護，若再允許其經由預先拋棄承攬人抵押權，得以享有原本不歸其享有之利益，實已超過承認承攬人抵押權規範目的之保護範圍內，對於欲主張承攬人得事前拋棄承攬人抵押權者，在此立論依據下，無論是採取承攬人抵押權為法定抵押權或意定抵押權之觀點，理由上均似過於牽強。

更何況，若許可承攬人得應授信債權人之要求，事先放棄承攬人抵押權之取得，其結果，將使得金融業者均利用此一方式，要求承攬人放棄抵押權之取得，已達到剝奪承攬人報酬之保障的目的，此乃對於承攬人經濟上地位之不當剝削，而與承攬人抵押權之規範目的相去甚遠，實不值得贊同。

(四)小　結

應注意者，實務上認為，修正前民法第 513 條規定之法定抵押權，係基於法律規定、非本於法律行為而發生，原不待承攬人與定作人意思表示合致及辦理物權登記即生效力。至其拋棄，因屬依法律行為而喪失其不動產物權之處分，非依法為登記不生效力。故承攬人在未依法為拋棄登記前，依法雖不生消滅法定抵押權之效果，但法定抵押權旨在保護承攬人之私人利益，究與公益無涉，非不得由承攬人事先予以處分而為拋棄之意思表示❷。可惜，該判決仍看不出來修正後新民法第 513 條規定之性質為何。

其實，抵押權人之所以要求「定作人請承攬人」預先拋棄承攬人抵押權，均係因為所有人係以「空地」抵押貸款，抵押權人因擔心所有人以「空地」抵押貸款後，建築房屋以致該「空地」變成「基地」，拍賣該「基地」無人應買，發生呆帳。故抵押權人通常要求「定作人請承攬人」預先拋棄承攬人抵押權之外，必須簽寫「該地上建築物同意追加設定抵押權」之切結書。其他情況，並不會發生問題。故如學者所言，「基地」部分拍賣意定抵押權效力優於法定抵押權，而「建築物」部分拍賣法定抵押權效力優於意定抵押權❸。基於現實之考

---

❷　最高法院 97 年度臺上字第 1808 號判決。

❸　林誠二，前揭文，2002 年 3 月，頁 95–97。

慮，恐無任何債權人敢願意抵押借款給「空地」所有人。

二、事後拋棄承攬人抵押權

承攬人抵押權係基於法律規定而發生，關於其是否須經登記始生效力，縱然存有爭議，但實務上認為，承攬人抵押權之拋棄，乃屬抵押權之處分，需經登記後，方得為之，且其拋棄係依法律行為而喪失其不動產物權，非經登記，不生效力❹。

但學者對此認為抵押權之實行，係就抵押物所有權所為之處分，而非抵押權所為之處分，故抵押權之受讓人不須依民法第 759 條之規定先經登記後，始得聲請法院裁定拍賣抵押物❺。

茲再從登記生效要件說以及登記對抗要件說，分述如下：

㈠採登記生效要件說

對於承攬人抵押權之事後拋棄，若採登記生效要件說，則由於承攬人抵押權尚未經登記，始得為之，然以經由登記再為拋棄者，仍須為拋棄登記始生拋棄之效力❻，如此反覆輾轉流於形式，恐在現實上難以存在。

因此，真正問題在於，是否可與承攬人約定，不得為承攬人抵押權登記之申請，已達到如同拋棄之效果，值得探討。蓋本於契約自由原則，當無禁止事後拋棄承攬人抵押權之必要，承攬人倘已向定作人為拋棄之表示後，仍主張抵押權之法律效果，應與誠信原則相違背，而為法所不許❼。

然此約定之缺點則為，該契約僅具有債之效力，不得對抗第三人，承攬人縱違反約定，而為抵押權登記者，對於受讓該債權之人，無論其是否知悉承攬人受有禁止申請登記之拘束，似無法禁止其於受讓債權後，主張享有承攬人抵押權之優先受償效力。

㈡採登記對抗要件說

---

❹　最高法院 86 年臺上字第 3443 號判決；最高法院 94 年臺上字第 434 號判決。

❺　謝在全，前揭文，頁 128；孫森焱，《民法債編總論》，下冊，2006 年 1 月版，自版，頁 912、913。

❻　最高法院 91 年臺抗字第 588 號裁定。

❼　謝在全，前揭書，頁 160；最高法院 92 年度臺上字第 2744 號判決亦採此見解。

主張登記對抗要件說者，其認為承攬人抵押權縱未經登記即已存在，故自得為事後拋棄，但由於抵押權之拋棄，乃屬於對不動產物權之處分，非經登記，不得處分，似應先經登記後，再為拋棄登記，始生拋棄之效力，其將同樣面臨上述流於形式以及約定禁止申請登記之疑慮。

因此，為避免上述之缺失，似可考慮在土地登記實務上，就承攬人抵押權之拋棄予以註記，以為公示，使債權之受讓人無從主張其為善意不知情，而享有承攬人抵押權。

陸、中國「合同法」建設工程承包人優先受償權之規定

一、「合同法」第 286 條之意義

按中華人民共和國合同法於 1999 年 3 月 15 日第九屆全國人民代表大會第二次會議通過。依該「合同法」第 286 條規定，發包人未按照約定支付價款者，承包人可催告發包人在合理期限內支付價款。發包人逾期不支付者，除按照建築工程的性質不宜折價、拍賣者外，承包人可與發包人協議將工程折價，亦可申請人民法院將該工程依法拍賣[48]。

所謂建築工程折價款包括承包人為建設工程應當支付之工作人員報酬、材料款等實際支出的費用，不包括承包人因發包人違約所造成之損失。建設工程承包人行使優先權之期限為六個月，自建設工程竣工之日或者建設工程合同約定之竣工之日起開始計算。

二、問題之提出

建設工程承包人優先權，似乎存在著下列問題：

㈠建設工程承包人優先受償權在法律性質上屬於何種擔保物權？

㈡建設工程承包人優先受償權行使之條件如何界定？

㈢建設工程承包人之工程價款優先受償，該「工程價款」如何認定？

---

[48]　http://law.kingnet.com.tw/ml/china03-01.php?SID=10，拜訪日：2009 年 6 月 10 日。

三、建設工程承包人之權利類型

「合同法」第 286 條規定之承包人所享受之權利類型為何，學者見解不一，茲分述如下：

(一)不動產優先權說

主張不動產優先權者認為，不動產優先權係指在債務人特定不動產上成立之優先權。不動產優先權人得就債務人特定不動產上之價值優先受償其價值。以中國現行立法及相關政策上之規定言之，不動產優先權主要有土地使用權上之破產企業職工安置費用優先權，以及建築承包人施工費用之優先權❹。

建設工程之價款就該工程折價或者拍賣之價款優先受償，故認為係不動產優先權❺。此說之所以認為「合同法」第 286 條是對不動產優先權之規定，大多基於文義解釋之結果。

(二)承攬人法定抵押權說

主張承攬人法定抵押權者認為，按法律解釋學之原理，文義解釋之結果，有複數解釋之可能性時，應以論理解釋（即體系、法意、比較、目的及合憲等解釋）及社會學之解釋始能解決問題。「合同法」第 286 條既係根據法律之直接規定，故為法定抵押權。此外，中國民事立法從 20 世紀初迄今受德國法系影響。因此，「合同法」第 286 條亦借助上述立法經驗，規定了法定抵押權❻。

(三)留置權說

主張留置權者認為，「合同法」第 286 條規定係留置權之一種❼。然而，留置權之成立要件之一係債權人占有動產，其客體一般為動產，而承包人完成之工程為不動產，工程完工後，經發包人驗收，承包人已不占有標的物，故在發包人不支付價款時，承包人已無法行使留置權。

---

❹ 馬俊駒、余延滿，《民法原論》，第 2 版，法律出版社，2005 年 10 月，頁 455。

❺ 崔建遠、王軼，《合同法新論》，中國政法大學出版社，1997 年，頁 250。

❻ 王利明，《物權法研究》，中國人民大學出版社，2002 年 1 月，頁 568-574；朱廣新，〈承包人法定抵押權之行使與完善〉，《制訂科學的民法典——中德民法典立法研討會論文集》，第 21 輯，法律出版社，2002 年 12 月，頁 482。

❼ 江平，《中華人民共和國合同法精解》，中國政法大學出版社，1999 年 3 月，頁 223。

四、優先受償權行使之條件與「工程價款」之認定

　　為平衡與同一建設工程有關之各當事人間之利益，法律規定建設工程承包人施工費用法定抵押權須具備一定條件方能成立。

　　建築承包人施工費用優先權之要件：

1. 承包人承包之工作為工程之新建

　　此「新建」包括原始之建造、擴張、改建，不包括建築物之維護、維修。值得注意者，在德國與我國，建築物與地上物之重大修繕亦為承攬人抵押權發生之事實基礎。

2. 承包人請求支付價款之債權係基於建設工程承包合同而產生

　　此包括二項，一為法定抵押權之主體須為承包人；另一為「合同法」第 286 條規定之「價款」應包括承包工程之報酬、建設工程中所產生之損害賠償金、承包人之墊款，以及承包人之請求權等[53]。此部分明顯與我國規定不同。

3. 建設工程承包人行使法定抵押權之期限為六個月，自建設工程竣工之日或者建設工程合同約定之竣工之日起開始計算

五、海峽兩岸相關問題之比較

　　建設工程承包人之優先受償權，在中國通說採承攬人法定抵押權說。此種見解與我國 1929 年舊民法第 513 條相類似，均係基於法律之規定而創設之抵押權。我國舊民法第 513 條立法理由謂：「謹按工匠技師及其他承攬人，為定作人於不動產上施工作者，就其承攬關係所生之債權，對於其工作所附之定作人之不動產，應與以法定之抵押權，以保護其利益。此本條所由設也。」[54]

　　於此應注意，學者認為，在中國儘管合理之解釋可使人確信「合同法」第 286 條係對法定抵押權之規定，但以物權基本原理分析，該「合同法」第 286 條之缺陷亦十分明顯，有修正之必要。

　　此外，該僅規定「可催告發包人在合理期限內支付價款」，其成立生效是否

---

[53]　朱廣新，前揭書，頁 484、485。

[54]　臺灣 1929 年舊民法第 513 條立法理由。由於該規定並無登記之規定，故與約定抵押權人之權益相互混淆，被學者楊與齡譏為「惡法」，已如前述。

須經登記，法無明文規定。因此，認為應建立法定抵押權之預告登記制度❺，以資配合。此種觀點剛好與我國新民法第 513 條第 1 項後段之規定：「請求定作人為抵押權之登記」或「對於將來完成之定作人之不動產，請求預為抵押權之登記」，相互呼應。

有趣的是，我國新民法第 513 條於 1997 年送立法院審議時，特別在第 5 點立法說明中指出：「本條單獨申請登記或預為抵押權登記之程序，宜由登記機關在登記規則內妥為規定。」❻而後土地登記規則第 117 條亦配合修正❼。

又新民法第 513 條實施後，關於承攬人抵押權是否仍可稱為「法定抵押權」或僅屬「強制性意定抵押權」；新法第 513 條規定之抵押權既須經登記，則該登記究竟是「登記生效要件」或「登記對抗要件」，直至目前為止，在學說上仍存在有不同之見解，而引起相當廣泛之討論。此問題在中國修正「合同法」第 286 條時，或許仍會發生爭議，故值得重視。

柒、結　語

關於承攬人抵押權之性質，究竟是屬於法定抵押權，或為意定抵押權，由於立法者當初並未有一致之見解，以至於造成眾說紛紜之情形。縱然如此，不可忽略者為，無論採取何種性質之觀點，關於承攬人抵押權之立法規範所欲保護之目的，是否仍得以達成。承攬人抵押權所涉及之問題，乃各個債權人間之利益衝突，對於先設立之融資性抵押權人、承攬人、後來之授信權人以及其他普通債權人間，何人得就承攬之工作物為受償，此乃債權人為權利奮鬥之典型之例。

新民法之規定，乃係針對舊法之規定所為之修正，然其修正之內容，縱然

---

❺　朱廣新，〈承包人法定抵押權之行使與完善〉，《制訂科學的民法典──中德民法典立法研討會論文集》，法律出版社，2002 年，頁 489。

❻　參閱立法院議案關係文書，1997 年 9 月 20 日印發。

❼　土地登記規則於 2001 年 9 月 14 日配合修正。另參閱內政部內授中辦地字第 0920008589 號函，2003 年 6 月 6 日。

存有若干疑義，如在不變更原承攬人抵押權性質之前提下，就新法為合理之解釋，即得補充其規定之不足，並能達成就各個債權人間之利益而為公平之分配與衡量者，實不必推翻已存在之制度。因而新法之規定，如解為仍延續舊法之規定，僅就原舊法之規定不當之處加以修正，承攬人之利益並未因此而有所減損，即得符合修法之目的者，實不必採取更改承攬人抵押權之性質，卻並未對承攬人之利益有所助益之方式。

　　據上而論，關於承攬人抵押權之法律性質，縱然仍存有爭論，但在主張其為法定抵押權或意定抵押權之性質，並未與立法之目的相違背，而為仍可延續使用之見解。

　　然而，新民法第 513 條第 1 項後段所謂「預為抵押權登記制度」，主張登記是「生效要件」或登記僅為「對抗要件」者，在某些情況，結果並不相同，故有進一步明確規定之必要，在未規定前，則有賴學者解釋或判決補充之，以解決爭議。

第 *29* 章
流抵契約禁止原則之轉變

壹、概　說

　　所謂流抵契約，係指抵押設定契約中約定於債務已屆清償期而未為清償時，抵押物之所有權移屬於抵押權人之契約。按舊民法第 873 條第 2 項，即為流抵契約禁止之規定。同樣舊民法第 893 條第 2 項亦規定：「約定於債權已屆清償期而未為清償時，質物之所有權移屬於質權人者，其約定為無效。」流抵契約亦有學者稱為流押契約、流質契約❶，但亦有認為，民法關於抵押權及質權二者均有同樣規定，流抵契約或流質契約，均未能包括。故在抵押權章，應稱之為抵押物代償約款，在質權章，則稱之為質物代償約款❷。本章為便於說明，一律通稱為流抵契約，必要時才分流抵契約與流質契約。

　　自羅馬法以來，多數立法例均規定流抵契約無效，其實務及理論上之通說均認為，債務人於借款時均處於急迫窘困之情形，債權人可能利用債務人此種不利處境，迫使債務人與其訂立流抵契約，以價值甚高之抵押物擔保小額債權，圖謀債務人不能清償時，取得抵押物之所有權，以牟取非分之利益。

　　事實上，何以禁止流抵契約之存在，是否僅局限於對債務人利益之保護，有無防止債權人對抵押物之濫用，有無防止債務人之投機行為，甚至於在現今自由競爭且開放之經濟社會，是否仍有必要禁止流抵契約，以及我國擔保物權修法時，何以對流抵契約禁止原則有些轉變等，均值得探討。

　　基此，本章首先擬探討流抵契約之意義與發展趨勢、比較法之觀察；其次擬探討讓與擔保與流抵契約之關係，包括讓與擔保之意義、讓與擔保之有效性分析、讓與擔保之承認對流抵契約之影響；再次擬探討承認流抵契約之必要性分析，包括彌補擔保方式之缺陷、保持立法價值統一性；接著擬探討流抵契約禁止之變革，包括舊民法第 873 條第 2 項之規定、修正過程之爭議、新民法第 873 條之 1 修正理由；最後，提出檢討與建議。

---

❶　謝在全，《民法物權論》，中冊，修訂四版，自版，2007 年 6 月，頁 603；姚瑞光，《民法物權論》，自版，1967 年 10 月，頁 256。

❷　梅仲協，《民法要義》，自版，1964 年 10 月，頁 595。

貳、流抵契約之意義與發展趨勢

一、流抵契約之意義

㈠理論上

流抵契約有狹義與廣義之分，狹義之流抵契約係指抵押人與債權人在設定行為或債務償還期前之契約中約定，作為對抵押權人之償還，取得抵押物之所有權，或者約定不依法律所規定之方法處分抵押物。其適用範圍，正如其字面文義所述，僅適用於抵押法律關係中。如在償還期前之契約中，債務人不能償還債務時，則以抵押物充當，亦即抵押物所有權歸屬債權人所有。

廣義之流抵契約與一般所稱之「流擔保契約」同義，係指在債務履行期屆滿前，抵押人與債權人前所達成之約定，如債務人在債務履行期屆滿後不能償還債務時，抵押權人可取得抵押物之所有權之約定。

㈡實務上

最高法院判例認為，兩造所訂擔保借款契約，倘係設定抵押權性質，則抵押權人為受清償，亦僅得於債權清償期屆滿後，與抵押人訂立取得抵押物所有權之契約。茲兩造在清償期未屆滿前，預為債務人如屆期未為清償時，抵押物之所有權移屬於抵押權人之約定，難謂非民法第 873 條第 2 項所規定之流質契約❸。

實務上又認為，某甲並未同意將系爭土地信託登記在某乙名下，故某丙縱有因向某乙借款，而將系爭土地登記在某乙名下而屆期未清償借款之情事，某乙亦非當然取得系爭土地所有權，此為流抵契約之禁止原理，且系爭土地未經所有人（即某甲）合法移轉於某乙名下，某乙所辯兩造間就系爭土地有買賣關係存在，為不可採❹。

又查某甲抗辯其取得系爭房地所有權，係本於 1999 年 4 月 29 日另訂之買賣契約，既為原審所不採，而某乙於同年 1 月 28 日向某甲抵押借款時所立之切

❸ 最高法院 59 年臺上字第 2353 號判例。

❹ 最高法院 91 年度臺上字第 1197 號判決。

結書，原審又認定係流質契約，故辦理系爭房地所有權移轉登記之買賣契約書等文件，縱非偽造，而係依流質契約之前開切結書移轉該房地所有權登記予某甲，依上說明，亦屬無效❺。

二、流抵契約之發展趨勢

㈠實現當事人意思自由

　　流抵契約經由當事人約定之方式實現擔保權利，維護主體之自由，體現當事人意思自由之精神。蓋民法以私法自治為最基本之原理，對於維護個人之自由與尊嚴，促進社會經濟發展、文化之進步，發揮實質重要之作用。流抵契約基於當事人之意思而簽訂，以其約定方式實現擔保利益，完全符合私法自治之精神。

㈡節省交易成本

　　流抵契約作為擔保權實現中之一種私之方式，依據當事人約定實行擔保權，不但程序簡便，而且節省強制執行之費用，更能避免以拍賣方式所帶來之風險。

㈢加強債權人之保護

　　依據流抵契約之約定方式，如債務人不履行債務時，債權人可取得擔保物之所有權。此種約定帶給債務人很強大之壓力，有效地保護債權人之債權。然而，此種對債權人有利之約定，又蘊含著流抵契約之重要弊端，亦即當擔保物之價值原高於其所擔保之債權時，如不進行合理限制，將影響債務人或其他債權人之權益。

三、比較法之觀察

㈠日　本

　　對於流抵契約問題，日本採取部分禁止主義。日本民法典在第 349 條規定：「質權設定人，不得以設定行為或債務清償期之契約與質權人約定：作為清償使取得質權之所有權，及其他不依法律所訂之方法使為質權之處分」❻，但在流抵契約作禁止性之規定同時，又在日本民法典第 579 條至第 585 條中規定買

---

❺　最高法院 92 年度臺上字第 2309 號判決。

❻　日本民法典第 349 條之規定；轉引自史尚寬，《物權法論》，自版，1979 年 5 月，頁 340。

回制度。不動產中之出賣人可在訂立買賣契約中之同時訂立買回特約，將買受人支付之價金及其契約費用返還，而解除其買賣。如出賣人未在約定或法定期限內支付價金及其契約費用，則不得行使買回。因此，買回制度在實質上具有權利移轉性之擔保功能，如出賣人無法回贖標的物，其結果視同流抵契約。此種法律承認買回制度之結果，客觀上使買回制度成為一種迴避流抵契約禁止規定之合法制度。

(二)德　國

德國民法對抵押與質權關係中之流抵契約，採取嚴格禁止主義之立場，依德國民法第 1149 條規定：「如抵押權所擔保之債權尚未到期，所有人不得授與債權人為清償目的而要求轉讓土地所有權之權利，或者以強制執行方式以外之其他方法出讓土地之權利」，此種特約德國學者稱之為 Verfallklausel，亦即失效條款，故不管具體情況為何，流抵契約均為無效❼。但在學說上，流質契約禁止原則亦頻遭非議，有部分學者不僅敢於批評流抵契約禁止原則，主張流抵契約之有效性，而且還利用流抵契約理論去解決學理上有關之棘手問題。

(三)法　國

法國民法僅對抵押與質權關係中之流質契約作禁止性規定，對抵押關係中之流抵契約，法律並無明確之表態，但判例及學說均傾向於對抵押關係中之流抵契約為有效。

(四)英國、美國

英美等英語系國家，均採流抵契約自由原則。

(五)中國大陸

中共物權法第 186 條規定，抵押權人在債務履行期屆滿前，不得與抵押人約定債務人不履行到期債務時，抵押財產歸債權人所有❽。該法第 211 條規定，質權人在債務履行期屆滿前，不得與出質人約定債務人不履行到期債務時質押財產歸債權人所有。足見擔保物權人不得與債務人事先約定「流抵契約」與「流質契約」，如有約定，該約定本身不發生法律效力，但並不影響抵押契約與質權契約其他條款之效力❾。

---

❼　Fritz Baur, *Lehrbuch des Sachenrechts*, 14. Auflage, Verlag C. H. Beck, 1987, S. 381.

❽　中華人民共和國物權法(2007 年 3 月 16 日第十屆全國人民代表大會第五次會議通過)。

參、讓與擔保與流抵契約之關係

一、讓與擔保之意義

　　廣義之讓與擔保係指當事人經由轉讓供作擔保之財產，以達成信用授受之目的之擔保制度。此種擔保包括讓與式擔保，以及買賣式擔保。狹義之讓與擔保則僅指讓與式擔保，是指債務人或第三人為擔保債務人之債務，將擔保標的物之所有權移轉於擔保債權人，於債務清償後，標的物應返還債務人或第三人，債務不履行時，擔保債權人可就該標的物受清償之一種擔保方式**❿**。

　　從經濟學角度分析，讓與擔保作為一種新擔保方法，其雖非典型擔保制度，但該制度仍有其存在之經濟機能，最重要者為擴大擔保融資**⓫**，而其最顯著之特徵，應當是擔保物所有權與使用權適當分離；一方面，債務人將擔保標的物所有權移轉於債權人，而債務人繼續使用收益標的物；另一方面，擔保物所有權與使用權適當分離，並未降低債權救濟效率。

　　讓與擔保起源於古羅馬法上之信託制度，其以移轉標的物之所有權，實現擔保為目的，屬於物的擔保之最早型態。德國、日本與我國之判例學說，均承認讓與擔保制度之存在。

二、讓與擔保之有效性分析

　　讓與擔保為非典型擔保物權，其是否有效，在我國及外國之學說及實務，均曾受到質疑，其主要質疑焦點如下：

1.通謀虛偽意思表示論及其克服

---

❾　陳櫻琴、席至國、方立維，《中國大陸新物權法簡析》，五南圖書，2008 年 3 月，頁 314。

❿　動產讓與擔保之理論在德國學說判例之發展，已一百多年；參閱吳光明，《動產讓與擔保制度之研究——美德兩國與我國現行制度之探討》，臺灣大學法律研究所博士論文，1992 年 9 月。

⓫　吳光明，前揭博士論文，第三章第二節「讓與擔保之經濟分析」，頁 40。

有認為讓與擔保債務人形式上將標的物所有權移轉於債權人，而實質上並無移轉標的物所有權之意思表示，故屬雙方通謀虛偽意思表示❷，依民法第 87 條第 1 項前段規定：「表意人與相對人通謀而為虛偽意思表示者，其意思表示無效。」

隨著學說對讓與擔保法律構成理論之確立，學說上認為❸，債權人與債務人有關擔保之約定，乃出於效果意思而為表示，其內容應就契約之全部內容決定之，其行為有效。實務上亦一致認為，讓與擔保當事人以真意進行信託讓與行為，應屬有效之法律行為❹。

2.法律規避行為論及其克服

⑴占有改定違反論之否定

有認為依新民法第 885 條規定：「質權之設定，因供擔保之動產移轉於債權人占有而生效力。（第 1 項）質權人不得使出質人或債務人代自己占有質物。（第 2 項）」因此，法律嚴格要求以交付占有作為質權生效之要件，而禁止以占有改定方式設定動產質權。

然而，動產質權與讓與擔保之擔保作用不同，動產質權之擔保作用在留置效力，故禁止以占有改定方法為之；惟讓與擔保之擔保作用在取得標的物之受償權，非在留置作用，自無禁止占有改定之必要❺；再者，所有權在法律上容許因「觀念交付」所產生之間接占有，如在讓與擔保中禁止，則在價值衡量上，將失去均衡。因此，難謂讓與擔保違反「不占有質」之禁止規定。

⑵流質禁止規避論之否定

有認為依舊民法第 893 條第 2 項規定：「約定於債權已屆清償期而未為清償時，質物之所有權移屬於質權人者，其約定為無效。」此即流質契約之禁止規定，目的在保護債務人。

然而，在讓與擔保，標的物之所有權雖已移轉於債權人，但該債權人並未確定地取得標的物之所有權，如債務人於清償期屆滿仍未清償債務時，債權人

---

❷ 吳光明，《民法總則》，三民書局，2008 年 5 月，頁 197–207。

❸ 楊盤江，〈簡述最高法院有關「信託的讓與擔保」之見解㈠〉，《萬國法律》，頁 16；
陳榮隆，〈讓與擔保之借殼信託契約〉，《月旦法學》，27 期，1997 年 7 月，頁 48。

❹ 陳聰富，〈虛偽意思表示隱藏讓與擔保〉，《月旦法學》，77 期，2001 年 10 月，頁 10。

❺ 陳榮隆，前揭文，頁 49。

仍須履行變賣標的物受償或協議以標的物取償之程序。因此，與質權之流質契約之禁止規定不同，何況，新法已不禁止流質契約。

三、讓與擔保之承認對流抵契約之影響

(一)讓與擔保之承認

讓與擔保事先移轉標的物之所有權之方式擔保債權，已如前述。讓與擔保之承認與流抵契約並不相同。蓋流抵契約之禁止屬於方法行為之禁止，法律僅禁止以特定手段發生一定之效果，如係依其他手段發生一定之效果，則不在禁止之列。流抵契約之禁止僅在禁止以設定抵押權、質權之手段達到取得擔保物之所有權之效果，並非一概不許依其他擔保方法發生相同之效果，而讓與擔保即屬此例，自屬有效❶。

(二)對流抵契約之影響

由於讓與擔保尚有若干難以克服之缺陷，故應先承認流抵契約之合法性，以解決是否承認讓與擔保之折衷方案。其理由如下：

1.流抵契約之禁止與讓與擔保均屬於擔保債權實現之一種「私之方式」，具有靈活、便捷與高效率之優點。承認流抵契約同樣亦能發揮讓與擔保上述之優點。

2.流抵契約並不事先移轉擔保物之所有權，僅在債務人屆期不清償債務時，該擔保物之所有權才移轉給債權人。如此在擔保人與設定人間形成一種非常均衡且相互制約之互動關係，更能有效地避免擔保人任意處分擔保物。

3.流抵契約係介於典型擔保與讓與擔保間之有效方式，既能有效地發揮讓與擔保之優點，又易於克服讓與擔保之缺點。如謂典型擔保側重於追求法之公平價值，讓與擔保側重於追求法之效率價值，流抵契約則兼顧公平與效率兩種價值取向。

---

❶　謝在全，《民法物權論》，下冊，自版，2007年6月，頁409。其餘有關讓與擔保問題，請參閱本書第30章〈動產讓與擔保〉。

肆、承認流抵契約之必要性分析

一、彌補擔保方式之缺陷

有關流抵契約之禁止，依 2007 年修正前民法第 873 條第 2 項規定：「約定於債權已屆清償期，而未為清償時，抵押物之所有權，移屬於抵押權人者，其約定為無效。」故如欲取得抵押物之所有權，除依強制執行拍賣外，以拍賣以外之方法處分抵押物必須依民法第 878 條規定：「抵押權人於債權清償期屆滿後，為受清償，得訂立契約，取得抵押物之所有權或用拍賣以外之方法，處分抵押物，但有害於其他抵押權人之利益者，不在此限。」然而，事實上，事後另得訂立契約，取得抵押物之所有權，仍有其困難與不足之處。如承認流抵契約並加以若干限制，可彌補擔保方式之缺陷。

理論上言之，如以拍賣方式處分擔保標的物，可能因為公開競標充分實現其價值，對擔保權人與所有人較為公平。但事實上，以拍賣方式之賣價通常低於市價，其結果在當初訂立借款契約時，擔保標的物往往被債權人低估❼，故以拍賣方式處分擔保標的物對當事人言之，並非是最好之方式。

二、保持立法價值統一性

我國物權法關於典權回贖制度之承認以及關於抵押權實行方式之規定，與對待流抵契約之態度，在立法價值上存在著明顯之差異，為保持立法價值統一性，避免法律規範間之價值發生衝突，法律有必要承認流抵契約。茲分述如下：

1.從典權制度看流抵契約之必要性

在典權制度中，有所謂回贖權問題，亦即是指出典人向典權人提出原典價回贖典物，以消滅典權之一種權利。從性質上言之，回贖權係一種形成權。因此，只要出典人為回贖行為，典權即歸消滅。又回贖典物，係出典人之權利，而非其義務，故典權人無權要求出典人回贖典物。

---

❼ 史尚寬，前揭書，頁 275。

如為定期典權之回贖，依民法第 923 條規定：「典權定有期限者，於期限屆滿後，出典人得以原典價回贖典物。出典人於典期屆滿後，經過二年，不以原典價回贖者，典權人即取得典物所有權。」

如為未定期典權之回贖，依民法第 924 條規定：「典權未定期限者，出典人得隨時以原典價回贖典物。但自出典後經過三十年不回贖者，典權人即取得典物所有權。」

至於回贖典物之方法，出典人只要提出原典價，向典權人表示回贖典物之意思表示，即可發生消滅典權之效力。

此種「典權人即取得典物所有權」與債務已屆清償期而未為清償時，抵押物之所有權移屬於抵押權人之「流抵契約」，在本質上並無任何差異。法律如試圖經由流抵契約之禁止，以保護抵押權人，則何不禁止典權中之絕賣條款，以達到保護出典人之利益。更何況典物之價值設立時，其行情通常為出典人所得到之典價之兩倍。如承認典權人屆期取得典物通常會損害出典人之利益；而抵押物之價值有時低於債權額，如承認債權人屆清償期而取得抵押物之所有權，其實並不一定會損害抵押人之利益。

綜上所述，顯然法律對待典權與流抵契約問題，採取雙重標準。學者認為，限制抵押權不得附流抵約款，以與典權比較，同樣是以不動產供擔保，後者是屆期不贖，活賣變成絕賣，抵押又為何不能任當事人自由約定，而卻假設當事人處於弱勢地位並加以保護，其評價顯然前後矛盾❶。本文亦認為民法係以追求平等為基本理念，此種典權與流抵契約之不公平待遇，並非妥適。

2.從抵押權之實行方式看流抵契約之必要性

抵押權之實行方式原則上以拍賣方式為之，拍賣以外之方法處分抵押物則可以訂立契約方式，取得抵押物之所有權。蓋依民法第 878 條規定：「抵押權人於債權清償期屆滿後，為受清償，得訂立契約，取得抵押物之所有權或用拍賣以外之方法，處分抵押物，但有害於其他抵押權人之利益者，不在此限。」可見取得抵押物之所有權，必須符合下列條件：

⑴必須是雙方自願訂立契約

❶　蘇永欽，〈私法自治中的國家強制──從功能法的角度看民事規範的類型與立法釋法方向〉，《民法七十年之回顧與展望紀念論文集(一)》，三民書局，2000 年 10 月，頁 16。

雙方自願訂立契約，任何一方不得強迫他方訂立契約。

⑵必須是雙方於債權清償期屆滿後訂立契約

僅在債權清償期屆滿後訂立契約，才能生效，如預先約定於債權已屆清償期，而未為清償時，抵押物之所有權，移屬於抵押權人者，依修正前舊民法第873 條第 2 項規定，其約定為無效，此即所謂流抵契約之禁止。其立法意旨在於保護債務人，使其不致因一時之急迫，而蒙受重大之損害或不利。

⑶必須不損害其他第三人之利益

在數抵押權人之情況下，如次序相同，則所有抵押權人按債權比例受清償；如次序不同，則第一次序之抵押權人優先受清償。如此時，訂立契約取得抵押物之所有權，將損害其他第三人之權利，該契約不生效力，其他債權人可向法院聲請拍賣抵押物。

此外，抵押權人於債權清償期屆滿後，為受清償，除訂立契約，取得抵押物之所有權外，依民法第 878 條規定，亦得訂立契約，以其他拍賣以外之方法，處分抵押物。所謂「其他方法」，例如採買賣方法，或將抵押物出典於他人等，只要其符合清償期屆滿後訂立契約，且不損害其他第三人之利益即可。

然而，民法一方面要禁止流抵契約，一方面又允許抵押權人自行出賣抵押物，顯然矛盾。蓋當事人間所達成之任由債權人處分擔保物之約款與擔保物歸屬債權人之約款，雖形式上不一樣，但實質上卻完全相同。債權人任意處分擔保物與債權人取得擔保物，在效果上對債務人而言，基本上是一致。

伍、流抵契約禁止之變革

一、舊民法第 873 條第 2 項之規定

「流抵契約禁止」之規定，係傳統大陸法系國家在民法上之通常態度，我國亦然，故於 2007 年修正前舊民法第 873 條第 2 項之規定：「約定於債權已屆清償期，而未為清償時，抵押物之所有權，移屬於抵押權人者，其約定為無效。」但近年來外國判例學說對流抵契約禁止原則又出現嶄新觀念，已如前述。我國

2007 年物權編有關擔保物權修正，亦對此原則作重大之改變。

二、修正過程之爭議

㈠行政院版

　　行政院版民法第 873 條之 1 原規定：「約定於債權已屆清償期而未為清償時，抵押物之所有權移屬於抵押權人者，其約定無效。但約定抵押權人負有清算義務者，不在此限。抵押權人依前項但書規定，請求抵押人為抵押物所有權之移轉時，抵押物價值超過擔保債權部分，應返還抵押人；不足清償擔保債權者，仍得請求債務人清償。抵押人在抵押物所有權移轉於抵押權人前，得清償抵押權擔保之債權，以消滅該抵押權。第一項但書之約定，非經登記，不得對抗第三人。」該版並附有修正說明[19]。

　　有修法委員則主張不增訂第 873 條之 1，其理由有二[20]：

　　1.債務人責任和擔保制度是息息相關，債務人清償義務，在有擔保制度下，經由妥當之設計，可達到雙方權利義務之平衡，因而流押契約並非當然對債務人不利。流質契約是否對債務人不利，必須與債務人的責任合併觀察，當債務人負無限責任，移屬於債權人所有之抵押物之價值如高於債權總額時，而債權人又無償還超過擔保債權部分金額的義務時，對債務人確有不利，但亦並非即有必要規定流抵契約為無效；當債務人負物之有限責任，則是賦予債務人清償或流抵選擇，債務人如選擇流抵，則通常是符合債務人之利益。流抵契約禁止之立法意旨以偏概全，並不合理，因而實務見解在禁止流抵契約同時又承認讓與擔保，無法貫徹立法意旨，而且實務見解亦互相矛盾，驗證了禁止流抵契約之不合理，故應採流抵契約自由原則[21]。

　　至於流抵契約如有顯失公平或情事變更情形，則得由當事人一方聲請法院宣告其無效或加以變更。

　　2.英美等英語系各國、法國、義大利、蒙古、越南、阿爾及利亞、衣索比

---

[19]　吳光明，《物權法新論》，新學林出版，2006 年 8 月，頁 402、403。

[20]　謝哲勝，《民法物權》，三民書局，2007 年 9 月，頁 320。

[21]　謝哲勝，〈流質（押）契約自由與限制〉，《財產法專題研究㈤》，翰蘆書局，2006 年 5 月，頁 195–196。

亞等絕大多數國家都採流抵契約自由原則。因此，流抵契約禁止明顯違反國際潮流❷。

(二)新民法第 873 條之 1 規定

按新民法第 873 條之 1 規定：「約定於債權已屆清償期而未為清償時，抵押物之所有權移屬於抵押權人者，非經登記，不得對抗第三人。抵押權人請求抵押人為抵押物所有權之移轉時，抵押物價值超過擔保債權部分，應返還抵押人；不足清償擔保債權者，仍得請求債務人清償。抵押人在抵押物所有權移轉於抵押權人前，得清償抵押權擔保之債權，以消滅該抵押權。」該條係針對舊民法第 873 條第 2 項所為之修正。

同樣地，新民法第 893 條第 2 項規定亦修正為：「約定於債權已屆清償期而未為清償時，質物之所有權移屬於質權人者，準用第八百七十三條之一之規定。」修正理由為，關於抵押權之流抵約款規定，於第 873 條之 1 修正條文已設有規定，爰修正第 2 項準用規定，以求立法體例之一致❸。

三、新民法第 873 條之 1 之解釋適用

(一)新民法第 873 條之 1 修正理由

新民法第 873 條之 1 修正理由認為❷，本條為配合條文內容有關流抵契約之規定，舊民法第 873 條第 2 項規定，改列為本條第 1 項本文，並予修正，另增列第 2 項及第 3 項規定。

按於抵押權設定時或擔保債權屆清償期前，約定債權已屆清償期，而債務人不為清償時，抵押物之所有權移屬於抵押權人者，須經登記，始能成為抵押權之物權內容，發生物權效力，而足以對抗第三人，爰增訂第 1 項規定。

又因抵押權旨在擔保債權之優先受償，非使抵押權人因此獲得債權清償以外之利益，故為第 1 項之流抵約款約定時，抵押權人自負有清算義務，抵押物

---

❷ 謝哲勝，《民法物權》，前揭書，頁 321。

❸ 《民法物權編部分修正條文對照表（擔保物權部分）》，第 893 條第 2 項修正說明，2007 年 3 月 28 日。

❷ 法務部，《民法物權編部分修正條文對照表（擔保物權部分）》，第 873 條之 1 修正說明，2007 年 3 月 28 日，頁 38。

之價值如有超過債權額者，自應返還抵押人，爰增訂第 2 項規定。本項並明定抵押物價值估算之基準時點，為抵押權人請求抵押人為抵押物所有權之移轉時，以杜抵押物價值變動之爭議。又計算抵押物之價值時，應扣除增值稅負擔、前次序抵押權之擔保債權額及其他應負擔之相關費用等，自屬當然。

　　此外，於擔保債權清償期屆至後，抵押物所有權移轉於抵押權人前，抵押權及其擔保債權尚未消滅，債務人或抵押人自仍得清償債務，以消滅抵押權，並解免其移轉抵押物所有權之義務，爰增訂第 3 項規定，俾利適用。

㈡**評　析**

　　對於修法後新民法第 873 條之 1 之解釋適用問題，有學者認為，增訂第 1 項後段「非經登記，不得對抗第三人」之規定，顯然是誤解登記對抗之精神[25]。另有認為，擔保物權需要迅速可行之實行制度，清算義務是否會延滯其實行、增加成本，仍值深思[26]。

　　除此之外，本文認為，舊民法第 873 條之 1 之規定採「流抵契約禁止原則」，但法律又例外允許典權、讓與擔保等類似之規定，特別法例如當鋪業法[27]則允許「流當物」之名稱。凡此種種例外，均成為法學發展之動力。新法為避免立法價值上之衝突，已改採「流抵契約自由原則」，值得肯定。

四、動產擔保交易法第 23 條未配合修正

　　在動產擔保交易法有關流抵契約之禁止規定於第 23 條，該條規定：「契約約定於債權已屆清償期而未為清償時，抵押物之所有權移屬於抵押權人者，其約定為無效。」按動產擔保交易法規定於 1963 年 9 月 5 日[28]，2007 年 7 月 11 日

---

[25]　謝哲勝，《民法物權》，前揭書，頁 322。

[26]　黃健彰，〈流抵擔保契約應否禁止──兼評民法物權編第二次修正草案相關規定〉，《台灣本土法學》，83 期，2006 年 6 月，頁 38、39。

[27]　按當鋪業法訂於 2001 年 6 月 6 日，歷經多次修正，最近一次修正於 2008 年 11 月 26 日。

[28]　動產擔保交易法規定於 1963 年 9 月 5 日，1976 年 1 月 28 日總統修正公布第 16、38 至 40 條，並增訂第 4-1 條條文；2007 年 7 月 11 日總統華總一義字第 09600088561 號令修正公布第 5、6、8～11、16、21、27、28、33、34、43 條條文；增訂第 7-1 條條文；刪除第 25、38～41 條條文及第五章章名。

曾經大修，可惜此部分流抵契約之禁止規定未配合修正，似屬遺漏。

陸、結　語

　　一般而言，流抵契約禁止原則之規定，主要是保護抵押人正當利益，防止抵押權人任憑有利之條件與地位，以抵押行為取得不應有之利益。然而，債務人在訂立擔保契約後，即不再處於弱勢地位，法律之保護即應停止。

　　至於流抵契約禁止原則，亦存著保護其他債權人之含義，使其他債權人就抵押物剩餘價值獲得受償。實務上認為，系爭不動產買賣契約書，既係約定除將借款充作房地買賣價金之一部分外，買受人尚須給付其餘價金，始能取得系爭房地所有權，即與民法第 873 條第 2 項所規定之流質契約有別❷。因此，其他債權人在流抵契約本來即不受影響。

　　又以質物之拍賣為例，依司法院解釋「質權人因有民法第 892 條、第 893 條所定之情形，得逕行拍賣質物，在拍賣法未公布施行前，自可依照債編施行法第 14 條規定辦理。」❸學者認為，此拍賣之性質為私之買賣，與抵押物之拍賣不同。質權人拍賣或變賣質物，非為出質人或質物所有人之代理人，而係以自己之名義，為質物之出賣及移轉，故其出賣上之權利義務，均屬於質權人❹。

　　因此，法律一方面禁止流質契約，一方面又允許質權人自行出賣質物，其間顯然發生矛盾。當事人間所達成之任由債權人處分擔保物之約款與擔保物歸屬債權人之約款，雖然形式上不同，但實質上並無相異之處。債權人任意處分擔保物與債權人取得擔保物，在基本上效果係一致。

　　法律在將流抵契約禁止作為普遍原則之同時，又作出上述例外規定，而正是這些「例外」構成法學發展之活力，在面對理論與「例外」之痛苦抉擇中，正是新理論誕生之際。我國 2007 年新修正民法已承認流抵契約，故於第 873 條

---

❷　最高法院 92 年度臺上字第 2127 號判決。

❸　司法院院字第 980 號解釋，《司法院解釋彙編》，第 2 冊，頁 852。按民法債編施行法第 14 條已於 2000 年 5 月 5 日修法時移至第 28 條。

❹　史尚寬，前揭書，頁 275。

之 1 有新規定，並於第 893 條第 2 項後段修正為「準用第 873 條之 1 之規定」，避免法律價值上之衝突。

　　最後，民法第 873 條之 1 第 1 項後段增訂「非經登記，不得對抗第三人」之規定，其修法理由既為「須經登記，始能成為抵押權之物權內容，發生物權效力」，則此種對世效力與對抗第三人似無關聯，蓋第三人債權之效力本來就在原抵押權人之後，故民法第 873 條之 1 第 1 項增訂後段之規定，恐係畫蛇添足，似有必要重新斟酌。

第30章
動產讓與擔保

壹、概　說

　　我國有關動產「不轉移財產之占有」之擔保，並非規定於民法物權，而係規定於動產擔保交易法，該法於 1963 年 9 月 5 日制定公布，1970 年、1976 年曾作修正。該法規定於我國經濟起飛之年代，突破傳統民法體系，繼受美國法，在比較法上尚屬罕見，具體臺灣之特色，有助於瞭解如何創設一種新擔保制度，以促進社會經濟發展。有關「書面成立登記對抗制度」、「各種擔保之併存位序關係」、「罰則」等相關問題，規定甚詳。2007 年 7 月該法再度修正，涵蓋範圍極廣❶，證明「不轉移財產之占有」動產之擔保，甚為重要。

　　學者亦認為，為適應經濟發展之需要，我國經歷艱難地在尋找一個有效率不占有標的物之動產擔保制度，這是一個超越法系新創之制度，實施以來產生許多疑問，實務上經常反覆變更見解，但累積經驗，漸趨成熟，已發揮其預期之立法功能。為適用此部法律，要有健全之行政機關辦理登記；要有合理之強制執行程序；要有市場經濟誠實信用之基本倫理以維護當事人之信賴；還要有學說與實務共同努力，澄清解釋適用之疑義，促進法律之進步❷。

　　以我國而言，讓與擔保幾乎著重在不動產讓與擔保，而歷年文獻及判例亦局限於此❸。同時，由於我國已有動產擔保交易法，故在適用讓與擔保時，是否會與其他國家不同，值得探討。本章僅以動產讓與擔保為研究範圍❹，係為

---

❶ 2007 年 7 月再度修正之動產擔保交易法，其修正內容包括第 5、6、8～11、16、21、27、28、33、34、43 條條文；並增訂第 7 條之 1 條文；刪除第 25、38～41 條條文及第五章章名等。

❷ 王澤鑑，〈動產擔保制度與經濟發展——臺灣動產擔保交易法制訂實施 30 年的經驗〉，《民商法論叢》，2 卷，法律出版社，北京，1995 年 4 月，頁 115、116。

❸ 許惠祐，〈不動產讓與擔保與買賣契約〉，《臺大法學論叢》，1986 年 11 月，頁 1。

❹ 有學者持反對見解，認為應針對可能成為讓與擔保之標的物之特性，探討其共通之原則及特殊之規範內容，以充實物權之實質內容。參閱蔡明誠，〈讓與擔保——最高法院 1999 年臺上字第 1334 號判決評釋〉，《台灣本土法學》，8 期，2000 年 3 月，頁

凸顯我國法制之不同。至於其他問題，限於篇幅，茲不贅述。

　　眾所周知，動產讓與擔保制度，乃具有擔保法之高度法技術性與濃厚之實務先行色彩。在此情況下，消除債權風險以確保債權回收，成為各國企業謀求生存與發展之一個極為迫切之課題。

　　基此，本章首先擬探討讓與擔保之概念、有效性分析與法律構造。其次擬探討讓與擔保之公示性，包括以登記制度為中心之多元化公示模式、讓與擔保權之重複設定與善意取得。再次擬探討讓與擔保之效力，包括內部效力、外部效力。此外，擬探討我國現行「不」占有動產擔保，包括動產擔保交易法規定、信託占有與讓與擔保之相同點、信託占有與讓與擔保之相異點。最後，提出檢討與建議。

貳、讓與擔保之概念、有效性分析與法律構造

一、讓與擔保之概念

(一)讓與擔保之起源

　　讓與擔保是大陸法系德日等國沿襲古羅馬法上之信託行為 (Fiducia) 理論並吸收日耳曼法之信託 (Treuhand) 成分，經由判例學說之百年歷練，而逐漸發展出來之非典型擔保制度。

　　我國理論學說與判例實務對於讓與擔保之立場係沿襲德國通說之見解而採納所有權構成理論，亦即其以移轉標的物之所有權，實現擔保為目的，屬於物的擔保之最早型態。由於我國之判例學說，承認讓與擔保制度之存在。本章即以此種讓與式擔保為研究對象。

(二)讓與擔保之意義

　　廣義之讓與擔保係指當事人經由轉讓供作擔保之財產，以達成信用授受之

57。但亦有認為，1985 年之判決承認讓與擔保適法性，但僅適用於不動產，係因我國於 1965 年施行動產擔保交易法。參閱林廷瑞，〈民國三十年來之變遷——論擔保制度之變革〉，《法學叢刊》，30 卷 1 期，頁 24。

目的之擔保制度。此種擔保包括讓與式擔保，以及買賣式擔保。狹義之讓與擔保則僅指讓與式擔保，是指債務人或第三人為擔保債務人之債務，將擔保標的物之所有權移轉於擔保債權人，於債務清償後，標的物應返還債務人或第三人，債務不履行時，擔保債權人可就該標的物受清償之一種擔保方式❺。

　　從經濟學角度分析，讓與擔保作為一種新擔保方法，其雖非典型擔保制度，但該制度仍有其存在之經濟機能，最重要者為擴大擔保融資❻，而其最顯著之特徵，應當是擔保物所有權與使用權適當分離；一方面，債務人將擔保標的物所有權移轉於債權人，而債務人繼續使用收益標的物；另一方面，擔保物所有權與使用權適當分離，並未降低債權救濟效率。

㈢讓與擔保與信託之比較

　　讓與擔保之設定與信託皆須將財產進行所有權之移轉，然而，該二者仍有以下之差異：

　　1.信託乃依信託之本質而設定，而讓與擔保僅限於擔保債權而設定。

　　2.信託乃為受託人之利益而為管理或處分信託財產，其受託人負有濃厚之積極管理任務，相對而言，讓與擔保僅限於本人之利益而行使權利，其管理之色彩並不明顯。換言之，信託乃管理信託，而讓與擔保為擔保信託。因此，有學者認為將讓與擔保披上信託之外殼，內含擔保之血肉，而側身於非典型擔保之列，有利亦有弊❼，本文亦認同。

二、讓與擔保之有效性分析

㈠讓與擔保之社會機能

　　由於傳統動產擔保物權制度，因債權人直接占有擔保標的物，而獲得法律上之保障，然因經濟快速發展，新型「不」占有動產擔保標的物方式，乃因應而生。此時又有些國家有所謂風險理論與擔保法律制度之創設，其中之信用風

---

❺　動產讓與擔保之理論在德國學說判例之發展已一百多年；參閱吳光明，《動產讓與擔保制度之研究──美德兩國與我國現行制度之探討》，臺大法學博士論文，1992 年 9 月。

❻　吳光明，前揭博士論文，第三章第二節「讓與擔保之經濟分析」，頁 40；周林彬，《物權法新論──一種法律經濟分析的觀點》，二版，北京大學出版社，2002 年 3 月，頁 726。

❼　陳榮隆，〈讓與擔保之借殼信託契約〉，《月旦法學》，27 期，1997 年 7 月，頁 50。

險，即債權風險，亦即債務人不履行債務之違約風險；讓與擔保即為最明顯之例子。在此情況下，如欲探討讓與擔保時，當然必須將「動產讓與擔保」與「不動產讓與擔保」分開討論，尤其是我國已有動產擔保交易法時，其中亦有不占有動產擔保，此時如何看待並適用「動產讓與擔保」問題。

一般而言，讓與擔保係民法所未規定之擔保方式，其移轉標的物財產之法律外觀，易發生債權人之暴利行為，故在發展讓與擔保過程中，被冠以「通謀虛偽意思表示」、「違反物權法定主義」、「規避流質契約禁止之規定」，甚至被學者稱為「私法交易上之私生子」❽。

然而，我國實務上讓與擔保有其階段性之發展❾，即抵押權說、買賣說、變相擔保說、信託的讓與擔保說，此種階段性發展史迄今，已被利用為最方便之擔保方式。

實務上，判例所承認之讓與擔保標的物，除機械器具、買賣之商品、集合物等外，尚包括土地建築物等不動產以及其他各項權利、支票、股票等證券，均可為讓與標的。

㈡讓與擔保受質疑焦點及其克服

讓與擔保為非典型擔保物權，其是否有效，在我國及外國之學說及實務，均曾受到質疑，其主要質疑焦點如下：

1.通謀虛偽意思表示論及其克服

有認為讓與擔保債務人形式上將標的物所有權移轉於債權人，而實質上並無移轉標的物所有權之意思表示，故屬雙方通謀虛偽意思表示，依民法第 87 條第 1 項前段規定：「表意人與相對人通謀而為虛偽意思表示者，其意思表示無效。」

隨著學說對讓與擔保法律構成理論之確立，學說上認為❿，債權人與債務人有關擔保之約定，乃出於效果意思而為表示，其內容應就契約之全部內容決定之，其行為有效。實務上亦一致認為，讓與擔保當事人以真意進行信託讓與

❽ 1976 年德國法學會議中，德國學者 Joachim Kilger 之發言；轉引自吳光明，前揭博士論文，1992 年 9 月，頁 204。

❾ 參閱呂榮海、楊盤江，《契約類型‧信託行為》，二版，蔚理法律，1989 年，頁 168。

❿ 楊盤江，〈簡述最高法院有關「信託的讓與擔保」之見解㈠〉，《萬國法律》，頁 16；陳榮隆，前揭文，頁 48。

行為，應屬有效之法律行為[11]。

2.法律規避行為論及其克服

(1)占有改定違反論之否定

有認為依舊民法第 885 條規定：「質權之設定，因移轉占有而生效力。（第 1 項）質權人不得使出質人代自己占有質物。（第 2 項）」因此，法律嚴格要求以交付占有作為質權生效之要件，而禁止以占有改定方式設定動產質權。新民法第 885 條規定：「質權之設定，因供擔保之動產移轉於債權人占有而生效力。（第 1 項）質權人不得使出質人或債務人代自己占有質物。（第 2 項）」

然而，動產質權與讓與擔保之擔保作用不同，動產質權之擔保作用在留置效力，故禁止以占有改定方法為之；惟讓與擔保之擔保作用在取得標的物之受償權，非在留置作用，自無禁止占有改定之必要[12]；再者，所有權在法律上容許因「觀念交付」所產生之間接占有，如在讓與擔保中禁止，則在價值衡量上，將失去均衡。因此，難謂讓與擔保違反「不占有質」之禁止規定。

(2)流質禁止規避論之否定

有認為依舊民法第 893 條第 2 項規定：「約定於債權已屆清償期而未為清償時，質物之所有權移屬於質權人者，其約定為無效。」此即流質契約之禁止規定，目的在保護債務人。

然而，在讓與擔保，標的物之所有權雖已移轉於債權人，但該債權人並未確定地取得標的物之所有權，如債務人於清償期屆滿仍未清償債務時，債權人仍須履行變賣標的物受償或協議以標的物取償之程序。因此，與質權之流質契約之禁止規定不同。

3.物權法定主義違反論及其克服

有認為依舊民法第 757 條規定：「物權，除本法或其他法律有規定外，不得創設」，此即為物權法定主義，其目的除在防止舊社會封建制度物權關係復活外，更要藉此達到物權公示之機能。

然而，讓與擔保之法律構造為當事人信託行為之債之關係，加上擔保標的物權利移轉之物權關係，其並非創設法律所謂規定之新型擔保物權，故為判例

---

[11]　陳聰富，〈虛偽意思表示隱藏讓與擔保〉，《月旦法學》，77 期，2001 年，頁 10。

[12]　陳榮隆，前揭文，頁 49。

法所創設之一種非典型之物的擔保制度，是一種習慣法上之擔保物權。何況，新民法第 757 條已規定：「物權除依法律或習慣外，不得創設」，此即為物權法定主義之緩和。因此，只要有救濟途徑以保護善意第三人，即使無公示方法存在，亦應承認其物權性。

4.判例或裁判承認讓與擔保

我國判例或裁判承認讓與擔保之適法性，但僅適用於不動產，茲分述如下：

⑴債務人為擔保其債務，將擔保物所有權移轉與債權人，而使債權人在不超過擔保之目的範圍內，取得擔保物所有權者，為信託的讓與擔保，債務人如不依約清償債務，債權人得將擔保物變賣或估價，而就該價金受清償[13]。

上開判例，係針對遷讓房屋之案例，該判例明白表示，讓與擔保並非通謀而為之虛偽意思表示。

⑵按債務人為擔保其債務，將擔保物所有權移轉登記與債權人，而使債權人在不超過擔保之目的範圍內取得擔保物所有權者，為信託讓與擔保。債務人在未清償其債務前，不得片面終止信託讓與擔保關係，請求債權人返還擔保物[14]。

上開裁判，係針對所有權移轉登記之案例。

⑶信託的讓與擔保，乃屬權利移轉型之擔保物權，即債務人為擔保其債務之清償，將擔保物所有權移轉登記於債權人，而使債權人在不超過擔保之目的範圍內，取得擔保物之所有權，債務人如不依約清償債務時，債權人得依約定方法取償，無約定時亦得逕將擔保物變賣或估價，而就該價金受清償[15]。

上開裁判，亦係針對請求所有權移轉登記之案例。

5.小　結

讓與擔保流質之禁止，在於防止債權人違背利息限制之規定，如當事人本於誠實信用訂立流質條款，達到取得擔保物所有權之相同效果，並非一概不許依其他擔保方法發生取得擔保物所有權之相同效果，讓與擔保即為此適例，當然有效。至於其他通謀虛偽意思表示論、法律規避行為論，在讓與擔保，並不違背債務人利益之保護，自無必要加以禁止。

---

[13] 最高法院 70 年臺上字第 104 號判例。

[14] 最高法院 84 年度臺上字第 808 號判決。

[15] 最高法院 80 年度臺上字第 1813 號判決。

三、法律構造

讓與擔保之法律構造，學說主要有二說，即所有權之法律構成理論與擔保權之法律構成理論。

本文認為，雖讓與擔保採取移轉所有權之外觀形式，但由於其並非真正地移轉標的物之完全所有權，即無必要將其作為所有權人之權利來對待，而應將讓與擔保權限制物權化，以完成其法律構成，亦即直接將讓與擔保確定為擔保物權制度之一種，而無必要將其視為一種質權或抵押權，經由其「限制物權化」之法律構成，例如清算義務，以消除當事人間之暴利行為，並保障讓與擔保當事人在內部關係中之權益平衡。同時，借助「擔保權說」所主張之讓與擔保公示方法，再結合美國「統一商法典」(U.C.C.) 之登記制度，此既可實現公示機能，又能滿足當事人之要求。

在讓與擔保之實行方面，如擔保債權已屆清償期，而債務人仍未清償債務時，擔保債權人自得實行讓與擔保，以清償債權[16]。惟讓與擔保係一種物之擔保制度，擔保標的物既係由債務人直接占有，僅發生優先受償問題，已如前述，而與留置效力無關[17]。

參、讓與擔保之公示性

一般而言，不占有質權在成立上應予考慮者，除簡便性外，即為公示性問題，為防止第三人遭受不利益，並維護交易安全，必須設計出適合作為讓與擔保之妥當性公示方法[18]。茲分述如下：

---

[16]　謝在全，《民法物權論》，下冊，增訂二版，自版，2003 年 12 月，頁 457。

[17]　劉春堂，〈動產讓與擔保之研究〉，《民商法論文集(一)》，輔大法學叢書，1985 年，頁 324；陳榮隆，〈讓與擔保之實行〉，《法令月刊》，51 卷 10 期，2000 年 10 月，頁 381。

[18]　吳光明，前揭博士論文，第七章有關「讓與擔保與公示性問題」之見解，頁 149–179。

一、以登記制度為中心之多元化公示模式

(一)動　產

1.採書面成立主義

由於讓與擔保並無如動產擔保交易法第 5 條第 1 項:「動產擔保交易,應以書面訂立契約。非經登記,不得對抗善意第三人」之規定,在我國僅能依判例採書面成立主義。而為使讓與擔保發揮應有之擔保功能,學者建議讓與擔保之公示方法是登記。

然而,在德國讓與擔保類型中,占有之意思僅存在於擔保雙方當事人之頭腦中,無須公示。經由占有改定方式取得所有權,而放棄「物權公示」,不再要求額外之公示行為。在德國採登記制度之立法草案一出,即刻遭工商界之強烈反對❶,其缺陷包括下列二點:

(1)暴露當事人之經濟狀態,讓與擔保將因而失去隱密性。

(2)動產交易屬於日常經濟生活必要之事,而第三人為交易安全無從查閱登記簿。

我國法院實務上,雖已承認讓與擔保為有效,但僅將讓與擔保適用於不動產。貸款者不使用動產讓與擔保,主要理由是動產讓與擔保欠缺公示方法,屬於一種隱密性之擔保權;如債務人將其占有之標的物,讓與善意第三人時,債權人無從對抗,欠缺保障。當年另外之理由為,銀行多屬公營,在某種意義上具有獨占地位,缺少競爭,由於公營之保守心態不願使用法律未明定之擔保制度,而承擔風險❷。迄今銀行競爭激烈,似乎仍無改變經營觀念。

然而,多年來,街頭林立之汽車貸款當鋪,標明「汽車貸款,車可使用」式之借款行為,從該「契約書」或所謂「切結書」之內容分析,再加上債務人借款時須繳交汽車牌照等文件,以取代公示方式,可以看出具有「讓與擔保」性質。

2.採書面成立,再配合登記對抗主義

---

❶ 吳光明,〈從美國 U.C.C. 第九章之 Secured Transactions 看讓與擔保〉,《中興法學》,33 期,頁 366、367。

❷ 王澤鑑,《動產擔保制度在臺灣之繼受與展望》,頁 6;吳光明,前揭博士論文,頁 151。

採書面成立，如能配合登記對抗主義，其優點在於：能保護大多數人之利益，並將缺陷減至最低。學說上，雖質權人因占有而被推定為享有「質權」，但其目的是要防止債務人因占有，而推定其未設負擔之「所有權」；因此，立法者首先不論質物與質權人間之關係，而論質物與債務人間之關係，故重點不在於與「有權利者」有關，而在於與「不那麼有權利者」有關❹。蓋不占有質權在成立上應考慮之基礎，除簡便性外，即為公示性問題，目的在使第三人易於知悉不占有質權之存在，以維護交易安全，而為因應實際需要，並調和簡便性與公示性，外國立法例之解決方法包括：意思成立主義、書面成立主義、登記成立主義、登記對抗主義等，但無論採何主義，公示性原則之目的，在於避免不同擔保權競合。

3. 彌補缺陷之方式

針對登記主義之缺點，各國在立法、判例、學說與實務上均盡可能地彌補，或加以變通，以美國為例，「美國統一商法典」第九章對傳統動產擔保交易制度進行一系列重大改革，摒棄傳統動產擔保交易中程序複雜、形式主義與脫離實際之弊端，設計一套全新並符合實際、更體現交易安全與效率之動產擔保制度❷。諸如：

(1)美國統一商法典設計之「通知登記」(notice filing)，被要求登記者，並非擔保契約或其複本，而只是一項通知，該通知可於擔保權設定前或設定後進行登記。

(2)擔保物清單：債權人擁有某種特定動產之擔保權時，不必「認可」該清單，只需在回復中指出該事實。

(3)經由電腦化與網路化體系之設立，使整個登記程序更加合理化與程序化。

4. 小　結

對於動產讓與擔保權之登記，是否應賦予其公信力問題，由於動產以占有

---

❹　Wolfgang Hromadka, *Sicherungübereignung und Publizität*, Jus, 1980, S. 90. 轉引自吳光明，前揭博士論文，頁 155。

❷　在 1976 年第 51 屆之德國法學會議亦談到美國統一商法典，即認為這方面必須做更多實質上之研究，才能以美國統一商法典為例計畫實施登記制度；參閱吳光明，前揭博士論文，頁 171。

作為公信之基礎，而動產讓與擔保權最大特徵便是不移轉占有，致第三人無法從占有上辨明動產讓與擔保權設定之表徵，故不具有賦予其公信力之前提。動產讓與擔保權之登記僅是對抗要件，而不是成立要件，僅具有物權宣示性質，而無物權創設之功能。再者，為維護交易安全，並保護第三人權益，我國民法設有動產善意取得制度❷③。因此，我國似乎可借鏡美國統一商法典上述之「通知登記」與「擔保物清單」作為動產讓與擔保之公示制度。

㈡不動產

1.作為公示方式之所有權移轉登記：由於讓與擔保之實體是抵押權，故此種登記應解釋為過大登記或一部無效之登記。

2.不動產讓與擔保登記原因：日本通說及實務，以「為擔保」或「為讓與擔保」為登記原因；德國先辦理「假登記」，事後仍須辦理「本登記」。

3.在我國，信託法❷④於 1996 年公布實施前，地政登記實務上並不受理以信託原因所為之權利移轉登記，而均以買賣為原因予以登記既無法為「讓與擔保」登記，亦無法為「信託登記」，致使登記之公示與事實不符，債務人稅捐負擔沉重且設定風險增加，是為其弊端❷⑤。

二、讓與擔保權之重複設定與善意取得

在債權人並非標的物之真正所有權人，而讓與擔保權人善意受讓標的物之所有權移轉時，即面臨讓與擔保權之善意取得問題。此時，兩相權衡，本文認為在未採登記方式之動產讓與擔保，其重複設定之順位，以擔保契約簽訂日期

---

❷③ 謝在全，前揭書，頁 574。

❷④ 信託法規定於 1996 年 1 月 26 日。信託法第 1 條規定：「稱信託者，謂委託人將財產權移轉或為其他處分，使受託人依信託本旨，為受益人之利益或為特定之目的，管理或處分信託財產之關係。」足見信託法之信託為管理信託，而讓與擔保之信託為擔保信託，二者不同。

❷⑤ 陳榮隆，前揭文，頁 51。依土地登記規則第 124 條規定，本規則所稱土地權利信託登記（以下簡稱信託登記），係指土地權利依信託法辦理信託而為變更之登記。按土地登記規則訂於 1946 年 10 月 2 日，歷經多次修正，最後一次修正於 2009 年 7 月 6 日。實務上，我國在不動產讓與擔保仍以「預告登記」方式登記。

與擔保標的物上標籤黏貼日期為準。

 # 肆、讓與擔保之效力

一、內部效力

讓與擔保之內部效力，即指讓與擔保之內部關係，亦即擔保物提供人與擔保債權人間之權利義務關係而言，此項關係除受讓與擔保之積極目的之限制外，凡是與讓與擔保有關之擔保債權、標的物、不清償債務之法律效果等均為其內部效力[26]。茲分述如下：

㈠讓與擔保債權之範圍

讓與擔保債權之範圍不僅及於原債權利息、遲延利息，亦及於債權人支出之費用。而如約定利率超過利息限制範圍時，又可分為：

1. 清算型

在無流質特約之清算型，債務人只要支付銀行範圍內之利息與原本，即可取回擔保標的物。

2. 流質型

如約定利率超過利息限制範圍，債務人不能清償債務時，視其約定是否構成暴利行為而定，只要無暴利行為之情形，則該法律行為完全有效。不過，債務人仍可要求債權人以銀行範圍內之利息與原本進行清算，如擔保標的物還有剩餘價值，則應返還之。

㈡標的物之範圍

原則上，由當事人約定，當事人未約定時，讓與擔保之標的物本身及其從物，當然屬於標的物之範圍。

㈢讓與擔保之優先受償權

債務人於清償期屆至而無法償還本息時，債權人得請求債務人交付標的物，拍賣或變賣之，就其賣得價金由債權人優先受償。此時，當事人間之流質，或

[26] 吳光明，前揭博士論文，第六章有關「讓與擔保之權利義務關係」之見解，頁 129–147。

代物清償約款，能節省拍賣換價之程序費用。

㈣當事人不當處分或毀損標的物之責任

如債權人違反信託義務而不當處分或毀損標的物時，該債權人應負侵權行為及債務不履行之賠償責任。反之，如債務人不當處分或毀損標的物時，在債權人不能優先受償情況下，僅能請求因此所產生之損害賠償責任。

二、外部效力

讓與擔保之外部效力，即指讓與擔保之外部關係，亦即在讓與擔保中，對當事人以外之第三人所生之權利義務關係而言，此項關係涉及擔保當事人及其他第三人之利益、公共利益、強制執行、破產等方面。

當事人間相互之關係，例如擔保權人之債權人對擔保標的物聲請強制執行時，因該標的物仍在提供擔保人（即設定人）占有中，此時提供擔保人可提起強制執行法第 15 條之第三人異議之訴❷。

反之，如提供擔保人（即設定人）之債權人對擔保標的物聲請強制執行時，因該標的物仍在提供擔保人（即設定人）占有中，此時擔保債權人可依強制執行法第 38 條規定，參加分配優先受償。

依此推論，在讓與擔保，如當事人間不可能突破強制執行程序所採行「權利外觀主義」之限制，而對標的物權利之歸屬有所爭執，必須另以訴訟為之，執行機關不負認定之責。

此外，當事人對於標的物之處分情形，分述如下：

㈠債務人對標的物之處分

債務人對已設定讓與擔保標的物處分予第三人時，債權人對債務人或第三人之主張，視其根據「所有權構成」或「擔保權構成」，而異其結論。基於前者，其處分予第三人無效。基於後者，其第三人取得「附有讓與擔保」之所有權。

㈡讓與擔保債權人對標的物之處分

---

❷　強制執行法第 15 條規定：「第三人就執行標的物有足以排除強制執行之權利者，得於強制執行程序終結前，向執行法院對債權人提起異議之訴。如債務人亦否認其權利時，並得以債務人為被告。」按強制執行法訂於 1940 年 1 月 19 日，歷經多次修正，最近一次修正於 2007 年 12 月 12 日。

讓與擔保債權人對標的物之處分之效果，視其根據「所有權構成」或「擔保權構成」，而異其結論。基於前者，無論該受讓之第三人為善意或惡意，皆可成為完全之所有權人。基於後者，認為只有在擔保權範圍內之處分為有效。

(三)第三人侵害擔保標的物

在第三人侵害擔保標的物情況下，讓與擔保當事人雙方均可直接向該第三人行使損害賠償請求權。

(四)與債務人之第三債權人之關係

如債務人破產，則讓與擔保債權人在破產程序上所能行使之權利，亦視其根據「所有權構成」或「擔保權構成」，而異其結論。基於前者，其可行使取回權。基於後者，其可行使別除權。

伍、我國現行「不」占有動產擔保

一、動產擔保交易法規定

我國現行「不」占有動產擔保制度沿襲美國，1963 年制訂動產擔保交易法，2007 年 7 月 11 日曾大修❷。依該法規定，有動產抵押、附條件買賣與信託占有三種。

依動產擔保交易法第 15 條規定：「稱動產抵押者，謂抵押權人對債務人或第三人不移轉占有而就供擔保債權人之動產設定動產抵押權，於債務人不履行契約時，抵押權人得占有抵押物，並得出賣，就其賣得價金優先於其他債權而受清償之交易。」

依同法第 26 條規定：「稱附條件買賣者，謂買受人先占有動產之標的物，約定至支付一部或全部價金，或完成特定條件時，始取得標的物所有權之交易。」

再依同法第 32 條規定：「稱信託占有者，為信託人供給受託人資金或信用，並以原供信託之動產標的物所有權為債權之擔保，而受託人依信託收據占有處分標的物之交易。」

---

❷　法源法學資料查詢系統，2007 年 7 月 11 日修正法條。

2007 年 7 月 11 日除一些文字修正以及刪除罰則外，其修正重點如下：

1. 動產擔保交易之登記機關，由行政院定之（第 6 條）。

2. 申請動產擔保交易登記有不合規定者，登記機關應敘明理由限期命其補正，屆期不補正或補正不完全者，登記機關應予駁回（第 7 條之 1）。

3. 登記機關應將契約當事人之姓名或名稱、標的物說明、擔保債權額、訂立契約日期、終止日期及其他必要事項，公開於網站或以其他適當方法公告之（第 8 條）。

4. 動產擔保交易之登記，其有效期間從契約之約定，契約無約定者，自登記之日起有效期間為一年，期滿前三十日內，債權人得申請延長期限，其效力自原登記期滿之次日開始（第 9 條第 1 項）。

5. 擔保債權受清償後，債權人經債務人或利害關係人之書面請求，應即出具證明文件。債務人或利害關係人得憑證明文件，向登記機關註銷登記（第 10 條第 1 項）。

6. 動產擔保交易之登記機關，辦理各項登記、閱覽、抄錄、出具證明書，應收取規費；其標準由行政院定之（第 11 條）。

7. 第 15 條、第 18 條及第 19 條規定抵押權人對抵押物所為之出賣或拍賣，除依本法規定程序外，並應依民法債編施行法第 28 條規定辦理（第 21 條）。

二、信託占有與讓與擔保之相同點

以上三種動產擔保交易中，附條件買賣與德國所有權保留類似，至於信託占有與讓與擔保較為類似 ❷。

茲比較信託占有與讓與擔保之異同如下：

信託占有既可提供標的物之所有權，作為債權之擔保 ❸，亦可依信託收據處分標的物，或將之高價出售，以便清償借款，此點剛好與讓與擔保之社會作用相符 ❸。蓋在讓與擔保,當事人間約定一種占有媒介關係 (Besitzmittlungsverhältnis)，

---

❷ 吳光明，前揭博士論文，第二章〈讓與擔保與信託占有之區別〉，頁 7–28。

❸ 吳光明，第十章〈不占有之動產擔保〉，《民法系列──動產所有權》，三民書局，頁 121、122。

❸ 史尚寬，《民法物權》，自版，1979 年 5 月，頁 383。

提供擔保債務人占有並使用標的物，其在構成要件方面與信託占有相同之處為以下幾點：

⑴均須有擔保債權之存在

為擔保債權包括現在及將來之債權，至於債權發生之原因或種類，在所不問。

⑵均須有擔保約定之存在

在信託占有係以「信託收據」之方式為擔保約定；此之擔保約定尚包括當事人之權利義務。

⑶均須將擔保標的物之財產移轉於債權人

此種移轉方式，原則上以占有改定 (Besitzkonstitut) 方式移轉所有權。至於在信託占有標的物之占有移轉於信託人（即債權人），但受託人（即債務人）取得占有使用權，雙方當事人亦以「占有改定」取代交付方式，此種移轉之物權行為與債權行為互相獨立。

⑷擔保債權人對標的物均有優先受償權

讓與擔保係一種擔保權，如債務人到期不清償債務時，擔保債權人可終止擔保約定，就該標的物拍賣，於賣得價金優先於一般債權人而受償[32]。在信託占有對於標的物亦有優先受償權。

⑸提供擔保債務人均得就標的物使用收益

如提供擔保債務人不須使用收益標的物，則大可不必設定「讓與擔保」，僅設定動產質權擔保即可，債務人使用收益之法律關係，是為租賃，或為使用借貸均無不可。此種擔保債務人之占有使用收益擔保標的物為讓與擔保之一般要件，而非特別要件 (westliche Bestandteil)[33]。

大體言之，信託收據法律關係之要件已具備讓與擔保法律關係之要件，兩者之構成要件大致相當，惟信託占有於信託收據之簽訂，受託人不但占有標的物，甚至可處分標的物；而讓與擔保在其延長型之發展，常與所有權保留與債權讓與擔保緊密連在一起[34]。因此，信託占有與讓與擔保二者之法律結構雖很

---

[32] 此點即為讓與擔保之經濟目的，已如前述。參閱王廷懋，《動產擔保交易法實務問題研究》，金融人員研究中心，1991 年 8 月，頁 23、24。

[33] 王輔仁，《信託占有之研究》，嘉新水泥，1975 年 8 月，頁 151。

[34] 吳光明，前揭博士論文，第三章第四節第三項有關「新概念體系之構成」之見解，

相似，但信託占有之功能範圍較窄，絕非可替代讓與擔保所擔保之債權。

三、信託占有與讓與擔保之相異點

㈠法律之適用

信託占有原則上適用動產擔保交易法之規定，如該法無規定，適用民法及其他法律之規定（參閱動產擔保交易法第 3 條規定）。讓與擔保為法律尚未規定之擔保物權，依民法第 1 條之規定。

㈡標的物

信託占有之標的物，限於行政院依動產擔保交易法第 4 條所公告之動產。讓與擔保之標的物，通常包括動產、不動產，並無如信託占有之特別限制。

㈢形式要件

信託占有須依規定訂立書面之信託收據，始能成立，且經登記者，得對抗善意第三人，排除民法上動產善意取得之適用。讓與擔保並無訂立書面契約，始能成立之問題，亦無登記得對抗善意第三人問題。換言之，其不做成書面之形式，仍然有效❸❺。

㈣契約性質

信託占有係債權與擔保物權同時成立之複合契約，信託占有所保留之所有權，具有所有權及擔保權之雙重性質與功能，於債務人違約時，信託人得依所有權之作用，逕取回標的物，然必須實行擔保程序，予以拍賣，清償債權。讓與擔保係單純之物權擔保契約，於債務人逾期未清償債務時，債權人雖為名義上之擔保物所有權人，仍應實行擔保程序，出賣擔保物，優先清償。

㈤債權之實行

在信託占有，於受託人不照約定清償債務或為其他違反義務之行為時，信託人得依動產擔保交易法第 34 條之規定取回占有標的物，此種「取回權」可以占有改定之讓與擔保下，實行擔保物所有權之程序來解釋。然此種逕行取回標

頁 73–75；另參閱吳光明，《德國法上讓與擔保與所有權保留之研究》，專上圖書，1990 年 12 月，頁 129。

❸❺ 吳光明，前揭博士論文，第八章有關「立法政策之檢討——改革之考慮」之見解，頁 181–201。

的物之行為，仍必須依擔保程序，予以拍賣，清償債權後，如有剩餘，應返還債務人。

在讓與擔保中，擔保債權人對標的物可依「擔保約定」有自行拍賣權 (Verwertungsrecht) 實行擔保物所有權之程序；如無「擔保約定」時，可適用動產質權有關之規定。

(六)擔保標的物所有權之返還

由於信託收據通常會約定：「茲確認在未依該約定清償前項債務或依本信託收據約定條款處分標的物，而以價款交付貴行前，該項標的物之所有權仍屬貴行所有」[36]，其反面解釋即係約定以「清償債務」為信託收據之解除條件，故條件成就時，該法律行為即失其效力，則其標的物所有權自動地返還於受託人。

在讓與擔保中，擔保債權人於債權受清償時，必須再度將標的物轉讓，以返還所有權，此亦即擔保債務人之債法上回復移轉請求權 (Rueckübertragungsanspruch)[37]，在解除條件時，其條件成就前，擔保債權人仍應視為自主占有人[38]，惟讓與擔保中亦有例外情形，當事人事先約定，債權之存續為所有權讓與之解除條件，則債權消滅時，所有權可自動返還於擔保債務人。

(七)擔保債權人對標的物之處分

在信託占有信託人僅可轉讓其債權於第三人，而須保有擔保標的物之所有權。在讓與擔保，因為擔保債權人以取得標的物之所有權，當然可對擔保權有效處分，故不適用民法一般擔保權之「不可分性」與「從屬性」[39]。

(八)是否有刑罰之規定

我國舊動產擔保交易法第 38、39 條規定，債務人意圖不法之利益，或故意損害債權時，處以刑法，信託占有亦適用之；不過新動產擔保交易法已刪除第 38 條至第 41 條條文及第五章章名等。而讓與擔保則自始至終均無刑罰之規定。

---

[36]　吳光明，前揭博士論文，第二章有關「彰化銀行所印妥之信託收據條文」，頁 23。

[37]　Pottschmidt/Rohr, Kreditcherungsrecht 3, S. 186. 轉引自吳光明，前揭博士論文，頁 204。

[38]　Rolf Serick, *Eigentumsvorbehalt und Sicherungsübertragung*, Band II, S. 137. 轉引自吳光明，前揭博士論文，頁 24。

[39]　吳光明，〈德國法讓與擔保從屬性替代之研究〉，《中興法學》，33 期，頁 333–343。

陸、結　語

　　讓與擔保制度係為因應社會制度需求而為判例與學說所發展出一種非典型擔保制度，其理論迄今仍在德日等國繼續發展。此制度之創設，欲達盡善盡美，並為實務所利用，首先必須建立完整之理論基礎。因此，讓與擔保法律構成、有效性之承認、讓與擔保之設定、法律性質之定位、讓與擔保公示性問題與當事人間內外部法律關係之理論，即為大陸法系國家判例與學說所爭論之重點。我國未來讓與擔保制度，在抽象概念或具體制度方面，均有相當廣闊之發展空間。

　　回顧我國動產讓與擔保制度變遷之五個階段❹，茲分述如下：

　　第一階段，繼受歐陸法前固有之動產擔保。

　　第二階段，因應我國社會激變而全面繼受歐陸法制，產生之民法上之占有質權。

　　第三階段，由於工商社會發達經濟生活之進步，使占有質權制度顯現缺陷，而由特殊抵押及從物抵押之構想已部分地解決占有質權之缺陷時期。

　　第四階段，仿照美國法制，施行動產擔保交易法，並採用動產抵押、附條件買賣與信託占有，已「全面」解決占有質權之缺陷時期。

　　第五階段，因社會情勢再度變遷，經濟生活進步神速，產生大陸法系之讓與擔保。

　　前三階段，顯示法律對社會變遷之因應，後二階段，除促進社會繁榮外，亦造成法律之混淆。

　　十五年前，為期對動產讓與擔保制度之整個體系有所助益，曾提出幾點淺見，包括：

　　⑴社會經濟變遷影響法律發展。

　　⑵法律發展引起新法律爭論。

　　⑶將來讓與擔保概念體系構成之發展方向。

　　⑷我國動產擔保制度之立法建議❹。

----

❹　吳光明，前揭博士論文，第九章有關「結論」之見解，頁203。

　　這十五年來，社會經濟變遷雖還是有些微之變遷，而讓與擔保之判例學說，並未改變，其大致仍區分為所有權構成與擔保權構成，已如前述。

　　然而，如不遷就讓與擔保之讓與形式，而從讓與擔保之擔保實質而言，基於現實之需要，將讓與擔保轉化成擔保物權制度，係讓與擔保法律構成之未來發展趨勢。

　　另一方面，讓與擔保制度理論最重要者，包括讓與擔保之法律構成及保障該構成實現之清算制度理論、讓與擔保之公示方法理論以及讓與擔保權作為定限物權之內外部效力理論。

　　事實上，上述諸問題，正好是解決當事人間、當事人與一般第三人、當事人與各自之第三人債權人間之關係。一面保護當事人之契約自由之同時，更應顧及正確認定讓與擔保貸款契約之主體，並保障讓與擔保契約當事人之權益均衡。

　　德國法律實務人員利用其悠久之歷史傳統，援用作為擔保之所有權移轉。此種為擔保之所有權移轉，所產生之效益，亦不同於一般動產質權。此外，一般動產質權必然具有從屬性，此種缺點，在讓與擔保均無。

　　由於在研究德國讓與擔保制度下，再來檢視我國繼受美國而制定動產擔保交易法後，我國學者對此意見相當不一致，有認為動產讓與擔保正可彌補典型擔保制度之缺失，適應現代商業活動之需要[42]；有認為動產讓與擔保在我國並無存在價值[43]；亦有認為動產讓與擔保應盡速立法；更有主張增列「融資性租賃」[44](financing lease)；還有，如又有主張增列「浮動擔保」[45](floating charge)，我國動產擔保交易法何其複雜。

　　因此，本文一如十五年前之觀點，還是認為，質權為民法典核心部分，如

---

[41]　吳光明，前揭博士論文，第九章有關「結論」之見解，頁 207。

[42]　謝在全，前揭書，頁 455。

[43]　劉春堂，前揭文，頁 303。

[44]　呂榮海，《契約類型・信託行為》，蔚理法律，1989 年 9 月，頁 34。該書第五章，主張增列「融資性租賃，以救法制之窮」。

[45]　史尚寬，《物權法論》，自版，1979 年 5 月，頁 298。另有認為應從浮動抵押的角度去解釋現行法。請參閱謝哲勝，〈採行浮動抵押的必要性與可行性〉，臺灣財產法暨經濟法研究協會，2009 年 6 月，頁 22。

欲改革「不占有質權」時，仍應歸納於民法之內，一併制度化，如將質權抽出放在特別法典，亦太可惜。而在讓與擔保改革中，除對「貸款保險」之建立詳加檢討外，如何從傳統物權類型主義，配合我國繼受美國之動產擔保交易法後，其新登記制度之設計，以理論完整性為出發點，融合德國動產讓與擔保制度，在實務運用之際避免其弊害，以求圓滿解決，並規劃完整之動產擔保制度。但如不能融合，則應繼續以判例與學說方式，解決其法律爭論，才能使讓與擔保繼續保持彈性運用。

法學啟蒙叢書
——帶領您認識重要法學概念之全貌

在學習法律的過程中,常常因為對基本觀念似懂非懂,且忽略了法學思維的邏輯性,進而影響往後的學習。本叢書跳脫傳統民法教科書的撰寫模式,將民法中重要的概念,以一主題即一專書的方式呈現。希望透過淺顯易懂的說明及例題的練習與解析,幫助初學者或一般大眾理解抽象的法學觀念。

目前已出版:

本系列叢書陸續出版中……

法學啟蒙叢書　民法系列

◎ 繼　承　戴東雄／著

　　本書主要內容在說明民法繼承編重要制度之基本概念，並檢討學說與實務對法條解釋之爭議。本書共分四編，第一編緒論；第二編為遺產繼承人；第三編乃遺產繼承；第四編為遺產繼承之方法。在各編重要章次之後，皆附以實例題，並在書末之附錄上，提出綜合性實例題，以邏輯之推演方法，解決實際法律問題。

◎ 動產所有權　吳光明／著

　　本書主要在敘述動產所有權及其相關法律問題，除依民法物權編、民法物權編部分條文修正草案，以及參考九十六年三月二十八日最新公布之新「擔保物權」規定，敘述其修正說明外，另參考法院實務判決，提出實際發生之案例進行探討。希望藉由本書的介紹能幫助讀者建立清楚、完整的概念。

◎ 契約之成立與效力　杜怡靜／著

　　本書為使初學者能儘速建立契約法之基本概念，以深入淺出之方式，於理論基礎之說明上，儘量以簡潔文字並輔以案例加以說明。此外為使讀者融會貫通契約法間之關連性，書末特別附有整合各項契約法觀念的綜合案例演練，促使讀者能夠匯整關於契約法的各項觀念，並藉由本書之介紹，進入學習民法之殿堂。

法學啟蒙叢書　民法系列

◎ 抵押權　黃鈺慧／著

　　本書是針對民法中之抵押權制度而撰寫。為使法律初學者及一般民眾易於入門，特別避開爭議過多的法律問題及艱澀難懂的理論探討，而將重心置於法規意義及基本理論的說明。除了以淺顯易懂的文字來敘述，並儘可能輔以實例說明法規之實際運用，希望能將抽象的法律規定轉化為一般人皆能掌握的實用規範。

◎ 占　有　劉昭辰／著

　　本書以淺顯的例子為出發，藉以輔助說明抽象難懂的法律概念，幫助初學者輕鬆地理解「占有」的法律問題。對於實務上有爭議的法律問題，作者也以自己的法律體系為基礎，提出更進一步的深入討論及意見，使得本書也適合法律人工作上進修所用。

◎ 婚姻法與夫妻財產制　戴東雄、戴瑀如／著

　　本書主要內容以「婚姻」為主軸，說明婚姻如何成立、解消及因婚姻所生之各種權利與義務，特別是關於夫妻財產制之相關規定。並於各編之後，另附有實例題，期能使讀者了解如何適用法條及解釋之方法，以解決相關法律爭議問題。

法學啟蒙叢書　民法系列

◎ 不當得利　楊芳賢／著

　　本書自說明架構而言，主要區分不當得利之構成要件與法律效果。撰寫方式，首先以相關實例問題作引導，簡介各章節之法律概念，並儘量輔以實務及學說上之見解；其次，則進入進階部分，即最高法院相關判決之歸納、整理、分析與評論；最末，簡要總結相關說明。期能藉由本書之出版，讓欲學習不當得利規定及從事相關實務工作之讀者，更加掌握學習與運用法律規定之鑰。

◎ 民法上權利之行使　林克敬／著

　　民法主要規範人與人之間的權利與義務，本書即專門討論權利之行使與義務之履行。內容不僅介紹民法中之各種權利，也探討了如何行使權利，才不會超過其應有的界限。並特別論述民法的「誠實信用原則」（民法的帝王條款）與「禁止權利濫用原則」所具有的特殊功能，及此兩原則對於人民、立法及司法審判所具有的深遠影響。